Geschichte in Karten

Historische Ansichten aus den Rheinlanden und Westfalen

GESCHICHTE IN KARTEN

Historische Ansichten aus den Rheinlanden und Westfalen

Herausgegeben von
Hans-Joachim Behr und Franz-Josef Heyen
unter Mitarbeit von
Dietmar Flach, Rolf Harbeck, Wilhelm Janssen,
Joachim Kermann, Martin D. Sagebiel,
Leopold Schütte, Peter Veddeler, Kristine Werner
und Erich Wisplinghoff

SCHWANN DÜSSELDORF

CIP-Kurztitelaufnahme der Deutschen Bibliothek

Geschichte in Karten:
histor. Ansichten aus d. Rheinlanden u. Westfalen
hrsg. von Hans-Joachim Behr u. Franz-Josef Heyen.
Unter Mitarb. von Dietmar Flach . . .
Düsseldorf, Schwann, 1985
ISBN 3-590-34218-8
NE: Behr, Hans-Joachim [Hrsg.]; Flach, Dietmar [Mitverf.]

1. Auflage 1985
Reproduktion: Graphische Kunstanstalt Karl Urlichs, Düsseldorf
Druck: Rasch, Bramsche
Buchbinder: Hunke & Schröder, Iserlohn
ISBN: 3-590-34218-8

Inhalt

Vorwort

»Eine Land-Karte und eine synchronistische Tabelle der Geschichte gehören wohl unter die unerschöpflichsten Quellen des Vergnügens für den Geist.«*

Johann Georg Krünitz

Alte nicht mehr zeitgemäße Landkarten, ob handgezeichnete oder gemalte Einzelstücke oder gedruckte Holzschnitte und Kupferstiche, üben auf den Betrachter immer einen besonderen Reiz aus. Sie haben schon vor Jahrhunderten Menschen zum Sammeln und Forschen angeregt, aber besonders in jüngster Zeit viele Freunde gefunden. Zahlreiche Bücher über alte Karten, Reprints und Faksimile- Ausgaben von einzelnen Karten, von Atlanten und sogar von Globen, Ausstellungen und deren Kataloge zeigen das Interesse an historischen Zeugnissen der Kartographie. Die großen nationalen und internationalen Kartensammlungen in Bibliotheken, Museen, bei anderen wissenschaftlichen Instituten und Gesellschaften sind dadurch weitgehend bekannt geworden, viel weniger jedoch die handgezeichneten Karten in den öffentlichen und privaten Archiven. Allein in den staatlichen Archiven der Länder Nordrhein-Westfalen, Rheinland-Pfalz und des Saarlandes lagern heute weit über 250 000 Landkarten, darunter nicht wenige kartographische Kostbarkeiten.

Eine im wesentlichen diesen Beständen entnommene Auswahl ist hier abgebildet und erläutert. Die zwischen 1525 und 1892 entstandenen Blätter sind nicht nach Typen oder nach ihrem Entstehungszweck als Gerichts-, Katasterkarten oder topographische Karten usw. in Gruppen zusammengefaßt worden, sondern nach Aspekten ihrer historischen Aussage, um die Vielseitigkeit dieser Quellengattung deutlich zu machen. Dabei war es nicht zu vermeiden und eigentlich sogar wünschenswert, daß diese Aufgabe von den Bearbeitern der einzelnen Beiträge durchaus verschieden aufgefaßt und gelöst worden ist. Gelegentliche Überschneidungen und Wiederholungen wurden im Interesse der Lesbarkeit in Kauf genommen. Die Karten sind gleichzeitig hineingestellt in die Kartographiegeschichte ihrer Zeit und ihres Raumes, die hier freilich ebenso wie der kunstgeschichtliche Standort nur angedeutet werden kann. So sind weite Bereiche der speziellen Kartographie wie Kataster, Zulegerißwerk und die moderne Landes- und Städteplanung nur andeutungsweise oder gar nicht behandelt. Im Mittelpunkt des Buches stehen die älteren handgezeichneten Karten aus den Archiven. Der Betrachter wird feststellen, daß hier vielfach ebensosehr Künstler wie Kartographen am Werk waren und daß die Anziehungs- und Anregungskraft, die von diesen Archiv-Karten ausgeht, jener der bekannten Stiche eines Blaeuw, Homann oder Seutter nicht nachsteht. Die Aufmerksamkeit des forschenden Historikers aber sollte bei allen ästhetischen Reizen auch auf eine bisher kaum bekannte Quellengruppe gelenkt werden, die noch einen ungehobenen Schatz geschichtlicher Erkenntnisse birgt.

Hans-Joachim Behr *Franz-Josef Heyen*

*Oekonomisch-technologische Encyklopädie 60. Theil. Berlin 1793.S. 88

I.
Die Rheinlande und Westfalen in der allgemeinen Kartographie

Von der Peutingerschen Tafel zum topographischen Kartenwerk

Von Hans-Joachim Behr

Bedeutung alter Landkarten

Land- und Seekarten sind nach einer heute allgemeinen Begriffsbestimmung »verebnete, verkleinerte und erläuterte Bilder der Erdoberfläche« (Harms). Diese Bilder von der Erde insgesamt oder in Teilen sind zunächst einmal Produkte ihrer Zeit, von deren kartographischem Wissen sie Zeugnis ablegen. Sie sind aber auch abhängig von Kenntnis, technischem und künstlerischem Können der jeweiligen Kartographen. Zwar nimmt die inhaltliche Genauigkeit der Kartenbilder mit den sich wandelnden Methoden der Aufnahme und Wiedergabe im Laufe der Jahrhunderte zu. Diese zunehmende Genauigkeit geht jedoch einher mit Versachlichung und Abstraktion, welche der Phantasie wie individueller und künstlerischer Gestaltungskraft immer weniger Raum läßt. Ältere Karten bieten dagegen oftmals erheblich mehr als nur Aussagen zur Kartographiegeschichte. Sie sind zugleich Quellen vielfältigster historischer Information und nicht selten auch Dokumente der Kunst.

Im Mittelalter diente das Weltbild – *imago mundi* – auf der T-förmigen Weltkarte sowohl als Altarschmuck wie für dekorative Miniaturen. Zu allen Zeiten verwandte man Karten auch als Schmuck. Die im Holzschnitt oder Kupferstich verbreiteten Karten bis um 1800 wurden schon von den Zeitgenossen ebensosehr als dekorative Graphik wie als Informationsmittel betrachtet. Große Künstler wie Albrecht Dürer und Hans Holbein d. J. haben Karten in Holz geschnitten oder in Kupfer graviert, Maler wie der Norddeutsche Daniel Frese und Mitglieder der westfälischen Künstlerfamilie tom Ring haben Karten gemalt und gezeichnet. Karten erscheinen als Fresko, als Mosaik, als Teppich oder Tapete. Sie werden eingelegt in Möbel, gemalt auf Porzellan, graviert in Metall. Auf den Karten selber finden sich alle Art künstlerischer Darstellung in Form von Wappen, Porträts, Städteansichten, Stilleben, Szenen aus Jagd und Krieg und nicht zuletzt von Geräten des Landmessers.

Die alte Karte bis zur Mitte, ja manchmal bis zum Ende des 18. Jahrhunderts steht zwischen Bildlichkeit und Abstraktion.

Dabei kann die Darstellung einmal mehr diesem, ein andermal mehr jenem zuneigen und im Extrem mit einem Landschaftsbild identisch sein. Wie Gemälde bekommen solche Karten gelegentlich auch einen Rahmen aus kräftiger Farbe (Abb. 39 u. 123). Wo die Karte allerdings durch ihre Bildhaftigkeit an kulturhistorischem Quellenwert gewinnt, verliert sie häufig an kartographischer Qualität und umgekehrt.

Hier sollen weniger die im Holzschnitt oder Kupferstich vervielfältigten Karten, sondern die handgezeichneten oder gemalten archivischen Karten interessieren, die meist im Zusammenhang mit Akten der Verwaltung und Rechtssprechung entstanden und in die öffentlichen Archive gelangt sind. Auf ihnen sind in der Regel lokale und regionale Gegebenheiten festgehalten. Zeitlich beschränkt sich die Auswahl im wesentlichen auf die Spanne von der Mitte des 16. bis zum Anfang des 19. Jahrhunderts. Aus der Zeit vorher sind keine Karten dieser Art erhalten. Mit dem fortschreitenden 19. Jahrhundert werden solche aus einem bestimmten Anlaß angefertigten großmaßstäbigen Karten zu einfachen Planskizzen. Gleichzeitig erreicht die Kartographie überhaupt einen derartigen Grad an Abstraktion, daß die Verwertbarkeit ihrer Erzeugnisse für die historische Forschung in mancher Beziehung nicht unerheblich eingeschränkt wird.

Entstanden sind archivische Karten, angeregt von einem Auftraggeber aufgrund eines gegebenen Anlasses, schon früh und besonders häufig zur Information und Orientierung des Gerichts bei Prozessen. Ausnehmend schöne Stücke, wahre Zimelien, sind als Anlage zu Prozeßakten der obersten Gerichte des alten Reiches, vornehmlich des Reichskammergerichts zu Speyer/Wetzlar, auf uns gekommen. Kaum später gibt es erste Planungsunterlagen und Karten als Teil eines Vertrages oder eines anderen Rechtsgeschäfts. Zu diesen als Aktenanlage entstandenen Karten kommen Grundstückskarten in urbarialen Zusammenstellungen vor allem klösterlicher Grundherrschaften, mit dem Ausbau des Steuerwesens seit dem 17. Jahrhundert frühe Kataster, seit dem 18. Jahrhundert Gemarkungs- und Forstkarten der Domänenverwaltung und die, wie alle vorgenannten Karten zunächst nicht für die Öffentlichkeit bestimmten, Landesaufnahmen. Letztere bilden als Kern der alten Plankammern der Regierungen auch den Grundstock der archivischen Kartensammlungen.

Der Quellen- und Aussagewert dieser Karten liegt nur zum Teil in ihrer Entstehungsursache begründet und ist auch nicht auf die kartographische Darstellung begrenzt. Oftmals geht der Inhalt weit über das hinaus, was Anlaß ihrer Anfertigung war. Dem Betrachter oder Forscher erschließen sie sich erst vollständig, wenn er sie nicht mehr allein nach Typ oder Entstehungszweck – Gerichtskarte, Katasterkarte, topographische Karte usw. – sichtet, sondern auf die Vielfältigkeit ihrer möglichen Aussage eingeht.

Die durch den Druck bekannten älteren Landkarten haben zwar stets das Interesse der Geographen gefunden, kaum indes das der Historiker, weil sie zu großräumig und in der historischen Aussage zu oberflächlich und ungenau sind. Für die in den Kartensammlungen der Archive oder dort auch noch in den Akten lagernden handgezeichneten Karten und Skizzen aber haben sich, von den großen topographischen Landesaufnahmen abgesehen, in Deutschland weder Geographen noch Historiker besonders interessiert. Die Osnabrücker Landesaufnahme des Obersten Du Plat aus den Jahren 1784 – 1790 (Abb. 222) wurde als eine der ersten Aufnahmen dieser Art vor drei Jahrzehnten mit wissenschaftlich-kritischem Beitext veröffentlicht und hat als Quelle ersten Ranges die landesgeschichtliche Forschung weit über die Grenzen des alten Fürstbistums Osnabrück hinaus angeregt. Noch immer jedoch gilt, was Ahasver v. Brandt vor einem Vierteljahrhundert feststellte, daß das Ausland »auf dem Gebiet der Verwertung alter Karten . . . einen wesentlichen Vorsprung vor der deutschen Forschung besitzt«.

Der bei Gemarkungs-, Kirchspiels-, Gerichtskarten und topographischen Landesaufnahmen des 18. Jahrhunderts in der landeskundlichen Forschung neuerer Zeit durchgesetzte Grundsatz des rückwärtsschreitenden Verfahrens ähnlich der Genealogie führt indes methodisch nur dort zu Erkenntnissen, wo irgendeine Form von kartographischer Kontinuität, d.h. eine mehr oder weniger dichte chronologische Kartenfolge zu demselben Gebiet oder kartographischen Objekt, vorliegt. Das ist bei der Mehrzahl der archivischen Einzelkarten nicht der Fall. Gleichwohl haben diese Karten einen Wert als historische Quelle im weitesten Sinne, der, richtig erkannt, den Rang der Kartenwissenschaft als historische Hilfswissenschaft beträchtlich erhöht. Die Auswertung solcher Karten als Quelle verlangt allerdings besonders kritisches Vorgehen und die Nutzbarmachung ergänzenden Materials, vornehmlich schriftlicher Dokumente. Öfter als man glaubt, kann dadurch der Mangel kartographischer Kontinuität wettgemacht werden.

Erst in neuester Zeit ist die ältere archivische Einzelkarte, obwohl sie selten den modernen Anschauungen von kartographischer Exaktheit und Genauigkeit entspricht, als Quellentyp in ihrem Wert für Regional- und Ortsgeschichte mehr und mehr erkannt worden. Man hat festgestellt, daß sie unter Umständen regionale Bilder von kulturhistorisch unschätzbarem Wert vermitteln kann.

Die archivische Karte zeigt in der Regel einen kleinen Landschaftsraum und ist somit schon von daher inhaltlich beschränkt. Karten ganzer Verwaltungsbezirke, kleinerer Territorien oder größerer Gebiete sind die Ausnahme. Die Nachteile räumlicher Beschränktheit im Inhalt aber werden aufgehoben durch das Optische, durch Quellenwert im Detail. Wie die schriftliche Quelle ist die Karte das mehr oder weniger genaue Abbild einer historischen Situation, das aber im Gegensatz zur schriftlichen Quelle seine Anschaulichkeit im Sinne des Wortes bewahrt hat. Dabei kommt die Kleinräumigkeit der Darstellung der Exaktheit im einzelnen zugute.

Die Darstellungen sind äußerst vielseitig. Gar nicht selten werden besonders im 16. und 17. Jahrhundert dem Stand der Kartographie gemäß Raum und Ereignis miteinander verbunden und vermischt oder Leerräume mit Landschaftsdarstellungen, auf großmaßstäbigen Karten auch mit Vieh, Gerät und Menschen bei ihrer täglichen Hantierung ausgefüllt (Abb. 31, 41).

Sowohl bei der großräumigen wie bei der kleinräumigen Karte ist bis ins 18. Jahrhundert die Kavalierperspektive oder Vogelschau die übliche Darstellungsmethode. Dabei werden Grenzen, Gewässer, Straßen grundrißgetreu aufgetragen, natürliche Erhebungen, Ortschaften und einzelne Gebäude aber in Seiten- oder Schrägansicht von oben projiziert, wie sie sich dem Blick des Vogels oder des Betrachters vom *Kavalier*, dem zur besseren Übersicht überhöhten Teil eines Festungwerks, aus darboten. Nur selten finden sich einmal Gebäudegruppen im Grundriß auf einer Karte. Die Darstellung kann im Extremfall so sehr einem Landschaftsbild gleichen, daß die planbildliche Absicht dahinter kaum noch erkennbar ist (Abb. 212).

In jüngerer Zeit sind solche Karten wiederholt in Veröffentlichungen herangezogen worden, um authentische ältere Ansichten von Orten, Gebäuden, von Landschaft, Verkehrslage und anderen Gegebenheiten zu zeigen. Manche von ihnen sind unter solchen Gesichtspunkten erläutert und gedeutet worden. Dekorative und aussagekräftige handgezeichnete Karten hat man in Archivausstellungen der Öffentlichkeit vorgestellt.

Zur Erforschung des kartographischen Schaffens in den Rheinlanden und Westfalen sind die archivischen Karten mit Ausnahme der Katasterkarten und Landesvermessungen bisher allerdings so gut wie gar nicht benutzt worden. Da die westdeutsche Kartographiegeschichte bisher überhaupt nur bruchstückhaft bearbeitet wurde, ist jeder Versuch, hier einen historischen Abriß der Entwicklung kartographischer Darstellung dieses Gebietes zu liefern, von vornherein zum Scheitern verurteilt. Er kann und soll deshalb auch nicht gewagt werden.

Die Kartographiegeschichte der Rheinlande und Westfalens ist jedoch eingebettet in die allgemeine Kartengeschichte, die wiederum nicht isoliert betrachtet weden darf, sondern ein Teil der Wissenschaftsgeschichte ist, in deren Zentrum die Ausbildung unseres modernen Weltbildes steht. Als Beitrag dazu wollen sich die folgenden Ausführungen verstanden wissen, die keine neuen wissenschaftlichen Erkenntnisse bringen, sondern nur der Fachwelt allgemein Bekanntes gestrafft für einen größern Leserkreis wiedergeben. Mit Blick auf die Rheinlande und Westfalen werden dabei nach Möglichkeit Hinweise gegeben und vor allem die für diesen Raum wichtigen kartographischen Erzeugnisse vorgeführt.

Das Bild der Welt bis zum Ausgang des Mittelalters

Konkrete, einem bestimmten Zweck dienende Karten finden sich in primitiver Form aus Holz, Knochen, Baumrinde, Pflanzenfaser, Muscheln selbst bei den Naturvölkern. So sind aus Sibirien und von den nordamerikanischen Indianern Kartenzeichnungen auf Baumrinde bekannt. Die Eskimos auf Grönland verwandten aus Holz geschnitzte Reliefklötze zur Darstellung der Küstenlinien und die Südseeinsulaner verknüpften Kokosfasern und Muscheln zu Seekarten.

Zweifellos hat es auch im alten Mesopotamien, in Babylon und in Ägypten zur Zeit der Pharaonen konkrete Karten, beispielsweise in der Form von Militär-, Reise-, Katasterkarten gegeben, wenn davon auch nur Fragmente auf uns gekommen sind. Nicht einmal Kartenbruchstücke sind von dem in Ägypten im Zusammenhang mit den jährlichen Überschwemmungen des Nil hochentwickelten Vermessungswesen erhalten.

Die Griechen haben die ägyptischen Meßgeräte und Visiereinrichtungen mit rechtem Winkel und Diopter weiter entwikkelt. Sie haben die Darstellung der Erde in Kugelform vorgeschlagen und die Theorie der Projektionen mit einem bestimmten, mathematischen Formeln unterworfenen, Netz von Meridian- und Parallelkreisen aufgestellt. Kenntnis davon haben wir hauptsächlich durch die *Geographia* des berühmten, um die Wende vom 1. zum 2. Jahrhundert (um 80 – 175) in Alexandria lebenden Astronomen Claudius Ptolemaeus. Das mit dem Namen des Ptolemaeus verbundene Werk ist kein Erdkundebuch, wie der Titel vermuten lassen könnte, sondern in seinem um 160 entstandenen Kern eine Anleitung zur Anfertigung von Karten. In welchem Umfang Ptolemaeus selber daran beteiligt war, ist wohl nicht mehr feststellbar. Denn aus der *Geographia*

1

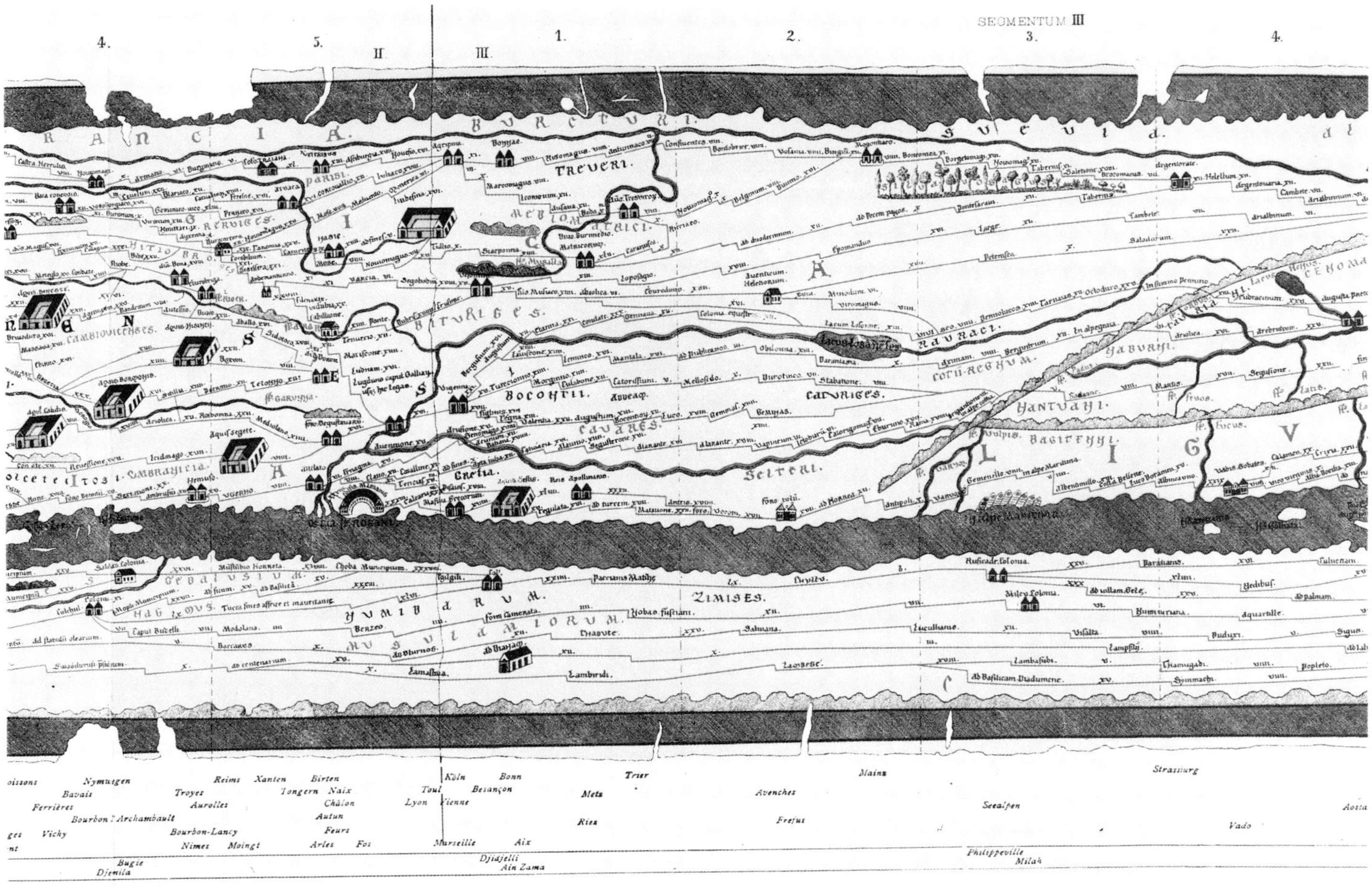

Abb. 1 Die Peutingersche Tafel

wurde allmählich ein über Jahrhunderte fortgeschriebenes Sammelwerk, welches in verschiedener Gestalt und auf verschiedenen Linien aus dem Altertum überliefert, das geographische Wissen der Zeit enthält. Es bringt bereits Kartennetzentwürfe und eine Einteilung des Globus in 360 ° mit dem Nullmeridian bei der Kanarischen Insel Ferro.

Die römische Kartographie hat von den Griechen kaum etwas übernommen. Nicht nach geometrischen Messungen in wirklicher mathematischer Gestalt der Erde wurden ihre Karten gezeichnet, sondern nach den Erfordernissen jeweiliger Praxis. Oft wurden Karten zu Militär- und Verwaltungszwecken in Form von Pergamentrollen angefertigt. Wichtiger als die objektiven Längen und Breiten der Ortslagen waren für den Handelsverkehr und für die Märsche der Legionen die Entfernungen von Ort zu Ort. Verzerrungen wurden hingenommen zugunsten einer praktischen Handhabung. Schmale Pergamentrollen ließen sich unterwegs besser handhaben als große Faltblätter. Was so entstand, waren mehr Straßendiagramme oder Distanzschemata als Landkarten.

Eine wenige Jahre vor Christi Geburt in Rom aufgestellte kartenmäßige Zusammenfassung aller bekannten Entfernungsangaben scheint nach Umarbeitungen indirekt als Vorlage der berühmten Peutingerschen Tafel gedient zu haben. Als ihr Schöpfer wird ein römischer Feldmesser Castorius um 370 n. Chr. genannt. Über Konrad Celtis, den Wiener Humanisten und Bibliothekar, gelangte die Karte in einer Nachzeichnung des 12. Jahrhunderts in den Besitz des Augsburger Ratsschreibers Konrad Peutinger, nach dem sie heute genannt wird. Der ursprüngliche Pergamentstreifen von 682 cm Länge und 34 cm Breite wurde nachträglich in zwölf Segmente aufgeteilt, von denen das erste, das vermutlich den Namen des Autors trug, verlorengegangen ist. Die beiden ersten erhaltenen Segmente sind die ältesten auf uns gekommenen Karten mit Angaben aus dem rheinisch-westfälischen Gebiet. Germanien ist darauf freilich zu einem schmalen Streifen eingeengt, in dem nur die Stammesgebiete der Franken, Brukterer, Sueven und Alemannen angegeben sind. Der schematischen Wellenlinie der Nordseeküste am oberen Kartenrand parallel bis kurz vor der Mündung fließt als einziger großer Fluß Westgermaniens der Rhein in die Nordsee. Am Rhein sind die Städte Xanten, Köln, Bonn, Mainz, am Nebenfluß Mosel ist Trier eingezeichnet. Eine Straße führt von Bingen nach Trier, wo sich auch Belginum, eine einstige Römerstadt bei Hinzerath an der Hunsrückhöhenstraße findet (Abb.1).

Mit dem Wissen des Aristoteles und des Ptolemaeus geriet auch ihre Lehre von der Kugelgestalt der Erde in Vergessenheit.

2a

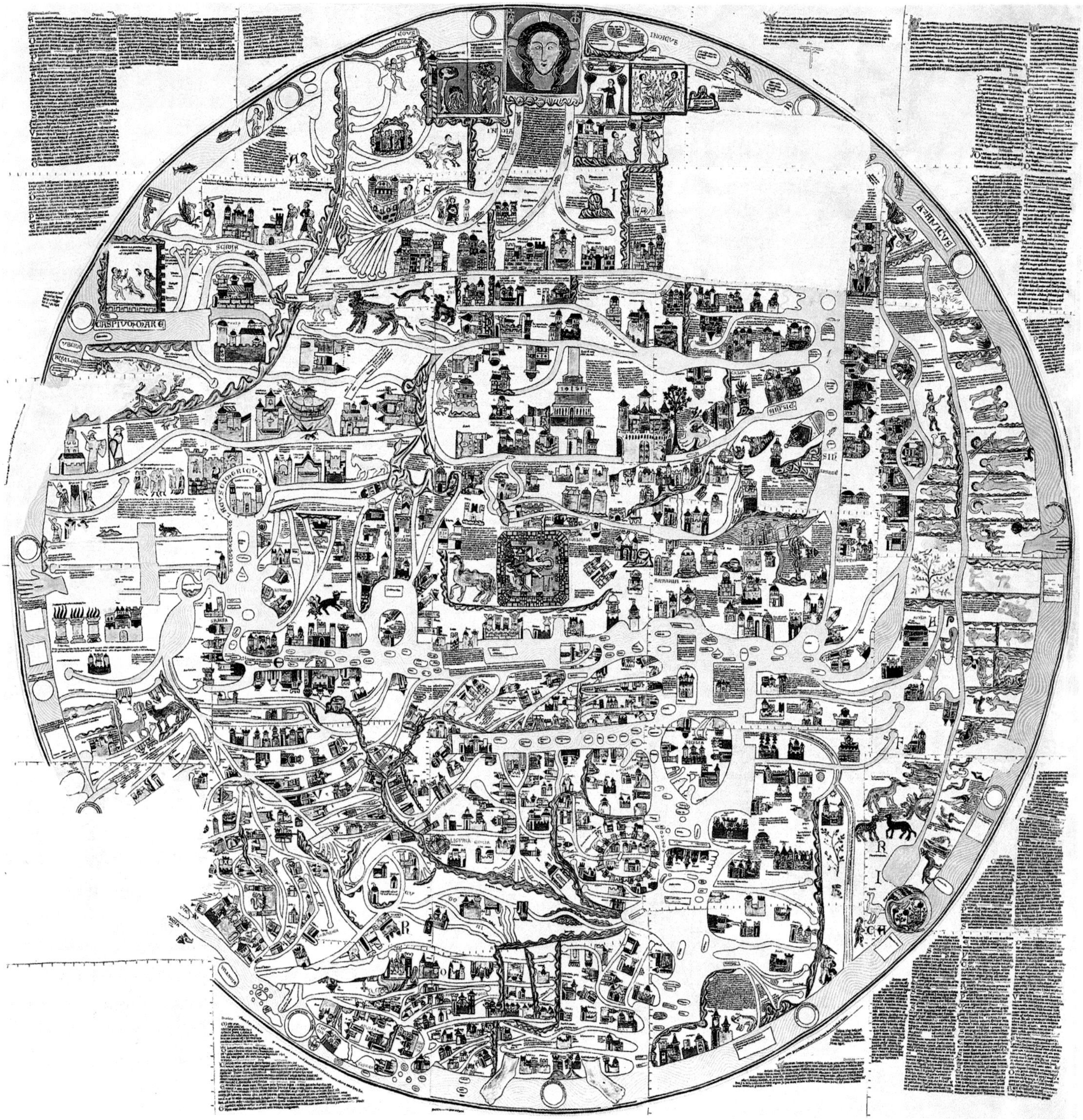

Abb. 2a Die Ebstorfer Weltkarte. Um 1235

Im Mittelalter setzte sich als christliche Topographie eine ältere Lehre durch, welche die Erde als flache, vom Ozean umspülte Scheibe ansah, über die sich die Himmelsfeste als Zelt spannte. Sie war auf den schematischen Weltkarten des byzantinischen Pilgermönchs Kosmas Indicopleustes aus dem 6. Jahrhundert überliefert und wurde, da sie allen Anforderungen der Kirche entsprach, allgemein von ihr übernommen. Die Mönche, die zwischen dem 7. und 15. Jahrhundert solche Karten zahlreich in den Klöstern zeichneten, nahmen nicht die beobachtende Forschung zur Richtschnur, sondern das Zeugnis der Bibel und anderer von der Kirche anerkannter Schriften.

Jerusalem steht auf diesen T- oder Scheiben-Karten im Mittelpunkt der Welt, die sich durch ein T entsprechend der Aufteilung unter die Söhne Noahs in drei Erdteile gliedert. Die obere

2b

Abb. 2b Ebstorfer Weltkarte. Ausschnitt Rheinlande und Westfalen

Hälfte nimmt Asien ein, durch Don, Asowsches, Schwarzes Meer und Marmarameer sowie den Nil von Europa und Afrika getrennt. Diese beiden Erdteile sind ihrerseits in der unteren Hälfte der Karte durch das den senkrechten Schaft des T bildende Mittelmeer getrennt. Stoffkreise der Bibel, Heiligenlegenden, antike und volkstümliche Sagen und Legenden spielen auf dem Kartenbild die Hauptrolle, verbinden sich aber auch mit zeitgenössischer Überlieferung und wirklicher Erdkenntnis. Karl der Große besaß nach dem Bericht seines Biographen Einhard eine solche Karte in Form eines silbernen Tisches. Eine andere als Bestandteil eines in Cambridge verwahrten Codex erhaltene Weltkarte wird dem Mainzer Erzbischof Heinrich I. (1142 - 1152) zugeschrieben. Auf ihr finden sich als deutsche Flüsse nur Rhein und Mosel, als deutsche Städte nur Köln und Mainz.

Die mit fast 13 qm Fläche aus Pergament größte und darstellungsreichste Karte dieses Typs ist die nach dem Ort ihrer Wiederauffindung im vergangenen Jahrhundert und wohl auch ihrer Entstehung, dem Benediktinerinnenkloster Ebstorf in der Lüneburger Heide, benannte Ebstorfer Weltkarte. Das Original dieses einzigartigen Zeugnisses mittelalterlicher Klosterkartographie ist leider dem Zweiten Weltkrieg zum Opfer gefallen. Doch existieren genügend Aufnahmen und Rekonstruktionen der Karte, daß man sich einen Eindruck von ihr verschaffen kann (Abb. 2a/b). Die zwischen 1230 und 1250 entstandene Karte zeigt besonders im Bild Nordwestdeutschlands eine Kenntnis der Örtlichkeit wie nur an wenigen anderen Stellen, etwa bei Jerusalem, Rom und der Reichenau. Eine Darstellung der Erde in der Form einer Scheibe bringt allerdings notwendig an den Randgebieten beträchtliche Verzerrungen. Zwischen zwei parallelen Flüssen stehen in der Reihenfolge von Westen nach Osten als westfälische Orte Paderborn, Westfalen (*westfalia c*), Soest, Essen, außerhalb dieses Landstrichs noch Corvey und Dortmund, das irrtümlich an die Fulda verlegt ist. Köln erscheint nurmehr als Turmspitze an einem beschädigten Teil der Karte, daneben Aachen ohne Bezeichnung, aber an den heißen Quellen deutlich erkennbar. Koblenz liegt richtig am Zusammenfluß von Rhein und Mosel. Außerdem finden sich Mainz, Worms, Speyer, letzteres am völlig überdimensionierten Speyerbach, und Trier (Abb. 2b). Vielfach basiert die Karte noch auf Herodot. Sie verwendet in ihrer geographischen Darstellung zwar antikes Wissen und auch zeitgenössische Nachrichten, ist aber insgesamt mehr das Abbild einer vorgestellten als einer wirklichen Welt.

Während das Abendland sich von den Römern über die Kirchenväter und die ihnen folgenden christlichen Schriftsteller immer weiter von den wissenschaftlichen Grundlagen entfernte, welche einst die Griechen der Geographie geschaffen hatten, haben die Araber diese weiter gepflegt. Ein Beispiel dafür ist die Weltkarte des Muhammed Idrisi von 1154. Sie ließ alles von der ptolemaeischen Geographie fort, was nicht durch Zeitgenossen bestätigt werden konnte.

Es hat im Mittelalter neben der kirchlichen in begrenztem Umfang auch eine weltliche Kartographie gegeben. Sie zeigt sich seit dem 13. Jahrhundert in den Portolan- oder Kompaßkarten, einem wohl im Mittelmeerraum entstandenen Typ von Seekarte mit sehr genauen Darstellungen des Küstenverlaufs.

In Riddagshausen bei Braunschweig bestimmte Johann von Hameln 1328 die Polhöhe seines Klosters. Mönche in Reichenbach bei Regensburg und in Klosterneuburg folgten seinem Beispiel. Aus mehreren Klöstern sind Ortstafeln mit Koordinaten überliefert, darunter die in St. Cyriax in Neuhausen bei Worms entstandenen Arbeiten des Kanonikers Johannes von Wachenheim aus den Jahren 1397 - 1422. Er hat unter anderem die geographische Breite von Worms mit 49° 35′ (richtig 49° 38′) überraschend genau bestimmt. Der Kopist Konrad von Dyffenbach hat uns Kartenskizzen dieser Schule überliefert, die ein rechtwinkliges Gradnetz zeigen, in das die aus den Koordinatentafeln übenommenen Ortsnamen übertragen sind. Sie gehören zu den ersten Belegen für eine von antiker Überlieferung unabhängige, mathematisch fundierte Kartographie.

Renaissance der Kartographie

Die mathematisch fundierten Kartenprojektionen einzelner Mönche im Mittelalter haben wenig Beachtung gefunden. Eine Wiedergeburt der im eigentlichen Sinne wissenschaftlichen Kartographie erlebte Europa erst im späten 15. Jahrhundert, hervorgerufen durch die Bekanntschaft mit der *Geographia* des Ptolemaeus. Gleichzeitig wirkten sich die großen geographischen Entdeckungen befruchtend auf die Arbeit der Kartographen aus.

Das von byzantinischen Flüchtlingen mit nach Italien gebrachte angebliche Werk des Ptolemaeus erregte hier bei dem damaligen Wissensstand nicht unerhebliches Aufsehen. Es wurde alsbald 1406 ins Lateinische übersetzt und 1475 in Vicenza zum ersten Male gedruckt. Vielfach korrigiert, ergänzt, mit antiken, dann auch bald mit modernen Karten versehen, fand die *Geographia* dank der Erfindung des Buchdrucks und der Benutzung von Kupferstich und Holzschnitt weite Verbreitung. Bereits 1466 hatte Nicolaus Germanus († um 1489) in Florenz die 27 bis dahin in rechteckigen Gradnetzen konstruierten alten Karten in jener trapezförmigen Projektion dargestellt, welche auch die berühmte, dem Kardinal Nikolaus von Kues (1401 - 1464) zugeschriebene Karte von Mitteleuropa zeigt. Das Original dieser wohl unmittelbar nach 1451, als der Kardinal im päpstlichen Auftrag viele Städte und Länder in Deutschland bereist hatte, entstandenen Karte ist nicht erhalten. Von einer korrigierten Platte im ungefähren Maßstab 1 : 6,5 Millionen ließ der Humanist Konrad Peutinger 1491, 27 Jahre nach dem Tode des Kusaners, in Eichstätt einige Kopien ziehen, welche wohl die ältesten datierten Kartenblätter im Kupferstich überhaupt sind (Abb. 3). Sebastian Münster verfaßte dazu auf Wunsch Peutingers eine kleine Beschreibung Deutschlands, die *Germaniae descriptio* von 1530. Eine andere, im Typ von dem Eichstätter Stich abweichende, Kopie der Cusanus-Karte ist als Bearbeitung für einen Florentiner Ptolemaeus-Codex erhalten. Stark vereinfacht erschien die Karte 1493 als Holzschnitt von Hieronymus Münzer in Hartmann Schedels *Liber Chronicarum*.

Holzschnitte sind etwas früher überliefert als Kupferstiche, und zwar als älteste zwei 1475 in Lübeck gedruckte Blätter einer Weltkarte und einer Karte von Palästina.

Es waren vor allem die mathematischen Beiträge im Werk des Ptolemaeus, die im Abendland als Sensation aufgenommen wurden. Die gebotenen geographischen Fakten waren bereits weitgehend überholt, als Westeuropa mit der *Geographia* bekannt wurde. Die Bedeutung der Cusanus-Karte liegt nicht zuletzt in den erheblichen Korrekturen, die sie zu dem mehr oder weniger konfusen ptolemaeischen Kartenbild von Mitteleuropa brachte.

Zur Ausstattung einer Handschrift der *Geographia* des Ptolemaeus mit modernen, d. h. zeitgenössischen, Karten haben auch die sogenannten Trier-Koblenzer Fragmente gedient. Diese *Tabulae modernae* zeigen Verwandtschaft mit Arbeiten des Magisters Reinhard Pragensis († 1457) im Kloster Reichenbach. Eines der drei Blätter mit Bruchstücken handgezeichneter Karten auf jeder Seite wurde im Staatsarchiv Koblenz, die beiden

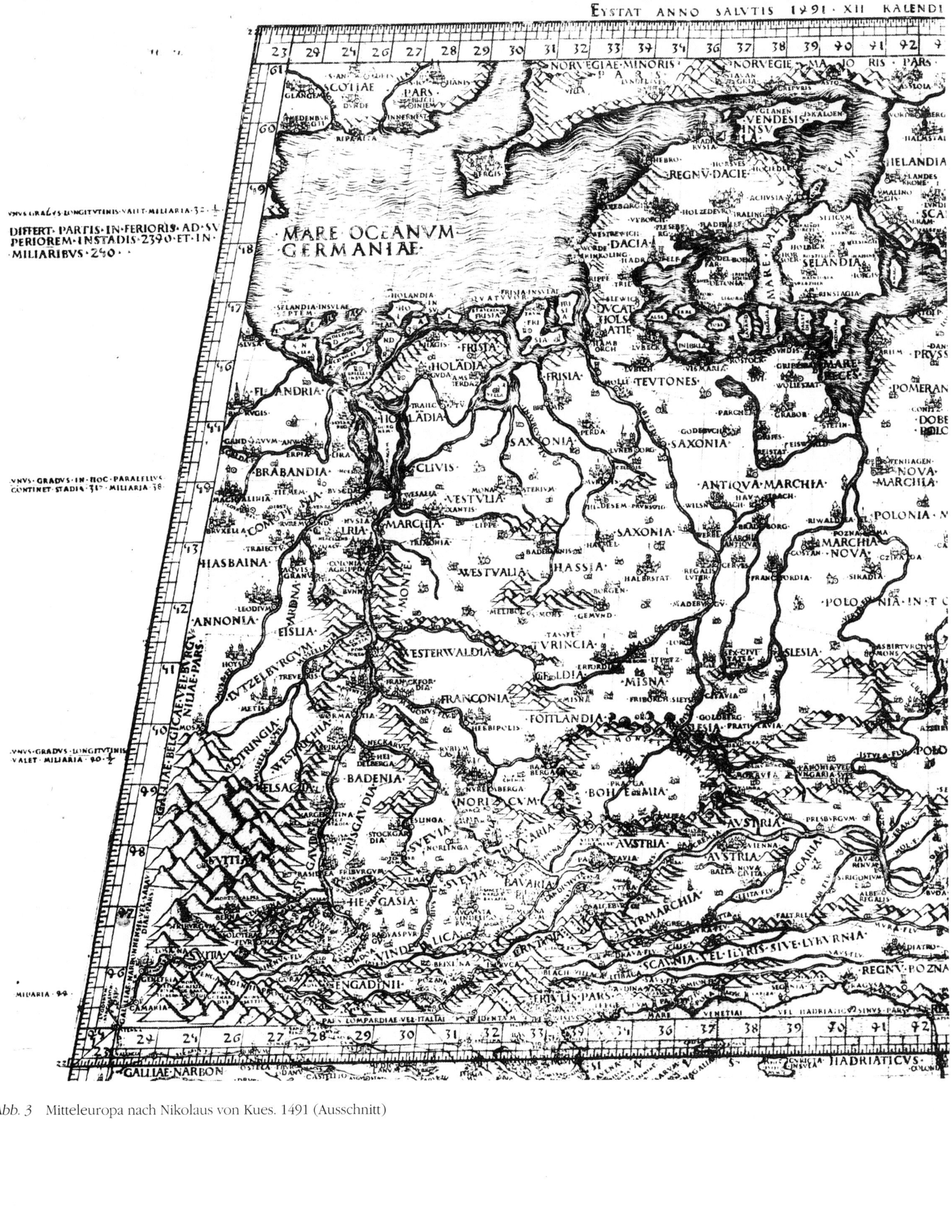

Abb. 3 Mitteleuropa nach Nikolaus von Kues. 1491 (Ausschnitt)

4

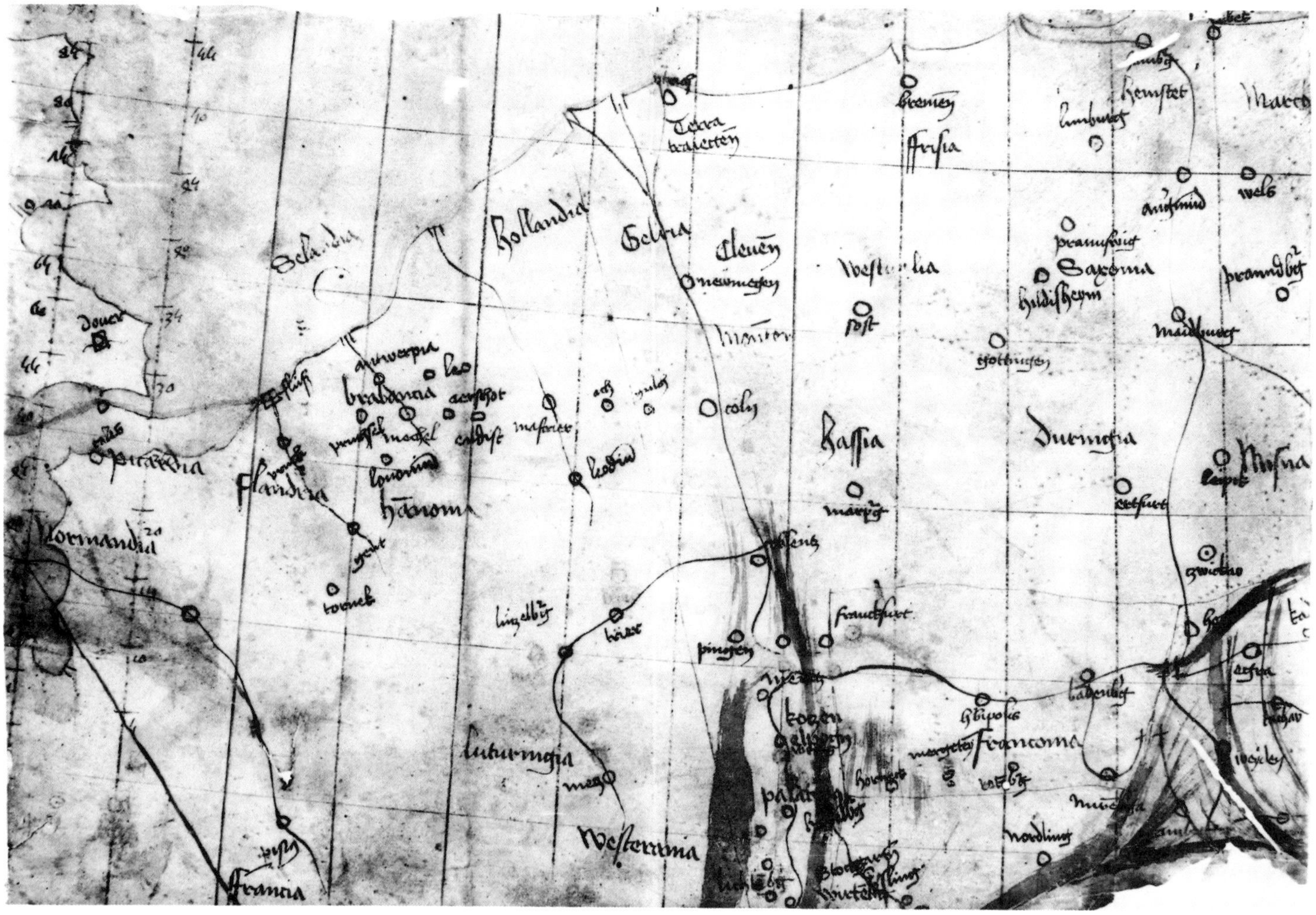

Abb. 4 Westeuropa auf dem Koblenzer Fragment. Vor 1475

anderen wurden in der Stadtbibliothek Trier erst in unserem Jahrhundert wiederentdeckt. Früher hatte man angenommen, daß sie vor 1479 in Nürnberg von einer dem Regiomontanus nahestehenden Person gezeichnet wurden. Heute wird ihre Anfertigung aber auf das Jahr 1437 vorverlegt und dem Magister Nikolaus Heybeck in Klosterneuburg zugeschrieben. Durch den Kardinal von Kues sollen sie an die Bibliothek des Cusanusstifts in Bernkastel-Kues gelangt sein, wo Buchbinder sie zerschnitten. Die Trierer Bruchstücke zeigen Nordafrika, Spanien, Frankreich, Italien und das Gebiet der mittleren Donau. Eine Seite des Koblenzer Blattes zeigt Osteuropa, die andere Westdeutschland, die Niederlande und Ostfrankreich (Abb. 4). Sie verzeichnet an geographischem Bestand in Westfalen nur die Stadt Soest, in den Rheinlanden die Territorien und Landschaften Kleve und Berg, ferner Katzenelnbogen, Pfalz, Lichtenberg und Westrich, die Städte Aachen, Jülich, Köln, Koblenz, Trier, Bingen, Mainz und Worms.

In raschem Tempo veränderte sich das Kartenbild unserer Erde weiter, nachdem an der Wende des 15. Jahrhunderts die Zeit der großen Entdeckungsreisen angebrochen war. Ihre Ergebnisse, welche das geographische Blickfeld so außerordentlich erweiterten, steigerten den Bedarf an guten Karten und leiteten eine neue Entwicklung der Kartographie ein.

Martin Behaim (um 1459 - 1507) aus Nürnberg machte die Portugiesen mit den mathematischen Kenntnissen seines Lehrers Johannes Müller-Regiomontanus (1436 - 1476) und den von ihm verbesserten Ephemeriden, den astronomischen Tabellen, Astrolabien und dem sogenannten Jakobsstab bekannt, wodurch eine wesentlich bessere Orientierung auf offener See und Navigation als bisher möglich wurde. Neben seinem berühmten Globus von 1492 fertigte er eine Karte für die damals bevorstehende Reise Fernao Magalhães an. Die Weltumseglung des Magalhães im Jahre 1522 bedeutete vollends das Ende des ptolemaeischen Weltbildes, nachdem Martin Waldseemüller 1507 bereits die erste Karte gezeichnet hatte, die den Namen *America* und die Umrisse der Ostküste des neuen Kontinents enthält.

Neben der Cusanus-Karte steht als andere berühmte Mitteleuropakarte jener Zeit Erhard Etzlaubs (um 1460 - 1532) 1492 gedruckter Holzschnitt. Diese Karte wurde anläßlich des Heiligen Jahres von 1500 für Rompilger angefertigt und enthält die wichtigsten Handelswege mit Meilenangaben. Rom als Ziel liegt am oberen Rand. Eine verbesserte Ausgabe vom Jahre 1501 hat die Zahl der Wege gegenüber dem ersten Blatt nicht unerheblich vermehrt (Abb. 5). Statt der drei Straßen, die Westfalen und die Rheinlande berühren, von Bremen über Minden nach Göttingen, Erfurt, der linksrheinischen von den Niederlanden über Köln, Worms, Ulm und der von Brügge über Aachen nach Basel, treffen jetzt allein in Köln fünf Straßen aus Holland - Aachen, Lübeck - Bremen - Münster, Braunschweig - Soest - Werl, Erfurt - Alfeld - Marburg und Nürnberg - Frankfurt - Koblenz zusammen. Andere führen von Münster über Dülmen und Kleve sowie von (Nieder-) Breisig über Düren und Aachen in die Niederlande. Die Abstände zwischen den auf der nach Süden ausgerichteten Karte angegebenen Orten sind, wie es im Titel heißt, *von meilen zw meilen mit puncten verzaichnet.* Die Umrechnung der Angaben für einige Strecken bestätigt ihre erstaunliche Genauigkeit. So ist die Strecke Köln - Jülich (44 km) mit 6, die Strecke Münster - Dülmen (30 km) mit 4 und die Strecke Saarbrücken - Kaiserslautern (67 km) mit 9 Punkten zu je 7,5 km bezeichnet. Etzlaub war nicht nur Bahnbrecher in der Herstellung von Itinerarkarten, die als Kartentyp, von anderen weiterentwickelt, schließlich sogar zur Ablösung von der Karte und zu Wegebüchern und Meilenscheiben führten. Bemerkenswert an seinen Karten ist auch noch die Eintragung von Breitengraden an den Rändern, wobei die Abstände zwischen den Parallelen nach Süden zunehmen. Etzlaubs Karten zeigen also bereits die fünfzig Jahre später von Gerard Mercator eingeführte und nach ihm benannte Projektion.

Gebirge zeichnete Etzlaub als dunkle Flächen mit einigen Strichen oder als Wald in Ansicht. Ganz wenige große Städte wurden durch Gebäudeansichten, die meisten Orte nur wie auch auf den Trier-Koblenzer Fragmenten durch einfache Kreissignatur bezeichnet. Auf der Cusanus-Karte dagegen finden sich mit den sogenannten *Maulwurfshügeln* für Gebirge und mehr oder weniger schematisch vereinfachten Ansichten zur Bezeichnung der Ortschaften bereits jene später so beliebten Darstellungsformen, die für kleinmaßstäbige Karten bis zum Ende des 18. Jahrhunderts kaum verändert beibehalten werden. Etzlaubs Karten haben im übrigen weit mehr Einfluß auf die Kartographie seiner Zeit gehabt als die Cusanus-Karte. Sie wurden sowohl durch die Arbeiten von Martin Waldseemüller (1473/74 - 1518), des gelehrten Mönchs im Vogesenkloster von St. Dié und führenden Kartographen des angehenden 16. Jahrhunderts, wie auch durch die Ptolemaeusausgaben des Basler Professors Sebastian Münster (1489 - 1552) und in seiner Kosmographie verbreitet. Diese Kosmographien oder Weltbeschreibungen haben sich bald zu einer eigenen Gattung der Renaissanceliteratur entwickelt, die aus der allgemeinen Begeisterung über die neuen geographischen Erkenntnisse entstanden ist. Als populärwissenschaftliche Werke sind die Kosmographien oft von Holzschnittkarten, die seit 1544 von Münster herausgebrachten auch von Stadtansichten begleitet, wie sie später das große Werk des Frankfurter Meisters Matthaeus Merian (1593 - 1650) schmückten. Den ersten Kosmographen, an deren Spitze der berühmte Konrad Celtis (1453 - 1508) steht, indes war die Beschreibung der Länder der Reihe nach die Hauptsache, die Karte mehr Nebensache oder Beiwerk. Selten ist ein früher *Atlas* ohne Text.

Mit dem Namen des Theologen, Hebraisten und Kosmographen Sebastian Münster ist diese Art von beschreibender Regionalkunde besonders eng verbunden. Münster wandte sich 1528 von Heidelberg aus, wo er bis zu seiner Berufung nach Basel im Jahre 1529 wirkte, mit einem Aufruf *an alle liebhaber der künnsten, im hilff zu thun zu warer unnd rechter beschreybung Teutscher Nation.* Er bat Gelehrte, Fürsten und Städte um Beschreibungen von Orten und Landschaften, auch Zeichnungen und Karten der einzelnen Länder für eine ausführliche Beschreibung ganz Deutschlands, die er zusammenstellen wollte. Das Echo auf Münsters Appell war so groß, daß sich die ursprünglich geplante Germanographie schließlich zu einer *Cosmographia, Beschreibung aller Länder* ausweitete. Mit ihr hinterließ der zu seinen Lebzeiten als Hebraist berühmte Gelehrte sein bedeutendstes Werk ausgerechnet auf dem Gebiet der Geographie. Münsters Kosmographie war das wohl anspruchvollste und zugleich populärste Werk dieser Gattung Schriften. Die erste ausführliche Weltbeschreibung in deutscher Sprache erlebte in den acht Jahren bis zu Münsters Tod fünf Auflagen. Nach seinem ersten Erscheinen 1544 Jahr für Jahr umgearbeitet, wuchs das Werk noch zu Münsters Lebzeiten von 649 auf 1162, später sogar auf 1750 Seiten Folio. Es gehörte zu den verbreitetsten und beliebtesten Büchern des 16. Jahrhunderts. Man schätzt die Gesamtzahl der bis zur letzten Auflage 1650 gedruckten Exemplare auf 50 400 Stück. Die eigentliche wissenschaftliche Fassung in lateinischer Sprache erlebte nur zwei Auflagen. Daneben gab es auch noch eine französische Fassung.

Bereits gegen Ende des 15. Jahrhunderts hatte sich ein Handel mit Karten entwickelt und der Herstellung von gedruckten Einzelblättern Auftrieb gegeben. Die noch sehr einfachen Holzschnitte aus der Werkstatt schlichter Formschneider wurden wie Flugbätter auf den Märkten angeboten. Erst als von Hand gezeichnete Karten gestochen, gedruckt und in großer Zahl vertrieben wurden, konnten sie indes die kartographische Arbeit beeinflussen. Zur Mitte des 16. Jahrhunderts setzte fast überall in Europa eine rege Tätigkeit auf dem Gebiet der Herstellung und Herausgabe von Landkarten ein. Die Kartographie konnte sich zahlreiche neue mathematische Erkenntnisse verschiedener Gelehrter zunutze machen. Die von Regiomontanus dargelegte sphärische Trigonometrie, von Johann Stöffler (1452 - 1531) im Jahre 1518 herausgegebene neue Ortsverzeichnisse mit Längen- und Breitenangaben, Peter Apians (1495 - 1552) *Cosmographicus liber* von 1524 und vor allem der *Libellus de locorum describendum ratione* des Mathematikprofessors Gemma Frisius (1508 - 1555) in Leuven von 1533 stellten die Kartographie auf neue Grundlagen. Der schnelle Aufschwung der westeuropäischen Seehäfen nach der Entdeckung Amerikas und der Erschließung des Seeweges nach Indien hatten zudem mit dem neuen Wohlstand auch Interesse an Kunst und Wissenschaft bei den Bürgern geweckt. Die Nachfrage nach Landkarten stieg und führte dazu, daß neben allgemeinen Übersichtskarten vermehrt auch Spezialkarten von einzelnen Regionen und Ländern entworfen wurden. Als die erste Karte von Deutschland im engeren Sinne hat wohl die 1493 von dem Nürnberger Arzt Hieronymus Münzer (1437 - 1508) nach dem Vorbild der Cusanus-Karte hergestellte Holzschnittkarte zu gelten.

Ob es im Mittelalter neben den Weltkarten auch regionale Landkarten gegeben hat, läßt sich heute nicht mehr feststellen. Man kann es jedenfalls nicht ausschließen, wenn auch keine mittelalterliche Karte eines Landes oder einer Region auf uns

5

FRANCIA
ELSAS
SCHALON
SVABEN
WESTER RICH
HESSN
FLAND ERN
FRISLAND
GRONINGEN
VVESTER SEE
BREMEN
LVNBVRGERHEID
HAMBORG
LVBECK
HOLTTAT
DAS GROS TEVTSCH MER
SCHLESVIG
SCHOTLANT
CELIDONIA SILVA
ANGLIAE PARS
90
100
110
120
130
140
150
160
170
180
190
200
210
Getruckt von Georg glogk-endon zw Nurnbergk
1501
MITNACHT

6

Abb. 6 Rheinkarte des Kaspar Vopel. 1555 (Ausschnitt)

gekommen ist. Zu den frühesten Kartenentwürfen deutscher Landschaften gehören neben Hieronymus Münzers verlorener Karte von Nordwestdeutschland die Holzschnittkarte des Schwarzwaldes auf drei Blättern von Johannes Georgius aus dem Jahre 1503 und die fünfzehn Jahre jüngere von Böhmen des Arztes und Buchdruckers Nicolaus Claudianus zu Jungbunzlau. Johann Aventin in Landshut gab 1523 eine Karte von Bayern, Johann Honter in Basel 1532 eine Karte von Siebenbürgen heraus, um einige weitere frühere Regionalkarten zu nennen.

1513 erschien in Straßburg eine Ausgabe der *Geographia* des Ptolemaeus mit einer Karte des Rheingebietes von Basel bis Oberwesel. Ihr Kartograph war der seit 1507 am Hof des Herzogs René II. von Lothringen tätige Martin Waldseemüller. Sebastian Münster unternahm es in seiner 1540 in Basel erschienenen Ptolemaeus-Ausgabe erstmals, den gesamten Rheinstrom darzustellen. Die fünf Blätter überschneiden sich jedoch und sind wohl wegen ihrer verschiedenen Vorlagen nicht aneinander zu reihen. Wenige Jahre später publizierte der in Medebach

Abb. 5 Landstraßen-Karte von Erhard Etzlaub. 1501 (Ausschnitt)

geborene und in Köln als Mathematiklehrer wirkende Kaspar Vopel (1511 - 1561) neben Globen und einer Europakarte 1555 im Holzschnitt eine sehr dekorative Übersichtskarte des gesamten Rheingebietes (Abb. 6). Die auf 1,50 m Länge eine Fülle von Informationen enthaltende Karte erlebte 1558 und 1560 zwei weitere Auflagen. Eine angebliche Karte Westfalens von 1450, die vor dem Zweiten Weltkrieg einmal in der Literatur auftauchte, hat sich bald als grobe Mystifikation herausgestellt.

Als Abraham Ortelius aus Antwerpen 1570 sein *Theatrum orbis terrarum* mit den Karten von Franz Hogenberg herausgab, konnte er im Autorenverzeichnis schon 100 Verfasser von Landkarten nennen. Die Zahl verdeutlicht, wie sehr das kartographische Interesse innerhalb des verflossenen Jahrhunderts gewachsen war.

Westdeutsche und niederländische Kartenmacher

Im frühen 16. Jahrhundert hatte man in Nürnberg, Wien und im Rheinland für die Kartographie wichtige wissenschaftliche Studien betrieben und Karten angefertigt. Vorübergehend waren dann Antwerpen, Köln und Duisburg Zentren des kartographi-

7

Abb. 7 Die Rheinpfalz. Visscher. 1652

schen Schaffens, ehe der politische und wirtschaftliche Aufstieg der Niederlande dazu führte, daß Amsterdam diese Rolle übernahm.

Ungeachtet der hohen Preise für die in der Regel einzeln angebotenen, bald aber auch von Händlern zu Sammlungen zusammengefaßten Blätter stieg die Nachfrage ständig. Die Kartenmacher bedienten sich jetzt für die Vervielfältigung fast ausschließlich der Kupferstichkunst. Wenn eine Kupferplatte auch nur höchstens 5000 Abdrucke lieferte, während von einem Holzschnitt das Vielfache hergestellt werden konnte, so waren Kupferplatten doch leichter und weniger riskant zu bearbeiten als Holzblöcke. Vor allem ermöglichte der Kupferstich eine Schönheit und Deutlichkeit der Darstellung, welche in Holz geschnitze Karten nur ausnahmsweise erreichten.

In den letzten Jahrzehnten des 16. Jahrhunderts wirkte in Köln als Kupferstecher und Kartenproduzent unter anderem Franz Hogenberg (1535 - 1590) und in Duisburg der bedeutendste Geograph seiner Zeit Gerard Mercator (1512 - 1594). In Rupelmonde in Flandern geboren, hatte der Sohn eines Jülicher Geistlichen in Leuven als Schüler des berühmten Astronomen Gemma Frisius Globen hergestellt, bevor er eine eigene Offizin gründete, aus der zahlreiche Karten und ab 1585 als eigentliches Lebenswerk Gerard Mercators ein erst unter seinem Sohn Rumold abgeschlossenes, weltumfassendes Kartenwerk mit zahlreichen Regional- und Länderkarten erschien. Der nach dem legendären mauretanischen König bzw. dem Titanen der griechischen Mythologie benannte *Atlas* erlebte, von Jodocus de Hondt weiter verlegt, bis 1637 mindestens 30 Auflagen und machte diese Bezeichnung für systematische kritische Kartensammlungen von innerer und äußerer Einheitlichkeit populär. Mercator, seit 1560 Hof-Kosmograph Herzog Wilhelms des Reichen von Jülich-Kleve-Berg und Lehrer für Mathematik und

Geographie am Gymnasium der Residenzstadt Duisburg, erhob als erster öffentlich die Forderung nach einer strengen Kritik des Quellenmaterials für den Kartenmacher. In einem Brief an seinen Antwerpener Freund Abraham Ortelius tadelte er, daß die *Herrschaft der Wahrheit* in vielen Karten vermißt werde. Anders als die meisten seiner Zunftgenossen strebte Mercator nach Originalität. Er hat deshalb fast alle seine Karten selber gezeichnet. Soweit er neben eigenen Aufnahmen und solchen seiner Söhne fremde Quellen heranzog, hat er sie kritisch behandelt und in wissenschaftlicher Kleinarbeit umgearbeitet, ergänzt und vereinheitlicht. Das erklärt zu einem guten Teil auch die lange Entstehungszeit seines Atlas. Bei seinem Tode lagen von diesem nur drei Teile mit dem Gebiet von Frankreich, Belgien, Deutschland, Italien und Griechenland vor. Mercators Karten brachten aber auch inhaltlich in mehrfacher Hinsicht einen außerordentlichen Fortschritt, der besonders beim Gewässernetz und bei den Ortsnennungen auffällt. Für die Pfalz und das Saarland ergeben sich beispielsweise 342 Ortsnamen gegen 140 bei Vopel (Hellwig).

Nicht zuletzt wurde Mercators Atlas wegweisend für die deutsche Landeskartographie der Zeit. Bereits die Ausgabe von 1591 enthält Karten von Friesland, Oldenburg, Westfalen, dem Rheinland, der Rheinpfalz und anderen Regionen. Nicht nur das Grundschema der zumeist ersten selbstständig gedruckten Territorialkarten in seinem Atlas gilt bis ins 18. Jahrhundert fort, auch einzelne dieser Karten blieben lange Zeit unverändert. Mercators Pfalzkarte zum Beispiel wurde von Matthias Quad 1592, Cornelius de Jode 1593 und Bertius 1612 ohne bemerkenswerte Änderungen und Verbesserungen übernommen. Erst Claes Janszoon Visscher (1587 - 1632) brachte seit 1621 in seiner Amsterdamer Offizin in mehreren Auflagen eine neue gründlich überarbeitete Karte der Kurpfalz heraus (Abb. 7).

Einen Meilenstein auf dem Weg zur modernen Kartographie setzte Mercator mit der für seine Einschätzung ebenso wichtigen, 1569 erschienenen, Weltkarte *ad usum navigantium*. In ihr verwandte er zum erstenmal jene winkeltreue Zylinderprojektion, die seinen Namen trägt. Es ist ein Netzentwurf, bei dem die Breitengrade nach dem Pol zu allmählich in dem Verhältnis größer werden, wie die Parallelkreise in ihrem Verhältnis zum Äquator zunehmen, und alle in Nordsüdrichtung verlaufenden Linien die Breitengrade unter dem rechten Winkel schneiden. Diese *Mercator-Projektion* wird noch heute für Seekarten allgemein verwandt.

Anfänglich hat Gerard Mercator im Auftrage des Herzogs von Jülich-Kleve auch an Grenzregulierungen mitgewirkt. Erhalten ist von diesen Arbeiten nichts mit Ausnahme eines kurzen Abschnitts der märkisch-kurkölnischen Grenze bei Werl, der 1561 von anderer Hand als *in Affmalung Mercatoris* festgehalten wurde. Ab 1564 blieb diese praktische Tätigkeit im Gelände jedoch seinem Sohn Arnold (1537 - 1587) vorbehalten. Dieser zeichnete für den Landesherrn verschiedentlich Grenz- und Prozeßkarten unter anderem im Streit um die Herrschaft Homburg gegen die Grafen von Sayn-Wittgenstein 1575 und um die Wesergrenze gegen den Bischof von Minden 1581 (Abb. 192). Er vermaß in Bonn und Sittard und nahm die Markenzuschläge in der Grafschaft Ravensberg auf. Der Trierer Erzbischof und Kurfürst Johann VI. von der Leyen (1556 - 1567) beauftragte Arnold Mercator, das Erzbistum zu vermessen und aufzuzeichnen. Er hat diesen Auftrag in kurzer Zeit ausgeführt. Leider ist nur die 1567 vollendete Karte des Oberstifts erhalten. Im Jahre 1570 zeichnete er einen Plan der Stadt Köln, 1583 eine Karte des jülichschen Amtes Wehrmeisterei und noch 1584/85 im Auftrage des Landgrafen Wilhelm IV. von Hessen eine bisher nicht aufgefundene Karte der Niedergrafschaft Katzenelnbogen. Von Gerard Mercators Enkel Johannes ist eine Karte der Grafschaft Moers überliefert. Eine Westfalenkarte seines anderen Enkels Gerard d.J., etwa 1598 angefertigt, ist seit dem Zweiten Weltkrieg verschollen.

Von der zweiten Hälfte des 16. Jahrhunderts ab haben für über ein Jahrhundert die Niederländer Herstellung und Vertrieb von Landkarten in einer ungeahnten Weise monopolisiert. Einen ersten Höhepunkt bildete die Antwerpener Erstausgabe des berühmten *Theatrum orbis terrarum* des Mercator-Freundes Abraham Ortelius (1527 - 1598) im Jahre 1570. Acht Jahre später, 1578, brachte Gerard de Jode (1515 - 1591), einer der bedeutendsten kartographischen Verleger der Niederlande, einen Atlas heraus. Jodocus de Hondt (1563 - 1612) in Amsterdam erwarb von 1604 ab sämtliche Platten von Mercator, dessen Atlas er weiter druckte. Nach seinem Tode ging die Firma an seinen Schwager Johann Janssonius (um 1588 - 1664) über, der das Werk fortsetzte. Nicht zuletzt ist in dieser Reihe zu nennen Willem Janszoon Blaeuw (1571 - 1638) aus Alkmaar. Er gründete 1599 in Amsterdam seine berühmte, fast über ein Jahrhundert in Holland führende Offizin, aus der Land- und Seekarten, die zwölfbändige *Geographia Blaviana* und mehrere Großatlanten hervorgingen (Abb. 8). Mit einem Vorrat von etwa 1000 Kupferplatten besaß Blaeuw die damals wohl größte Druckerei Europas. Blaeuw war es auch, der zuerst nach 1618 in seiner Offizin eigene Illuministen beschäftigte. Bis dahin waren Karten und Atlanten durchweg als Schwarzweißdruck verkauft worden, die ihre Kolorierung zumeist erst durch die mehr oder weniger geschickte Hand der Besitzer erhielten.

Das treibende Motiv bei den meisten genannten Kartenproduzenten war zweifellos das Geschäftsinteresse. Man hat geschätzt, daß vom 16. Jahrhundert bis 1795 in Europa ingesamt 18 000 Landkarten erschienen sind, davon nicht viel mehr als 1800 Original-Karten, alle übrigen Nachstiche (Krünitz). Grundsätzlich waren die Karten auch gar nicht zu verbessern, solange keine exakten Entfernungsmessungen großer Distanzen und keine genauen Winkelbestimmungen vorlagen. Da der Grund für die Herausgabe von Karten vornehmlich in kaufmännischen Überlegungen bestand, scheint es den Zeitgenossen auch weniger auf die Genauigkeit als auf gute handwerkliche Arbeit angekommen zu sein. Bald pflegte man die Karten in den Ecken, bisweilen auch auf Freiräumen in der Mitte, mit Brustbildern und Wappen der Landesherren, mit einer Stadt oder Festung oder mit verschiedenen Sinnbildern auszuschmücken, welche Merkwürdigkeiten aus Natur, Verfassung des Landes, Religion, Wissenschaft, Künste und Gewerbe seiner Bewohner oder ähnliches darstellten (Abb. 9). Krünitz meint noch Ende des 18. Jahrhunderts, daß die niederländischen Karten zumeist *überaus fein und schön gestochen* wären, es ihnen aber immer an der *Accuratesse* fehle. Dennoch waren diese Karten von unschätzbarem Wert für die Verbreitung geographischer Kenntnisse, zumal

8

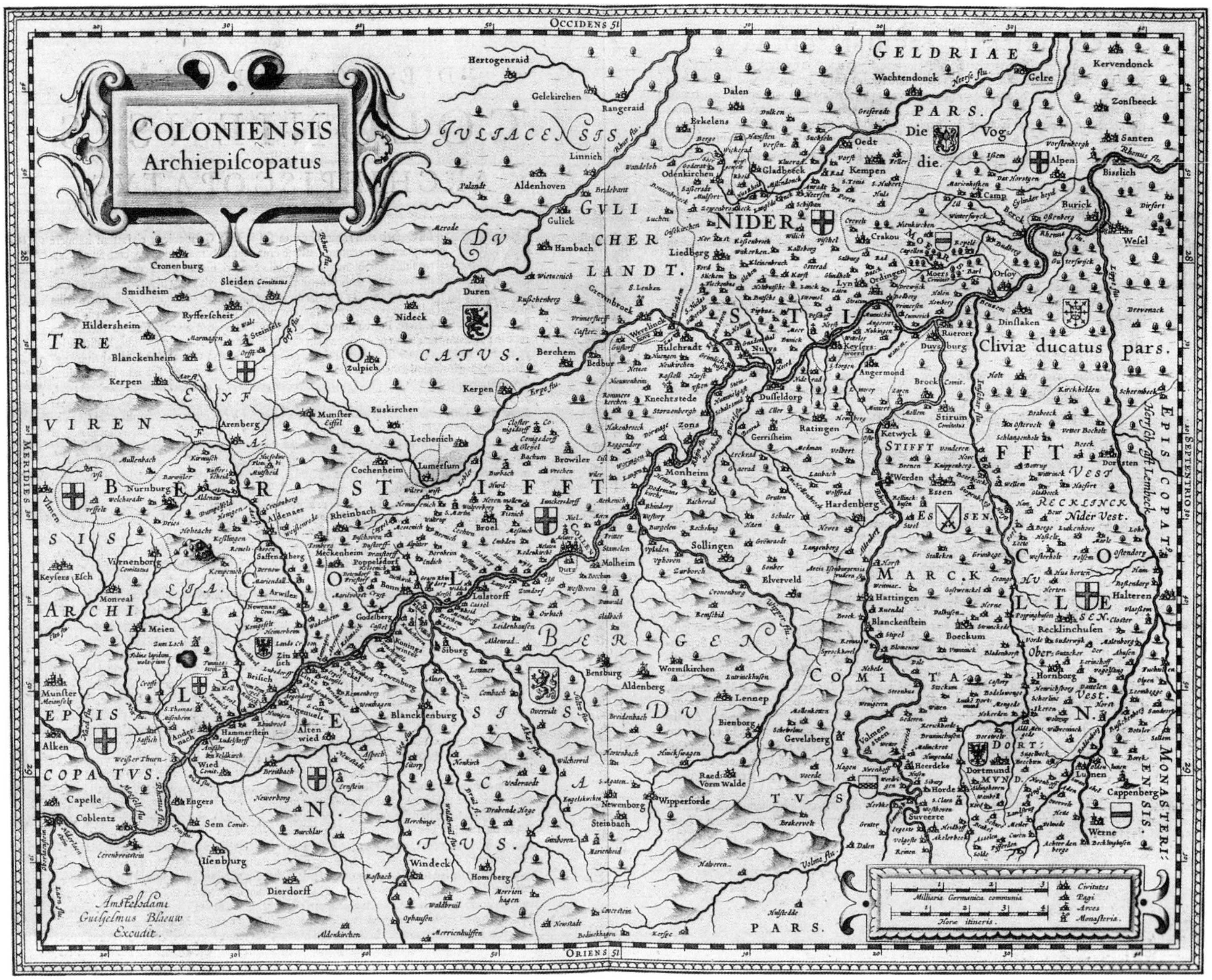

Abb. 8 Erzbistum Köln. Blaeuw. Um 1635

es üblich wurde, auf die Rückseiten der Karten erläuternde Texte zu setzen. In vieler Hinsicht haben auch die niederländischen Kartographen und Graveure durch ihre Darstellungstechniken auf das Kartenschaffen in den anderen Ländern Europas eingewirkt.

Die Masse der niederländischen Kartenproduktion sagt in ihrer dekorativen Graphik wenig aus über den hohen tatsächlichen wissenschaftlichen Stand der geographischen wie kartographischen Kenntnisse in den Niederlanden. Seit der Mathematiker Gemma Frisius in Leuven im Jahre 1533 die Grundzüge einer Triangulation theoretisch dargelegt hatte, waren weitere Lehrbücher erschienen, war die Aufnahme der Landschaft mittels Meßband und Bussole verbessert worden. Bereits 1605 führte der Leidener Professor Willebrord Snel (1580 - 1626) die erste Triangulation mit trigonometrischen Punkten durch. Die Praxis aber war hinter den Erfindern und Experimentierern wie noch immer weit zurück.

Die flächenhafte Entwicklung zum Territorialstaat, welche die mittelalterliche Lehnverfassung durch neuzeitliche Staatsorganisation ersetzte, bewirkte von der Mitte des 16. Jahrhunderts ab eine erste Blüte der Regionalkartographie in Deutschland. Im flächenstaatlichen Denken spielten Grenzen eine ganz andere Rolle als im Personenverband des Lehnstaates. Die Fürsten verlangten nach zumindest grober kartographischer Fixierung der Grenzen und des Machtbereichs ihrer Souveränität, den es durch Einschmelzung der verschiedenen Besitztitel zu gestalten und auszufüllen galt. Der neue Staat bedurfte der Landmesser und Kartographen.

Neben Anold Mercartors Karten des Erzstifts Trier und der Grafschaft Katzenelnbogen müssen einige weitere frühe Territorialkarten unseres Gebietes wenigstens genannt werden. Im Jahre 1563 zeichnete der aus dem nassauischen Siegen stammende Til(e)mann Stella (= Stolz) (1525 - 1589) für Herzog Wolfgang eine Karte des Herzogtums Pfalz-Zweibrücken. Die

9

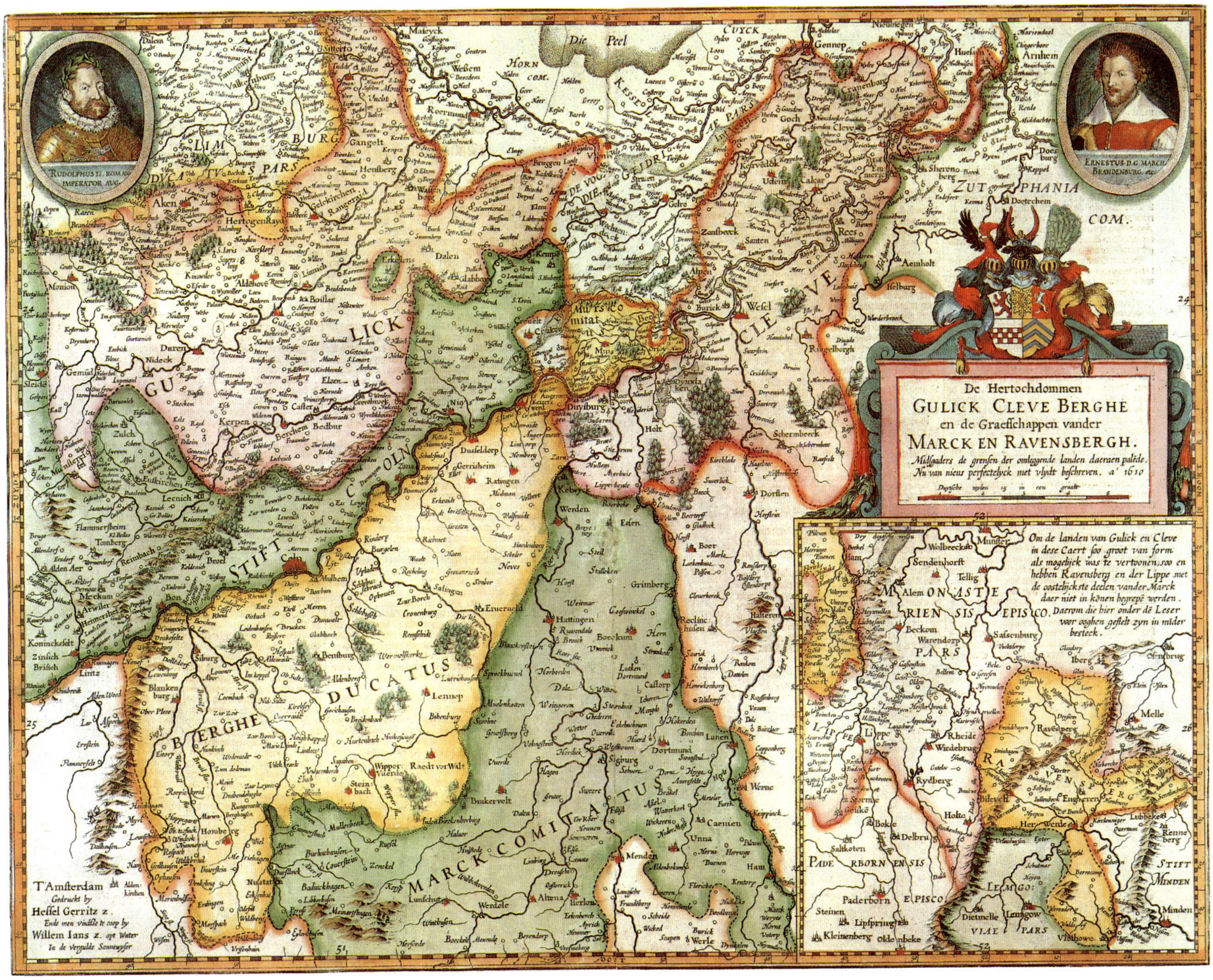

Abb. 9 Jülich, Kleve, Berg, Mark und Ravensberg. Gerritz. 1610

sehr umfangreiche *Gründliche und wahrhaftige Beschreibung der beyder Ämpter Zweybrücken und Kirkel wie dieselbige gelegen sindt, mit ihrer Bezirckung und Grenitzen inwendig und auswendig* war von einer Übersichtskarte und 16 Detailkarten begleitet, die sich seit 1627 in der königlichen Bibliothek in Stockholm befinden.

In Brüssel und Madrid werden zwei Manuskript-Atlanten von Christian 's Grooten (um 1530 - 1603/04) verwahrt, die neben kartographischen Aufnahmen der Niederlande zahlreiche Blätter deutscher Territorien bis Holstein/Mecklenburg im Norden und Bayern im Süden enthalten, darunter auch rheinische und westfälische Gebiete. Die 1575 bzw. 1592 abgeschlossenen Werke mit jeweils 38 Karten verdanken ihre Entstehung vorwiegend militärisch-politischen Gründen und sind im Zusammenhang mit dem Aufstand der Niederlande zu sehen. Der aus dem rheinischen Sonsbeck stammende 's Grooten, seit 1557 königlicher Geograph Philipp II. von Spanien, galt als einer der fähigsten Kartographen der Zeit. Unter Zuwendung ungewöhnlich hoher Geldmittel wurde er vom Herzog von Alba mit der Anfertigung dieses geheimen Kartenwerkes über die spanischen Operations- und Interessengebiete in Nordwesteuropa betraut. Insgesamt hat 's Grooten von der spanischen Regierung 24 344 Livres erhalten, eine der höchsten Summen, die je einem Kartographen bezahlt wurde. Dafür hat ihn diese Arbeit auch fast zweieinhalb Jahrzehnte lang in Anspruch genommen. Zudem waren seine weiten Reisen durch fremdes Gebiet nicht ungefährlich. So wurde der Kartograph der Spionage verdächtigt und konnte nur nach persönlicher Intervention des Herzogs seine Erhebungen fortführen. Sicher hat 's Grooten sich neben den eigenen Informationen wie damals allgemein üblich auch älteres Quellenmaterial zu verschaffen gewußt und sich gelegentlich auch mehr als gut auf dessen Auswertung verlassen. So weist beispielsweise die Karte des Erzstifts Trier viele verwandte Züge mit der Karte des Oberstifts von Arnold Mercator auf.

10

Abb. 10 Bistum Münster. 's Grooten. 1573

Andere Blätter wie die Karte von Berg, Mark und dem Herzogtum Westfalen sowie die von Paderborn und die von Münster (Abb. 10) stellen beachtliche kartographische Leistungen auf Grund eigener Aufnahmen dar. Beide Atlanten unterlagen strengster Geheimhaltung und blieben fast 300 Jahre lang bis 1859 verschlossen. Im Druck sind von 's Grooten nur wenige Arbeiten erschienen. Sie liegen wie eine Westfalenkarte von 1564 und eine Deutschlandkarte von 1565 in ihrer Entstehungszeit zumeist vor seiner Arbeit an dem großen Atlaswerk.

Als die ersten gedruckten Territorialkarten aus den Rheinlanden und Westfalen gelten die Karte des Münsterlandes von Godfried Maschop aus Emmerich auf neun Blättern von 1568 und die Übersichtskarte der Bistümer Münster und Osnabrück desselben Autors von 1570, sowie die Karte des Erzbistums Trier von Cornelius Aedger von 1583. Im Gefolge von Gerard Mercators großem Atlas-Werk gehen dann zunehmend Territorialkarten, immer prächtiger und kostbarer ausgestattet, auch in die Atlanten und die vielfach erst von den Händlern nach Publikumsgeschmack zusammengestellten Kartensammlungen ein. Maschop, über den nur spärliche biographische Angaben vorliegen, trat 1575 als Geograph in den Dienst des Mainzer Erzbischofs, für den er außer der bekannten Karte der Stadt Mainz von 1575 zwei Jahre später einen *General- und Specialriss über die Ämter Bingen, Olm und Algesheim* in 19 Blättern vollendete. Schriftliche Zeugnisse aus dem 17. Jahrhundert lassen vermuten, daß Maschop außerdem eine Karte der Erzdiözese samt ihren Suffraganbistümern angefertigt hat. Seine Karte für Westfalen hat trotz ihrer erheblichen Mängel und Fehler den bescheidenen kartographischen Ansprüchen für sechs Jahrzehnte genügt.

11

Abb. 11 Das Fürstbistum Münster im Paulusbild. Gigas. Um 1620

Erst sechzig Jahre später führte der Arzt und Mathematiker Johann Gigas (= Riese) (1580 - 1633) das Werk weiter. Seine erste Karte des Fürstbistums Münster aus dem Jahre 1616 geht allerdings inhaltlich über Maschop kaum hinaus. In den folgenden Jahren aber hat Gigas dann weite Gebiete vermessen und als Ergebnis 1620 einen Atlas mit Karten des Erzstifts Köln, der Stifte Münster und Paderborn sowie der Abtei Corvey, später noch eine Karte des Fürstbistums Hildesheim und 1628 eine des Fürstbistums Osnabrück herausgebracht.

Von Gigas stammt auch eine interessante, bei Hogenberg in Köln gedruckte, Karte des Stifts Münster, deren einziges erhaltenes Exemplar sich heute im Besitz des Vereins für Geschichte und Altertumskunde Westfalens befindet. Das spätestens auf 1621 zu datiernde Blatt zeigt als Untergrund ein Brustbild des Stiftspatrons St. Paulus mit seinen Attributen Schwert und Buch. Ein geschwungenes Spruchband enthält die Worte *Aspice Paulinum Pauli sub imagine cente* – Erblicke das Paulus-Volk unter dem Paulus-Bild – und macht damit den gegenreformatorischen Zeithintergrund deutlich (Abb. 11). Der Gedanke, Landkarten und symbolhafte Figuren miteinander zu verbinden, ist so originell nicht und zu vielen Zeiten auf verschiedenste Weise verwirklicht worden. Beispiele aus dem 16. Jahrhundert sind unter anderem die Europakarte des Sebastian Münster von 1580 und der belgische Löwe des Österreichers Michael Aitsinger (1581), der später von Pieter van den Keere noch weiter ausgeführt wurde. Der dem Blatt von Gigas nicht nachstehende dekorative Stich van den Keeres, der 1622 in Amsterdam herauskam, zeigt den nach rechts blickenden sitzenden *Leo Belgicus* in den Umrissen der Niederlande, Belgiens und Luxemburgs. Seine erhobene rechte Pfote bedeckt Teile von Jülich und Köln, die weit herausgestreckte Zunge die damals niederländische Grafschaft Lingen.

Handgezeichnete Karten und Pläne in Archiven

Gleichzeitig entstanden von der zweiten Hälfte des 16. Jahrhunderts ab neben den Übersichtskarten von Landstrichen, Territorien und größeren Gebieten häufiger in rechtlicher oder informativer Absicht jene großmaßstäbigen Karten, die, nicht für eine Veröffentlichung bestimmt, zumeist als Anlagen zu Akten in die Archive gelangt sind. Unter den ältesten Karten dieser Art sind besonders viele, die im Zusammenhang mit Prozessen und Rechtsstreitigkeiten entstanden sind. Einige wurden bereits als Arbeiten Arnold Mercators genannt. Diese Karten wurden sowohl von den Parteien wie von den Gerichten selber in Auftrag gegeben. Zu vielen Anlässen sind sie bei örtlichen Gerichten ebenso wie bei solchen höherer Instanz überliefert. Dieser Umstand ist eigentlich überraschend. Denn eine Landkarte, der von einem vereidigten Landmesser gefertigte *Abriss* einer Grenze oder eines Grundstücks, wurde im 16./17. Jahrhundert nur selten als Beweis des Rechtstitels für einen Besitztand anerkannt. Dagegen wurde eine notariell beglaubigte Urkunde, selbst wenn ihr keine Lageskizze beilag, auch noch nach Generationen anerkannt. 1654 wurde durch einen Reichstagsabschied überhaupt erst die Vorlage parteiischer oder im parteiischen Sinne verwandter Karten vor Gericht zu dessen besserer Information gutgeheißen. Trotzdem blieb es bis ins 18. Jahrhundert hinein dem Geist der Zeit fremd, eine Karte als Beweismittel für den Besitz anzuerkennen. Sinn und Zweck solchen gezeichneten oder gemalten Augenscheins war es also nicht, von einer der klagenden Parteien als Beweisstück vorgelegt zu werden. Er sollte dem Gericht lediglich als Informationsmittel zur besseren Kenntnis und Einsicht verhelfen und dem namentlich im schriftlichen Prozeß vom gelehrten, ortsunkundigen Richter lebhaft empfundenen Bedürfnis nach Anschaulichkeit nachkommen. Wie weit Parteien trotzdem den Versuch unternahmen, mit bildlichen Darstellungen und schriftlichen Eintragungen darauf ihre Ansprüche zu stützen und ihnen so die Eigenschaft eines Rechtsmittels zu geben, wäre von Fall zu Fall aus den Prozeßakten zu klären. Zweifellos sind solche Fälle nicht selten schon im 16. Jahrhundert vorgekommen.

Die stoffliche Reichweite zeigen Streitigkeiten um Jagd- oder Fischereigerechtsame, Holz- und Weidenutzung, Marken, Lehnherrschaft, Veränderung oder Stau von Flußläufen, um Mühlen, Zoll und Wegerecht. Der Anlaß des Rechtsstreites wird gelegentlich bildhaft dargestellt. Nicht zuletzt sind in diesem Zusammenhang Grenzkarten zu nennen. Der Verschiedenheit der Streitgegenstände entspricht die Vielseitigkeit der Darstellungen.

Zu den Prozeßkarten kommen als weitere, nicht für die Öffentlichkeit bestimmte und deshalb archivierte, Karten Grundstücks-, Kataster-, Gemarkungs-, Forst- und Wegekarten. Durchweg handelt es sich dabei um Einzelblätter, deren Zusammenzeichnung nicht beabsichtigt war und auch nicht möglich ist. Grenzkarten sind älter als die großmaßstäbige Erfassung von Territorien und Ländereien, denn die Festlegung von Grenzen zur Absicherung des Besitzstandes war für den Landesherrn wie für den Privatmann ein wichtigeres Problem als die Vermessung der Ländereien selbst. Es sind jedoch zunächst nur Karten von Streckenabschnitten aufgenommen worden, in denen die Grenzführung streitig war. Sogar in Brandenburg-Preußen ist bis in die Zeit des Großen Kurfürsten nennenswertes kartographisches Material über die Landesgrenzen nicht auffindbar. Zu den frühesten Verwaltungs- und Wirtschaftskarten gehören die gut ausgeführten Forstkarten des Württembergers Kieser. In Westfalen ist unter den frühen Zeichnern von Grenzkarten wie auch von katastermäßigen Flurkarten zuerst der münsterische Maler Herman tom Ring (1521 - 1597) zu nennen, mit einer Karte der Grenze zwischen dem Fürstbistum Münster und der Grafschaft Lingen von 1564 und einer Karte der Ländereien des wüsten Hofes Woltering im Kreis Coesfeld von 1578 (Abb. 39). Diese Flurkarte ist die älteste Karte aus unserem Raum, die Häuser nurmehr im Grundriß zeigt und sich auch in der Darstellung der Bäume und Wallhecken von der bildhaften perspektivischen Seitenansicht entfernt und sich moderner Signatur nähert. Reine Grundrisse zeigt auch die wohl etwas jüngere Karte eines *Beifangs* mit Haus Meinhövel und Dorf Nordkirchen (Abb. 124). Sonst findet sich diese Technik bei tom Ring nicht wieder. Bis zum Ende des 17. Jahrhunderts bleibt die Zeichnung aus der Kavalierperspektive oder Vogelschau vorherrschend, bei der gerade die kleinräumige großmaßstäbige Karte nicht selten zum Landschaftsbild oder Panorama gerät (Abb. 212). Man erstrebte ja auch vor allem eine anschauliche Wiedergabe des Bildes der Landschaft und vernachlässigte manchmal sogar bewußt die Genauigkeit des Details, um das zu erreichen.

Die Aufnahme einer Karte im Gelände war noch relativ einfach. Lange Zeit hat man die Lage der Ortschaften und anderen topographischen Gegebenheiten nur an Hand einiger geographischer Positionen und der geschätzten, teilweise auch mehr oder weniger genau ermittelten, gegenseitigen Entfernungen in die Karte eingetragen. Die Benutzung eines Winkelmessers ist noch im 16. Jahrhundert kaum für einen Landmesser belegt. Bei der Herstellung von Karten großen Maßstabs bestand für Winkelmessungen auch kaum ein Bedürfnis, waren doch selbst Feldvermessungen jener Zeit oftmals nicht mehr als kontrollierte Schätzungen. Für den im Felde arbeitenden Landmesser bildeten Rute oder Meßseil als Längenmaß und Mittel zum Markieren der Meßstrecken das ganze Arbeitsgerät. Zwar gab es schon Visiereinrichtungen, Kompaß, Winkelscheiben. Die Mehrzahl der praktischen Meßtechniker aber bediente sich dieser Geräte noch lange nicht. Erst als sich mit dem Ende des 17. Jahrhunderts die Karte zum technischen Hilfsmittel entwikkelte, fanden verfeinerte Meßverfahren verbreiterten Eingang. Mit der Bussole, einem immer noch sehr einfachen, später mit Zieleinrichtung versehenen Landkompaß, wurden die Winkel aller markanten Punkte im Gelände zum eigenen Standort aufgenommen und die Längen dann mit der Meßkette abgemessen. Größere Entfernungen wurden auch wohl nur geschätzt. Das dazwischen liegende Gelände wurde nach dem Augenmaß auf die Karte übertragen. Schon um 1590 hatte Johannes Praetorius, Professor der Mathematik zu Altdorf bei Nürnberg, den Meßtisch konstruiert. Anfangs noch sehr unvollkommen, wurde dieser später auf verschiedene Weise verbessert. Der Meßtisch bestand aus einer beweglich auf einem Stativ angebrachten Platte, die mittels der Wasserwaage stets in die Waagerechte gebracht werden konnte. Auf ihm wurden mit Bussole und Diopterlineal, einem Gerät zum Anvisieren der Ziele mit Objektiv meist aus einer Metallplatte mit kleiner runder Öffnung an der einen und Okular als Fadenkreuz an der anderen Seite, die Winkelpunkte im Gelände festgelegt. Noch im 18. Jahrhundert allerdings wurde die Arbeit am Meßtisch von manchen Landmessern abgelehnt und das ältere Astrolabium aus Winkelscheibe mit festem und drehbarem Diopter zum Anvisieren des Ziels und Messen der Positionswinkel vorgezogen. Für kleinräumige Skizzen und für Übersichtskarten kleineren Maßstabs noch angängig, versagten diese Methoden des Messens bei Karten großen Maßstabs dann, wenn Detailaufnahmen größerer Flächen später zu einem Kartenblatt aneinandergepaßt werden sollten. Verbesserungen waren erst möglich, als man zur Triangulation in weitem Umfang schreiten konnte. Doch verursachte die mangelhafte Genauigkeit der astronomischen Ortsbestimmung noch bis Ende des 18. Jahrhunderts nicht selten Lagefehler von mehreren Kilometern.

Neue Methoden der Herstellung und des Vertriebs von Karten

Nach der Mitte des 17. Jahrhunderts ging die große Zeit der Niederländer langsam dem Ende zu, und die Kartenproduktion verlagerte sich nach Frankreich, England und Deutschland.

In Deutschland war zwar 1629 aus der Feder des Tübinger Professors Wilhelm Schickhardt eine *Kurtze Anweisung, wie künstliche Landtafeln aus rechten Grunde zu machen* nach der Methode von Willebrord Snel erschienen. Nicht zuletzt auf Grund dieser *Anweisung* hat sich seit dem 17. Jahrhundert die heute geläufige Ausrichtung der Karten nach Norden allgemein durchgesetzt.

Die praktische Erprobung der Triangulation in großem Umfang aber blieb den Franzosen vorbehalten,welche unter Ludwig XIV. der Geodäsie, der Wissenschaft von der Messung und Ausbildung der Erdoberfläche, besondere Aufmerksamkeit schenkten. 1668 bereits gab die Akademie der Wissenschaften trigonometrische Messungen mit dem Ziel in Auftrag, eine topographische Karte von Frankreich zu erstellen. Sie förderte auch zu diesem Zweck Messungen des Erdumfangs und astronomische Ortsbestimmungen. Eine größere Anzahl astronomisch ermittelter Punkte und verbesserte Triangulationsmethoden in Verbindung mit neuen Meßgeräten, Fernrohren mit Fadenkreuz und Logarithmentabellen, führten in Frankreich mit Unterstützung der Akademie der Wissenschaften zu neuen wegweisenden Kartenwerken wie dem ersten richtigen Kartenbild von Europa durch Guillaume Delisle 1725 und der berühmten *Carte géométrique* nach den Vorarbeiten und Vermessungen des Direktors der Pariser Sternwarte César François Cassini de Thury (1714 - 1784) und seines Sohnes Jean Dominique. Cassini wandte erstmalig die Triangulation als Grundlage einer großflächigen Kartenaufnahme an. Unter seiner Leitung legte man in den Jahren zwischen 1732 und 1744 mehrere Dreiecksketten mit 40 000 Dreiecken durch Frankreich. Ihre Punkte dienten als Festpunkte für die Aufnahme des ganzen Landes in großem Maßstab, die eine von Cassini mit staatlicher Unterstützung gegründete Gesellschaft im Jahre 1750 begann. Die dadurch geschaffene *Carte géométrique de la France* war das erste Kartenwerk, das nicht nur ein großes Staatsgebiet lückenlos überdeckte und einheitlich darstellte, sondern sich dabei auch auf sichere geodätische Unterlagen stützen konnte. Sie wurde im Maßstab 1: 86 400 auf 182 Blättern als Kupferstich zwischen 1756 und 1815 veröffentlicht. Auf mehreren in der Zeit von 1760 bis 1770 entstandenen Blättern sind auch deutsche Randgebiete dargestellt, so Teile der Rheinebene bei Speyer, das Land südlich von Trier und das Saargebiet. Gewässer, Straßen, Wälder und menschliche Siedlungen bringt die *Carte géométrique* in sehr viel größerer Genauigkeit und Vollständigkeit als ihre Vorgänger. Flußtäler sind mit Schraffen auffällig betont. Irrtümer der Vorgänger sind weitgehend korrigiert, die politischen Grenzen sind besonders beachtet. Wenn es sich um französische Exklaven handelt, sind sie auch bei kleineren Verwaltungsbezirken deutlich hervorgehoben. Der Umstand, daß die Karte mit Hilfe des Kupferstichs vervielfältigt und der Öffentlichkeit zugänglich gemacht wurde, ließ ihre Vorzüge schnell bekannt werden. Auf Grund der bei ihr angewandten Methoden der Vermessung, Auswertung und kartographischen Darstellung wurde die *Carte géométrique* schließlich richtungweisend für viele andere Kartenaufnahmen und sicherte Frankreich für längere Zeit die absolute Vorherrschaft in der Kartographie. Das Vorbild der *Carte géométrique de la France* führte nicht nur in vielen Ländern zum Beginn von Triangulationsarbeiten, bis ins 19. Jahrhundert hinein waren viele amtliche Karten in Projektion, Maßstab, Blattschnitt und Signaturen eigentlich Nachahmungen der Cassinischen Karte.

Die genauen Vermessungsmethoden der französischen Geodäten, welche jetzt die Mängel der meisten niederländischen Karten deutlich machten, und die Preisbrechermethoden der Offizin Homanns in Nürnberg, die Karten in neuer Form um ein Drittel billiger anbot, waren mit eine Ursache für den Niedergang der niederländischen Kartenherstellung. Johann Baptist Homann (1663 - 1724) war »der auf Gerard Mercator folgende große deutsche Kartograph, der das Kartenwesen in Deutschland fortentwickelte und tatsächlich auf der Höhe der damaligen Zeit stehende Atlanten herausgab« (Bagrow). Bis dahin hatte man in Deutschland überwiegend Einzelblätter nach niederländischen Vorbildern gedruckt, und selbst Vater und Sohn Matthaeus Merian verwandten für ihr *Theatrum Europaeum* zumeist Kopien aus dem Atlas von Blaeuw.

Homann gründete 1702 in Nürnberg seine kartographische Anstalt und brachte bereits fünf Jahre später einen der ersten Atlanten in Deutschland mit 40 Karten heraus. 1712 erschien dieser in neuer Auflage schon mit 100 und 1716 mit 126 Karten. Dank höchster Druckqualität und neuer Ideen, unter anderem kam er mit einem methodischen Atlas für die Jugend auf den Markt, beherrschte Homanns Verlagshaus bald die deutsche Kartenproduktion. Durchweg hat Homann die Karten für seine Atlanten selber angefertigt, über 200 Stück bis zu seinem Tode. Gleichwohl hat auch er in der Vorrede zu seinem *Atlas von hundert Charten* im Jahre 1712 noch das damals allgemein

12

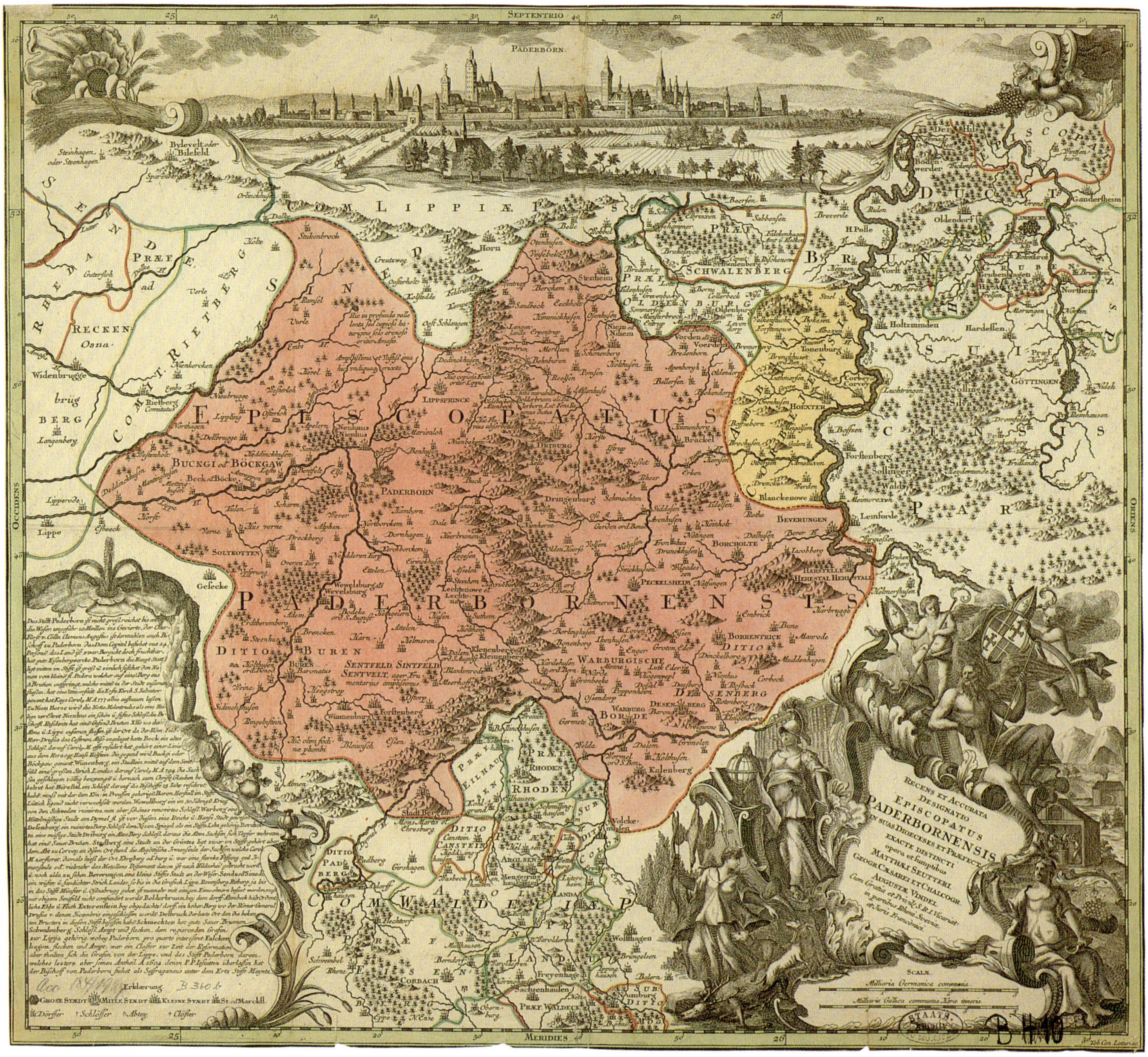

Abb. 12 Bistum Paderborn und Reichsabtei Corvey. Seutter. Um 1750

übliche Nachstechen von Karten gebilligt. Wie alle guten Kartographen wurde Homann vielfach kopiert, nicht zuletzt von seinem Schüler Matthaeus Seutter (1678 - 1757) in Augsburg, der nach Homann zum größten Kartenverleger wurde(Abb. 12). Unter der Bezeichnung *Homaennische Erben* hat die bekannte Nürnberger Offizin bis zum Beginn des 19. Jahrhunderts floriert (Abb.13). Über den Erfolgen von Homann und Seutter ist der Name ihres Zeitgenossen Nikolaus Person (um 1610 - 1700) fast vergessen. Person, der in Mainz wirkte, ging wissenschaftlich wie technisch eigene Wege und gab seinen Karten eine unverkennbar eigene Note, fand aber im Gegensatz zu Homann und Seutter kaum Nachahmer. Neben seinem schönsten Werk, einem Atlas des Kurfürstentums Mainz, schuf er unter anderem eine großformatige Karte der Kurfürstentümer Mainz, Trier und Pfalz.

Ende des 18. Jahrhunderts hatten sich die Preise der Offizinen einander angeglichen. Für das Blatt eines Homannschen Atlas ohne Einband zahlte man damals zwei Groschen und acht Pfennige. Sammelbände mit 18 und 24 nicht kolorierten Blättern waren für drei und vier Taler zu haben. Landkarten waren billiger geworden. Aber sie waren immer noch ein kostspieliger Luxus, wenn man in Betracht zieht, daß um diese Zeit in Norddeutschland Schafe für einen Taler, Mastschweine für vier bis acht Taler gehandelt wurden und der jährliche Natural- und

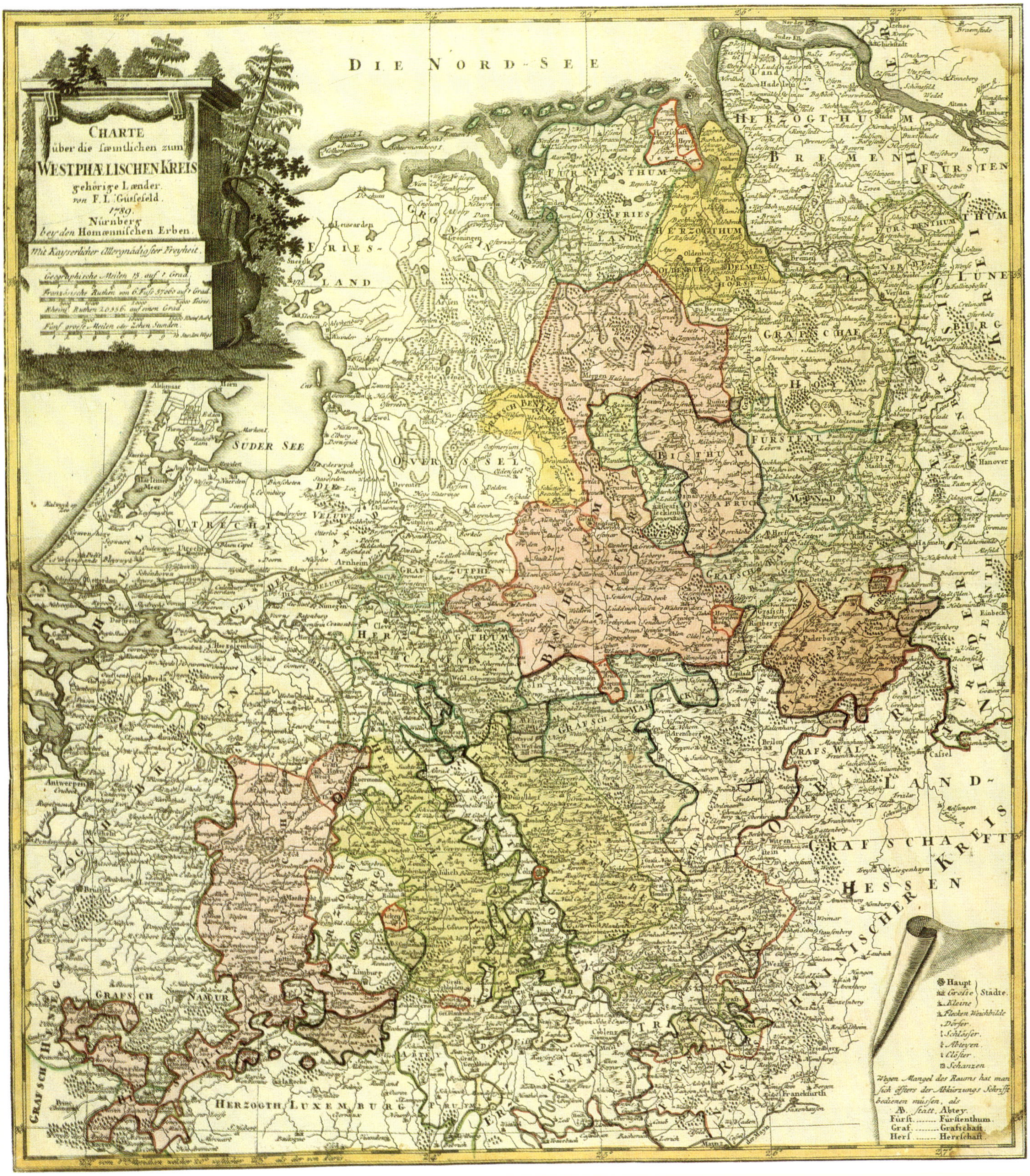

Abb. 13 Der Niederrheinisch-Westfälische Reichskreis. Homaennische Erben. 1789

Barlohn für einen Knecht auf dem Lande zwischen acht und zehn Taler betrug. Noch immer wurde der Markt auch mit minderwertigen Produkten überschwemmt. Die Gründe lagen ebensosehr bei den Händlern, die mit flüchtigen Nachstichen mangelhafter und damit billiger Vorlagen ein rasches Geschäft machen wollten, wie bei den Bearbeitern, die aus Unwissenheit nicht imstande waren, Fehler zu korrigieren und überhaupt an fehlerhafter Information über das darzustellende Gebiet. Noch im 18. Jahrhundert wiesen viele der gewerbsmäßig hergestellten und gehandelten Karten so viele Mängel auf, daß ein Gesetz gefordert wurde, das zum Nachweis von Quelle und Urheberschaft verpflichten sollte. In Preußen erhielt zwar im Jahre 1748 die Akademie der Wissenschaften durch ein 1789 erneuertes Privileg das ausschließliche Recht zur Herausgabe von Landkarten in der gesamten Monarchie, doch ist davon ein Einfluß auf die Qualität der Karten nicht ausgegangen.

Die französischen kartographischen Vermessungs- und Aufnahmeergebnisse erregten alsbald auch außerhalb Frankreichs Aufmerksamkeit. Zugleich zog die Karten- und Vermessungswissenschaft Nutzen aus dem allgemeinen Aufschwung von Naturwissenschaft und Mathematik im 18. Jahrhundert. Zwar hatte Stöffler schon 1510 in Tübingen über Ptolemaeus gelesen, war die Universität Wien unter Konrad Celtis ein Zentrum wissenschaftlicher Geographie und Kosmographie gewesen. Nun jedoch fand sogar die Geodäsie Vertretung an den neu aufblühenden Hochschulen.

Die gewonnenen Erkenntnisse wurden von den modernisierten landesherrlichen Verwaltungen des Absolutismus ihren Zwecken nutzbar gemacht. Deren zunehmende Intensität und Rationalität, ihre Bestrebungen zum Ausbau der Landesverteidigung, zur Sicherung und Vermehrung der Finanzen, zur Förderung der Landeskultur wie überhaupt die Wirtschaftspolitik des merkantilen Staates führten im 17./18. Jahrhundert zur Ausweitung des Vermessungs- und Kartenwesens. Die Karte wurde zum Hilfsmittel für die Planung und für Baumaßnahmen der Verwaltung, für Straßenbau, Flußbegradigung, Meliorationen. Der moderne Fürstenstaat wollte und konnte sich auch nicht mehr mit einzelnen aus konkretem Anlaß geschaffenen Gebietskarten und mit territorialen Übersichtskarten der Art begnügen, wie sie etwa Philipp Apian (1531 - 1589) zwischen 1554 und 1561 mit seinen bayerischen Landtafeln für Herzog Albrecht V. geschaffen hatte. Die durch den Buchhandel vertriebenen Karten waren auch nur bedingt brauchbar. Für militärische, administrative und andere Zwecke wurden jetzt nicht nur höhere Ansprüche an die Zuverlässigkeit der Landkarten überhaupt gestellt. Man verlangte fast überall die Vermessung und Kartierung des ganzen Landes möglichst mit Angaben über Bodennutzung und ein darauf beruhendes jederzeit greifbares großmaßstäbiges Kartenwerk, eine Landesvermessung.

Die Landes- und Katasteraufnahmen des 18. Jahrhunderts

Die erweiterten Aufgaben der Staatsverwaltung und die durch den Dreißigjährigen Krieg verursachten Umwälzungen in den Eigentumsverhältnissen veranlaßten im Zusammenhang mit einer notwendigen Neufestsetzung der wichtigen Grundsteuer seit der zweiten Hälfte des 17. Jahrhunderts nach und nach in den meisten deutschen Ländern Katasterrevisionen. Anfänglich glaubte man dabei wohl wie in älteren Zeiten ohne Vermessung auszukommen, sah sich später aber doch überall dazu gezwungen. Vielfach allerdings blieben diese Vermessungen im 18. Jahrhundert erst einmal stecken, weil der Aufwand den Regierungen schließlich doch zu groß erschien. Die kurtrierische *Landmaß* von 1718 - 1723 ist eine solche Katasteraufnahme, die allerdings nur den Flächeninhalt der einzelnen Parzellen bestimmte und nicht zur Kartierung führte. Eine ständige Erneuerung war vorgesehen, blieb aber Absicht. Im Herzogtum Kleve wurde seit 1732 unter großem Widerstand der adligen Landstände eine Vermessung zu Steuerzwecken durchgeführt, deren Karten für jene Zeit geradezu einzigartig waren (Abb. 131). Die Vermessungsarbeiten waren bereits im Herbst 1735 im wesentlichen abgeschlossen. Doch ist die bezweckte Katasterreform auch hier letztlich gescheitert. Auch in Nassau - Siegen wurden die Landesaufnahmen durch wirtschaftliche Verhältnisse in Gang gebracht. Erich Philipp Ploennies (1667 - um 1743), von 1701 - 1705 Professor für Mathematik in Gießen, hatte bereits 1715 auf Veranlassung des Kurfürsten Johann Wilhelm eine erste Aufnahme des Herzogtums Berg, die *Topographia Ducatus Montani*, hergestellt. Ihre 60 Kartenblätter, mit Ausnahme der Übersichtskarte im Maßstab etwa 1 : 50 000, bringen auch einige Aufnahmen jülichscher Ämter. Offensichtlich durch den Tod des Auftraggebers ist die Arbeit für das Herzogtum Jülich dann nicht mehr über diese Anfänge hinaus gediehen. Als *Geographicus und Baudirektor* des Fürsten begann Ploennies 1717 eine Landesvermessung im Fürstentum Siegen. Die Generalkarte der vier Ämter im Maßstab 1 : 38 400 wurde 1725 fertig. Nicht vollendet wurde dagegen die Spezialvermessung und die Anfertigung von Gemarkungskarten 1 : 7200, die geschlossen nur für ein Amt vorliegen (Abb. 14), sowie die Haubergsverzeichnisse und andere Katastervorarbeiten.

Im Siebenjährigen Krieg machten die französischen Expeditionsarmeen, die sich ihre kartographischen Unterlagen hier weitgehend selber beschaffen mußten, ihre durchgebildete Meßtechnik in Deutschland weiter bekannt. Französische Offiziere führten die sogenannte Standvermessung ein. Sie durchzogen das ganze aufzunehmende Gelände mit einer Reihe langer Standlinien, von denen aus jeder bemerkenswerte Punkt im Gelände winklig aufgenommen wurde. Von da aus war es nur noch ein kleiner Schritt zur planimetrischen Dreiecksvermessung, die das ganze Land mit einem fest markierten Dreiecksnetz überzog, in das jeder Punkt im Gelände eingemessen werden konnte.

Katasteraufnahmen und Landesvermessung dienten überall dem Fürsten und dem Staat. Ihre Ergebnisse unterlagen strengster Geheimhaltung. Lediglich die französischen Vermessungsarbeiten jener Zeit waren von vornherein zur Veröffentlichung bestimmt. Französischer Einfluß war es vermutlich, der Johann Michael Franz, den Inhaber der berühmten Offizin *Homaennische Erben* und seit 1754 auch Professor für Geographie in Göttingen, veranlaßte, öffentlich eine *Verbesserung der Weltbeschreibungs-Wissenschaft* zu verlangen. Von der Fachwelt lebhaft begrüßt, forderte er dazu auf, in allen Ländern genaue amtliche Landesvermessungen durchzuführen, die auf der

14

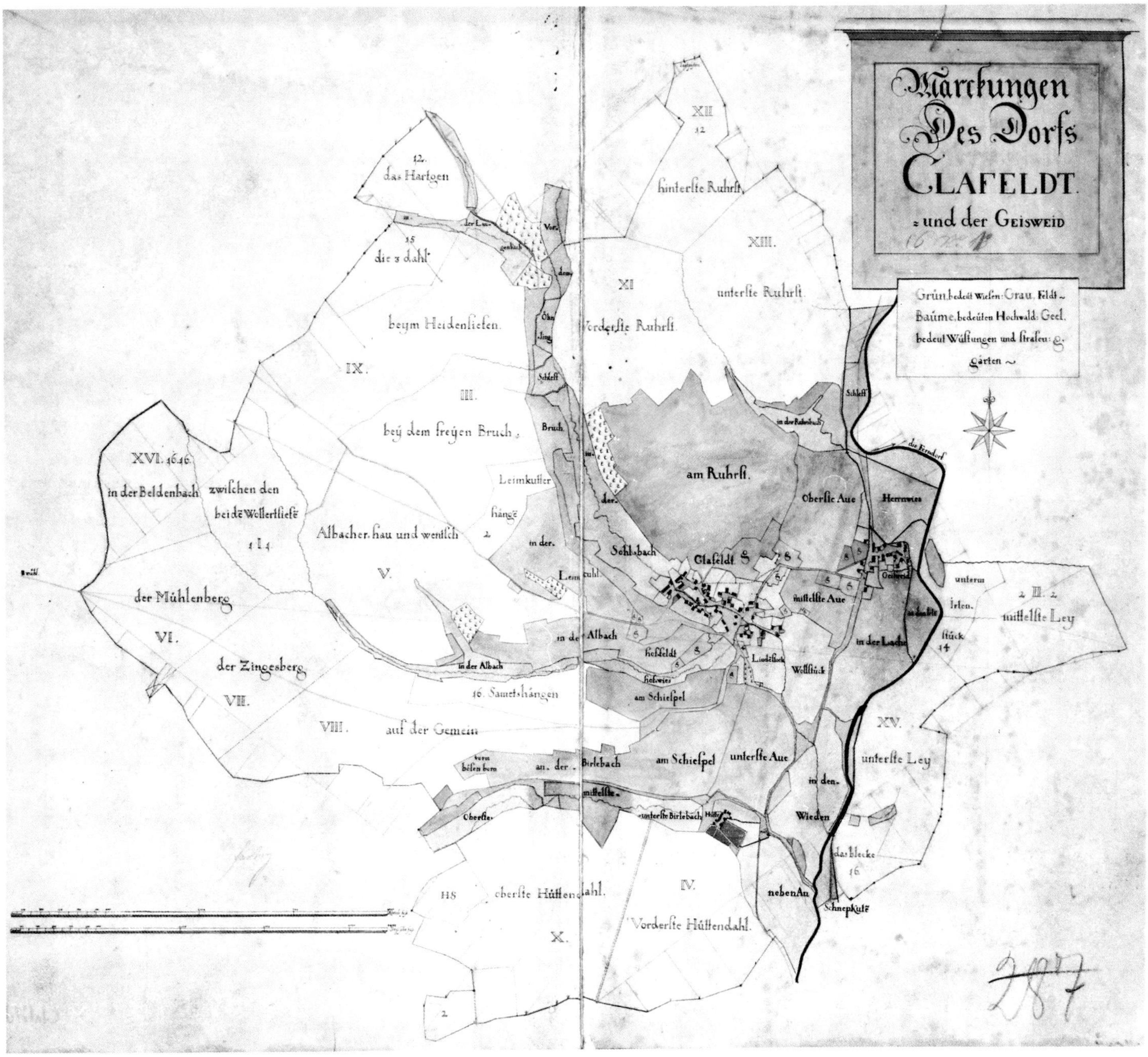

Abb. 14 Vermessung des Fürstentums Siegen durch Plönnies, Spezialkarte Clafeld und Geisweid. Um 1720

Grundlage astronomischer Ortsbestimmungen zur Herausgabe exakter Karten führen sollten. Allmählich zunächst trat auch eine Änderung im Berufsethos der privaten Kartenproduzenten ein. Die gegenseitige geschäftliche Konkurrenz wurde langsam in den Hintergrund gedrängt von dem Wunsch nach inhaltlicher Verbesserung und größerer Genauigkeit der Karten. Die Vermessungsergebnisse wurden schließlich allgemein zugänglich gemacht, und die Kartenzeichner arbeiteten nicht selten gleichzeitig für mehrere Verleger. Was aber im Auftrage des Staates vermessen wurde, blieb noch weitgehend geheim.

In Hessen, in Sachsen und in der Rheinpfalz begannen nach der Mitte des 18. Jahrhunderts Bemühungen um eine großflächige topographische Karte. Sie führten in Preußen zum Erfolg mit dem zwischen 1767 und 1787 aus speziellen topographischen Kartierungen, aber auch aus älteren für andere Zwecke als Kriegs-, Forst- und Flurkarten angefertigten Teilaufnahmen zusammengetragenen Schmettauschen Kartenwerk 1 : 50 000, das allerdings die westlichen Landesteile ausschloß. Die Leitung der Kartierung, die als Kabinettskarte geheimgehalten wurde, wird dem Minister Friedrich Wilhelm Graf v.d. Schulenburg-Kehnert (1742 - 1815) zusammen mit dem General Friedrich Wilhelm Carl Graf v. Schmettau (1743 - 1806) zugeschrieben. Schulenburg hat wohl auch 1772 die Aufnahmen für die geographischen Karten vom Fürstentum Minden und der

15

Steinbach
Neuhaus
Schloss
Bensberg
Amt
Königs Forst
Lülsdorf
Strunder
Gemark
Thurn
Brücker mark
Mause Pat
Brück
Haus Rath
Rotchen
Lederhaus
Hoemer
Mehrhausen
Ehl
Urbach
Kloster Dunewald
Isenburg
Wichem
Mehrheim
Ostheim
Haus Herl
Chaussée
Barier
Plantage
Frankfurth
Hohe Creutz
Harbuch
Neuhoff
Portz
MUHLHEIM
Bucheim
Buch Forst
Kapel
Rothehaus
Ensen
Gremerich
Westhoven
Kalkerhoffe
Cöllnisch
Rohkhoff
Poll
Herrschaft
Streit
Sand kuhl
Zum
Weis
Vorsbach
Ort

Grafschaft Ravensberg 1 : 50 000 durch den Baurat Johann Christoph Schloenbach angeregt. Außerdem wurde in seinem Auftrag durch den Prediger Friedrich Christoph Müller aus Unna 1775 eine Karte der Grafschaft Mark angefertigt. Diese Karten lagen der 1787 von Daniel Friedrich Sotzmann gezeichneten *Charte von den Westphaelischen Provinzen Cleve, Moers, Geldern, Marck, Ravensberg, Minden, Tecklenburg und Lingen* zugrunde.

In Fortsetzung der Cassinischen *Carte géométrique de la France* nach Norden und zum Teil auf Vorarbeiten von Cassini de Thury gestützt schuf der österreichische Generalleutnant Graf Joseph Johann v. Ferraris in den Jahren 1770 - 1778 eine Kabinettskarte der österreichischen Niederlande, d. h. im wesentlichen der heutigen Länder Belgien und Luxemburg und des Raumes Bitburg - Schleiden - Kerpen. 1786 begann der hessische Oberstleutnant Haas eine Aufnahme des Großherzogtums Hessen-Darmstadt, deren letztes Blatt allerdings erst 1813 erschien.

In der Rheinpfalz hatte der kurpfälzische Hofastronom Christian Mayer S.J. in Anlehnung an die in Frankreich unter Cassini de Thury durchgeführte Aufnahme um 1771/72 die grundlegenden Vermessungen für eine *Charta Palatina* abgeschlossen. Das großangelegte auf fünf Blätter berechnete kartographische Vorhaben blieb indes ein Torso. Als Mayer 1783 starb, lagen nur zwei Blätter vor. Fast überall beruhten die systematischen Geländeaufnahmen jetzt auf Triangulationsmessungen. Wie die gleichzeitige *Topographische Landesaufnahme des Kurfürstentums Hannover* von Georg Josua Du Plat und Johann Ludwig Hogreve im Maßstab 1 : 21 333 1/3 aus den Jahren 1764 - 1786 und die Karte des Fürstbistums Osnabrück von Georg Wilhelm v.d. Bussche und Franz Christian Benoit 1766 - 1767 bzw. 1774, die Aufnahme des münsterischen Amtes Meppen von Philipp Ernst Colson 1773 – 1777 dienten diese Karten nur zur allgemeinen Information des Landesherren, zum internen Verwaltungsgebrauch und besonders für militärische Zwecke. Eine Veröffentlichung war nicht vorgesehen und wurde, wenn überhaupt, nur nach langem Zögern mit Einschränkungen genehmigt. Eine allgemeine Verwendung von Landkarten, die mehr waren als grobe Übersichtskarten, stand ohnehin außer Frage, denn die Fähigkeit solche Karten zu lesen und zu verstehen, beschränkte sich bis in die zweite Hälfte des 18. Jahrhunderts noch auf wenige höhere Beamte und Offiziere. Von vornherein zum Druck in größerer Auflage vorgesehen war dennoch offensichtlich die Aufnahme des Herzogtums Berg von Carl Friedrich Wiebeking (1762 - 1842) aus den Jahren 1789 - 1792. Denn Wiebeking, sonst Hauptmitarbeiter des Grafen v. Schmettau, suchte die Mittel für seine Arbeit in Berg teilweise durch Subskriptionen auf die Kartenveröffentlichung aufzubringen. Die vier Blätter im Maßstab etwa 1 : 50 000 erschienen zwischen 1790 und 1792 (Abb. 15). Seine *Topographische Carte von dem Herzogthum Berg* ergänzte Wiebeking später noch durch ein Blatt mit dem Titel *Militairische Carte der Rheingegend oberhalb Bonn* ebenfalls im Maßstab von ungefähr 1 : 50 000. Von 1791 ab wurde auch die Kartenaufnahme von Johann Heinrich Haas im Großherzogtum Hessen-Darmstadt in Kupfer gestochen.

Zur *Rectification des Schatzwesens*, d.h. als katastermäßige Fluraufnahme, entstand 1784 - 1790 die jüngere Osnabrücker Aufnahme von Johann Wilhelm Du Plat im Maßstab 1 : 3840 (Abb. 222). Das Fürstbistum Osnabrück verdankt die Kataster- und Landesaufnahmen seiner engen Verbindung mit Kurhannover-England. Außer der alternierenden welfischen Regierung gab es persönliche und sachliche Querverbindungen vielfältigster Art. So war es selbstverständlich, daß Osnabrück auch aus der besonderen kartographischen Leistungsfähigkeit der kurhannoverschen Ingenieuroffiziere Nutzen zog, die mit ihrer Landesaufnahme die preußische Kabinettskarte des Grafen v. Schmettau nicht allein durch einen weitaus größeren Maßstab, sondern auch durch die sorgfältige für das ganze Land einheitliche Darstellung übertrafen.

Die Vermessung vieler deutscher Klein- und Mittelstaaten ist jedoch wie die der Kurpfalz und die 1787 von dem Artilleriehauptmann Sandfort für das kurkölnische Staatsgebiet vorgeschlagene Aufnahme über Ansätze nicht hinausgekommen. Die Kosten für eine umfassende Landesaufnahme waren nicht unbeträchtlich, und die landständischen Versammlungen, welche die Sondermittel bewilligen mußten, taten dieses nur widerstrebend. Einer der vielen, zumeist vordergründigen Einwände, den die Stände gegen die Kartierung vorbrachten, war jener, daß dergleichen Karten in Kriegszeiten und bei feindlichen Durchmärschen dem Land nachteilig werden könnten, wenn sie in die Hände der Feinde fielen. Im 18. Jahrhundert war es die Regel, daß die großen Landes- und Katasteraufnahmen von Artillerie- und Ingenieuroffizieren durchgeführt wurden. Sie waren Fachleute, die ihr Metier verstanden, außerdem sparte der Staat Geld. Vereidigte Landmesser erhielten sonst in Schlesien zu Ende des 18. Jahrhunderts für jeden vermessenen Morgen Ackerland und Wiese 9 Pfennige, für Hude und ungenutztes Land zwischen den Ackerflächen 6 Pfennige und für Heide, Wälder, Seen und Allmende 3 Pfennige je Morgen. Dazu kamen Lohnkosten für Hilfspersonal wie Kettenträger und die Sachkosten.

Seit dem Aufkommen des modernen Fürstenstaates haben stets enge Beziehungen zwischen Militär und Vermessungswesen bestanden, und bis zum Ersten Weltkrieg sind zumindest in Deutschland die topographischen Landesaufnahmen stets militärischen Stellen übertragen worden. Schon unter Ludwig XIV. gab es in Frankreich besondere Ingenieurgeographen, und in Brandenburg wurden unter dem Großen Kurfürsten Ingenieuroffiziere zu Katastervermessungen herangezogen. Im 18. Jahrhundert bestanden in allen größeren Staaten Ingenieurkorps, die zumindest in Friedenszeiten mit größeren Vermessungsarbeiten beauftragt wurden. Es waren kleine Spezialtruppen, deren Mitglieder durch technisches Können und Bildung hervorstachen. Johann Ludwig Hogreve beispielsweise hatte nicht nur wesentlichen Anteil an der kurhannoverschen Landesauf-

Abb. 15 Topographische Karte des Herzogtums Berg von Wiebeking. 1790-1792, Ausschnitt Mülheim am Rhein

nahme, sondern verfaßte auch mehrere gelehrte Abhandlungen und verbesserte unter anderem den Meßtisch zum Gebrauch im Felde. Er starb im Jahre 1814 als Oberst und Dozent in Göttingen.

In den letzten Jahrzehnten des 18. Jahrhunderts, in Preußen mit dem Tode Friedrichs des Großen, ging auch in Deutschland die Periode der strikten Geheimhaltung von staatlichen Vermessungsergebnissen zu Ende. 1791 konnte Friedrich Christoph Müller eine Neufassung seiner Karte der Grafschaft Mark in Kupfer stechen lassen. Die Sotzmannsche Karte von den westlichen Provinzen war bereits ein Jahr früher im Maßstab 1 : 280 000 veröffentlicht worden und ist, wie der preußische General Lecoq berichtet, in den französischen Revolutionskriegen von großem militärischen Nutzen gewesen. Die großräumigen Vermessungen selber aber blieben Angelegenheit des Staates. So wurde auch in Sachsen 1791 durch eine Verordnung die Feldvermessung nur den Gerichtsobrigkeiten und Grundeigentümern freigegeben, im übrigen aber von einer landesherrlichen Genehmigung abhängig gemacht.

Angaben über Maßstabverhältnisse und die oftmals lokale Maßeinheit sind auf den älteren Karten keine Selbstverständlichkeit. Erst im 18. Jahrhundert wird dieses besser. Die Genauigkeit einer Karte hängt aber nicht allein vom Maßstab und der Realitätsnähe ihres Inhalts ab. Ebenso wichtig ist bei großräumigen Aufnahmen und für das Zusammenzeichnen zahlreicher Einzelblätter zu geeigneten Übersichtskarten die korrekte Wiedergabe der geographischen Länge und Breite. Während die Breite durchweg bereits im 16. Jahrhundert genau bestimmt werden konnte, war das mit der Länge erst möglich, nachdem gegen Ende des 18. Jahrhunderts neben astronomischen Meßinstrumenten Präzisionsuhren, sogenannte Chronometer, entwickelt worden waren. Damals wurde von französischen Geodäten der Nullmeridian von Ferro nach Paris gelegt. Erst gegen Ende des 19. Jahrhunderts, allgemein seit 1883, gilt der Meridian der Sternwarte von Greenwich als Nullmeridian. Das trigonometrische Netz wurde zwischen astronomisch bestimmten Festpunkten angelegt. Von ihnen aus waren möglichst viele andere Orte durch Winkelmessung in der Richtung und durch Längenmessung in ihrer Entfernung zu bestimmen. Astronomische Basisberechnung, Anzahl und Länge der Hauptlinien sowie Engmaschigkeit des Dreiecksnetzes bestimmen die Exaktheit der Vermessung und damit der Karte. Ohne astronomische Basisbestimmung bei zu langen Standlinien und zu weitem Dreiecksnetz lassen sich, wie zahlreiche Beispiele zeigen, zu gleicher Zeit begonnene Einzelaufnahmen nachher nicht zusammenfügen. Regelmäßig im 17. und oftmals auch noch im 18. Jahrhundert ist der auf einem Kartenblatt abgebildete Bereich ohne konstruktiven Zusammenhang mit dem auf den Nachbarblättern Dargestellten aufgenommen. Unter dem Einfluß der französischen Geodäten geht man aber mehr und mehr dazu über, vom Großen zum Kleinen zu arbeiten, überzieht schließlich das ganze aufzunehmende Land mit einem Netz von Hauptdreiecken, die stufenweise für die Spezialvermessungen verdichtet werden.

Mit zunehmender Anforderung an Präzision und Genauigkeit der Karten beginnen auch Fragen der Beschaffung, der Auswertung und Analyse des zugrundeliegenden Materials, der topographischen Aufnahmen, der Projektion, des Maßstabes usw. eine ganz andere Rolle zu spielen als vorher. Es ist eine Folge des stürmischen Aufschwungs im Kartenschaffen des 18. Jahrhunderts, daß nicht nur Aufnahme- sondern auch Wiedergabetechniken weiterentwickelt werden. Ein Merkmal dieser Karten des 18. Jahrhunderts ist der Übergang zur Grundrißtreue im Sinne einer senkrechten Parallelprojektion. Als erste sind wiederum die Franzosen allgemein von der perspektivischen Darstellung der Ortschaften, Gebäude und Bodenerhebungen zur rein planimetrischen Wiedergabe übergegangen. Gebäude zeichnete man im reinen Grundriß, Höhen im Gelände statt wie jahrhundertelang als vielfältig abgewandelte *Maulwurfshügel* durch Schummerung oder Strichelung. Probleme brachte dabei die jetzt geforderte klare Wiedergabe der Höhenverhältnisse. Es fehlte sowohl an Beobachtungsmöglichkeiten wie an Erfahrung, das Relief einer Landschaft von oben richtig zu sehen und wiederzugeben. Vielfach wurden Kupferstiche völlig unexakt nachträglich mit der Hand schattiert. Auch die seit Cassini beliebten Schraffen waren in erster Linie zeichnerisches Hilfsmittel. Friedrich der Große pflegte seinen Ingenieuroffizieren, wenn er einen Auftrag zur Kartierung erteilte, zu sagen: *Die Berge, welche hinaufliegen, mache er immer schwärzer, und die allerhöchsten bezeichne er mit einem Klecks* (nach Hanke/ Degner). Um diese Zeit entwickelte der sächsische Major Lehmann ein System zur Wiedergabe der wirklichen Geländeneigung durch Schraffur. Neben der Strichelung in Form von übereinandergesetzten Strichen verschiedener Dicke wurde zur Projektion von Fallinien und Höhe bald auch Schummerung und abgestufte Farbtönung oder auch eine Verbindung beider Methoden angewandt. Nach allgemeiner Ansicht der Zeit handelte es sich bei der unklaren Wiedergabe der Höhenverhältnisse um einen kartographischen Mangel, dem schwerlich abzuhelfen war. Durch die damals bekannten Methoden kann man zwar *Höhe und Gestalt eines Berges in etwa angeben, allein in Vergleichung mit dem, was sich dadurch nicht angeben läßt, ist dieses beinahe nichts zu nennen* (Krünitz). Eine Lösung dieses Problems brachte erst die exakte Kartographie des 19. Jahrhunderts.

Während Isobathen, d.h. Linien gleicher Tiefe, für die Schifffahrt schon auf Flußkarten des 16. Jahrhunderts, wie der 1584 von Pieter Bruinsz aufgenommenen Spaarne bei Haarlem, zu finden sind, erscheinen Höhenlinien (Isohypsen) auf Festlandskarten erst, nachdem man in der ersten Hälfte des 19. Jahrhunderts systematische Höhenmessungen vorgenommen hatte.

Noch bei den Landesvermessungen des 18. Jahrhunderts waren die Vermessungsgeräte und -methoden überraschend einfach. Verwandt wurden Meßtisch, Libelle oder Wasserwaage, Diopterlineal auch Regel genannt, mit deren Hilfe man einen Punkt im Gelände anvisieren und die Richtung direkt am Lineal entlang auf das Meßtischblatt zeichnen konnte, auf dem Diopterlineal befestigte Bussole sowie Meßkette und Stangen. Den Grundvorgang der Vermessung schildert der kurhannoversche Ingenieurkapitänleutnant Hogreve 1773 in seiner *Praktischen Anweisung zur topographischen Vermessung eines ganzen Landes*. Danach wurde in dem zu vermessenden Gelände zuerst eine Standlinie vom Standpunkt in Richtung eines markanten Punktes, meist eines Kirchturms, einer Windmühle oder eines freistehenden Baumes, festgelegt, der Meßtisch über dem Stand- oder Anfangspunkt aufgestellt, mit Hilfe der Bussole nach Norden ausgerichtet und die Standlinie eingezeichnet. Vom Anfangspunkt aus wurden dann weitere markante Punkte mit dem Diopterlineal angepeilt und die Richtungen eingezeichnet. Als nächstes wurde auf der Standlinie die Entfernung zu einem Punkt in etwa drei km Entfernung mit Meßketten und Meßstangen genau ausgemessen. Die Strecke wurde maßstabgerecht auf das Meßtischblatt übertragen, der Meßtisch dann auf diesem Punkt aufgestellt. Von dort aus wurden dieselben Punkte wie vom ersten Standort angepeilt. Die Schnittpunkte der Peillinien ergaben die maßstabgerechte Lage der angepeilten Punkte. Größere Genauigkeit wurde durch weitere Anpeilungen derselben Punkte von weiter entfernten auf der Standlinie erreicht. Das Gerippe von Hauptpunkten wurde dann nach weiteren Peilungen, Messungen oder bloßen Schätzungen ausgefüllt. Wie einfach es noch zuging zeigt eine Empfehlung aus jener Zeit an den Landmesser. Um sich beim Abschreiten von Strecken nicht zu verzählen, sollte er bis 500 Schritt bei jedem Hundert einen Knopf des Unter-Kleides aufmachen, von da an weiter bis 1000 Schritt bei jedem Hundert einen wieder schließen. Es gab aber auch schon Schritt-Zähler oder Schritt-Uhren. Im Winter wurden dann die im Sommerhalbjahr auf dem Meßtisch als *Brouillons* festgehaltenen Ergebnisse der topographischen Feldaufnahmen von den Vermessungsingenieuren ins reine gezeichnet.

Bereits während des Siebenjährigen Krieges hatten französische Ingenieurgeographen die von Cassini de Thury für seine Frankreichkarte gemessenen Dreiecke bis an den Rhein ausgedehnt. Die Kriege der französischen Revolution und Napoleons mit ihrem zunehmenden Bedarf an guten Landkarten haben die Dreiecksmessungen und kartographischen Aufnahmen dann besonders gefördert. 1797/98 erschien in Paris eine gedruckte Karte des Hunsrück, die auf militärischen Erkundungen unter Leitung des Generals Hardy basierte. Über die Schweiz, das Oberrheingebiet und weite Teile Süddeutschlands, über Belgien und die Niederlande wurden nach und nach durch französische Offiziere Dreiecksnetze gelegt. Vorher hatten noch während des Ersten Koalitionskrieges Ingenieuroffiziere Österreichs und seiner Bundesgenossen in Südwestdeutschland in aller Eile umfangreiche topographische Geländeaufnahmen durchgeführt. Auf vier Kartenwerken im Maßstab 1 : 57 600 und 1 : 28 800 ist das Gebiet an Mittelrhein und Nahe zwischen 1793 und 1797 dargestellt worden. Das bekannteste von ihnen ist die nach Westen, d.h. auf den militärischen Gegner, ausgerichtete Schmittsche Karte von Südwestdeutschland mit 198 Blättern im Maßstab 1 : 57 600. Sie wurde unter Leitung des österreichischen Generalmajors Heinrich v. Schmitt geschaffen, der damals dem kaiserlichen Generalquartiermeisterstab vorstand und erfaßt das ganze mögliche militärische Operationsgebiet zwischen Salzburg im Osten, Baden und Teilen der Pfalz im Westen und bis Siegen und Gießen im Norden. Der Ingenieur-Leutnant Rummel fertigte 1802/03 auf der Grundlage einer Triangulation eine Karte der Herrschaft Gimborn-Neustadt an, und 1805 beauftragte die bergische Regierung den Prof. Dr. Johann Friedrich Benzenberg aus Düsseldorf, dessen Polyederprojektion später zur Grundlage der preußischen Kartenwerke erhoben wurde, mit der Ausführung einer von ihm vorgeschlagenen Landesvermessung. Benzenberg wollte Grundsteuerkataster und Landeskarte auf gleichen trigonometrischen Grundlagen aufbauen, konnte dieses Vorhaben aber infolge der politischen Ereignisse nur teilweise ausführen. Die Triangulation Benzenbergs in Berg sollte zugleich als Grundlage für eine von der preußischen Regierung angeregte militärisch-topographische Kartenaufnahme dienen.Sie sollte die Lecoqschen Vermessungen in Westfalen, Hessen und Niedersachsen fortsetzen, die ab 1797, ebenfalls aus militärischen Notwendigkeiten heraus, vorgenommen worden waren.

Nach dem Frieden von Basel, mit dem Preußen aus der Koalition gegen Frankreich ausschied, war an der französisch-preußischen Demarkationslinie in Norddeutschland eine Observationsarmee aufgezogen. Schon bald offenbarte sich der Truppenführung der Mangel an ausreichenden kartographischen Unterlagen. Der Stabschef und preußische Oberst Karl Ludwig v. Lecoq (1754 - 1829) konnte den Oberbefehlshaber für die Herstellung einer brauchbaren topographischen Karte seines Befehlsbereichs gewinnen. 24 preußische Offiziere, darunter die Leutnants v. Müffling und v. Steinmetz, sowie mehrere hessische und hannoversche Offiziere wurden von ihren Regimentern abgeordnet und übernahmen unter Leitung des Militärgeographen und späteren Generalmajors v. Lecoq diese Aufgabe.

Lecoq beabsichtigte die *Carte géométrique de la France* 1 : 86 400 von Cassini de Thury auf ganz Nordwestdeutschland auszudehnen und sein trigonometrisches Netz an französisch-belgische und dänische Netze anzuschließen. Die auf Triangulation mit etwa 1000 Punkten gegründete Aufnahme war bis 1805 gerade noch rechtzeitig vor Wiederausbruch des Krieges im wesentlichen abgeschlossen. Die Blätter, die ab 1805 im Druck erschienen, waren das erste einheitliche Kartenwerk im westlichen Teil der preußischen Monarchie (Abb. 19). Die Qualität der einzelnen Aufnahmen aber war sehr verschieden. Auch übernahm man ältere Karten von sehr unterschiedlicher Genauigkeit. Vor allem aber wurde aus Zeitmangel alles weggelassen, was militärisch nicht von Wichtigkeit war. Man hat später an einer Verbesserung der Lecoqschen Karte gearbeitet, doch waren ihre Mängel zu offensichtlich, als daß man nicht bald eine weitere systematisch-topographische Aufnahme dieser Gebiete ins Auge faßte.

Sehr viel genauer, weil weitgehend durch unmittelbare Vermessung im Gelände und nicht unter Zeitdruck entstanden, ist dagegen das Kartenwerk für die linksrheinischen Gebiete, welche nach dem Frieden von Lunéville französisches Staatsgebiet geworden waren. Noch im Jahre 1801 ordnete Napoleon die Errichtung eines *Bureau topographique des quatre Départements réunis de la Rive gauche du Rhin* an, das eine vollständige Kartenaufnahme dieses Gebietes im Maßstab und in Fortsetzung der Cassinischen Karte ausführen sollte. Zum Chef des dem Kriegsdepot unterstellten topographischen Büros wurde der Oberst Jean Joseph Tranchot ernannt. Noch im selben Jahr begannen die Vorarbeiten, insbesondere die Erhebungen für das als Grundlage der topographischen Aufnahmen zu schaffende Dreiecksnetz. Die topographischen Vermessungen wurden zuerst im Maßstab 1 : 14 400 ausgeführt, dann aber ab 1802 im metrischen Maßstab 1 : 10 000 und 1 : 20 000. Insgesamt wurden in den zwölf Jahren französischer Herrschaft bis 1812 von den 25 000 qkm der vier linksrheinischen Departements rund 18 000 qkm aufgenommen, dazu 3300 qkm außerhalb dieses Gebietes (Abb. 17). Nach dem Ersten Pariser Frieden vom 30. Mai 1814 forderte die preußische Regierung die Herausgabe der Karten. Sie erhielt nach langem Widerstreben von den Franzosen bis 1816 152 Blätter 1 : 10 000 und 169 Blätter 1 : 20 000 und damit den allergrößten Teil dieses bedeutenden Kartenwerkes.

Tranchot hatte im Rheinland so hervorragende Arbeit geleistet, daß Preußen nach der Besitznahme nicht nur die links des Rheins verbliebenen Lücken von Offizieren unter der Leitung des Generalmajors Friedrich Karl v. Müffling gen. Weiß (1775 - 1851) schließen, sondern zur Vervollständigung bis 1819/28 auch große Teile des rechtsrheinischen Gebietes aufnehmen ließ. Mit den Namen Tranchot und v. Müffling verbindet sich endgültig der Beginn der modernen Kartographie in Westdeutschland.

Kartographie im 19. und 20. Jahrhundert – Von der Karte zum Satellitenbild

Von Rolf Harbeck

Überblick

Der Kartographie des 19. und 20. Jahrhunderts ein eigenes Kapitel zu widmen, hat nicht nur systematische Gründe. In dieser Epoche hat die »Landkarte« vor dem Hintergrund politischer, gesellschaftlicher und technischer Veränderungen prägende Entwicklungsprozesse erfahren und eine neue Bedeutung erhalten. Die inhaltliche Substanz, die graphische Gestalt und die geometrische und informative Qualität der Karte wurden entscheidend fortentwickelt, Anwenderkreis und Einsatzmöglichkeiten bedeutend erweitert. In diesen zwei Jahrhunderten hat sich die Kartographie von der privilegierten Liebhaberei zur wissenschaftlichen Disziplin, hat sich die Karte vom dekorierten Unikat zum dichten Informationsträger, zum vielseitigen Informationsmittel, ja zum Massenprodukt gewandelt.

Aber auch ein anderer Aspekt rechtfertigt es, mit dem Beginn des 19. Jahrhunderts sogar eine Zäsur in der Entwicklung der Kartographie zu sehen: Von jetzt an dürfen wir gesichert von der »exakten« Kartographie sprechen, die ihre Quellen und Informationen aus systematischen Landesaufnahmen auf der Basis trigonometrischer Vermessungen bezieht und nicht mehr nur aus Reisebeschreibungen und Reisezeiten, aus geschätzten Entfernungen oder ungenauen astronomischen Ortsbestimmungen. Ansätze und Zeugnisse solcher exakter Kartographie reichen bis in das 17. Jahrhundert zurück.

Das Bewußtsein exakter Kartographie zwingt uns auch, für das weitere Verständnis den Begriff Karte zu erläutern und einzugrenzen. Waren bis jetzt die Bezeichnungen »Karte« und »Landkarte«, ihre begriffliche Abwandlung »Landtafel« oder die lateinischen Versionen »charta«, »mappa«, »tabula« für alte kartographische Darstellungen mehr oder weniger unspezifisch gebräuchlich, so sprechen wir von landbeschreibenden Karten nun als »topographischen Karten«. Damit meinen wir nach heutigem Verständnis land- und ortsbeschreibende Karten der Maßstäbe 1 : 5000 bis etwa 1 : 250 000, die die wesentlichen topographischen Objekte, wie Siedlungen, Verkehrswege, Geländeformen, Bodenbedeckungen, mit Hilfe eines kartographischen Signaturensystems zeichnerisch darstellen und mit Kartenschriften erläutern. Wie topographische Karten entstanden sind, woher sie ihre Informationen beziehen, wie sie zu Kartenwerken zusammengefaßt und wie Kartenwerke in logischer Folge zu einer Maßstabspyramide aufgebaut werden, soll insbesondere Gegenstand dieses Kapitels sein.

Topographische Karten sind fundamentale Karten über die sichtbaren Erscheinungen unseres Lebensraumes, sie sind sozusagen Dokumente der Erdoberfläche, oder nach anderen Vorstellungen ihre Modelle. In der kartographischen Systematik stehen den topographischen Karten die thematischen Karten gegenüber, deren Ziel es ist, im Grunde jede beliebige Thematik in ihren einfachen und komplexen Beziehungen zur Erdoberfläche graphisch zu veranschaulichen. Hierzu benötigen sie als Grundlage aber stets topographische Karten, deren Inhalt und Maßstab je nach Differenziertheit des Themas, z.B. Bevölkerungsdichte, Klima, Wirtschaftsstrukturen, unterschiedlich sein müssen. Auf thematische Karten wird hier jedoch nicht näher eingegangen.

Karten großer Maßstäbe, etwa 1 : 1000 bis 1 : 5000, von denen dieser Band eine ganze Reihe enthält, haben im allgemeinen die Funktion von Lageplänen, Flurkarten oder Katasterkarten. Auch das Liegenschaftskataster und damit die Katasterkarte haben sich am Anfang des vorigen Jahrhunderts, ausgehend von den Gleichheitsgedanken der französischen Revolution, herausgebildet. Während das Kataster zunächst der gerechten Besteuerung von Grund und Boden diente, ist die Katasterkarte heute als amtliche Karte im Sinne der Grundbuchordnung darstellendes Element eines gewandelten Mehrzweckkatasters. Obwohl topographische Landeskarten und Katasterkarten in die gleiche Entstehungszeit zurückreichen, haben sie sich – im Gegensatz zu Süddeutschland – im norddeutschen Raum nicht parallel entwickelt. Katasterkarten sind hier als sogenannte »Inselkarten« entstanden, beruhten zunächst auf ungenauen örtlichen Triangulationsnetzen und später auf besonderen sphäroidischen Koordinatensystemen. Erst 1923 wurde mit der Einführung der rechtwinklig-konformen Koordinaten nach Gauß und Krüger sowohl für die Festpunkte der Landesvermessung als auch für die Katastervermessungen ein einheitliches System geschaffen.

Exakte topographische Karten der großen bis mittleren Maßstäbe herzustellen, ist ein langwieriger, kostenaufwendiger Prozeß. Sie zu besitzen, ist aber unverzichtbare Notwendigkeit eines jeden Kulturstaates, bieten sie doch allein die komplexe Zusammenschau des Lebensraumes, die verbindliche Grundlage jeglicher Planung und die Basis konventioneller Landesverteidigung. Topographische Landeskarten zu bearbeiten und herauszugeben, ist daher eine natürliche Hoheitsaufgabe des Staates, die in der Bundesrepublik Deutschland den Ländern obliegt und gesetzlich verankert ist.

Die topographischen Landesaufnahmen

Kartentheoretisch besteht die topographische Aufnahme eines Staatsgebiets heute wie vor 200 Jahren aus zwei technisch und organisatorisch getrennten Arbeitsabläufen: aus der qualitativen und quantitativ-geometrischen Erfassung aller darstellungswürdigen Gegenstände der Erdoberfläche einerseits und der zeichnerischen Umsetzung dieser Gegenstände in die kartographische Darstellung und deren Übertragung auf einen Zeichenträger andererseits. Im engeren Sinne dürften wir nur den Erfassungsprozeß als »topographische Landesaufnahme« bezeichnen, im weiteren Sinne hat sich dieser Begriff aber auch auf ihr unmittelbares kartographisches Ergebnis ausgeweitet. Dieses entstand zum Teil als »Aufnahmekarte« im »Aufnahmemaßstab« direkt im Felde, wurde häuslich ergänzt und dann für die kartographische Orginalzeichnung, die vielfach in einem kleineren Maßstab geschah, bereitgestellt.

In ihren Anfängen und lange Zeit danach war die Landesaufnahme eng an terrestrische vermessungstechnische Verfahren gebunden, von denen die »Meßtischaufnahme« sicher das bekannteste ist. Dabei stand der geodätisch-topographische Aspekt stark im Vordergrund. Heute betrachten wir die Landesaufnahme mehr und mehr als einen komplexen Informationsgewinnungsprozeß, der mit der Einbeziehung luftphotogrammetrischer Verfahren die aufwendigen »Messungen am Objekt« verlassen hat und sich der wirtschaftlicheren »Messungen am Modell«, also am Luftbild, bedient. Mit Verlagerung der Aufnahmeplattform von der Erdoberfläche in den Luftraum und dann mit Hilfe der Satelliten weiter in den Weltraum hat die Landesaufnahme eine geradezu revolutionäre Entwicklung durchlaufen und heute ungeahnte Möglichkeiten erhalten. So allerdings wird es auch erklärlich, daß die Karte klassischer Prägung nicht mehr das alleinige Darstellungsmittel topographischer Informationen ist, sondern daß an ihre Stelle alternative oder kartenverwandte Darstellungen treten konnten. Luftbild, Luftbildkarte, Satellitenbild und Satellitenbildkarte sind typische Beispiele hierfür.

Unser Gebiet, das die heutigen Bundesländer Nordrhein-Westfalen, Rheinland-Pfalz und Saarland umfaßt, ist im Laufe der Geschichte mehrmals topographisch aufgenommen worden. Infolge der wechselvollen Territorialverhältnisse konnte dies natürlich nicht umfassend geschehen (Abb. 16), und je nach dem Stand der Technik, den Anforderungen der Auftraggeber und dem Leistungsvermögen der aufnehmenden Topographen war das Ergebnis von unterschiedlicher Qualität. So ist es zu erklären, daß wir heute mehrere Landesaufnahmen und Kartenwerke – genaue und weniger genaue, detaillierte und weniger inhaltsreiche – nebeneinander liegend und sich gegenseitig überdeckend vorfinden.

Die Anfänge der exakten Landesaufnahme in unserem Gebiet und damit der Beginn ihrer ersten Periode sind unter ausschließlich militärischen Zielsetzungen zu sehen und gehen auf die Napoleonischen Kriege zurück. Napoleon hatte die taktische Überlegenheit operierender Truppen erkannt, die sich aus genauer Kenntnis des Landes und des Kampfgebietes durch Karten ergab. Nach dem Frieden von Lunéville im Jahre 1801, mit dem linksrheinische preußische, kurfürstlich-trierische, herzoglich-jülichsche und andere Gebiete dem Kaiserreich Frankreich eingegliedert wurden, ordnete Napoleon an, diese Gebiete topographisch aufzunehmen und für sie eine militärische Operationskarte 1 : 86 400 (1 Pariser Linie zu 100 Toisen) herzustellen. Er übertrug die Leitung dem Ingenieurgeographen Oberst Tranchot, der in Aachen, später in Trier ein topographisches Büro gründete. Der Name Tranchot steht nicht nur für die trigonometrischen und topographischen Arbeiten, die in den Jahren 1801 bis 1809 ausgeführt wurden, sondern auch für das Kartenwerk, das hierbei entstand. Es ist auf vorausgegangenen, von dem Astronomen Cassini de Thury ausgeführten trigonometrischen Vermessungen gegründet, in den Maßstäben 1 : 10 000 und 1 : 20 000 aufgenommen und, soweit nötig, auf 1 : 20 000 umgezeichnet worden.

Nach den Befreiungskriegen endeten die topographischen Aufnahmen, die insgesamt 321 Kartenblätter unterschiedlicher Maßstäbe geschaffen hatten. Auf Grund der Friedensverträge von Paris 1814 wurden die topographischen Unterlagen an Preußen ausgeliefert, allerdings erst, nachdem die Franzosen vorher Kopien angefertigt hatten. Freiherrn von Müffling wurde vom Generalstab des preußischen Kriegsministeriums die Aufgabe übertragen, die noch fehlenden links- und rechtsrheinischen Kartenblätter von preußischen Offizieren aufnehmen zu lassen. Diese Ergänzungsaufnahme fand in den Jahren 1816 bis 1821, zum Teil bis 1828, weitgehend nach Maßgabe der französischen Grundsätze statt.

Die Tranchot-Müfflingschen Aufnahmeblätter im einheitlichen Maßstab 1 : 20 000 stellen in ihrer exakten mehrfarbigen Zeichnung und sorgfältigen Durchmusterung eine beachtliche kartographische Leistung dar. Eigentümlicherweise entsprechen sie in ihrer symbolhaften und dezenten Zeichen- und Farbgebung durchaus heutigen ästhetischen Vorstellungen und gelten zweifellos als einzigartige Quelle für siedlungsgeographische, landeskundliche und historische Forschungen (Abb. 17 und 18). Bis 1847 wurden aus ihnen insgesamt 85 Kartenblätter mit der Bezeichnung »Generalstabskarte 1 : 86 400, halbe Gradabteilung« abgeleitet und in Stein graviert. Dieses Kartenwerk stellt den Vorläufer der »Karte des Deutschen Reiches 1 : 100 000« dar, die ebenfalls unter dem Namen »Generalstabskarte« bekannt geworden ist.

Parallel zu den Landesaufnahmen der Rheinlande fand in den Jahren 1797 bis 1805 die Aufnahme westfälischer, aber auch hannoverscher, braunschweigischer und hessischer Gebiete durch den preußischen Oberstleutnant und späteren Generalmajors v. Lecoq statt. Er war Stabschef jener Armee, die zum Schutz der im Frieden von Basel 1795 festgelegten Demarkationlinie gebildet worden war. Grundlage seiner Aufnahme, die im Maßstab 1 : 28 800 mit Meßtisch und Kippregel durch preußische Offiziere erfolgte, war ein ebenfalls von Lecoq gemessenes Dreiecksnetz. Hinter dieser Landesaufnahme standen nicht so sehr übergeordnete militärische Interessen, als vielmehr der Weitblick eines Offiziers, der für die Durchführung häufiger Standortverlegungen und für die Versorgung seiner Truppe verantwortlich war. Lecoq hatte sein Kartenwerk in Anlehnung an die Cassinische Landesaufnahme von Frankreich (1750 - 1793) konzipiert und ausgeführt. So entstanden 20 Kartenblätter im Maßstab 1 : 86 400 über ein Gebiet, das im Norden bis zur Nordseeküste, im Osten bis Hannover und im Süden bis Köln reichte. Sämtliche Blätter wurden in Berlin in Kupfer gestochen und sind als einfarbige Karten mit zusätzlicher Handkolorierung angelegt worden (Abb. 19).

Ganz anders als bei Tranchot, v. Müffling und v. Lecoq ist die erste Landesaufnahme in den ehemaligen bayerischen Gebieten des Saarlandes und von Rheinland-Pfalz verlaufen. Hier wurden um 1840 von Offizieren des Königlich-Bayerischen Generalstabes Flurkarten im Maßstab 1 : 5000 mit Meßtisch und Kipp-

Abb. 16 Die ersten Landesaufnahmen

16

Staatsgrenze | Stand der Grenzen 1982
Landesgrenze |

Karte von Nordwestdeutschland von v. Lecoq 1797 - 1813

Französische Kartenaufnahme 1801 - 13

Preußische Kartenaufnahme 1816 - 20

Bayerische Positionsblätter 1801-67

17

Abb. 17 Kartenaufnahme der Rheinlande durch Tranchot. 1801-1813. Blatt 195 Traben-Trarbach. 1811 (Ausschnitt)

regel aufgenommen. Sie wurden verkleinert und zu sogenannten »Positionsblättern« 1 : 25 000 unter Hinzufügung der Geländedarstellung durch Schraffen ausgestaltet. Diese Landesaufnahme belegt die sinnvolle und wirtschaftliche Zusammenarbeit zwischen militärischer Landesvermessung und Katastervermessung, die bekanntlich für den süddeutschen Raum typisch war.

Die als Ergebnisse der ersten topographischen Landesaufnahme in den Rheinlanden und Westfalen zustande gekommenen Kartenwerke sind von ihren militärischen Anwendern zunächst allgemein anerkannt worden. Doch wurden bald auch darstellungstechnische und geometrische Mängel sichtbar, die offensichtlich auf die häufig unter Zeitdruck stehende Bearbeitung, aber auch auf das unterschiedliche Instrumentarium und die unvollkommene Ausbildung der Topographen zurückzuführen waren. Deshalb wurde 1830 vom preußischen Generalstab eine neue topographische Landesaufnahme beschlossen, die von 1836 bis 1842 in Westfalen und von 1843 bis 1850 in den Rheinlanden umfassende Aufnahmeblätter im Maßstab 1 : 25 000 erbrachte und als die zweite systematische Landesaufnahme gilt. Da aber auch ihr Ziel die Ableitung einer kleinermaßstäbigen Generalstabskarte war, wurden trotz aller Bemühungen um ein genaueres Lagefestpunktfeld – immerhin entfielen jetzt 2 bis 3 trigonometrische Punkte auf ein Meßtischblatt – eine dem Aufnahmemaßstab angepaßte Genauigkeit und Gründlichkeit nicht erzielt. Ihr weiterer Mangel ist sicher, daß das Gelände noch recht unvollkommen durch Bergstriche, Formlinien und Böschungsschraffen erfaßt und dargestellt wurde. Den Aufnahmeblättern dieser zweiten Periode wurde die heute noch für die Topographische Karte 1 : 25 000 gültige Blatteinteilung und -abmessung von 10 Längenminuten und 6 Breitenminuten zugrunde gelegt. Sie wurden auf Meßtischen mit Hilfe einer inzwischen verbesserten Kippregel erstellt und gelten deshalb im heutigen Sprachgebrauch als sogenannte »Urmeßtischblätter« (Abb. 20). Auch sie sind nicht veröffentlicht worden,

18

Abb. 18 Kartenaufnahme der Rheinlande durch v. Müffling. 1816-1821. Blatt 36 rhh Blankenberg (Ausschnitt)

sondern dienten ausschließlich zur Ableitung der Generalstabskarte, die für unsere westlichen Provinzen im Maßstab 1 : 80 000, im östlichen Teil Preußens bereits im gängigen Maßstab 1 : 100 000 stattfand. Bemerkenswert ist aber, daß das militärischen Zwecken dienende, in Stein gravierte Kartenwerk durch Kabinettsorder 1841 bereits für den zivilen Gebrauch freigegeben und Drucke über den Buchhandel zum Preise von 1/2 Taler verkauft wurden.

Während die ersten beiden Perioden topographischer Landesaufnahmen für uns nur noch historische Bedeutung haben, bildet die in der Zeit von 1877 bis 1912 anzusetzende dritte Aufnahmeperiode die noch weitgehend gültige Grundlage unserer heutigen topographischen Landeskartenwerke. Mit der Gründung des Deutschen Reiches im Jahre 1871 wurde von militärischer Seite die Forderung erhoben, nunmehr für das ganze Reich eine einheitliche topographische Karte 1 : 100 000 herzustellen, was zu einem entsprechenden gemeinsamen Beschluß der topographischen Büros von Preußen, Sachsen, Bayern und Württemberg im Jahre 1878 führte. Diese Forderung fiel in eine kartographische Epoche, die nicht mehr nur durch militärische Interessen geprägt war, sondern in der die begonnene und sich ausweitende Industrialisierung ebenfalls genaues Kartenmaterial verlangte, das insbesondere für exakte Planungen geeignet sein sollte. Johann Jakob Baeyer (1794 - 1885) machte dies mit seiner Denkschrift zur »Anfertigung einer guten Karte« deutlich, mit der er bereits 1851 eine topographische Karte 1 : 5000 forderte. Leider wurde sein Gedanke weitgehend verworfen.

Als organisatorische Basis der dritten Aufnahmeperiode wurde 1875 die königlich preußische Landesaufnahme als zentrale Behörde gegründet und dem Generalstab angegliedert. Sie hatte mit der trigonometrischen, topographischen und kartographischen Abteilung bereits jene Organisationsgliederung, die weitgehend auch für die heutigen Landesvermessungsämter

19

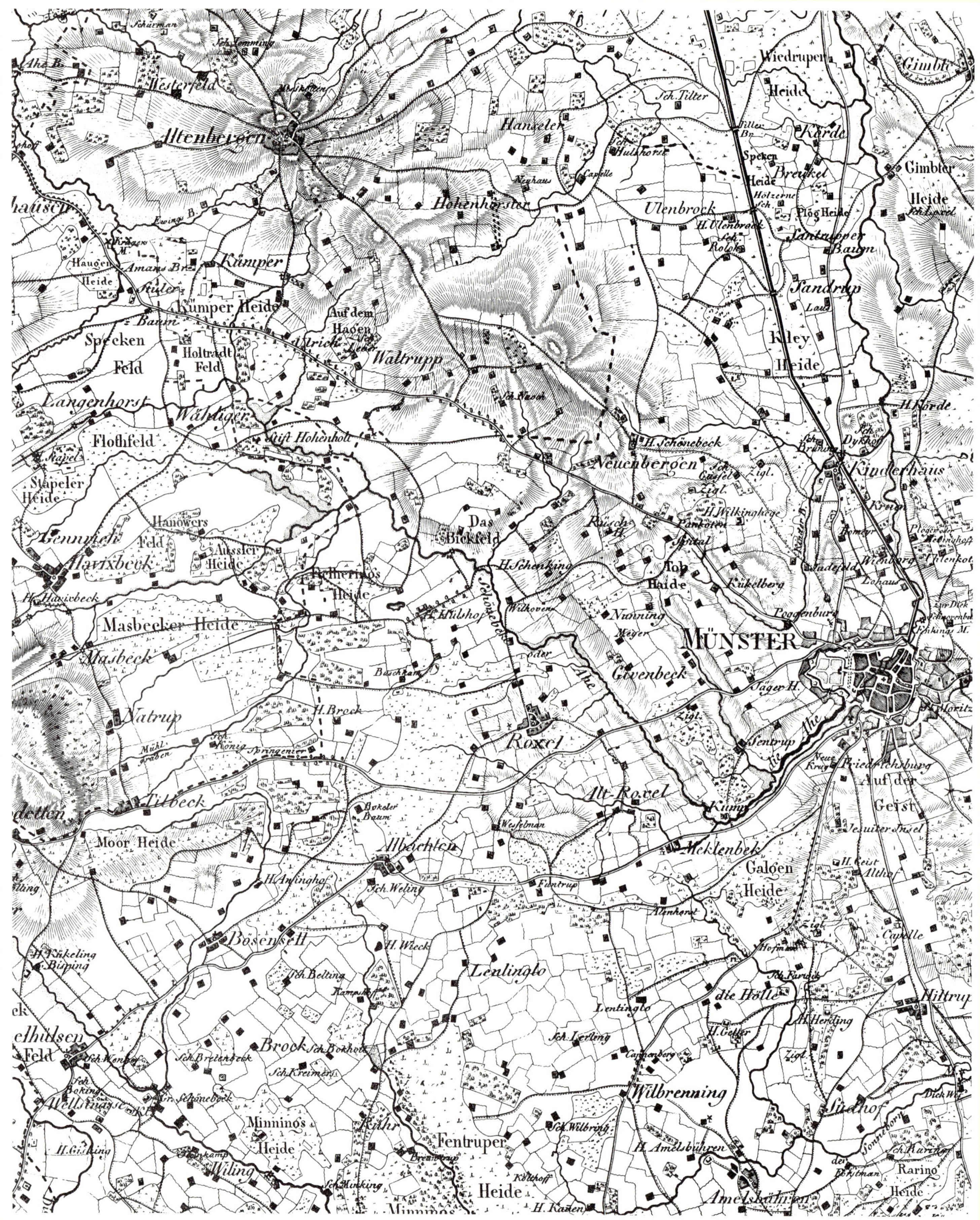

Abb. 19 Karte von Nordwestdeutschland 1 : 86 400 v. Lecoq. 1797-1813. Blatt XII (Ausschnitt Münster). 1804

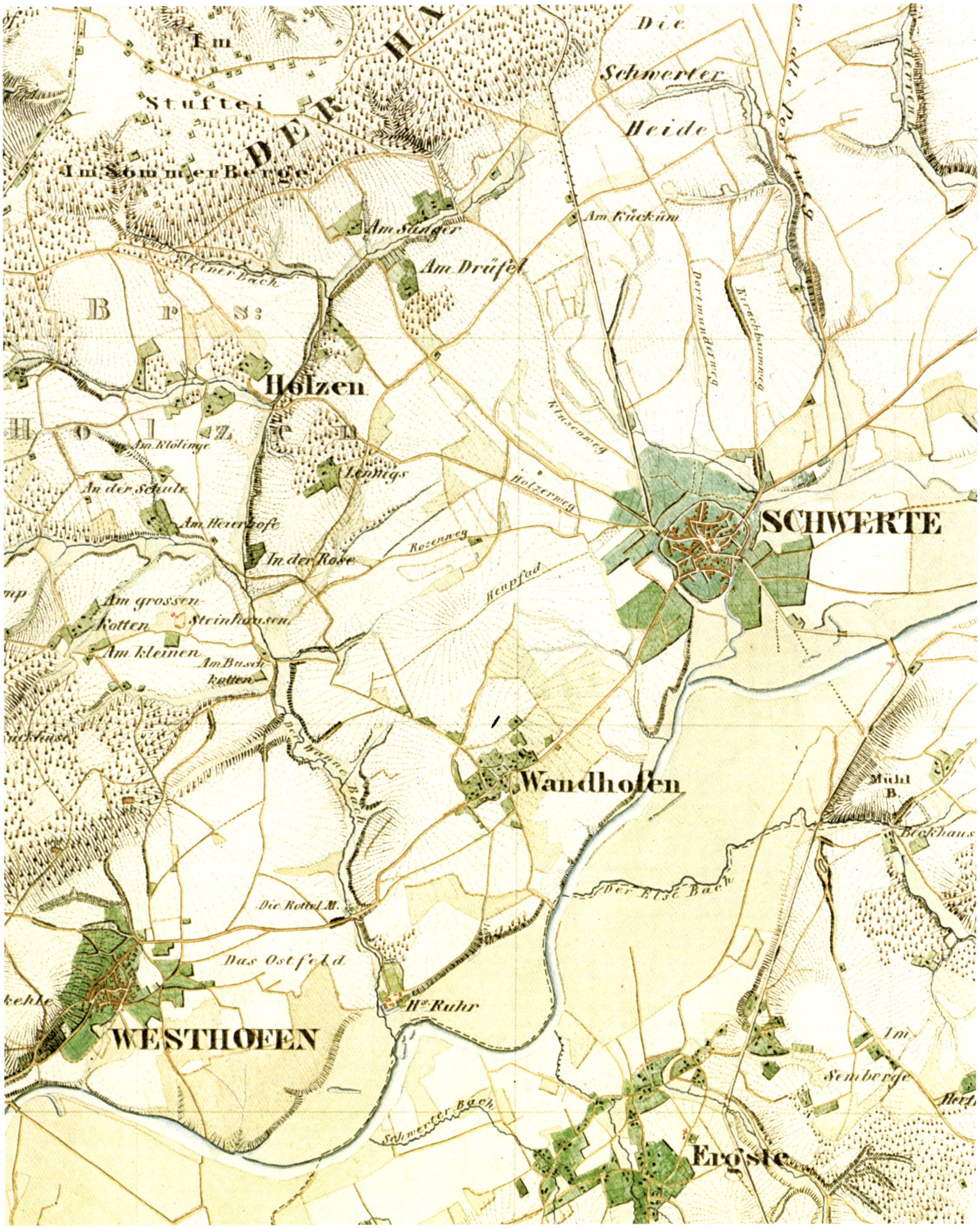

Abb. 20 Preußische Kartenaufnahme, Königl. Preuß. Generalstab 1839-1840 – Uraufnahme – 1 : 25 000, Blatt 4511 Schwerte (Ausschnitt)

noch typisch ist. Damit waren auch die technischen und finanziellen Mittel für eine groß angelegte Landesaufnahme gegeben, die ein beachtliches Niveau erreichen sollte. Das Land wurde mit einem ausreichend genauen trigonometrischen Netz überzogen, das so weit verdichtet wurde, daß 25 trigonometrische Punkte auf ein Aufnahmeblatt 1 : 25 000 entfielen. Daneben wurde ein Höhenfestpunktfeld durch geometrisches Nivellement angelegt, das eine exakte Erfassung des Geländes und seine Darstellung durch Höhenlinien im Metersystem erlaubte. Die eigentliche topographische Landesaufnahme wurde von gut ausgebildeten Topographen mit dem inzwischen zur technischen Reife gelangten Meßtischverfahren ausgeführt und brachte uns jene »Meßtischblätter«, die unter dieser Bezeichnung auch in der Bevölkerung weithin bekannt wurden.

Aufgabe der kartographischen Abteilung der preußischen Landesaufnahme war es, aus den Aufnahmeblättern vervielfältigungsfähige Kartenwerke 1 : 25 000 und 1 : 100 000 abzuleiten. Wegen der damals beschränkten Möglichkeiten der Reproduktionstechnik und wegen der militärischen Forderungen, alle Kartenelemente in einem Blatt zu vereinigen, wurden beide Kartenwerke einfarbig konzipiert und in Gravur auf Stein oder in Kupferstich ausgeführt. Damals bildete sich ein Signaturensystem heraus, das für die Darstellung der topographischen Objekte nur die druckfähigen graphischen Elemente Punkt und Linie verwendete und Flächen durch Schraffuren oder Signaturenhäufungen simulierte. Es wurde in einer geradezu dogmatischen Weise bestimmend für die Zeichengebung topographischer Karten schlechthin und hat selbst unsere heute als modern geltenden amtlichen Kartenwerke 1 : 50 000, 1 : 100 000 und 1 : 200 000 nachhaltig geprägt.

Die in den Jahren 1877 bis 1912 entstandenen Meßtischblätter 1 : 25 000 (Abb. 21) bildeten in den norddeutschen Gebieten lange Zeit das topographische Grundkartenwerk, worauf – wie wir noch sehen werden – topographische Folgekarten aufbauten und zum Teil heute noch gründen. Die»Erläuterungen zu den Musterblättern für die topographischen Arbeiten des Königlich Preußischen Generalstabes – nebst drei Musterblättern und einem Schriftmesser vom 1.3.1818« standen als Zeichenvorschriften für die topographischen Aufnahmeergebnisse mit am Anfang der Aufnahmeperioden im Maßstabsbereich 1 : 25 000. Das Musterblatt von 1939, das die Neuableitung der nun so genannten »Topographischen Karte 1 : 25 000« aus der Deutschen Grundkarte 1 : 5000 forderte und damit die Topographische Karte 1 : 25 000 zur Folgekarte erklärte, beendete mindestens formal die Aera der terrestrischen Landesaufnahme in diesem klassischen Maßstab. Die Informationsgewinnung moderner Prägung mit einem topographischen Basiskartenwerk 1 : 5000 als Sammelbecken zeichnete sich zwar ab, wurde aber durch technische Entwicklungen und organisatorische Schwierigkeiten häufig in Frage gestellt. Sie konnte sich umfassend bis heute nicht durchsetzen.

Die frühen kartographischen Ergebnisse der Landesaufnahme, aber auch ihre Reduktionen und Ableitungen in kleinermaßstäbige Kartenwerke, besitzen nicht nur für den wissenschaftlich tätigen Historiker und Geographen, sondern auch für den heimatkundlich interessierten Bürger beachtlichen Wert. Viele der Aufnahme- und Kartenoriginale sind in den Wirren der Zeit, vor allem in Kriegszeiten, verlorengegangen oder nicht ohne weiteres greifbar. Manche Originale, darunter die Tranchot-Müfflingschen Aufnahmen, sind uns aber erhalten geblieben oder zugänglich. Von ihnen haben die Landesvermessungsämter Nordrhein-Westfalen, Rheinland-Pfalz, Saarland und Hessen, vor allem in Zusammenarbeit mit Archiven oder geschichtskundlichen Vereinigungen, Reproduktionen angefertigt, die sie als mehrfarbige oder einfarbige Drucke zum Kauf anbieten. Kartenkataloge und andere Informationsmaterialien, die die Landesvermessungsämter auf Anfrage zusenden, geben nähere Auskunft hierüber.

Die Entwicklung der Maßstabsfolge

Unmittelbares Arbeitsziel der frühen topographischen Landesaufnahmen war, wie wir gesehen haben, möglichst genaue Lage-, Höhen- und Sachinformationen über die Erscheinungsformen der Erdoberfläche zu erhalten und zu dokumentieren. Die eigentliche Aufgabe, wenn auch technisch der Sekundärvorgang, bildete jedoch die Herstellung eines flächendeckenden Kartenwerks im Maßstabsbereich 1 : 100 000, zunächst aus militärischen, später auch aus volkswirtschaftlichen Gründen. Mit fortschreitender Industrialisierung stellte sich aber bald heraus, daß der Kartenmaßstab 1 : 100 000 bei weitem nicht alle Anwendungswünsche abdecken konnte. Für Detailerhebungen und -planungen war er zu klein, für großräumige Orientierungsaufgaben und Übersichtskarten zu groß. Die Ergebnisse der topographischen Landesaufnahmen auch für flächendeckende Landeskartenwerke anderer Maßstäbe zu nutzen, lag sicherlich nahe.

An dieser Stelle seien wiederum einige kartentheoretische Anmerkungen erlaubt. Es ist zunächst nachzutragen, daß der häufig gebrauchte Begriff »Kartenwerk« die Gesamtheit aller Kartenblätter eines Maßstabs bedeutet, die für ein bestimmtes Gebiet flächendeckend, nach einheitlichen geodätischen Grundlagen, mit gleichem Blattschnitt und nach gleichem Signatursystem bearbeitet werden. Um ein kleinermaßstäbiges Kartenwerk als Folgekarten aus einem großmaßstäbigen Grundkartenwerk abzuleiten, ist es bekanntlich mit einer einfachen photographischen Verkleinerung nicht getan. Die Signaturen des Grundkartenwerks würden bei stärkerer Verkleinerung schnell zusammenlaufen, die Kartenschriften würden unlesbar, die bloß verkleinerte Karte insgesamt wertlos. Beim Übergang zu einer Karte kleineren Maßstabs muß vielmehr die kartographische Generalisierung einsetzen, ein komplexer Entwurfsvorgang, bei dem der Kartograph die für die geringere Kartenfläche wesentlichen Objekte auswählt, ihre Darstellung vergrößert, andere Objekte verdrängt, die Zeichnung verbreitert oder gar statt der grundrißähnlichen Darstellung nur noch symbolhafte Signaturen einsetzt. So erhält jedes Kartenwerk durch den Umfang der in ihm dargestellten Objekte und durch die für die Darstellung zu benutzenden geeigneten Zeichen und Signatursysteme seine endgültige kartographische Definition. Definitionsmittel in diesem Sinne sind die sogenannten »Musterblätter«, die für alle modernen topographischen Kartenwerke heute in Form von Musterbüchern vorliegen und den verbindlichen Objekt- und Signaturenkatalog darstellen.

In einem modernen Industriestaat wie der Bundesrepublik Deutschland können ein oder zwei Kartenwerke den Anforderungen von Verwaltung und Rechtsverkehr, Wirtschaft und Wissenschaft, Landes-und Bauleitplanung, Raum- und Bodenordnung, Verteidigung und Forschung – um nur die wichtigsten Benutzerkreise zu nennen – nicht erfüllen. Vielmehr ist eine abgewogene, sinnvoll aufgebaute Folge von Kartenwerken (Kartenreihe, Maßstabsfolgekarten, Maßstabspyramide) notwendig, die sich auf einem großmaßstäbigen topographischen Grundkartenwerk mit hoher Blattzahl und großer Detailaussage stützt und an deren Spitze das kleinmaßstäbige topographische (chorographische) Übersichtskartenwerk mit gegebenenfalls nur einem einzigen Kartenblatt steht, das aber das gesamte Staatsgebiet abdeckt. Eine solche Kartenpyramide ist heute für die Bundesrepublik Deutschland durch Ländervorschriften vereinbart und besteht aus folgenden Kartenwerken:

- Deutsche Grundkarte 1 : 5000 (DGK 5) (in Süddeutschland zum Teil Höhenflurkarte 1 : 2500 und 1 : 5000),
- Topographische Karte 1 : 25 000 (TK 25),
- Topographische Karte 1 : 50 000 (TK 50),
- Topographische Karte 1 : 100 000 (TK 100),
- Topographische Übersichtskarte 1 : 200 000 (TÜK 200),
- Übersichtskarte 1 : 500 000 (ÜK 500),
- Internationale Weltkarte 1 : 1 000 000 (IWK).

Kennzeichnend für diese Kartenreihe der topographischen Landeskartenwerke sind die Maßstabslücke bei 1 : 10 000 und der Maßstabsverkleinerungsfaktor 2 von Kartenwerk zu Kartenwerk ab 1 : 25 000. Trotz ihres systematischen Aufbaus ist die Maßstabspyramide nicht in einem einmaligen Akt beschlossen und realisiert worden; sie hat sich vielmehr im Laufe der Geschichte der topographischen Landeskartographie je nach Erfordernissen entwickelt. Wesentlichen Einfluß auf diese Entwicklung der Kartenpyramide hatten der Beirat für das Vermessungswesen, der 1921 durch einen Erlaß des Reichspräsidenten geschaffen wurde, und seine heute analoge Organisation, die Arbeitsgemeinschaft der Vermessungsverwaltungen der Länder der Bundesrepublik Deutschland (AdV).

Nach dem Ende des Ersten Weltkrieges wurde die bislang militärisch organisierte und dem Generalstab angegliederte Preußische Landesaufnahme als nunmehr zivile Behörde dem Reichsminister des Innern unterstellt. Daraus wurde 1921 das Reichsamt für Landesaufnahme (RfL) in Berlin gegründet, das jedoch noch keine Zentralbehörde für das gesamte Reichsgebiet, sondern nur für Preußen zuständig war. Es führte allerdings trigonometrische, topographische und kartographische Arbeiten für eine Reihe von Ländern, darunter in unserem Gebiet für das Fürstentum Lippe, im Rahmen von Staatsverträgen durch. Erst 1934 wurde das Vermessungswesen, und damit das amtliche topographische Landkartenwesen, zur Reichsangelegenheit erklärt. Dies führte zu einer Trennung in Reichskartenwerke und Landeskartenwerke und zur Bildung von 14 Hauptvermessungsabteilungen (HVA) bei den Mittelbehörden, zum Beispiel den Regierungspräsidenten, im Jahre 1938. Aufgaben der Hauptvermessungsabteilungen waren vor allem die Herstellung und Erhaltung der Landesdreiecksnetze und die Herstellung, Laufendhaltung und Drucklegung der topographischen Landeskartenwerke, die zu diesem Zeitpunkt nur aus der langsam im Aufbau befindlichen Grundkarte 1 : 5000 und der Topographischen Karte 1 : 25 000 (Meßtischblätter) bestanden. Die Karte des Deutschen Reiches 1 : 100 000 (KDR) und einige Übersichtskarten gehörten zu den Reichskartenwerken.

Die heute gültige Organisation des Vermessungswesens und des topographischen Landkartenwesens in der Bundesrepublik Deutschland ist nach dem Zweiten Weltkrieg entstanden, als die Zuständigkeit hierfür nach dem Grundgesetz an die Bundesländer fiel. Jedes Bundesland errichtete ein Landesvermessungsamt, das zum Teil aus Hauptvermessungsabteilungen hervorging: Für unser Gebiet sind es die Hauptvermessungsabteilungen IX (Münster), X (Köln) und XI (Wiesbaden), die als Vorläufer der Landesvermessungsämter von Nordrhein-Westfalen in Bonn, von Rheinland-Pfalz in Koblenz, des Saarlandes in Saarbrücken und von Hessen in Wiesbaden anzusehen sind.

Vor diesem historisch-organisatorischen Hintergrund hat sich die heutige Kartenwerkspyramide entwickelt. Schon bald nach seiner Gründung machte der Beirat für das Vermessungswesen von seinem Antragsrecht zur Erlangung von Gesetzen und Verwaltungsvorschriften Gebrauch. Er empfahl 1923 die Einführung einer topographischen Karte 1 : 5000, die 1936 als Deutsche Grundkarte 1 : 5000 in Preußen zum amtlichen Landeskartenwerk erklärt wurde. Die logische Folge hiervon war 1939 das Musterblatt für eine nunmehr aus der Deutschen Grundkarte abzuleitende Topographische Karte 1 : 25 000, die als dreifarbiges Kartenwerk die einfarbigen Meßtischblätter ersetzen sollte und 1967 von der AdV im Zeichenmuster durchgreifend renoviert wurde (Abb. 22). Auch der Kartenmaßstab 1 : 50 000 war nicht neu, sondern bereits in der Mitte des vorigen Jahrhunderts in den süddeutschen Ländern bekannt. Von Württemberg und Bayern kam dann auch 1913 die Anregung zur Einführung einer Karte 1 : 50 000, die vom Beirat 1923 aufgegriffen wurde und zu einer Empfehlung führte. Trotz zahlreicher Gestaltungsvorschläge und trotz der Erklärung zum Reichskartenwerk ist die damals so genannte »Deutsche Karte 1 : 50 000« lange Zeit nicht aus dem Versuchsstadium herausgekommen. Erst als nach dem Krieg das westliche Verteidigungsbündnis ein einheitliches Kartenwerk in diesem Maßstab forderte, kam es 1954 zu einem Beschluß der AdV zur Einführung der Topographischen Karte 1 : 50 000 (Abb. 23) und zur flächendeckenden Herstellung dieses Kartenwerks für das gesamte Bundesgebiet in nur 10 Jahren. Das seit 1878 als Karte des Deutschen Reiches 1 : 100 000 geführte Kartenwerk hatte seine militärische Bedeutung nach dem Krieg verloren und wurde wegen seiner Einfarbigkeit, schlechten Lesbarkeit und ungenauen Geländedarstellung aufgegeben. An seine Stelle trat ab 1961 die moderner konzipierte mehrfarbige Topogaphische Karte 1 : 100 000 (Abb. 24), die inzwischen für das gesamte Bundesgebiet mit Ausnahme Bayerns und einiger Blätter Hessens vollständig fertiggestellt ist. Für die weiteren Folgemaßstäbe wurden Versuchsarbeiten im Maßstab 1 : 200 000, ein militärisches Kartenwerk 1 : 500 000 und internationale Ver-

21

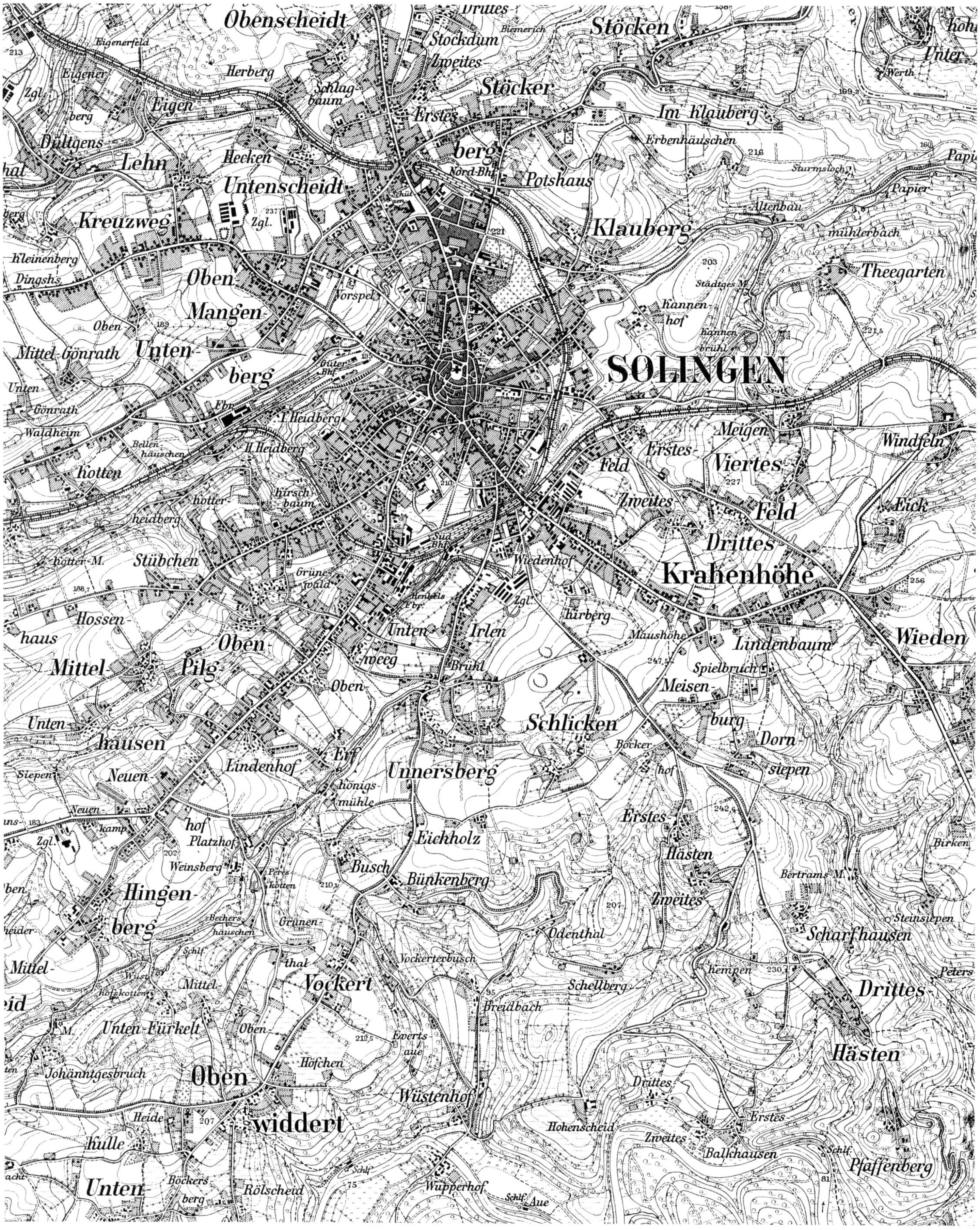

Abb. 21 Preußische Kartenaufnahme, Königl. Preuß. Landesaufnahme 1893 / 1895 – Neuaufnahme – 1 : 25 000, Blatt 4808 Solingen (Ausschnitt)

22

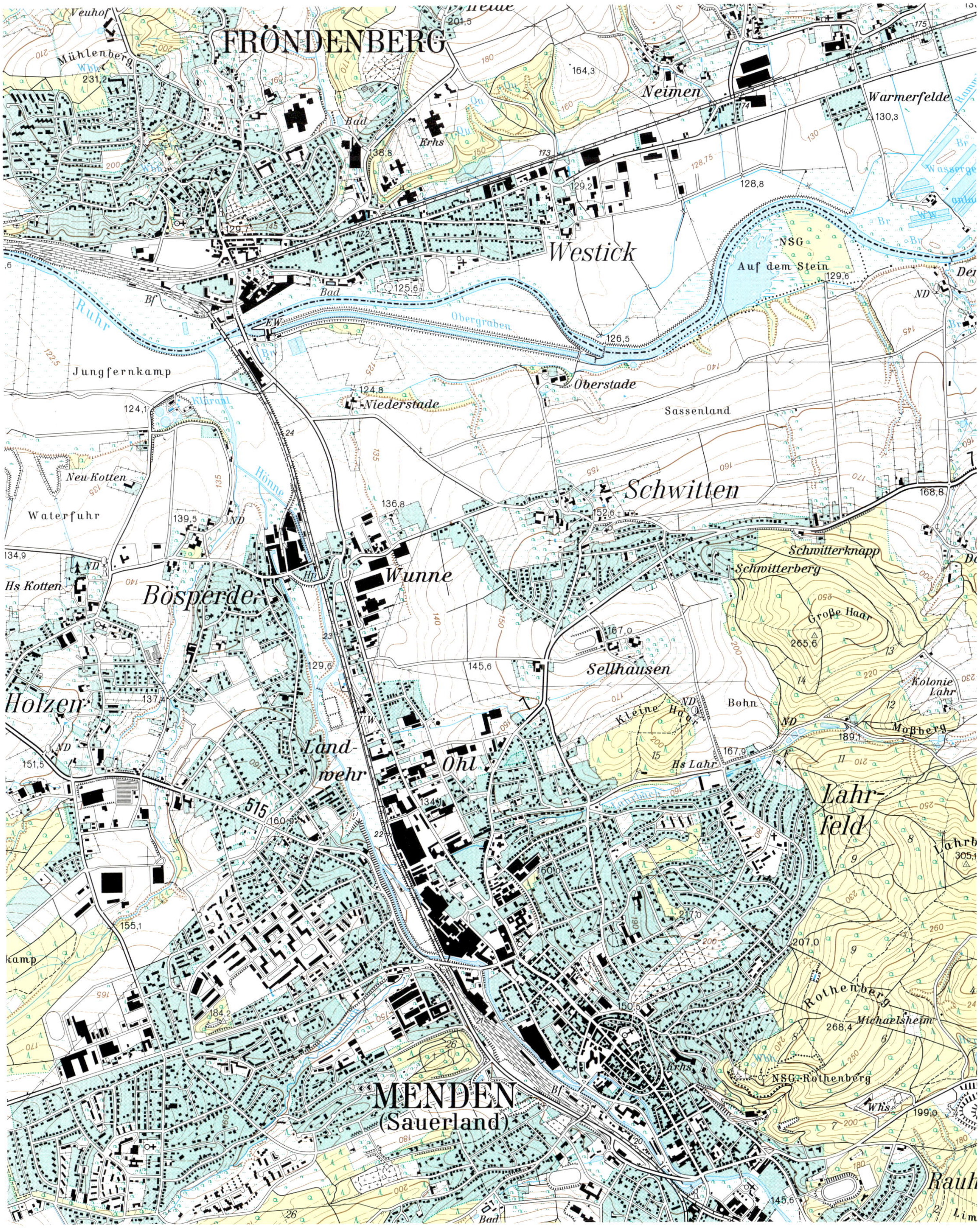

Abb. 22 Topographische Karte 1 : 25 000, Blatt 4512 Menden (Sauerland). 1984 (Ausschnitt)

23

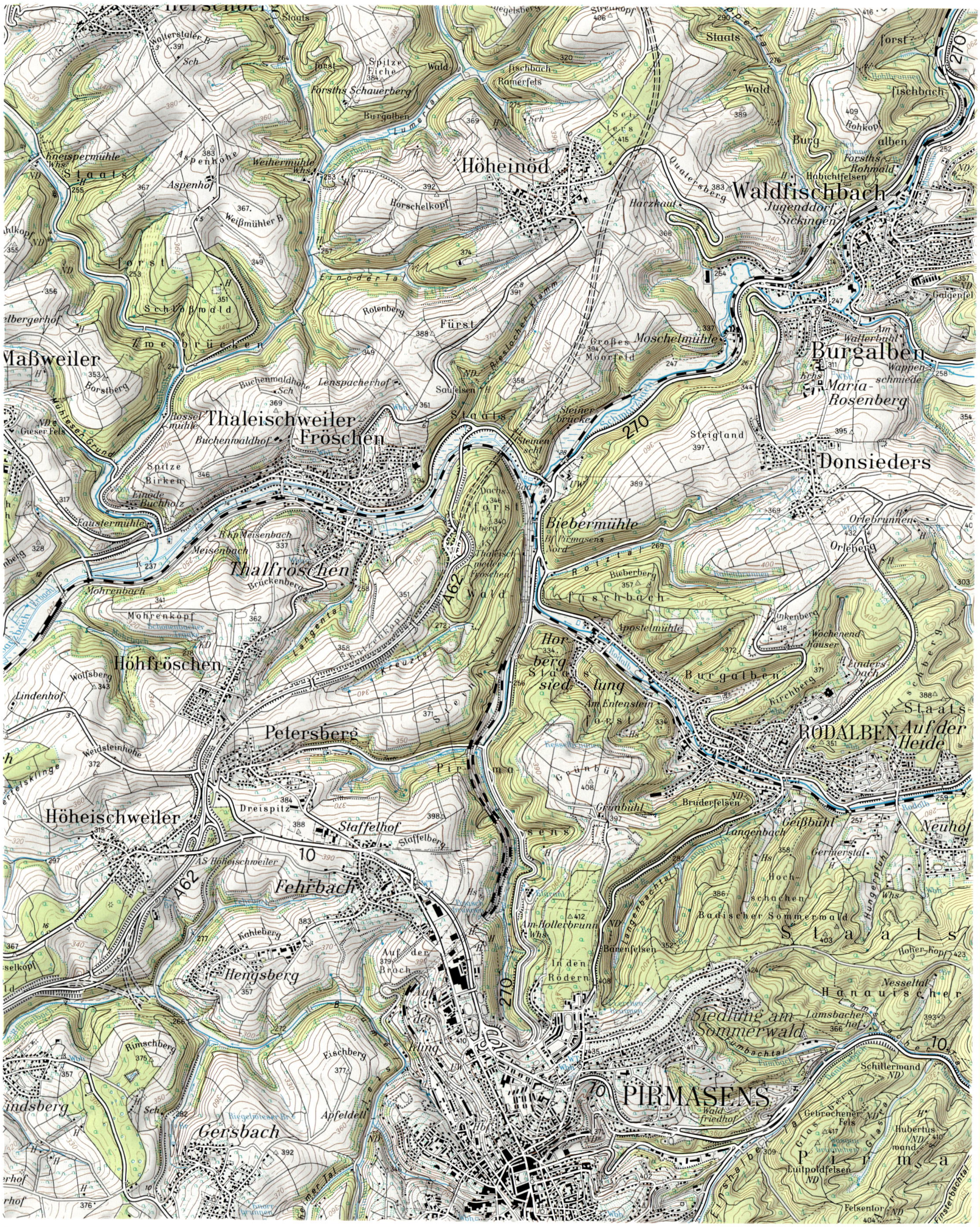

Abb. 23 Topographische Karte 1 : 50 000, Blatt L 6710 Pirmasens-Nord. 1983 (Ausschnitt)

24

Abb. 24 Topographische Karte 1 : 100 000, Blatt C 6310 Bad Kreuznach. 1983 (Ausschnitt)

einbarungen für den Maßstab 1 : 1 000 000 in die AdV eingebracht. Sie führten zu Empfehlungen und zur Einführng der Topographischen Übersichtskarte 1 : 200 000 (Abb. 25) im Jahre 1958, der Übersichtskarte 1 : 500 000 im Jahre 1975 und der Internationalen Weltkarte im Jahre 1972 als Landeskartenwerke. Alle diese kleinermaßstäbigen Kartenwerke liegen heute vor, so daß die Spitze der Maßstabspyramide mit dem 1979 erschienenen Großblatt »Bundesrepublik Deutschland 1 : 1 000 000« vollendet werden konnte.

Mit dem Aufwand, ein Kartenwerk herzustellen, zu vollenden und zu veröffentlichen, ist es bekanntlich nicht getan. Mindestens ebenso aufwendig ist es, die geschaffenen Kartenwerke zu pflegen und ihren Gebrauchswert zu erhalten. Dazu gehört vor allem, diejenigen Veränderungen zu erfassen und in die Karten einzubringen, die der Mensch durch planvolles Einwirken auf seine Umwelt über Jahrzehnte hinweg – vor allem seit Beginn der Industrialisierung – ständig bewirkt: Durch Städte- und Straßenbau, durch Industrieansiedlungen und Flurbereinigungen, durch Grenzveränderungen und Gebietsreformen, ganz zu schweigen von der gewaltsamen Umbildung der Großstädte in der Kriegsfolge. So ist der technische Aufwand, die topographischen Landeskartenwerke laufendzuhalten, fortzuführen, zu »aktualisieren«, in der Tat beachtlich, wenn man bedenkt, daß die Ermittlung der Veränderungen dem detailreichsten, großmaßstäbigen Basiskartenwerk entsprechen und dennoch allen Folgekartenwerken generalisierungstechnisch angepaßt werden muß. Die Landesvermessungsämter in der Bundesrepublik Deutschland investieren jährlich zweistellige Millionenbeträge und setzen ausgeklügelte photogrammetrische Erkundungsverfahren und hochentwickelte Zeichentechniken ein, um bei einem Fortführungszyklus von fünf Jahren eine akzeptable Grundaktualität aller Kartenwerke zu erhalten.

Luftbild und Luftbildkarte

Während die klassischen Landesaufnahmen durch den Einsatz terrestrischer Aufnahmetechniken – insbesondere der Tachymeter- und Meßtischverfahren – geprägt waren, stehen die traditionellen und die modernen Aufnahme- und Fortführungsverfahren weitgehend im Zeichen der Photogrammetrie. Bei dieser mit dem Aufkommen der Luftfahrt entwickelten Methode werden Meßbilder der Erdoberfläche aus dem Flugzeug mit speziellen Bildkammern aufgenommen, in Auswertegeräten zu virtuellen Stereomodellen zusammengefügt und sowohl geometrisch als auch qualitativ ausgewertet. Durch die Fortentwicklung der optischen und feinmechanischen, in jüngster Zeit auch der Datenverarbeitungstechniken sind die photogrammetrischen Verfahren so verfeinert worden, daß sie die geforderte Lage- und Höhengenauigkeit der Deutschen Grundkarte 1 : 5000 und unter besonderen Bedingungen selbst die einer Katasterkarte erbringen. Aus Luftbildern zum Beispiel im Maßstab 1 : 32 000 kann man sehr wirtschaftlich 70-90 % aller topographischen Veränderungen für die Topographische Karte 1 : 25 000 erfassen, so daß nicht nur die örtliche Erkundung weitgehend entfallen, sondern auch die Gesamtbearbeitungszeit im Interesse einer hohen Aktualität gering gehalten werden kann.

Aber nicht nur für die Fortführung der topographischen Landeskartenwerke wird die Photogrammetrie eingesetzt. Die große Informationsdichte des Luftbildes und die Masse der im Luftbild analog gespeicherten Daten haben es zum eigenständigen Medium an der Seite der konventionellen topographischen Karte werden lassen. Luftbilder im Maßstabsbereich um 1 : 5000 wurden bereits vor dem Kriege, besonders aber danach, als die aufwendig herzustellende Deutsche Grundkarte 1 : 5000 den Anforderungen der Wiederaufbauplanung nicht nachkommen konnte, zum begehrten Planungsinstrument. Indessen darf ein wesentlicher Mangel des Luftbildes gegenüber der herkömmlichen Karte nicht übersehen werden: das Luftbild ist eine Zentralprojektion mit nicht strenger vertikaler Aufnahmerichtung, hat keinen konstanten Maßstab und weist besonders im bergigen Gelände erhebliche Lageverschiebungen auf. Damit war es als bloßes Abbild zwar höchst informativ, vermessungstechnisch aber – anders als das virtuelle Stereomodell im Auswertegerät – nahezu wertlos.

Diese technisch unbefriedigende Situation änderte sich schnell, als in den 60er Jahren die Orthophototechnik entwikkelt wurde, die heute durch den Einsatz digitaler Datenverarbeitungsverfahren zu hoher Reife gelangt ist. Hierbei wird unter Verwendung digitaler Geländemodelle die Zentralprojektion in eine differentielle Orthogonalprojektion umgewandelt, wodurch sowohl die perspektivischen Verzerrungen als auch die radialen Lageversetzungen beseitigt werden. Das Ergebnis ist das nach wie vor informative, aber nun geometrisch und vermessungstechnisch ausmeßbare Halbtonbild, das sogenannte »Orthophoto«.

Damit lag es nahe, aus dem Orthophoto eine »Bildkarte« zu entwickeln und als Ergänzung zur sogenannten »Strich-« oder »Linienkarte« auszubauen. Dies geschah dadurch, daß man die Orthophotos im Blattschnitt eines topographischen Landeskartenwerkes, besonders der Deutschen Grundkarte, erstellte, den Bildinhalt sparsam durch Kartenschriften ergänzte und mit Rand- und Rahmenangaben des Kartenwerks versah. Auf diese Weise entstand ein Luftbildkartenwerk 1 : 5000 (Abb. 26) das sich in Hessen und Rheinland-Pfalz im Aufbau befindet, in Nordrhein-Westfalen bereits fertiggestellt ist und hier im Zyklus von sechs Jahren erneuert wird. Auch in anderen Maßstäben wurden Luftbildkarten erarbeitet, zum Beispiel in 1 : 10 000 oder neuerdings in 1 : 25 000. Dabei ist allerdings zu bedenken, daß die Grenzen einer normalen Luftbildinterpretation ohne weitere Hilfsmittel beim Maßstab 1 : 25 000 erreicht sind. Der naheliegende Gedanke, die Aussage von Luftbildkarten durch den Einsatz von Farbfilmen, Falschfarbenfilmen oder Infrarotfilmen zu erhöhen, läßt sich für besondere Aufgaben, zum Beispiel für die Dokumentation von Umweltschäden oder für forstliche Wachstumsanalysen, durchaus umsetzen. Für ein landesgebietsdeckendes Kartenwerk scheitert die Realisierung gegenwärtig jedoch daran, daß Witterungsverhältnisse und Industriedunstlagen kaum eine interpretatorisch notwendige, gleichbleibende Farbqualität der einzelnen Blätter zulassen.

Luftbild und Luftbildkarte sind heute aus dem amtlichen und privaten Kartenwesen nicht mehr fortzudenken. Luftbildkarten sind mit hoher Wirtschaftlichkeit kurzfristig herzustellen und verursachen zum Beispiel nur etwa 1/30 der Produktionskosten der Deutschen Grundkarte. Ihrem spezifischen Vorteil der großen Anschaulichkeit und der hohen Informationsdichte steht zweifellos der Nachteil der Überfrachtung, der Redundanz, gegenüber. Sie werden daher ergänzende Partner der Strichkarten großer und mittlerer Maßstäbe bleiben, diese aber nicht ersetzen können.

Fernerkundung und Satellitenaufnahme

Der englische Archäologe Crawford hat einmal die Aufgabe des Menschen, die Strukturen seiner Umwelt mit Hilfe terrestrischer Vermessungsmethoden zu erfassen und darzustellen, mit dem Problem einer Maus verglichen, die über einen Teppich läuft und sein Muster erkennen soll. Erst die Luftaufnahme verschaffe dem Menschen von der Erdoberfläche annähernd jene Gesamtschau, mit der er aus seiner Perspektive – im Gegensatz zur Maus – das Muster eines Teppichs wahrnimmt. Ebenso zutreffend ist dieser Vergleich für die Satellitenaufnahme, die nicht nur Globalbilder der ganzen Erde, der Kontinente und der Subkontinente erbringt, sondern vor allem auch detailreiche Übersichtsbilder von der Größe Nordrhein-Westfalens im Maßstabsbereich um 1 : 250 000. Dabei liegt zwischen den ersten Weltraum-Farbaufnahmen der Gemini-Expedition 1965 und dem aufgabenorientierten Landsat-Bildmaterial der 70er und 80er Jahre bereits eine eigenständige Entwicklung, die nachzuzeichnen den Rahmen dieses Abschnittes sprengen würde.

Gemessen an den Erfordernissen einer klassischen Landesaufnahme waren Satellitenbilder für die topographische Kartographie zunächst ohne Bedeutung. Sie erbrachten nicht die Detailgenauigkeit eines topographischen Grundkartenwerks und stellten vor allem das kartographische Fundamentalprinzip auf den Kopf, wonach die kleinmaßstäbige Karte aus der großmaßstäbigen generalisierend zu entwickeln ist. So liegen auch gegenwärtig noch die Hauptanwendungsbereiche der Satellitenbilder auf kartographischem Gebiet in der chorographischen und geographischen Kartographie. Doch zeichnen sich bereits für die nahe Zukunft Erkundungssysteme ab, deren Ergebnisse direkt in topographische Karten der Maßstäbe 1 : 100 000 und 1 : 50 000 einfließen können.

Greift man an dieser Stelle das anschauliche Beispiel von der Verlagerung der Aufnahmeplattform – vom Meßtisch über das Flugzeug zum Satelliten – wieder auf, so wird der Begriff »Fernerkundung« (Remote Sensing) verständlich, der sich seit 1960 für die Erfassung von Objekten der Erdoberfläche aus großer Höhe und bei erweitertem Aufnahmespektrum ausgebildet hat. Dabei ordnet man aus Luftfahrzeugen in etwa 8-14 km Höhe gewonnenes Bildmaterial bis etwa 1 : 160 000 der sogenannten »Hochbefliegung« zu, während die Bildgewinnung aus Raumfahrzeugen die eigentliche Satellitenaufnahmetechnik ausmacht. Die gewünschten Bild-Informationen lassen sich in analoger Form (z.B. als Farbbild, Infrarot-Schwarzweißbild oder Infrarot-Farbbild) oder in digitaler Form auf Datenträgern gewinnen und von hier aus weiterverarbeiten. Die Erdbeobachtungssatelliten moderner Generation (Landsat 1 bis 3, Landsat 4) sowie der für 1985 geplante französische Satellit SPOT umkreisen die Erde in etwa 700 bis 900 km Höhe auf einer sonnensynchronen Umlaufbahn. Bei etwa 14 Umläufen pro Tag wird innerhalb 17 Tagen eine nahezu vollständige Aufnahmeabdekkung der Erdoberfläche erzielt, so daß sich nach dieser Zeit der Aufnahmezyklus wiederholt. Theoretisch sind damit Wiederholungsaufnahmen der Erdoberfläche, z.B. für Wachstumsbeobachtungen, Umweltbeeinflussungen oder Packeisbewegungen, in sehr kurzen Perioden möglich. Typisch für diese modernen Erkundungssysteme ist, daß sie nicht mehr analoge photographische Bilder aufnehmen, sondern die Erdoberfläche unter Verwendung des reflektierten sichtbaren Sonnenlichts mit sogenannten Scannern abtasten und die gespeicherten digitalen Informationen sofort oder nach mehreren Umläufen an die Erdstationen senden. Dabei sind die Multispektralscanner, die in mehreren objektbezogenen Farbkanälen arbeiten (z.B. für Wasserflächen, bebaute Flächen, Vegetationsflächen) kartographisch von besonderer Bedeutung: Der Abtastprozeß verläuft ähnlich wie bei einer Fernsehaufnahme: Eine »Bildszene« setzt sich aus »Zeilen « zusammen, eine Zeile wiederum besteht aus »Bildpunkten«,(»Pixel«), die je für sich unterschiedliche Helligkeitswerte haben. Die hohe bis sehr hohe Zahl von Zeilen und Bildpunkten bestimmt die Bildqualität und damit die Aussagefähigkeit des gescannten Bildes. Die Aufnahmesysteme der 80er Jahre erreichen durchaus Bodenelementgrößen im 10- bis 20-Meter-Bereich. Als Beispiel einer Satellitenbildkarte zeigt Abb. 27 einen Ausschnitt aus einer »Falschfarbenbildkarte« 1 : 500 000 von Nordrhein-Westfalen, gewonnen aus Landsat-Bildmaterial. Entsprechend den Spektraleigenschaften der Erdoberflächenbedeckungen im nahen Infrarotbereich geben die Rottöne die Vegetation, die Blautöne überbaute Flächen und die Schwarztöne Wasserflächen wieder.

Mit der Vorstellung einer Satellitenbildkarte ist der Themenkreis dieses Kapitels geschlossen. Auch dieses neue Produkt in der Reihe der kartenverwandten Darstellungen wird seinen festen und ihm eigentümlichen Platz im Informationsangebot über unsere Erde erhalten. Es wird geographische Erkenntnisse im interkontinentalen, kontinentalen und regionalen Bereich liefern und in nicht allzuferner Zukunft auch die topographische Kartographie mit der von ihr geforderten Informationsqualität und -genauigkeit bereichern.

25

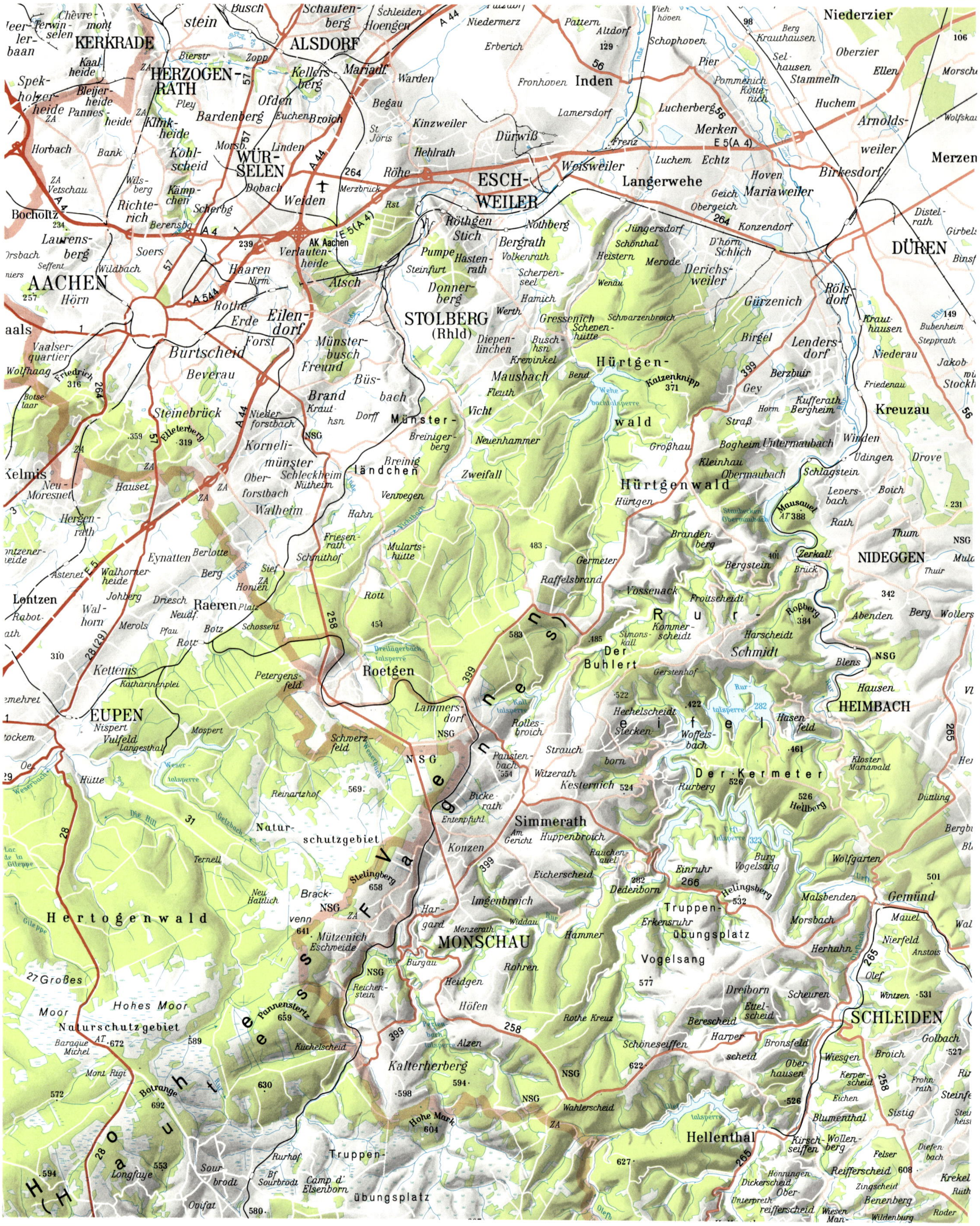

Abb. 25 Topographische Übersichtskarte 1 : 200 000, Blatt CC 5502 Köln. 1982 (Ausschnitt)

26

Abb. 26 Deutsche Grundkarte (Luftbildkarte) 1 : 5 000, Blatt Menden West. 1982 (Ausschnitt)

27

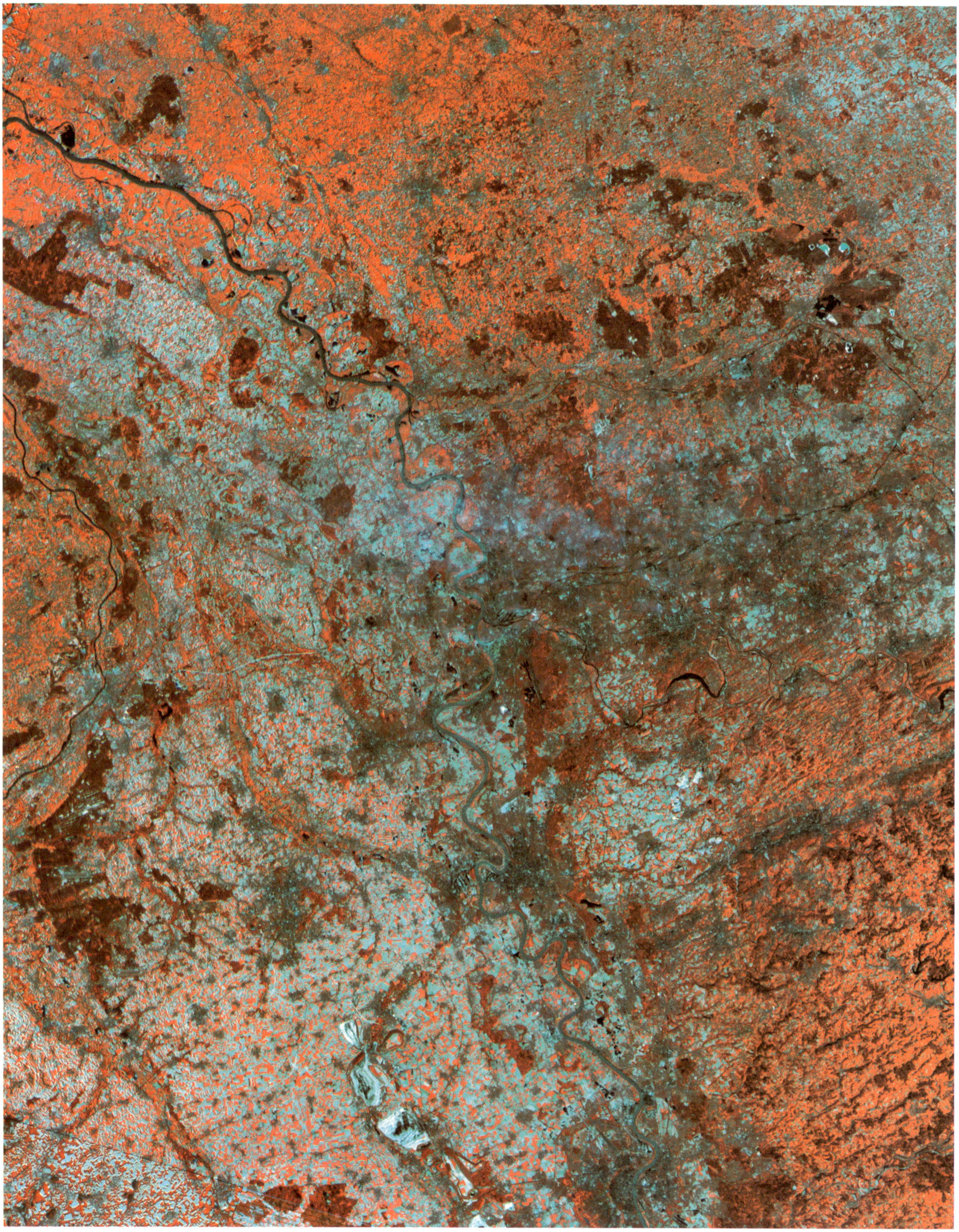

Gegenwartssituation und Zukunftsaspekte

Kartographie im 19. und 20. Jahrhundert – dieses Leitthema steht für die ebenso intensive wie extensive Entwicklungsphase einer umweltdarstellenden Technologie und Wissenschaft. War der Anfang des 19. Jahrhunderts durch das Suchen nach einer möglichst genauen Erfassungs- und Darstellungsmöglichkeit unseres Lebensraumes geprägt, so markiert bereits die Jahrhundertwende den Abschluß einer heute noch gültigen Landesaufnahme und den heute noch üblichen Duktus kartographischer Darstellungen. Mit diesem Erbe haben sich die amtliche und die private Kartographie, die topographische und geographische Kartographie, die thematische und die Schulkartographie in unserer Gegenwart, dem ausgehenden 20. Jahrhundert, auseinanderzusetzen. Seit den 60er Jahren unseres Jahrhunderts sieht sich die Kartographie als kommunikative Disziplin zwei bedeutenden Phänomenen gegenüber: Der explosionsartigen Ausweitung der Kommunikationsmedien in alle Bereiche des täglichen Lebens hinein und dem Vordringen der Computertechnik auf allen Gebieten der Informationsverarbeitung und der Produktion. Kartographie und Karte erhalten neue Impulse und Entwicklungsrichtungen, von denen die oben umrissenen Methoden der Luftbild- und Satellitenbildkartographie nur einen Teilaspekt ausmachen.

Der Wandel der Karte vom Studienmittel zum Gebrauchsgegenstand, ja bis zu ihrer Einschätzung als Wegwerfartikel, hat sich gleichzeitig mit der Ausweitung des motorisierten Individualverkehrs und neuerdings der Touristik-, Freizeit- und Wanderideologien vollzogen. Politiker, private Verlage und auch amtliche Kartographie haben ihm Rechnung getragen. In die Zielgruppe der aus öffentlichen Mitteln finanzierten Karten wird der Bürger ebenso einbezogen wie der Geowissenschaftler, der Landesplaner und der Verwaltungsfachmann. Schulbuchverlage widmen der Karte nicht selten den gleichen Raum wie den Textbeiträgen, und die modernen Oberstufenatlanten repräsentieren das gesamte Spektrum der Darstellungsmethoden und Anwendungsbereiche aus chorologischer, d.h. arealkundlicher, und thematischer Kartographie. Beschränkt man Gegenwartsfragen und Zukunftsaspekte auf die hier besonders interessierende topographische Landeskartographie, so sind es vor allem folgende Fragen, die Kartenhersteller und Kartenbenutzer heute beschäftigen: Sind der Inhalt der topographischen Landeskarten und ihre Maßstabspyramide heutigen Erfordernissen angemessen? Wie läßt sich das übernommene Erbe einer überwältigenden Zahl von Kartenblättern verwalten und mit neuen Ideen und Möglichkeiten vereinbaren? Wie überhaupt muß eine moderne und zukunftsfähige Karte aussehen? Genügt die gegenwärtig erreichte Grundaktualisierung im Turnus von fünf Jahren? Welchen Beitrag können rechnergestützte Entwurfs- und Zeichenmethoden leisten? Und wie wird man den zunehmenden Benutzerforderungen nach Bereitstellung topographischer Informationen in digitaler Form gerecht?

Um diese Fragen mit Blick auf die ferne Zukunft zu beantworten, muß man sich durchaus auch vorstellen dürfen, die nach Zeichenvorschriften definierte und gedruckte Standard-Landkarte heutiger Prägung aufzugeben und durch einen individuell formulierten Datenbankabruf auf Bildschirm und Mehrfarbkopie zu ersetzen. Doch nach gegenwärtiger Einschätzung wird die Menge der Kartenbenutzer nach wie vor ein handlich gefalztes Kartendruckexemplar bevorzugen. Vor diesem Hintergrund darf man davon ausgehen, daß nach Bereinigung und zeitgemäßer Erweiterung der Musterblätter der Karteninhalt und die Maßstabspyramide weitgehend erhalten bleiben. Anders jedoch wird die Kartengraphik beurteilt. Hier wird die Tendenz erkennbar, den Inhalt der Kartenwerke (Grundriß, Gewässer, Gelände, Schrift usw.) stärker auf einzelne Zeichenträger zu verteilen, um im Wege des farbigen Zusammendrucks ein großes Spektrum anwendergerechter Karten erreichen zu können. Damit würde der Forderung entsprochen, auch topographische Landeskartenwerke farbiger zu gestalten und vor allem das graphische Grundelement Fläche zur Veranschaulichung flächiger topographischer Objekte einzusetzen. Mit dem erreichten Fortführungsturnus von fünf Jahren, der gegenwärtig einem mittleren Alter einer Druckauflage von drei bis vier Jahren z.B. bei der Topographischen Karte 1 : 25 000 entspricht, hat die Landestopographie zwar ein seit langem angestrebtes Ziel erreicht; zahlreiche Anwendergruppen geben sich indessen damit nicht zufrieden und fordern alle zwei bis drei Jahre eine Aktualisierung, für bestimmte Anwendungsfälle sogar noch häufiger. In diesem Zusammenhang sind die rechnergestützten Zeichenverfahren zu sehen, von denen man sich seit Mitte der 70er Jahre eine wesentliche Beschleunigung der Fortführung erhofft, deren wirtschaftlicher Einsatz aber an der Masse der digital benötigten Daten, der langsamen vektoriellen Arbeitsweise und der nicht bewältigten Generalisierungsproblematik scheitert. Große Hoffnungen werden gegenwärtig auf die neuen Entwicklungen der rasterförmig arbeitenden Abtast- und Ausgabegeräte (Scanner und Plotter) gerichtet, denen sicher auch in der topographischen Landeskartographie die Zukunft gehört.

Unabhängig davon, wie die topographischen Informationen graphisch – also als Karte – schnell und anschaulich dargestellt werden können, ist die geforderte Bereitstellung der topographischen Informationen in digitaler Form zu sehen. Die Ziele solcher digitaler Situationsmodelle (DSM) oder digitaler Geländemodelle (DGM) konzentrieren sich darauf, aus bestimmten, der Lage und/oder Höhe nach bekannten Geländepunkten eine Datenmenge abzuleiten, die eine Landschaft ausreichend genau für unterschiedliche Anwendungszwecke repräsentiert. Trassenermittlungen für Verkehrswege, Erdmassenberechnungen, Steuerung von Orthoprojektionen in der Kartographie, automatische Lenkung von Verkehrsmitteln und Flugkörpern gehören zu den typischen Bedarfsfällen digitaler topographischer Daten.

In der Anfangsperiode der Landesvermessung und noch ein gutes Jahrhundert danach waren die Arbeitsprozesse umständlich und langwierig: Signalbau, Basismessungen, Richtungsbeobachtungen waren ebenso aufwendig wie geodätische Berechnungsvorgänge, topographische Feldaufnahmen und kartographische Zeichnungen. Längst sind die klassischen Ver-

Abb. 27 Satellitenbildkarte 1 : 500 000. 1980

messungsmethoden durch elektronische Entfernungsmeßgeräte, photogrammetrische Auswertegeräte und leistungsfähige Großrechenanlagen verdrängt worden. Satellitenbeobachtungssysteme für zentimetergenaue Positionsbestimmungen in allen drei Koordinaten zeichnen sich bereits für die Landesvermessung ab. Von den manuellen Techniken haben sich bislang einzig die vom Kartographen handwerklich-kunstfertig betriebene kartographische Zeichnung und Gravur auf modernen Zeichenträgern gehalten. Doch auch dieser Beruf wird sich an neuen Techniken orientieren und sie in sein Tätigkeitsrepertoire aufnehmen müssen. Gerade angesichts der Präzision und Ästhetik alter und moderner Karten tragen die kartographischen Führungskräfte die Verantwortung dafür, daß Klarheit, Verständlichkeit und Lesbarkeit unserer topographischen Karten auch zukünftig erhalten bleiben.

Über den Schmuck der Karte

Von Franz-Josef Heyen

Eine moderne Karte, die als wissenschaftliches oder technisches Orientierungs- bzw. Hilfsmittel rein zweckbezogener Gebrauchsgegenstand sein will, kann und sollte auch ästhetischen Ansprüchen genügen. Wie beim Buch – unter Einbeziehung des wissenschaftlich informierenden Buches sowie reiner Gebrauchs-Druckwerke – ist diese Forderung gerade heute gegenüber modernen Satz-, Zeichnungs- und Drucktechniken mit Nachdruck zu unterstreichen. Die Karte ist nämlich wie das Buch Zeugnis unserer (oder einer fremden) Kultur, die immer künstlerische und ästhetische Momente einbezieht und verkörpert. Daß diesem Anspruch von guten »Kartenmachern« – vom Kartographen und Zeichner bis zum Lithographen, Drucker und Verleger – heute weitestgehend entsprochen wird, sei ausdrücklich gesagt. Karten vermitteln auch heute nicht nur vielfältige Informationen, sind nicht nur gut lesbar, sondern sind z.B. in der Schummerung, in der Beschriftung oder in der Farbabstimmung um gute »handwerkliche« und technische Leistung ebenso bemüht wie um eine ansprechende graphische, ja künstlerische Gestaltung, auch und gerade dann, wenn sie sich als rein sachliche Information darbieten.

Unsere modernen Karten und Kartenwerke stehen damit in einer alten Tradition, die auch in dieser Veröffentlichung »schöner alter Karten« wenigstens kurz angesprochen werden soll. Auch die alte Karte will selbstverständlich in erster Linie informieren, will Wissen vermitteln sowie Situationen darstellen und erläutern. Auch die alte Karte war nicht bloßes Bild oder reines Dekor; dann wäre sie nicht mehr Karte, sondern Bild, Ab-Bild einer Landschaft, eines Gebäudes, einer Straßenflucht oder eines Uferabschnittes. Es mag durchaus sein und sei ausdrücklich betont, daß das eine oder andere Stück unserer hier vorgelegten Veröffentlichung als Grenzfall von der Karte zum Bild hin gesehen werden muß. Karte als Karte jedenfalls will als Grundrißdarstellung über die räumliche Situation möglichst exakt – und zwar für einen bestimmten Zweck, den Entstehungszweck der Karte – informieren. Diese »Versachlichung« einer kartographischen Aussage darf als Motiv und wesentlicher Bestandteil nicht fehlen. Bei älteren Karten mag dies – im Vergleich mit der modernen Karte – weniger leicht erkennbar sein bzw. durch schmückendes Beiwerk überdeckt werden. Aber wir würden eine alte Gerichtskarte mit ihren anschaulich erzählenden Bildchen oder eine mittelalterliche Weltkarte, die die Erde als Scheibe und die Erdteile in Kreuzform einander zuordnet, gründlich mißverstehen, wenn wir in ihnen die mehr oder weniger künstlerisch gelungene Zeichnung einer bestimmten Landschaft oder die didaktische Umsetzung des christo-zentrischen Weltbildes sähen. Eine Wasserburg oder eine regelmäßig angelegte , großräumige Festungsanlage sind in der Symmetrie ihrer Anlage ohne Zweifel auch eine Graphik und in sich, wie schon das Bauwerk selbst, von hohem ästhetischem Reiz. Oder die hier abgebildete, beeindruckende Darstellung der Festung Ochtrup von 1597 (Abb. 92) erinnert fast an einen mittelalterlichen Buchdeckel. Ihrem Entstehungszweck nach aber wollen all diese Karten durchaus – zumindest auch – als objektiv zutreffende, grundrißbezogene Darstellung verstanden sein. Das sollte man beim Durchblättern dieses Buches stets bedenken.

Dennoch ist unverkennbar, daß das wohl immer latente Bemühen um Versachlichung zunehmend das schmückende, illustrierende Beiwerk zurückgedrängt hat. Jedenfalls gilt dies zumal für die topographischen Karten der »amtlichen« Kartographie (nämlich der Kartographie »von Amts wegen«), wenn auch gerade von dieser in diesem Zusammenhang dankbar anerkannt und hervorgehoben sein soll, daß sie sich in hohem Maße um eine ausgewogene, ästhetisch ansprechende Darstellung bemüht. Aber neben der amtlichen Kartographie gibt es ja auch heute noch das weite Feld der angewandten oder speziellen Karten, sei es nun eine Wanderkarte oder ein Werbeprospekt, eine Schulkarte, eine Klimakarte, eine Wirtschaftskarte oder auch eine »politische« Karte. Diese Karten sind nicht nur didaktisch mehr oder weniger gut aufbereitet und haben ein Aussageziel, sondern sie sind auch meist in besonderer Weise um Anschaulichkeit, Illustration und graphische Reize bemüht. Im einleitenden Teil dieses Buches ist die allgemeine Entwicklung der Kartographie unserer Landschaft ausführlich dargestellt. Den Blick auf den graphisch-künstlerischen und ästhetischen Bereich alter wie neuer Karten zu lenken, ist Anliegen dieses kleineren Kapitels, wobei wir aus verständlichen Gründen uns bei den wenigen beigefügten Beispielen auf solche aus alten, handgezeichneten Karten beschränken mußten. Ein Ausblick auf die graphisch und künstlerisch gestaltete angewandte Karte unserer Tage – man denke nur an Schulbücher und Werbegraphik – wäre zwar außerordentlich reizvoll, würde aber ebenso gewiß den Rahmen dieses Buches sprengen.

Wenn wir uns also im weiteren mit einigen Hinweisen auf das graphische und künstlerich-ästhetische »Beiwerk« in älteren handgezeichneten Karten begnügen wollen, dann müssen wir noch eine weitere Einschränkung vorausschicken. Zuvor wäre nämlich noch von den unterschiedlichen Techniken zu reden, von verschiedenen Arten der Zeichnung nämlich, der Schattierung und Kolorierung, von Holzschnitt und Kupferstich, von den verschiedenen Druckarten bis hin zur modernen elektronischen Umsetzung eines Luftbildes in kartographische Darstellung. Selbstverständlich sind diese vielen unterschiedlichen technischen Möglichkeiten auch Stilmittel einer künstlerischen Möglichkeit. Es wäre reizvoll, dies an Beispielen (möglichst in gleichem Kartenausschnitt) zu verdeutlichen, wobei sich durchaus zeigen ließe, daß die eigentlich kartographische, also wissenschaftliche Aussage weitestgehend identisch bleiben kann, der künstlerischen Gestaltung aber ein weiter Spielraum verbleibt. Da in dieser Veröffentlichung aber überwiegend handgezeichnete Unikate abgebildet sind, kann dieser Hinweis auf technische Möglichkeiten als Mittel künstlerischer Aussage genügen.

28 a

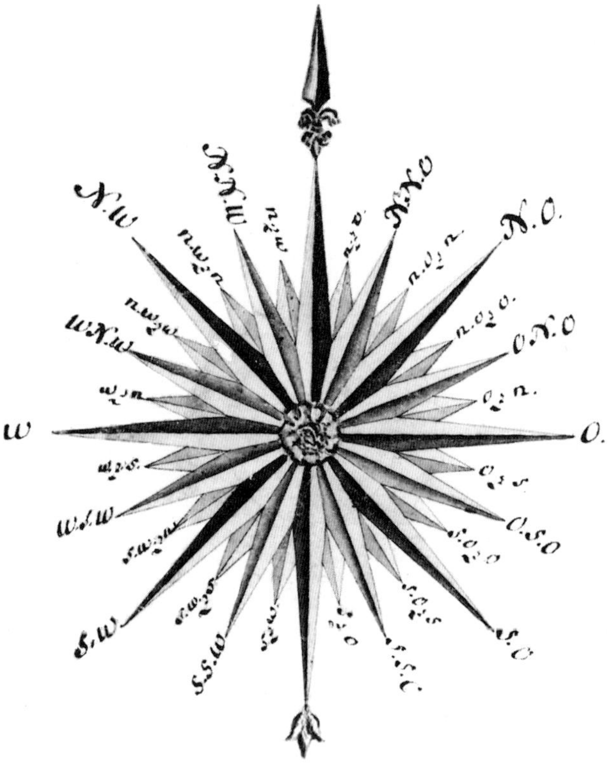

28b

Besonders deutlich wird die künstlerische Individualität einer Karte in ihrer Farbigkeit; dies gilt im übrigen auch für moderne Karten. Die Auswahl an mehrfarbigen Abbildungen in dieser Veröffentlichung gibt dafür ausreichend Beispiele. Kräftige, satte und dicke – man möchte bisweilen sagen: expressive – Farben stehen neben zarten, weichen, pastellfarbenen (»impressiven«) Abstufungen. Und auch Schwarz-Weiß-Karten unterscheiden sich durch einen harten oder weichen Strich, der keineswegs nur eine Frage des technischen Vermögens oder der Wahl entsprechender (Druck-)Technik, sondern zweifelsohne ein Mittel künstlerisch-ästhetischer Gestaltung ist.

Dies gilt ähnlich für die Schrift bzw. die Beschriftung, die selbstverständlich auch von Schreibgewohnheiten der Zeit beeinflußt ist (und insoweit als Schreibschrift unter Umständen ein Kriterium für die Datierung ergibt). In den z.B. bei Vorlage bei Gericht erstellten, also nur vorübergehend benötigten, jedenfalls nicht für einen längeren Gebrauch gedachten Orientierungskarten ist die Schrift oft flüchtig und wenig sorgfältig, so daß die Qualität der Beschriftung auch ein Gradmesser für die Bedeutung sein kann, die der Ersteller oder Auftraggeber der Karte beigemessen hat. Wie entscheidend Schriftgrad und Schrifttype für das Gesamtbild einer Karte sein können, zeigt gerade die moderne Kartographie unserer Tage, die neue technische Möglichkeiten zum Teil in hervorragender Weise nutzt, sich zum Teil aber auch mit ästhetisch sehr unbefriedigenden Schnell- und Massen-Produkten begnügt.

Ähnliches gilt von der Kartenlegende, die zunächst den Karteninhalt mitteilt, also eine Art Titelblatt ist, in dem auch die Autoren – z.B. Vermesser, Zeichner und Stecher – und bei Druckwerken Druckerei und Verlag sowie der (fürstliche) Auftraggeber genannt sein können. Auch Widmungen finden hier Platz und schließlich Erklärungen des Karteninhalts und dann zunehmend Erklärungen der in der Karte angewandten Zeichen und Markierungen. Man kann dies alles sehr nüchtern und sachlich notieren. Man kann eine solche Legende aber auch ausschmücken, umrahmen und umranken, in eine Kartusche hineinstellen oder – z.B als Inschrift eines Denkmals – in ein Bild setzen. Man kann die Landschaft schildern, kann Tiere oder Gebäude abbilden; man kann auch Menschen hinzufügen: Gestalten der Mythologie oder der Landschaft, ein Abbild des Fürsten und Landesherrn oder auch des werkenden Vermessers. Der Phantasie ist hier keine Grenze gesetzt. Und wenn auch unbestritten sei, daß in den handgezeichneten archivischen Unikaten viel Stümperei enthalten ist, dann muß man doch auch sehen, daß hier ohne Frage manch kleines Kunstwerk überliefert wurde, das als solches noch gar nicht erkannt ist. Man könnte leicht aus diesen Kartenlegenden eine kleine Stilgeschichte illustrieren, sei es nun Barock oder Rokoko, Empire oder Klassizismus bis hin zum Jugendstil. Gewiß findet man hier sehr früh die Imitation und ebenso die Schablone und

Abb. 28 a-d Beispiele für die Angabe der Himmelsrichtung bzw. für Windrosen

Die verschiedenen Einstellungen einer Kompaßnadel sind der Ausgangspunkt der Gestaltung (Beispiel a und d), die z. B. zu den graphisch ansprechenden Kreissegmenten von Beispiel b führen kann, während der Schmetterling (Beispiel c) Ausdruck burlesker Spielfreude ist.

28c

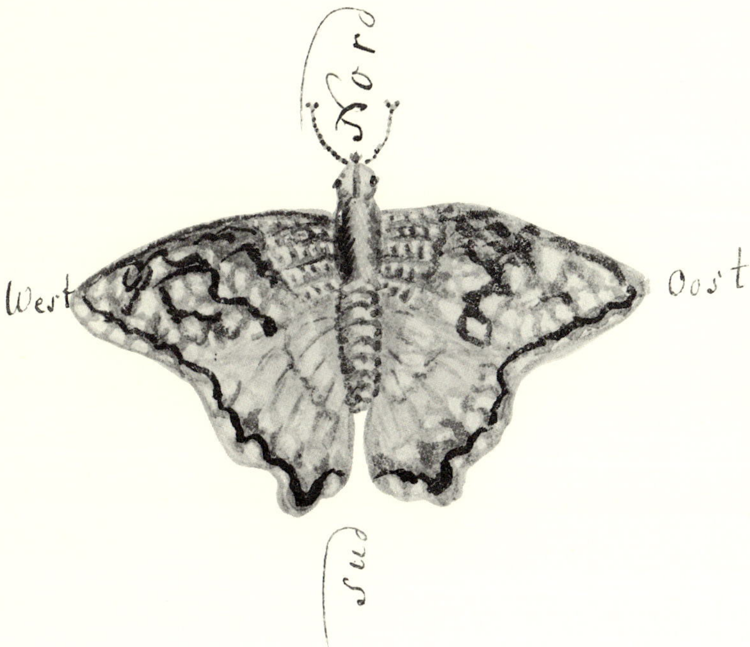

28d

29 a

Maßstab Von 50. Ruthen. Wornach obige figuren VerZeichnet Worden

29b

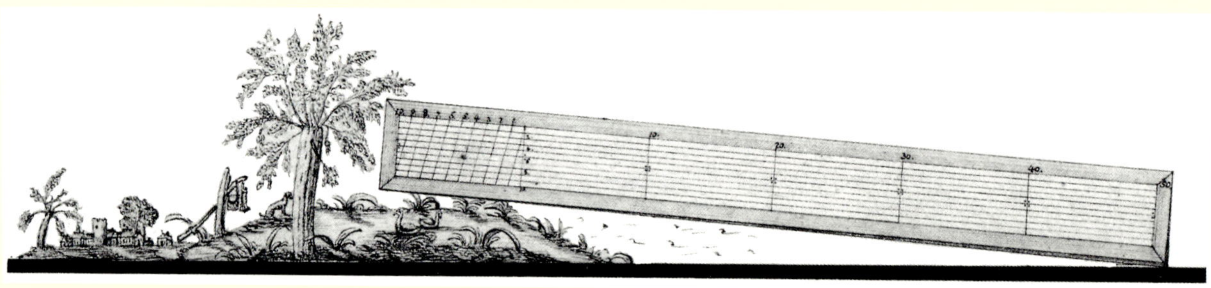

29 c

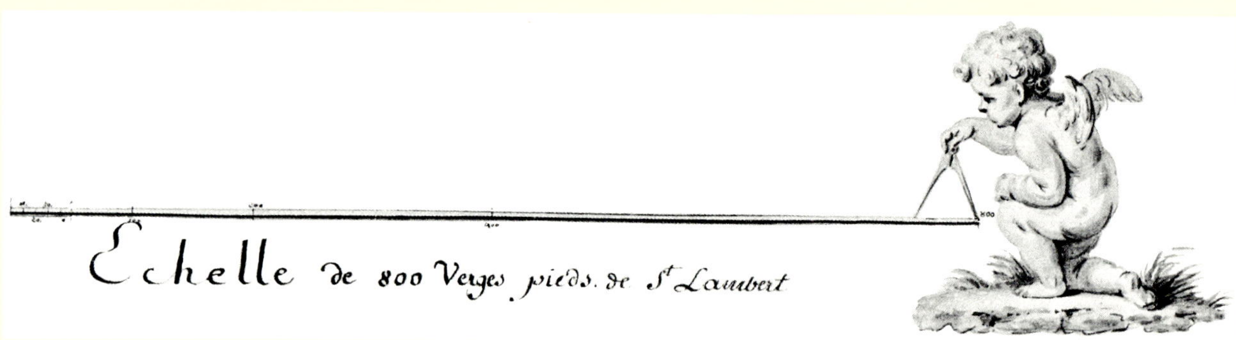
Echelle de 800 Verges pieds. de St Lambert

das austauschbare, vorfabrizierte Versatzstück, in das nur noch der variable Text einzutragen ist. Schon für die amtliche Kartographie des Französischen Kaiserreiches gab es für die Katasteraufnahmen die im Kartenblatt vorgedruckte Legende mit voller Umrahmung. Dennoch meinen wir, daß es ein Verlust zeitgenössischer kultureller Ausdrucksformen ist, daß die Legenden unserer modernen Karten nur noch ganz selten von Künstlern gestaltet sind.

Die Legenden älterer Karten enthalten oft Wappen der Landes- oder Stadtherren, die bei mehreren Wappenträgern dann ausgestaltet werden können zu ganzen Wappenreihen oder -bänden. Dies gilt aber mehr für großräumigere und meist auch gedruckte Karten, die durch ganze Wappenrahmen geschmückt sein können. Die handgezeichnete Karte ist hier weniger ergiebig.

Die Umrahmung ist seit je – und bis in die Gegenwart – ein wichtiges Schmuckelement, oft freilich sehr einfach, um nicht zu sagen einfallslos (was nicht nur für handgezeichnete, kurzlebig gedachte Unikate, sondern auch für gedruckte Mehrfachstücke gilt). Bei Druckwerken kommt hier im 17. Jahrhundert der »Bilder-Rahmen« in Mode, der kleine, in sich selbständige Darstellungen z.B von Herrschern, Trachten oder Stadtsilhouetten enthält. Sie haben zur Karte in vielen Fällen kaum noch einen Bezug, werden austauschbar und schließlich auch als Einzelstücke gehandelt. Karten fallen hier also nicht weniger »aus dem Rahmen« als Bilder, deren prunkvolle »Fassungen« sich bekanntlich ebenso verselbständigt haben und nicht selten das Bild überdecken. Bei den handgezeichneten archivischen Karten ist – wie auch die Beispiele dieser Veröffentlichung zeigen – der Rahmen nur selten mit graphischen Mitteln ausgestaltet worden. Es ist meist eben nur eine Umrandung – und oft fehlt auch selbst noch diese.

Unmittelbares Teil einer Karte ist die Windrose bzw. das Zeichen, das die Himmelsrichtung der (erst seit dem 19. Jahrhundert in der Regel genordeten) Karten angibt. Es gibt eine Fülle von hübschen Einfällen und prächtigen graphischen und zeichnerischen Lösungen, angefangen vom schmucklosen Pfeil über die vielfach unterteilte Scheibe bis hin zu lieblichen, burlesken oder auch martialischen Windbläserköpfen. Kein geringerer z.B. als Albrecht Dürer hat 1515 eine Karte von Johann Stabius so mit Wappen und Windbläsern geschmückt. Gerade handgezeichnete Karten zeigen hier einen oft erstaunlichen Einfallsreichtum.

Ähnliches gilt für die Maßstabbezeichnung, die von der einfachen, farblich abgesetzten Meßlatte bis zur detailgetreuen-Darstellung der Meß- und Vermessungsgeräte reicht. Zirkel, Meßlatte und Kompaß sind dafür übliche Requisiten.

Neben diesem nicht unmittelbar zur Karte selbst gehörenden, diese aber notwendig erläuterndes Beiwerk, das sich zur künstlerischen Gestaltung geradezu anbietet und deshalb auch immer wieder zu neuen Einfällen angeregt hat, haben die

29 d

Abb. 29 a-d Beispiele für die Angabe der Maßstabbezeichnung

Die Beispiele zeigen neben Winkelmaß und Zirkel verschiedene Möglichkeiten, die auch heute noch übliche Angabe des graphischen Längenmaßstabs, der ein unmittelbares Ablesen abgegriffener Strecken im Naturmaß gestattet, anschaulich zu gestalten und auszuschmücken.

30 a

30 b

Zeichner auch im Kartenblatt selbst vielfach sich bietende Gelegenheit zu freier künstlerischer Ausformung und Ergänzung gesucht. Gemeint sind die vielen bildlichen Darstellungen, die streng genommen nicht zur Karte gehören mögen und in der sachlichen Information über Flüsse und Straßen, Grenzen und Mauerzüge nur Beiwerk sind. Vielleicht sind sie aber vielfach nicht nur Schmuck – wiewohl auch dies der Beachtung wert wäre –, sondern Erläuterung, Verdeutlichung, gleichsam Beschriftung und narratives Element der Karte. In vielen der in diesem Buch abgebildeten Beispielen erfreuen und informieren diese in Aufriß und Perspektive (wenn auch meist unmaßstäblich überproportional) gezeichneten Kirchen, Burgen, Häuser und ganze Dörfer, die Brücken und Stege und die Tiere und Menschen. Zum Teil, und das ist wohl auch der primäre Grund ihrer Entstehung, sind die Erläuterungen eines mittels der Karte verdeutlichten Sachverhalts, z.B. eines Überfalls, einer Grenzüberschreitung, eines Nutzungsrechtes oder dergleichen. Sie sind also sozusagen bildhafte Kommentierungen, die auch durch eine Ziffern-Kennzeichnung mit Beschreibung in der Legende vermittelt werden könnte. Manchmal sind diese Zeichnungen recht primitiv und keineswegs als Kunstwerke zu bezeichnen; manchmal sind sie aber auch kostbare Miniaturen, die den Initialen und Drolerien der Handschriften in nichts nachstehen.

Daneben gibt es unter diesen bildlichen Darstellungen aber auch manche, die mit der sachlichen Information und mit dem Entstehungszweck der Karte nun wirklich nichts mehr zu tun haben: sie sind reiner Schmuck, Beiwerk, künstlerische Ausgestaltung, spielerische Nutzung einer verfügbaren Fläche. Natürlich boten sich dazu die für die Sachaussage der Karte ungenutzten freien Flächen im Kartenblatt an, die hier der Künstler als Freiraum seines Gestaltungsvermögens sah und nutzte. Meer und Seen, Waldflächen und Wüsten oder auch die Gebiete einer Erdkarte, von denen man nicht viel zu sagen wußte, boten sich dafür an. Es mag auch ein gewisser *horror vacui,* die Angst vor der Leere, eingewirkt haben, aber meist war es doch offensichtlich die Freude an Spiel und Schmuck, die hier zur Gestaltung angeregt hat und köstliche Details hat entstehen lassen: Tiere, Schiffe, Soldaten, einzeln und in ganzen Herden, Flotten und Kohorten. Ganze Städte sind abgebildet, herausragende Türme, Bergwerke und Holzmeiler, Fähren und Schiffe treidelnde Pferde, und immer wieder lustige Einzelszenen, die mit der Karte selbst oft in keinem Zusammenhang stehen. Die moderne Kartographie kennt dieses Spiel und dieses Erzählerische nicht mehr; sie informiert sachlich und nüchtern, obschon auch auf modernen Karten oft ausreichend Platz wäre: Sie sind viel exakter, genauer – aber ich meine, auch etwas ärmer.

Bei all dem sollte man aber nicht vergessen, daß nicht das Detail, das schmückende Beiwerk und die Rahmengestaltung letztlich den Wert einer Karte als Kunstwerk bestimmen. Die Karte ist vielmehr als Ganzes ein Kunstwerk: im zeichnerischen

Abb. 30 a-e Beispiele für Titelkartuschen

Die Titelkartuschen sind in besonderer Weise vom Stil der Epoche geprägt. Für weitere Beispiele sei hier besonders auf die im Vollformat abgebildeten Karten dieses Buches verwiesen. Beispiel e soll zugleich die beliebte Möglichkeit der Verwendung von Wappen-Darstellungen illustrieren.

30 c

CARTE
DU COURS DE LA MOZELLE
DEPUIS LA VILLE DE METZ
JUSQU'A CELLE DE COBLENTZ.
Verifiée par Ordre du Roy, sous les yeux de
Monsieur de Calonne Intendant des
trois Evêchés &c. par Mr. Le Brun
Directeur de la Société Royale
de Metz. en 1772.
Gravée par N. Chalmandrier.

30 d

Detail wie in der technischen Wiedergabe, im künstlerischen Strich wie in der farblichen Abstimmung, im graphischen Design wie in drucktechnischer Perfektion. In dieser Sicht kann auch eine Computer-Karte ein Kunstwerk sein: wenn nicht Informationsvermittlung allein, sondern auch gute künstlerische Gestaltung erreicht sind. Wer jemals in Kartenbeständen geblättert hat, weiß, wie groß hier die Unterschiede – früher wie heute – sind, mögen sie auch schwer zu beschreiben sein. Es gibt aus allen Epochen und Jahrhunderten Blätter, die eine Einheit sind und in sich stimmig. Sie behalten meist ihren Reiz und diese ihre Stimmigkeit auch noch bei extremer Verkleinerung, bei der die materielle Aussage, also der sachliche Inhalt der Karte, nicht mehr erkennbar sind. Dies mag kein Kriterium sein, kann aber verdeutlichen, wie Karten auch – als Kunstwerk – gesehen werden können. Dies gilt auch, um es noch einmal zu sagen, von »amtlichen« Karten unserer Tage. Ihnen mag der Freiraum phantasievollen, kreativen künstlerischen Tuns heute fehlen (oder der Mut dazu), aber auch sie können in guter graphischer Gestaltung und technischer Vollkommenheit durchaus Werke höchster künstlerischer Vollendung und Schönheit sein (Kinauer).

Vielleicht kann die Beschäftigung gerade mit den in diesem Buch abgebildeten, überwiegend handschriftlichen Karten, die zu einem großen Teil für den Alltag und einen kleinen »Verbraucher-«Kreis bestimmt waren, dazu anregen, künstlerischem Schaffen wieder und noch mehr Freiraum zu geben.

Die »angewandte« Karte unserer Tage dagegen hat in erfreulichem Maße das alte narrative Element der Karte wiederentdeckt und Blätter von hervorragender künstlerisch-ästhetischer und graphischer Form geschaffen.

Das Thema »Karte als Kunstwerk« erfreut sich zunehmenden Interesses, vielleicht auch, weil hier verbreitet ein drohendes Defizit technologisch überfrachteter Kartographie empfunden wird. Eine umfassende Bearbeitung scheint aber noch zu fehlen, ebenso wie die Einbeziehung der Kunst der Kartographie in die allgemeine Kunstgeschichte.

30 e

II.

Handgezeichnete Karten in Archiven als geschichtliche Quelle

Das Land

Von Leopold Schütte

A. Ist der streitige Grabe, zwischen unsers Böllings Gaerden, welcher vor villen Jahren ein Cämpken gewesen, unnd zwischen Avetkorns Wyschen, welche mit litterà B. gezeichnet ist. Mit diesen Worten beginnt der kommentierende Text auf einer Karte, die man seinem Inhalt nach der Gruppe »Grenzkarten« zuweisen möchte. So sehr eine solche Einordnung auch von dem durch den Text bezeichneten Anlaß und vom offenkundigen Zweck der Karte her gerechtfertigt wäre, so sehr wird man zögern, sobald man die Karte selbst betrachtet, zeigt sie doch nicht etwa einen katastermäßigen Ausschnitt mit dem strittigen Graben als Hauptgegenstand, sondern diesen nur am Rande als Grenze des Hofes Bölling, der in aufschlußreicher, bildhafter Vollständigkeit den eigentlichen Inhalt der Karte bildet. Dieser Befund begründet die Entscheidung, sie in die Gruppe »Das Land« aufzunehmen. Im Rahmen des vorliegenden Buches wird sie damit einem neuen Zweck gewidmet: Sie ist nicht mehr Ersatz für den damals, vor 300 Jahren, nur durch räumliche Entfernung der unmittelbaren Verifizierung entzogenen aktuellen Augenschein in einem aktuellen Streit um die Grenze eines dargestellten Gegenstandes, sondern ist heute in der zeitlichen Entfernung zwar immer noch Ersatz, jedoch nun für den Gegenstand selbst, der, wenn überhaupt, in seiner damaligen Gestalt nicht mehr existiert. Der Graben, der zunächst so wichtig war, verliert angesichts des sonstigen Reichtums der Karte an Bedeutung. Nicht ihm gilt unser Interesse, sondern seiner mit einer heute unvorstellbaren Unsachlichkeit und geradezu schamlosen Parteilichkeit dargestellten Umgebung. Es kommt hinzu, daß entgegen dem eben in Parenthese geäußerten allgemeinen Zweifel zwar nicht mehr der Graben, wohl aber der Hof Bölling heute durchaus noch existiert. Vorhanden ist noch der steinerne, um ein Stockwerk erniedrigte Speicher, während abgesehen von dem Fluß, dem Hofplatz selbst und einigen Parzellengrenzen alles andere dem Zahn der Zeit und dem menschlichen Verbesserungsstreben zum Opfer gefallen ist. Gegenstand unserer Betrachtung ist heute die Gesamtanlage, deren »ländlicher« Charakter einen Platz in der entsprechenden Kartengruppe fordert.

Der Begriff »Land« ist vielschichtig und in sich nicht eindeutig. Entfällt auch entsprechend der am Titel erkennbaren Konzeption des Buches eine Bestimmung durch den Gegensatz zu »Wasser«, so bleibt doch auch nach Eingrenzung durch den in der Überschrift der 2. Kartengruppe, »Die Städte«, gegebenen Gegenbegriff für »Das Land« nicht nur eine, sondern eine Vielzahl nichtstädtischer Erscheinungen. Sie, also die Sachen selbst, nicht die Darstellungsweise, die Zeitstellung, die räumliche Einordnung der Gegenstände oder der vormalige Zweck der Karte sind die Kriterien für die Gruppierung der Karten und für die Gliederung des einleitenden Textes. Zwar werden Inhalt und Darstellung stets vom Zweck beeinflußt, doch wird sich bei der Betrachtung und Auswertung von Karten aus der Zeit vor der modernen Kartographie fast immer herausstellen, daß eine Karte über den dürren Zweck hinaus oft eine geradezu wuchernde Vielfalt von teils spielerisch, teils aus traditionellen ästhetischen Gründen oder aus Vollständigkeitsrücksichten dargebotenen Informationen enthält, die es möglich machen, ganz zweckfremde Beziehungen aufzufinden. Vielfach machen erst diese den Wert und den Reichtum einer Karte aus. Sie sind es, die einerseits Ausgriffe auf Karten notwendig machen, die in diesem Buch nicht dem Thema »Das Land« zugeordnet sind, andererseits aber auch die Eingruppierung einer und derselben Karte unter nur einem bestimmten Untertitel der Gruppe »Das Land« verbieten und eine Betrachtung unter mehreren Gesichtspunkten fordern. Erst dann wird ihre Aussagefähigkeit vollständig ausgeschöpft. Nimmt man die Karte Abb. 51, die trotz ihrer von der Ästhetik diktierten symmetrischen, schlüssellochartigen Form, ihrer bildmäßigen, ausgewogenen Komposition und trotz vieler Details, die ihre Perspektivität suggerieren, im Wesentlichen topographisch exakt ist und einen recht genau zu bestimmenden Maßstab hat, in den nur der »Hintergrund« mit Wittlich und Neuerburg nicht paßt, so lassen sich aus ihr Angaben zu einer Mehrzahl von Themen entnehmen, die von »Städte und Burgen« über »Klosteranlagen«, »Verkehr zu Wasser und zu Lande«, »Straßen«, »Grenzstreitigkeiten« bis zu den hier zu behandelnden »ländlichen« Erscheinungen reichen als »Landschaftliche Vorraussetzungen«, darunter »Bodenrelief«, »Bodengüte«, »natürliche Vegetation«, »Waldverbreitung«, »Wasservorkommen«, ferner »Kultivierungsgrad«, »Ackerbau«, »Weinbau«, »Viehwirtschaft«, »Fischerei«, »Siedlungen« vom Einzelhof bis zum Dorf. Anhand anderer Karten läßt sich diese Liste noch erweitern. Für eine übersichtliche Gliederung ist sie zu lang und zu heterogen. Sie soll deshalb, zugeschnitten auf das hier vorgelegte Kartenmaterial, unter fünf Hauptthemen geordnet werden, die vom Lebensraum des Menschen ausgehen und mit der vom Menschen wenig berührten Wildnis enden:

1. Siedlungen
2. Kulturland
3. Kultivierung, Regulierung
4. Allmende
5. Forsten

Diese Gliederung zeigt den ganzen Bereich des Kartenthemas »Das Land«. Der dritte Titel deutet als einziger eine Dynamik an und paßt insofern nicht ohne weiteres in die Reihe, die eher die Beschreibung von Zuständlichem verspricht. An der Nahtstelle zwischen Kultur- und Naturlandschaft (1. - 2. und 4. -5.) hat er insofern seine Berechtigung als die Behauptung jener gegen diese bzw. die Umwandlung dieser in jene, also die Möglichkeit und Ausdehnung ländlicher Siedlung und Wirtschaft, oft nur in harter Auseinandersetzung zwischen Mensch und Natur möglich ist. Einige Karten haben diese Auseinandersetzung eigens zu Thema. Auch die anderen vier Themen sind in einigen Fällen durch Karten belegt, deren Titel eine direkte Zuordnung erlauben, vor allem im Bereich »Forsten«, doch sind die meisten von ihnen zugleich mit den übrigen Karten auf Grund ihres Entstehungsanlasses oder ihrer Ausgestaltung für mehrere Themen aussagekräftig. Eine Ordnung der dem Hauptthema »Das Land« zugewiesenen 39 Karten nach den fünf Unterthemen war daher kaum möglich. Als Ordnungsprinzip ist die Abfolge der Maßstäbe von groß bis klein gewählt worden. Am Anfang stehen also die Detailkarten, am Schluß die Übersichten.

Siedlungen

Von den verschiedenen Möglichkeiten, Siedlungen zu unterscheiden, zu klassifizieren und zu ordnen bietet sich immer wieder der auch dem Kartenbild unmittelbar zu entnehmende Gegensatz zwischen Einzelhof- und Gruppen- bzw. Haufensiedlung an. Während sich kleine und große Differenzen rechtlicher Natur, Einflüsse älterer Verfassungsverhältnisse, besonders geordnete Formen, Abhängigkeit vom Wasser, von Geländeformen, Lage an Flußübergängen und sonstigen Pässen aller Art, Wechselwirkung mit der Flurorganisation usw. in ihrer Bedeutung für die jeweilige Siedlung manchmal erst durch intensive Einzelforschung ermitteln lassen und unter anderen Gesichtspunkten als Ordnungskriterien dienen können, springt die Staffelung Eins:Mehrere:Viele sofort ins Auge, und dem in der Siedlungsgeschichte Bewanderten sind damit auch erste Vermutungen über die genannten Implikationen sofort nahegelegt.

Die drei Größenstufen finden sich in Gegenden ganz verschiedener natur- und kulturräumlicher Ausstattung, in der Eifel wie im Münsterland, auf Lößboden wie auf Sand, im Altsiedelland wie in Kultivierungs- und Rodungsgebieten. Wenn demnach auch für jeden Einzelfall gültige Generalisierungen nicht möglich sind, so gibt es doch Affinitäten, die sich in dem Vorherrschen eines bestimmten Typs in bestimmten Gegenden äußern. Ihnen gilt es nachzuspüren, eine allgemeine Erklärung zu finden und demgegenüber nur Abweichungen als Einzelfälle gesondert zu werten.

Als typisches Einzelhofgebiet wird das westliche und nördliche Westfalen mit dem angrenzenden Niederrhein angesehen. Alleinstehende Gehöfte in Gestalt des giebelseitig aufgeschlossenen Einhauses liegen entweder weit, d. h. 300 – 600 m, voneinander entfernt inmitten ihrer zusammenhängenden Fluren oder aber in lockerer Nachbarschaft mit Annäherungen bis auf 100 m am Rande von oft als „Esch“ bezeichneten Flurkomplexen, an denen nur diese Nachbarn Anteile besitzen. Diese Siedelweise kann sich hier und da zu lockeren Haufendörfern oder aber zu Weilerformationen aus 2 – 3 Gehöften verdichten. Erstere finden sich vor allem auf der Geest des alten Niederstifts Münster, letztere an an der Südgrenze des Einzelhofgebietes im Sauerland. Ihre Organisationsform ist die „Bauerschaft“, die nicht als flächenhafte Einheit, sondern als Personenverband zu verstehen ist. Jeweils mehrere von von ihnen bilden ein Kirchspiel. Echte dörfliche Formen entstehen nur um die Kirchen. Sie – ihrerseits ebenfalls als Bauerschaften organisiert – weisen Verdichtungen durch Häuser von kleinen Leuten, Handwerkern, durch Wirtshäuser und Wohnspeicher auf.

Der Unterschied zwischen Kirchdorf und Bauerschaft wird besonders auf Karte Abb. 59 aus der Gegend von Recklinghausen in der Münsterschen Tieflandsbucht augenfällig, auf der diese beiden Begriffe als Siedlungsbezeichnungen verwendet sind. Geschlossene Bilder enststehen nur bei den Kirchensiedlungen, zu denen auch die mit einigen städtischen Rechten begabte *Freyheit* Horneburg gehört, während das im übrigen lockere Siedlungsgefüge besonders bei Meckinghofen deutlich wird. Ausgesprochene Einzelhöfe sind die zahlreichen Adelssitze, die ihren Charakter als (zumindest ehemals) landwirtschaftliche Betriebe nicht verleugnen. Viele solcher Adelshäuser sind in Westfalen und im Rheinland seit dem 13. Jahrhundert aus größeren bäuerlichen Anwesen, meist Zentralhöfen grundherrschaftlicher Hofesverbände, hervorgegagnen, indem entweder der Hofesbesitzer über das Amt eines – zunächst absetzbaren, später aber erblich belehnten – Hofesschultheißen in den Adel aufstieg, oder aber ein solcher Hof von einem Adligen zu Lehen genommen und zum Wohnsitz erwählt wurde. Diese Höfe gehören oft einer jüngeren Siedlungsschicht (9. – 11. Jahrhundert) an. Sie liegen vielfach am Rande der Bauerschaften (Wrede) und haben im Gegensatz zu den älteren Bauern häufig keinen Anteil an deren Gemeinschaftsäckern, sondern besitzen oft mehr oder weniger geschlossene Fluren und weisen somit von vornherein einen charakteristischen Zug adliger Gutshöfe auf. Einen Eindruck vermittelt Karte Abb. 33 mit einem münsterländischen Schultenhof, der allerdings nur etwa ein Achtel seiner Ländereien unmittelbar bei der Hofstatt versammelt. Räumlich und sachlich benachbart sind die Karten Abb. 31 und 39. Weitere Einzelhöfe finden sich auf Abb. 65 (*Schäferey*), 216 (*Stüdter Hof*), 63 (*Bremer Hof*), 51 (*der Hoff Walholtz*), 62 und – als Wüstung – auf Abb. 48. Auch der Bergenhäuser Hof (Abb. 50) sei wegen seiner Organisationsform hier erwähnt trotz weilerähnlicher Erweiterung durch Häuser des Wirtschaftspersonals. Sie liegen in Gebieten, die durch das Vorherrschen von Weilern und geschlossenen Haufendörfern gekennzeichnet sind (Steinbach) und stellen hier oft Zeugnisse älterer Siedlungen dar, die unter besonderen Bedingungen, etwa im Direktbesitz eines Klosters oder adligen Herrn, erhalten geblieben sind. Auffällig ist auf Abb. 62 das Nebeneinander des Hofes Geilweiler und des Haufendorfes Frankweiler, deren gemeinsames Namenglied *-weiler* (von latein. *villare*, n.) auf ehemalige Einzelhofsiedlung aus einer in das Früh- bis Hochmittelalter zu verlegenden Siedlungsperiode hindeutet (Bach). Wie stark solcher Ausbau in Zeiten günstiger klimatischer Verhältnisse und guter Agrarkonjunktur (Abel) betrieben worden ist, zeigt das nicht vereinzelte Beispiel des Hofes *Rickwordessen/Riekesen* (Abb. 48) am Rande der höchst fruchtbaren Warburger Börde, der sich in ungünstiger Lage auf schlechtem Boden nicht halten konnte und wüst wurde.

Das Siedlungsbild, das uns auf den Karten des 17. – 19. Jahrhunderts entgegentritt, ist also keineswegs ein ursprüngliches, sondern vielmehr das Ergebnis jahrhundertelanger Entwicklungen durch rodenden Ausbau, Verdichtung bestehender Siedlungen, Wüstung, auch Vereinödung (vgl. Abb. 47: *Werinckhausen)* (Abel, Huppertz), vielfach unter herrschaftlicher Lenkung, auch durch Kriegseinflüsse (Abb. 47). So kann man denn auch zwischen den einzelnen Siedlungssystemen keinen

Gegensatz konstruieren, der, wie man zeitweise annahm (Meitzen), als grundlegender Unterschied zwischen den Siedelweisen von Völkern oder Volksstämmen zu verstehen sei. Die wirtschaftlichen Voraussetzungen und die Kulturströmungen, von denen die Änderungen ausgingen, überschritten vielmehr, wenn auch beeinflußt von Raum und Zeit, von jeher alle Grenzen (Huppertz, Steinbach).

Genetisch ist eine mit dem Fachbegriff „Weiler“ bezeichnete Siedlungsweise in Zweier- bis Vierergruppen, die sich im Gebiet der *-weiler*-Ortsnamen fast durchweg aus dem Einzel-*villare* entwickelt haben, nichts anderes als die Teilung eines Einzelhofes oder eine Zusiedlung kleinerer, minderberechtigter Bauernstellen bei einem solchen. Diese Vorgänge sind zu unterscheiden von der gegenseitigen Annäherung von Einzelhöfen, die gemeinsam an einer oft streifig geteilten zentralen Ackerflur beteiligt sind, die in Westfalen „Esch“ genannt wird, auch wenn bei dieser lockeren Gruppierung oft weilerähnliche Bilder entstehen können.

Weiler, immer ohne Kirche, erkennen wir auf Abb. 60 neben Einzelhöfen, in der Wüstung *Soeke* auf Abb. 47, auf Abb. 56 und 54 *(Hegenscheider Höfe)*, ferner auf den Karten Abb. 63 und 64 mit ihren wirklichkeitsgetreuen Ortsansichten.

Die Weilersiedlungen haben im Gegensatz zu den Einzelhof- und Haufendorfsiedlungen keine geschlossenen Verbreitungsgebiete. Sie sind durchweg eingestreut im Bereich der Haufendörfer in siedlungsungünstigen Bergländern, so im Sauerland, Westerwald und Pfälzer Wald (Huppertz). Sie stellen also eine naturbedingte Sonderform der Haufensiedlungen dar. Auf mehreren der für die Weiler genannten Karten finden sich denn auch zugleich Belege für Haufendörfer, die vor allem an Rhein, Mosel und Saar so dicht gebaut sind, daß stadtähnliche Ortsbilder entstehen, eine Erscheinung, die sich anhand der Karten wohl für Mertesheim (Abb. 61), Lingerhahn (Abb. 36), die Dörfer auf Abb. 65 und einige der Stromuferdörfer (Abb. 34, 56, 57, 58 und 68) belegen läßt. Als städtischen Zug mag man auch die nach Süden hin immer häufiger anzutreffenden Dorfbefestigungen in Gestalt von Ettern ansehen, die ein Dorf oder sogar seine gesamte Ackerflur umschließen (Bader). Dorfetter besitzen Frankweiler (Abb. 62) und – in Gestalt eines Grabens – Mertesheim (Abb. 61). Die Funktion des Fluretters als Schutz der Äcker gegen das Wild oder das im Walde weidende Vieh wird bei Dansenberg (Abb. 63), einer Siedlungsinsel im Forst bei Kaiserslautern, deutlich. Die Errichtung und Unterhaltung dieser Zäune ist eine Gemeinschaftsleistung, die von der Siedelweise und vor allem durch die im westlichen Mittel- und Süddeutschland als bäuerliches Erbrecht herrschende Realteilung und die dadurch bewirkte Zersplitterung des Grundbesitzes bedingt ist. Im Norden hat der Etter, der dort auch als Wort *(edder)* kaum bekannt ist, keine allgemein häufig vorkommenden Entsprechung, sofern man nicht die verbreiteten Kirchhofsbefestigungen (Abb. 144) als etterähnlich ansprechen will. Dort werden Flurkomplexe (Esche) und Einzeläcker (Kämpe) jeweils für sich eingezäunt (Abb. 35, 120, 171), oder es gibt individuelle Hofbefestigungen in Form von Hecken, Zäunen (Abb. 31, 41) oder Gräften (Abb. 33) und gemeinschaftlich vom Kirchspiel angelegte *Landwehren* (Abb. 39, Rand rechts; Abb. 54 mit in der Wiedergabe nicht erkennbarem Schrifteintrag in der *Hütung der Stadt Altena* als Sperre des Weges nach Iserlohn), die aber keinen direkten Bezug auf die Siedlung und Flur haben, sondern sich als Systeme von Trockengräben und dornbewachsenen Wällen weithin mitten durch die ausgedehnten ungeteilten Markengebiete ziehen. In diese Kategorie gehört auch der *Landtgrab* (Abb. 58), der aber nicht Kirchspiels- sondern Territorialgrenze zwischen Jülich und der Herrschaft Breisig der Abtei Essen ist. Um eine der wenigen Dorfbefestigungen in Westfalen handelt es sich bei der *Landtwehr* von Westernkotten, das wegen der Anwesenheit einer Salzquelle eine für Kirchdörfer untypische Entwicklung genommen hatte (Abb.47). Da sie keine echte Landwehr ist, wird sie durch den Zusatz *vmb das dorff* erläutert. Sie diente zum Schutz gegen streifende Reiter in der Zeit des Spanisch-Niederländischen Krieges in den Jahren um und nach 1590.

Typisch hingegen sind für Westfalen die Dorfbilder auf Karte Abb. 52, 59, für das Rheinland (von Norden nach Süden) auf Karte Abb. 191, 55, 57, 46, 58, 45, 36, 49, 67, 56, 61, 63, 64, 62. Besonders hingewiesen sei auf das Dorf Lingerhahn mit seinen bis zu drei Stockwerke hohen, vielfach verstrebten Fachwerkhäusern in Großaufnahme, seinen offenen, nur von Steinwällen (?) begrenzten Äckern und den von Zäunen begleiteten und durch Lattentore zu sperrenden Triftwegen für das Vieh. Eine Ausnahme von dem üblichen »Dorf«-Bild der Kirchensiedlungen stellt Huisberden dar(Abb. 40), wo sich bei der wahrscheinlich schon karolingerzeitlichen Kirche keine Ansiedlung gebildet hat (Handbuch histor. Stätten).

Außer bei Lingerhahn wird nur auf wenigen Karten die Bauweise der Bauernhäuser hinreichend genau dargestellt. Einen guten Eindruck vermittelt die Karte Abb. 171 über die Umgebung von Salzkotten mit ihren z.T. sehr funktionsverschiedenen Fachwerk- und Steinbauten. Aber selbst auf dem großmaßstäbigen Bilde des Hofes Bölling (Abb. 31) wird zwar der Unterschied zwischen Ziegel- und Strohdeckung, jedoch für das Haupthaus das als selbstverständlich vorauszusetzende Fachwerk kaum angedeutet. Die landschaftlichen Unterschiede zwischen Fachwerk-, Ziegel- und Natursteinbau und ihre Entwicklung (Steinbach 1931) sind somit nicht erkennbar. Nur der Längs- und Queraufschluß der Häuser wird durch die Lage der Dielen- oder Tennentür gelegentlich angezeigt. Belege für Ziegelgebrauch sind die Ziegeleien auf Karte Abb. 191, 211 und 62 – dort auch ein *Stein Bruch* nicht fern von der *Ziegelhütte.*

Wichtiger als die Bauweise ist denn auch die Zweckbestimmung der ländlichen Gebäude, die sich z.T. an ihrer Form, an ihrer Lage oder an ihrem Rang als Haupt- oder Nebengebäude ablesen läßt. In der hier vorgelegten Kartensammlung ist der Norden diesbezüglich besser repräsentiert, weil sich die dortigen Einzelhöfe für Detailaufnahmen besonders eignen.

Wir gehen aus von dem Schultenhof Aldrup auf Karte Abb. 33, da hier die Beschriftung keine Zweifel an der Funktion der Bauwerke läßt. Der Gesamtbestand umfaßt auf dem engeren Hofplatz das Haupthaus mit angebauter, bis zum Pforthaus sich hinziehender Stallung, einen abseits stehenden Speicher, ebenfalls abseits – wegen der Brandgefahr – das Backhaus und einen Schuppen. Jenseits der als *Alpha* gräzisierten Aa neben der zum Schutz der Textilien gegen Verschmutzung durch Vieh oder andere Tiere fast völlig von Wasser umgebenen Bleichwiese ein

Bleichhaus, das nur über eine Brücke zwischen den beiden Mühlen, Öl- und Kornmühle, erreicht werden kann, schließlich auf dem Vorplatz des Hofes ein *Schaep Schott* (Schafstall) und – weiter entfernt – eine Scheuer, die vielleicht in Zusammenhang mit den benachbarten Fischteichen gesehen werden muß. Obwohl das westfälische Einhaus mit Wohnteil, Ställen, Längsdiele und Dachspeicher bestimmungsgemäß alle Funktionen einer bäuerlichen Wirtschaft unter einem Dach vereinen sollte, findet sich bei diesem großen Hof eine Mehrzahl von Nebengebäuden, die – nach und nach erbaut – nicht ohne weiteres baulich und funktional in einem organischen Zusammenhang stehen. Als selbstständige Einheiten müssen die beiden Mühlen gewertet werden. Die Abseitslage ist auch bei Bleich-, Backhaus und Speicher verständlich. Letzterer war sicher dreigeschossig, bestand mindestens unten aus Stein, wurde über eine am Dach angebrachte Aufzugrolle durch lukenartige Öffnungen beschickt und diente mit einer – wie Parallelen erweisen – oft nur über eine Leiter erreichbaren Tür im ersten Stock der nachhaltigen Sicherung der Feldfrüchte gegen Diebstahl und Überfälle. Viele Speicher sind in der Zeit des Spanisch-Niederländischen Krieges gegen Ende des 16. Jahrhunderts geradezu in Verteidigungszustand gesetzt worden. Das Pforthaus war ein Repräsentationsbau, dessen Funktionen als Gerätehaus und – gegebenenfalls – als Werkstatt für Eisen- und Holzbearbeitung auch von Bauten in beliebiger anderer Lage und Bauweise hätten übernommen werden können.

Was Abb. 33 in der Aufsicht zeigt, wird nur zum Teil auf Abb. 31 in der Ansicht wiederholt. Übereinstimmungen bestehen in Haus, Speicher und Schuppen. Nicht erkennbar ist ein Backhaus. Es fehlt ein Bleichhaus, und das Pforthaus ist auf eine aus drei Balken gefügte Durchfahrt mit Tor reduziert. Zusätzlich hingegen ist ein durch Bauweise, Eingangstür und Fenster als Wohnhaus ausgewiesenes Gebäude vorhanden, bei dem es sich entweder um ein Leibzuchthaus (Altenteil) oder um ein Heuerlingshaus handelt.

Zahlreiche liebevoll gestaltete Details dieser Art zeigt auch Abb. 171. Sie verschwinden jedoch mit abnehmendem Maßstab. Bei Lingerhahn (Abb. 36) kann man noch Haupt- und Nebengebäude unterscheiden. Gleiches gilt für die Gebäudekomplexe auf Abb. 37 (Buchstaben G und H), 39 und 40. Abb. 41 schließlich zeigt bei den Stätten *Doerholt* und *Klosterman*, Abb. 168 bei *Hoemoet* noch einmal Speicherbauten.

Eine Grundvorraussetzung der Möglichkeit menschlicher Siedlung ist das Vorhandensein von Wasser – solange es nicht im Übermaß vorkommt. Überall wird die Wahl der Siedlungsstelle von ihm beeinflußt, sei es, daß man sich in Quellmulden, an Quellhorizonten, an Bächen, auf Flußterrassenkanten, in größerem Abstand von Flüssen bei günstigen Grundwasserverhältnissen oder auch an den Flüssen selbst niederläßt und hier die Gefahr gelegentlicher Hochwässer in Kauf nimmt. Oft sind es gerade die größeren, in der Regel jüngeren Höfe, die mit solchen Plätzen zweiter Wahl vorlieb nehmen mußten. Sie genießen dafür den Vorteil eines gewissen, z.T. mit Hilfe von Kunstbauten (Gräften) verstärkten Schutzes durch das Wasser, so der Schulte Bölling durch den Steverfluß und den im Eingangszitat genannten Graben (Abb. 31), der Schulte Aldrup durch regelrechte, von der Münsterschen Aa gespeiste Befestigungsgräben (Abb. 33), das Mühlgut an der Nahe (Abb. 49). Schutz durch Wasser genießen ferner das Dorf Westernkotten in Gestalt eines Sumpfgebietes (Abb. 47) und das Dorf Mertesheim mit einem künstlichen Graben (Abb. 61).

Wasser für den täglichen Gebrauch wurde, sofern nicht Quellen vorhanden waren, Grundwasserbrunnen entnommen. Karten Abb. 31, 63 (zu Bremerhof), 171 und 191 zeigen jeweils Ziehbrunnen mit langen Hebestangen. Auffällig ist, daß auch bei unmittelbarer Lage an einem Fluß Brunnen gebaut werden. Nicht zur Trinkwasserversorgung dienten hof- oder dorfnahe Teiche oder Weiher (Abb. 50, 52, 61, 63). Sie waren wohl vor allem Löschwasserreservoirs und Tummelplätze für Enten und sind deshalb auch von Fischteichen zu unterscheiden, die, künstlich angelegt, sich auf Karte Abb. 33 in der Nähe eines Hofes, sonst aber meist als Sonderbesitz in der gemeinen Mark oder im Forst finden (Abb. 42, 63 und 51 bei M).

Zu den Vorteilen flußnaher Standorte gehört die Möglichkeit der Wassernutzung als Energiequelle für Mühlenbetriebe, die man dank ihrer besonderen Funktion dem »Lande« zurechnen darf. Karte Abb. 33 zeigt in schöner Deutlichkeit eine Situation mit einer Ölmühle und einer Kornmühle mit drei Gängen bei unterschlächtigem Antrieb. Der Aa-Bach ist nach Ausweis der nur schwachen Verbreiterung oberhalb der Mühle nur wenig gestaut. Immerhin hat sich unterhalb ein ausgeprägter Mühlenkolk gebildet. Weitere Wassermühlen sind auf Karte Abb. 48, 49, 55, 57, 58 (Mühlengraben bei M), 62, 63, 171, 182, 193, 211 und 221 nachgewiesen. Die Emsbegradigung auf Karte 180 diente geradezu u.a. der Verstärkung des Gefälles zugunsten zweier Mühlen. Hinzu gesellen sich eine weitere Ölmühle (Abb. 63) und einige Windmühlen (Abb. 57, 73, 146). Die Ableitung des Flußwassers geschah oft mit Hilfe von Halbdämmen oder -wehren, die ohne Stauung durch ein Überfallwehr einen Teil des Wassers in die Gräben zwangen (Abb. 49, 58, 171). Von der Karte her nicht zu deuten ist die Funktion des Pulheimer Dammes (Abb. 55). Anlaß für die Anfertigung der Karte waren wohl Grenz- und Staurechtsstreitigkeiten zwischen Köln und Jülich, sowie ein Dammbruch und die durch ihn bewirkten Zerstörungen.

Kulturland

Untrennbares Gegenstück der ländlichen Siedlungen sind die zu ihnen gehörenden Ackerfluren. In steter Wechselwirkung im Laufe der Entwicklung bedingen sie sich gegenseitig in Form und Funktion. Wie die Einödflur zum Einzelhof, der langstreifige Esch zur Einzelhofgruppe, die großblockige Flur zum nördlichen Weiler, so gehört – immer ganz grob gesprochen – die kleinblockige Flur zu seinem südlichen Pendant und zum westfälischen Haufendorf und schließlich die Gewannflur mit ihrer Aufsplitterung des Besitzes jedes einzelnen Bauern auf Dutzende von Gewannen zu den westmitteldeutschen Haufendörfern. Zugleich deutet sich mit dem Wechsel der Flurformen auch eine historische Entwicklung an, besonders deutlich in dem als Nacheinander zu interpretierenden Nebeneinander verschiedener Formen an einem Ort. Die historische Geographie hat unter Berücksichtigung von Agrarkonjunkturen, besonderen Bedingungen durch herrschaftliche Verhältnisse, Stadtnähe bzw. -ferne, Flurnamen, Düngungs- und Bewirtschaftungsmethoden usw. längst ein subtiles Instrument der Flur- und Siedlungsgeschichtsforschung daraus gemacht (Krenzlin, Nitz, Müller-Wille). Von den Karten bieten Abb. 33, 35, 39-41, 49, 52, 61 und andere exakte Wiedergaben der Flurformen, Abb. 34, 36, 45, 46, 48, 51 und 56 begnügen sich mit Stilisierungen, die aber einen im Großen und Ganzen richtigen Eindruck von der Wirklichkeit vermitteln. Die formenbeschreibenden Begriffe (s.o.) sind so anschaulich, daß ihre Zuordnung zu den Karten leicht möglich ist. Nur »Esch«, »Einöde« und »Gewann« seien kurz erläutert.

Der »Esch«, süddeutsch auch »Ösch« (Bader), ist eine weit verbreitete Bezeichnung für Ackerland, als Fachbegriff jedoch auf ungefähr ovale, trockene, langstreifig geteilte Fluren norddeutscher Sandgebiete festgelegt (Müller-Wille). Die »Einöde« entbehrt von Hause aus jedes durch den Anklang an »öde« hervorgerufenen pejorativen Beigeschmacks. Das Wort bedeutet im ländlichen Zusammenhang etwa »das Einzelnliegende« (Deutsches Wörterbuch). Unter einem »Gewann« wird eine Gruppe von jeweils gleichgerichteten, oft außerordentlich schmalen und kleinen Streifenparzellen verstanden, von denen jede einen anderen Besitzer hat. In einer Gewannflur liegen stets viele Gewanne nebeneinander. Die Parzellen der Einzelgewanne, die oft so klein sind, daß man sie durch Wege nicht erschließen kann, unterliegen dem Flurzwang, d.h. der Einhaltung der durch die Notwendigkeit von Überfahrten bedingten Ordnung der Ackerarbeiten durch die am Gewann Beteiligten (Steinbach).

Außer über die Flurformen geben die Karten fast immer auf irgendeine Weise über die Nutzung der Ackerparzellen Auskunft. Es finden sich entweder schriftliche Eintragungen oder aber – auch auf senkrecht projizierten Karten – bildlich-perspektivische Darstellungen, die nicht selten schon früh eine Tendenz zur kartographischen Signatur aufweisen. So werden etwa Äcker durch Furchen, Wiesen durch Grasbüschel, Wingerte durch stilisierte Weinstöcke angedeutet. In den gepflegten Gärten auf Karte 171 ahnt man u.a. Kohlköpfe und Hopfenstangen. Schon die älteste Karte dieser Gruppe, das »untere Ahrtal« von 1570/71 (Abb. 58), weist bei der Acker- und Walddarstellung Elemente des später entwickelten Signaturenkanons auf.

Thematische Karten im heutigen Sinne mit vom Gegenstand vollständig absehenden Flächenfarben in verschiedenen Schattierungen oder mit abstrakten Signaturen kennt das 16. – 18. Jahrhundert noch nicht. Einen Schritt in diese Richtung tut allerdings schon 1730 der Detmolder Maler J. Chr. Friemel, der – wenn auch in Anlehnung an die Farbeindrücke aus der Natur – Äcker gelbbraun und Wiesen grün einfärbt. Wie wenig ihm allerdings an einer Farbsystematik gelegen ist, zeigen die auf derselben Karte (Abb. 52) rot und blau wiedergegebenen Besitzrechte an Äckern. Grüne Wiesen, die zudem noch signiert sind (neben verschiedenfarbigen Ackerparzellen), hat auch J. C. F. Röger im Jahr 1753 auf seiner Karte (Abb. 50) des Bergenhäuser Hofes. Echte Nutzungskartierungen werden erstmals um 1800 veranstaltet. Ein Beispiel ist die Karte (Abb. 225) der Territorien Essen und Werden mit der Unterscheidung von Acker, Wiese und Wald bzw. Heide.

Nur beschränkt aussagefähig ist wahrscheinlich der Wechsel zwischen Äckern mit braunen Furchen und grünen Fruchtzeilen auf der Karte Abb. 62 und – weniger ausgeprägt – auf Karte Abb. 48 und 58. Hier liegt der Verdacht auf schematische Einfärbung nahe, die nur ungefähr den Bearbeitungszustand der Äcker oder den Fruchtwechsel im Gewannverband (Abb. 61) spiegelt.

Insgesamt sind die Zeugnisse thematischer Kartographie damit bei weitem seltener als die der mit den Karten Abb. 41 und 39 (1576 und 1578) einsetzenden topographischen Kartographie. Das überwiegende Interesse an Rechtsverhältnissen gab zu exakten Nutzungsdarstellungen meist keinen Anlaß. Es sind gerade die unkartographischen, bildlich-perspektivischen Landschaftsdarstellungen, z.B. Abb. 171 und 191, die über die frühe Kulturlandnutzung Aufschluß geben.

Am häufigsten findet sich eine Signatur für eine Sonderkultur, den Wein. Sie fehlt auf kaum einer der Stromuferkarten (Abb. 34, 45, 46, 49, 51, 56 usw.) und ist auch abseits der Ströme an Süd- und Westhängen (Abb. 43) und auf Gelände mit schwachem Relief an der heute so genannten »Weinstraße« (Abb. 62) vertreten. Vorbildlich differenziert sind die Signaturen der großmaßstäbigen »Kulturmassenpläne«, die linksrheinisch in großer Zahl von der französischen Verwaltung nach 1800 angefertigt wurden (Abb. 224 und 226). Im Allgemeinen lassen sich aber in den von Menschenhand geprägten Fluren nur Äcker, Gärten und Wiesen unterscheiden. Die Deutung der Farben und Signaturen wird oft durch schriftliche Eintragungen erleichtert, die in Ausnahmefällen sogar Detailinformationen über die Verteilung der Standorte einzelner Feld- und Gartenfrüchte enthalten. Auf Abb. 31 werden Wicken, auf Abb. 33 Roggen und Rüben, auf Abb. 39 Roggen genannt. Die Einträge *Heuwgrundt* (ebda) und *Im Heugarten* (Abb. 181) deuten eine Wirtschaftsform an, während die *Bitzen* und *Bänden* zwar ebenfalls häufig als Heuwiesen dienen, diese Tatsache aber durch die Bezeichnung nicht ausgedrückt wird, die sich von den gleichbedeutenden Verben »bezäunen« und »bewinden« ableiten (Wörterbücher). *Bitzen* finden sich in charakteristischer Lage als hofnahe Weiden für die Jungviehaufzucht beim Bergenhäuser Hof (Abb. 50), als *Bitzer Wesen* an der Ahr gegenüber Landskron (Abb. 58), hier wohl, genau wie die *Bembden* an der Niers (Abb. 221), als feuchtes, mehrfach zu mähendes Heuland. Der Grasheugewinnung müssen auch die in vergleichbarer Lage an der Diemel eingezäunten Wiesen (Abb. 48, bei C) bestimmt gewesen sein, da sich die Weidegebiete in trockenerer Lage am Berghang (bei A) befinden. Gleiches gilt für die nicht bezäunten Wiedwiesen des Bergenhäuser Hofes (Abb. 50), die, sobald sie durch die eingezeichneten *Wäßerungh-Gräben* berieselt wurden, für die Viehhaltung zu naß waren.

Kultivierung – Regulierung

So wie die zum engsten menschlichen Arbeitsbereich gehörenden Ackerfluren die ländliche Siedlung umgeben, so werden jene ihrerseits meist von nicht oder wenig kultivierten Ländereien umschlossen, die vom Menschen nur extensiv genutzt werden, für seine Wirtschaft aber dennoch jahrhundertelang von hervorragender Bedeutung waren. Sie sind im Laufe der

Jahrhunderte teils durch großangelegte, teils durch wenig spektakuläre individuelle oder genossenschaftliche Urbarmachung (vgl. Abb. 35) immer kleiner geworden. Die Siedlungsinseln des frühen und hohen Mittelalters, die man in ihrer Gestalt noch bei dem Hunsrückdorf mit dem sprechenden Namen Lingerhahn (Abb. 36) aus der Gruppe der in Deutschland weit verbreiteten und für Rodungsgebiete typischen *-hagen*-Namen (zu *hagen* ›Einhegung‹) und bei dem allerdings wohl jüngeren Dansenberg im Pfälzer Wald (Abb. 63) erkennen kann, sind auf diese Weise weithin zu zusammenhängenden Flächen offenen Kulturlandes verschmolzen. Über die großzügige, meist herrschaftlich gelenkte Kultivierung, wie sie bei *-rode-* oder *-rath-*, *-scheid-* Orten sowie den älteren auf *-lar* und *-weiler* (Bach) und anderen bis ins 13. Jahrhundert fast immer vorausgesetzt werden muß, liegen selbstverständlich keine zeitgenössischen Karten vor. Wir müssen uns mit zwei Karten von neuzeitlichen Unternehmungen dieser Art begnügen, von denen die eine sich 1770, d.h. in einer Zeit, in der die Markenländereien ohnehin kurz vor der endgültigen Auflösung durch Teilung stehen, in einer *gemeinen Heide* abspielt, in der 17 Parzellen von identischer Größe für 17 Familien abgemessen werden (Abb. 38). Die andere vollzieht sich schon 130 Jahre früher in einer Größenordnung und mit einem Aufwand, der in Westdeutschland Seinesgleichen sucht, auf bis dahin bestenfalls für lokalen Torfstich und nicht anders nutzbaren Wildländereien im Moor bei Aschendorf. Seit 1638 entsteht dort unter dem Namen Papenburg nach niederländischem Vorbild die größte Moor- oder Fehnkolonie Deutschlands mit 15 Kanalkilometern. Durch die Schaffung von Kanälen, Wieken und Schlooten als Vorfluten wurde das Moor entwässert und dadurch die Voraussetzung für landwirtschaftliche Nutzung geschaffen. Das Unternehmen wurde im 18. Jahrhundert abgeschlossen. Karte Abb. 206 von 1677 zeigt erst Ansätze. Das damals entstandene Ortsbild ist mit dem heutigen im Großen und Ganzen identisch.

Gemessen an der Größe des örtlichen Moorgebietes war mit Papenburg nur ein erster Anlauf zu seiner Erschließung gemacht. Abb. 66 zeigt das Projekt einer großzügigen Erweiterung des Papenburger Kanalsystems und der Entwässerung weiterer Moorgebiete aus dem Jahre 1893. Ein neuer Vorflutkanal sollte den Kanälen des 1860 zur Stadt erhobenen Ortes Papenburg und einem das Wasser des Flüßchens Dever aufnehmenden *Fangschloot* zur Basis dienen. Das Vorhaben wurde nicht verwirklicht. Teile des *Herbrumer Moores* sind bis heute nicht entwässert.

Reiht man Kultivierungsarbeiten dieser Art in die Kategorie der menschlichen Siege über die siedlungsfeindliche Natur ein, so stellen sich ihnen die Probleme der Flußufersiedlungen mit den ungebändigten Gewalten der Flüsse und Ströme unmittelbar an die Seite, wenn sich auch die geruhsame Ableitung stehenden Wassers aus einem Moor kaum mit dem Kampf gegen die Energie fließenden Wassers vergleichen läßt. Diese wirkt paradoxerweise gerade in flachen Gegenden, in denen die Stromgeschwindigkeit eher gering ist, besonders verheerend: Nicht nur kann sich jedes Hochwasser ungehindert über weite Gebiete ausdehnen (vgl. Abb. 214), sondern es lagern sich hier die von dem oberhalb schneller fließenden Wasser mitgenommenen Feststoffe als Sedimente wieder ab. Das Flußbett setzt sich zu, der Fluß wird breiter, tritt über die Ufer und bahnt sich in dem in Hunderttausenden von Jahren von ihm z. T. selbst geschaffenen Flachland (Oberrhein von Basel bis Mainz, Niederrhein ab Bonn) immer wieder neue Wege. Dabei bilden sich an den Flußbiegungen außen regelmäßig Prallhänge, die von den auf sie stoßenden Wassermassen immer neu zum Einsturz und zur Abtragung gebracht werden, während sich innen an den Gleithängen Land anlagert. Abb. 68 zeigt eine Situation, in der die Stadt Selz (bei Rastatt, heute zum Elsaß) und das Dorf Münchhausen mit seinen Äckern durch sich zu den Orten hin verlagernde Prallhänge akut gefährdet sind (Legende zu den Ziffern 2 und 3). Man erkennt die jüngeren, noch nicht bewachsenen Ablagerungen an den Gleithängen und die Vorkehrungen (Buhnen- und Dammbauten), mit denen man den Rheinlauf von Selz ablenken will (vgl. auch Abb. 151 und 158).

Mit welchen Schwierigkeiten die Landwirtschaft unter solchen Bedingungen zu kämpfen hatte und wie unsicher Besitzgrenzen bei ständig sich ändernden Flußläufen sein mußten, zeigen die Karten Abb. 57 und 86 und beklagt die Legende zu Abb. 57 von der Mündung der Sieg in den Rhein. Sie spricht von einem *Stein (bei O) im Siegfluß, so noch vor kurtzen Jahren Rhein seiths über der Sieg im Land gestanden haben solle,* und kommentiert die Buchstaben A-N mit den Worten: *Es zeigen auch vorerwehnte Stück mit ihren eingelegenen Sandhügelen und Wasser Löchern klärlich an, das vor kurtzen Jahren theils noch der Siegen Lauff darüber gangen.* Sie fährt fort: *S. T. zeigen an die hohe Ufer dis- und anderseiths der Sieg, so in gleicher Höhe wagrecht gegeneinander stehen, über welche oft besagter Siegfluß niemahls übergeschritten, sondern seinen Lauff zwischen dieser Situation offt und vielmahls abgeändert, indeme derselbe einmahl bei Rheindorf im Gentzen, sodan einmahl bey dem Signo X und nunmehro bey Mondorf in den Rhein geflossen, welche abenderung . . . bey denen in der Cart bemerckten alten Siegen Wässer und sonstigen klaren Zeichen abzusehen, mithin erachtet werden kan, das die zwischen besagter Situation befindliche sowohl Land- als sonstige Gründe niemahls in ihrem erschaffenen Stand verbleiben, sonderen balt hie balt dorth ausgetrieben und anderwerths auffgeworffen und überschwemmet werden.* Wie genau der Situation beschrieben wird, unterstreicht die Lage der Kirchen und älteren Siedlungsteile auf den mit S und T bezeichneten Terrassen und die der Altwässer, von denen ein längst trockenes bei Vilich noch an dem Flurnamen *die Lache* zu erkennen ist, der seine Entsprechungen – als *Lake* – auch auf den Karten Abb. 40, 66 und 99 hat.

Allmende

Auf den Gegensatz zwischen Privat- und Kollektiveigentum gründen sich heute Weltanschauungen. Sie haben die Welt in zwei Lager geteilt, die sich unversöhnlich gegenüberstehen. Doch hat erst die Ideologisierung im 19. Jahrhundert das Nebeneinander beider Eigentumsformen so undenkbar gemacht, wie besonders das Lager, das die »reine Lehre« vom Kollektiveigentum vertritt, glauben machen will. In Wirklichkeit treten hier wie dort Mischungen auf, die, in ihren Anteilen jeweils angepaßt an sozioökonomische Entwicklungen, eine

Tradition haben, die so alt ist wie das Menschengeschlecht (vgl. Bader).

So war es auch keine Ideologie, sondern eine Folge von durch Wirtschaftsweisen sich verändernden Umweltbedingungen, die im 18. und 19. Jahrhundert dem weit verbreiteten Gemeineigentum an Grund und Boden ein Ende machte. Die Wörter Allmende, Mark, Haingeraite, Moor, Heide u. a., die auf einigen Karten auftreten, bezeichnen solche nicht in Privatbesitz befindliche Landstrecken, die in vielen von der Natur weniger begünstigten Berg-, Moor- und Sandgebieten oft noch bei der Aufteilung vor und nach 1800 mehr als 50% der Bodenfläche eines Kirchspiels, eines Banns oder einer Gemarkung ausmachten. Gleichzeitig konnten in fruchtbaren Bördelandschaften am westfälischen Hellweg, in der Kölner Bucht und am Oberrhein Gemeinländereien völlig verschwunden sein, aufgezehrt in Jahrhunderten von den besonders in Phasen verstärkten Getreideanbaus im 16. und 18. Jahrhundert (Abel) sich ausdehnenden Pflugländereien.

Der nicht spezialisierte landwirtschaftliche Mischbetrieb, der schon aus Gründen der Selbstversorgung der Bauernfamilie bis vor wenigen Jahrzehnten der Normalfall war, bedarf für den Ackerbau und für die Viehzucht unterschiedlich beschaffener Ländereien. Während der Ackerbau sich anfangs nur auf sehr kleinen, inselhaft in das Waldland eingestreuten Flächen nahe den Siedlungen abspielte, stand für die Ernährung des Viehs der – abgesehen von Gegenden mit sehr altem, römerzeitlichem Kulturland – meist noch sehr nahe gelegene unberührte Wald uneingeschränkt zur Verfügung. Dieser bot mit seinem natürlichen, von den Bodenverhältnissen und vom Klima bestimmten Artenreichtum, mit seinen dichten und lichten Stellen, Bachauen, Quellen, Weihern für das Vieh hinreichende bis sehr gute Bedingungen (Burrichter).

Der Wald lieferte ferner Bauholz, Brennstoff und – nicht zuletzt – Düngematerial in Gestalt von Wald- oder Heidebodenstücken, mundartlich Plaggen bzw. Placken genannt, die – möglichst nach einem Umweg über den Viehstall als Streu – auf den besonders in Gegenden mit immerwährendem, »ewigem« Roggenbau schnell verarmenden Acker gebracht und untergepflügt wurden. Als Ersatz konnte die Mergelung der Äcker dienen, auf die der Flurname *Letten Loch* auf Abb. 62 und die Gruben auf Abb. 191 hindeuten.

An der Vielfalt dieser existentiellen Nutzungsmöglichkeiten mag ermessen werden, wie schwierig die Situation für Siedlungen war, die keinen Wald besaßen, deren Waldflächen zu klein geworden oder deren Wald durch Raubnutzung vernichtet bzw. entwertet worden war. Die Bewohner mußten entweder individuell kaufen, oder die Gemeinde mußte in oft großer Entfernung Waldgebiete bzw. Rechte an ihnen erwerben. Besonders die Städte in Bördegebieten griffen zu dem letzteren Mittel. Ländliche Bördegemeinden besaßen hingegen oft sehr ausgeprägt langgestreckte Gemarkungen, die von den an einer natürlichen Achse (Fluß, Lößstreifen) aufgereihten Siedlungen teils über große Distanzen bis in Waldgbiete reichten. Am Oberrhein, im westlichen Umland von Bonn und Köln und am westfälischen Hellweg konnten so, auf Verwaltungskarten mit Gemeindegrenzen sichtbare, geradezu geometrische Bilder entstehen. Eine Sonderform sind die zwischen Hagenau und Dürkheim am linken Oberrhein vorkommenden *Haingeraiten*, von deren sagenhafter Entstehung die Beschreibung zu Abb. 62 spricht. Sie sind gemeine Wald- und Hutungsgebiete, die von den Siedlungen der Rheinebene, zu denen sie politisch gehören, meist getrennt liegen. Vor der Teilung – ab 1820 (Meitzen) – gehörten zu einer *Geraite* jeweils mehrere Siedlungen, die zu ihrem Schutz und für den Fall von Streitigkeiten ein gemeinsames *Geraite*gericht unterhielten. Das wegen des nachfolgenden *-g-* an *Hain* angelehnte Wort ist aus *Heimgereite* entstanden und bedeutet etwa ›das dem *Heim* (Dorf) *Bereite* (zur Verfügung stehende; vgl auch *Gerät*)‹. Es sagt also nichts über die Besonderheiten der Rechtskonstruktion aus, sondern ist ein allgemein verwendbares Wort, das sich in weniger verderbter Form als *Heimerath* auch auf Abb. 65 findet. Die Bedeutung von *Heim* ›Dorf‹, wird durch den Gegensatz zu *Hof* betont. Eine *Hoffgerey* ist zweimal auf Abb. 40 eingetragen. Wahrscheinlich gehört auch das möglicherweise aus *Hofreite* entstellte Wort *Hofrecht* in der Legende zu Abb. 50 in diesen Zusammenhang (Wörterbücher).

Abb. 62 zeigt zwei verschiedene Formen der Allmendnutzung. Der im Titel genannte *Schaaf-Waid District* des Hofes Geilweiler erstreckt sich nicht nur über die Wildländer an den Hängen des *Steinbergs*, die durch die Eintragung *Stein Rutschen* als steil und nicht ganz ungefährlich gekennzeichnet sind, sondern weitgehend über offenbar private Ackerstücke zwischen den von der Hutung ausgenommenen Wingerten von St. Johann und Frankweiler. Wahrscheinlich handelt es sich um ein Weiderecht auf abgeernteten Feldern, die trotz inzwischen veränderter, privater Nutzung noch zum *Geraite* und nicht zu einer der auf der Karte eingetragenen Gemarkungen Siebeldingen und Frankweiler gehörten. Die übrigen Bergwälder, wo sich die Eintragungen *Nieder-* und *Ober-Geraite* finden, sind samt den eingelagerten Tälern zweifellos auch Allmendland, das immer dann genutzt wurde, wenn die Stoppelweide nicht möglich war. Der *Schafunger* am oberen Rand der Karte deutet darauf hin. Die *Alte* und die *Neue Viehtrift* aus Frankweiler sind als Wege des Großviehs in die Hutungsgebiete anzusehen.

Es muß daran erinnert werden, daß das Bild der »grasenden Kuh« in weiten Gebieten einen fortgeschrittenen Kulturzustand spiegelt. Früher fraßen Rinder, Pferde, Schafe und Ziegen vor allem Laub, das auch vom Menschen für die Winterfütterung, wie das Wort *Heu* besagt, abge*hau*en und getrocknet wurde.

Die ältesten Wiesenbiotope sind meist an Orten entstanden, die durch Staunässe, hohen Grundwasserstand oder häufige Überschwemmungen gekennzeichnet waren und deshalb kein nutzbares Stammholz tragen konnten. Auf Abb. 43, 54 und 62, auch 63, 64 fallen die längs der Bachläufe zungenartig in die Mark hinein sich erstreckenden Wiesen auf, die – auf Abb. 54 schon in Privatbesitz – mit ihren scharfen Begrenzungen und der Freiheit von Buschwerk schon Anzeichen menschlicher Eingriffe und Pflege zeigen. Sie heißen niederdeutsch *Siepen* (Abb. 54), mitteldeutsch *Seiffen* (Abb. 50) oder *Syff* (Abb. 58). Für die Wiesennutzung wurden sie z. T. kastenförmig mit steilen Ufern ausgebaut. Auf den Karten Abb. 63 und 64 gibt das Nebeneinander der Bezeichnungen *Wiesen* und *Woog* offenbar verschiedene Kultivierungsstufen zu erkennen. Das Wort *Woog* deutet geradezu auf Grundwassernähe hin (Deutsches Wörterbuch), vielleicht auch auf zeitweilige Überschwemmung. Wie sehr die Wiesen als eine – gegenüber dem Wald – ärmere Vegetationsform betrachtet wurden, gibt eine Eintragung in Abb. 65 (Mitte) zu verstehen, die davon spricht, daß ein Eichenwald *zu Wiesen reducirt werden* soll.

Nicht nur in den abgelegenen Allmendteilen, auch innerhalb der Ackerfluren und oft in unmittelbarer Siedlungsnähe und in den Siedlungen selbst blieben Grasplätze und Wiesenzonen, in denen schon der starken Überweidung wegen kein Buschwerk aufkommen konnte, oft Gemeinbesitz. Das gilt für die *Huisberse Gemeente* (Abb. 40), die *Ambts Wiesen* bei Sarmsheim auf einer Flußinsel (Abb. 49; vgl auch die Inseln auf Abb. 57), den bachbegleitenden Wiesenstreifen durch Hardissen (Abb. 52), das *Siebeldinger Gemarck* u. a. (Abb. 62) und – unter den besonderen Bedingungen des Domänengutes – für die Wiedwiesen des Bergenhäuser Hofes (Abb. 50).

Für die Viehweide im Wald bietet Abb. 32 mit bildlich-zeichnerischen Darstellungen und den Eintragungen *Der schwein steigh* und *Der khue under* schöne Belege. Eine *Stiege* oder *Steige* ist ein Pferch, meist ein Schweinepferch (vgl. Abb. 63), und ein *Under* (identisch mit *Unger* auf Abb. 62) ein Rastplatz für wiederkäuendes Vieh (Wörterbücher), auf das auch Abb. 51 mit zwei *Koelegern* ›Kuhlagern‹ Rücksicht nimmt. In diesen Zusammenhang gehören auch die Viehtränken wie die *Emmeler Trenckh* (Abb. 43 bei T) und verschiedene *Borne* oder *Bronnen* (Abb. 43, 50, 62).

In welch einen desolaten Zustand weniger ausgedehnte und zu stark überweidete Allmendegebiete geraten konnten, zeigen die Blätter Abb. 35, 43, 48 (Buchstabe A) und 41, auf denen der Holzbewuchs mehr oder weniger auf Buschwerk reduziert ist, während auf angrenzendem Privatland (Abb. 41, 48) gleichzeitig durchaus noch Stammholz stocken kann. Derart depravierte Marken, die denn auch vielfach nur als Heiden bezeichnet wurden (Abb. 38), konnten ihren Zweck als Weidegebiet, Dung-, Brand- und Baustoffreservoir auch bei schärfsten Nutzungsreglementen nicht mehr erfüllen. Das außerordentlich schwierige Geschäft der Teilungen wird in preußischen Gebieten (Kleve, Mark, Ravensberg, Lingen) etwa ab 1763 unter staatlicher Aufsicht begonnen und bis etwa 1850 in allen 1815 zusätzlich zu Preußen gekommenen Territorien im Rheinland und in Westfalen im Wesentlichen abgeschlossen. Wichtigste Voraussetzung für die Teilungen war die Bonitierung, die Feststellung der wechselnden Bodenqualitäten (Abel). Auf Abb. 42 reichen sie von *schlechtem, nassem und sumpfigem Boden* ohne *Bewachs*, darin auch Torfbrüche und Teiche, bis hin zu *gutem Grund* mit *Hochwald* oder *guten Meibuchen*. Mit Rücksicht auf Bonitäten, Bewuchs, Form des zu teilenden Distrikts und Geländerelief konnten dabei recht unterschiedliche Kartenbilder entstehen. Neben einer deutlich am Relief orientierten schematischen Feineinteilung, die einzelnen Besitzern mehrere Stücke in verschiedenen Lagen zuwies (Abb. 44), stehen großflächige Teilungen unter Berücksichtigung der Geländegroßformen und der Nähe zum Besitzer (Abb. 54).

Forsten

Neben den genossenschaftlich als gemeine Mark oder Allmende genutzten Wäldern hat es von jeher auch solche gegeben, die als herrschaftlicher oder privater Besitz der öffentlichen Nutzung entzogen waren. Sie heißen auf höherer Ebene, im Besitz von des Königs oder von Reichsfürsten, Forsten, auf niederer Ebene und bei kleinerem Umfang, im Besitz von Dienstadel, landsässigen Klöstern und (wenigen) einzelnen Bauern, Sundern oder Sondern. Wenn man von kleinen Gehölzen absieht, wie sie zur Ausstattung von Gütern und Bauernhöfen gehören können und zumeist einfach als *Holz* oder *Busch* (Abb. 33, 38, 39, 41, auch 52) bezeichnet werden, bietet nur die Abb. 50 unter der Bezeichnung *Hecke* ›Einhegung‹ (gegen die Nachbargemarkungen) für einen Sundern einen Beleg. Ein anderes *Gehegge* wird in der Legende zu Abb. 48 (Buchstaben RG) genannt, während der Charakter des Bergwaldes (Buchstabe D) trotz der Besitzangabe *closterlich* zweifelhaft bleibt. Hier mag das Dorf Rimbeck wenigstens Hutungsrechte gehabt haben.

Unvergleichlich größer und oft von eminent politischer Bedeutung waren die Forsten im Besitz des hohen Reichsadels, der späteren Landesherren, die sich über riesige Gebiete erstrecken konnten. Ihre Ursprünge erkennt man in den *saltus* der Römerzeit, die von den Merowingerkönigen in Gallien unter der Bezeichnung *forestis* übernommen wurden. Die erste bekannte Urkunde über die Schenkung von Rechten in einem Forst an ein Kloster durch den Merowinger Sigibert im Jahre 648 betraf den »Forst, der Ardennen genannt wird« (Rubner), also ein Gebiet, das noch heute große Teile Belgiens einnimmt. Dem Doppelkloster Stablo-Malmedy wurden damals Grundbesitz und Rodungsrechte angewiesen, ein Vorgang, der eine Entwicklung der Forsten vorzeichnet, die genau wie bei den Allmendgebieten auf Wertminderung, Funktionsänderung und Verkleinerung hinauslief. Eine andere, nun allerdings sagenhafte, Merowingerschenkung wird in der Beschreibung zu Abb. 62 erwähnt, und auch der Wald, von dem Abb. 58 einen kleinen Teil abbildet, gehörte zu einem Forst, der im Jahre 992 durch König Otto III. zwei adligen Brüdern geschenkt wurde (Monumenta).

Das Forstrecht lag ursprünglich ausschließlich in den Händen des Königs, war somit ein Regal. Es beruhte auf dem in Deutschland theoretisch gebliebenen Anspruch des Königs auf alle Wildländereien, konnte – in gewissen Grenzen – willkürlich verhängt werden, in England sogar über besiedelte Landstriche, und sicherte dem König die alleinige Nutzung. Allerdings ist es in Deutschland kaum irgendwo auf die Dauer vom König behauptet worden. Durch Schenkungen in größtem Stil an Kirche und Adel und durch nicht weniger umfangreiche Entfremdungen seitens weltlicher Fürsten sowie durch Verpfändung ist es überall in andere Hände gelangt und hat hier für den Auf- und Ausbau der mittelalterlichen Territorien nicht selten eine geradezu grundlegende Rolle gespielt (Rubner).

Die Herkunft aus Reichsbesitz spiegelt sich hier und da in den überlieferten und noch heute gebräuchlichen Namen von Waldgebieten, z.B. in dem des »Reichswaldes« zwischen Kleve und Nijmwegen, des »Königsforstes« bei Köln und eines weiteren »Reichswaldes« bei Kaiserslautern, obwohl sie alle schon im Mittelalter in die Hoheit der Grafen von Kleve, von Geldern, von Berg bzw. der Kurfürsten von der Pfalz übergegangen waren (Handbuch histor. Stätten). Vom Königsforst und vom Lauterer

Reichswald liegen hier Karten des späten 18. Jahrhunderts vor (Abb. 53, 63 und 64). Sie unterscheiden sich nicht von anderen Forsten, sondern bieten in ihrer Inselhaftigkeit oder mit ihrer unregelmäßigen Grenzlinienführung das übliche Bild durch jahrhundertelange Rodetätigkeit des Menschen entstandener Restwälder, deren ehemalige Größe man auf Übersichtskarten gelegentlich noch rekonstruieren kann. So wird z.B. der Königsforst bei Köln nur durch einen Großflughafen (Köln-Bonn) und das Tal der Agger von dem nur 7 km entfernten Lohmarer Wald (Abb. 42) getrennt und hat vormals mit ihm und anderen Wäldern und Forsten ein zusammenhängendes Ganzes gebildet (Nießen), wie Ortsnamen der Nachbarschaft, die auf Wald oder Rodung deuten, nachweisen: Lohmar, Altenrath, Refrath, Rösrath u.a. (Bach). Die großen Forstgebiete haben sich im 12. und 13. Jahrhundert oft ziemlich schnell, durch inselhafte Rodung auch von innen her, aufgelöst.

Erst die Ausdehnung des Ackerlandes und die Beschränkung des Waldes auf vom Relief und Boden her benachteiligte Standorte hat die Festlegung des alten Rechtswortes *Forst* auf die moderne Bedeutung bewirkt, bei der man mehr an den »forstwirtschaftlich« genutzten Wald denkt, d.h. an einen – wie auf Abb. 67 – durch ein möglichst geometrisch angelegtes Wege- und Schneisennetz in kleine Wirtschaftsparzellen aufgeteilten Wald mit einer vom Menschen gesteuerten Baumvegetation als Roh- und Baustofflieferant. Diese Bewirtschaftungsform setzte sich im Lauf des 18. Jahrhunderts durch. Die Arbeit von H. C. Carlowitz, *Sylvicultura oeconomica*, von 1713, wird als eines der Pionierwerke auf diesem Gebiet angesehen. Erste Spuren einer geregelten Forstwirtschaft oder vielleicht auch nur eines vorbereitenden Interesses daran finden sich erst gegen Ende des Jahrhunderts auf den Karten Abb. 42, 63, 64 von 1782 und 1794 mit einem erschließenden Wegenetz und Angaben zu Bodenqualität und Bewuchs. Andeutungen enthält auch die Karte Abb. 53 von 1778. Perfekt sind die Bewuchs- und Nutzungsangaben auf der auf einer gedruckten Grundlage gearbeiteten Forstkarte Abb. 67 von 1863, die mit Farben und Signaturen eine schnelle Übersicht ermöglicht und eine moderne, heute noch ganz ähnlich geübte Form der Erfassung darstellt. Auf die Wiedergabe von Bodenqualitäten wird verzichtet, die man bestenfalls aus einer naturbelassenen Vegetation erschließen könnte und die eines der Themen der in mehrfacher Hinsicht besonders auffälligen Karten Abb. 63 und 64 vom Reichswald bei Kaiserslautern ist. Ihnen ist eine Legende beigegeben, in der auf den Karten eingetragene Baumsignaturen, ihre Häufung und Vertretung auf verschiedenen Böden als System erklärt werden. Von der hier noch kaum stilisierten Bildlichkeit der Signaturen rückt auch die 80 Jahre jüngere Karte Abb. 67 nur mit einigen Vereinfachungen ab.

Die Qualität des Baumbestandes ist auch auf älteren Karten erkennbar, die nicht zu den Forstkarten gehören. Meist sind es bildliche Darstellungen, die wenigstens eine Unterscheidung des Laubholzes von dem – seltenen – Nadelholz zulassen. Letzteres ist nur auf Karte Abb. 38 und auf Abb. 41, hier auch durch den Flurnamen *de Denne* ›Tanne‹ nachgewiesen.

Im Ursprung unterscheidet sich der private Forst von der gemeinen Mark nur durch die größere Siedlungsferne. Erst die Besitzverhältnisse, der hohe Rang der Besitzer und die von ihnen geübte mehr oder weniger scharfe Hegung leiteten die Sonderentwicklung der Forsten ein, die zu dem modernen, der Ökonomie verhafteten Begriff, führt. Schon früh sind hier Sondernutzungen, teils gewerblichen Charakters, nachzuweisen, die in der Allmende nur ausnahmsweise möglich waren, wie die Holzverkohlung, die Glasbläserei, die Erzverhüttung, die Waffenherstellung (Abb. 62,63), auch der Bergbau, der – wie das Forstrecht – als Regal galt. Sie dienten einem Bedarf, der über die gewöhnliche Waldnutzung hinausging und z. T. seine Wurzeln im Urbanen hatte. So wird gerade von den Forsten her eine Brücke zu den Kapiteln »Die Städte«, »Gewerbe und Industrie« und auch zu »Die Welt des Adels« geschlagen, wenn man dessen Parkanlagen als Sonderform des Privatbesitzes an landwirtschaftlich nicht genutztem Boden betrachtet.

31

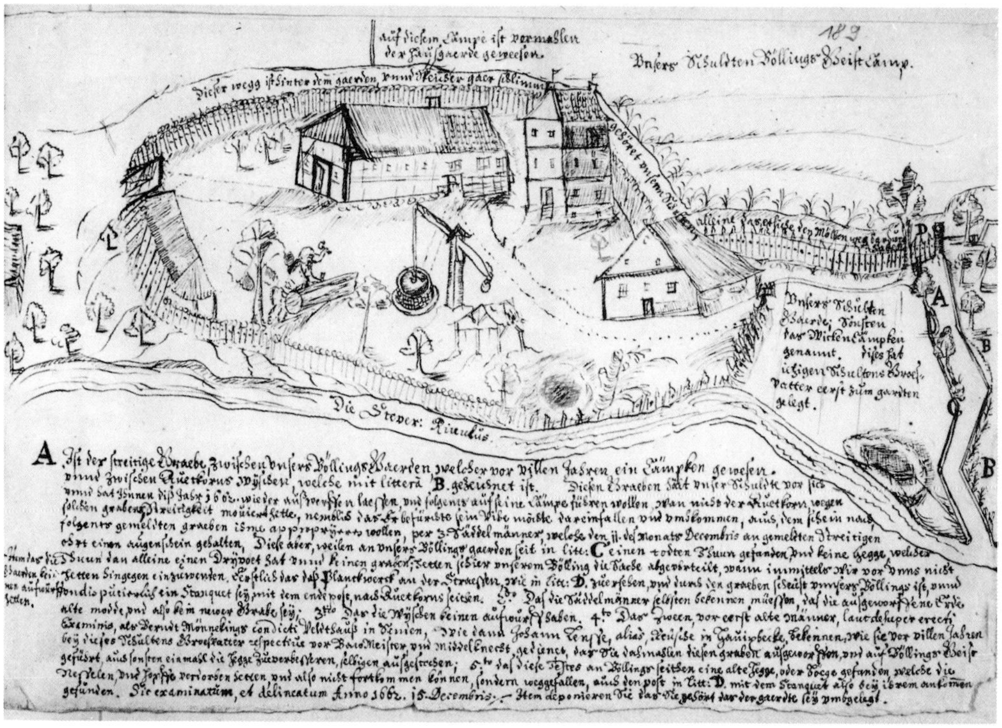

32

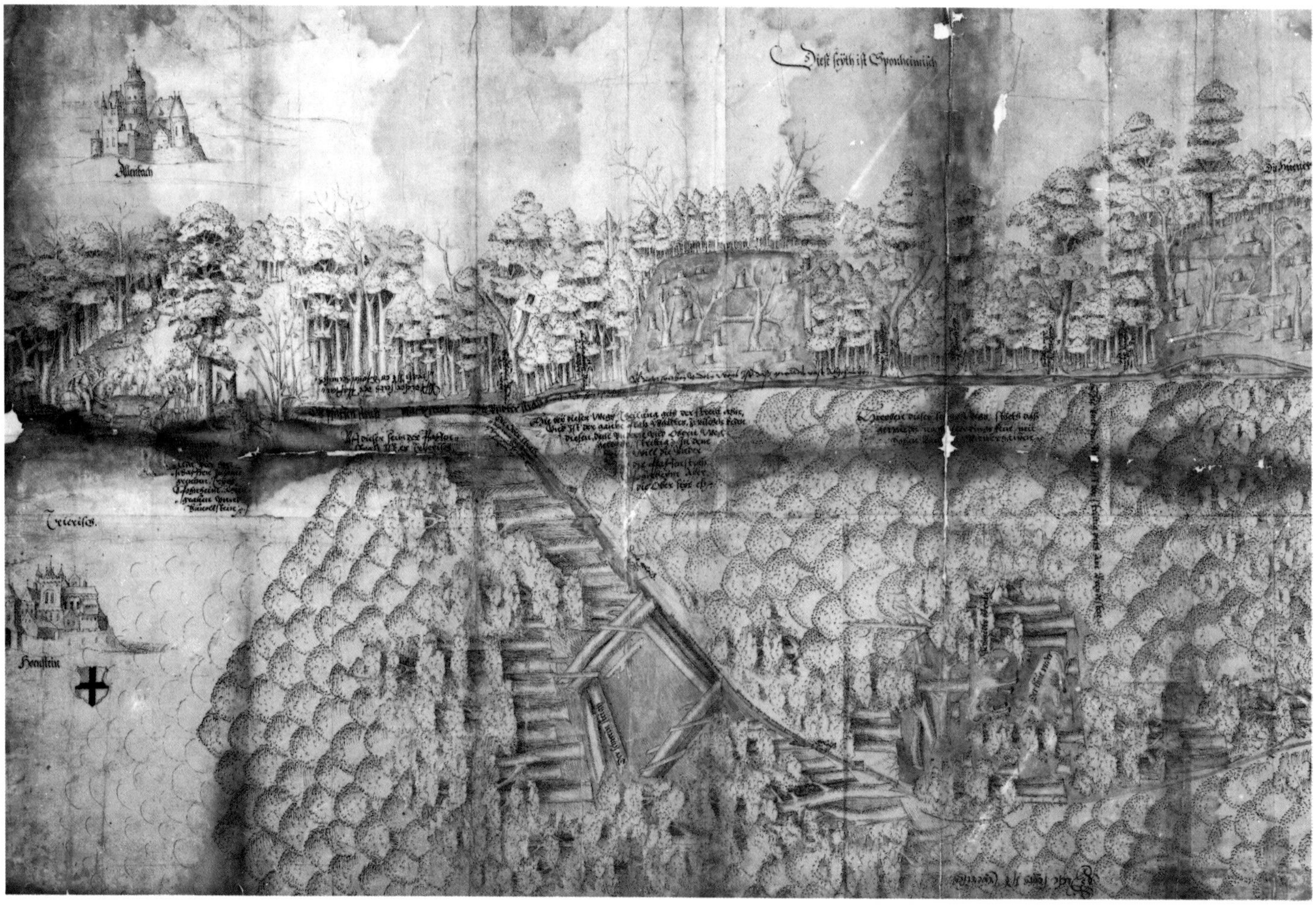

33

Abb. 31 Hofstätte des Schulten Bölling bei Nottuln. 1662

Der dem Kloster St. Aegidii in Münster zustehende bedeutende Hof, zu dem auch eine Mühle gehörte, war mit seinem Nachbarn wegen der Besitzrechte an einem Graben in Streit geraten. Die zu Demonstrationszwecken angefertigte Karte zeigt einen von einem festen Lattenzaun (*Stankett*) umgebenen Hof mit einem großen Wohn- und Wirtschaftsgebäude und einem kleinen (Heuerlings-?) Haus in Fachwerk sowie einem dreistökkigen steinernen Speicher, der heute noch erhalten ist.

Abb. 32 Hochwald an der Pfaffenstraße bei Birkenfeld. 1585

Die Karte, die als eine der frühesten Walddarstellungen dieses Raumes anzusehen ist, entstand bei einem Grenzstreit zwischen Kurtrier und der Grafschaft Sponheim vor dem Reichskammergericht. Für die gegnerischen Parteien erscheinen Ansichten der Burg Hunolstein (Kurtrier) und des Schlosses Allenbach (Sponheim). Die in wechselnden Perspektiven gezeichnete Karte enthält zahlreiche Details wie die Szene mit Reitern und verschiedene Tierdarstellungen. Deutlich erkennbar sind auch die Einrichtungen für die Schweinemast und die Waldweide.

Abb. 33 Schultenhof Aldrup im Kirchspiel Greven. 1708

Die Karte ist ein Nachzügler der sich ab 1670 über mehrere Jahre hinziehenden katasterähnlichen Aufnahme der Ländereien der dem Domkapitel Münster pflichtigen Bauern. Exakte Risse mit Quadratruten- und Scheffelsaatangaben werden begleitet von listenmäßigen Zusammenstellungen und Verzeichnissen von Rechten und Lasten. Die in drei Folianten zusammengefaßte Gesamtaufnahme ist zu sehen vor dem Hintergrund des z.T. jahrzehntelangen Wüstliegens von Bauerngütern nach dem Dreißigjährigen Kriege.

34

Abb. 34 Streit um einen Weinberg bei Koblenz. 1684

In den Jahren 1683 bis 1685 stritten sich die Einwohner des kurtrierischen Dorfes Lay mit den Einwohnern des sponheimischen Winningen um einen Weinberg gegenüber von Lay. Die Streitigkeiten entzündeten sich an der Position der Grenzsteine a und b aufgrund unterschiedlicher Aussagen älterer Einwohner der beiden Orte. Die anschauliche Zeichnung zeigt die Lage des Weinbergs von einer Anhöhe auf der Layer Seite der Mosel aus gesehen, wobei nicht nur das strittige Grundstück, sondern auch das umliegende Gelände und die handgreiflichen Auseinandersetzungen der Parteien bildlich dargestellt werden.

Abb. 35 Markenzuschläge zu Mussum bei Bocholt. 1669

Die ungeteilt im Besitz örtlicher Genossenschaften stehenden Marken wurden besonders während und nach Kriegszeiten durch Verkäufe an Privatbesitzer stark geschmälert. Die schon vor 1669 angelegten, durch Wassergräben und Wallhecken gegen das Eindringen des in der Mark z.T. frei weidenden Viehs geschützen *Zuschläge* A - F, etwa 20 Hektar, hatten der Bauerschaft Mussum an der Issel zur Bezahlung von kriegsbedingten Schulden 1170 Taler eingebracht.

Abb. 36 Gemarkung Lingerhahn zwischen Simmern und Boppard. 1740

Die Darstellung des Dorfes Lingerhahn ist im Zuge einer Grenzbegehung zur Festlegung des Grenzverlaufs zwischen dem Gemeindewald von Lingerhahn und dem pfalz-simmerischen herrschaftlichen Wald entstanden, worauf die von 1 bis 24 durchnumerierten Grenzmale hindeuten. Die deutliche Wiedergabe des Dorfes mit Kirche und Fachwerkhäusern zeigt ein typisches Hunsrückdorf, umgeben von Ackerland und Waldungen. Der bildhafte Charakter der Zeichnung wird durch den im Vordergrund stehenden Baum verstärkt.

35

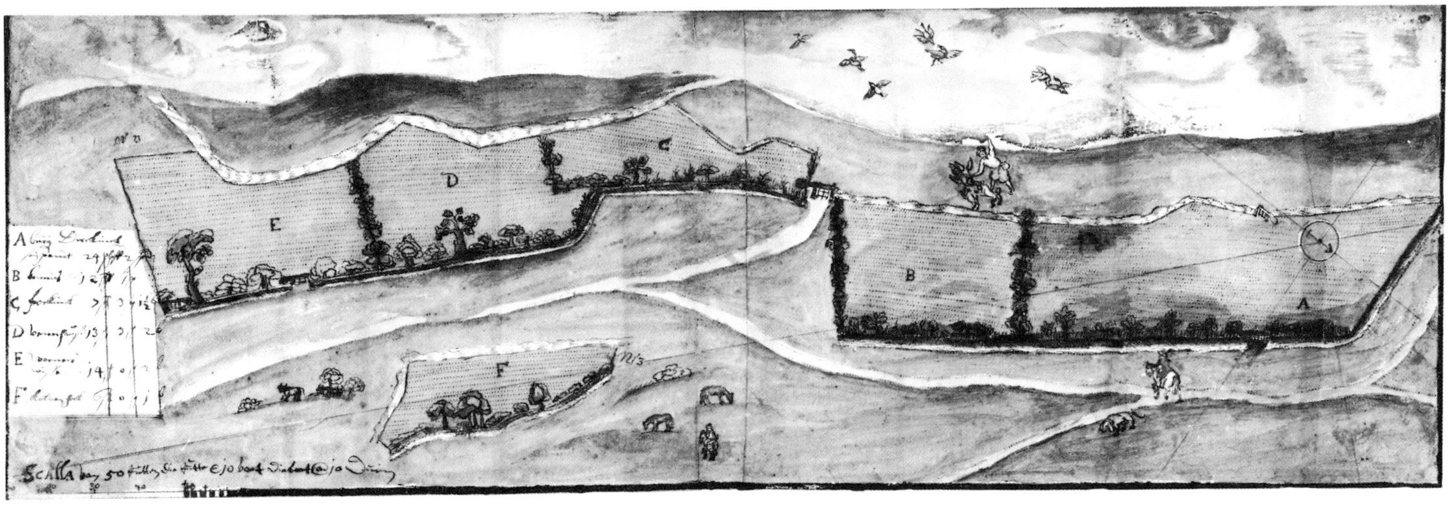

36

37

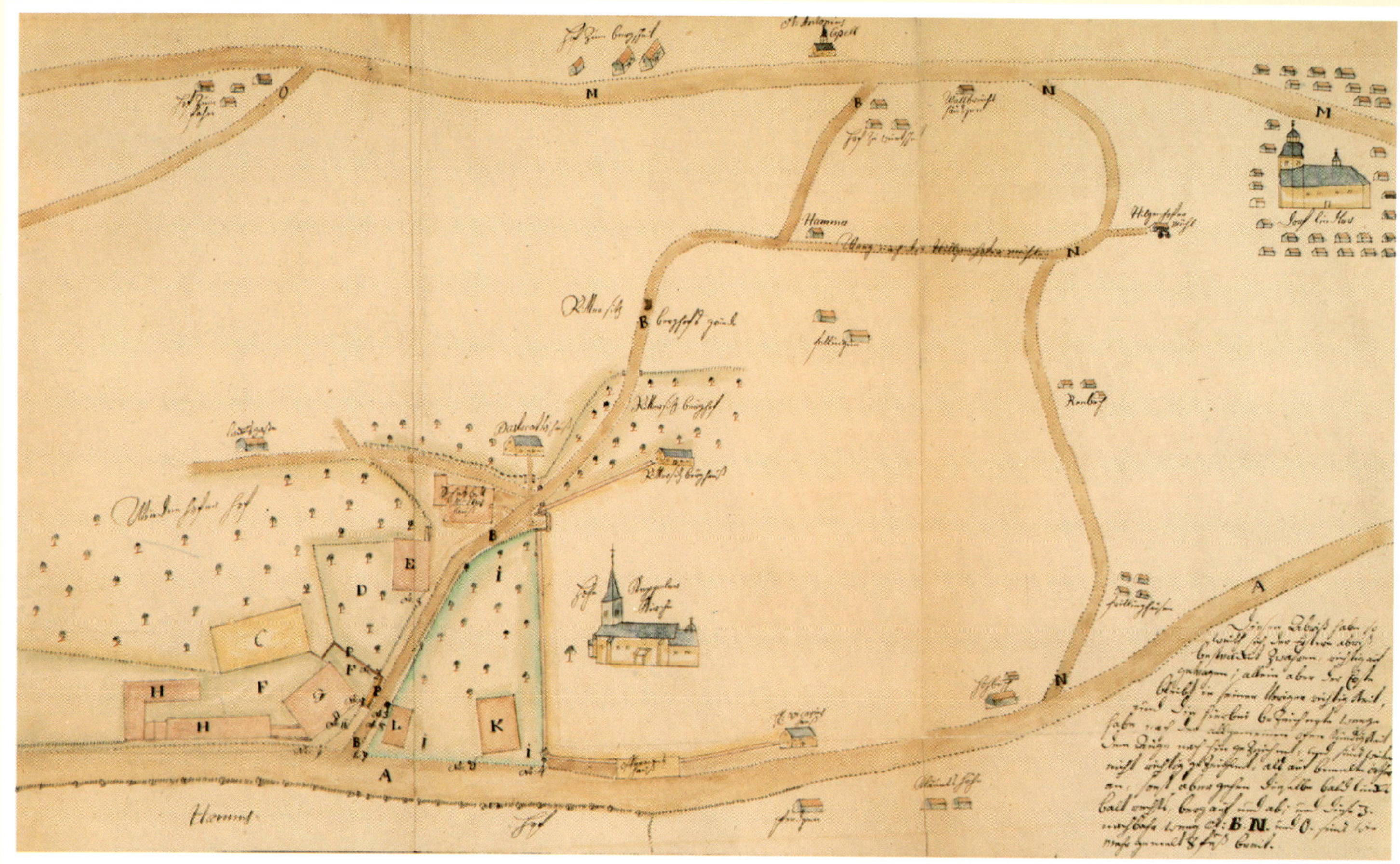

38

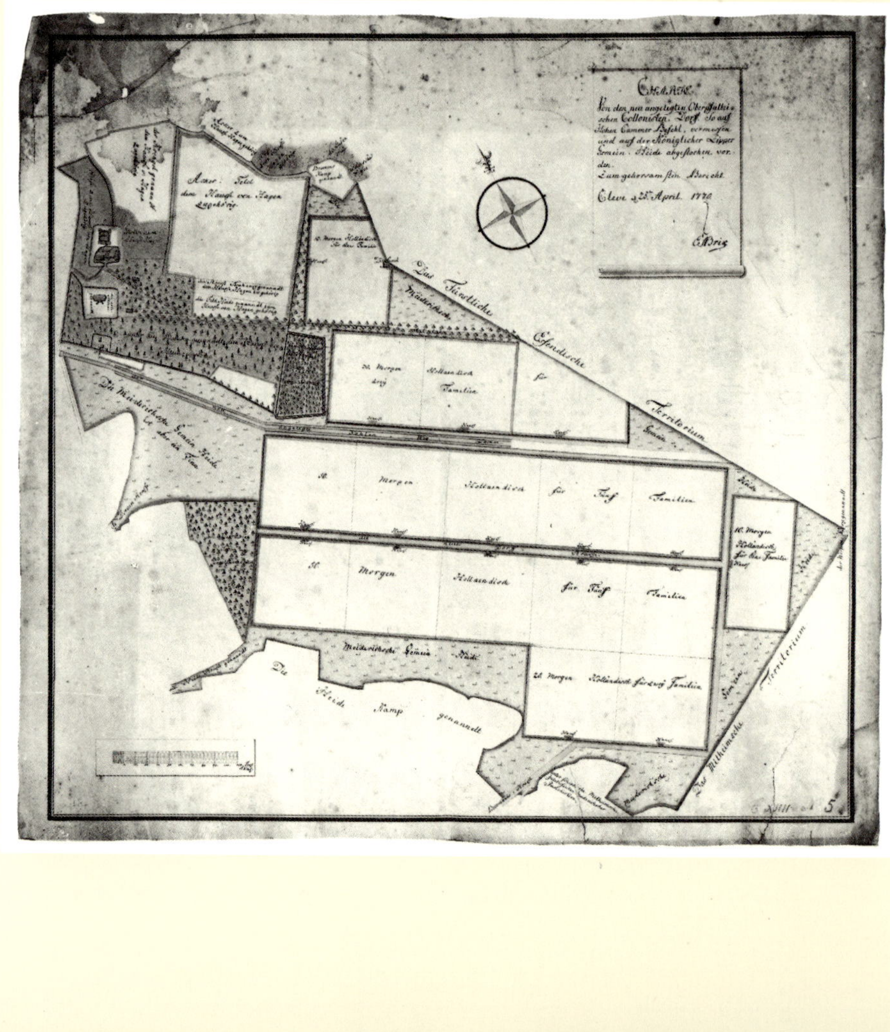

39

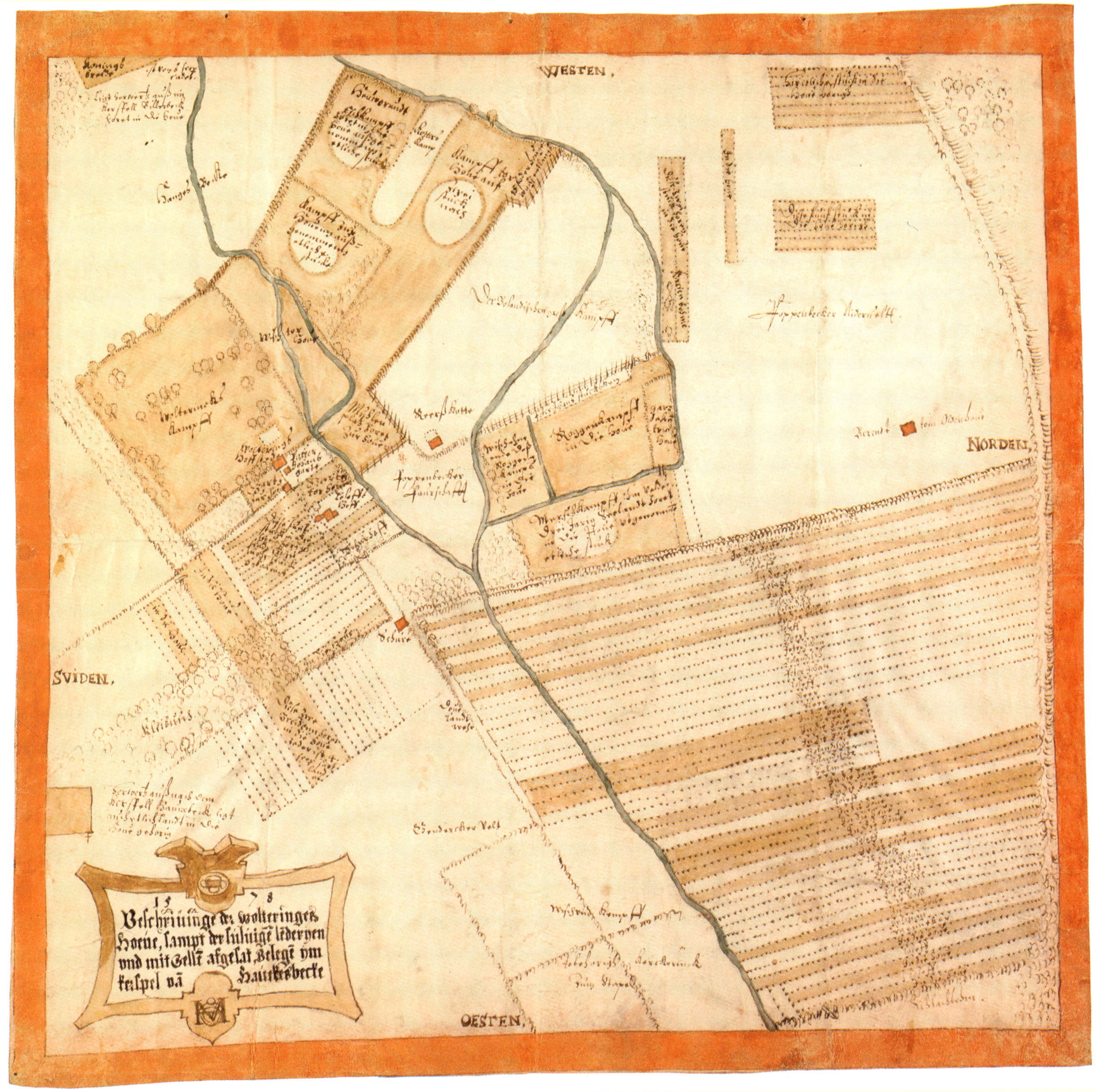

Abb. 37 Wege im Oberbergischen. 1789

Die Karte, die gut die aufgelockerte Siedlungsweise im Bergischen Land erkennen läßt, ist im Lauf von Streitigkeiten um Wege und Wegerechte entstanden. Die Darstellung der beiden Kirchen von Hohenkeppel und Lindlar entspricht, wie die Türme vermuten lassen, wohl der Wirklichkeit.

Abb. 38 Kolonistendorf auf der Lipperheide, Stadt Oberhausen. 1770

Die im späten 18. Jahrhundert vielfach vorgenommenen Landeskulturmaßnahmen – am Niederrhein ist vor allem die linksrheinisch gelegene Bönninghardt zu nennen – haben schlechtere Böden landwirtschaftlich erschlossen. In dem hier dargestellten Fall wurden von den preußischen Behörden Pfälzer Kolonisten angesiedelt, die ursprünglich nach Amerika auswandern wollten.

Abb. 39 Ländereien des wüsten Erbes Woltering zu Havixbeck. 1578

Vielleicht hatte eine bei Verschuldung von Bauernstätten übliche vorübergehende Zerstückelung und Verpachtung im Falle des Erbes Woltering zu einer dauerhaften Wüstlegung geführt. Das Kloster St. Aegidii in Münster als Besitzer bemühte sich in einem Prozeß gegen zwei dem Stift Nottuln eigenbehörige Pächter um seine Rechte, die, wie schematische Aussparungen zeigen, nicht mehr sicher bekannt waren.

40

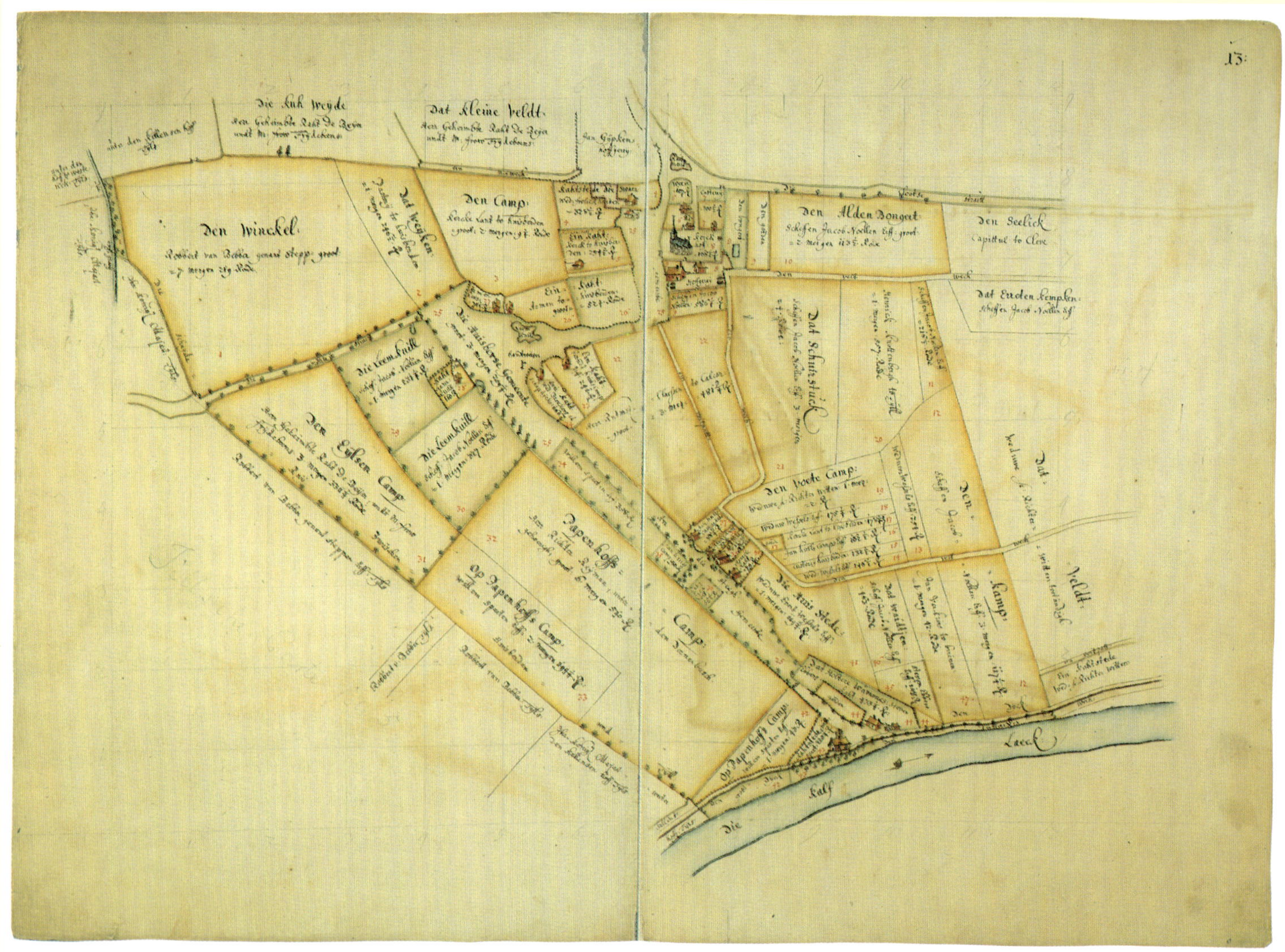
Den Winckel
Dat Kleine Veldt
Den Camp
Den Alden Bongert
Den Seelick
Camp
Veldt

41

NORT
WEST
OOST
SVDE

42

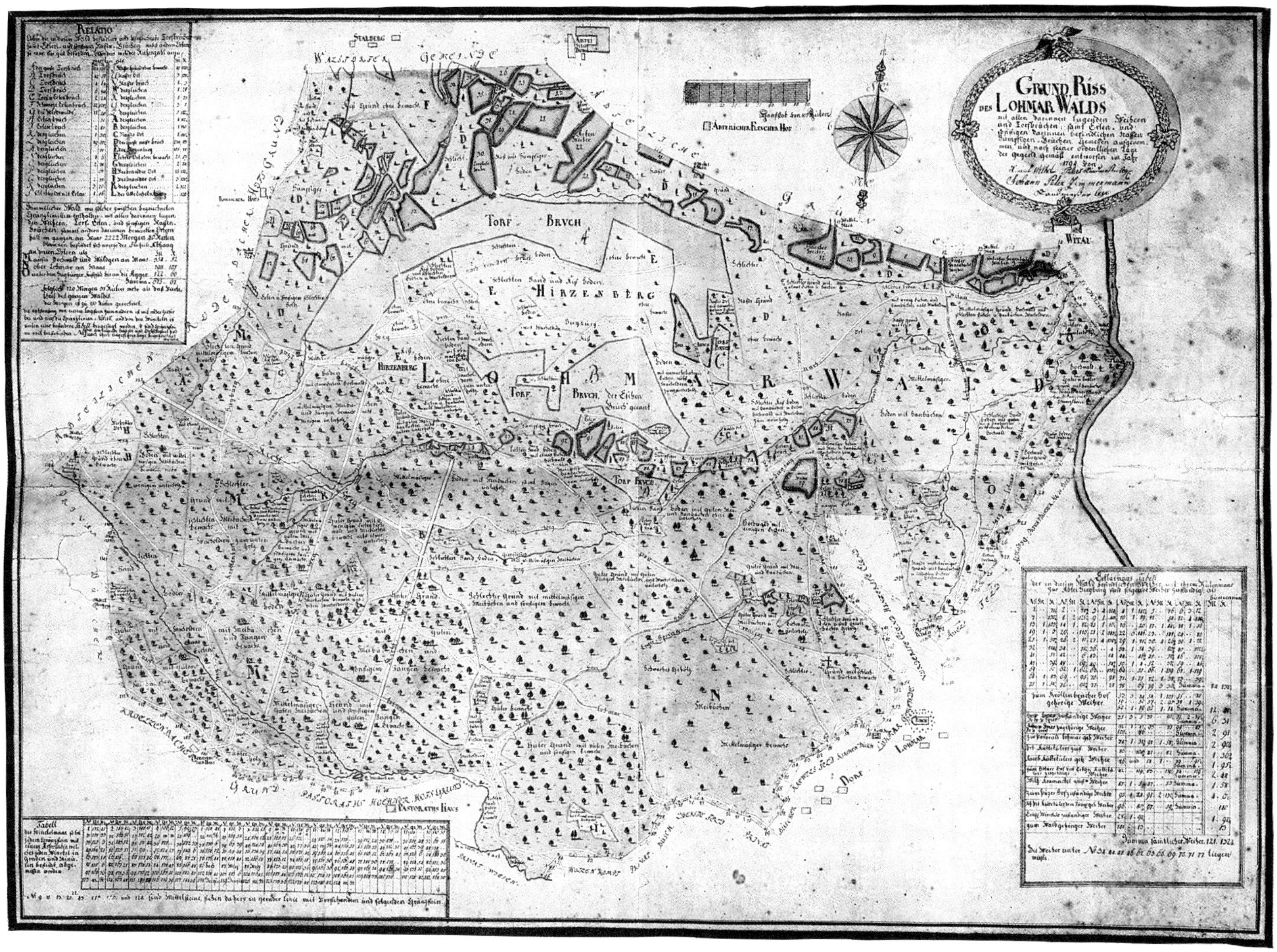

Abb. 40 Huisberden bei Kleve. Um 1725

Ländliche Siedlung bedeutete im nördlichsten Teil des Rheinlandes Einzelhofsiedlung, wie an diesem Blatt gut zu sehen ist. Selbst in der unmittelbaren Nähe der Kirche, wo man eine dichtere Bebauung erwarten sollte, lag außer der Küsterei und der Pfarrerswohnung nur noch ein größerer Hof.

Abb. 41 Kluser Mark zu Heeßen bei Hamm. 1576

Auf Geheiß des Reichskammergerichts wurde in der Streitsache zwischen den Adelshäusern Heeßen und Werries um Weiderechte in den *Oestenbusschen* die nach einer heute nicht mehr existierenden Klause (am linken Kartenrand) benannte Kluser Mark zwischen dem vielspurigen *Helweg* von Hamm nach Münster und angrenzenden Privat- und Markenländereien durch den *beeideten Maeler* Herman tom Ring in Anwesenheit eines Notars gezeichnet.

Abb. 42 Lohmarer Wald bei Siegburg. 1794

Die Karte, die auf genauer Vermessung beruht, gibt über das im Originaltitel gesagte hinaus detaillierte Auskunft über Bodenqualität und Bodenbewachsung. In einer Legende sind die Besitzer der dort gelegenen Weiher angegeben, von denen etwa zwei Drittel dem Kloster Siegburg gehören.

43

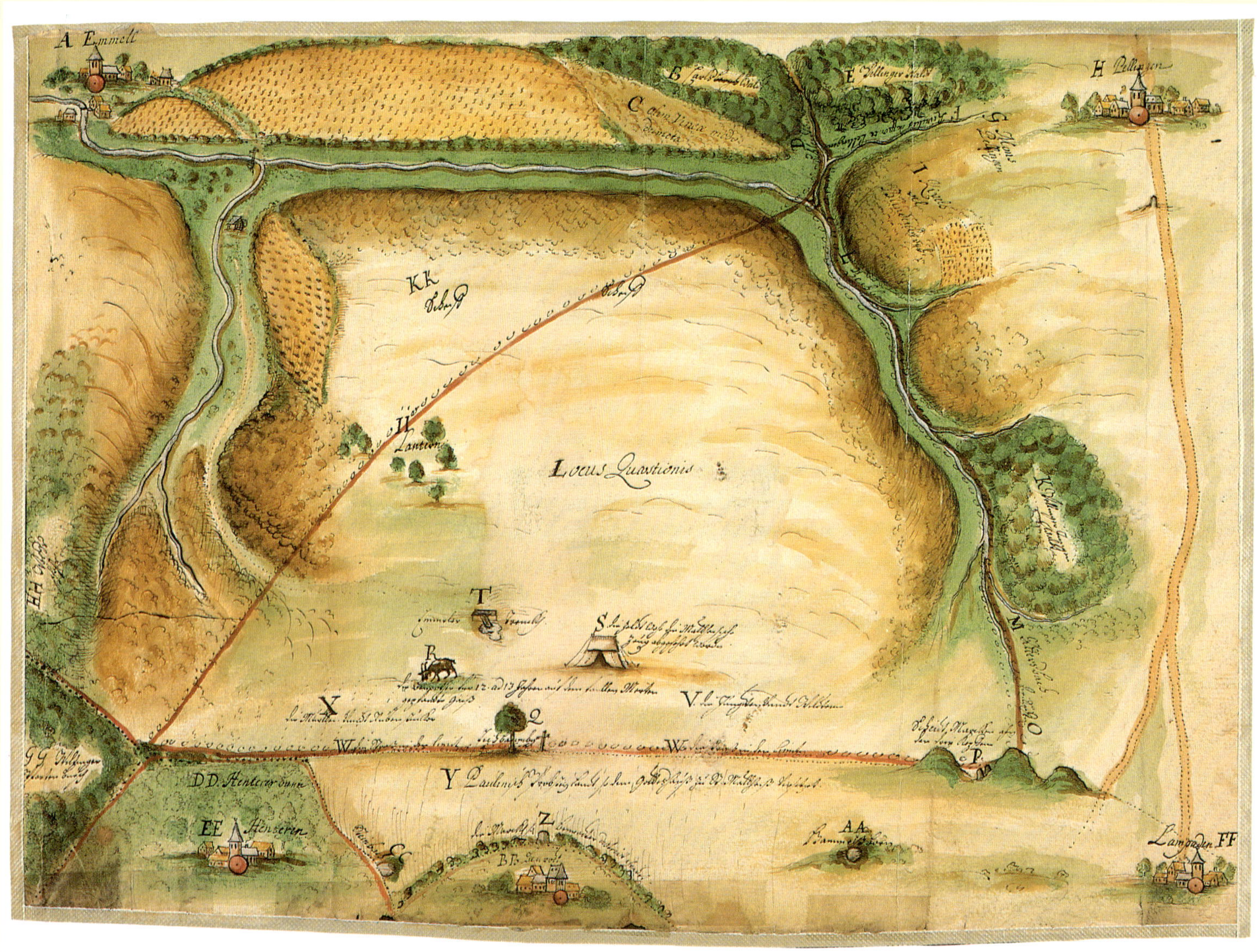

Abb. 43 Weidestreit bei Oberemmel. Um 1707

Bei dem Streit ging es um die Berechtigung des Benrather Hofes, sein der Abtei St. Matthias zu Trier zustehendes Vieh auf dem Hoheitsgebiet der Gemeinde Oberemmel zu weiden und zur Tränke zu führen. Die Zeichnung zeigt neben dem strittigen Gelände mit den symbolhaften Ansichten der umliegenden Orte auch einige für den Prozeß charakteristische Details. Eingezeichnet sind die Oberemmeler Viehtränke, eine Eiche als Grenzmarkierung für die Oberemmeler Hoheit, ein Geißbock stellvertretend für die wiederholten Pfändungen des Benrather Viehs durch die Gemeinde Oberemmel und ein Zelt, wo die Zeugenverhöre stattgefunden haben.

44

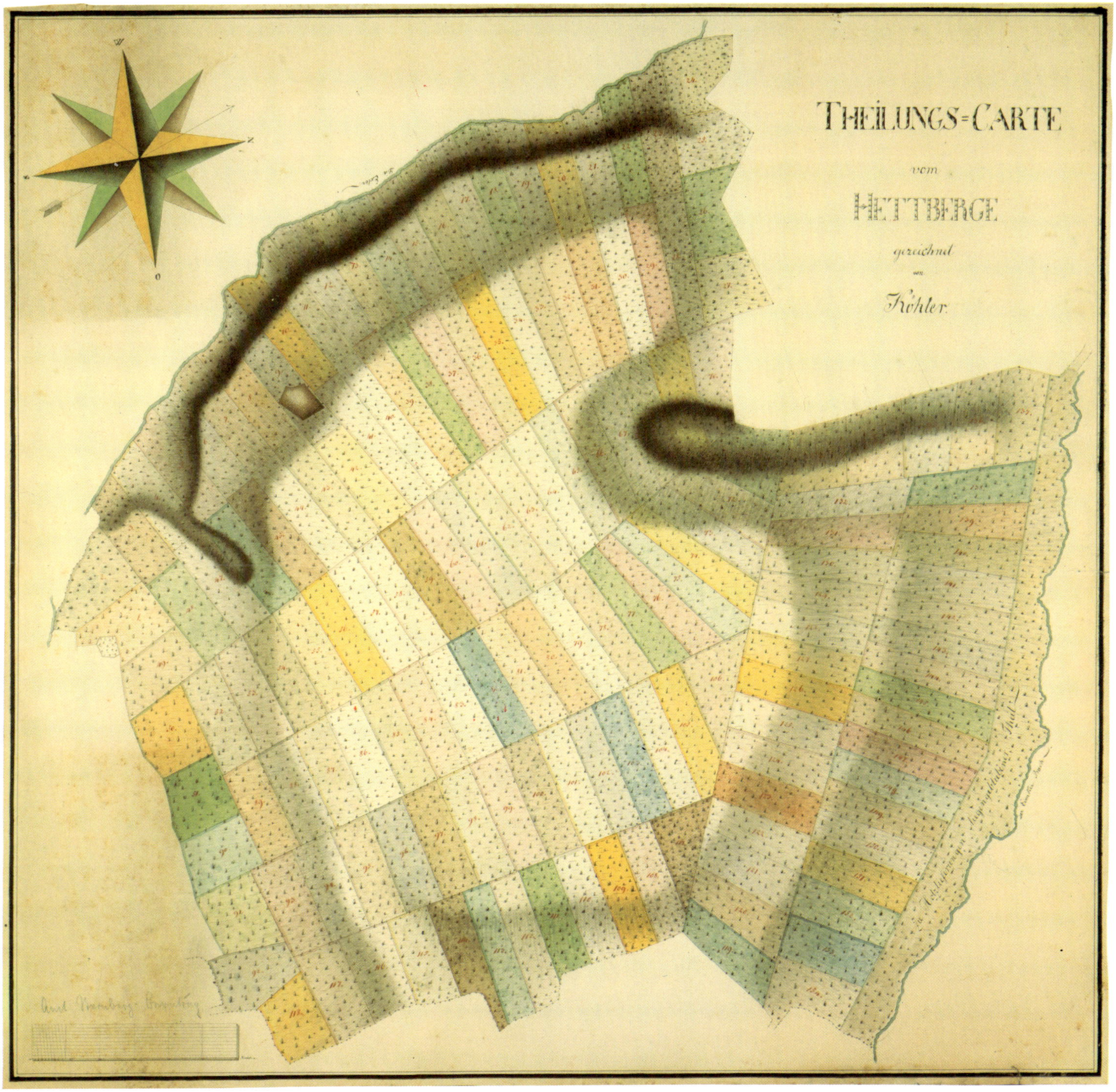

Abb. 44 Teilung der Gemeinheiten im Hettberg bei Alverdissen. 1806

Die Teilung von Gemeinheiten kam in Lippe auch nach einer landesherrlichen Verordnung von 1777 nur langsam in Gang. Insbesondere im Forstbereich behinderten die alten Hudeberechtigungen eine geregelte Forstwirtschaft, so auch im Hettberg bei Alverdissen. Interessant ist an der vorliegenden Karte die damals als sehr fortschrittlich geltende Darstellung des Geländeniveaus durch Höhenschraffen.

45

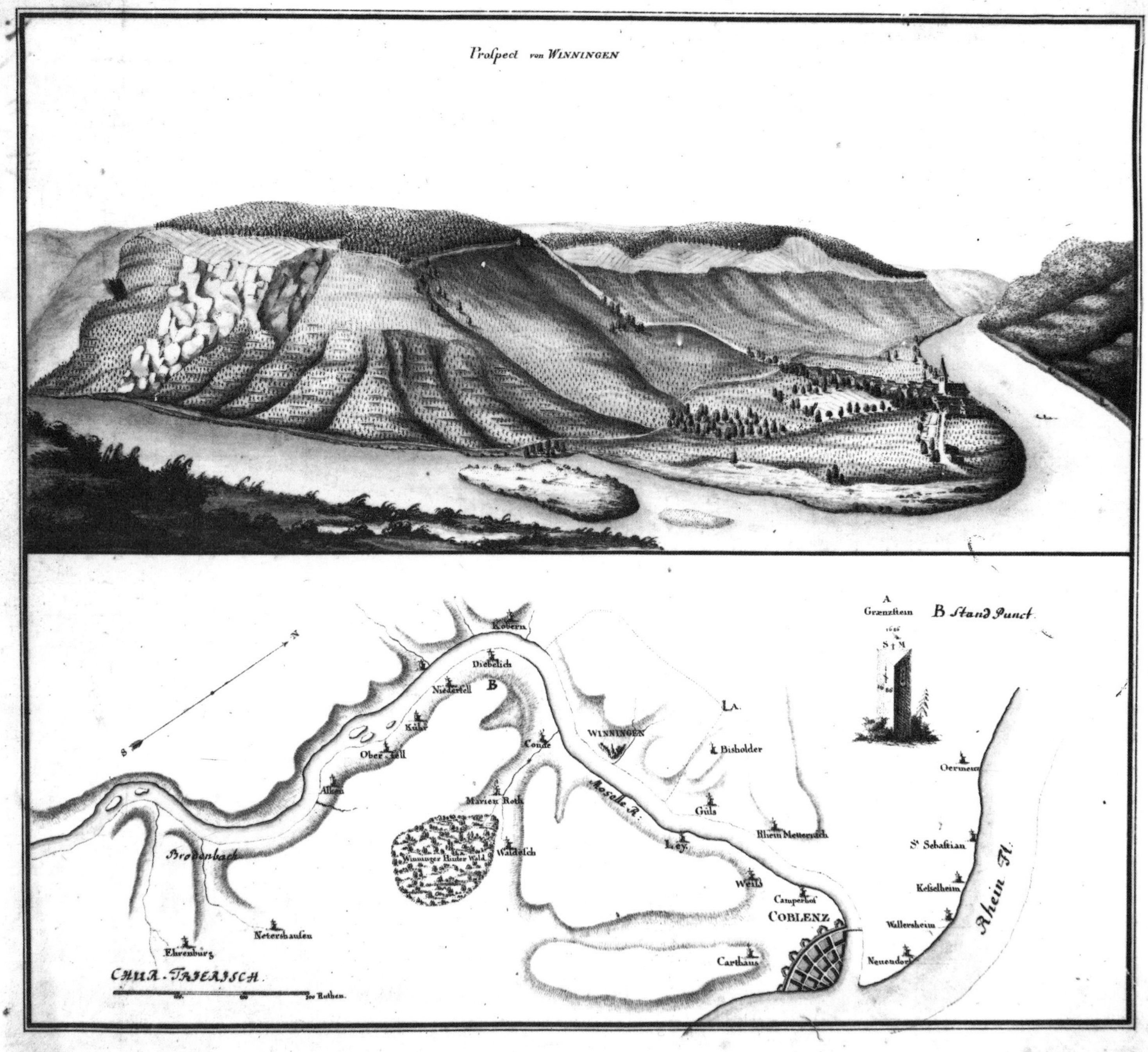

Abb. 45 Winningen und Umgebung. 18. Jh.

Die im Kurtrierischen gelegene Vogtei Winningen, deren Grenzen in der Karte punktiert wiedergegeben sind, war eine Exklave der hinteren Grafschaft Sponheim. Hervorgehoben ist der Grenzstein bei A, der bei einer Grenzbegehung im Jahr 1686 an die Stelle eines zerstörten Steins gesetzt worden war. Die Abbildung des dreieckigen Grenzsteins zeigt die Winninger Seite mit dem Schwert und die Gülser Seite mit dem Schlüssel. Die hier nicht sichtbare Seite trägt eine Fahne für Rübenach. Karte und Zeichnung sind wohl später entstanden, ein Aktenzusammenhang läßt sich jedoch nicht mehr rekonstruieren.

Abb. 46 Pastoratszehnt zu Honnef. 1731

Die Karte, die an ein Stück naiver Malerei denken läßt, bildet in ihrem Mittelteil die beiden recht wenig auffallenden Blöcke der dem Pastor zu Honnef zehntpflichtigen Ländereien ab. Der Eindruck wird aber bestimmt von den burgengekrönten Gipfeln des Drachenfels, der Wolkenburg und der Löwenburg, die dem Zeichner die Hauptsache gewesen zu sein scheinen.

Abb. 47 Dorf Westernkotten bei Lippstadt und Umgebung. Um 1597

Seit einer kaiserlichen Schenkung im Jahre 1027 besaß das Hochstift Paderborn den *Königshof* zu Erwitte mit Zubehör in Westernkotten im Gebiet des späteren erbischöflich-kölnischen Herzogtums Westfalen. Paderborn und Köln stritten um die hohe Gerichtsbarkeit über diese *Amt Erwitte* genannte Grundherrschaft. Die Karte – mit Kennzeichnung der von Paderborner Leuten in Westernkotten bewohnten Häuser – dürfte zu einem 1597 ausgehandelten Vergleich gehören.

46

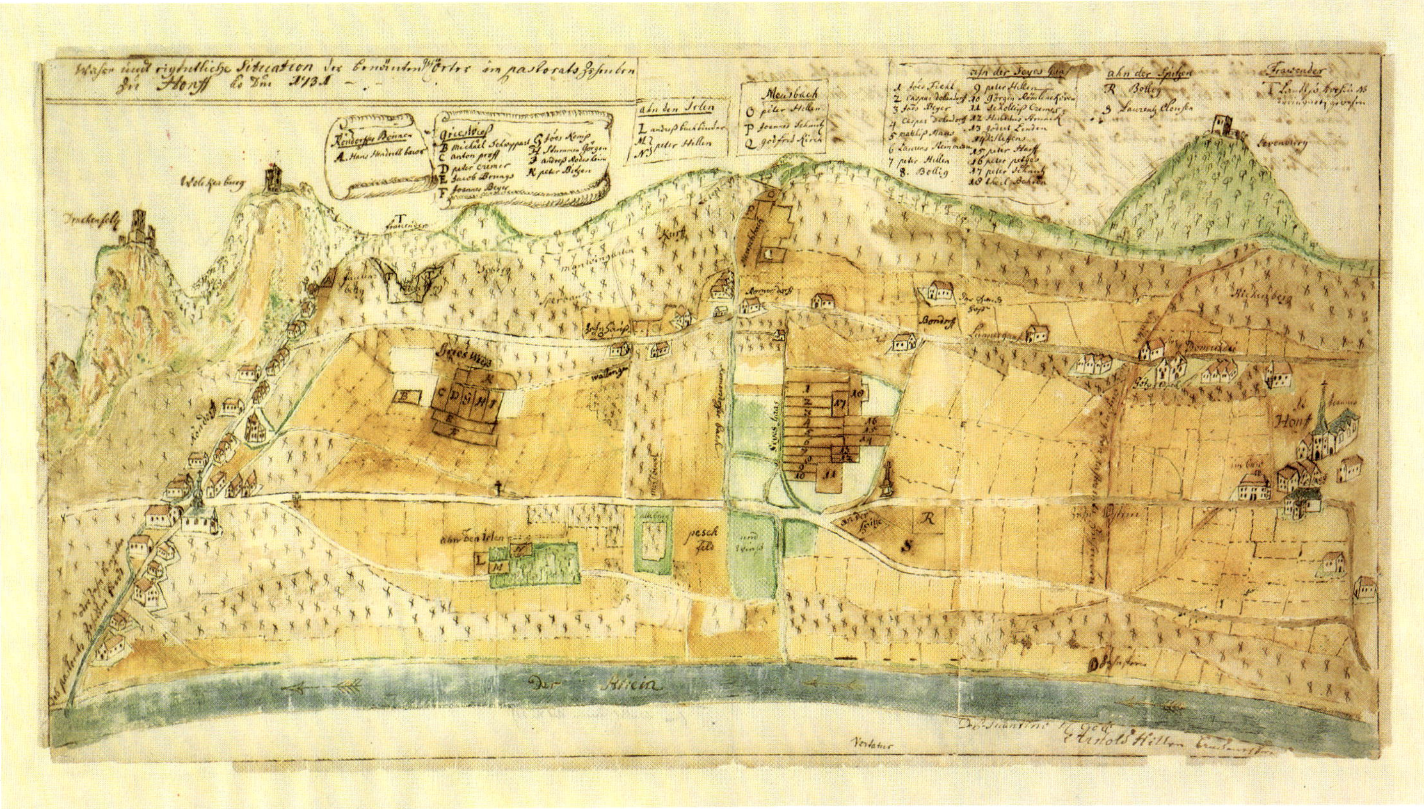

47

Eigentliche gelegentheit des dorfs Westeren Koten
Kotener Warde
Das Haus Raed
Die Landt Wehr
Noorden fürde
Lipper Straß
Der Erwitter fluß

48

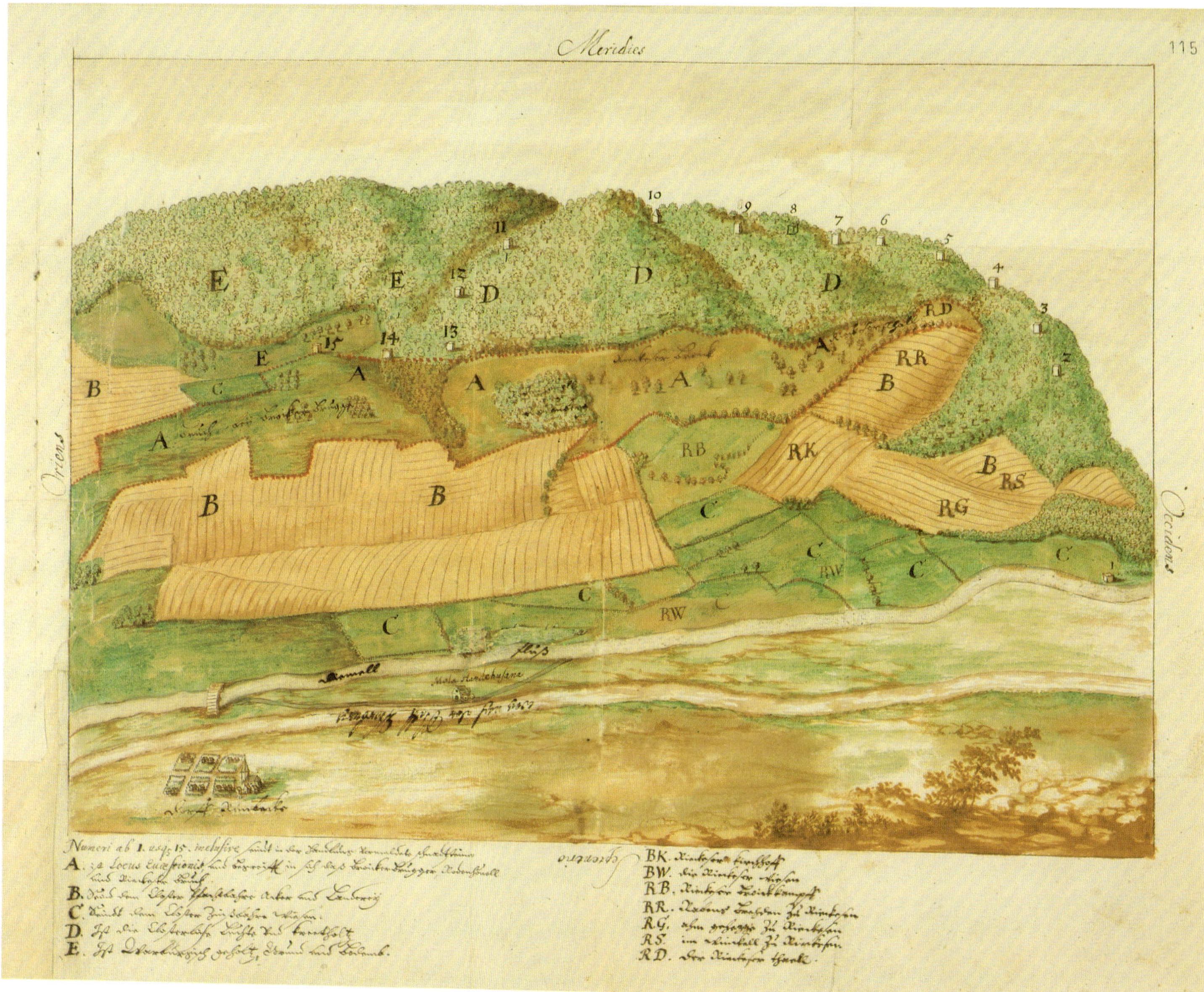

Abb. 48 Markenrechte des Dorfes Rimbeck bei Warburg. 1679

Der bis vor das Reichskammergericht getragene Streit zwischen dem Dorf Rimbeck an der Diemel und dem Kloster Hardehausen war eine Folge der Rechtsunsicherheit im Dreißigjährigen Krieg. Das Dorf beanspruchte Weide- und Holznutzungsrechte in dem als *Bruch* bezeichneten Weidegebiet am Nordhang der *Leuchte* bei Rimbeck, Zubehör des wüsten Hofes Rickwordessen, oder Riekesen, für den das Kloster Kaufurkunden vorlegen konnte.

49

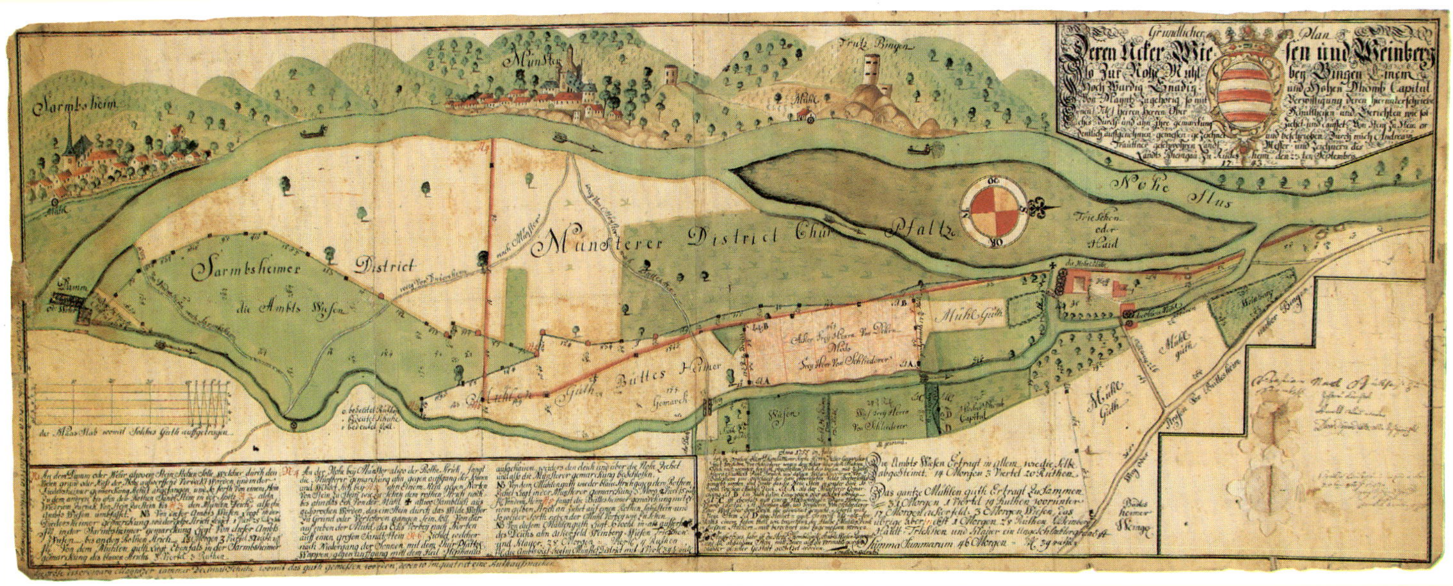

50

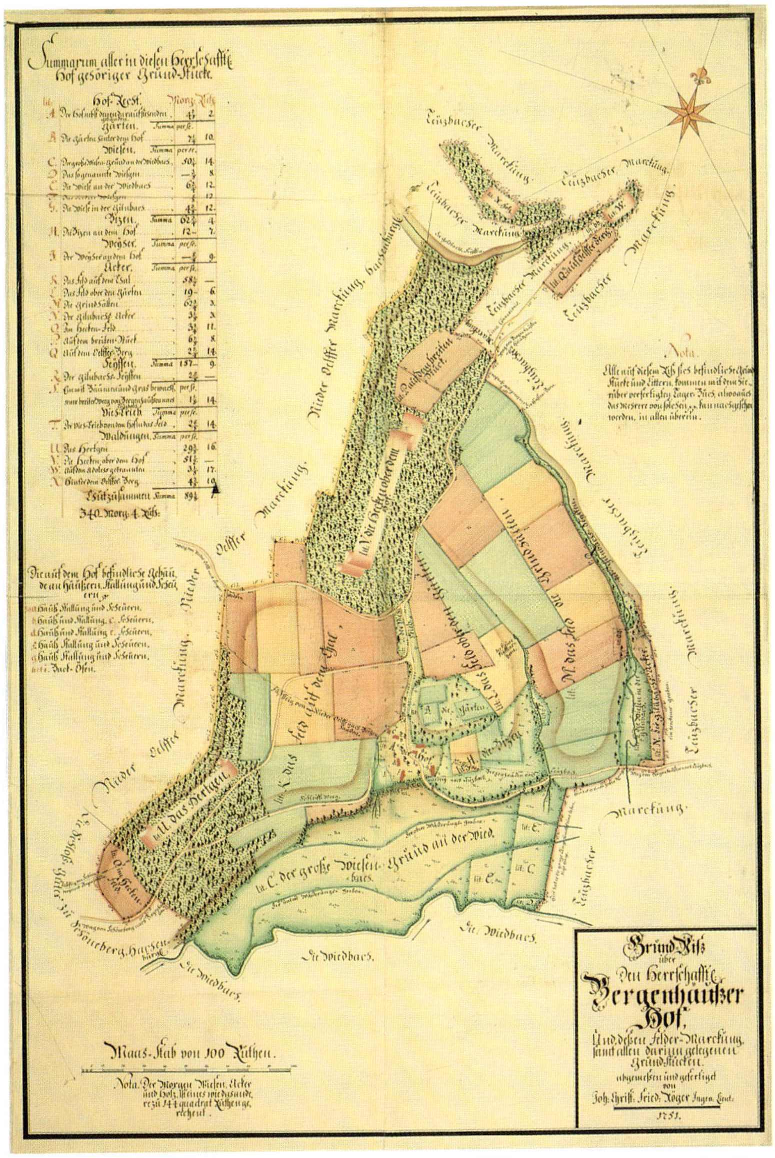

Abb. 49 Zur Nahemühle bei Bingen gehörende Liegenschaften des Domkapitels Mainz. 1743

Es handelt sich bei dieser Karte nicht nur um eine Vermessung und Umsteinung des Mainzer Mühlenguts, sondern auch um eine Festlegung der Grenze zwischen Kurmainz und Kurpfalz entlang der Nahe oberhalb von Bingen mit sehr schönen Einzeichnungen der Orte Sarmsheim und Münster sowie der westlichen Binger Vorbefestigung Trutz-Bingen.

Abb. 50 Bergenhäuser Hof bei Altenkirchen. 1751

Aufgrund eines Dekrets des saynischen Administrationsrates vom 22. August 1750, das die Abmessung und Absteinung aller herrschaftlichen Höfe im Kirchspiel Altenkirchen verfügte, wurde auch die Renovatur des Bergenhäuser Hofes durch den Ingenieurleutnant Röger vorgenommen. Die Karte gehört als Gesamtübersichtskarte zu einem Lagerbuch, in dem die einzelnen Grundstücke des Hofes genau beschrieben und gezeichnet sind.

51

52

Abb. 51 Gemarkungen Rachtig und Zeltingen. 1614

Die Karte entstand im Zusammenhang mit Streitigkeiten um die Zehntabgabe zwischen dem kurtrierischen Amt Wittlich und dem Deutschen Orden, dem seit 1250 der Zehnte der Pfarreien Rachtig und Zeltingen zustand. Im unteren Teil des Blattes sieht man in der Mitte den Rachtiger Hof der Deutschen Herren. Aus diesem Blickwinkel stellt der Verfasser der Karte, dessen Name nicht bekannt ist, das strittige Gelände dar und fügt einige Szenen aus dem ihn umgebenden Alltagsleben hinzu. Im Hintergrund tauchen die Stadt Wittlich und die Burg Neuerburg auf, die Sitze des kurtrierischen gegnerischen Nachbarn.

Abb. 52 Flurkarte von Lückhausen und Hardissen bei Lemgo.1731

Seit dem 16. Jahrhundert war man in Lippe bemüht, die grundsteuerlichen Einnahmen durch ein Kataster abzusichern. Aus einem Versuch, das Kataster durch eine Kartierung zu ergänzen, stammen die von dem Detmolder Hofmaler Johann Christoph Friemel angefertigten Flurkarten, die allerdings nur für den Raum Detmold entstanden. Die durchweg auf Pergament gezeichneten Karten verraten unschwer die ursprüngliche Beschäftigung Friemels als Hofmaler.

53

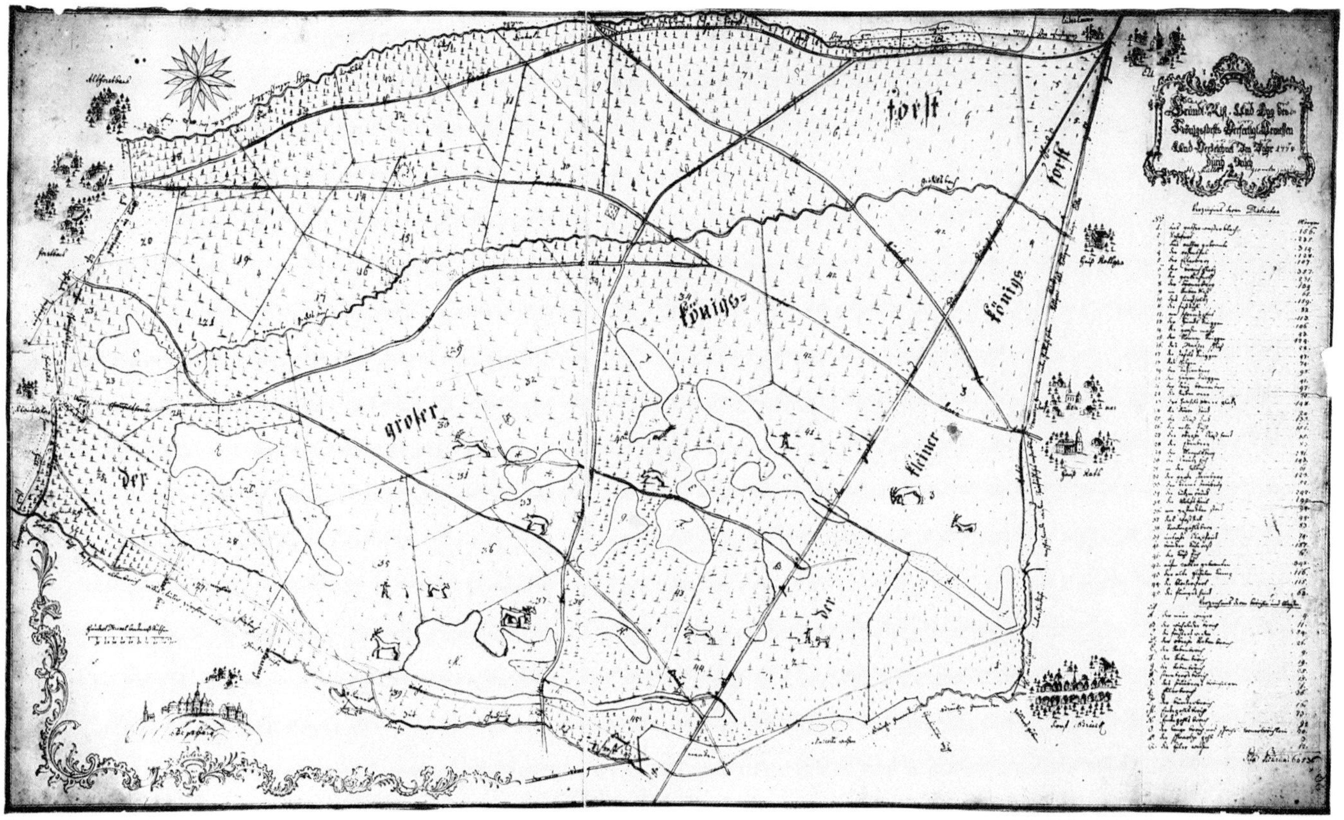
forst
königs
groser
der
kleiner
königs
forst
der

54

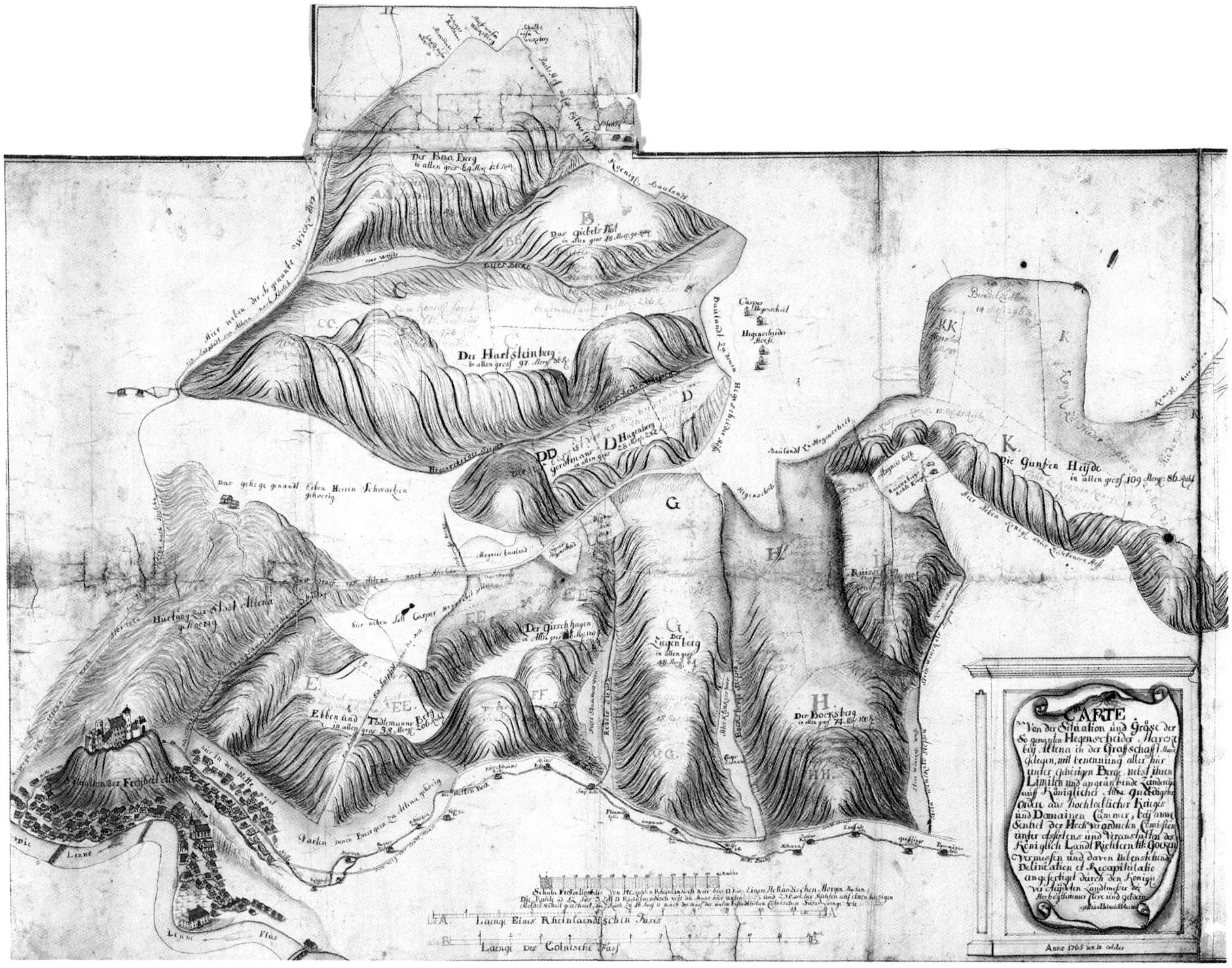
CARTE
Der Bocksberg

55

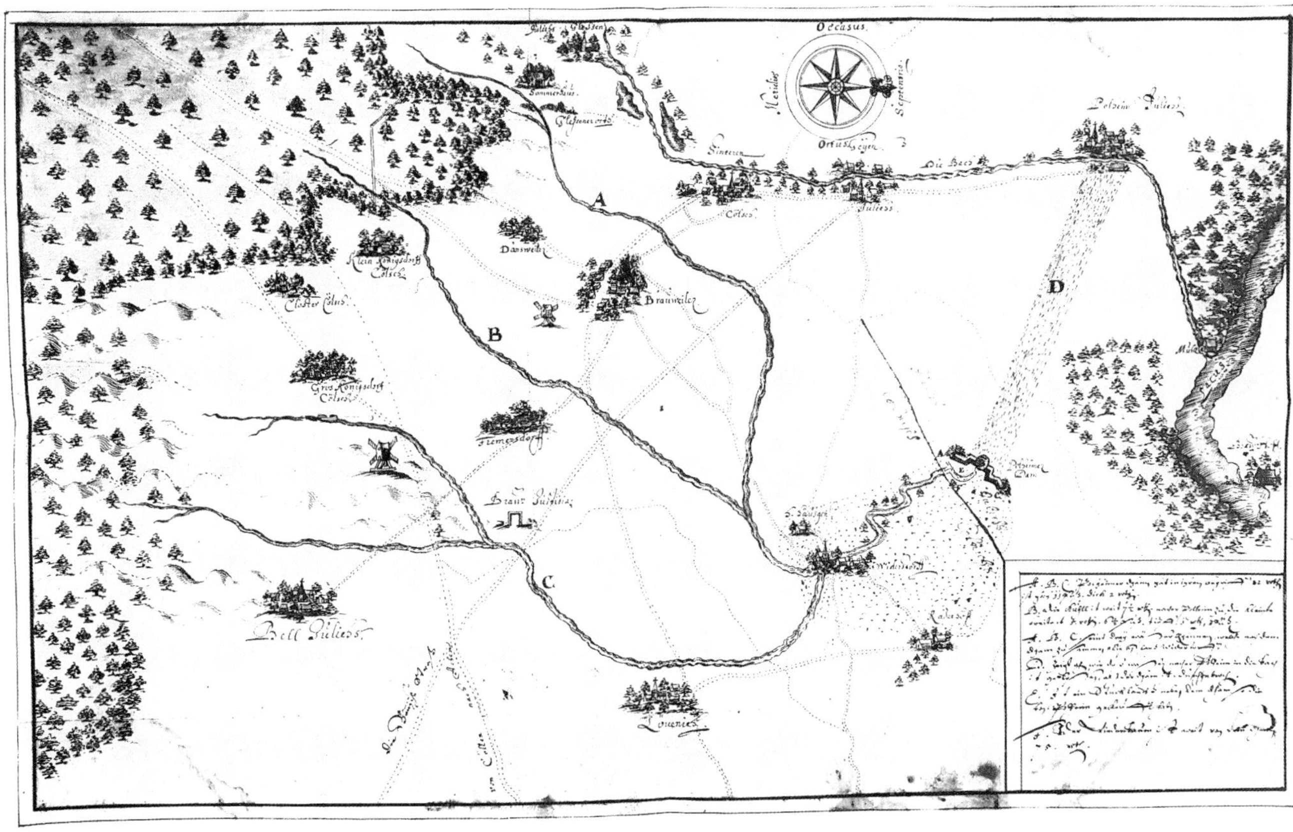
Occasus
A
B
C.
D
Daswei
Brauweiler
Bell Sulicos

56

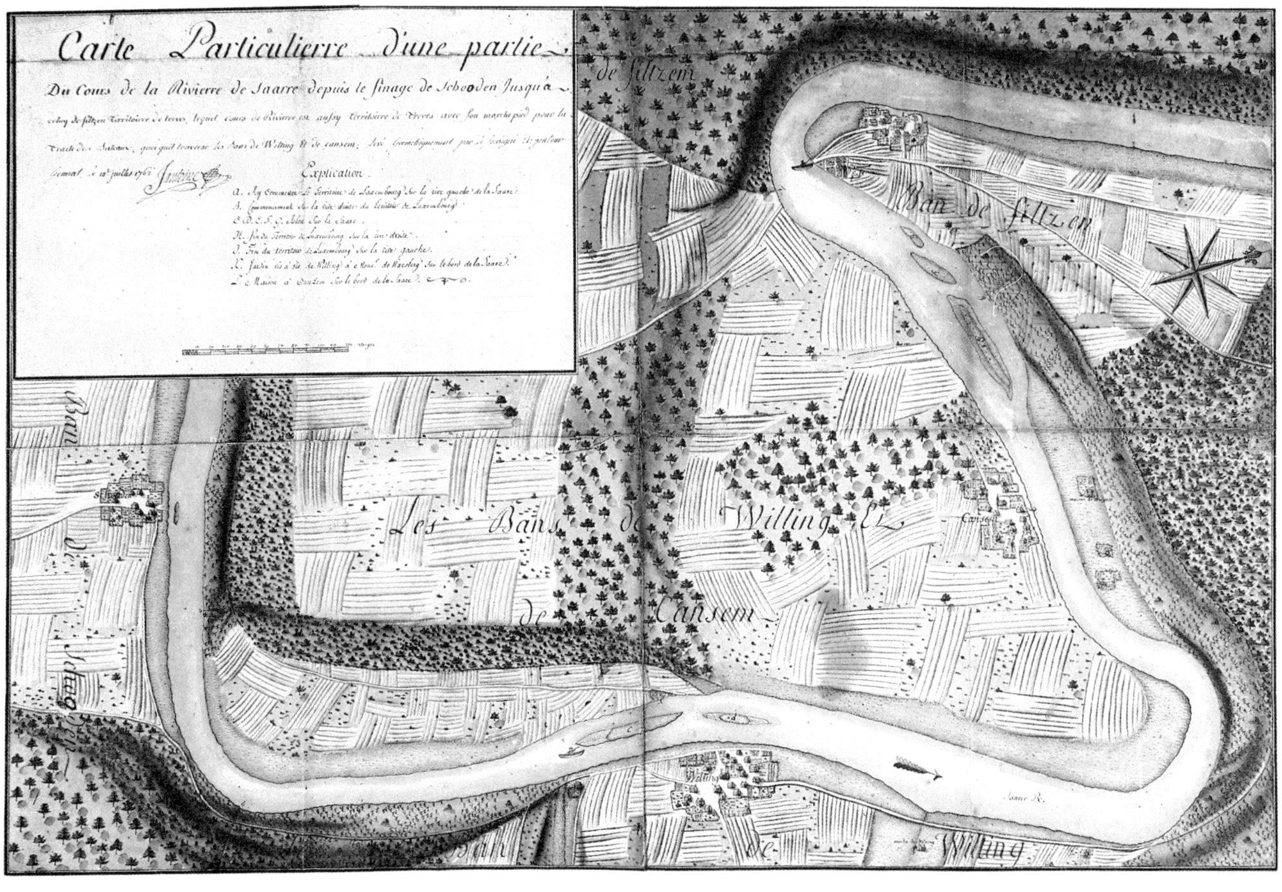
Carte Particulierre d'une partie
Du Cours de la Rivierre de Saarre depuis le finage de Schooden Jusqu'a
Explication
de filtzen
Ban de filtzen
Les Bans de Willing Et de Cansem
Willing

57

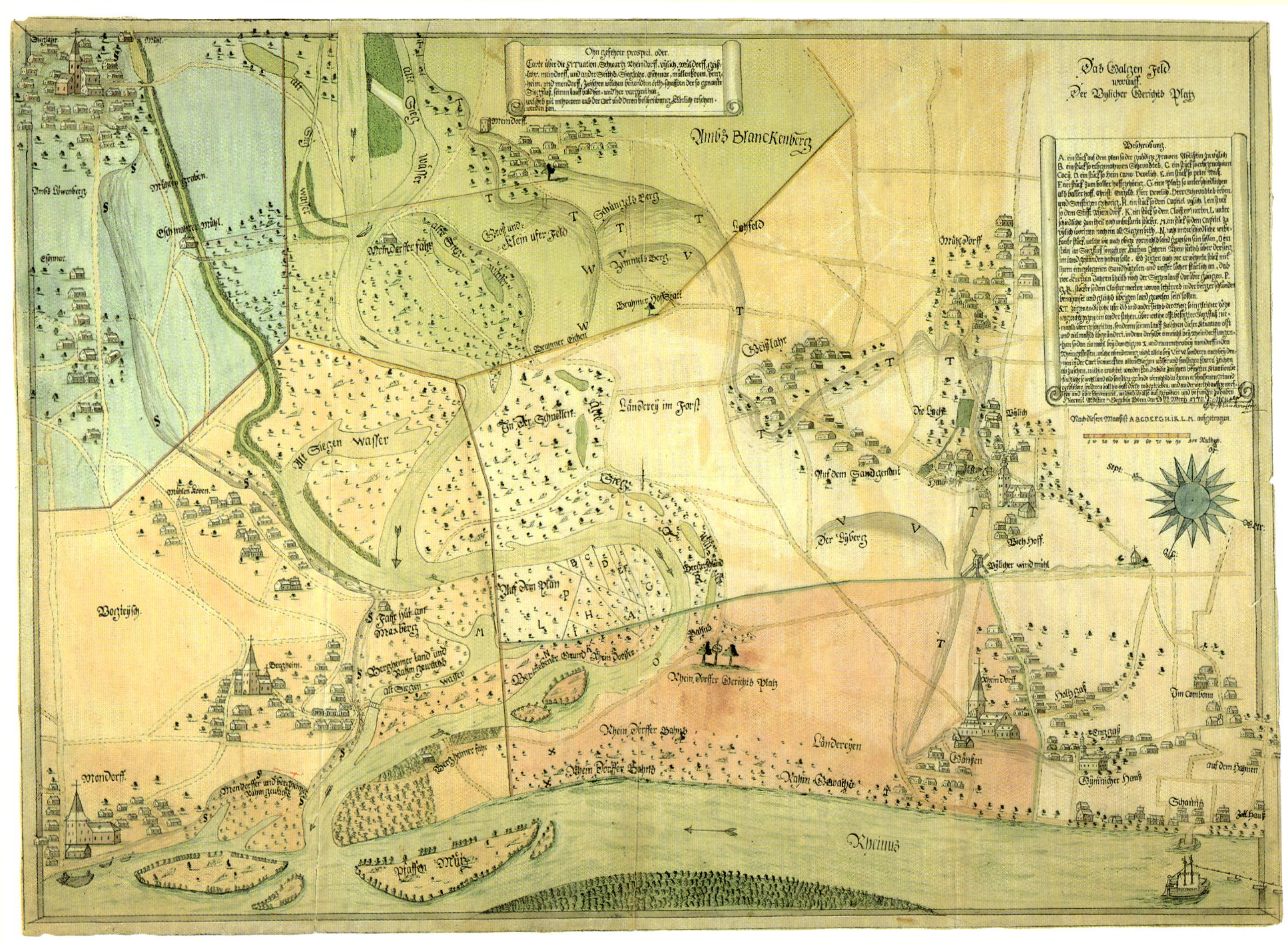

Abb. 53 Königsforst bei Köln. 1778

Das große rechtsrheinische Waldgebiet war zunächst Reichsgut, ging aber schon im Laufe des 10. Jahrhunderts an die Erzbischöfe von Köln über. Die Karte weist die einzelnen Distrikte nach und zeigt neben Bensberg mit einer Skizze der großen, zu Anfang des 18. Jahrhunderts errichteten Schloßanlage andere am Waldesrand gelegene Orte. Im Wald selber sind plumpe Tiere, Jäger und Jagdszenen abgebildet.

Abb. 54 Teilung der Hegenscheider Mark bei Altena. 1765

In der Grafschaft Mark und den anderen altpreußischen Gebieten Westfalens begannen die Gemeinheitsteilungen bereits nach dem Siebenjährigen Krieg. Die Hegenscheider Mark, benannt nach einem kleinen Weiler, bestand aus mehreren unzusammenhängenden Stücken von mehr als 5 qkm Fläche. Berechtigt waren nur Bauern und die Kirche zu Altena, deren Anteil sowie – für die Teilungskosten – ein weiteres bei der Freiheit gelegenes Stück an die Bürger verkauft wurden.

Abb. 55 Bäche und Wege bei Köln. Um 1720

Das dargestellte Gebiet liegt nur wenige Kilometer westlich und nordwestlich der Stadt Köln. Der Ausbau der Königsdorfer Landstraße hatte noch nicht stattgefunden. Die Darstellung der Ortschaften ist recht schematisch; niemand würde auf den Gedanken kommen, daß das Dorf Freimersdorf aus vier großen Höfen des Klosters Brauweiler bestand.

Abb. 56 Saarschleife bei Wiltingen. 1762

Wiltingen und Kanzem waren luxemburgische Enklaven im kurtrierischen Amt Saarburg. Der im Original durch eine schwache rote Linie dargestellte Grenzverlauf links und rechts der Saar wird in der Legende durch die mit Buchstaben bezeichneten Punkte beschrieben. Entstanden ist die Karte vermutlich im Zusammenhang mit Streitigkeiten zwischen Kurtrier und Luxemburg wegen der territorialen Zugehörigkeit der Saar und des Leinpfades. Außer dem Saarlauf zeigt die Karte recht anschaulich die Ortsbilder und die verschiedenartige Bodenbenutzung, insbesondere die Weinberglagen an den Hängen entlang der Saar.

Abb. 57 Mündung der Sieg in den Rhein. 1770

Außer Altwassern und Verzweigungen der Sieg mitsamt dem rechten Rheinufer und der Insel Pfaffenmütze bietet die Karte Ansichten mehrerer Ortschaften, von denen Vilich und Schwarzrheindorf mit ihren Stiftskirchen eine Erwähnung verdienen. Ihre Darstellung darf aber wohl nur eine relative Genauigkeit beanspruchen.

58

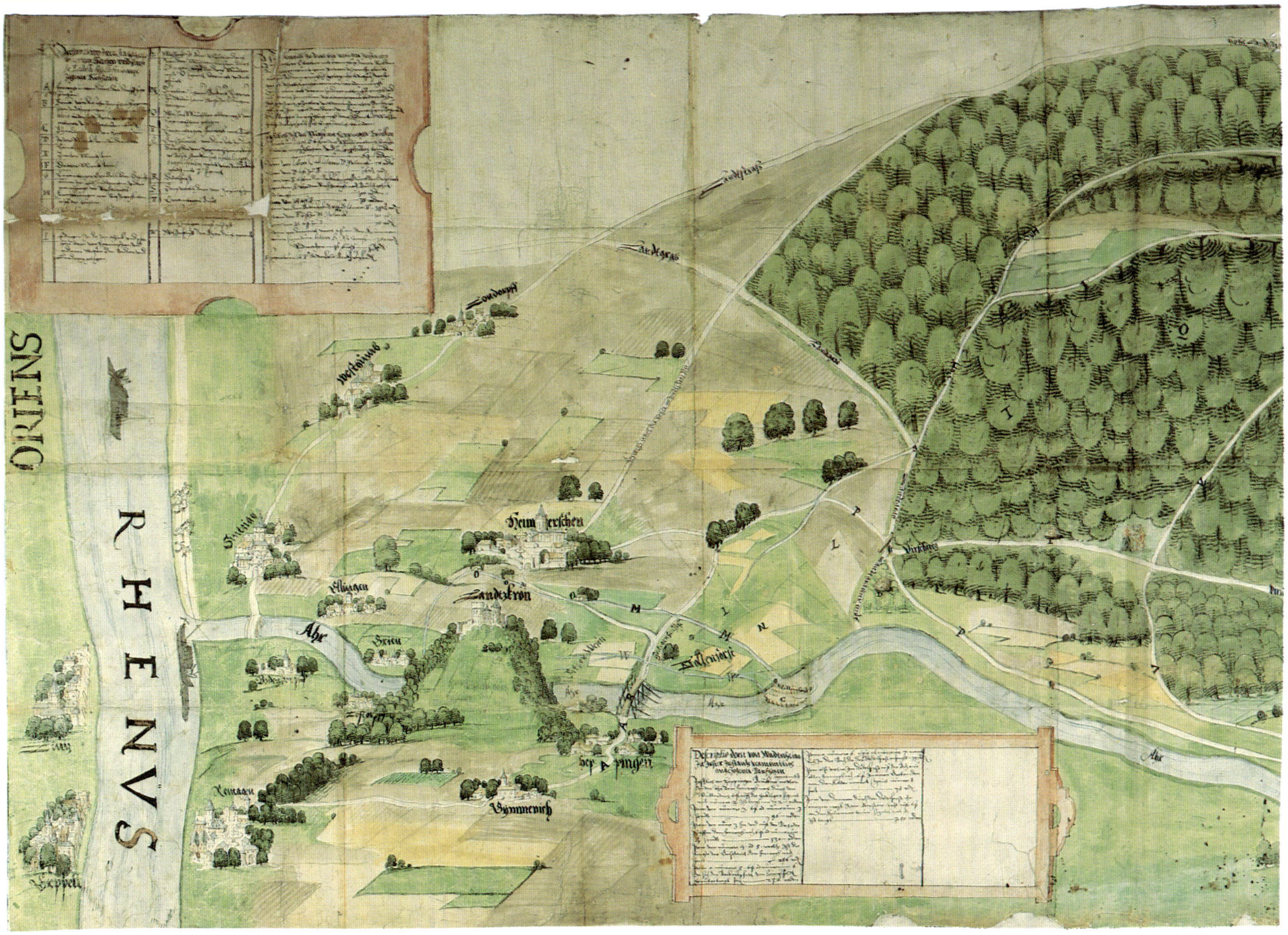

59

Abb. 58 Unteres Ahrtal. 1570/71

Von der in ihren Ausmaßen ungewöhnlich großen Karte ist hier nur etwas mehr als die Hälfte abgebildet. Die Originalkarte wirkt auf den Betrachter recht eindrucksvoll nicht zuletzt wegen der großmaßstäbigen Darstellung von Gelände und Details, zum Beispiel ist die Zeichnung der Burg Landskron im Original fast 2,5 cm hoch. Die Blickrichtung ist grundsätzlich von Norden nach Süden und wechselt nur bei der Walddarstellung. Die gesamte Karte zeigt das Gebiet beiderseits der Ahr von Ahrweiler bis zur Mündung der Ahr in den Rhein. Angefertigt wurde sie im Lauf eines Prozesses zwischen den Gemeinden Heimersheim und Wadenheim wegen der Banngrenze zwischen den beiden Gemeinden und wegen des gegenseitigen Weiderechts in einem bewaldeten Grenzsaum.

Abb. 59 Siedlungen und Straßen im Kirchspiel Datteln bei Recklinghausen. 1781

Vor Einsetzen des staatlichen Straßenbaues war jede Gemeinde für die Unterhaltung der in ihrem Gebiet gelegenen Straßenabschnitte zuständig. Im Jahre 1757 war der an der Überlandstraße Wesel - Dorsten - Lünen - Hamm gelegenen Bauerschaft Meckinghofen wegen französischer Durchmärsche ausnahmsweise die Hilfe anderer Kirchspielsbauerschaften zuteil geworden, die sich in einem Prozeß ab 1773 gegen eine Dauerverpflichtung wehren müssen. Die Namen der Beteiligten sind unterstrichen.

60

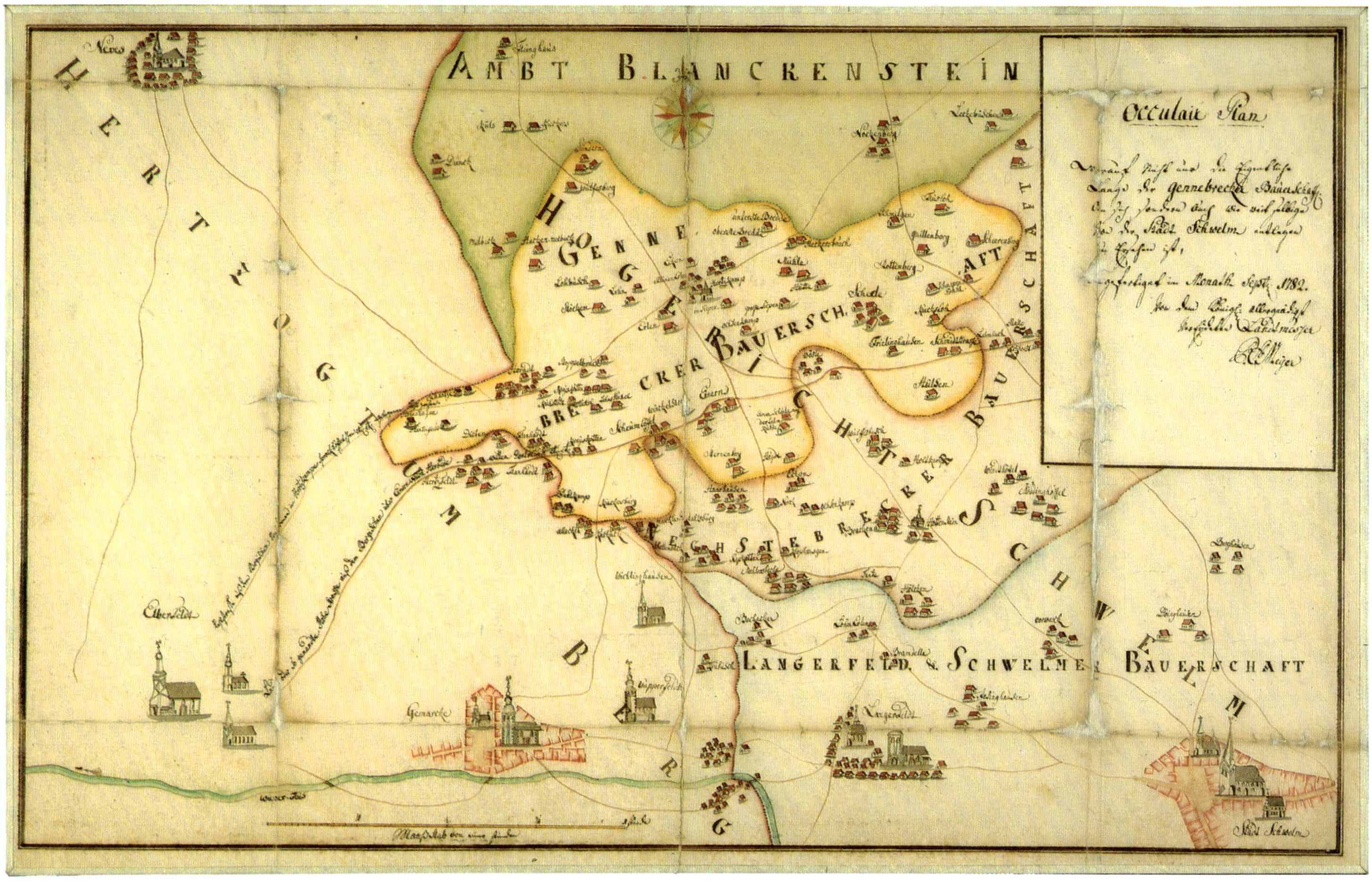

61

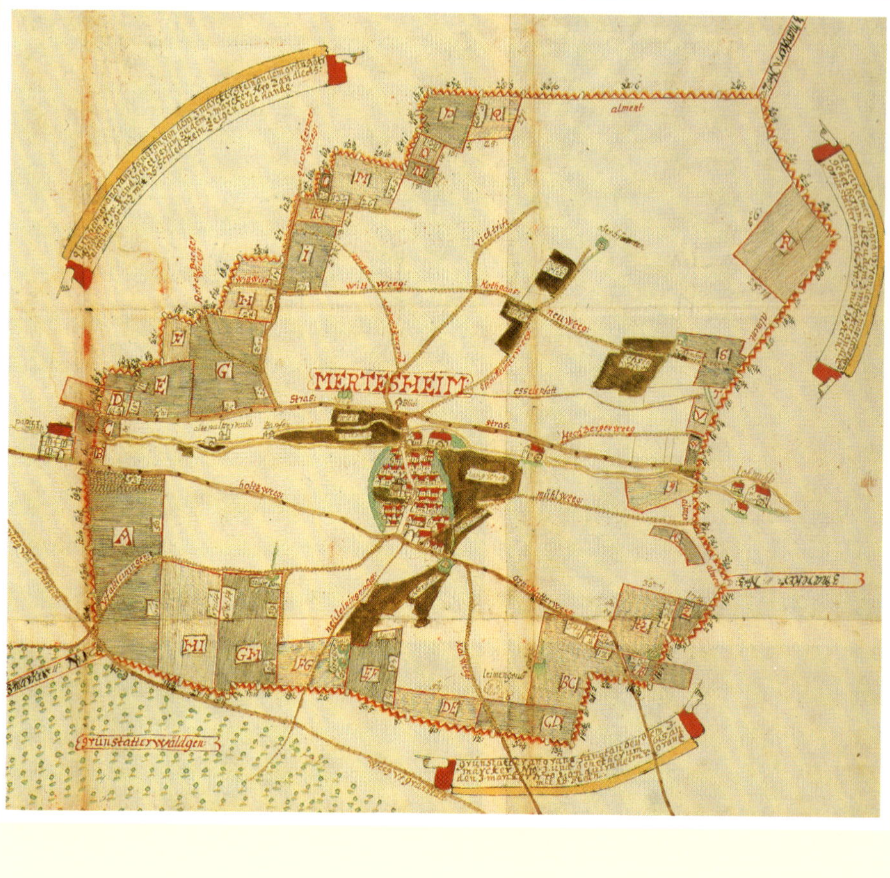

Abb. 60 Bauerschaft Gennebreck im Kirchspiel Schwelm. 1782

Frühe Industrialisierung und die damit verbundene Bevölkerungszunahme machten im bergisch-märkischen Bergland in den Randgebieten großer Kirchspiele die Seelsorge schwierig. Im Jahre 1782 stellte die Bauerschaft Gennebreck mit etwa 1000 Einwohnern, die schon lange von häufig wechselnden Pfarramtskandidaten betreut wurde und sich auf dem Herzkamp eine Kapelle, eine Schule, eine Kandidaten- und Küsterwohnung erbaut hatte, einen Antrag auf Trennung von Schwelm.

Abb. 61 Mertesheim bei Grünstadt. 1735

Die Karte verdankt ihr Entstehen vermutlich Grenzstreitigkeiten zwischen der Gemeinde Mertesheim und den Nachbargemeinden, darunter Grünstadt. Sie verzeichnet das Dorf mit dem Dorfgraben, die Wiesen und die Flurstücke an der Gemarkungsgrenze, die in der Legende eingehend beschrieben werden. Der Plan ist ein beredtes Beispiel einer bis ins 18. Jh. hineinreichenden Kartographierung.

Abb. 62 Zum Geilweiler Hof bei Landau gehörende Schafweide in der Oberen Haingereide. 1773

Viele Pläne aus der Zeit vor 1800 sind als Beweisstücke in Rechtsstreitigkeiten entstanden, so auch diese Karte. Das besondere an dem vorliegenden Rechtsstreit besteht darin, daß die strittige Schafweide in einer ehemaligen, Obere Haingereide genannten Genossenschaftswaldung liegt. Das waldreiche Haardtgebirge oder Pfälzer Wald war bis zur Aufteilung auf einzelne Ortschaften durch die Französische Revolution, realisiert meist erst in den 20er/30er Jahren des 19. Jahrhunderts, Gemeineigentum jeweils mehrerer Ortschaften in der waldlosen Rheinebene, die sich zu Haingeraiden oder

62 Ganerben zusammenschlossen. Es hält sich die Sage, daß die Haingeraiden ein Gunsterweis des fränkischen Königs Dagobert – des I. oder des III.? – seien. Die nördlich von Annweiler und der Queich im Wald gegründete Zisterze Eußerthal hatte bald Anteil an den sie ringsumgebenden Geraidewaldungen. Nach Auflösung des Klosters in der Reformation übernahm Kurpfalz als sein früherer Vogt die Verwaltung seiner Güter.

Abb. 63 Lauterer Forst bei Kaiserslautern. 1785

Anläßlich einer Renovation der kurpfälzischen Wälder auf Grund eines Erlasses von 1783 hat der kurpfälzische Renovator Josef Etienne u.a. 1785 eine zweiteilige Karte des Reichswaldes Kaiserslautern gezeichnet, die durch ihre schöne Ausfertigung auffällt. Die Einzeichnungen in den einzelnen Waldparzellen geben laut Legende die Waldart, die Bodenbeschaffenheit und die Qualität des Wuchses an. Die Anzahl der abgebildeten Bäumchen besagt, ob der Wald in vollständigem Wachstum steht, ob er mittelmäßig gewachsen oder ganz ausgelichtet ist. Angaben wie *stark beschädigt* oder *dürre Gipfel* erinnern an heutige Berichte über das Waldsterben (s. Abb. 64). Etienne versah die beiden Karten der Stadt Kaiserslautern mit schönen Ortsansichten, hier nicht nur von der Stadt Kaiserslautern, sondern von allen an den Reichswald angrenzenden Orten, so von Otterbach und Hohenecken mit der Burgruine, hingewiesen sei auf den Etter um den Ort Dansenberg und auf das Schweinegatter auf dem Leiderberg. Bei der Renovation wurde eine Umsteinung des gesamten Waldes vorgenommen.

Abb. 64 Ramsteiner Forst bei Kaiserslautern. 1785

Diese Karte ist das westliche Anschlußstück an die Karte über den Lauterer Forst (Abb. 63). Beide Karten bilden einen Kartensatz, zu dem der Zeichner Etienne vermerkt: *Dieser Wald* (der Reichswald) *ist in zwei Forst eingeteilt als Lauterer und Ramsteiner Forst, und über jeden Forst eine Karte verfertiget.* Auch diese Karte ist mit schönen Ortsansichten versehen, unter denen Landstuhl mit der Burg Nanstuhl, teilweise mit einer Mauer, teilweise mit einem Etter umgeben, Steinwenden, bekannt durch die Beteiligung am Hambacher Fest 1832, und Weilerbach herausragen.

Abb. 65 Kurfürstliche Kameralwälder im Amt Wittlich. 1759

Dargestellt sind die einzelnen Waldgebiete mit Schlageinteilung und Tabellen mit Bezeichnung und Größenangaben der einzelnen Schläge. Während die Waldstücke in Größe und Lagezuordnung genau vermessen wiedergegeben werden, sind die recht anschaulichen Ansichten der Orte und der Abtei Eberhardsklausen nur dekoratives Beiwerk. Der hier nicht abgebildete zweite Teil der Waldaufnahme des Amtes Wittlich enthält die Waldungen um Wittlich mit einer Stadtansicht von Wittlich.

63

LAUTERERFORST.
DER REICHS WALD RENOVIRT IN ANNO 1785 DURCH CHUR PFALTZ Ober Amts Renovatoren Josephe Etienne.
Hoheneckeh
CAMERAL WALD
DER HADER WALD.
DER THIER GARTEN
DER KEMMEL GARTEN
DAS SPRUNCK FELD.
KELLEREI HOHENECKEN
GERICHT WEILERBACH
DER GROSE LETZBERG
DER DAHTZENBERG
DANZENBERG
DER BÄHHER RUCK
BREMER WALD
STAT LAUTEREI WALD
STIFT
Homberg.
LAUTEREN
FELD
GRÆFLICH LEIISCHE HOHEIT.
Otterbach
Erfenbach
Sambach
Stockborn
Siegelbach
Rodenbach
Sept.

64

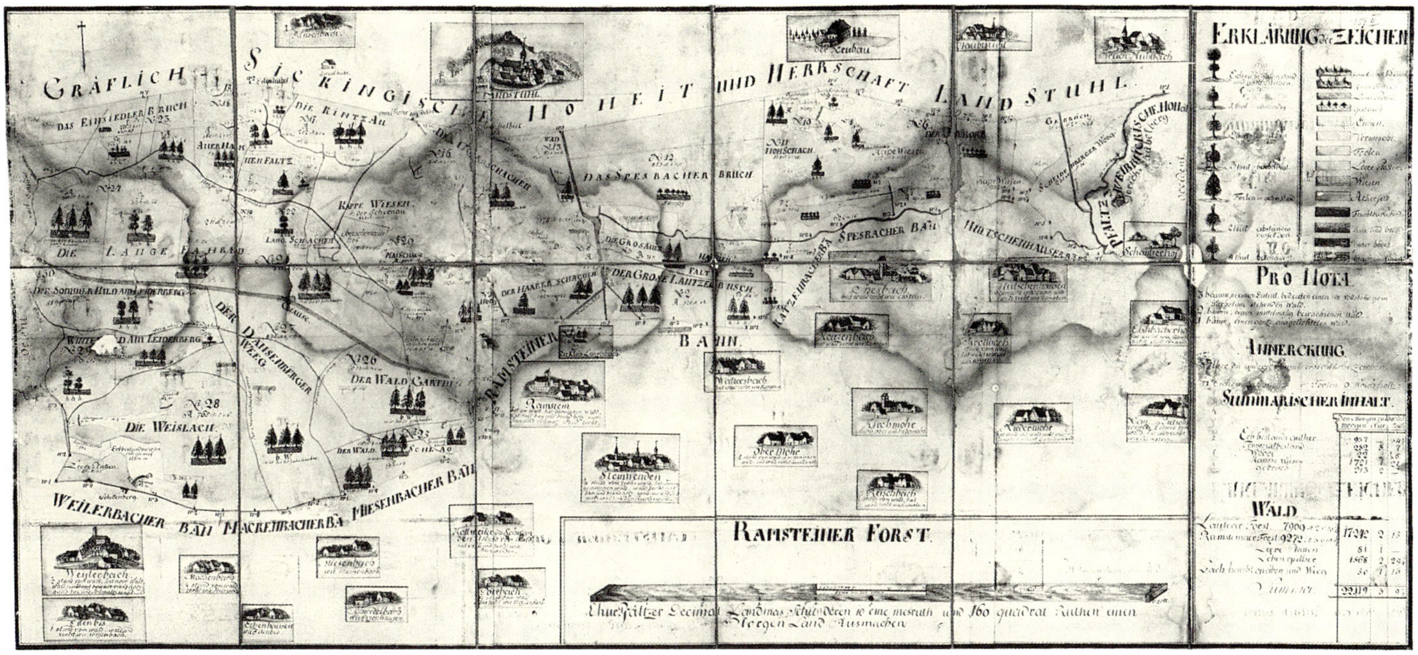
GRÄFLICH SICKINGISCHE HOHEIT UND HERRSCHAFT LANDSTUHL
DAS SPESBACHER BRUCH
RAMSTEINER FORST
ERKLÄRUNG der ZEICHEN
PRO NOTA
ANMERCKUNG
SUMMARISCHER INHALT
WALD

65

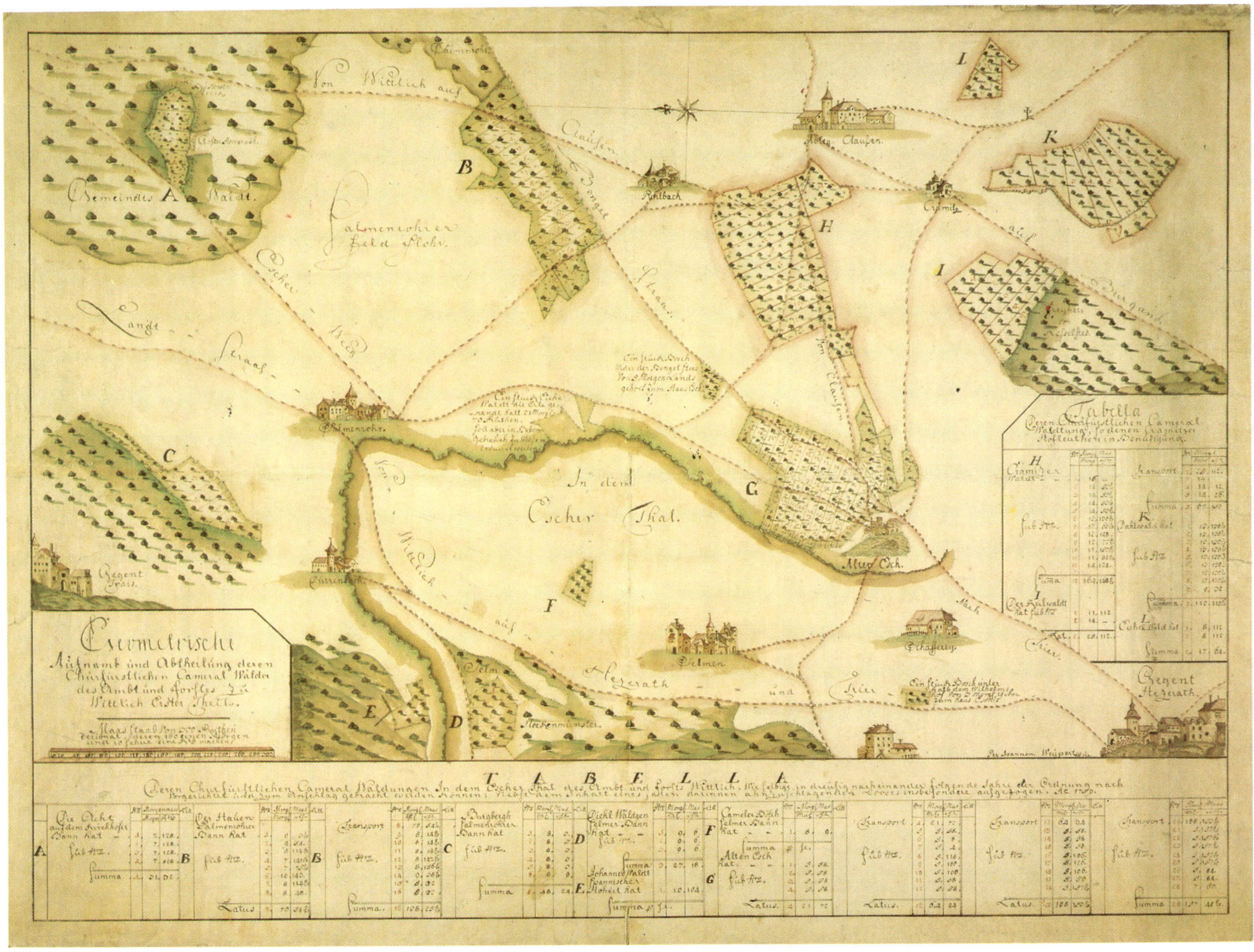
Tabella
In dem Escher Thal
TABELLA

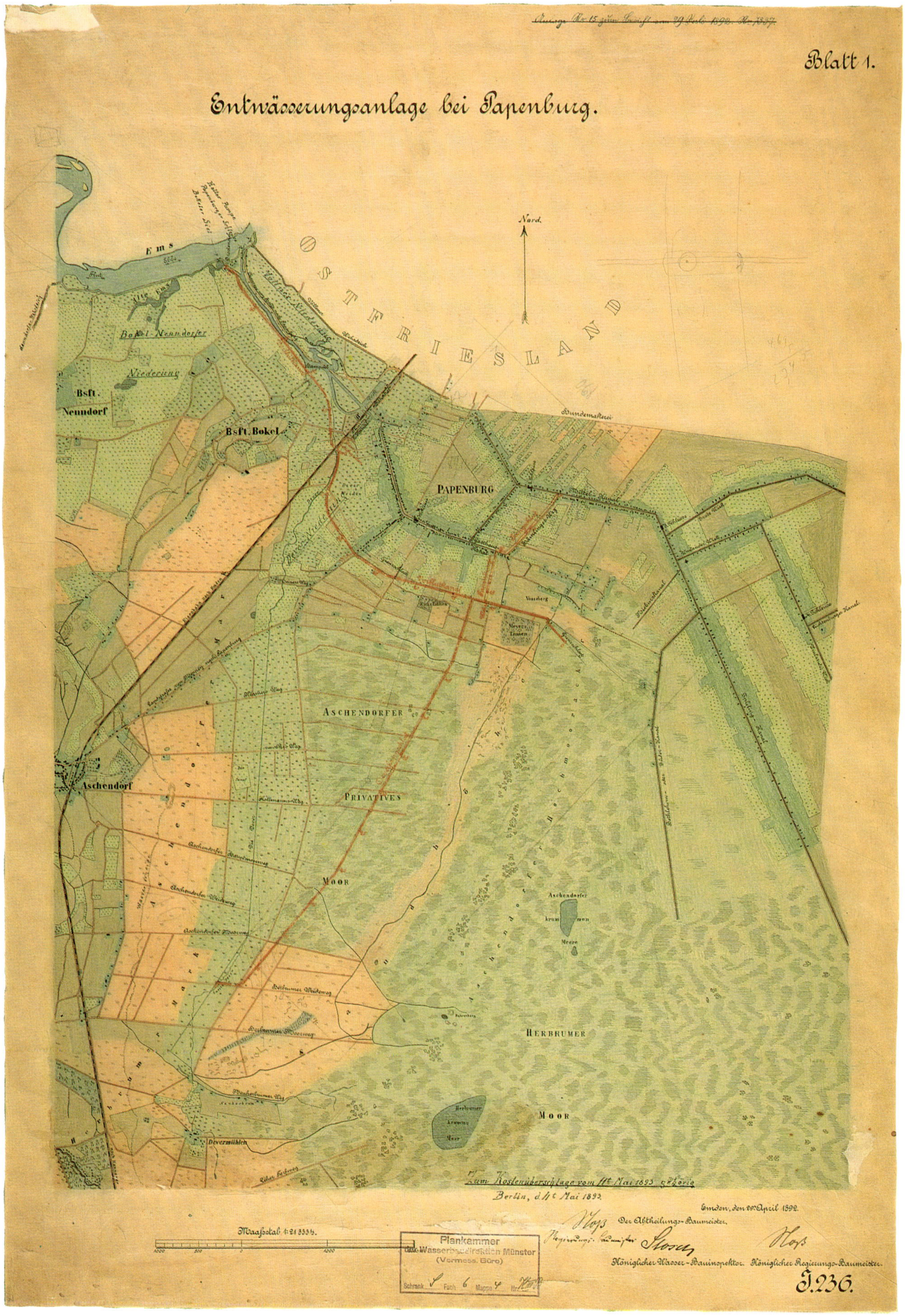

Blatt 1.
Entwässerungsanlage bei Papenburg.
Nord
Ems
Alte Ems
Bokel-Neundorfer
Niederung
Bsft. Neundorf
Bsft. Bokel
OSTFRIESLAND
PAPENBURG
ASCHENDORFER
PRIVATIVES
MOOR
Aschendorf
Aschendorfer
krummes
Meer
HERBRUMER
MOOR
Herbrumer
krummes
Meer
Devermühlen
Zum Kostenüberschlage vom 11t Mai 1893 gehörig
Berlin, d. 11t Mai 1893
Emden, den 20t April 1892.
Der Abtheilungs-Baumeister.
Königlicher Wasser-Bauinspektor. Königlicher Regierungs-Baumeister.
Maaßstab 1:21333⅓.
1000
500
0
1000
Plankammer
der Wasserbaudirektion Münster
(Vermess. Büro)
Schrank
Fach
Mappe
Nr.
J.236.

67

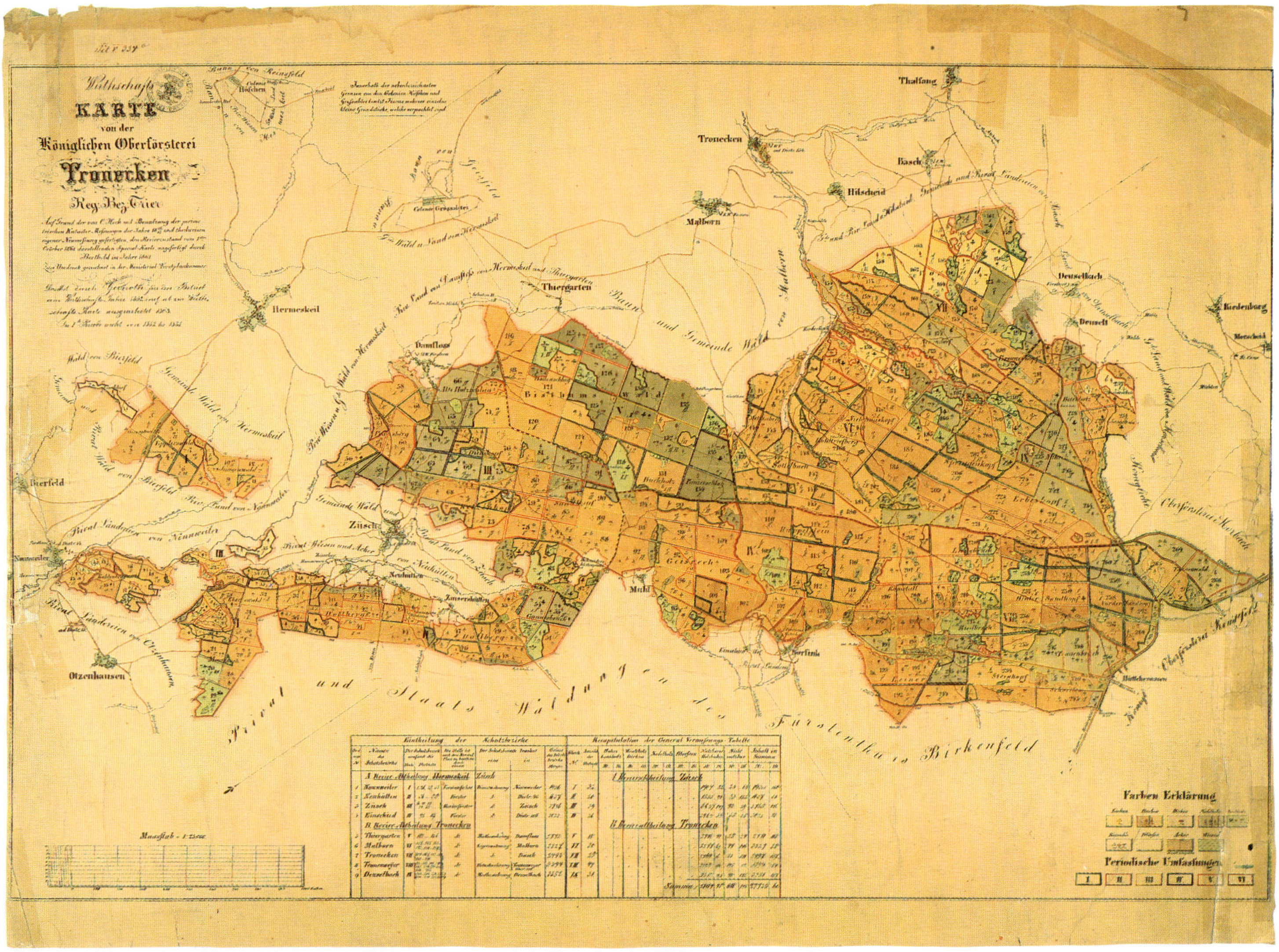
Wirthschafts
KARTE
von der
Königlichen Oberförsterei
Tronecken
Reg. Bez. Trier
Thalfang
Tronecken
Basch
Hilscheid
Malborn
Thiergarten
Hermeskeil
Deuselbach
Züsch
Bierfeld
Nonnweiler
Neuhütten
Otzenhausen
Börfink
Kirchenberg
Privat und Staats Waldungen des Fürstenthums Birkenfeld
Farben Erklärung
Periodische Umfassungen

68

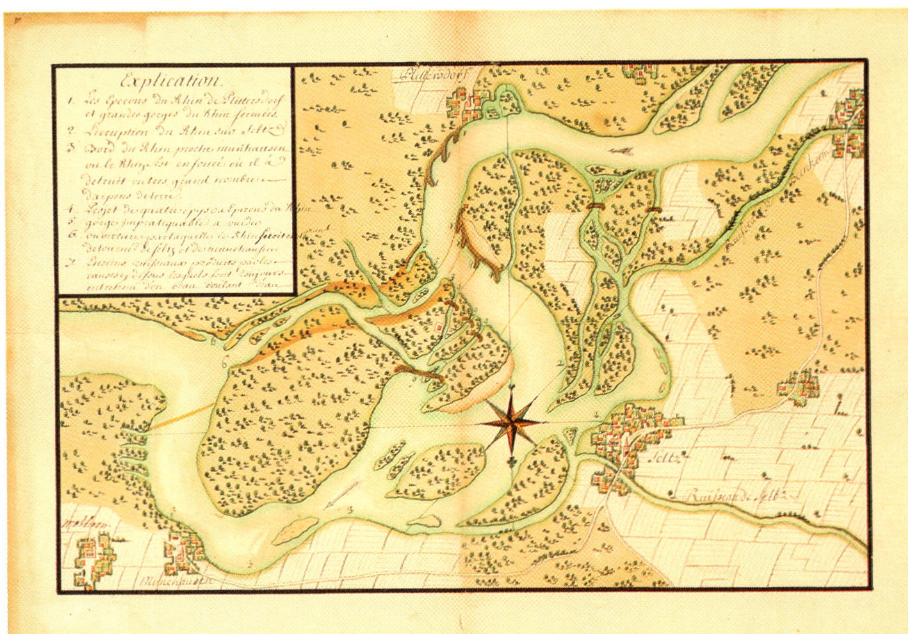
Explication
Seltz

69

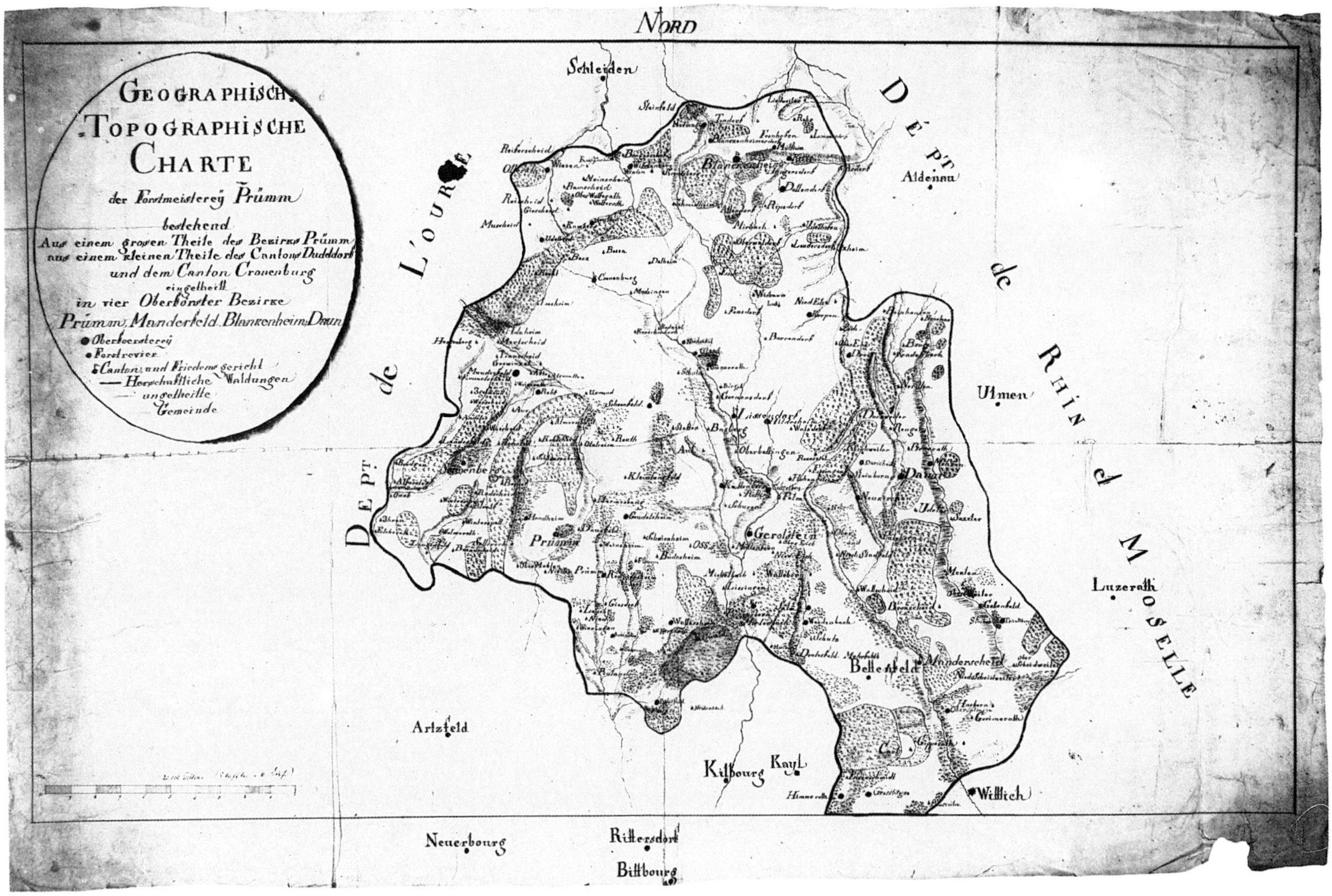

Abb. 66 Entwässerungskanäle bei Papenburg. 1892

Die Schwierigkeiten der Entwässerung in den kaum über dem mittleren Tidehochwasser der Emsmündung gelegenen Mooren bei Papenburg forderten großzügige Maßnahmen. Der Plan einer Sammlung der Wasser der Papenburger Kanäle und des Baches Dever oberhalb der 2,50 m - Höhenlinie und ihre Abführung in einem 5 km langen Vorflutkanal ist jedoch nicht ausgeführt worden. Dem heute trockenen Aschendorfer Moor diente später die Dever als Vorflut.

Abb. 67 Wirtschaftskarte der Oberförsterei Dhronecken. 1861/1863.

Das für die Zeit typische Beispiel einer Forstwirtschaftskarte enthält zahlreiche Aussagen über das Waldgebiet. Durch Baumsymbole sind die Baumarten der einzelnen Abteilungen gekennzeichnet. Die jeweils 20 Jahre umfassenden Altersklassen (= Perioden) sind farblich unterschieden, wobei die 1. Periode hier von 1862 bis 1881 reicht. Der Generalvermessungstabelle auf der Karte sind außer der Größe der Schutzbezirke auch die Wohnorte der zuständigen Forstbeamten zu entnehmen. Grundlage für die Ausarbeitung der Wirtschaftskarte ist die gedruckte Spezialkarte des Oberförstereibezirks von 1861.

Abb. 68 Rheinregulierung bei Selz oberhalb Hagenbach. 1740

Das zum Herzogtum Zweibrücken gehörige Oberamt Bergzabern reichte im Amt Selz bis an den Rhein. Der Rhein verlagerte bei Hochwasser und Eisgang fortwährend sein Bett, so daß immer wieder Felder und Dörfer bedroht waren, auch die Territorialgrenzen immerwährenden Veränderungen unterworfen waren. Die vorliegende Karte zeigt, wie man diese Gefahren, besonders für die Stadt Selz, abwehren wollte, indem man östlich von Selz einen Rheindurchstich plante. Man erkennt den projektierten Durchstich und offensichtlich schon ausgeführte Abdämmungen kleiner Rheinarme, und es wird veranschaulicht, wie man durch Krippen und Faschinen im Rhein versuchte, den Wasserlauf im gewünschten Sinne zu beeinflussen.

Abb. 69 Forstmeisterei Prüm. 1810

Die Inselkarte gibt einen Überblick über die Verteilung der herrschaftlichen und Gemeindewaldungen im Forstmeistereibezirk Prüm, die im Original durch Grünschattierungen unterschieden werden. Die verschiedenen Ortssignaturen kennzeichnen die Sitze der Oberförsterein, Forstreviere und Friedensgerichte.

Die Städte

Von Dietmar Flach

Als Karl der Große im Zuge der Unterwerfung Sachsens um die Wende vom 8. zum 9. Jahrhundert in Münster, Osnabrück, Minden und Paderborn Bistümer errichten ließ, schuf er an den betreffenden Plätzen, die zu der Zeit längst agrarische Siedlungen aufwiesen, die Grundlage zur Etablierung fester Ortsherrschaften, deren früh befestigte, enge Domimmunitäten mit ihrem gewerblichen Arsenal zu Keimzellen der Stadtentwicklung geworden sind. Daß Kirche, Handel und Gewerbe miteinander siedlungsfördernde und siedlungsstabilisierende Kräfte entwickeln konnten, hatte sich in den linksrheinischen Bischofsstädten gezeigt, die zu der Zeit auf eine rund achthundertjährige, höchst wechselvolle Stadtgeschichte zurückblicken konnten.

Aus römischen Provinzmetropolen hervorgegangen, haben Köln, Mainz und Trier, aber auch die Provinzstadt Worms den schrittweisen Zusammenbruch der spätrömischen Provinzialverwaltung während des 5. Jahrhunderts und die Stürme der Völkerwanderungs- und Landnahmezeit überdauert. Zwar sind sie in ihrer Siedlungsfläche und Bevölkerungszahl drastisch reduziert aus diesen unruhigen Zeiten hervorgegangen, aber sie haben in die Merowingerzeit des 6. und 7. Jahrhunderts nicht nur Reste ihrer baulichen Substanz an Mauern, Straßen und benutzbaren Gebäudeteilen, sondern auch eine ständisch und sozial differenzierte, ortsfeste Bevölkerung hinübergerettet, die sich, wie in spätrömischer Zeit auch, aus romanischer wie germanischer Herkunft in unterschiedlichem Mischungsverhältnis zusammensetzte. Religiös miteinander verbunden blieb sie durch das Christentum, dessen institutionelle Leitung schon seit spätrömischer Zeit in Bischöfen gipfelte, die für Trier seit dem 3. Jahrhundert ununterbrochen bezeugt sind, für Köln, Mainz und Worms im 4. Jahrhundert genannt werden und, nach unterschiedlich langen Zäsuren über das 5. und 6. Jahrhundert hinweg, seit 566/67 in Köln und Mainz, seit um 600 in Worms wieder aktiv geworden sind. Für die Wiederaufnahme der bischöflichen Funktionen in Speyer seit 614 ist eine Siedlungs- und Kultkontinuität zur spätrömischen Etappenstadt nicht zu erkennen. Hier scheint in merowingischer Zeit ein Neuanfang am alten Platz vorzuliegen, wohingegen die Bischöfe der anderen rheinischen Metropolen an ungebrochene Kultkontinuität anknüpfen konnten. Hand in Hand mit dem fränkischen Königtum sind sie an den Wiederaufbau der kirchlichen Organisation gegangen und haben ihr geistliches Führungsamt zum Schutz und zur Förderung der ansässigen Bevölkerung genutzt, über die sie während des 10. und 11. Jahrhunderts allmählich die alleinige Stadtherrschaft erringen konnten. Auch sie standen um 800 analog zu ihren westfälischen Amtsbrüdern am Beginn stadtgeschichtlicher Entwicklungen, die während des Hochmittelalters ihre gemeinsamen Konturen ausformen und bis zum 12. Jahrhundert die rechtlichen und verfassungsmäßigen Grundlagen zur Stadt im Rechtssinne schaffen sollten.

Daß in dieser Entwicklung die rheinischen Bischofsstädte führende Positionen einnahmen, war einerseits in ihrer bevorzugten Lage am Rhein begründet, wo sie nicht nur den nord-südlich verlaufenden Schiffshandel an ihre Ufer binden konnten, sondern auch die Flußübergänge der west-östlich verlaufenden Fernhandelsstraßen zwischen Maas und Elbe auf sich lenkten. Sie stiegen früh zu Handelsmetropolen auf und wurden seit dem Ende des 10. Jahrhunderts vielfach als Vorbilder und Bezugsorte für Marktgewohnheiten genannt, allen voran Mainz, aber auch Köln und Worms. Ihre führende Position war aber wohl auch in der Fortführung einer urbanen Tradition begründet, die es umzuformen und auszubauen galt, die aber keineswegs aus dem Nichts heraus völlig neu geschaffen zu werden brauchte.

Siedlung und Verfassung in der Frühzeit der Stadtentstehung

Derart unterschiedliche Entwicklungen lassen sich bis zu einem gewissen Grade aus dem Kartenbild der Siedlungen selbst ablesen. Ein Vergleich der Altstadtpläne von Münster (Abb. 94) und von Köln (Abb. 70) soll Unterschiede und Gemeinsamkeiten mittelalterlicher Stadtentwicklungen verdeutlichen. Die Münstersche Domburg, als innerster, halbkreisförmig umbauter Stadtkern zu erkennen, beherrscht eine aus dem friesischen Raum seit alters her von Nordwesten über die Aa kommende Straße, die nach Südosten in den Paderborner und Soester Raum weiterführt und am nordöstlichen Rand der Domburg eine Straße kreuzt, die aus dem Kölner und Duisburger Raum kommt und in nördlicher Richtung nach Osnabrück und Bremen weiterführt. Der Bezug zum Kreuzungspunkt der Fernstraßen und zur Aa-Furt war für die Standortwahl der vorfränkischen Siedlung wohl ebenso bestimmend gewesen wie für den ersten bischöflichen Kirchbau, um den sich bis zum Ende des 10. Jahrhunderts eine Siedlung gruppiert hatte, die sogenannte Domburg. Von Anfang an befestigt, nahm sie Schutzfunktionen wahr, auch für die außerhalb anschließende erste Marktsiedlung, die am Kreuzungspunkt beider Fernstraßen um das Jahr 1000 ihre eigene Kaufleutekirche St. Lamberti, die spätere Marktkirche, erhielt. Schrittweise Erweiterung der Marktsiedlung nach Süden im Halbrund östlich der Domburg während des 12. Jahrhunderts führte sowohl zur Anlage des östlich vor der Domburg langgestreckten breiten Straßenmarktes, des sogenannten Prinzipalmarktes, als auch zur Aufteilung des Stadtgebietes in vier Pfarrsprengel, deren Kirchen am Rande, z.T. außerhalb der Stadtsiedlung (*civitas*) des 12. Jahrhunderts gelegen waren. Der um 1200 begonnene, 1278 abgeschlossene Mauerbau schloß die *civitas* als auch die westlich der Aa gelegene Vorstadt »Überwasser« ein und umfaßte den im Südwesten gelegenen bischöflichen Bispinghof und Teile des im Süden gelegenen Brockhofes. Der Mauerring umschloß ein Areal von 103 ha, in dem auch landwirtschaftlich genutzte

Flächen gelegen waren, so daß für die zunehmende städtische Bebauung genügend Raum blieb.

In Köln spielte die Domkirche keineswegs die fortifikatorische Rolle als Mittelpunkt einer sich in ihrem Schutz ringförmig um sie herum entwickelnden Stadtsiedlung. Ihre Standortwahl reicht, wie inzwischen angenommen wird, in die spätrömische Zeit zurück. Sie ist darum eher in Randlage gegründet worden und in der Nordostecke der alten Römerstadt angesiedelt, deren Umrisse aus dem Plan von 1752 (Abb. 70) als unregelmäßiges Rechteck gut zu erkennen ist. Dennoch ist auch die spätrömische Kölner Bischofskirche auf eine Fernstraße hin orientiert, nämlich auf die von Bonn nach Neuß verlaufende Rheinstraße, die das römische Köln als Hauptstraße in süd-nördlicher Richtung durchlaufen hatte und noch heute als Hohe Straße in ihrem einstigen Verlauf erhalten ist. Sie blieb auch nach der Einnahme durch die Franken um die Mitte des 5. Jahrhunderts bestimmende Orientierungslinie, nachdem die westlichen Teile der Römerstadt aufgegeben worden waren und sich die Besiedlung auf den schmalen Streifen zwischen Rhein und Hohe Straße zurückgezogen hatte. In diesem Bereich lag auch das Prätorium, der Sitz des ehemals römischen Statthalters der Provinz Niedergermanien. In den baulichen Resten des Prätoriums wurde die Königspfalz der Merowingerzeit etabliert. Die gräfliche und herzogliche Gewalt residierte vermutlich auf dem Kapitolshügel, der seit Beginn des 8. Jahrhunderts die Stiftskirche St. Maria im Kapitol trug. Sowohl hier wie bei der Königspfalz werden für die merowingische Zeit Markt und Kaufleutesiedlungen vermutet.

Nach den Zerstörungen durch die Normannen in den Jahren 881/82, die auch Köln heimgesucht hatten, treten die Bischöfe, noch in enger Verbindung zur Reichsgewalt, mehr und mehr als Stadtherrn in Erscheinung. Die planmäßige Erschließung der Rheinvorstadt für den Schiffs- und Fernhandel – der römische Rheinhafen war schon in frühmittelalterlicher Zeit zugeschüttet worden – läßt einen örtlich begründeten Raumbedarf erkennen, dessen Durchsetzung in erster Linie auf die enge räumliche und sachliche Verflechtung zwischen Kaufmannschaft und Bischof zurückzuführen ist. Mit der Verlegung der Königspfalz vom Prätorium an die Südseite des Doms waren auch Königtum und Bischof räumlich nähergerückt. Inwieweit die 883 eingeleitete Neubefestigung der Kölner Mauer auf bischöfliche Initiative zurückgeht, ist unklar. Bischof Thietlach von Worms (891-914) jedenfalls hatte für seine Stadt eine Mauerbauordnung erlassen. Mit dem schwindenden Einfluß der Reichsgewalt in spätkarolingischer Zeit rückten die Bischöfe der ehemals spätrömischen Provinzmetropolen zusehends in herrschaftliche Funktionen der ihnen anvertrauten Stadtbürgerschaft vor. Die von den Bischöfen der westfälischen Missionsbistümer wohl von Anfang an ausgeübten ortsherrlichen Rechte mußten von den Bischöfen der rheinischen Metropolen in fränkischer Zeit erst Schritt für Schritt erworben werden.

Mit der Eingliederung der Kirche in die Aufgabenstellung des Reiches unter den ottonischen Herrschern im 10. Jahrhundert begannen auch die rheinischen Bischöfe, ihre stadtherrlichen Führungsämter konsequent auszubauen. Unter Erzbischof Brun (953-965), der als Bruder Ottos I. auch das lothringische Herzogsamt ausübte, begann Kölns Aufstieg. Einbeziehung der Rhein- und Marktvorstadt in eine erweiterte Befestigung mit Errichtung ihrer Kirche Groß St. Martin sowie weitere Kirchengründungen, nämlich St. Andreas nördlich der mittleren Römerstadt und St. Pantaleon im Südwesten, weisen den Weg der weiteren, planmäßig vorgenommenen und gegliederten Entwicklung. Erzbischof Pilgrim (1021-36) fügte St. Aposteln westlich des Neumarkts hinzu und Erzbischof Anno II. (1057-76) baute St. Georg, südlich vor der Römerstadt an der Straße nach Bonn gelegen, und Mariengraden, so daß mit den aus römischer Zeit erhalten gebliebenen Stiftskirchen St. Severin, St. Gereon und St. Ursula ein Kirchenkranz rund um die Römerstadt abgesteckt war, der den weiteren Entwicklungsgang städtischer Siedlung beeinflußte. Um die Stifts- und Pfarrkirchen hatten sich die städtischen Sondergemeinden mit beschränkter Eigenverwaltung gebildet. Sie begegnen seit Beginn des 12. Jahrhunderts als Träger des Schreinswesens, einer frühen Form der Grundbuchführung. Eine zweite Stadterweiterung zu Beginn des 12. Jahrhunderts schloß die im Plan (Abb. 70) gut erkennbaren Vorortgemeinden ein, die sich südlich und nördlich der Römermauern, an den Ausfallstraßen nach Bonn und Neuß gebildet hatten, sowie Teile der Pfarren St. Aposteln und St. Gereon. Eine letzte, 1180 begonnene Erweiterung schuf zwischen 1200 und 1260 den halbrunden Mauerkranz, der bis ins 19. Jahrhundert hinein Bestand hatte, nie bezwungen wurde, sondern seit dem 15. Jahrhundert durch vorgelegte Erdwerke und Bastionen nur verstärkt zu werden brauchte. Die damit umschlossene Fläche maß rund 400 ha Land und machte Köln zur größten Stadt des deutschen Spätmittelalters. Erst im 19. Jahrhundert griff die rasch zunehmende Besiedlung über den Mauerkranz hinaus, in dessen Schutz auch während des 18. Jahrhunderts noch Grün- und Gartenland in reichlichem Maße vorhanden war. Die zu Beginn des 13. Jahrhunderts offensichtlich erwartete Expansion der städtischen Besiedlung ist während des späten Mittelalters nicht eingetreten, und auch die frühneuzeitliche Manufakturindustrie konnte hier in großem Stile gegen die stadtbeherrschende Zunftordnung nicht Fuß fassen, die die wirtschaftliche Entfaltung seit dem 17. Jahrhundert zu behindern begann.

In Worms (Abb. 71) entstand nach 600 die Bischofskirche an der Stelle des römischen Forums und der Marktbasilika. Das Gelände ist bis heute als Dombezirk erhalten geblieben. Seine Hochfläche beherrscht die Fernstraßen von Speyer nach Mainz und, in west-östlicher Richtung, von Trier über den Rhein zur Donau hin, die sich zu seinen Füßen im Stadtgebiet kreuzen. Beide Straßen sind in dem Plan von 1690, der den Erhaltungszustand der Stadt vor ihrer Zerstörung im Pfälzischen Erbfolgekrieg von 1689 zu rekonstruieren versucht, als kräftiges Achsenkreuz erkennbar. In dieser beherrschenden Position entstand nordwestlich des Domes die merowingische Königspfalz, zu beider Füßen in einer späteren Verbreiterung der nach Mainz führenden Straße der Markt. Stärker als in Köln liegt in Worms der Dombereich im Zentrum der Stadt, deren Areal in römischer Zeit etwa 65 ha umfaßt hatte. Die nach den Normannenstürmen von 891 errichtete Stadtbefestigung, deren Verlauf im Bild sehr gut als innerer Bering erkennbar ist, umschloß ein Areal von 45 ha, der nach 1184 errichtete zweite Mauerring ein Gebiet von 170 ha. Die bischöfliche Stadtherrschaft setzte sich hier in salischer Zeit mit dem Erwerb der Grafenrechte durch, nachdem das salische Herzogshaus, dessen Burg abgetragen und als Bauplatz für die Pauluskirche verwendet wurde, die Stadt verlassen hatte. Die Königspfalz nordwestlich des Domes, in den frühen Jahrzehnten der Regierungszeit Karls des Großen eine der bedeutendsten Pfalzen schlechthin, ging 1016 in bischöfliche Hand und wurde fortan als Bischofshof genutzt.

Weniger deutlich als in Köln und Worms läßt sich die Siedlungskontinuität von Mainz aus dem Plan von 1625/26 (Abb. 72) ablesen. Die gradlinig verlaufende Hauptstraße und Achse der römischen Stadt, wie sie Köln und Worms bis auf den heutigen Tag bewahrt haben, fehlt in Mainz, so daß hier mit starken Zerstörungen der Römerstadt während des 5. und 6. Jahrhunderts gerechnet werden muß. Ein Überlieferungsbruch scheint auch in der Tradition der Mainzer Bischofskirche vorzuliegen, deren Martinspatrozinium erst mit deren Wiedererrichtung nach der Mitte des 6. Jahrhunderts gewählt sein konnte, da die Verehrung Martins von Tours erst seit Beginn des 6. Jahrhunderts einsetzte, zu einer Zeit also, in der Mainz – von der Mitte des 5. bis zur Mitte des 6. Jahrhunderts – ohne Bischof war. Daß die spätrömische Mainzer Bischofskirche am gleichen Platze gestanden hat, kann nur vermutet werden. Ob sie aber bereits eine von Norden in die Stadt hereinführende Straße, die heutige Flachsmarkt- und Schusterstraße, in ihrem weiteren Verlauf nach Süden unterbrochen hat, wie es der unter Erzbischof Willigis (975 - 1011) in seinen Dimensionen festgelegte Dom und die damit in Zusammenhang errichtete Marktanlage tun, oder ob die erste Bischofskirche am Westrand dieser nach Süden weiterlaufenden Straße im Bereich des heutigen Westchores und der Johanniskirche (Taufkirche) gestanden hat, muß mangels genauer Kenntnisse der römischen Straßenführung offenbleiben. Der jüngere, im Früh- oder Hochmittelalter ausgeformte Straßenverlauf jedenfalls mündet in den an der Nordseite des Domes gelegenen Markt, dessen östlicher Ausgang zum Rhein führt, so daß die Verkehrsrichtung spätestens seit dem Ende des 10. Jahrhunderts um 90° gedreht worden ist. In dem nördlich des Marktes gelegenen Viertel liegt der älteste Siedlungskern des fränkischen Mainz, der, wie in Köln auch, dem Rhein zugewandt und im Westen von einer Fernstraße begrenzt ist. Der Ausbau der Uferanlagen am Rhein, noch unter Bischof Sidonius (um 566/67) begonnen, die Tätigkeit fränkischer Münzmeister in Mainz, der Bau einer Rheinbrücke unter Karl dem Großen, die 813 durch Feuer zerstört wurde, und die Ansiedlung friesischer Fernhändler gegen Ende des 9. Jahrhunderts am »Brand« innerhalb des Kaufleute- und Gewerbezentrums nördlich des Domes kennzeichnen Mainz als frühes Handels- und Marktzentrum, das im 10. Jahrhundert Vorbild für jüngere Marktgründungen der ottonischen Herrscher geworden ist.

Hand in Hand mit der Reichsgewalt waren auch in Mainz die Bischöfe seit Sidonius die führende Kraft bei der Wiederaufrichtung frühen städtischen Lebens gewesen, hatten den Wiederaufbau der alten römischen Stadtmauern im späten 9. Jahrhundert sowie die Stadtverteidigung organisiert und endlich unter Kaiser Otto I. auch das gräfliche Richteramt in der Stadt erworben, so daß ihre Stadtherrschaft im letzten Viertel des 10. Jahrhunderts voll ausgebildet war. Sie waren die Herren des Gerichts, Inhaber von Markt, Münze und Zoll und seit ottonisch-salischer Zeit die größten Grundherren in der Stadt, nachdem es gelungen war, den laikalen Adel, der noch im Frühmittelalter durch zahlreiche Kirchenstiftungen im Stadtgebiet hervorgetreten und bis ins 10. Jahrhundert politisch aktiv geblieben war, auszuschalten. Dennoch wuchs die Stadt im Mittelalter über das von der Römermauer gezogene trapezförmige Areal von 96 ha Fläche, dessen um 1200 erweiterte Stadtmauer in weiten Bereichen auf den Fundamenten der Römermauern ruht, kaum hinaus. Lediglich die Einbeziehung von St. Paul und Altmünster im Nordwesten, des südlich am Rhein gelegenen Vorortes Selenhofen und des Rheinuferstreifens in die Ummauerung vergrößerten das mittelalterliche Stadtgebiet auf etwa 125 ha. Seine weitere Ausdehnung wurde durch die von den Schweden im Dreißigjährigen Krieg begonnenen und seit 1655 fortgeführten Festungsbauten bis ins 19. Jahrhundert, in dem Mainz Festungsstadt blieb, drastisch unterbunden. Der sogenannte Schwedenplan von 1625/26 (Abb. 72) zeichnet ein anschauliches Bild von den Anfängen der Mainzer Festungszeit.

Im Gegensatz zu den rheinischen Bischofsstädten sind in Trier die Bischöfe seit der 2. Hälfte des 3. Jahrhunderts lückenlos überliefert. Auch der Standort der um 326 gebauten spätrömischen Bischofskirche St. Peter – im Nordosten der Römerstadt nahe der nach Köln führenden Hauptstraße gelegen – ist bekannt. Diese Verwaltungs- und Standortkontinuität ist um so erstaunlicher, als auch Trier, das seit konstantinischer Zeit bis zum Ende des 4. Jahrhunderts (293 - 395) Residenzstadt des östlichen Gallien war, bis zur Mitte des 5. Jahrhunderts mehrere Zerstörungen erlebte und einen Bevölkerungsschwund von schätzungsweise 85 Prozent hat verkraften müssen. Inwieweit das Verbleiben romanischer Bevölkerungsteile bis hin zu Familien senatorischer Abstammung, aus denen auch Trierer Bischöfe hervorgegangen sind, zu dieser Kontinuität beigetragen haben, sei dahingestellt. Im Gegensatz zu Mainz und Köln scheint sich die frühmittelalterliche Siedlung nicht auf einen Siedlungskern verdichtet, sondern auf das gesamte spätrömische Stadtgebiet von 285 ha verteilt zu haben, bevor sich seit dem Ende des 9. Jahrhunderts, wohl bedingt durch neuerliche Zerstörungen der Normannen im Jahre 882, einzelne Siedlungsinseln im Stadtgebiet gebildet hatten, dessen mittelalterlicher Mauerkranz seit etwa 1100 nur noch die Hälfte der Römerstadt, nämlich ein Areal von 139 ha, umschloß. Obwohl auch Triers Bischöfe seit dem 6. Jahrhundert Aktivitäten in der Wiederbelebung des Handels und der Gewerbe erkennen lassen, scheint ihre gestaltende Kraft erst mit dem Ende der Karolingerherrschaft um die Wende vom 9. zum 10. Jahrhundert erwacht zu sein, als die Stadt und die Besitzungen der Trierer Kirche aus dem gräflichen Anspruch auf Münze, Zoll und sonstige Einkünfte entlassen und der Herrschaft des Erzbischofs unterstellt wurden. Auch hier ist die konkurrierende Gewalt der Grafschaft erkennbar, deren Errichtung, wie es 902 ausdrücklich heißt, auf Karl den Großen zurückgehe, der ihr die Einkünfte aus den Regalien übertragen hatte. Dieser Schritt wurde nun rückgängig gemacht, nachdem bereits 899 die St. Petersleute in Trier, das waren die Eigenleute der durch den Bischof vertretenen Domkirche St. Peter in der Stadt, von der Verpflichtung befreit worden waren, das königliche Gefolge bei Königsaufenthalten in Trier beherbergen zu müssen, sofern es der Bischof nicht ausdrücklich genehmigte. Damit waren König und Graf aus ihren unmittelbar nutzbaren Rechten verdrängt. Die gräfliche Gerichtsbarkeit blieb jedoch erhalten. Aus ihr wurden erst 947 die Gerichtsrechte über die Trierer Eigenleute *(familia)* herausgenommen und an den Erzbischof übertragen. Erst 1197 gelangte der Erzbischof durch Verzicht der rheinischen Pfalzgrafen zur vollen Gerichtsherrschaft in der Stadt.

Mit der Verlegung des alten Nahmarktes von der Moselbrücke vor die Domimmunität im Jahre 958 wurde das regionale Handelszentrum in die Nähe des Domes gerückt, wie es in Mainz und Worms längst geübter Brauch war. Die Zeichnung vom Trierer Fischmarkt aus der Mitte des 16. Jahrhunderts (Abb. 84), der ein Teil des Hauptmarktes beim Dom war, gibt mit seiner wohlproportionierten kleinteiligen Reihung und Plazierung der Fischtröge sicher nur einen unzureichenden Eindruck von der Bedeutung des mittelalterlichen Marktes wieder. Die Zeichnung läßt aber in der örtlichen Zuordnung des Münzhauses zu diesem Platz die räumliche Nähe von Münze, Markt und Zoll erkennen, die die Eckpfeiler wirtschaftlicher und fiskalischer Entfaltung im Mittelalter waren, um deren Förderung und um deren Gebotsgewalt die Bischöfe von Köln, Mainz, Worms und Trier im Frühmittelalter sich bemüht, über die sie, wie das Trierer Beispiel zeigt, vor der Zeit Karls des Großen auch verfügt hatten. Mit ihrem endgültigen Erwerb und mit dem Erwerb der gräflichen Gerichtsrechte konnten sie den Weg zur Stadtherrschaft im 10. und 11. Jahrhundert beschreiten. Am Beginn dieser Entwicklung hatte ihre führende Position in der Organisation des Stadtschutzes gestanden, der zu Wehrhoheit und Befestigungsbann führte. Als wichtiges Instrument zur Siedlungsgliederung in Früh- und Hochmittelalter hatten sich Kirchengründungen erwiesen, deren Pfarrgemeinden die Grundlage bürgerlicher Sonder- oder Viertelsgemeinden geworden sind. Wesentliche Voraussetzungen der frühmittelalterlichen Ortsherrschaft waren auch grundherrliche Besitztitel, ohne die gegen den grundbesitzenden laikalen Adel am Ort oder gegen auswärtige Grundherren, die Besitzkomplexe im Ort hielten, schwer anzukommen war. In Trier blieb die Grundherrschaft sogar die entscheidende Voraussetzung zum Erwerb beschränkter bischöflicher Gerichtsgewalt seit 947, ein Umstand, der hier die fehlende Fernhandels – und Stadtrechtsüberlieferung in der Frühzeit maßgeblich verursacht haben dürfte. Die Nivellierung unterschiedlicher Personenrechte durch den städtischen Rechtskreis seit Beginn des 12. Jahrhunderts ist darum als eine Entwicklung zu sehen, die dem Interesse der Stadtherrn durchaus konform laufen konnte, sofern ihre Gerichtsherrschaft gesichert war. Auch in Speyer (Abb. 87), dessen städtische Kontinuität zur römischen *civitas Nemetum* nicht erwiesen ist, sind die Bischöfe seit der Mitte des 10. Jahrhunderts in die Rechte zur Stadtherrschaft vorgedrungen.

Nach Ausschalten der konkurrierenden Gewalten und nach der vollen Ausbildung der stadtherrlichen Rechte in bischöflicher Hand treten seit dem 11. Jahrhundert die Bürgergemeinden der rheinischen Bischofsstädte als politische Faktoren in Erscheinung. Bereits im Jahre 1073 öffneten die Wormser Bürger König Heinrich IV. ihre Tore gegen den Willen ihres bischöflichen Stadtherrn, 1077 lehnten sich die Mainzer gegen Heinrichs IV. Gegenkönig Rudolf von Rheinfelden und gegen dessen Krönung auf, die ihr erzbischöflicher Stadtherr vorgenommen hatte. 1074 hatten sich die Kölner vergeblich gegen Erzbischof Anno II. erhoben und ihn vorübergehend aus der Stadt vertrieben. 1106 unterstützten sie König Heinrich IV. trotz Parteinahme ihres Stadtherrn für Heinrich V. Der Wormser Einsatz von 1073 hatte sich im Zollbefreiungsprivileg Heinrichs IV. für die Wormser Bürger von 1074 ausgezahlt, das ihnen Zollfreiheit an den königlichen Orten Frankfurt, Boppard, Hammerstein, Dortmund, Goslar, Engers und Nürnberg gewährte. Es läßt den engeren Umkreis erkennen, in dem Wormser Kaufleute Fernhandel trieben, und vermittelt einen Eindruck von dem Interesse, das handeltreibende Städte an einer starken Reichsgewalt und an sicheren Straßen und Handelswegen haben mußten. Diese reichsweite Garantie konnte nur das Königtum bieten, dessen Aufgabe die rheinischen Städte in dem Augenblick übernahmen, als es im Interregnum unterzugehen drohte. 1254 schlossen sie den Rheinischen Städtebund unter Führung von Mainz und Worms, der weitgestreute Anhängerschaft am Niederrhein und in Westfalen gefunden hatte. Er galt der Pflege des Friedens und der Sicherung des Rechts auf Straßen und Märkten ebenso wie der Beseitigung unrechtmäßiger Zölle.

Die Triebkräfte bürgerlich-städtischer Eigendynamik gehen vom Fernhandel aus, der sich in den rheinischen Bischofsstädten früh etabliert hatte. Daneben besaß der Klein- oder Kramhandel, der vielfach zünftig organisiert war, zunehmendes Gewicht, erstmals faßbar im Innungsprivileg der 23 Wormser Fischhändler vom Jahre 1000. Handwerk und Gewerbe füllten den städtischen Produktionsbereich aus. Ihre Vertreter besaßen im 11. und frühen 12. Jahrhundert noch keine berufsspezifischen Freiheiten und Privilegien wie die Kaufleute, sondern waren vielfach unfrei, hervorgegangen aus den Grundherrschaften in der Stadt, oder von außen zugezogen. Als weitere Gruppe haben erzbischöfliche Ministeriale (Dienstleute) frühzeitig in den Bischofsstädten gesessen, wo sie als Dienstadel neben den Kaufleuten zur städtischen Führungsschicht aufgestiegen sind.

All diese um den Stadtherrn gebildeten Gruppen und die darüber hinaus in den Städten siedelnden Unselbständigen (Knechte, Mägde, Bedienstete, Tagelöhner) haben die Einwohnerschaft der frühen Städte gebildet. Ihre unterschiedliche personenrechtliche Bindung, nicht ihre soziale Abschichtung, findet in dem Bestreben um Vereinheitlichung eines für alle gleichermaßen geltenden Ortsrechtes seit Beginn des 12. Jahrhunderts zunehmend Erwähnung. 1101 wird für Speyer vom *ius civile*, vom bürgerlichen Recht, gesprochen, das sich hier gewohnheitsrechtlich entwickelt zu haben schien und außerhalb der Domimmunität gelten sollte. Die Stadt als gesonderter Rechtsbezirk tritt hier deutlich in Erscheinung. Dieses in Speyer geltende Recht formulierte Heinrich V. in seinem Privileg von 1111 dahingehend aus, daß »alle, die in der Stadt Speyer nur wohnen oder in Zukunft wohnen wollen, woher sie kommen oder welchen Standes sie seien«, vom *budeil*, d. h. vom Recht des Leibherrn auf das bewegliche Vermögen im Todesfalle, befreit sein sollten. Damit wurden Unfreie, auch solche, die von außen zuzogen, vermögensrechtlich den Freien gleichgestellt und zur Vererbbarkeit ihres Eigentums über Generationen hinweg ermächtigt. Die Stadt begann, die personenrechtlichen Bindungen des Landes zu lösen, sobald die Niederlassung in der

Stadt erfolgt war. Ergänzend dazu wurde den Speyerern der Gerichtsstand in der Stadt, die Besitzgarantie ohne stadtherrliche Beeinträchtigung sowie die Garantie für Haus und Hof, das über Jahr und Tag unangefochten besessen war, bestätigt. Ihr handelspolitisches Gewicht äußerte sich in der Garantie, daß minderwertigere Ausprägungen der erzbischöflichen Münze nur mit gemeinsamem Rat der Bürger (*communi civium consilio*) erfolgen dürfe. Dadurch wurde kein Rat konstituiert, aber die Beschlußkompetenz der Bürger gegenüber dem Stadtherrn anerkannt. Mit der Stadt als einem eigenen Rechtskreis treten uns auch ihre Bürger als rechtsfähige Gemeinschaft zu Beginn des 12. Jahrhunderts entgegen. 1114 folgte die Privilegierung für Worms, die die Befreiung vom Besthaupt, einer Abgabe an den Leibherrn im Todesfalle, und die Befreiung vom Schiffszoll gegen eine jährliche Ablösung enthielt, und 1118/19 gewährte Erzbischof Adalbert I. seinen Mainzer Bürgern die Befreiung von dem erzbischöflichen Vogtgericht außerhalb der Stadt und das Recht, ihre Abgaben selbst zu erheben. Damit wurden der ausschließlich städtische Gerichtsstand gewährt und die Ansätze zu einer bürgerlichen Selbstverwaltung und Vollstreckungsgewalt in der Steuererhebung toleriert.

Parallel zur Ausprägung der Bürgergemeinde und der Stadt im Rechtssinne entwickelten sich die städtichen Selbstverwaltungsorgane. In Köln begegnen bereits zwischen 1105 und 1114 die Schöffen, das waren die Urteilsfinder im stadtherrlichen Gericht, in der Auseinandersetzung mit der Richerzeche um die Führung in der Stadtverwaltung. Die Richerzeche vertrat die reichsten und vornehmsten Männer der Stadt, die sich in ihr zusammengeschlossen hatten und ihren Führungsanspruch geltend machten. Die Schöffen, die fortan auch den Bürgermeister stellten, behaupteten sich noch, mußten aber 1182 der Richerzeche Platz machen, die seit 1149 in Kontroll- und Genehmigungsfunktionen über die Zünfte maßgeblichen Einfluß zu gewinnen beginnt. Erst seit 1216 löste der Rat, der sich aus Patriziat und Kaufleutegilden zu bilden begann, die Richerzeche ab. Die 1182 eingeführten zwei Bürgermeister an der Spitze der Stadtverwaltung blieben erhalten. Solche patrizischen Ratsbildungen ohne Schöffen, aber unter starker Beteiligung der Ministerialität, sind seit 1215 in Worms, 1224 in Speyer, 1244 in Mainz bezeugt. Trier, dessen Bürgergemeinde um die Mitte des 12. Jahrhunderts eine Schwureinung gebildet hatte, durch die sich Erzbischof und Pfalzgraf in ihren noch getrennt wahrgenommenen Gerichtsrechten beeinträchtigt fühlten, hatte im 13. Jahrhundert den reinen Schöffenrat, nachdem hier die Gerichtsrechte seit 1197 in erzbischöflicher Hand vereint waren. Seit 1303 etablierten sich daneben die Zünfte, deren Vertreter auch gegen stadtherrlichen Widerstand während der ersten Hälfte des 14. Jahrhunderts ihre Ratspositionen neben den Schöffen bewahren konnten. Während dieser Zeit drangen die Zünfte auch andernorts in den Rat vor, etablierten sich neben ihm, oder begannen ihn zu kontrollieren.

Mit ihren Stadtrechtsentwicklungen und bürgerlichen Einungsbewegungen sind die rheinischen Bischofsstädte gegen Ende des 12. Jahrhunderts kein Sonderfall mehr, sondern nur noch exponierte Vorreiter einer auch in Westfalen und anderen Regionen eingeleiteten Entwicklung. Wie oben bereits gezeigt, hatte auch Münster um 1200 mit dem Mauerbau begonnen und bis 1278 ein Areal umschlossen, das mit seinen 103 ha nur unwesentlich hinter Mainz (125 ha) und Trier (139 ha) zurücklag. Auch in der Ausbildung seines Stadtrechts und seiner Stadtverfassung hielt Münster mit den rheinischen Bischofstädten seit dem 12. Jahrhundert Schritt. Die Erwähnung einer gemeindlichen Schwureinung (*coniuratio*) nach 1121, ein kodifiziertes Stadtrecht nach Kölner Vorbild über Soest aus der Zeit vor 1214, das wiederum Vorbild für andere westfälische Städte geworden ist, ein Schöffenrat aus gleicher Zeit, dem seit 1253 Ratsleute, vorwiegend aus der Kaufmannschaft, zur Seite treten und als gemeinsame Spitze seit 1268 zwei Schöffen- bzw. Bürgermeister haben, lassen aus der Parallelität zu den rheinischen Entwicklungen erkennen, daß es sich hier um ein Gemeinwesen handelt, das im 12. Jahrhundert die wirtschaftlichen und verfassungsrechtlichen Voraussetzungen zur Stadt entwickelt hat, denen im 13. Jahrhundert die umfassende Ummauerung folgte. Solche, die städtischen Merkmale erworbenen Vollstädte sind ohne Stadtrechtsverleihung geblieben. Sie haben ihr ausgebildetes Stadtrecht aber vielfach an jüngere Städte weitergegeben, wie etwa Köln und Münster, aber auch Speyer, dessen Recht über Neustadt und Kaiserslautern die Stadtgründungen des ausgehenden 13. und 14. Jahrhunderts im Pfälzer Raum maßgeblich mitgeprägt hat. Sie werden darum auch als »Mutterstädte« bezeichnet.

Zu ihnen zählen im rheinisch-westfälischen Raum die Bischofsstädte an Rhein und Mosel, nämlich Köln, Mainz, Worms, Speyer und Trier sowie die westfälischen Bischofsstädte Münster, Paderborn, Minden und Osnabrück. Ihre Gemeinsamkeiten hatten sie in ihren bischöflichen Stadtherren, deren Durchsetzungsvermögen zu eigener herrschaftlicher Festigung nach innen und außen die frühen Gemeinden wirtschaftlich ebenso gefördert hat wie ihre verkehrsgünstigen Lagen an schiffbaren Flüssen oder an stark frequentierten Fernhandelsstraßen. Mit Paderborn am Hellweg tritt diese wichtigste west-östliche Handelsstraße ins Blickfeld, an deren Strecke Soest, Dortmund und Duisburg –mit seiner Umschlagfunktion zum Rheinhandel–, aber auch das am Ostrand des Betrachtungsraumes gelegene Höxter frühzeitig zu städtischer Vollendung gelangt sind. Soest hatte den Erzbischof von Köln zum Stadtherrn, Dortmund und Duisburg sind aus Reichsgut erwachsen, hatten als Stadtherrn den König. Wenngleich aus dieser Zuordnung keine ortsfeste Herrschaft zur Förderung gewonnen werden konnte, blieb diesen Städten andererseits die ortsherrliche Beschneidung ihrer jungen Wachstumstriebe erspart. Aachen, abseits der großen Fernhandelswege gelegen, hat seinen Aufstieg bis 1180 ebenfalls aus eigener Kraft gemeistert, wohl gefördert durch das Reichsstift St. Marien, dessen Ansätze zur Stadtherrschaft langfristig nicht zum Tragen gekommen sind. Auch der Reichshof Andernach am Rhein, aus römischer Wurzel bruchlos erwachsen, gehört zu dieser ältesten, aus Reichsgut hervorgegangenen Stadtentstehungsschicht, ebenso Koblenz an der Moselmündung. Bereits 1018 in den Besitz der Trierer Kirche gekommen, wird Koblenz zum bestimmenden Orientierungspunkt des kurtrierischen Landesausbaues im Niederstift um Mayen, Münstermaifeld und Cochem.

Die eben genannten Städte gehören der ältesten Stadtentstehungsschicht an, deren zeitlicher Abschluß in Westfalen in das

Jahr 1180 datiert wird. Mit dem Sturz Heinrichs des Löwen und der Durchsetzung der Herzogsrechte in Westfalen durch die Erzbischöfe von Köln wird hier das Ende der reichsgeschichtlichen Verflechtungen und der Beginn territorialer Eigenentwicklungen gesehen, deren kleinräumigere Orientierung neue Maßstäbe für die Stadtentstehung gesetzt hat. Wenngleich ein ebenso markantes Datum für die Rheinlande fehlt, wo die Übergänge –wie in Westfalen übrigens auch– fließend sind, so lassen sich in beiden Landschaften gleichermaßen nach 1180, vor allem aber für die erste Hälfte des 13. Jahrhunderts, insoweit Gemeinsamkeiten feststellen, als jetzt die Phase der Stadtgründungen nach dem Vorbild der Mutterstädte einzusetzen beginnt.

Stadtgründung und Landesausbau vom 13. bis zum 15. Jahrhundert

Als reine Gründungsstadt der Grafen von Kleve tritt 1230 Kalkar (Abb. 73) auf den Plan, das auf einem schmalen Sandrücken im verlandeten Altrhein in zwei Straßenzeilen angelegt wurde und 1242 Stadtrecht erhielt. Auch Lippstadt (Abb. 97/98), die älteste Gründungsstadt Westfalens, wurde 1185 auf Grundbesitz der Edelherrn zur Lippe angelegt, nachdem sich an dem verkehrsintensiven Lippeübergang seit 1170 eine Kaufmannssiedlung mit Nikolaikirche gebildet hatte, die im Südwesten der um 1220 vorgenommenen Stadterweiterung liegt. Die in einem unregelmäßigen Rechteck gestaltete Anlage schließt im Nordwesten auch das Augustinerinnenstift mit der »kleinen Marienkirche« und die Burg aus dem Anfang des 13. Jahrhunderts ein. Ihr Zentrum aber hat sie in dem Bereich zwischen den nordsüdlich verlaufenden parallelen Straßenzügen der Langestraße und Kappelstraße, die durch eine Reihe paralleler Querstraßen zu einem gitterförmigen Straßennetz miteinander verbunden sind und das Gelände des Marktplatzes einschließen, der durch einen freigelassenen Häuserblock offenbar schon in der Planungsphase gebildet wurde. Auf ihm freistehend die 1222 geweihte »große Marienkirche« als Marktkirche, die gegenüber der stiftischen »kleinen Marienkirche« das Repräsentationsbedürfnis einer finanzkräftigen und selbstbewußten Bürgerschaft in einer erfolgreichen Neugründung des 12./13. Jahrhunderts erkennen läßt. Mit etwa 50 ha Siedlungsfläche gehört Lippstadt zweifellos noch zu den Großstädten des 13. Jahrhunderts. Solchen erfolgreichen Gründungsstädten wäre aus der Vorderpfalz die pfalzgräfliche Gründung von Neustadt an der Weinstraße im Jahre 1235 an die Seite zu stellen, die sich freilich in sehr viel kleineren Dimensionen entwickelt hat.

Auch Wesel (Abb. 101) am Niederrhein gehört zu den Gründungsstädten der ersten Generation, obwohl sich die Entwicklung hier schon länger vorher angebahnt hatte. Auf Reichsgut erwachsen, hatte sich um den Königshof eine kleine Marktsiedlung beim Korn- oder Ferkelsmarkt im Nordwesten gebildet, an den sich mit Erweiterung der alten Willibrordkirche seit 1181 eine Fernhandels- und Marktsiedlung als planmäßige Anlage angeschlossen hatte. Zur Stadterhebung von 1241 hatte es nur noch des Anstoßes der Grafen von Kleve bedurft, die den Ort 1233 hatten erwerben können. Ummauerung des nach Südosten zur Lippemündung hin abgerundeten Areals, erste Ansätze zur städtischen Selbstverwaltung unter führender Beteiligung der Kaufmannschaft seit der Mitte des 13. Jahrhunderts und eine exponierte verkehrsgeographische Lage machten Wesel rasch zum Haupthafen des klevischen Landes und zu einer wachsenden Handelsstadt. Das um 1500 nach Osten erweiterte Siedlungsareal um die Antoniuskirche belegt dies deutlich. Seit Anfang des 17. Jahrhunderts in die Auseinandersetzungen des Jülich-Klevischen Erbfolgestreites hineingezogen, stagnierte die Entwicklung, die mit Wesels Ausbau zur brandenburgischen Festung seit 1680 ihr Ende fand. Auch der Stadtwerdung von Werl am Hellweg (Abb. 80) gehen wirtschaftliche Faktoren in der Salzgewinnung und im Salzhandel voraus, bevor es durch die Erzbischöfe von Köln wohl noch in der ersten Hälfte des 13. Jahrhunderts befestigt und zur Stadt erhoben wurde. Bitburg in der Eifel (Abb. 79) wurde 1239 von den Luxemburger Grafen erworben, befestigt und 1262 mit Echternacher Recht begabt. Seine Siedlung, bereits 715 als befestigter Platz (*castrum*) genannt, war stets Mittelpunkt der fruchtbaren Bitburger Feldbaulandschaft und Zentrum des nach ihm benannten frühmittelalterlichen Bitgaues. In ihrem nördlichen, im Plan als kleinere Rundsiedlung erkennbaren Teil ist die Stadt auf den Resten eines römischen Kastells entstanden, das als Etappenstation an der Straße von Köln nach Trier gedient hat. Seine gerade Straßenführung ist die bestimmende Achse der mittelalterlichen Siedlung geblieben, die sich bis ins 17. Jahrhundert nach Süden auf den dreifachen Umfang ausgedehnt hat.

Zahlreiche unserer auch heute noch bedeutsamen Städte in Rheinland und Westfalen gehören dieser ersten Gründungsphase bis 1240/50 an, in der die Stadterhebung und die Ummauerung den Stadtwerdungsprozeß in der Regel zum Abschluß gebracht haben. Räumliche, wenngleich nicht immer funktionale Kontinuität zu voraufgegangenen römischen Siedlungen weisen am Rhein Xanten, Neuß, Bonn, Remagen, Boppard und Bingen auf, ebenso Kreuznach an der Nahe, vielleicht auch Oberwesel. Auch Alzey, Saarbrücken, Jülich, Zülpich und Deutz haben Römisches unter ihren Fundamenten, gehören z. T. aber späteren Entwicklungsstufen an. Alzey wurde 1277 Stadt, Saarbrücken erst 1321, der Stadtwerdungsprozeß Zülpichs ist wohl mit der Überlassung des Befestigungsrechts 1291 an die Bürger abgeschlossen. Vor allem am Niederrhein rücken jetzt Orte wie Emmerich und Rees, aber auch Kleve und Grieth, Geldern und Rheinberg zu Städten auf, ebenso Kaiserswerth und Essen, um nur einige zu nennen. In Westfalen gehören neben Lippstadt die Orte Geseke, Herford und Lemgo zu den größeren dieser Periode, im rheinhessisch-pfälzischen die Stadt Oppenheim, aber auch das kleine Annweiler am Fuße des Trifels, dem mit seiner Erhebung von 1219 möglicherweise wirtschaftliche Versorgungsfunktionen für die Reichsburg zugedacht waren. Diese Tendenzen weisen bereits in die folgende Stadtentstehungsphase nach 1250. Kaiserslautern hingegen läßt um 1250 städtische Selbstverwaltungsorgane erkennen, erhielt aber erst 1275 Stadtrechte. Auch die Übergänge zur folgenden Entstehungsphase sind, wie sich zeigt, keineswegs immer exakt abzugrenzen.

Mit den Stadtgründungen nach 1240/50 tritt in Rheinland und Westfalen gleicherweise die Klein- und Zwergstadt entgegen, deren Ausgangspunkt weniger vorstädtische Markttradition als vielmehr die stadtherrliche Burg oder der Amtssitz gewesen sind. Daß vor allem seit dem 14. Jahrhundert solchen Gründungsstädten vielfach nur verminderte Stadtrechte zuerkannt wurden, weswegen auch von „Minderstädten" gesprochen wird, hat seine Ursache in den begrenzten Funktionszuweisungen, die den Stadtgründungen als Verwaltungssitzen, Regionalmärkten und Befestigungen in kleinräumigem Umfeld zugewiesen worden sind. Terminologisch werden diese Stadttypen als Wigbolde –besonders in Westfalen –, als Freiheiten, Flecken oder auch als Täler – häufig in den Mittelgebirgsregionen des Rheinischen Schiefergebirges – in der zeitgenössischen Sprache bezeichnet. Die Stadterhebung von Linz am Rhein (Abb. 74) im Jahre 1320 beispielsweise dürfte mit der Zentralstellung zu erklären sein, die Linz als Hauptort des kurkölnischen Amtes Altenwied und als kölnische Rheinzollstätte hatte. Gronau (Abb. 76) entstand im 15. Jahrhundert als planmäßige Anlage mit Wigboldrechten in Anlehnung an das Schloß, das Mittelpunkt einer Herrschaft des Hauses Bentheim-Steinfurt war, der die Stadt hinfort den Namen gab. Dirmstein (Abb. 75), von 1472 bis 1705/08 eine kurpfälzische und wormsische Gemeinsherrschaft, war vor allem Sitzort zahlreicher Burglehnsträger beider Landesherren. Die zahlreichen respektablen Hofanlagen im Ortsbild lassen hier saturierten Grundbesitz erkennen. Die Ummauerung und Freiung des Ortes im frühen 17. Jahrhundert diente wohl der Verfestigung des Ortsfriedens über den gebietbaren Stadtfrieden, zumal Kurpfalz hier im 16. Jahrhundert die Reformation eingeführt hatte. Lüdinghausen (Abb. 77) geht auf eine frühe befestigte Marktsiedlung bei der Kirche St. Felicitas und dem grundherrlichen Hof der Abtei Werden zurück. Seit dem 12. Jahrhundert als Lehen in Händen der Herren von Lüdinghausen, erhielt der Ort 1308 münstersches Stadtrecht, nachdem Versuche des Bischofs von Münster, diese Werdener Exklave zu erlangen, fehlgeschlagen waren. Die im 13. Jahrhundert erbaute münstersche Burg Vischering sperrte die von Norden aus dem Münsterschen hereinführende Straße, Burg Wolfsberg am Südrand der Stadt, genannt nach Bernhard von Lüdinghausen, genannt Wolf, wurde 1271 vergeblich belagert. Dem Amtshaus westlich vor der Stadt war eine Burganlage in der Stadt voraufgegangen. Nach dem Aussterben der von Lüdinghausen war die Stadt, die 1499 als Freiheit bezeichnet wird, offenbar nicht in der Lage, die Werdener Rechte zu wahren.Das kleine Amt Lüdinghausen fiel an das Bistum Münster. Tholey (Abb. 78) gelangte als Bestandteil des Amtes Schaumburg 1787 an die Grafen von Pfalz-Zweibrücken, die es auf dem Tauschwege von den Herzögen von Lothringen erworben hatten. Wie der Plan von 1788 ausweist, war dem Ort als „Ober Amts Stadt" die Funktion zugewiesen, Verwaltungsmittelpunkt des neuerworbenen Amtes zu werden. Seinen Titel als Stadt hat Tholey im 19. Jahrhundert nicht erneuern können. Als alter fränkischer Adelsbesitz aus dem 7. Jahrhundert, dem römische Besiedlung auf dem Schaumberg und unter dem Bereich der Abtei vorausgegangen waren, hat Tholey im Schatten des hier vor 1066 gegründeten Benediktinerklosters und seiner Vogtei, die im 13. Jahrhundert an die Herzöge von Lothringen gegangen war, über den bäuerlichen Wirtschaftsbereich hinaus wohl nie mehr als bescheidene Versorgungs- und Standortfunktionen für Abtei und Amt gehabt. Auch Fredeburg (Abb. 81) verdankt seine Entstehung der im zweiten Drittel des 14. Jahrhunderts hier errichteten Burg als Mittelpunkt der Osthälfte der Herrschaft Bilstein. Burg, Burgkapelle und Stadt bedeckten das im Plan erkennbare, leicht erhöhte Areal, das im Zuge der Soester Fehde 1444 einer dreimonatigen Belagerung standhielt, bevor es mit Stadt und Land Fredeburg an Kurköln fiel. Trotz der vorwiegend bäuerlichen Struktur seiner Bewohner weitete sich der Ort seit der Mitte des 16. Jahrhunderts in die östlich gelegene Talebene aus, die 1810 als Mittelstück in die neu konzipierte Straßensiedlung einbezogen wurde, nachdem die Oberstadt durch eine Brandkatastrophe vernichtet und aufgegeben worden war.

Stadt als Markt und Industriestandort

Das geringe Eigengewicht, das viele der seit dem 14. Jahrhundert gegründeten Städte haben entwickeln können, zeugt von ihren oft nur begrenzten wirtschaftlichen Entfaltungsmöglichkeiten und von ihrer festen Einbindung in vielfach kleinräumige Herrschafts- und Amtsstrukturen. Sie sollten Anreiz für Zuzügler bieten, sollten erweiterter Burgbezirk sein, sollten Regionalmarkt mit den Möglichkeiten zu fiskalischem Bargeldeinzug und schließlich ein als Stadt eindeutig abgegrenzter und definierter Herrschafts- und Gebotsbezirk sein. Dieser Aufgabenstellung aber hatten auch ältere Stadtgründungen aus der ersten Hälfte des 13. Jahrhunderts schon gedient. Werl (Abb. 80) beispielsweise zählte neben Soest zu den westfälischen Altbesitzungen der Kölner Kirche. Von Erzbischof Engelbert I. von Berg (1216 - 1225) befestigt und neben Rüthen, Brilon (1217) und Attendorn (1222) als Ausgangsbasis gegen die Arnsberger Grafen zur Verbindung der Hellwegstationen und der sauerländischen Besitzungen städtisch gefördert, wurde es gegen Ende des 13. Jahrhunderts Kölner Burg- und Amtssitz. Nach dem Übertritt der Stadt Soest zum Herzogtum Kleve infolge der Soester Fehde (1444 - 1449) verstärkte sich Werls Position als Eckpfeiler der kölnischen Herrschaft in Westfalen. 1450 wurde das westfälische Offizialat aus Soest hierher verlegt und 1519 ließ Erzbischof Hermann von Wied (1515 - 1547) einen Schloßbau in Werl errichten. Dennoch hat sich die Stadt trotz ihrer vorzüglichen Verkehrslage am Hellweg (Abb. 80) mit ihrer althergebrachten Salzgewinnung, mit ihrem Salz- und Getreidehandel aus dem Soester Schatten nicht lösen können. Ihrem Charakter als Ackerbürgerstadt blieb sie treu. Auch Bochum (Abb. 82) hat sich mit seiner vorzüglichen Verkehrslage im Schnittpunkt des Hellweges mit Nord-Süd-Verbindungen zur Lippe, nach Münster und über Hattingen a. d. Ruhr nach Köln keineswegs zu einer blühenden Handelsstadt entwickelt, wie es seiner Lage nach hätte erwartet werden können. Als Kölner Lehen 1225 von den Isenburgern –Graf Friedrich von Altena-Isenburg hatte den Kölner Erzbischof Engelbert I. ermordet – an die Grafen von der Mark gegangen, konnten letzte, aus der Lehnsherrschaft abgeleitete kölnische Ansprüche auf die Hälfte des Gerichts erst 1392 erfolgreich abgewehrt werden. Die lange strittigen Herrschaftsverhältnisse haben hier die städtische Entwicklung zweifellos verzögert, wenn nicht gar unterbunden.

Erst gegen Ende des 13. Jahrhunderts entstand bei dem alten Reichshof eine Marktsiedlung, der sich im 14. Jahrhundert Befestigung mit Wall und Graben und die Einstufung des Ortes als Freiheit anschlossen. Die alten hofrechtlichen Bindungen ihrer Bewohner wurden durch die Stadterhebung nicht beseitigt. Als Amtssitz genoß die Stadt seit dem 15. Jahrhundert Mittelpunktfunktionen, die sich wirtschaftlich jedoch nicht mehr auswirkten. Getreideanbau und Viehzucht blieben neben dem Steinkohleabbau bis ins 19. Jahrhundert hinein die bestimmenden Ertragsgrundlagen, und auch die im 14. Jahrhundert erreichte Verlegung des Hellweges durch die Stadt hat nichts daran geändert, daß der Hattinger Markt das Zentrum des Kornhandels in dieser Region blieb. Obwohl zu Beginn des 19. Jahrhunderts der Getreideumschlag in Bochum Bedeutung zu erlangen begann, blieb die Stadt bis zur industriellen Umwälzung um die Mitte des 19. Jahrhunderts ihrem Charakter einer Ackerbürgerstadt treu.

Die Entwicklung von Werl und Bochum mag hier stellvertretend für viele andere Städte das sensible Verhältnis von Fernhandel, Gewerbe, Verkehrslage und klar ausgeprägter Ortsherrschaft verdeutlichen, deren Beziehungen zueinander die Stadtentstehung und Stadtentwicklung fördern oder hindern konnten. Der Nahmarkt, dessen räumliche Atmosphäre Abb. 84 vom Trierer Fischmarkt aus der Mitte des 16. Jahrhunderts eindrucksvoll nachzeichnet, hat den Städten nur regionale Mittelpunktstellung verliehen. Ein über das städtische Umland hinausgehendes Gewicht in Wirtschaft und Politik konnte, wie am Bespiel der Alt- und Mutterstädte gesehen, nur der Fernhandel in Verbindung mit vielfältig produzierenden örtlichen Gewerben verleihen. Diese Verbindung findet seit dem 17. Jahrhundert ihre gewandelte Form in der frühindustriellen Produktion. Die Stadt wird jetzt als Industriestandort interessant. Hohes Arbeitskräfteangebot, gewerblich geschulte Fachkräfte und rascher, in den Konsum unmittelbar fließender Geldumlauf bieten gute Voraussetzungen zur Industrieansiedlung für Unternehmer wie Stadtherren. Krefeld (Abb. 83) sei hier stellvertretend für Städte dieser Art genannt. Die erst 1373 gegründete Stadt der Grafen von Moers, die sich um die Pfarrkirche St. Dionysius – im Plan die Reformierte Kirche – westlich der Hochstraße gebildet hatte, wurde unter der Herrschaft der Oranier, die die Moerser Grafen beerbt hatten, seit der Mitte des 17. Jahrhunderts Zufluchtsort für Mennoniten und Reformierte, die die schon um 1550 begonnene Seidenweberei rasch zu Ansehen brachten. Umstellung auf Manufakturbetrieb und industrielle Fabrikation seit 1658 unter maßgeblicher Regie der aus Radevormwald hierher geflohenen Familie von der Leyen ließen die Stadt auch unter preußischer Herrschaft seit 1702 rasch wachsen. Eine erste Erweiterung von 1692 schloß das Gelände östlich der Reformierten Kirche ein, 1711 das südlich gelegene mit dem Neuen Markt, das bereits vollkommene Planmäßigkeit in Baufluchtlinien und Bebauungsparzellen erkennen läßt. 1738 wurde entlang der Hochstraße nach Norden das um zwei Querstraßen verlängerte Areal einbezogen, 1752 der westlich davon gelegene Bezirk um die katholische Kirche und 1766 die Stadt auf ganzer Breite nach Norden längs der Hochstraße nochmals um zwei Querstraßen erweitert. Zu einer Zeit, in der Kölns Wirtschaft aus ihrer Zunftgebundenheit nicht herauskam und stagnierte, war Krefeld in weniger als siebzig Jahren um ein Vielfaches gewachsen. Auch Elberfeld (Abb. 85) gehört zu den Wachstumsstädten seit dem 17. Jahrhundert, wenngleich auf tradierter Grundlage der Verbindung von Handel und Handwerk. Schon die bergische Amtsstadt des 15. Jahrhunderts, um deren Burg sich die 1420 erwähnte Freiheit am nördlichen Wupperufer gebildet hatte, war Marktort und neben Barmen Standort der Garnbleicherei, die im kalkarmen Wupperwasser bestens gelang. Mit dem Garnbleichermonopol von 1527 beginnt hier der wirtschaftliche Aufschwung im Bleichen, Wirken und Färben, dem seit dem 17. Jahrhundert der Fernhandel und Export nach Holland, Flandern, Frankreich und England folgte. Im Gegensatz zu Barmen, das seit dem 18. Jahrhundert industriell expandierte, hatte in Elberfeld neben der Produktion vor allem der Handel Fuß fassen können, nicht zuletzt gefördert durch den Rückzug der stadtherrlichen Präsenz. Ein Stadtbrand von 1537 hatte zur Freigabe des Burggeländes an die Bürger geführt. Die neuerrichtete Mauer, 1642 geschleift, war unvollständig geblieben. Die Verleihung der Stadtrechte von 1610 und die Eximierung eines eigenen Stadtgerichts in bürgerlichen Sachen aus dem Gericht des Amtes 1708 förderten die administrative und gerichtliche Unabhängigkeit der Stadt. Wenngleich der Plan von Elberfeld aus dem Jahre 1827 (Abb. 85) die Anhänglichkeit neuzeitlicher Stadt- und Bauplanung an den Rechten Winkel erkennen läßt, der die Parzellierung des Wuppertales und der Wupperhänge zu bestimmen scheint, so verrät der Stadtkern manche Zufälligkeit des Gewachsenen. Die frühe industrielle Rationalität und Einfallslosigkeit eines Krefelder Stadtgrundrisses blieb der Elberfelder Altstadt, aus deren Mauern die traditionellen Gewerbe nicht sprunghaft in die Industriestadt herausgeplatzt sind, erspart.

Auch die Industriestadt des 19. und 20. Jahrhunderts ist mit staatlicher Hilfe und Verkehrsförderung entstanden. Der in Abb. 86 wiedergegebene »Plan der Stadt und Festung Mannheim« soll vor allem auf die linksrheinische Mannheimer Schanze im Jahre 1794 hinweisen, die zum Siedlungskern der Stadt Ludwigshafen geworden ist. Ihre Schleifung im Jahre 1804 machte den Platz für Kaufleute interessant. In Konkurrenz zu Mannheim entstand hier ein Hafen zur Verschiffung pfälzischer Landesprodukte, vor allem Tabak und Wein. Der seit 1824 systematisch erfolgte Ausbau eines Winterhafens, der Bau der pfälzischen Eisenbahn seit 1845, die in Ludwigshafen endete, und der Erwerb des Platzes durch König Ludwig I. von Bayern im Jahre 1843 – seitdem der Name Ludwigshafen – ließen den Ort rasch aufblühen. Seit der Jahrhundertmitte folgte die Industrie vom rechten Rheinufer nach, 1865 die Badische Anilin- und Sodafabrik, die im nördlichen Gelände der durch die Rheinbegradigung von 1862 trockengelegten Rheinschleife idealen Verkehrsanschluß und weite Ausdehnungsmöglichkeiten fand. Umfassende Werksanlagen und Wohnsiedlungen sowie ständig steigender Platzbedarf haben zur Eingemeindung der im Plan eingezeichneten älteren Gemeinden Edigheim, Oppau, Friesenheim, Oggersheim, Mindenheim, Maudach und Rheingönheim geführt, die ihren z.T. ländlichen Charakter bis ins 20. Jahrhundert hinein bewahrt haben. 1853 wurde Ludwigshafen der Gemeindestatus zuerkannt, wodurch die kommunale Selbstverwaltung anerkannt und geregelt war. 1859 wurde es in den

Stand der Stadt gesetzt und 1920 zur kreisfreien Stadt erklärt. Von solchem sprunghaften Industrie- und Siedlungswachstum des 19. und 20. Jahrhunderts sind auch zahlreiche Industriestädte des Ruhrreviers, z.T auch als Neugründungen, geprägt und gezeichnet.

Residenz-, Garnisons- und Festungsstadt

Während sich seit dem 17. Jahrhundert Städte einerseits entfalten und zu Großstädten entwickeln konnten, sind andere Städte seit dieser Zeit in enge Festungsgürtel eingezwängt und an ihrer Entfaltung gehindert worden. Neue Stadttypen entstehen, denen von Anfang an feste Funktionen seitens der Landesherrschaft zugewiesen werden: Residenzstädte, Garnisonsstädte, Festungsstädte. Festungscharakter hat die mittelalterliche Stadt immer gehabt, wie das Bild der Kipfelsau vor Speyer aus dem Anfang des 16. Jahrhunderts (Abb. 87) anschaulich vermittelt. Die Mauer als Ausdruck der Wehrhoheit war darum immer ein deutliches Stadtsymbol, das auch bei den Minderstädten der mittelrheinischen Lande sicher eine größere Rolle gespielt hat als in Westfalen. Aber die Ummauerung zur Erhöhung des Selbstschutzes in Kriegszeiten hat es, wie das Beispiel Südlohn bei Borken nahe der holländischen Grenze zeigt (Abb. 88/89), auch bei Orten ohne Stadtqualitäten gegeben.

Mit dem Übergang der allgemeinen Landesverteidigung in die ausschließliche Zuständigkeit der territorrialen Gewalten seit dem 16. Jahrhundert verloren Mauer und Stadt ihr fortifikatorisches Eigengewicht. Die Stadt wurde in die allgemeine Landesplanung nicht mehr als Ganzes, sondern sehr viel stärker unter einzelnen, schwerpunktartigen Aspekten eingesetzt, als das vom 13. bis zum 15. Jahrhundert der Fall gewesen war. Den Erfordernissen des frühneuzeitlichen Verwaltungsstaates hatte sie in besonderem Maße Rechnung zu tragen.

Auszugehen ist auch hierbei von der Burg, die als Mittelpunkt der Verwaltung und Verteidigung weiter ausgebaut wird und die Stadt als Dienstleistungsbetrieb weiter beibehält. Die Entwicklung von der Burg zur massiv ausgebauten Festung hat der Ehrenbreitstein gegenüber Koblenz vom 16. bis zum 18. Jahrhundert (Abb. 90) durchlaufen. Zu Beginn des 17. Jahrhunderts wird unter Erzbischof Philipp Christoph von Sötern (1623 - 1652) am Fuße des Felsens die Philippsburg als kurfürstliches Residenzschloß gebaut, nachdem die Talsiedlung, genannt Mülheim im Tal, 1618 eine eigene Ordnung als Flecken erhalten hatte. Das für diesen Raum zuständige Niederberger Gericht kam nach Mülheim, das jetzt Philippstal genannt wurde. Nach Söterns Tod nahm der Ort den Namen der Festung an, erhielt 1675 ein Rathaus und ging in den hauptstädtischen Funktionen als Sitzort der kurtrierischen Verwaltungsbehörden zunehmend auf. Als Koblenz mit dem 1777 begonnenen Schloßbau zur erzbischöflichen Residenz aufstieg und auch die Behörden aufzunehmen begann, ging Ehrenbreitstein seiner Funktionen und wichtigsten Lebensgrundlage verlustig. Nicht ganz so folgenschwer verlief die Entwicklung in St. Goar (Abb. 91). Seit etwa 1185 saßen die Grafen von Katzenelnbogen als Prümer Vögte an dieser alten Rheinzoll- und Fährstelle, die sie seit 1205 durch eine Burg im Ort und durch Ummauerung zu schützen suchten. Der Erwähnung von Stadt und Burg von 1264 war freilich 1245/46 oberhalb der Stadt die Errichtung der Burg Rheinfels als Zollburg voraufgegangen. Sie entwickelte sich rasch zum Verwaltungsmittelpunkt und zur Residenz der Niedergrafschaft Katzenelnbogen und lieh nach dem 1479 erfolgten Übergang Katzenelnbogens an die Landgrafschaft Hessen der Seitenlinie Hessen-Rheinfels den Namen. Seit 1568 zur Festung ausgebaut, hatte der Rheinfels hier den Zugang von den offenen Hunsrückhöhen zum Rhein und zu den rechtsrheinischen katzenelnbogen-hessischen Landen wiederholt erfolgreich gesperrt, bevor er 1797 von den Franzosen gesprengt wurde. Die Stadt St. Goar teilte zwar die wiederholten Anfechtungen des Rheinfels im 17. und 18. Jahrhundert, war selbst aber nie zur Festung ausgebaut worden, sondern fand mit ihren traditionellen Erwerbszweigen des Weinhandels, der Färberei, der Gerberei, der Fischerei mit ihrem Salmenfang und der Schiffahrt ihr hinreichendes Auskommen.

Stellten Ehrenbreitstein und St. Goar Stadttypen bei Residenzfestungen dar, so rückt mit Ochtrup (Abb. 92) das befestigte Dorf mit seiner Kirche in den Vordergrund, das auf Anordnung der fürstbischöflich-münsterschen Regierung 1592-94 Befestigungsanlagen zur Abwehr spanischer Einfälle aus dem benachbarten holländischen Kriegsgebiet erhalten hatte. Der Anlaß zur Befestigung war folglich aktueller Natur, wurde aber zur Voraussetzung für die künftige minderstädtische Entwicklung. Im Jahre 1597 erhielt Ochtrup, dessen bevorzugte Straßenlage wohl stets bescheidenen Marktverkehr begünstigt hatte, einen Jahrmarkt verliehen, 1612 Wigboldrechte. Der Festungsbau hatte die Stadtwerdung begünstigt, deren Förderung den weiteren Festungsauftrag in gefährdeter und exponierter Lage ermöglichen sollte.

Mit der Auflösung des Stifts im Jahre 1562 und mit dessen Überlassung an niederländische Calvinisten durch Kurfürst Friedrich III. von der Pfalz beginnt die Stadtgeschichte von Frankenthal, das im ausgehenden 16. Jahrhundert Zufluchtsort für Protestanten aus Frankreich, Belgien, den Niederlanden und Westfalen Bedeutung erlangte und zu einem wirtschaftlich aufblühenden Gemeinwesen in der Seiden-, Samt- und Tuchmanufaktur, in der Gold- und Silberschmiedekunst zu werden versprach, nachdem es 1577 Stadtrechte erhalten hatte. Mit dem Ausbau der Stadt zum Hauptstützpunkt der linksrheinischen Pfalz und zur damals stärksten Festung des Oberrheins in den Jahren 1608 - 1620 (Abb. 93), erlebte die Stadt allein während des Dreißigjährigen Krieges sieben Belagerungen und Besetzungen, die zur allmählichen Vernachlässigung der Festungswerke führten. Im Pfälzischen Erbfolgekrieg 1689 durch Frankreich total zerstört, erhielt die Stadt 1699 die landesherrliche Zusage, nicht wieder zur Festung ausgebaut, sondern nur mit einer Ringmauer umgeben zu werden. Als dritte Haupt- und Residenzstadt der Pfalz erlebte sie nach 1758 eine neue wirtschaftliche Blüte, die den Grundstein zu einer der wichtigsten Industriestädte der heutigen Pfalz gelegt hat. Die im 17. Jahrhundert eingegangene Verbindung von Manufakturstadt und Festung war schon von den Zeitgenossen als miteinander unvereinbar anerkannt worden. Auch die seit 1661 errichtete Paulusburg vor den Toren von Münster (Abb. 94) stieß auf den heftigsten Widerstand der Stadt und der Landstände. Ihre Erbauung diente wohl eher der Disziplinierung der Stadt, die aus ihrer Neutralität während der hier 1645-48 geführten westfälischen Friedensverhandlungen die Reichsunmittelbarkeit vergeblich zu erlangen versucht hatte. Der strategische Wert dieser als Zitadelle vorgeschobenen Anlage darf, ohne Sicherung einer Festungsstadt im Rücken, als gering angesehen werden.

Der bei Frankenthal entwickelte Typ der Festungsstadt, der in Festung und Garnison eine Zivilsiedlung einschloß, findet sich in vollendeter Form wieder bei Saarlouis, das seit 1680 durch Ludwigs XIV. Festungsbaumeister Vauban (1633 - 1707) auf grüner Wiese errichtet worden ist. Der Plan (Abb. 95) zeigt, daß bei der Konzeption auf keinerlei ältere Bebauungslinien Rücksicht genommen zu werden brauchte. Der Stadt als Zivilsiedlung kamen bei solchen Festungsstädten vor allem Versorgungs-, Transport-, Logierungs- und Lazarettfunktionen zu. Um Ansiedler für Saarlouis zu gewinnen, das im Gegensatz zu Frankenthal keine Flüchtlinge anzog, wurden zwischen 1681 und 1685 zahlreiche Vergünstigungen ausgeschrieben, namentlich rechtliche Gleichstellung ansiedlungswilliger Ausländer, kostenlose Überlassung von Bauplätzen, Befreiung von verschiedenen Abgaben und Einquartierungslasten, Marktrecht und Jahrmärkte, Gerichtsstand in der Stadt, eigene Stadtverwaltung und Einführung von Zünften, kurz die der Stadt eigentümlichen rechtlichen und wirtschaftlichen Vorrangstellungen seit alters. Auf das Wirtschaftsgefüge benachbarter Städte, hier der Stadt Wallerfangen, wurde keine Rücksicht genommen. Überhaupt wirken Markt und Zünfte als Motoren des wirtschaftlichen Aufschwungs für die Zeit des ausgehenden 17. Jahrhunderts eher antiquiert. Die Stadt Landau, die sich als ehemalige Reichsstadt und als Mitglied des elsässischen Zehnstädtebundes 1648 in den Schutz Frankreichs begeben hatte, wurde seit 1688, ebenfalls von Vauban, zur Festung ausgebaut (Abb. 96). Abbrennen eines Teils der für den militärischen Bedarf ungeeigneten Stadt, Neuaufbau in rechtwinkligen Bauquadraten und geraden Straßenzügen ohne Rücksicht auf frühere Besitzverhältnisse sowie Errichtung eines Paradeplatzes auf einst bebautem Gelände sind einige der Maßnahmen, die hier zur Umwandlung eines einst rechteckigen Stadtgrundrisses in einen oktogonalen Festungsblock vonnöten waren. Der gewachsene städtische Lebensraum wurde in der Festungsstadt dem militärischen Zweckbedarf rigoros eingefügt und die räumliche Entfaltung auf Jahrhunderte unterbunden. Erst seit 1872 konnte sich die Stadt über die aufgelassenen Festungswerke hinaus nach Osten, Süden und Westen ausdehnen. Wesel (Abb. 101), 1680 - 1730 unter Brandenburg-Preußen zur Festung ausgebaut, verlor dadurch seine profilierte Stellung als Hafen- und Handelsstadt, wohingegen Lippstadt, dessen 1633 - 1652 errichtete Festungswerke bereits 1763 nach Beendigung des Siebenjährigen Krieges geschleift wurden (Abb. 97/98), das freigewordene Festungsareal parzellierte und als Grünland privaten Eignern überließ. Für kommunale Aktivitäten fehlten im 18. Jahrhundert ganz offensichtlich Anreiz und Durchsetzungsvermögen.

Die Stadt Düsseldorf hatte das Glück, noch unter Napoleon in den Jahren 1809 - 1812 entfestigt worden zu sein. Seine Befestigungswerke (Abb. 99), die im Zuge des städtischen Wachstums nach Süden seit dem 17. Jahrhundert ständig erweitert und modernisiert worden sind, dienten wohl nur dem Schutz der alten Haupt- und Residenzstadt von Jülich-Berg. Erst gegen Ende des 18. Jahrhunderts wurde sie mit der Süderweiterung der Karlsstadt auch Garnisonsstadt. Ihren Charakter als Hauptstadt hat sie im Großherzogtum Berg seit 1806 ebenso behaupten können, wie sie in preußischer Zeit, begünstigt durch ihre Tradition und Verkehrslage, bevorzugter Standort für Industrieverwaltungen und Banken am Rande der Ruhrindustrien, Sitz der Bezirksregierung und Mittelpunkt für Kunst und Kultur geworden ist. Ihr zu dieser Zeit kräftiges Wachstum in die südlich vorgelagerte Neustadt und in Richtung der östlichen Vororte (Abb. 100) läßt die Anziehungskraft dieser Stadt, ihre zentrale Verkehrslage, aber auch ihr in der Tradition verhaftetes Planungsverhalten erkennen, das sich an alten Straßenverläufen und Gemarkungsgrenzen stärker orientierte, als an den rigorosen Umlegungs- und Erschließungsbedürfnissen der in dieser Phase andernorts entstehenden Industriestädte. Düsseldorf konnte sich somit in einer Zeit voll entfalten, in der andere Städte erneut in Festungsgürtel eingezwängt worden sind. Minden (Abb. 102) soll diesen Typ hier verkörpern. Als Bischofssitz zu den ältesten westfälischen Städten gehörig und – bis ins 16. Jahrhundert – wohl auch zu den größten, wurde es im Westfälischen Frieden 1648 mit anderen säkularisierten Bistümern Brandenburg zugeschlagen und befestigt. Analog zu Lippstadt nach dem Siebenjährigen Krieg entfestigt, wurde die Stadt ihrer strategisch bedeutsamen Lage als Sperriegel an der Porta Westfalica wegen seit 1816 wiederum zur preußischen Festung ausgebaut, aus deren Fesseln sie sich erst 1873 lösen konnte. Sie teilte das Schicksal von Koblenz, dessen Süderweiterung aus residenzstädtischer Zeit (1777 - 1794) seit 1816 in einem erweiterten Festungsring eingeschnürt wurde. Auch Mainz hat unter seiner Festungslast gelitten. Im Gegensatz aber zu den französischen Festungsstädten des ausgehenden 18. Jahrhunderts ließ der preußische Festungsbau des 19. Jahrhunderts die gewachsenen Altstädte im Wesentlichen unangetastet.

70

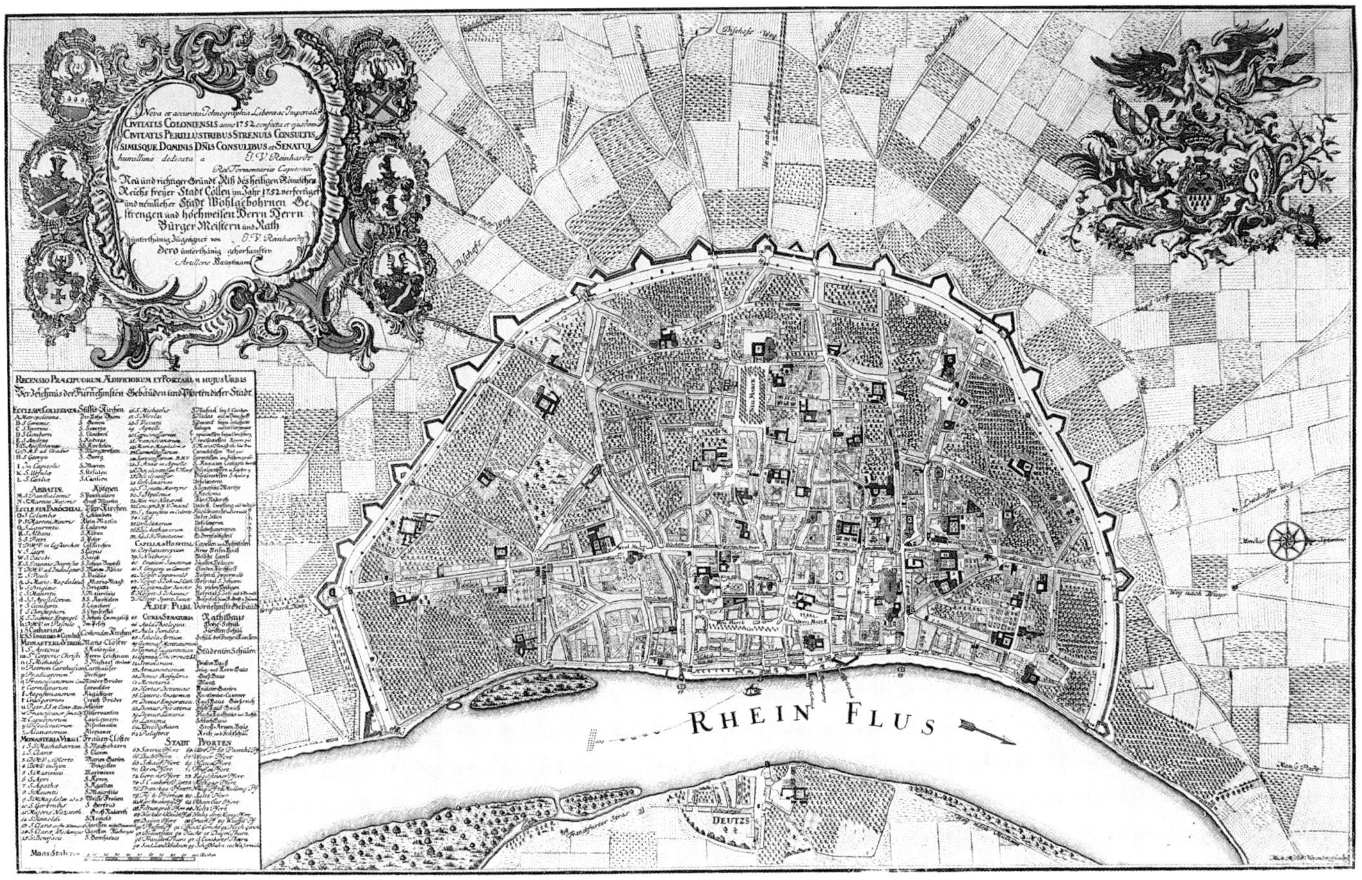

Abb. 70 Stadt Köln. 1752

Köln war während des Mittelalters die größte deutsche Stadt. Trotzdem hat die Bebauung den großen, seit 1180 begonnenen Mauergürtel bis in die Neuzeit nur unvollkommen ausfüllen können. Die dem Rat gewidmete Karte des städtischen Artillerieoffiziers Reinhardt ist der erste geometrisch richtige Plan der Stadt Köln.

71

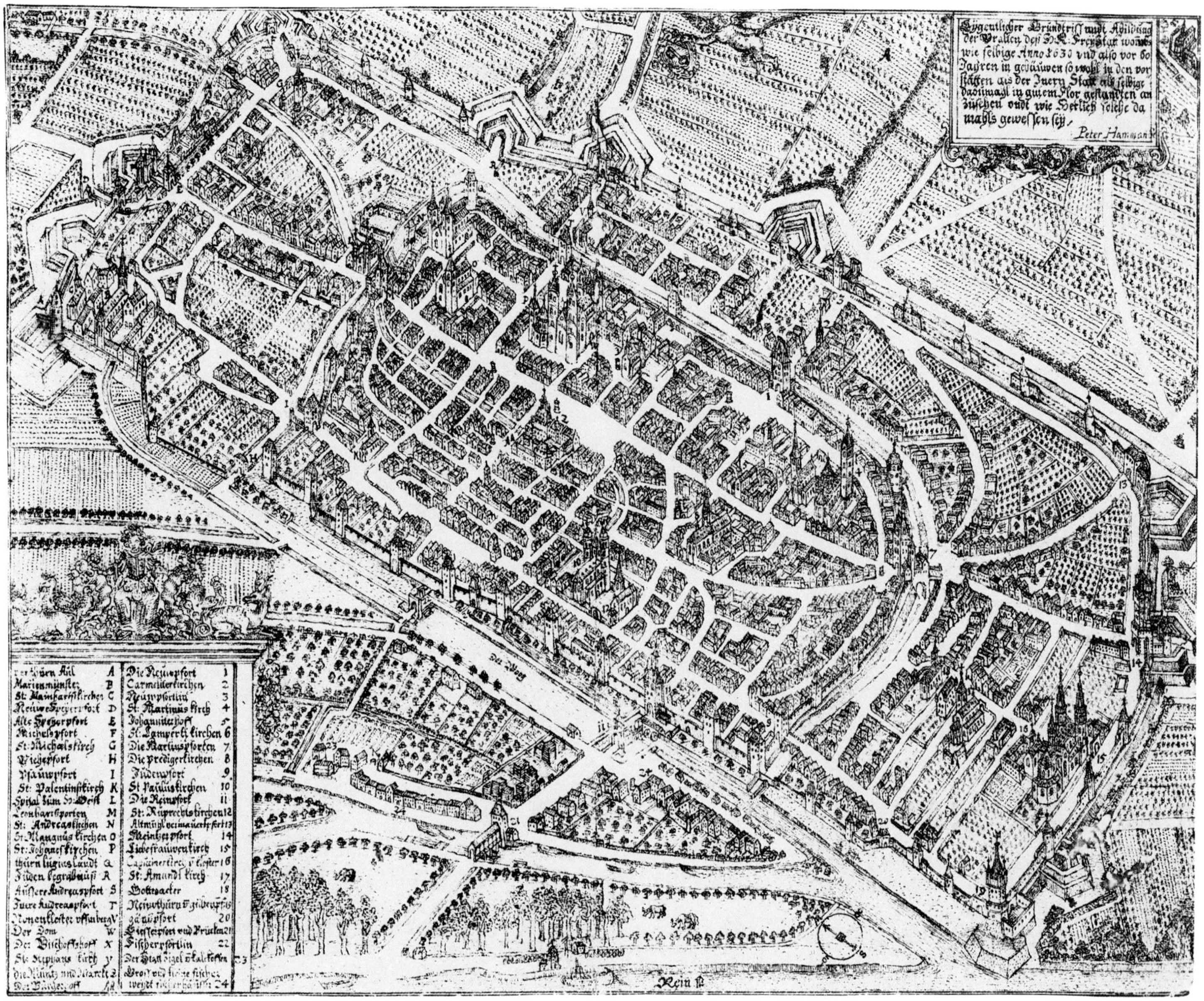

Abb. 71 Stadt Worms. Um 1690

Die Karte zeigt einen Plan der Stadt Worms aus der Vogelperspektive mit Einzeichnung sämtlicher Kirchen; vergleiche die ausführliche Legende. Sehr gut ist die mittelalterliche wie auch die neuzeitliche ausführliche Befestigung zu erkennen. Die Karte wurde etwa 1690, jedenfalls nach der Zerstörung Worms 1689 gezeichnet und gibt den vorhergehenden Zustand wieder. Sie ist in einer Mappe enthalten, die unter anderem in einem anschaulichen Bild die Verwüstung der pfälzischen Dörfer durch wie Regen vom Himmel herunterfallendes Feuer darstellt.

Abb. 72 Stadt Mainz. 1625/26

Mitten im Dreißigjährigen Krieg wurde in Mainz eine detaillierte Katasteraufnahme durchgeführt und kartographisch festgehalten. Die vorliegende Karte zeigt genau vermessen Grundstück für Grundstück mit den Namen der Eigentümer, sie verdeutlicht die lichte Bauweise, d.h. die Durchsetzung der Stadt mit sehr vielen Garten- und Feldgrundstücken, sie zeigt ferner die Ausdehnung von Mainz, wobei die Zidadelle und die Stadtmauer am Rhein besonders hervorzuheben sind. Der Dom und die übrigen Kirchen der Stadt ragen durch Rötelzeichnung heraus. – Die Karte entstand vermutlich anläßlich einer geplanten Neubefestigung des Jakobsberges und der Anlage von Bastionen rings um die Stadt.

Abb. 73 Stadt Kalkar mit Teil ihrer Feldflur. 1754

Die Karte bietet einen Überblick über die Besitzverteilung westlich von Kalkar in der Art, wie sie im preußischen Kleve während des 18. Jahrhunderts üblich war. Am linken Rand findet sich die Stadt Kalkar, eine Gründung aus der Mitte des 13. Jahrhunderts, deren Kirchen, Rathaus und Häuser der Zeichner zwischen zwei Tore in stark schematisierter Form aufgereiht hat.

72

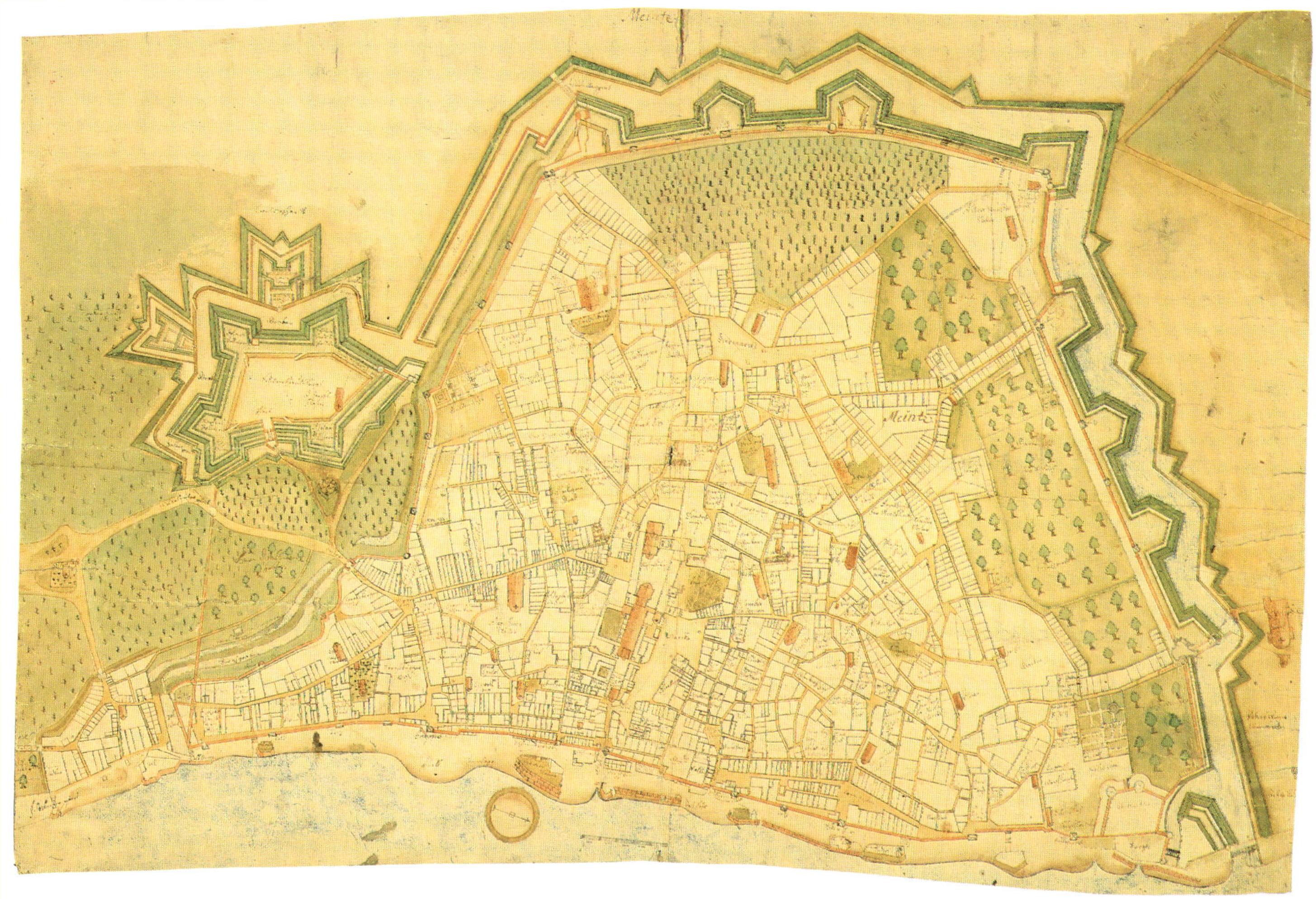

73

74

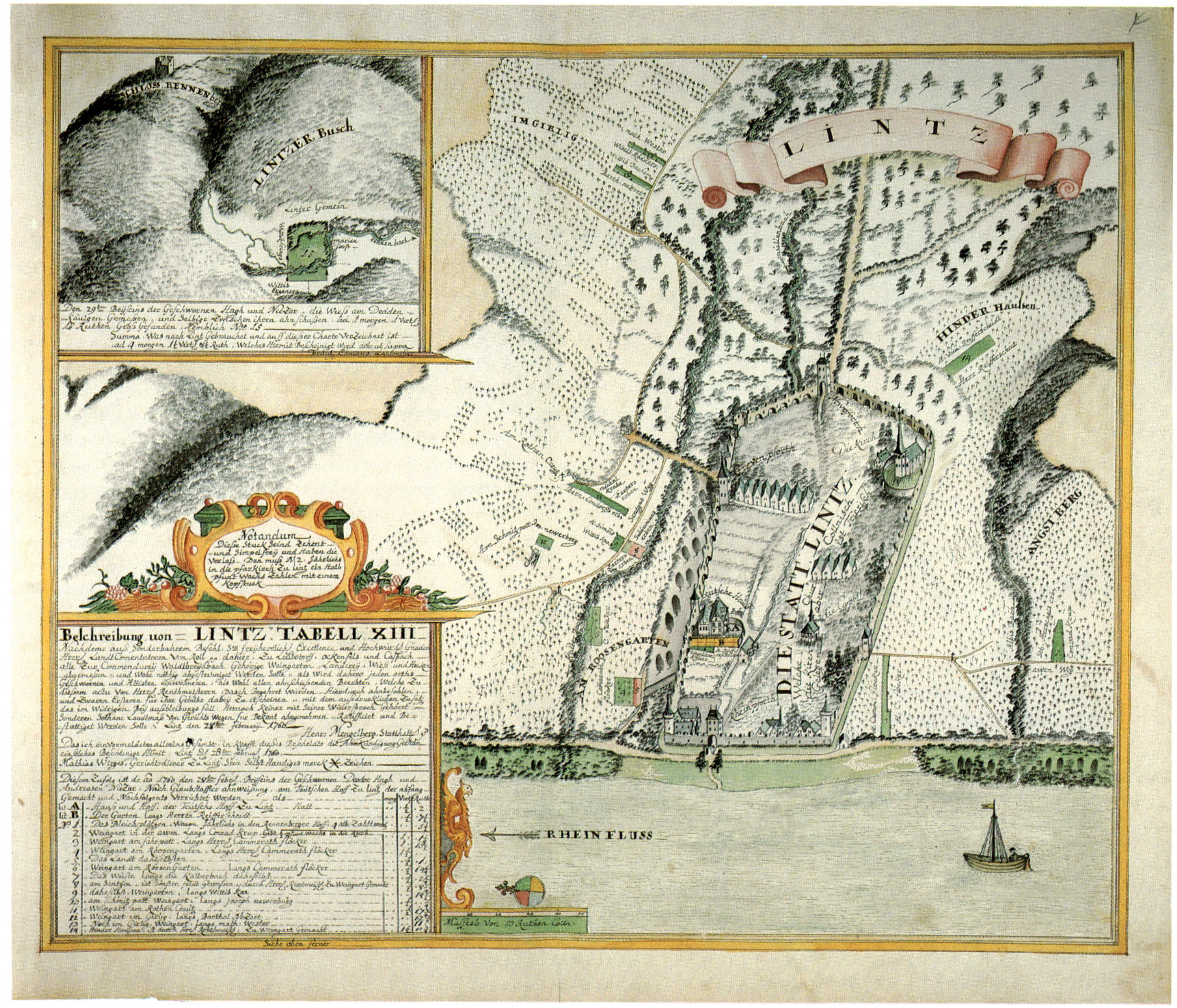

Abb. 74 Linz am Rhein. 1760

Die Darstellung der Stadt Linz und Umgebung aus der Vogelschau ist in einem Atlas der Güter der Deutschordenskommende Waldbreitbach enthalten. Die Vermessung und Kartierung diente der Feststellung der Besitzungen im Raum Linz - Rheinbrohl - Oberbieber. Die um die Stadt Linz verstreut liegenden, überwiegend als Weingärten genutzten Parzellen werden in der Legende einzeln beschrieben. Von der Stadt selbst sind außer der Stadtbefestigung nur das der Kommende gehörende Hofhaus mit Garten deutlich wiedergegeben, während die übrige Bebauung durch einzelne Wohnhäuser und Kirchen lediglich angedeutet wird.

Abb. 75 Stadt Dirmstein. Um 1750

Dirmstein war Amtssitz, zeitweise auch Residenz des Bischofs von Worms. Der Plan zeigt Reste einer alten Stadtbefestigung sowie den kirchlichen wie auch den Verwaltungsbereich (Schloß). Die Karte wurde als Straßen- und Häuserkarte angelegt, wie die ausführliche Legende nachweist (Provenienz unbekannt). Eine Datierungshilfe bietet die genaue Zeichnung der Kirche, an deren Planung Balthasar Neumann beteiligt war.

Abb. 76 Haus und Flecken Gronau. 1773

Jahrhundertelange Streitigkeiten zwischen den Bischöfen von Münster und den Grafen zu Bentheim um die Rechte an Haus und Flecken Gronau wurden durch die Vergleiche von 1699 und 1770/71 beendet. Die Grafen zu Bentheim - Tecklenburg - Rheda erkannten die münsterische Landeshoheit über Gronau an. Ihnen verblieben die Rechte einer Unterherrschaft mit Zivilgerichtsbarkeit und Anteil an Steuern und Zöllen. Auf der anläßlich des letzten Vergleichs angefertigten Karte wird das Herrschaftsgebiet der Grafen durch zwölf rot eingezeichnete Grenzsteine markiert.

75

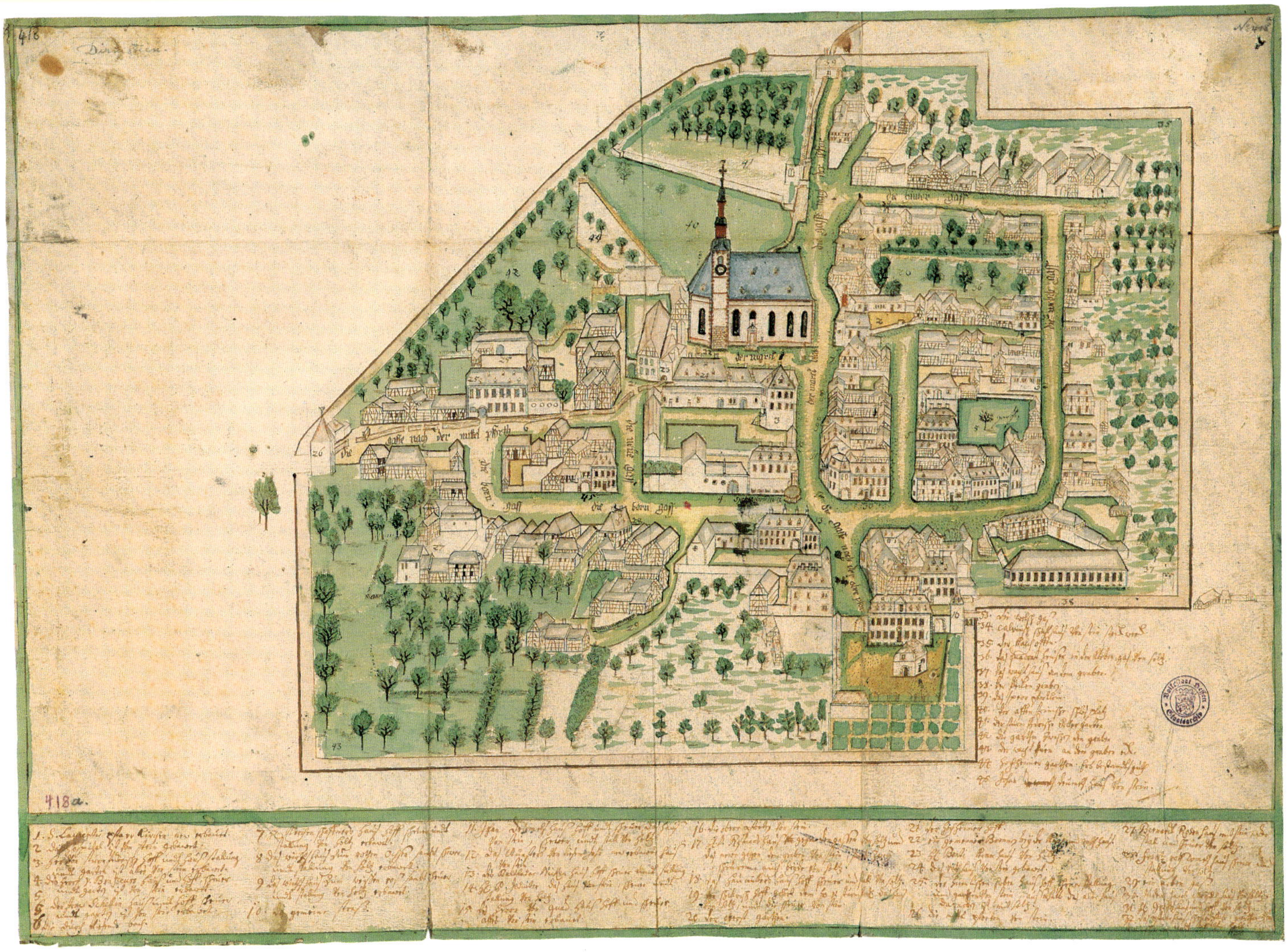

76

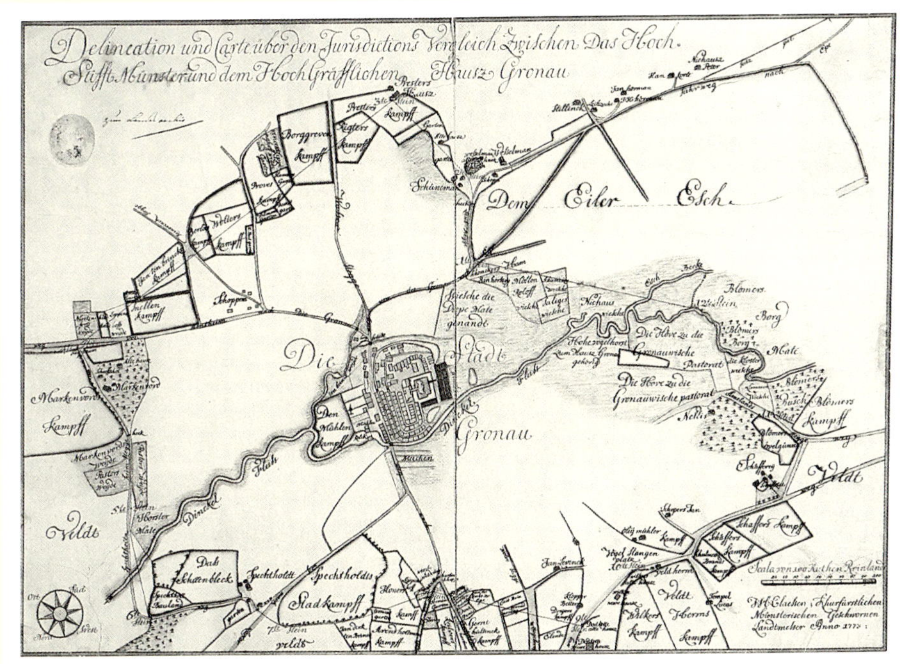
Delineation und Carte über den Jurisdictions Vergleich Zwischen Das Hoch Stifft Münster und dem Hoch Gräfflichen Hausz Gronau
Dem Eiler Esch
Die Stadt Gronau
Veldt
Dinckel Fluss

77

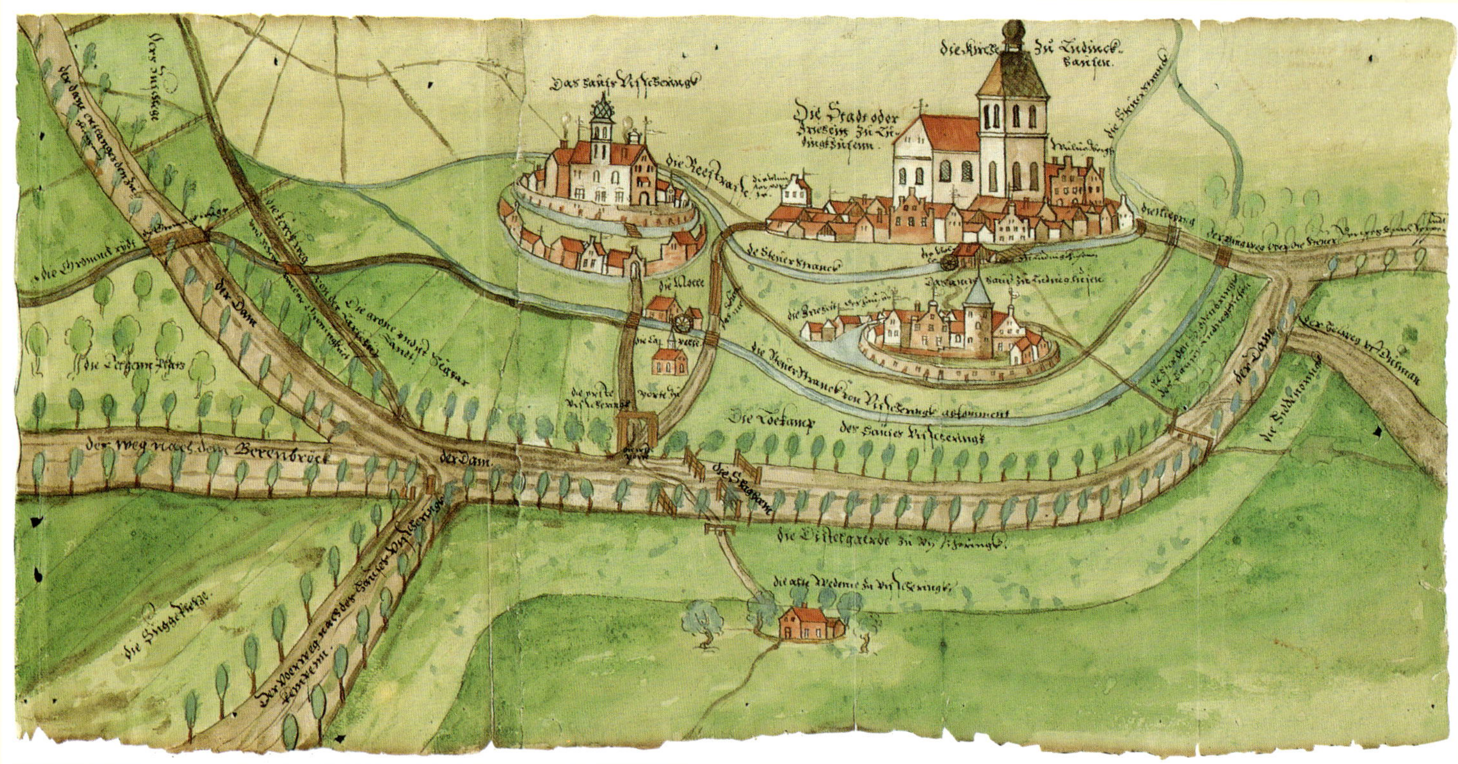

78

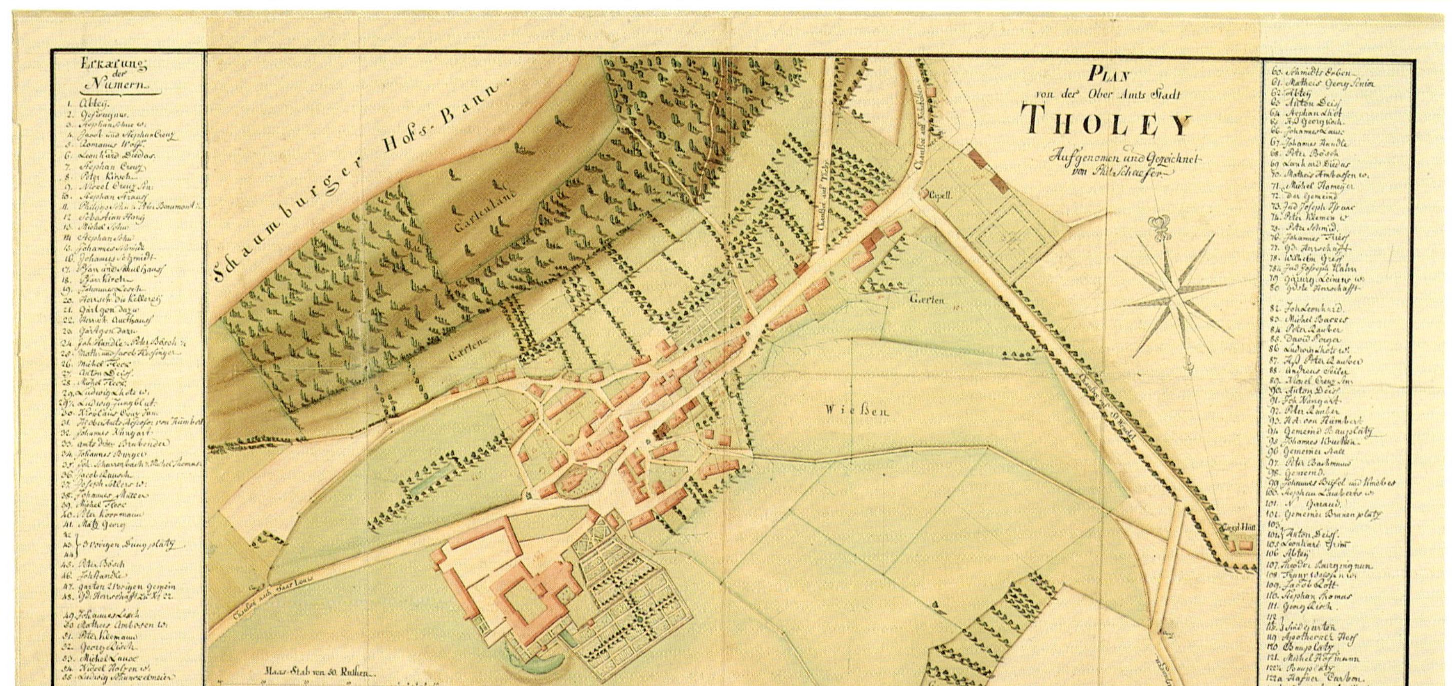
Plan
von der Ober Amts Stadt
Tholey
Aufgenommen und Gezeichnet
Schaumburger Hofs Bann
Gartenland
Garten
Wießen

79

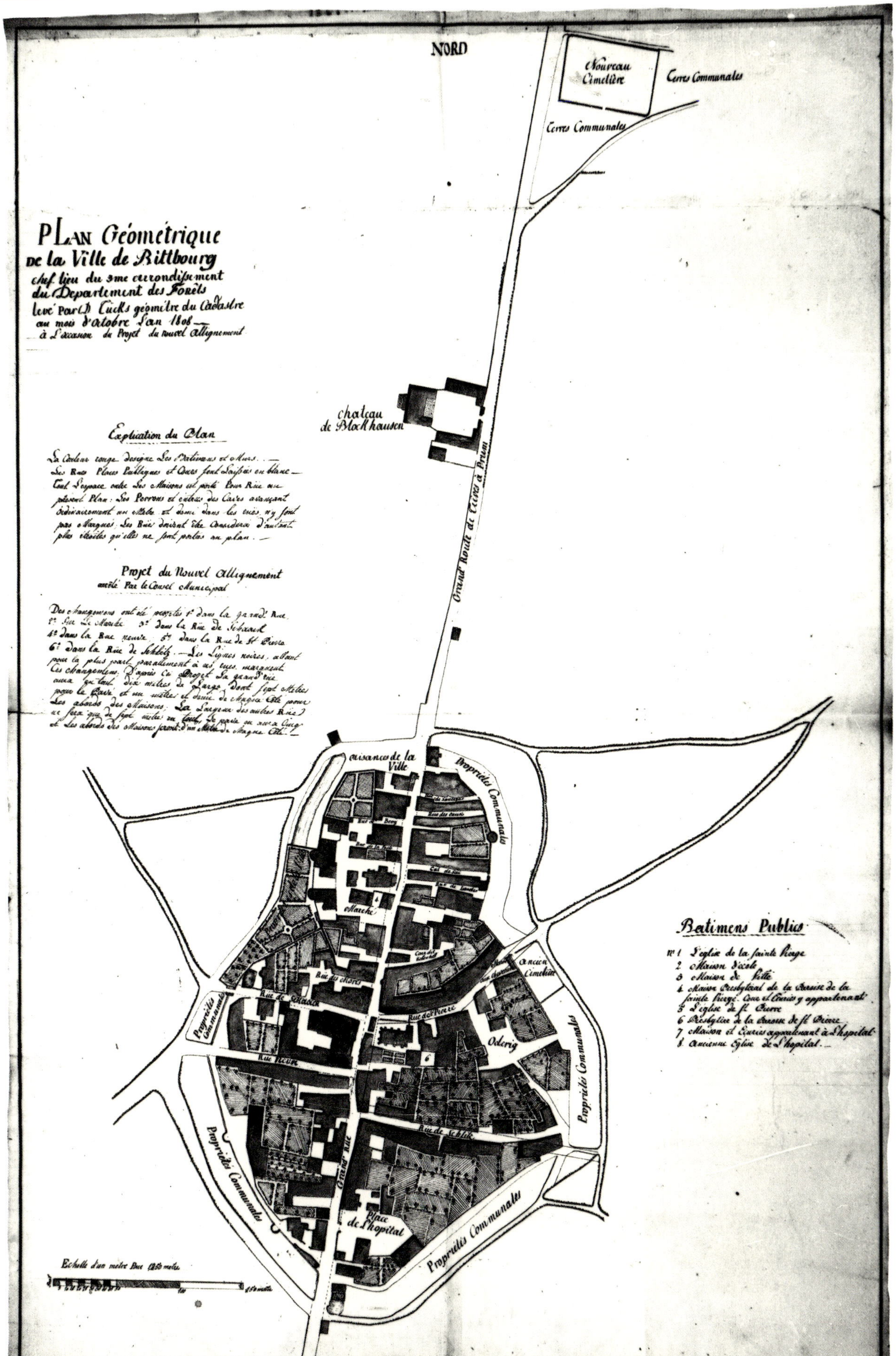
NORD
Nouveau Cimetière
Terres Communales
Terres Communales
PLAN Géométrique
de la Ville de Bittbourg
chef lieu du 3me arrondissement
du Departement des Forêts
levé Par D. Cucks géomètre du Cadastre
au mois d'octobre l'an 1808
à l'occasion du Projet du nouvel Allignement
Chateau de Blockhausen
Explication du Plan
Projet du Nouvel Allignement
Grand Route de Trèves à Prüm
Propriétés Communales
Ancien Cimetière
Oderig
Grand Rue
Rue de Schlitz
Place de l'hopital
Propriétés Communales
Batimens Publics
No 1 L'eglise de la sainte Vierge
2 Maison d'ecole
3 Maison de Ville
4 Maison Presbyteral de la Paroisse de la sainte Vierge. Cour et Ecuries y appartenant
5 L'eglise de St. Pierre
6 Presbytère de la Paroisse de St. Pierre
7 Maison et Ecuries appartenant à l'hopital
8 Ancienne Eglise de l'hopital.

80

Abb. 77 Stadt Lüdinghausen und Umgebung. 1580

Die Karte zeigt die Stadt Lüdinghausen, die Burgen Vischering und Wolfsberg und das Amtshaus Lüdinghausen, umgeben von Gewässern und Wegen. Sie wurde im Auftrag des Gerichts anläßlich eines Prozesses zwischen zwei münsterischen Adligen angefertigt. Lambert v. Oer, Besitzer des auf der Karte nicht sichtbaren Hauses Kakesbeck, beanspruchte für sich und seine Eigenbehörigen ein freies Wegerecht auf dem *Damm* und verlangte deshalb die Beseitigung der von Heidenreich Droste zu Vischering dort errichteten Schlagbäume.

Abb. 78 Stadt Tholey. 1788

Im Auftrag des pfalz-zweibrückischen Landbaudirektors Wahl wurde 1788 ein neuer Bebauungsplan für die Stadt Tholey angefertigt. Auflagen für die Bauherren wurden nur hinsichtlich der Einhaltung der Straßenfluchtlinien gemacht. Auch die Gestaltung der Fassaden wurde ihnen überlassen, wenn sie *nicht auf absurde Grillen hinauslauffen*. Der Plan gibt einen sehr genauen Überblick über den damaligen Baubestand und enthält an den Rändern Auflistungen der Gebäude und ihrer Eigentümer.

Abb. 79 Stadt Bitburg. 1808

Der Stadtplan von Bitburg wurde angefertigt aufgrund eines Beschlussen des Municipalrates zur Begradigung der größeren Straßen der Stadt. Als Straßen sind die zwischen den Gebäudeblöcken ausgesparten Zwischenräume anzusehen, wobei für die Fußwege und die Kellereingänge jeweils bis zu 1,50 m abzuziehen sind. Die eingezeichneten Linien zeigen die geplanten Änderungen in den Straßenfluchtlinien, wobei vor allem im Verlauf der *Großen Straße* beträchtliche Eingriffe in den Baubestand beabsichtigt waren. Durchgeführt wurden diese Maßnahmen jedoch nicht.

Abb. 80 Werl am Hellweg. Um 1612

Der von Duisburg am Rhein über Dortmund - Unna - Werl - Soest - Paderborn und weiter nach Osten laufende Hellweg hat von jeher einen besonderen Rang eingenommen und als Bundesstraße 1 bis in unsere Tage behalten. An der Heerschaftsgrenze zwischen Westfalen und Engern hat der Kölner Erzbischof Engelbert von Berg († 1226) um das Jahr 1220 das Dorf Werl gegen den Willen der Grafen von Werl-Arnsberg zur Stadt erhoben unter Beanspruchung der Steuer- und Gerichtshoheit.

81

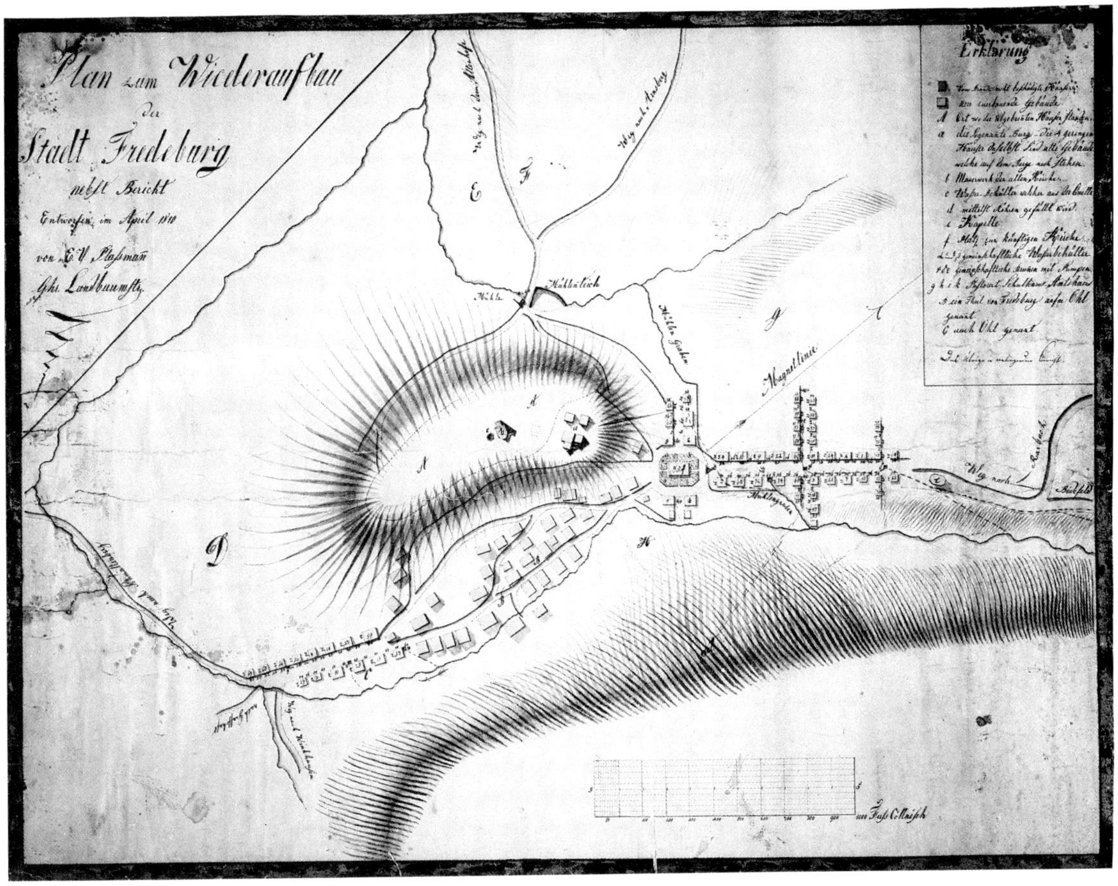

Abb. 81 Wiederaufbau der Stadt Fredeburg. 1810

Am 27. März 1810 vernichtete ein Brand die Fredeburger Oberstadt mit Rathaus, Kirche, Pastorat, 54 Häusern und zugehörigen Nebengebäuden. Auf Anordnung der Regierung wurde die enge Altstadt nicht wieder aufgebaut. sondern die neue, geräumigere Siedlung nördlich unterhalb des Burgberges errichtet. Von der geraden Hauptstraße gehen die Nebenstraßen rechtwinklig ab. Um die zentral gelegene Kirche gruppieren sich die öffentlichen Gebäude. Die im 16. Jh. entstandene Vorstadt *Ohl* wird in die Stadtplanung einbezogen, weiter südlich die neue Bebauung fortgesetzt.

82

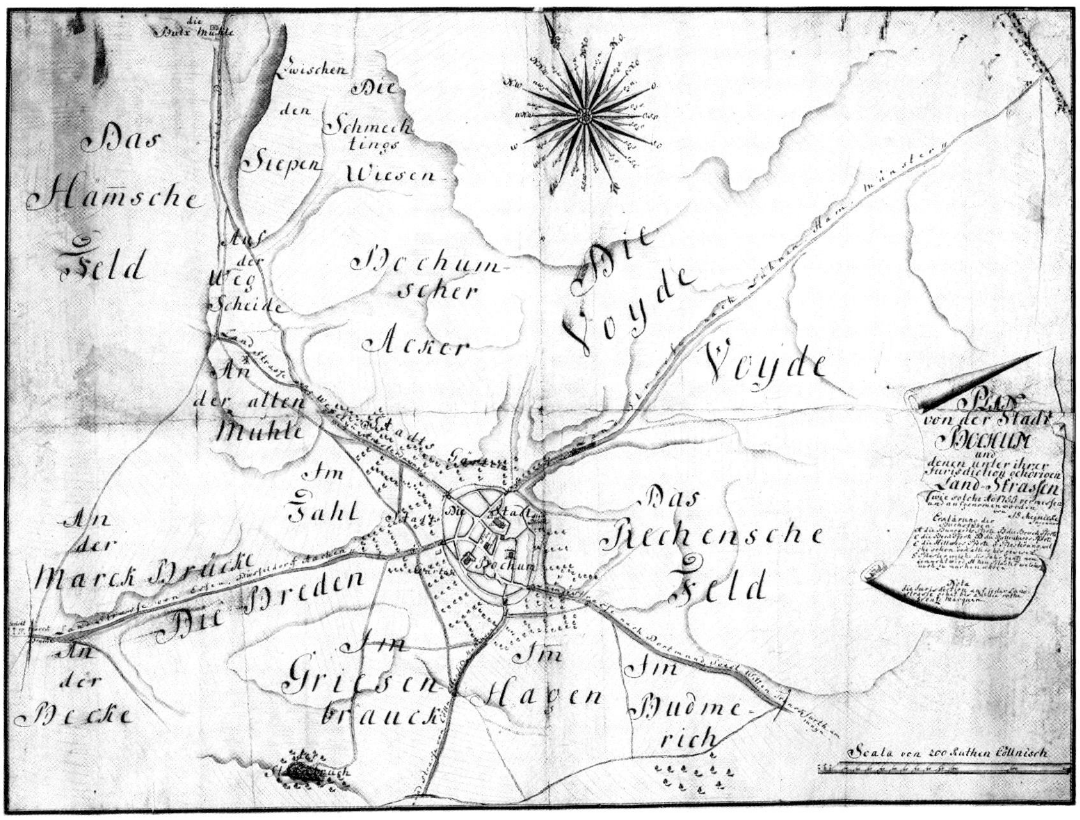

Abb. 82 Stadt Bochum mit Zufahrtswegen. 1755

In Bochum kreuzt sich der Hellweg, die Verbindung vom Niederrhein zur Weser, mit einer alten Nord-Süd-Straße. Trotz dieser günstigen Lage ist Bochum bis zur Mitte des 19. Jhs. ein unbedeutendes Ackerbürgerstädtchen gewesen. Der Plan hält den Zustand der von der Stadt zu unterhaltenden Straßen fest. Die Pflasterung reichte nur bis kurz vor die Stadttore. Dann verwandelten sich die Straßen wieder in ausgefahrene, hohlwegartige und oft grundlose Wege. Erst mit dem Bau der Chaussee Meinerzhagen - Hagen - Bochum - Essen - Wesel 1788 - 1792, einer gepflasterten, schnurgeraden und mit Pappeln bestandenen Kunststraße, besserten sich die Verkehrsbedingungen.

83

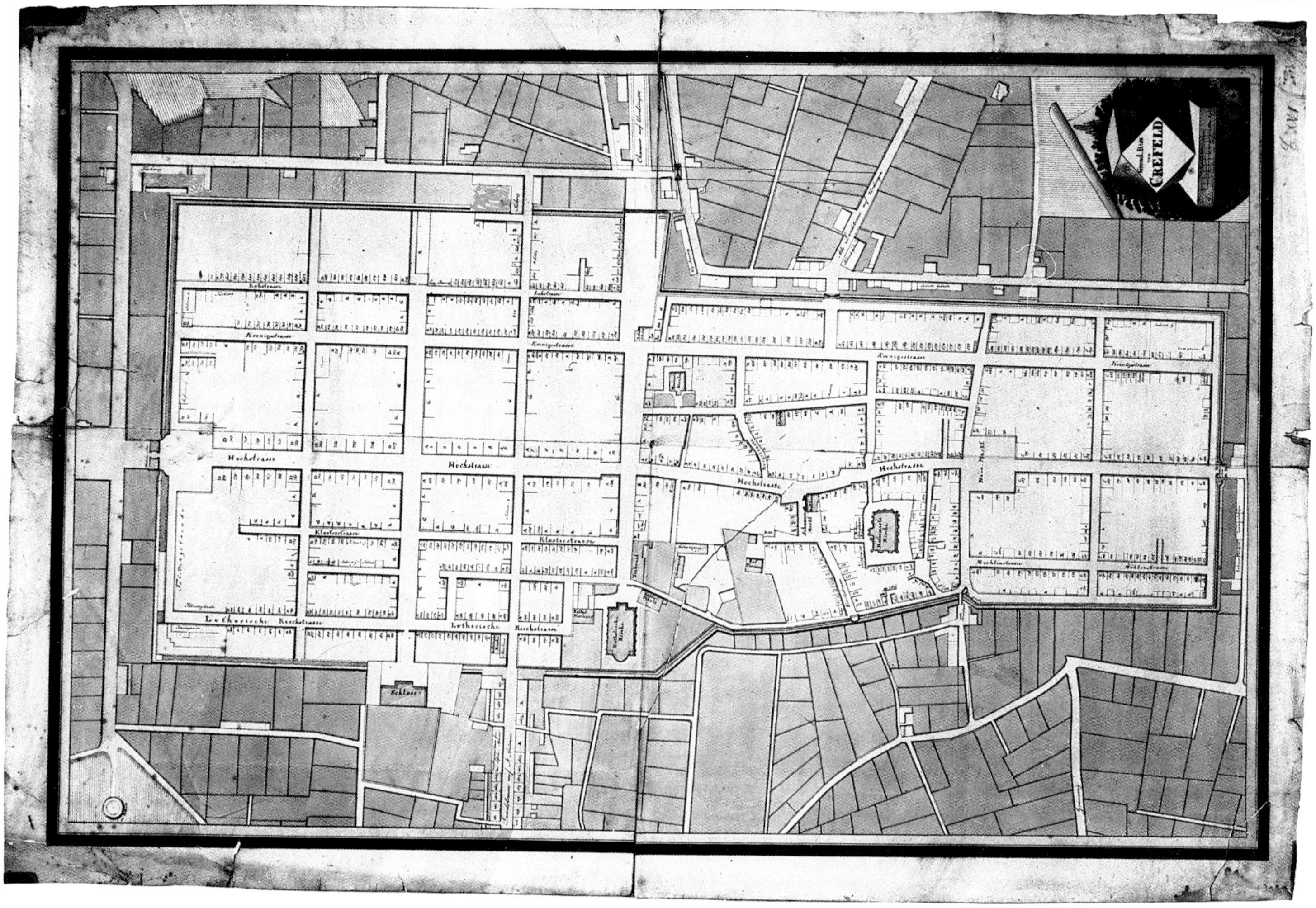

84

Abb. 83 Stadt Krefeld. Um 1817

Krefeld ist 1373 Stadt geworden. Doch das neue Gebilde blieb noch längere Zeit klein und unbedeutend. Erst nach der Niederlassung der mennonitischen Familie von der Leyen kam es zur Entwicklung der Seidenindustrie, die dann den weltweiten Ruf der Stadt begründete. Die topographische Aufnahme der Stadt und ihrer näheren Umgebung wurde veranlaßt, als der Rat 1815 beschlossen hatte, eine Baupolizeiordnung zu erlassen, um dem planmäßige Erweiterung erschwerenden willkürlichen Bauen außerhalb der Stadt entgegenzuwirken.

Abb. 84 Fischmarkt am Hauptmarkt in Trier. 1558

Anlaß für die Entstehung der wohl ältesten bekannten Zeichnung eines Teils des Trierer Hauptmarktes, des sogenannten Fischmarkts, war ein Prozeß in mehreren Instanzen zwischen den Eigentümern der beiden Häuser auf der linken Bildseite. Strittig waren insbesondere der nachträglich aufgeführte Aufbau auf dem linken Gebäude und der dadurch entstandene Wasserablauf zwischen diesem und dem Nachbarhaus sowie die Aufstellung der drei Fischtröge neben dem ersten Haus. Einen Eindruck vom Aussehen der mittelalterlichen Wohntürme in Trier vermittelt der im Hintergrund mit *Rodenbach* bezeichnete Turm.

85

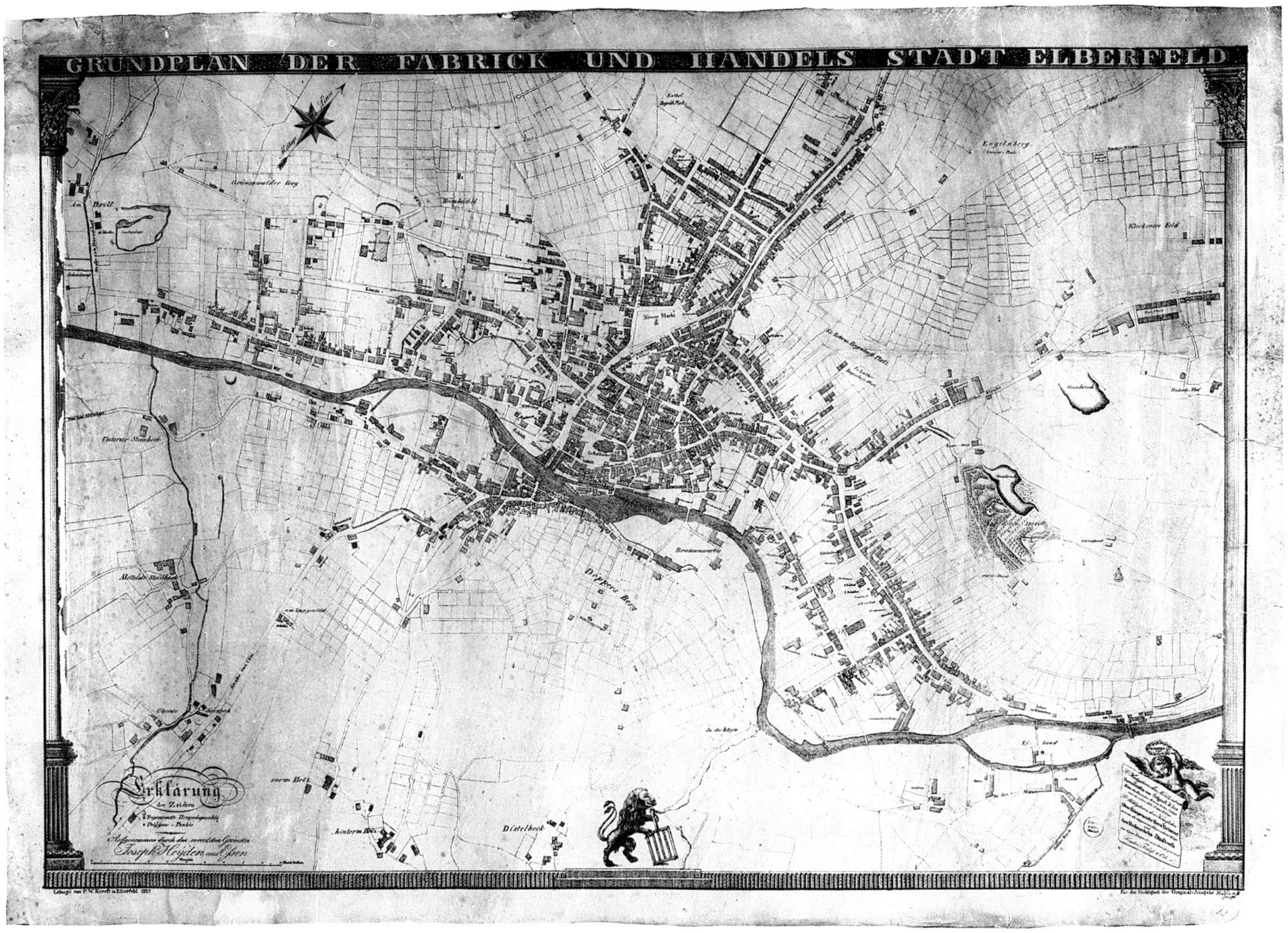

Abb. 85 Fabrik- und Handelsstadt Elberfeld. 1827

Die Karte ist zu einer Zeit hergestellt, als die Stadt, deren Bedeutung seit dem 16. Jahrhundert dank eines stark spezialisierten Textilgewerbes ständig gewachsen war, etwa 25 000 Einwohner zählte. Nur an einzelnen Stellen reicht die Bebauung über den alten, gut erkennbaren Stadtkern hinaus.

Abb. 86 Belagerung der Rheinschanze (Ludwigshafen) durch die Franzosen. 1794

Die von Altrip bis zum Frankenthaler Kanal, von Frankenthal bis Mannheim-Feudenheim reichende Karte zeigt im Mittelpunkt die Festung Mannheim mit der ihr am linken Rheinufer vorgelagerten Rheinschanze, die von französischen Truppen belagert wird, welche die heutigen Ludwigshafener Vororte Friesenheim, Oggersheim und Mundenheim bereits eingenommen haben. Deutlich ist auch die Landstraße zu sehen, die Oggersheim mit der Rheinschanze verbindet.

Abb. 87 Speyer und die Klipfelsau. 1525

Anfang des 16. Jahrhunderts wurde von der Stadt Speyer ein Kartensatz schöner Karten gefertigt, von denen im Stadtarchiv Speyer neben einem Plan des Geländes westlich der Stadt Speyer noch der hier vorliegende Plan der Rheinansicht von Speyer über die Klipfelsau erhalten ist. Man erkennt die Stadtbefestigung mit dem Fischertor, dem Zimmerleutturm, dem heute noch erhaltenen Heidentürmchen, dem Tränktor, dem Holztor, dem Salzturm und dem Judenturm, man sieht die Kirchen der Stadt und den alles überragenden Dom. Doch die Stadtansicht von Speyer ist lediglich Hintergrundzeichnung; dem Zeichner geht es vielmehr um die Klipfelsau und die wirtschaftliche Nutzung des Vorlandes vor den Stadtmauern: man sieht Schiffe in der damaligen Form, die damals üblichen Kräne, darunter ein Schwimmkran, die Stapelplätze und die Nutzung der Klipfelsau, unter anderem als Weide. Entstanden allerdings ist diese Stadtansicht aus Anlaß eines Grenzstreites um Liegenschaften auf der Klipfelsau.

Abb. 88 Dorf Südlohn bei Borken. 1597

Nach Ausbruch des Spanisch-Niederländischen Krieges 1566 hatte das grenznahe Südlohn mehrfach unter Überfällen spanischer Truppen zu leiden. Nach mehrmaligen Bitten um Fortsetzng der *Vergrabung des Dorfs* – im Südosten war bereits ein Graben angelegt worden – beauftragte die münsterische Landesregierung den Hauptmann Johann Rochell 1596 damit, den Ort zu besichtigen und eine Befestigungsanlage zu entwerfen. Die vorliegende Ansicht zeigt Südlohn zu diesem Zeitpunkt.

Abb. 89 Befestigtes Dorf Südlohn bei Borken. 1597

Der Plan zeigt die von dem münsterischen Hauptmann Rochell entworfene viereckige Befestigungsanlage mit Wällen, Toren, Gräben und Rondellen oder Strichwehren, sowie neuanzulegenden Häusern. Die handschriftlichen Eintragungen beschreiben die Abmessungen und die während der Schanzarbeiten vorgenommenen Veränderungen.

86

PLAN
DER STADT UND VESTUNG
MANNHEIM
Mit der umliegenden Gegend und
Frankenthal
Canal
Edigheim
Oppau
Friesenheimer Wald
Kefferthaler Wald
Kefferthal
Studernheim
Friesenheim
Ogersheim
MANNHEIM
Neckar
Walstatt
Feidenheim
Rheinschanze
Mundenheim
Maudach
Rheingenheim
Neckerauer Wald
Neckerau
Der Alt Rhein
Allrip

87

88

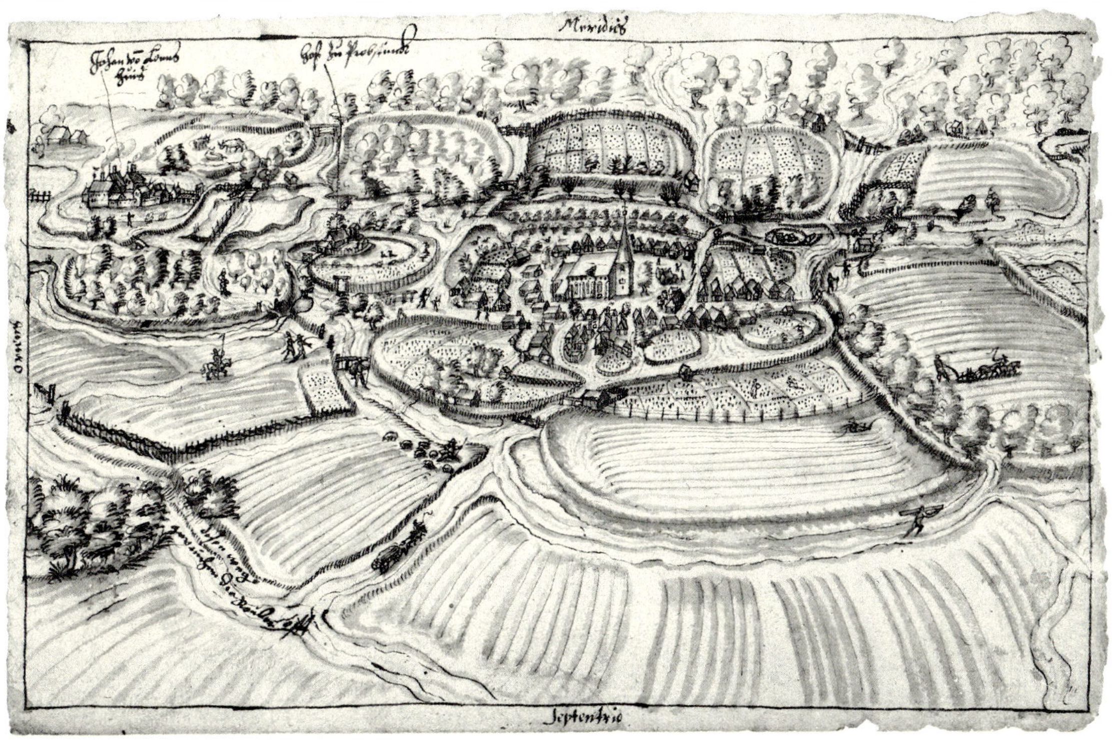

89

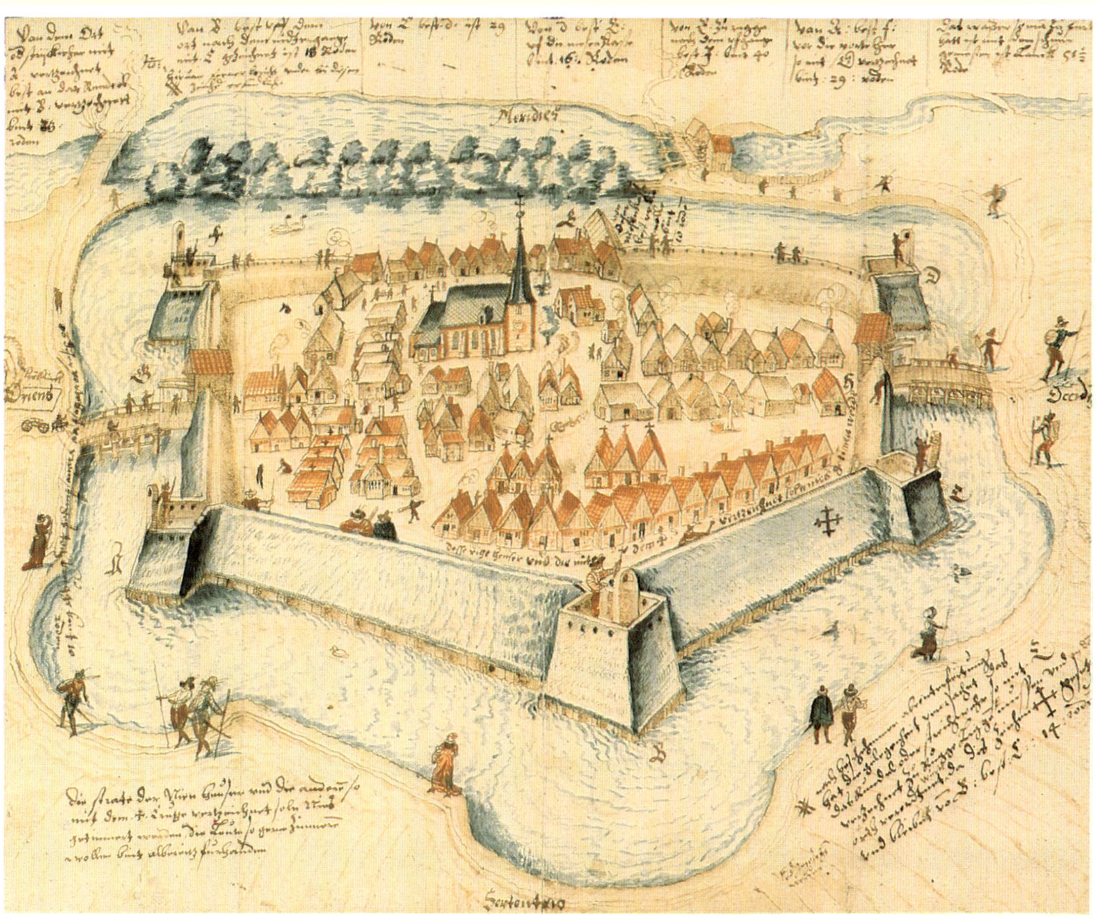

90

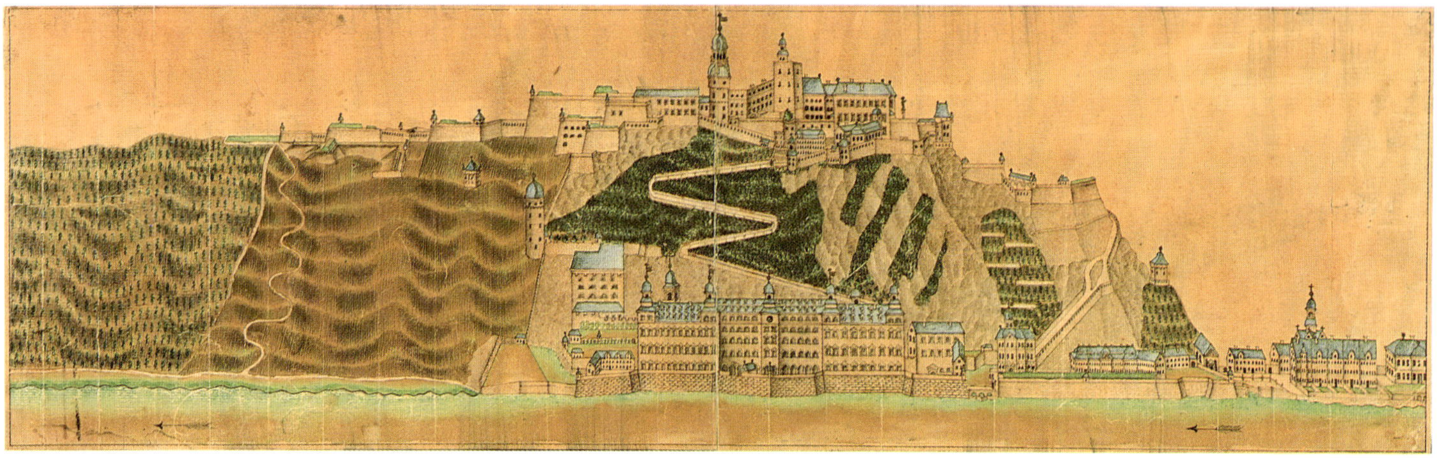

91

N. 52.
Grund ris
der Stadt St. Goar
und
Rhein Fels
samt der gegend.
in der breite von 50.30
in der läng von 29. 6
J. Jacob Müller fecit
St. Goar und Rhein Fels im prospect
A. Rheinfels.
B. St. Goar.
C. Die Katz.
D. St. Goarshausen.
E. Welmich.
F. Thumberg.
G. fliegende brük.
H. Rhein Fluss.
J. J. Müller fecit
Galgen bach
weg von Urbar
von ober wesel
Salmenfang
Die bank und werb
wachthaus
Salmen fang
Sand Insul
Lorleij berg
Der Wirbel kesel
fliegende brük
St. Goar
Rhein Fluss
Parade platz
Rhein Fels
Casernes vulgo die Neustadt
St. Goarr hausen
Defensions batterie
weg aus Hessen
Hasen bach
Defensions batterie
Nokerer berg
weg von bornich
Die Katz oder Neu Catzenelnbogen

92

93

Abb. 90 Festung Ehrenbreitenstein. Um 1750

Der Ehrenbreitstein wurde im Laufe der Jahrunderte durch die Trierer Erzbischöfe zu einer bedeutenden Festung ausgebaut. Anstelle der 1801 von den Franzosen vollkommen zerstörten Anlagen errichtete die preußische Militärverwaltung im 19. Jahrhundert eine der stärksten deutschen Festungen. Unterhalb der Festung am Rhein lag die Philippsburg, die, Anfang des 17. Jahrhunderts erbaut, bis zur Vollendung des neuen Schlosses 1786 in Koblenz kurfürstliche Residenz war. Von den in der Zeichnung sichtbaren Gebäuden sind heute nur noch das nach Plänen von Balthasar Neumann und Johannes Seiz errichtete Dikasterialgebäude und der Marstall erhalten.

Abb. 91 St. Goar und Burg Rheinfels. 1763

Die Gegend um St. Goar und St. Goarshausen ist in der kleinen Nebenkarte als Ansicht und im Hauptplan im Grundriß wiedergegeben. Gut erkennbar sind die Befestigungsanlagen der Burg Rheinfels. Die zeitweise größte und stärkste Festung am Rhein war im Siebenjährigen Krieg mit der Stadt St. Goar von 1758 bis 1763 von den Franzosen besetzt. Die auf der anderen Rheinseite eingezeichneten Verteidigungsstellungen deuten auf das vorangegangene Kriegsgeschehen hin. Die Karte enthält außerdem interessante Hinweise auf den Salmfang im Rhein und zeigt die fliegende Brücke zwischen St. Goar und St. Goarshausen.

Abb. 92 Festung Ochtrup. 1597

Das nahe der niederländischen Grenze gelegene Ochtrup wurde während des Spanisch-Niederländischen Krieges (1566-1609/48) mehrmals von spanischen Truppen besetzt. Nach dem großen Raubüberfall des Jahres 1592 begann man mit den Schanzarbeiten für eine Befestigung. Im Sommer 1594 waren die Gräben, zwei Brücken und zwei Tore fertiggestellt. Der stark schematisierte Plan zeigt den Zustand der *Festung* nach dem Einbau eines dritten Tors. Die Bezeichnung *Neue Stadt* spielt auf die Verleihung der Jahrmarktsrechte am 1. April 1597 an.

94

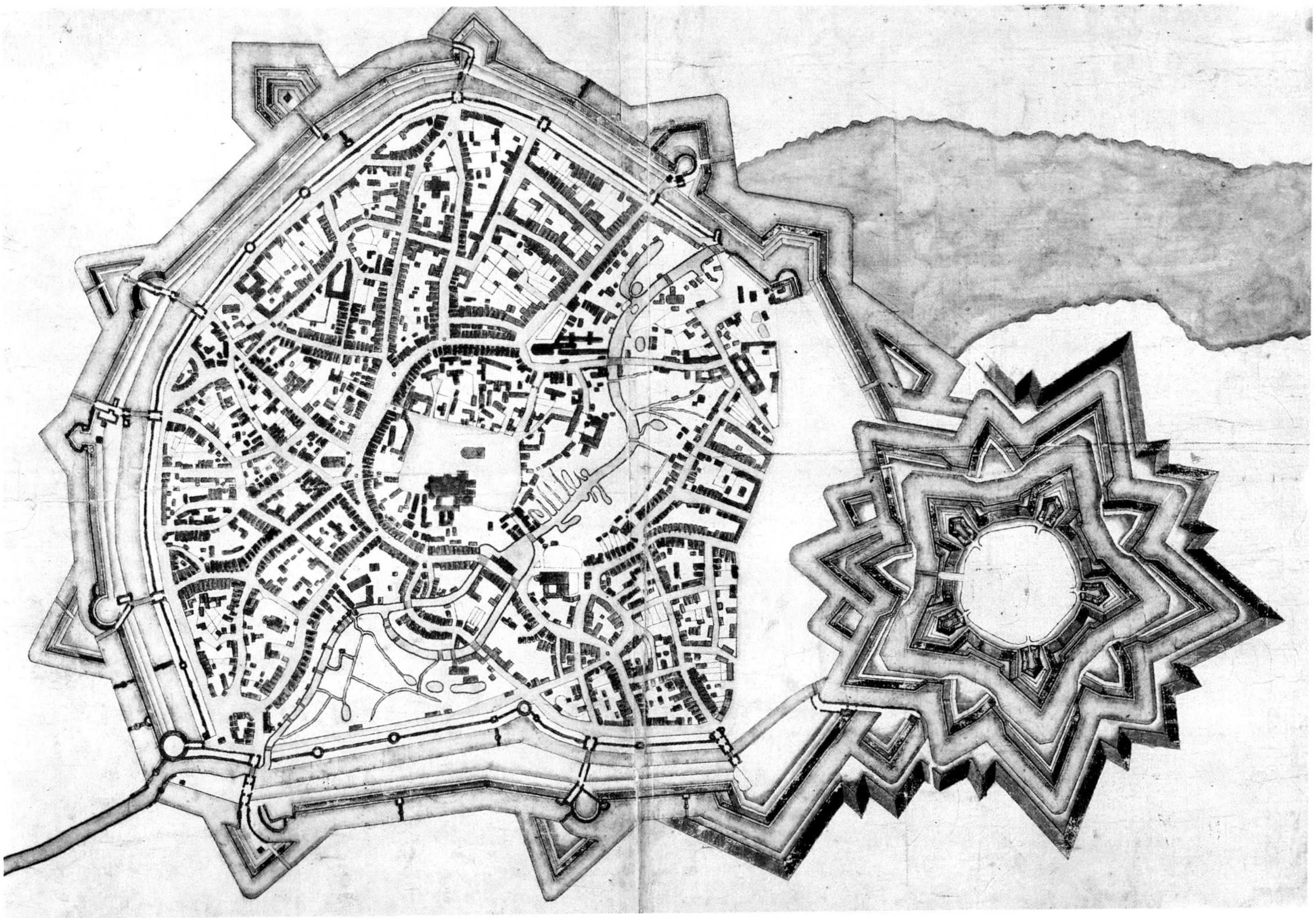

95

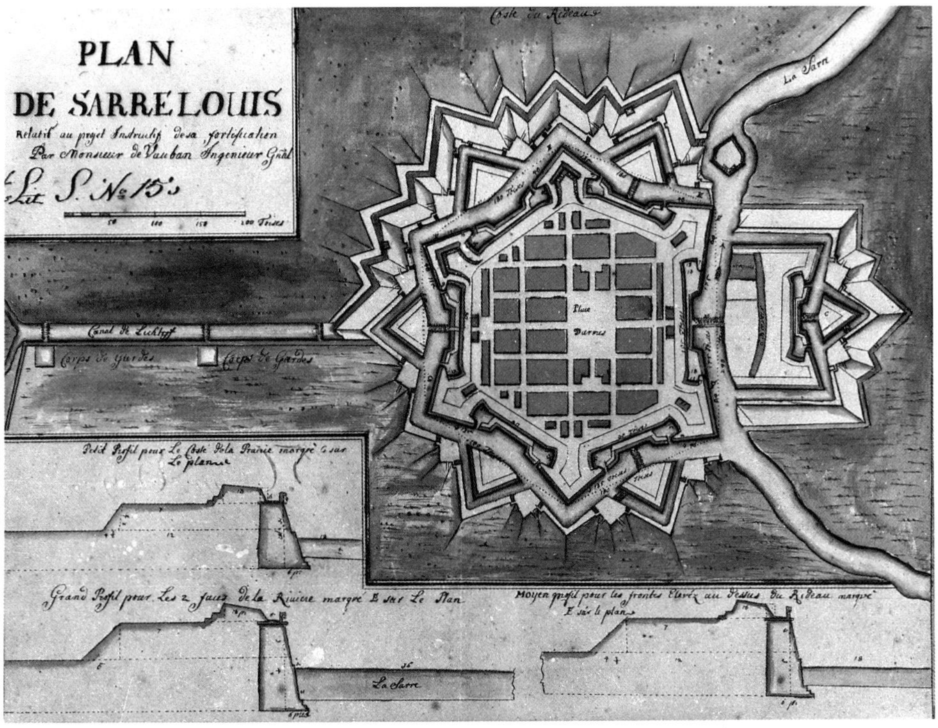
PLAN
DE SARRELOUIS
Relatif au projet Instructif de sa fortification
Par Monsieur de Vauban Ingenieur Génl
Lit. S. N° 15
Corps de Gardes
Corps de Gardes
La Sarre
La Sarre

96

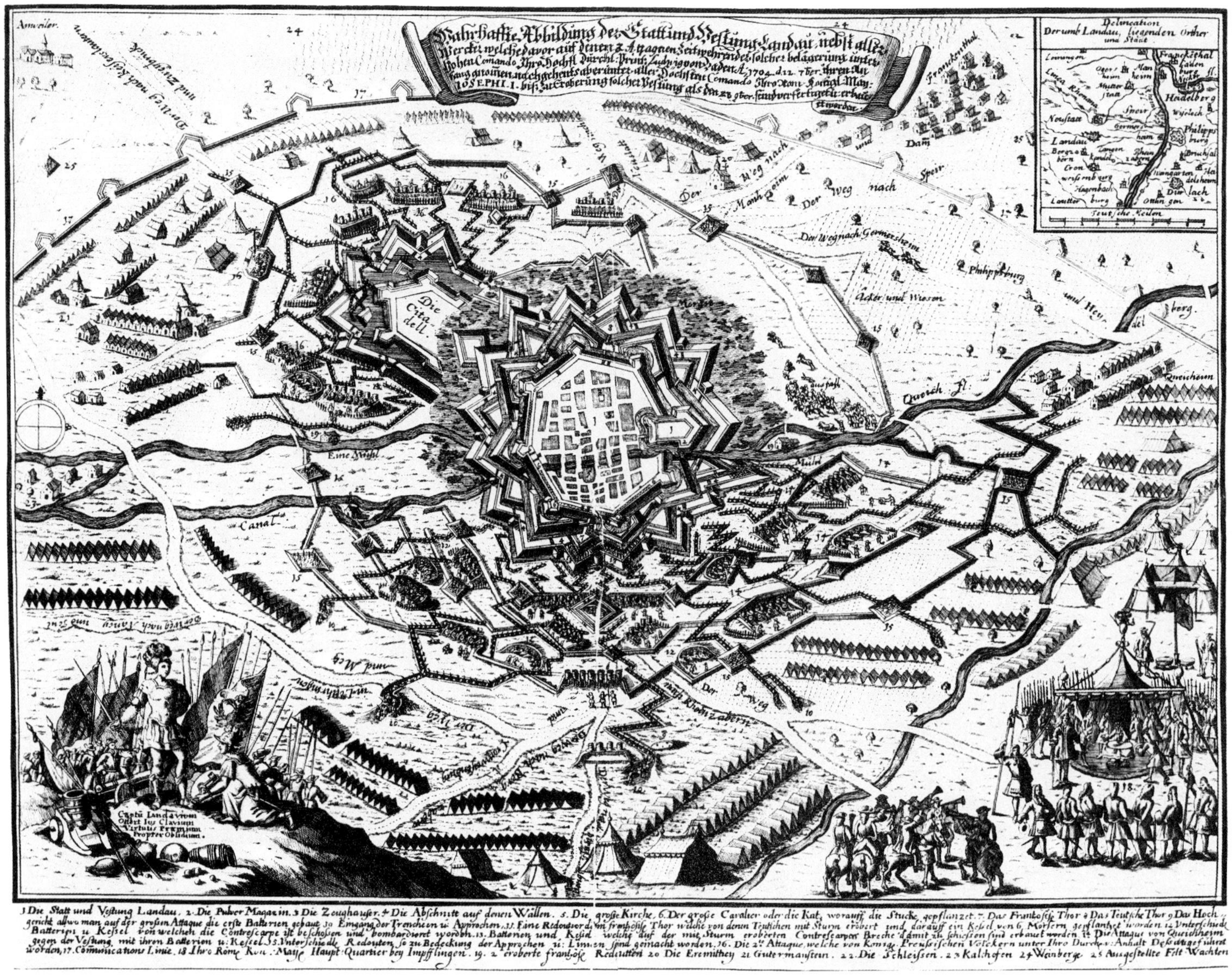

Abb. 93 Belagerung der Stadt Frankenthal. 1621

Die Karte von der Belagerung der Stadt Frankenthal im Dreißigjährigen Krieg vermittelt ein anschauliches Bild vom damaligen Aussehen der wallonischen Stadt, die zu einer Befestigung ausgebaut war. Die befestigte Stadt ist von einem Belagerungsring umgeben und wird von allen Seiten beschossen; beim Kirchturm zerplatzt eine Granate. Im Vordergrund findet ein Reitergefecht statt.

Abb. 94 Stadt und Festung Münster. Um 1680

1661 begann Fürstbischof Christoph Bernhard von Galen (1650 - 1678) mit dem Bau der Landesfestung *Paulusburg* vor den Toren der Stadt Münster. Der abgebildete Plan zeigt den Zustand der von Baumeister Spoede errichteten Zitadelle um 1680. Damals versuchten die Landstände, eine Schleifung der Festungsanlagen durchzusetzen, um die hohen Unterhaltungskosten einzusparen. Bei dem Stadtplan von Münster handelt es sich um eine unveränderte Kopie der »Alerdingschen Vogelschau« aus dem Jahr 1636.

Abb. 95 Die französische Festung Saarlouis. 1680

Es handelt sich um eine Kopie eines der Pläne, die dem französischen Festungsbaumeister Vauban vorlagen und aufgrund deren er im Februar 1680 sein im Original leider verlorenes Gutachten *(Projet instructif)* über die von Thomas de Choisy (1632 - 1710) vorgelegte Detailplanung für den Bau von Saarlouis erstellte. Dem Plan kommt für die Entstehungsgeschichte von Saarlouis große Bedeutung zu.

Abb. 96 Belagerung der Stadt und Festung Landau. 1704

Der zeitgenössische Stich wurde anläßlich der Belagerung der Stadt Landau durch die kaiserlichen Truppen 1704 geschaffen. Er zeigt das kaiserliche Feldlager bei Impflingen, die Truppenkonzentrierungen rings um die Stadt, deren Befestigungsanlagen mit der Zitadelle, die durch die Stadt fließende Queich und der sie begleitende Albersweiler Kanal. Die Karte enthält auch die Nachbarorte von Landau, wobei Annweiler an der falschen Stelle eingetragen ist. Vignette links unten: die Belagerte übergibt dem Sieger die Schlüssel, dazu: *Captum Landavium Offert jus Clavium virtutis praemium propter obsidium.*

97

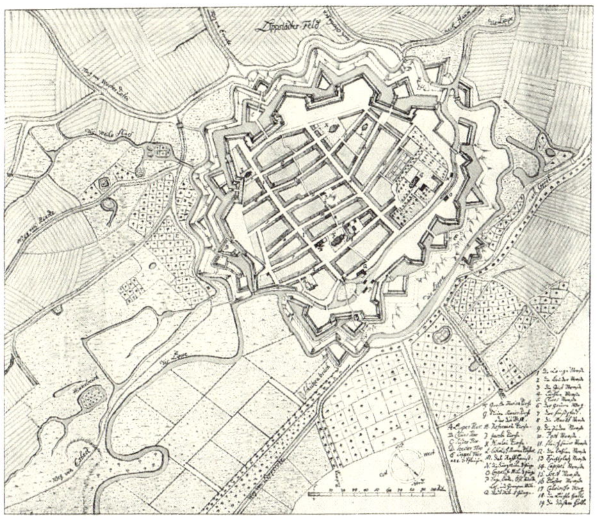

Abb. 97 u. 98 Stadt Lippstadt. Um 1760 und um 1770

Der Grundriß der Stadt Lippstadt war stets vom Umfang und Befestigungszustand der Festung Lippstadt bestimmt. Die hier gezeigte Anlage geht auf Pläne des Großen Kurfürsten zurück. Bis 1762 wurde die Festung verstärkt, 1763 aber bereits geschleift. Auf den ausgedehnten Wallanlagen entstanden Gärten.

98

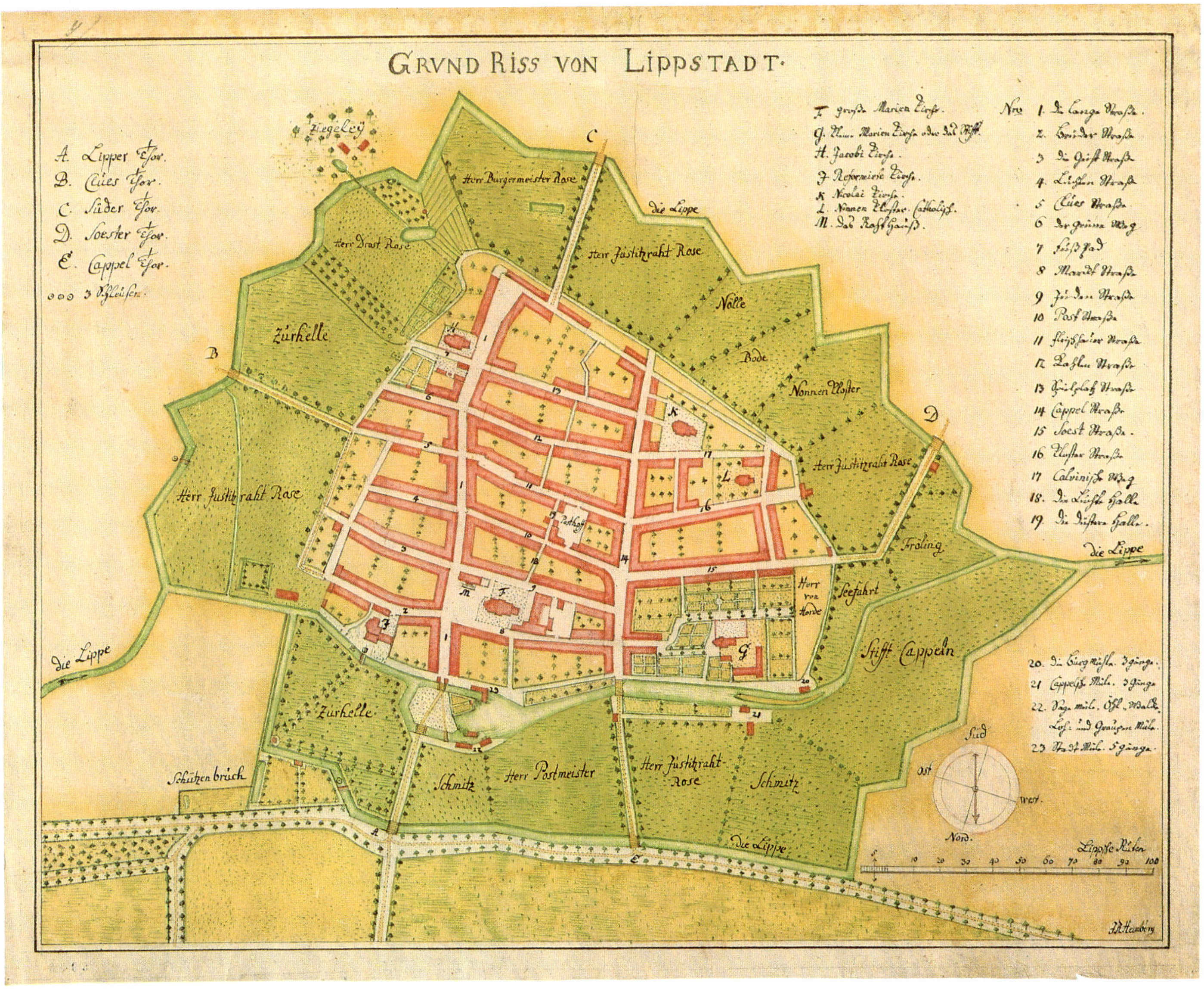

99

Abb. 99 Düsseldorf und Umgebung. Um 1795/96

Die Karte skizziert die ungefähre Position dreier Truppenlager, die im Herbst 1795 von den Franzosen nach ihrem Rheinübergang im Vorfeld der nach kurzem Kampf eingenommenen Festung Düsseldorf angelegt wurden. Die Düsseldorfer Befestigungsanlagen wurden wenig später auf Befehl Napoleons geschleift. Bei dem gewählten verhältnismäßig kleinen Maßstab mußte der Zeichner an den Stellen dichter Bebauung weitgehend auf die Einzeichnung einzelner Gebäude verzichten.

Abb. 100 Stadt Düsseldorf. 1874 (1880)

Der Plan zeigt die kräftige Ausdehnung der Stadt in der Gründerzeit. Wenig später überschritt sie die Zahl von 100 000 Einwohnern. Der Prozeß der Ausweitung ging wenig planmäßig vor sich. Vor allem im Osten nahm die Bebauung weitgehend auf die alten ländlichen Wege und Besitzverhältnisse Rücksicht; lediglich im Süden war die Friedrichstadt im Rechteckschema konzipiert worden. Im Norden entstand im Anschluß an den Hofgarten das Derendorfer Stadtviertel. Eine organische Verbindung der einzelnen Stadtteile untereinander unterblieb ebenso wie eine sinnvolle Anbindung an das Zentrum.

Abb. 101 Stadt und Festung Wesel. 1786

Die Entwicklung der im Mittelalter bedeutenden Handelsstadt ist durch den Ausbau zur Festung im 17. Jahrhundert stark behindert worden. Der Plan wurde kurz vor einer erneuten Instandsetzung der Festungswerke angefertigt, nachdem am Ende des Siebenjährigen Krieges manche Anlagen aufgelassen worden waren.

100

PLAN
der Stadt
DÜSSELDORF.

101

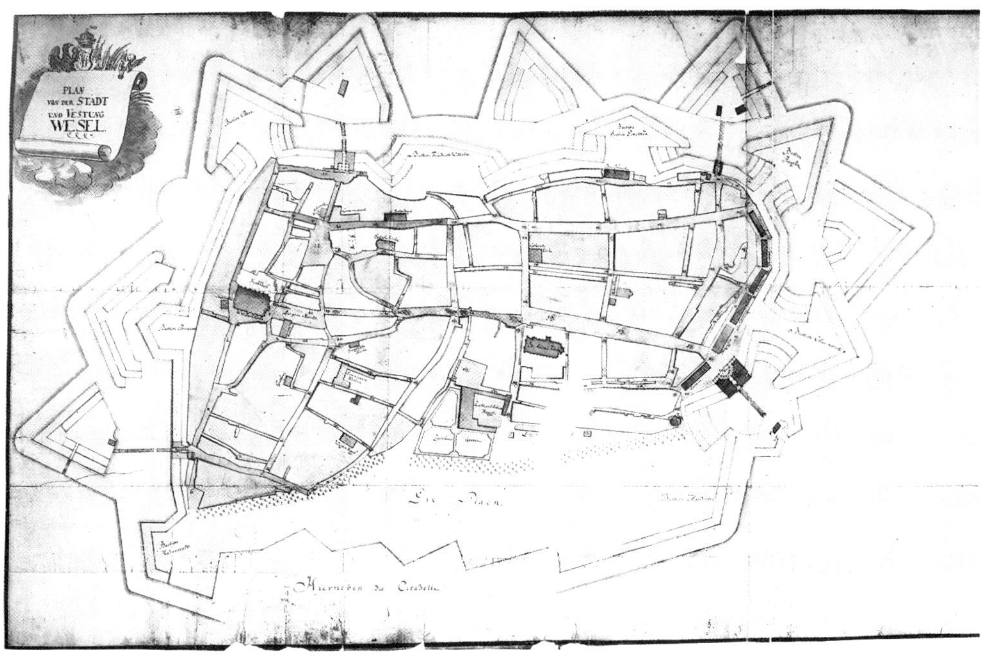
PLAN
VON DER STADT
UND VESTUNG
WESEL

102

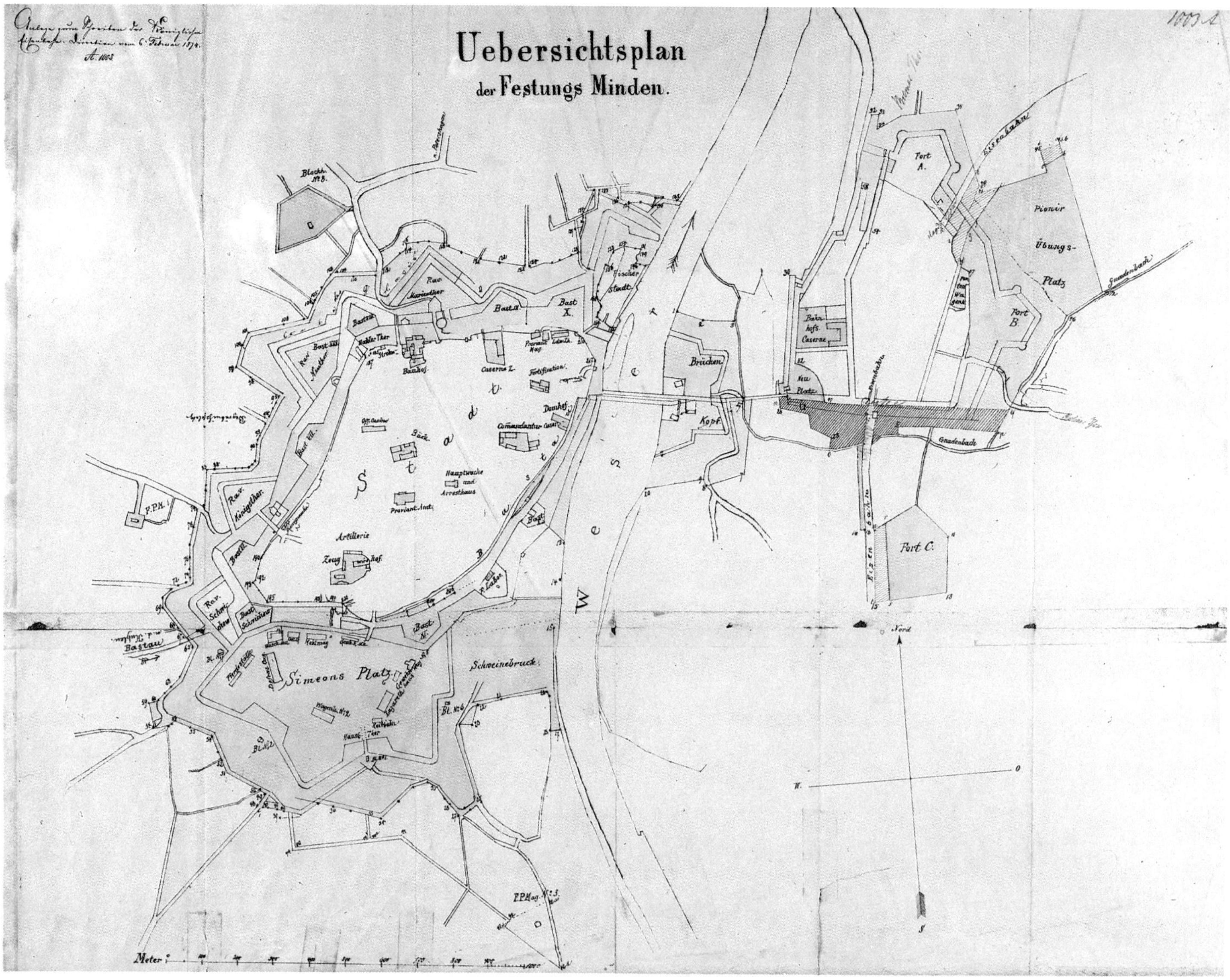

Abb. 102 Festung Minden. 1874

Im Westfälischen Frieden von 1648 wurde Minden dem Kurfürsten von Brandenburg zugesprochen. Damit begann Mindens Zeit als Festungsstadt, die bis 1873 währte. Der Plan zeigt, welch erdrückenden Anteil im Siedlungsbereich der Stadt die Militärbauten bis zu jener Zeit gewonnen hatten.

Klöster und Stifte

Von Wilhelm Janssen

Eremiten, Mönche, Kanoniker

Ursprungsland des christlichen Mönchtums ist Ägypten. Dort hatten sich in spätantiker Zeit seine beiden Grundrichtungen herausgebildet: das Eremitentum (von *eremus* = Einöde) und das Zönobitentum (von *coenobium* = Kloster). Beiden gemeinsam war das Ziel der Selbstheiligung durch Askese und Gotteslob, das Streben nach persönlicher Vervollkommnung in der Nachfolge Christi. Die Eremiten suchten diesem Ziel durch Weltflucht nahezukommen; sie zogen sich in Einöden und Wüsten zurück, um dort in einem Leben der Abgeschiedenheit, der Entbehrungen und der Bedürfnislosigkeit ihr ganze Kraft darauf zu konzentrieren, durch Gebet und Meditation Christus ähnlich zu werden. Vielen freilich, die sich um eine solche »vollkommene Christlichkeit«, die Christusnachfolge, bemühten, schien die auf sich gestellte eremitische Existenzweise schwer; sie fühlten sich dadurch überfordert, schlossen sich lieber einem geistlichen Vater und einer auf ihn zugeordneten Gemeinschaft, einem *coenobium*, an, um dort mit Hilfe von geistlicher Anleitung, des Beispiels gleichstrebender »Brüder« und einer mehr oder weniger regulierten Lebensführung zu demselben Ziel zu kommen, das der Eremit in der Einsamkeit allein und gerade durch diese *solitudo* zu erreichen hoffte. Beide Formen und Tendenzen des mönchischen Lebens, die eremitische wie zönobitische, bestehen bis heute nebeneinander. Sie sind im Laufe der Geschichte mannigfache Verbindungen eingegangen; und die letztlich unauflösliche, fruchtbare Spannung zwischen diesen beiden Idealen hat die Entwicklung des Mönchtums vorangetrieben; wobei es stets der Geist der *eremus* gewesen ist, der in die seit dem Frühmittelalter sich allgemein durchsetzende zönobitische, d.h. klösterliche, Lebensweise der Mönche den Stachel des Ungenügens, der Unruhe, des Verlangens nach Umkehr und *reformatio* trieb, wenn diese in Gefahr stand, ihren ursprünglichen Sinn zu vergessen und sich – im Guten wie Schlechten – allzusehr an die »Welt« zu verlieren – jene Welt, von der sich der Mönch doch unwiderruflich geschieden hatte.

Die Mönchsgemeinschaften waren in der ausgehenden Antike nicht die einzigen Vereinigungen, in denen Christen unter einem geistlichen Leiter zusammenlebten und sich durch gemeinsames Gebet wie den weitgehenden Verzicht auf eine individuelle Lebensgestaltung zu vervollkommnen mühten. An vielen Kirchen pflegten die Kleriker eine solche *Vita communis*, zu deren nachdrücklichsten Befürwortern der heilige Augustinus gehörte. Solche Klerikervereinigungen waren keine Mönchskonvente; denn diejenigen, die die Gemeinden seelsorglich zu betreuen und die Ortsbischöfe bei der Erfüllung ihrer Aufgaben zu unterstützen hatten, durften die Welt nicht fliehen! Je mehr freilich im Mittelalter die mönchische Lebensform als die »eigentliche« christliche Existenzweise angesehen wurde, je mehr umgekehrt das Mönchtum, das ursprünglich eine Laienbewegung war, sich »klerikalisierte« und missionierend und pastorisierend aktiv wurde, desto weniger war man bereit, den eigenständigen praktischen wie geistlichen Wert der kanonikal lebenden Klerikergemeinschaften anzuerkennen. Man versuchte damals, Stiftskirche und Kanonikerkapitel an Kloster und Mönchskonvent anzugleichen. Es entstanden Mischformen wie etwa der Prämonstratenserorden. Daß sich gleichwohl die Stiftskirchen behaupten und dem Zugriff monastischer Denk- und Lebensweisen entziehen konnten, daß im späteren Mittelalter sogar umgekehrt spezifisch stiftische Gewohnheiten auflösend in die Klöster eindrangen, erklärt sich allerdings nicht aus immanenten Entwicklungsprozessen des Religiosentums, sondern aus der zunehmenden Gebundenheit von Stift und Kloster an die politische wie soziale Umwelt und deren Interessen und Einflüsse.

Bevor sich freilich die Verhältnisse, die mit den letzten Bemerkungen zeitlich vorausgreifend angedeutet wurden, einstellten, hatten Mönchtum und Kanonikerbewegung schon eine längere Geschichte hinter sich. Während das Mönchtum von Ägypten aus die Ostkirche relativ rasch eroberte und durchdrang, gelang es ihm nur langsam, im Abendland Fuß zu fassen. Zwar blieben die Schriften der alten Mönchsväter auch hier nicht ohne Wirkung, doch es fehlte jene spontane, die Massen ergreifende Reaktion wie im Osten. Immerhin fiel die Verkündung mönchischer Ideale zunächst in Italien, Südfrankreich und Irland auf fruchtbaren Boden. Von Bedeutung für das Frankenreich und seine Christianisierung war dabei vor allem der Gedanke der asketischen und predigenden Heimatlosigkeit in der Apostelnachfolge, wie er vor allem in den irischen Klöstern zuhause war. Irische Mönche haben bei der Christianisierung Deutschlands eine nicht geringe Rolle gespielt. Die dem okzidentalen Christentum angemessene Form des monastischen Lebens aber ist nicht von diesen frühen, ungeordneten und zusammenhanglosen mönchischen Bewegungen ausgegangen, sondern von der Klosterstiftung Monte Cassino des Benedikt von Nursia († nach 542). Er hat in seiner Gemeinschaft die verschiedenartigen, oft divergierenden Impulse und Zielsetzungen für das Mönchtum in eine reguläre, systematische Form gebracht. Die auf ihn zurückgehende, aszetische und meditative Übertreibungen vermeidende, Gebets-, Andachts- und Verzichtsübungen auf ein lebenslang realisierbares Maß begrenzende Benediktregel sollte Lebensnorm für eine Gemeinschaft von Mönchen sein, die besitz- und ehelos in einem von der Welt abgesonderten Kloster unter Leitung eines »Vaters« , eines Abtes (dem sie unbedingten Gehorsam schuldeten), zusammenlebten und in einem genau festgelegten Tagesablauf durch (Hand-) Arbeit, Gebet und Meditation nach Selbstheiligung strebten. Während im frühen Mittelalter das benediktinische Mönchtum noch mit anders strukturierten monastischen Kommunitäten – bekannte Klöstergründer waren etwa Kolumban und Willibrord – konkurrieren mußte, wurde auf den von dem Frankenkaiser Ludwig dem Frommen einberufenen Aachener

Reichssynoden der Jahre 816/817 die Benediktregel verbindlich für alle Klöster des Frankenreichs vorgeschrieben; die Benediktiner haben dann alle anderen Formen mönchischen Lebens verdrängt. Auf den gleichen Aachener Synoden wurde auch das stiftisch-kanonikale Leben auf der Basis einer sehr eingeschränkten *Vita communis* und der persönlichen Eigentumsfähigkeit der Kanoniker in einer Weise geregelt, die den Status des Kanonikers deutlich von dem des Mönches unterschied. Trotzdem ist es für die frühe Zeit *in concreto* gelegentlich nicht möglich anzugeben, ob ein *monasterium* – der Begriff deckt Kloster wie Stift ab – nach der Aachener Kanonikerregel oder nach der Benediktregel verfaßt war; Übergänge von der einen zur anderen Regel waren –vor allem bei Frauenklöstern – nicht selten. Jedenfalls wird der historischen Wahrheit nicht allzu viel Gewalt angetan, wenn man konstatiert: Die Mönche, die im Rheinland und in Westfalen Klöster gründeten, waren Benediktiner; das wenige, was es zuvor an anderen monastischen Einrichtungen gegeben hatte, wurde benediktinisch umgeformt. Unberührt davon blieben lediglich jene Klerikergemeinschaften, die sich in den Städten oder auf dem Lande vornehmlich an Bischofskirchen oder über Märtyrergräbern gebildet hatten.

Kloster und Siedlung

Was aber haben – so bleibt spätestens an dieser Stelle zu fragen – die Stifte und Klöster, deren Insassen sich mehr oder weniger ausgeprägt von der Welt absonderten, um an ihrer geistlichen Vervollkommnung zu arbeiten, in einem Buch verloren, in dem es gerade um die (kartographische) Abbildung dieser Welt geht, um Wald, Heide, Sumpf, Acker, Wiese und menschliche Siedlung? Wie passen das Streben über diese Welt hinaus mit der hier zur Anschauung gebrachten Arbeit in und an dieser Welt zusammen? Einfach deshalb, weil jede geistliche Institution zwangsläufig eine in die Welt, in das »saeculum«, hineinreichende Dimension aufweist; denn auch die sublimste Spiritualität bedarf auf dieser Erde einer gewissen materiellen Basis. Noch mehr: Das benediktinische Kloster als eine aus den Verflechtungen in die Umwelt gelöste Stätte innerer Sammlung auf Gott hin mußte gerade deshalb wirtschaftlich autark sein, um diese seine Aufgabe erfüllen zu können. Das heißt: Es war einerseits Ort des Gebetes und des Gottesdienstes, andererseits aber unvermeidlich ein für den Eigenbedarf produzierendes agrarisches und gewerbliches Wirtschaftsunternehmen; damit fügte es sich –aus einer gewissen inneren Notwendigkeit heraus – der grundherrschaftlich organisierten, auf Deckung des Eigenbedarfs ausgerichteten Wirtschaftsstruktur des Mittelalters ein. Und je größer der Zulauf zu den Klöstern war, je mehr die Konventszahlen wuchsen – in Siegburg (Abb. 111) etwa lebten um 1120 120 Mönche –, um so breiter mußte die wirtschaftliche Grundlage sein: Die Klosterbesitzungen dehnten sich zu räumlich weitausgreifenden Großgrundherrschaften aus, selbst umfängliche Adelsgrundherrschaften weit hinter sich lassend. Das Bestreben, auch materiell von der Welt unabhängig zu sein, hatte mithin die Klöster entgegen ihrer ursprünglichen Zielsetzung tief in die weltlichen Strukturen der Zeit eingebunden. An einer Vielzahl von Orten waren die Mönche präsent, dem Bewußtsein des Volkes freilich weniger als Nachfolger der Apostel denn als Grund- und Kirchherren, die wie der Laienadel die Dienste und Abgaben höriger Bauern für sich in Anspruch nahmen. So verfügte das Kloster St. Maximin vor den Mauern Triers, eins der ältesten deutschen Klöster (Abb. 117), um 1050 über ungefähr 1700 abhängige Bauernhöfe in ca. 120 Orten; ähnlich groß war der Besitz des 721 gegründeten Eifelklosters Prüm, während Werden an der Ruhr, vor 801 in einem noch siedlungsarmen Gebiet entstanden, um die Mitte des 12. Jahrhunderts 160 Villikationen (Hofesverbände) mit insgesamt 16 600 Bauernstellen gehabt haben soll. Es versteht sich angesichts dieser Zahlen von selbst, daß die Klöster eine kaum zu überschätzende Funktion als Ausgangspunkte für die Aufsiedlung und Erschließung der Wildnis und als Zentren für die verkehrstechnische und administrative Gliederung des Landes mit Nachwirkungen bis auf den heutigen Tag erfüllten. Es begreift sich ebenso, daß Besitzmassen dieses Ausmaßes das geistliche Leben in ihnen mehr oder weniger rasch ersticken mußten. Wenn ein großer Teil des Mönchkonvents mit Organisations- und Verwaltungsarbeiten befaßt war, verkümmerte das Chorgebet und fehlte die Zeit zur Beschaulichkeit – wurde mithin der eigentliche Sinn des monastischen Lebens verfehlt. Die Entwicklung des abendländischen Mönchtums läßt sich deshalb beschreiben als die immer aufs neue wiederholte Anstrengung, sich aus der unvermeidlichen Verstrickung in die Welt zu befreien und zu den Ursprüngen – seien es eine der Regel gemäße Lebensweise, seien es die Ideale mönchischer Existenz überhaupt: Einsamkeit, gotterfülltes Schweigen, vollkommene Armut, Apostelnachfolge –zurückzufinden. Diese Entwicklung war deshalb eine geschichtliche Abfolge von Verfall und Reform – Reform verstanden als der Versuch, das Wesen des Mönchtums in einer den politischen, sozialen und wirtschaftlichen Ordnungen der jeweiligen Zeit gemäßen Gestalt zu verwirklichen. Das bedeutet aber historisch unter anderem, daß nur die früh- und hochmittelalterlichen Klöster, Klosterverbände und Orden eine für Siedlung und Landeskultur wichtige Rolle gespielt, also landschaftsgestaltend gewirkt haben, während alle späteren Ordensgründungen – vornehmlich die Bettelorden – in die wesentlich urbane Kultur des Spätmittelalters und der Neuzeit eingepaßt wurden und darauf zugeschnitten waren. Die Mendikantenklöster sind deshalb nicht in diesem Klosterabschnitt, sondern allenfalls in demjenigen über die städtischen Siedlungen zu behandeln. Die Klöster nehmen also nach Entstehungszeit und Ordenszugehörigkeit in ihrem Verhältnis zu Land und Siedlung eine je besondere Position ein.

Benediktinische Klosteranlagen, deren früheste in unserem Gebiet im 7. Jahrhundert bezeugt sind (z.B. Malmedy, St. Maximin bei Trier) und deren späteste – von Ausnahmen abgesehen – im 12. Jahrhundert gegründet wurden, finden sich in Städten, unmittelbar vor den Stadtmauern und in Einöden; sie haben zu ihrer unmittelbaren Umgebung also ein neutrales Verhältnis. Ein Teil dieser Klöster hat – durchaus im Sinne ihrer Stifter – entscheidend siedlungsbildend gewirkt. So ist am Fuße des »Siegberges«, auf dem Erzbischof Anno II. von Köln um 1060 das Kloster Michaelsberg (=Siegburg Abb. 111) gegründet hatte, schon bald eine Stadt entstanden, in der der Abt stadtherrliche Rechte beanspruchte. Stadtähnliche Marktsiedlungen gliederten sich auch den Klöstern Werden und Corvey an, während das fast gleichzeitig mit Siegburg gegründete Kloster Grafschaft es nur zu einem kleinen Dörfchen außerhalb der Klostermauern brachte; dies nicht zuletzt deshalb, weil der Erzbischof von Köln durch seine in unmittelbarer Nähe gegründete Stadt Schmallenberg die Bevölkerungsreserven dieses dünn besiedelten Gebietes fast vollständig absorbierte. Das 1154 im siedlungsfeindlichen Bourtanger Moor angelegte Benediktinerinnenkloster Wietmarschen (Abb. 103) blieb dagegen ohne eine sich anschließende Siedlung ganz allein innerhalb seiner Mauern – verständlich, wenn man bedenkt, daß diese Gründung unter dem Gesichtspunkt einer fiktiven Logik der mittelalterlichen Ordensgeschichte einen Anachronismus darstellt; denn »normalerweise« hätte man um diese Zeit in diese unkultivierte Wildnis hinein ein Zisterzienserkloster plaziert.

Die Zisterzienser nämlich, eine um 1100 entstandene, stark von asketisch-eremitischen Vorstellungen beeinflußte Reformrichtung innerhalb des Benediktinertums, die sich rasch zu einem eigenen Orden – dem ersten überhaupt! – verfestigte, suchten für ihre Klöster ganz bewußt die *eremus* (die *solitudo,* die Einöde) auf, um dort fernab von der »Kultur« im übertragenen Sinne die strenge Einfachheit mönchischen Lebens nach der Regel Benedikts von Nursia zu verwirklichen; sie maßen dabei der körperlichen Arbeit in Form der Kultivierung des unkultivierten Bodens, der *cultura* in der ursprünglichen Bedeutung des Wortes, erneut jenen hohen Wert bei, den sie in den Klöstern cluniazensischer Observanz zugunsten einer geradezu maßlosen Übersteigerung von Chorgebet, Gottesdienst und aller Arten liturgischer Übungen eingebüßt hatte. Von dem burgundischen Cluny aus war im 10. Jahrhundert eine Erneuerungsbewegung des (damals noch einheitlich benediktinischen) abendländischen Mönchtums ausgegangen, die nach und nach alle von anderen monastischen Zentren (wie z.B. von St. Maximin, Abb. 117) ausstrahlenden Reformtendenzen absorbiert oder verdrängt hatte. Cluny war nicht nur Mittelpunkt eines großen Verbandes rechtlich mehr oder minder abhängiger Klöster: die dort praktizierten »Gewohnheiten« des Klosterlebens, die sogen. *Consuetudines* von Cluny, bestimmten am Ausgang des 11. Jahrhunderts – bestenfalls in leicht variierter Form – den Alltag fast sämtlicher abendländischer Klöster. Und in diesen *Consuetudines* – sie verhalten sich zur Regel wie (salopp ausgedrückt) die Ausführungsbestimmungen zum Gesetzestext – war die Handarbeit der Mönche bis auf einige eher symbolische als anstrengende Tätigkeiten eliminiert worden. Das hing auch damit zusammen, daß der Konvent von Cluny wie der fast aller anderen Klöster eine Adelsgenossenschaft war. Der Status des Mönches war vom 8. bis 12. Jahrhundert vornehmlich eine adlige Lebensform, und körperliche Arbeit war und blieb für den Adligen auch im Mönchsgewand eine Zumutung. Die vom »Neuen Kloster«, von Cîteaux, ausgehende Reform richtete sich also zwangsläufig gegen das Cluniazensertum als dem in dieser Zeit dominierenden Erscheinungsbild des Mönchtums überhaupt. Unter den Vorwürfen, welche die Zisterzienser in reichem Maße gegen die Cluniazenser vorzubringen hatten, spielte die Tatsache, daß sie sich nicht scheuten, ihre Klöster in der Nähe von Ortschaften oder gar größeren Städten anzulegen, eine wichtige Rolle. Tatsächlich sind die Zisterzienserniederlassungen stets fernab von menschlichen Siedlungen in der »Einsamkeit« gegründet worden, selbst wenn –wie bei der ersten deutschen Zisterze, dem niederrheinischen Kamp (1122), – diese *solitudo* erst künstlich geschaffen werden mußte, weil es so große siedlungsleere Räume im Gebiet des Kölner Erzbischofs links des Rheins nicht mehr gab. Daß die Zisterzienserklöster ihre abgesonderte Lage bis in die Zeit ihrer Aufhebung bewahrt haben, zeigen die Abbildungen bzw. der Grundriß von Kamp, Marienfeld und Himmerod (Abb. 110, 113, 114) recht eindrucksvoll, vor allem dann, wenn man die Pläne mit den Benediktinerabteien Siegburg und Grafschaft (Abb. 111, 106) dagegen hält. Die Anlage im waldumgebenen wasserreichen Bachtal, wie sie die Karte von Himmerod veranschaulicht, muß in der Tat als die häufig anzutreffende Idealsituation für ein Zisterzienserkloster gelten, auch wenn sie keineswegs die ursprüngliche ist; denn wie z. B. Altenberg und Heisterbach auch war Himmerod zunächst auf bzw. an einem Berg gegründet und später erst ins Tal verlegt worden.

Weniger streng auf eine abgeschiedene Lage fixiert, sich aber prinzipiell an die Gepflogenheiten der Zisterzienser haltend, mieden auch die Prämonstratenser – kein Mönchs-, sondern ein Kanonikerorden – Siedlungsballungen; sie durften sich aber schon deshalb nicht allzu weit von allen menschlichen Behausungen zurückziehen, weil sie in der Wahrnehmung seelsorglicher Aufgaben einen Schwerpunkt ihrer Arbeit sahen. Völlig indifferent in der Frage Siedlungsferne – Siedlungsnähe war jener Orden, von dem man dies am wenigsten erwartet hätte: die Kartäuser, denen eine sinnvolle Verbindung der zönobitischen mit der eremitischen Grundtendenz des monastischen Lebens so gut gelungen ist, daß sie niemals reformiert zu werden brauchten. Immerhin ist in der Verfassung des Kartäuserordens der Geist der *eremus* ungleich stärker als in allen anderen Ordensverfassungen präsent, vielleicht so sehr in die Klosterstruktur und die besondere mönchische Lebensweise hineingenommen, daß man auf eine Unterstützung oder Demonstration dieses Geistes durch lokale Abgeschiedenheit glaubte verzichten zu können. Die – relativ spät gegründeten – Kartausen in unserem Gebiet liegen unmittelbar in der Nähe von Städten (Mainz, Trier, Köln, Koblenz, Wesel, Jülich) oder innerhalb der Stadtmauern (Köln), nur die kleine westfälische Kartause Weddern macht eine Ausnahme. Ebenso wenig festgelegt in der Präferenz bestimmter Örtlichkeiten für ihre Niederlassungen sind auch andere aus Eremitenvereinigungen hervorgegangene Orden wie die Wilhelmiten, die sowohl in dem kleinen Städtchen Grevenbroich innerhalb des um 1200 bereits stark aufgesiedelten Neusser Raums wie auch im menschenarmen Grenzgebiet zwischen dem Stift Münster und dem Herzogtum Geldern zu finden waren, wo sie in Groß-Burlo ein kontemplatives, wirtschaftlich gesichertes Leben fristeten. Noch eine Abbildung dieses Klosters von 1590 (Abb. 105), als es sich schon den Zisterziensern angeschlossen hatte, vermittelt eine Anschauung von der Entlegenheit des Ortes.

Es ist deshalb nicht von ungefähr, daß unter den Klosterkarten die Ansichten bzw. Situationspläne von Benediktiner- und Zisterzienserklöstern überwiegen; als markante Zentren der »Landesorganisation«, bemerkenswerte, oft sogar großartige

Baudenkmäler, Mittelpunkte des kirchlichen und kulturellen Lebens, (noch) nicht eingefangen von der sich ausbreitenden städtischen und quasistädtischen Siedlungsweise.

Mönchsorden und Klerikergemeinschaften in der mittelalterlichen Welt des Rheinlandes und Westfalens

Zwischen der Bedeutung einzelner Klöster und Klostertypen und ihrem quantitativen Vorkommen im Rheinland und in Westfalen besteht oftmals ein auffälliges Mißverhältnis. Ähnliche Beobachtungen lassen sich machen, wenn man die universale Ausbreitung einer Ordensgemeinschft mit der regionalen vergleicht: ungemein erfolgreiche Orden sind aus welchen Gründen auch immer im Rheinland oder in Westfalen nicht sonderlich »angekommen«, während eher abseitige Gemeinschaften hier zeitweise einen unerwarteten Aufschwung nahmen. Gleiches gilt, wenn man den Zeitfaktor ins Auge faßt. Es ist der Regelfall, daß eine neue Ordensgemeinschaft nach kurzem zögernden Beginn in den ersten hundert Jahren nach ihrer Gründung einen gewaltigen Aufschwung nimmt, der danach dann rasch abflacht, um schließlich steil abzufallen. Neue, zeitgemäßere Orden treten auf den Plan. Aber es gibt dabei – insbesondere im regionalen Ausschnitt – erstaunliche Beschleunigungs- und Verzögerungsprozesse.

Als 816/17 in Aachen für die Klöster und Stifte im Frankenreich die Benediktinerregel bzw. die Aachener Kanonikerregel verbindlich vorgeschrieben wurden, gab es in unserem Gebiet erst wenige *monasteria*, zumeist in enger Verbindung mit alten, bis in die Römerzeit reichenden städtischen Siedlungen; sie konzentrierten sich in und um Köln und Trier, draußen auf dem »Land« waren sie dünn gesät: Pfalzel, Karden, Tholey, Mettlach, Prüm mit einigen Außenstationen (*cellae*), St. Cassius in Bonn, Kaiserswerth; vielleicht noch Xanten, Kornelimünster und Münstermaifeld. Die am weitesten nach Osten, gegen das erst halb christianisierte Sachsengebiet vorgeschobene Position war das gerade gegründete Kloster Werden. Das 9. Jahrhundert brachte insbesondere für Westfalen einen Schub von Neugründungen (u. a. Corvey, Herford, Böddeken, Vreden, Liesborn, Nottuln), unter denen die Frauenklöster bzw. - stifte eine besondere Rolle spielten. Die Initiative ging dabei wie bei den meisten Klostergründungen dieser Zeit von den großen Adelsfamilien aus, die sich davon nicht nur gemeinschaftlich fürbittendes Gebet für das eigene Seelenheil, sondern auch eine Versorgung für ihre »überzähligen« Kinder, eine Grabstätte an geheiligtem Ort und eine wirkungsvolle Demonstration ihrer adligen Herrscherstellung erhofften. Dasselbe Jahrhundert war aber zugleich eine Periode des monastischen Niedergangs, verursacht durch den Verfall der Königsmacht, durch Normannenüberfälle, durch wilde Machtkämpfe des Adels, in die die Klöster als begehrte Vermögensobjekte hineingezogen wurden; die Figur des adligen, die materiellen Ressourcen des Klosters ausbeutenden Laienabtes wurde typisch für diese Zeit. Ab 900 besserten sich die Verhältnisse; die politische Ordnung stabilisierte sich in der Form des sogenannten »ottonischen Reichskirchensystems«, dessen Charakteristikum das Zusammenwirken von Königtum und Bischöfen bzw. Äbten war, die vom König zwar mit weltlicher Macht ausgestattet, zugleich aber für die Belange des Reiches in Anspruch genommen wurden. So erklärt es sich, daß es vor allem die Bischöfe waren, die im 10. und 11. Jahrhundert Klöster und Stifte einrichteten, wobei hinter der frommen Intention stets auch ein Stückchen politisches Interesse versteckt war. Diese bischöflichen Klostergründungen standen schon ganz im Zeichen der monastischen Reformbewegungen, die seit dem 10. Jahrhundert auftraten und für die der Name des burgundischen Cluny als Inbegriff und Schlagwort steht. Ziel der Reformen war es zunächst, das verwilderte Klosterleben wieder zu der zuchtvollen Ordnung der Benediktinerregel zurückzuführen, wie man sie in den Zentren der Erneuerung jeweils verstand und in den *Consuetudines* ausgelegt hatte. Aber man ging weiter: Um ein reformiertes Kloster in der Vereinzelung nicht der Gefahr eines erneuten Verfalls preiszugeben, schloß man sich zu mehr oder weniger locker gefügten Klosterverbänden auf der Basis gemeinsam befolgter *Consuetudines* zusammen – Vorläufer der späteren Trennung des Mönchtums in verschiedene Orden. Daß in der zweiten Hälfte des 11. Jahrhunderts sich eine merkwürdige religiöse Unruhe in Europa ausbreitete, Ungenügen an der eingespielten Form des kirchlichen und religiosen Lebens laut wurde, hat deshalb gewiß nicht damit zu tun, daß damals Kirche und Klosterzucht im landläufigen Sinne »verkommen« gewesen wären, eher damit, daß die Klöster und Stifte als Adelsinstitutionen, Grundherren über un- oder halbfreie Leute, tragende Elemente des »Staates« allzu glatt und fugenlos in die »feudale« Gesellschaftsordnung der Zeit eingebaut waren. Das mußte den Protest aller derjenigen hervorrufen, die vom Anspruch einer radikalen christlichen Existenz berührt wurden. Dieser Protest äußerte sich zunächst in Häresien, dann aber auch im Rahmen der Orthodoxie.

Erste Anzeichen des neuen Geistes machten sich nicht bei den Klöstern, sondern bei den Stiftskirchen bemerkbar. Die Aachener Kanonikerregel hatte den Kanonikern und Kanonissen mit dem Zugeständnis persönlichen Eigentums, der Einschränkung des gemeinsamen Chorgebets und der Residenzpflicht, einer liberalen Handhabung der *Vita communis* die Möglichkeit zu einem recht bequemen, ungebundenen Leben eröffnet. Nun tauchte gegen Ende des 12. Jahrhunderts unter dem Namen des hl. Augustinus eine Regel auf, die von den Kanonikern den Verzicht auf persönliches Eigentum und die unbedingte Praktizierung der *Vita communis* forderte. Eine Anzahl von Stiftskirchen nahm diese – besonders von Springiersbach in der Südeifel propagierte – Augustinerregel an; andere Institutionen wurden von vornherein als sog. regulierte Chorherren- bzw. Chorfrauenstifte ins Leben gerufen, eins der frühesten war Hördt bei Germersheim (Abb. 104). Daß die Zahl dieser regulierten Stifte sich in Grenzen hielt, hing damit zusammen, daß der Gründer des Prämonstratenserordens, Norbert von Xanten, die Springiersbacher Gewohnheiten nach der Augustinerregel mit Grundzügen der zisterziensischen Ordensverfassung verband, mit dieser den Bedürfnissen der Zeit entsprechenden Mischung reüssierte und den ordensfreien Chorherren der älteren Observanz das Wasser abgrub. Der Name Norberts von Gennep, Stiftsherrn in Xanten, deutet schon an, daß einige der Persönlichkeiten, die den Umbruch im abendländischen Religiosentum verursacht haben, aus unserem Gebiet stammten. Hier ist neben Norbert noch Bruno von Köln zu nennen, auf den der Kartäuserorden zurückgeht, stets eine kleine Gemeinschaft mit freilich großer Ausstrahlung. In den Kartausen kommt die starke eremitische Komponente der monastischen Erneuerung um 1100 besonders klar zum Ausdruck. Wie die spätgotische Kartause Vogelsang bei Jülich (Abb. 108) recht eindrucksvoll zeigt, waren sie durchweg konstruiert als ein Ensemble gegeneinander isolierter Einzelzellen mit Gärtchen, gruppiert um einen rechteckigen Kreuzgang, der durch die einschiffige Kirche ging und so den Bereich des den Mönchen vorbehaltenen *Claustrums* durchgängig gegen Laien und Besucher abschirmte, die Mönche selbst vor Berührung mit der »Welt« bewahrte. Eine Kartause war und ist demnach eine Eremitensiedlung in der Anordnung eines *Coenobiums*, der sinnfällige Kompromiß zwischen eremitischer und zönobitischer Form des mönchischen Lebens. Der unvermeidliche Besucher- und Wirtschaftstrakt war vom eigentlichen *Claustrum* getrennt, wobei man –nebenbei bemerkt – im konkreten Fall bereit war, den topographischen Notwendigkeiten die starre Respektierung der Prinzipien zu opfern: Die Wassermühle lag innerhalb der Klausur. Im Gegensatz zu den Zisterziensern und Prämonstratensern ist der Kartäuserorden langsam, jedoch stetig gewachsen. Um 1200 gab es erst 37 Kartausen; für Nordwesteuropa waren das 14. und 15. Jahrhundert die große Zeit der Kartäuser, an deren Ende man insgesamt 195 Kartausen zählte. Bis zum Ende des 18. Jahrhunderts sind dann noch 100 weitere dazugekommen. Trotz der rheinischen Herkunft seines Gründers brauchte der Orden mehr als 200 Jahre, um hier Fuß zu fassen. In den 20er und 30er Jahren des 14. Jahrhunderts stifteten die drei rheinischen Erzbischöfe Kartausen bei und in ihren Bischofsstädten: St. Michael bei Mainz, Beatusberg bei Koblenz, St. Alban bei Trier, St. Barbara in Köln. Unverkennbar haben wir es hier mit einer Art von monastischem »Modetrend« zu tun, der sich im 15. Jahrhundert bei fürstlichen Persönlichkeiten fortsetzte: 1417 errichtete der Herzog von Kleve die Kartause Grave bei Wesel, die später nach Xanten verlegt wurde, 1478 der Herzog von Jülich-Berg Vogelsang bei Jülich (Abb. 108); die einzige Kartause Westfalens stand seit 1476 in Weddern bei Dülmen. Die Attraktion dieses Ordens dürfte für die fürstlichen Gönner fraglos in der rigoristischen Strenge des einsam, schweigend, meditierend und betend verbrachten Mönchslebens gelegen haben, von der sie eine Kompensation für die Sünden des eigenen, so ganz anders geführten Lebens erwarteten.

Aber trotz des zeitlichen Vorlaufs – es waren nicht die Kartäuser, die das neue Zeitalter des Mönchtums eröffneten und den einen *ordo monasticus* zerbrachen, sondern die Zisterzienser. Im Jahre 1098 war Abt Robert von Molesme mit einigen Gefährten in die Einöde von Cîteaux (Burgund) aufgebrochen, um dort ein *Novum Monasterium* – ein Kloster neuer Art – zu gründen. Es wurde der Ursprung eines neuen, des ersten Mönchordens. Ziel dieses monastischen Aufbruchs war ein Leben nach dem genauen Wortlaut der Regel, ein Leben der Einfachheit, Kargheit, der Entbehrungen und der harten Arbeit. Deshalb forderten die Regeln des Zisterziensertums den Verzicht auf die Einnahmen aus fremder Arbeit: Eine Absage an das grundherrschaftliche Wirtschaftssystem, den Verzicht auf eine reiche Ausstattung der Kirchen und die kunstvolle Gestaltung der Liturgie: eine Absage an die Bräuche von Cluny, den Verzicht auf adelige Exklusivität: Ein Protest gegen die Schranken der ständischen Ordnung, den Verzicht auf die Einbindung in die bestehende Kulturlandschaft; eine Absage an die Lebenserleichterungen der Zivilisation schlechthin. Der bis in die Grundlagen hinein vollzogene Bruch mit den überkommenen Formen des monastischen Lebens ließ es nicht zu, daß sich Cîteaux wie noch Cluny als eine bloße Reformbewegung innerhalb des prinzipiell uniformen Klosterwesens verstehen konnte. Nicht mehr auf die Reformierung bestehender Klöster, auf die alle bisherigen Reformbewegungen ausgerichtet waren, sondern auf die Begründung und Verbreitung eines neuen (und damit zugleich ursprünglichen) Typs des Mönchtums kam es an. Die geistlich-asketischen Intentionen der neuen Mönche wurden durch eine entsprechende Ordensverfassung unterstützt, die auf dem Filiationsverhältnis der Klöster zueinander, der Etablierung des Generalkapitels als oberster Ordensinstanz und dem Ausbau des Konversen (=Laienbrüder)-Instituts aufgebaut war. Entlang den Filiationssträngen vom Mutter-, über das Tochterbis zum Enkelkloster lief die Organisation der Klostervisitation; beim Generalkapitel lag die verbindliche Entscheidung in allen Ordensfragen; auf den von den Mönchen bewußt und schroff unterschiedenen Laienbrüdern lag die Hauptlast der landwirtschaftlichen Arbeit, auf deren Ertrag das Renten- und Zinseinkünfte verschmähende Kloster angewiesen war, der sich die Mönche aber nicht in dem für eine rentable Wirtschaftsführung notwendigen Maße widmen konnten, wenn sie für Stundengebet und Gottesdienst überhaupt noch Zeit haben wollten. Das einzelne Kloster verlor an Gewicht gegenüber der Ordensgemeinschaft als ganzer. Ob diese offensichtlich mit dem geistigen Habitus der Zeit korrespondierende Spiritualität und Organisationsstruktur des Ordens allein ohne die charismatische Erscheinung des hl. Bernhard von Clairvaux die sprunghafte Ausbreitung der Zisterzienser bewirkt hätte, darf allerdings bezweifelt werden. 1133 gab es 69 Klöster, beim Tode Bernhards (1153) waren es schon 343, 742 am Ende des Mittelalters. In Deutschland nehmen sich die Zahlen etwas bescheidener aus: bis 1130: 6, um 1150: 50, gegen 1200: 89, danach begann die Stagnation. Noch weniger eindrucksvoll stellt sich die quantitative Entwicklung in den Diözesen Köln, Trier, Münster und Paderborn dar. 1122 entstand Kamp als erste deutsche Zisterze; wie Kamp ist auch das bergische Altenberg (1133) eine von Morimond ausgehende Gründung. Beide Klöster spielten als Ausgangspunkte für die zisterziensische Bewegung innerhalb der deutschen Ostkolonisation eine wichtige Rolle. Von Kamp aus wurde 1140 Hardehausen in der Diözese Paderborn gegründet, das seinerseits das Mutterkloster von Marienfeld (1185) geworden ist, dem einzigen Zisterzienserkloster in der Diözese Münster bis um die Mitte des 15. Jahrhunderts. Im Trierischen beschränkte sich der Zisterzienserorden auf das heute belgische Orval und Himmerod in der Eifel – beides Töchter von Clairvaux –, während in der Kölner Diözese neben Kamp und Altenberg immerhin noch Heisterbach und Marienstatt und im Bistum Paderborn Bredelar zu erwähnen sind. Trotz ihrer relativ geringen Zahl kann die Bedeutung dieser Klöster für den Landesausbau schwerlich überschätzt werden; ihre Konventsstärken ließen die der reichsten Benediktinerklöster und Stiftskirchen weit hinter sich: Am Ende des 12. Jahrhunderts sollen in Altenberg 107 Mönche und 138 Konversen gelebt haben, in Himmerod waren es im 13. Jahrhundert 60 Mönche und 200 Konversen; nirgendwo in der Eifel und im Bergischen Land gab es damals eine *communitas*, eine Gemeinde, die auch nur annähernd soviel erwachsene Männer umfaßt hätte – ein Indiz dafür, wie hoch das Gewicht dieser Klöster auch für die reale und materiale Seite der historischen Entwicklung einzuschätzen ist. Im Vergleich dazu nahm sich die maximale Konventsstärke von Kamp mit 73 Mönchen und 72 Konversen in der zweiten Hälfte des 13. Jahrhunderts zwar geradezu klein aus, gemessen an der Besetzung eines Benediktinerklosters in dieser Zeit war es jedoch eine stattliche Zahl. Die Verteilung von Mönchen und Konversen wirft überdies ein Licht auf das Ausmaß der (land-)wirtschaftlichen Aktivitäten von seiten der einzelnen Klöster. Denn darin liegt ja – von dem Gewinn *in spiritualibus* und der Bereicherung des Frömmigkeitsstils durch die Marienverehrung abgesehen – die säkulare Bedeutung der Zisterzienser: In der Kultivierung des Unlandes. Aus der *terra inculta,* in der sie sich ansiedelten, wurde bald menschenfreundliches Kulturland. Hunderte von Jahren später konnte die Lage eines solchen, von gepflegtem Wiesen- und Ackerland umgebenen, in bukolischer Zivilisationsferne gelegenen Klosters geradezu die Züge einer Idylle annehmen, in der friedliche Schäfchen weiden (Abb. 105) oder fröhliche Landleute die Getreideernte einfahren (Abb. 110). Daß in Hinsicht auf die Landerschließung dem Eifelkloster Himmerod wie auch den späteren Zisterzen im Osten größere Möglichkeiten und Aufgaben offenstanden als etwa den Klöstern Kamp und Marienfeld, die von Anfang an nicht gar so weitab vom besiedelten Land lagen, begreift sich. Entgegen den Gepflogenheiten der Zeit bebauten die »weißen Mönche« (so im Unterschied zu den schwarzgewandeten Benediktinern genannt) – wie gesagt – ihr Land von großen Gutshöfen, den sogen. Grangien, aus in Eigenwirtschaft. Um 1300 waren es bei einer mittelgroßen Zisterze wie Kamp insgesamt ungefähr 1500 ha. Auch das Kloster selbst mußte, da körperliche Arbeit für alle Zisterzienser verbindlich war, wenigstens zu einem Teil den Charakter einer Grangie annehmen: die von einer Mauer umschlossene Klosteranlage zerfiel in das *Claustrum* und den Wirtschaftshof. Noch an den Bildern und Grundrissen des 17./18 Jahrhunderts (Abb. 110, 113, 114), als für die Zisterzienser die Eigenwirtschaft nur noch eine ferne historische Reminiszenz war, kann man die Bedeutung ablesen, die der sehr ausgedehnte und differenzierte Wirtschaftstrakt einmal für das Gesamtkloster gehabt haben muß.

Der Prämonstratenserorden, kurz nach den Zisterziensern entstanden, hat sich in Verfassung, Organisation und Wirtschaftsführung eng an diesen angelehnt, was schon ein vergleichender Blick auf die Grundrisse des Prämonstratenserstifts Rommersdorf bei Neuwied (Abb. 116) und des Zisterzienserklosters Himmerod (Abb. 114) augenscheinlich macht. Die Prämonstratenser aber waren keine Mönche, sondern Priesterkanoniker, die in der Seelsorge eine ihrer wesentlichen Aufgaben sahen. Ihr Erfolg – um 1200 gab es in den Diözesen Köln, Trier und Münster schon 12 Prämonstratenserabteien (die wichtigsten waren Steinfeld, Knechtsteden, Scheda und Rommersdorf) – stimulierte auch die Mönchsorden, allen voran die Benediktiner, die lange umstrittene Frage, ob der der Welt abgestorbene Mönch in der Welt seelsorgerisch tätig sein dürfe, bejahend zu entscheiden. Pfarrkirchen besaßen Klöster und Stifte schon von Anfang an; eine solch typisch romanische Dorfkirche des 12. Jahrhunderts mit einem neuen gotischen Chor aus dem 15. Jahrhundert im Besitz des Xantener Viktorstifts war etwa die von Bislich (Abb. 107). Zunächst ließ man die Pfarrkirchen – gleichgültig, ob es bloße Patronatskirchen oder inkorporierte Kirchen (was bedeutete, daß dem Kloster der Ertrag der ganzen Pfarrpfründe zustand) waren, durch Weltgeistliche bedienen. Seit dem 13. Jahrhundert jedoch wurden die Mönche selbst als Pfarrer tätig, was sicherlich ihre Verbindung mit dem Kirchenvolk festigte und ihren Einfluß in die Welt hinein vergrößerte, dem Klosterleben aber kaum zuträglich war. Wenn, wie zeitweilig im Kloster Grafschaft der Fall, die Hälfte des Konvents außerhalb des Klosters die abhängigen Pfarren versorgte, konnte von einer monastischen *Vita communis* im Ernst nicht mehr die Rede sein.

Neben Zisterziensern und Prämonstratensern spielten andere um 1200 gegründete Orden, wie etwa die als Hospitalorden entstandenen Ritterorden, nur eine marginale Rolle. Ihre westdeutschen Kommenden – als Beispiel ist der Immunitätsbezirk der um 1240 entstandenen Georgskommende in Münster abgebildet (Abb. 109) – hatten nurmehr die Funktion, als Rekrutierungsbasen für die »Front« , d. h. für den Deutschordensstaat in Preußen bzw. den Johanniterstaat auf Rhodos, zu dienen. Die Sorge um die Hospitäler ging von den Orden auf Kommunen und Bürgertum über, ohne daß der geistlich-kirchliche Charakter dieser Institute dabei verlorenging. Ein solches »bügerliches« Hospital ist übrigens auch jenes, das der Kardinal Nikolaus von Cues 1447 mit seinen Geschwistern in seinem Geburtsort gestiftet hat (Abb. 112). Die gut erhaltene bauliche Anlage läßt ebenso wie der geregelte Tagesablauf ihrer Bewohner erkennen, daß es sich hier um jene Mischung von Altenheim und Klosterimitation handelte, die für die meisten Hospitäler der Zeit typisch war; in diesem besonderen Fall sollte das Hospital darüber hinaus noch als Erinnerungsmonument für den großen Kardinal dienen, der sein Herz hier bestatten und seine Bibliothek hier aufstellen ließ.

Die große Zeit der Zisterzienser und Prämonstratenser ging bereits in der ersten Hälfte des 13. Jahrhunderts zu Ende, hatte aber im Rheinland und in Westfalen gerade in diesen Jahrzehnten eine erstaunliche Nachblüte insofern, als jetzt Niederlassungen des weiblichen Zweiges beider Orden, vor allem der Zisterzienser, geradezu aus dem Boden schossen. Allein in der Diözese Köln gab es gegen 1300 22 Zisterzienserinnenklöster. Zwar waren die Konventsstärken relativ gering –sie lagen um diese Zeit durchschnittlich bei 20 - 30 Nonnen –, doch ist die große Zahl der Institute ein Indiz für das religiöse Interesse in der Frauenwelt dieser Zeit wie für die Notwendigkeit, den Frauenüberschuß der niederadligen und bürgerlichen Schichten unterzubringen. In ihrer Zielsetzung und Funktion unterschieden sich die Zisterzienserinnenklöster also deutlich von ihren männlichen Vorbildern; deshalb waren sie fast durchweg auch nicht in der Einöde, sondern in Stadtnähe zu finden. Diesen Zug zur Stadt teilten sie zwar nicht mit den Prämonstratenserinnenstiften, von denen es in der den ganzen nordwestdeutschen Raum (einschließlich der Diözese Trier) abdeckenden Zirkarie Westfalen um 1350 27, im 18. Jahrhundert immerhin noch 14 gab und von denen eine Anzahl durch Absonderung von den zunächst als Doppelklöster konzipierten Männerniederlassungen entstanden ist; sie hatten ihn aber gemeinsam mit den beiden am Anfang des 13. Jahrhunderts ins Leben getretenen Orden der Franziskaner und Dominikaner, in denen das Ideal der radikalen Besitz- und Bedürfnislosigkeit sich mit dem Drang nach unbegrenzter seelsorgerischer Wirksamkeit verband, der Hang zur Weltüberwindung mit dem zur aktiven Weltveränderung eine eigentümliche Symbiose einging. Die unvergleichliche Bedeutung der Mendikantenorden für die Geistigkeit des Hoch- und Spätmittelalters, für die Entwicklung von Theologie, Philosophie und Wissenschaft ist hinlänglich bekannt. Da diese Leistungen aber als ein Teil der umfassenderen Stadtkultur der Zeit kartographisch nicht darstellbar sind und auch nicht dargestellt worden sind, können wir sie hier auf sich beruhen lassen.

Niedergang und Reform des Religiosentums in Spätmittelalter und Frühneuzeit

Im späten Mittelalter und in der frühen Neuzeit ist dann nur noch ein Orden von weltweiter geschichtlicher Wirkkraft gegründet worden: die Jesuiten. Alles was sonst noch an neuen Orden entstand – die Mendikantenorden der Karmeliter und Augustinereremiten z. B., der Birgittenorden und andere –, waren mehr oder minder eigentümlich akzentuierte und nüancierte Nachahmungen bestehender Ordensgemeinschaften mit beschränkter Ausstrahlung, auch wenn sie in unseren Gegenden – wie z. B. die Karmeliter um die Mitte des 14. Jahrhunderts und die Kreuzherren während des 15. Jahrhunderts – zeitweise einen erheblichen Zulauf hatten. Die weitere Geschichte des Mönchtums wurde nicht durch neue Orden, sondern durch den Wechsel von Verfall und Reform bestimmt, wobei, ungeachtet der Tatsache, daß die Reformbestrebungen sich in Kongregationen und festen Observanzen institutionalisierten, eine schleichende Auszehrung des monastischen Lebens unverkennbar ist. Der Niedergang der Benediktiner, Zisterzienser und Prämonstratenser seit der Mitte des 13. Jahrhunderts läßt sich nicht nur an ihren oftmals desolaten Wirtschaftsverhältnissen, dem »Verrat« an Grundprinzipien der Ordensverfassung (die Zisterzienser gaben schon im 13. Jahrhundert die Eigen- zugunsten der Rentenwirtschaft auf, Benediktinermönche verfügten über Privateigentum und lebten wie Stiftskanoniker!), sondern auch an den geringen Konventsstärken ablesen. Im 16. Jahrhundert sind für Himmerod 37, für Kamp 24, Marienfeld 18, Marienstatt 3 und Siegburg 10 Konventualen bezeugt. Das nach einer allgemeinen Kirchenreform rufende 15. Jahrhundert brachte dann eine Wende zum Besseren. Die nordwestdeutschen Benediktinerklöster wurden damals zum größeren Teil durch eine von dem Weserkloster Bursfelde ausgehende Reformbewegung erfaßt; der in diesem Gebiet seit der zweiten Hälfte des 14. Jahrhunderts sich ausbreitende Frömmigkeitsstil der *Devotio moderna* – Christusnachfolge in schlichter Demut und Verinnerlichung des Glaubenslebens – ergriff mit dem Kloster Sibculo bei Almelo auch den Zisterzienserorden; es ist diese von dort ausgehende Reformströmung innerhalb des Ordens, der sich 1447/48 das bisherige Wilhelmitenkloster Groß-Burlo (Abb. 105) anschloß, die Observanz wechselte und neben Marienfeld, das in dieser Zeit ebenfalls einen materiellen wie spiriituellen Aufschwung nahm, zum zweiten Zisterzienserkloster im Bistum Münster wurde. Auf den Geist der *Devotio moderna* geht auch die Entstehung der Windesheimer Chorherrenkongregation zurück, die über die bereits nach der Augustinerregel lebenden Kanonikerstifte hinaus auch andere monastische Kommunitäten ergriff und umwandelte, so etwa 1409 das verfallene westfälische Benediktinerinnenkloster Böddeken, das seitdem als Windesheimer Chorherrenstift zu einem ausstrahlenden Zentrum der neuen Bewegung wurde.

In der Reformationszeit ging – von wenigen Ausnahmen abgesehen – die Entwicklung dann wieder bergab. Ein Opfer der Reformation ist von den hier abgebildeten Klöstern und Stiften allerdings nur Hördt (Abb. 104) geworden; alle anderen haben diese Zäsur überlebt. Wenig geschlossen stellt sich das monastische Bild dar, welches das 17. und 18. Jahrhundert bieten. Neben Spuren des Niedergangs traten Zeugnisse radikalen Erneuerungswillens. So etwa die vom Kloster La Trappe ausgehende strenge Observanz innerhalb des Zisterzienserordens. Aufgrund der Vertreibungen im Gefolge der Französischen Revolution haben sich Trappisten für einige Zeit auch in unserem Gebiet, nämlich in Rosendahl bei Darfeld (Abb. 115) niedergelassen. Daß die Äbte und Konvente in dieser Zeit über einen kräftigen Lebenswillen, ein gesundes Selbstbewußtsein und hinlängliche Mittel verfügten, geht im übrigen schon daraus hervor, daß die meisten Klöster in unserem Gebiet am Ende des 17. Jahrhunderts und im 18. Jahrhundert im Geschmack der Zeit neu gebaut worden sind. Allenfalls blieben wie in Marienfeld und teilweise in Kamp die alten Kirchen stehen, in der Regel baute man – wie etwa in Grafschaft, Siegburg und Himmerod – auch diese neu. Diese barocke Baulust ist zusammen mit den Zerstörungen nach der Klosteraufhebung zu Anfang des 19. Jahrhunderts der Grund dafür, daß sich im Rheinland und in Westfalen so gut wie keine Klosteranlagen in einem annähernd ursprünglichen Zustand erhalten haben. Die baulichen Aktivitäten der Klöster im 18. Jahrhundert waren zuvörderst den Abteien im engeren Sinne, den Abtswohnungen samt den Gästetrakten, zugute gekommen; nach dem Vorbild der Schloßbaukunst wurden sie zu kleinen Palästen umgeformt. Ein Blick auf die »Abteien« in Kamp und Marienfeld läßt keinen Zweifel daran, daß sie Früchte eines herrschaftlichen Repräsentationswillens, nicht mönchischer Weltentsagung sind. So wie die Äbte sich dem Stil des gehobenen Adels anpaßten, lebten die Mönche vielfach das behagliche Leben bürgerlicher Rentiers, wie es uns etwa für Siegburg bezeugt ist.

Der gemeinsame Schlafsaal war übrigens schon längst der Einzelzelle gewichen. In Kamp pflegte man Vorlesungen, gelehrte Diskurse und andere kulturelle Veranstaltungen, die eine beachtliche Attraktivität auf die gehobene Gesellschaft der weiteren Umgebung gleich welcher Konfession ausübten. Das waren gewiß löbliche Bemühungen; aber es war der Geist der Aufklärung, nicht der von Cîteaux, der da wehte. Der größte Teil des Grafschafter Konvents hielt sich als Dorfpfarrer außerhalb des Klosters auf.

Als um 1800 das Ende für die allermeisten Stifte und Klöster am Rhein und in Westfalen kam, da verschwanden keineswegs Institutionen, die im landläufigen Sinn »verkommen« gewesen wären: aber selbst die intaktesten unter ihnen hatten sich überlebt. Schon lange vor 1800 war dem Religiosentum alten Stils die gesellschaftsformende, kulturprägende Kraft verlorengegangen.

Klöster und Stifte im Kartenbild

Die meisten der in dieser Abteilung Klöster und Stifte abgebildeten Karten, Pläne und Bilder sind aus praktischen Bedürfnissen und Anlässen entstanden, die mit dem monastischen Leben im eigentlichen Sinne nichts zu tun haben; eine Ausnahme machen nur die beiden Abbildungen von Kamp und Marienfeld als Zeugnisse einer gewissen Repräsentations- und Renommiersucht. Sie stammen im übrigen durchweg aus Zeiten, in denen die ursprünglich gegebene funktionale Zuordnung von Klosterbau und monastischem Alltag bestenfalls noch in einer sehr gebrochenen Weise sichtbar wird. Am ehesten vermitteln noch die Grundrisse aus der Zeit nach der Klosteraufhebung einen Eindruck von den Anlagen der Gründungszeit (Abb. 114, 116, 117), da der Grundriß bei allen modernisierenden Um- und Neubauten nur selten verändert worden ist. Alle Klöster folgten prinzipiell einem gleichen Bauschema. An die Klosterkirche als dem Herzen der ganzen Anlage schloß sich nach Süden oder Norden ein rechteckiger Kreuzgang an, um den die übrigen Gebäude gruppiert waren: Der gemeinsame Schlafsaal (Dormitorium), der Speisesaal (Refektorium), der Kapitelsaal – nach der Kirche der am prächtigsten ausgestattete Teil des Klosters – sowie kleinere Räume wie Küche, Bibliothek und Archiv, Wärmezimmer, Sprechzimmer, Abtritte usw. Bei den Zisterziensern und Prämonstratensern machte die große Zahl der Laienbrüder und deren strenge Trennung von den Mönchen eine Verdopplung von Refektorium und Dormitorium sowie eines besonderen Konversenchors in der Klosterkirche notwendig. Aus dem geschlossenen Geviert des Claustrums ragten vielfach der West- oder Ostteil der Kirchen (Abb. 116, 117), das für die Klosterfamilie betimmte Krankenhaus (Abb. 110, 116) und später dann vor allem die – gelegentlich als Dreiflügelanlagen errichteten – Abtswohnungen heraus, hielten aber stets die Verbindung mit dem Baukörper des Claustrums; eine Ausnahme machte nur Groß-Burlo mit seinem apart plazierten Abtshaus. Von diesem sich durch die Bauform selbst gegen die Außenwelt abschirmenden Kloster im engeren Sinne – nur in dem in mehrfacher Hinsicht atypischen Groß-Burlo gab es 1590 noch zusätzlich Graben und Palisade – getrennt lag der Wirtschaftsteil des Klosters, der den größeren Teil der Gesamtanlage einnahm, wie bei Hördt (Abb. 104), Marienfeld (Abb. 113), Himmerod (Abb. 114), Rommersdorf (Abb. 116) und selbst noch bei der innerstädtischen Georgskommende in Münster (Abb. 109) zu sehen ist. Dieser Teil umfaßte den Bauhof, Stallungen für alle Arten von Vieh, Werkstätten für Schmiede, Schneider, Schuster und Zimmerleute, Back- und Brauhäuser sowie Gärten und Teiche, von denen später ein Teil parkartig umgestaltet wurde. Dieser Wirtschaftshof lag ebenfalls innerhalb der Klostermauer, die den ganzen Bereich ein»friedete« und die nur an der Klosterpforte einen Durchlaß hatte. Dort stand bei den Zisterzen in der Regel eine kleinere Kapelle für die gottesdienstliche Versorgung der Gäste und Bewohner der Umgegend; denn die Klosterkirche selbst war den Konventualen vorbehalten. Auch in Grafschaft gab es – wie in Abb. 106 gut zu erkennen – eine eigene Pfarrkirche vor den Klostermauern. Diese zweigeteilten, mauer- oder palisadenumschlossenen, gelegentlich zusätzlich durch Wassergräben (Abb. 105, 117) gesicherten Anlagen hatten große Ähnlichkeit mit den Niederungsburgen der Zeit; dieser Eindruck drängt sich ganz besonders bei Groß-Burlo (Abb. 105) auf, das bei einem ersten flüchtigen Blick tatsächlich eher wie eine Burgsiedlung und nicht wie ein Kloster aussieht.

Die abgebildeten Klostergrundrisse hatten den Sinn, Überlegungen über eine weitere sinnvolle Verwendung der leerstehenden Gebäude zu unterstützen. Sie sind deshalb genau, aber unanschaulich. Anschaulichkeit und eine relative Genauigkeit, dazu eine leichte Tendenz zu eindrucksvoller Stilisierung verbinden sich in den Darstellungen von Kamp, Marienfeld und Vogelsang. Anschaulich, aber ungenau, sind dagegen jene aus einer fiktiven Vogelperspektive gezeichneten Karten, die die Klöster Grafschaft und Siegburg in ihrer Umgebung zeigen. Beide Karten sind aus Streitigkeiten entstanden, die ihren Grund in den Traditionslasten hatten, die alte Klöster dieser Art aus ihren Anfangstagen mitschleppten. Es ging jeweils um Auseinandersetzungen mit den Vögten. Diese hatten ursprünglich die weltlichen Belange der von der Welt abgeschiedenen Mönche wahrgenommen – gegen ein Entgelt in Besitz, Einkünften und Rechten. Im Laufe der Zeit hatte diese Vogtei ihren anfänglichen Sinn verloren und sich in einen Gerichtsbezirk samt einem Ensemble anderer herrschaftlicher Gerechtsame wie etwa des Jagdrechts verwandelt; und um dieses Jagdrecht und seine Abgrenzung gegen entsprechende Rechte der Klöster geht es in diese sogen. Limitenkarten. Sie vermitteln aber über diesen ihren spezifischen Zweck hinaus ein Bild der Landschaft an der unteren Sieg und Agger sowie im oberen Sauerland, das – zumindest nach der Intention ihrer Autoren – bis in die Einzelheiten recht wirklichkeitsnah ist, zumindest was die markanten Punkte der Landschaft wie die Klöster selbst, die Städte, Ortschaften, Kapellen und – im Sauerland – die zahlreichen Mühlen und Hammerwerke an den Bachläufen angeht. Etwas genauer als es hier angesichts des großräumigen Kartenausschnitts möglich war, sind das Hospital in Kues und das Stift Hördt dargestellt. Trotz der idyllischen Atmosphäre, die beide Karten ausstrahlen, liegen auch ihnen handfeste Interessenkonflikte zugrunde. Während die Karte des zum Kloster Wietmarschen gehörenden Immunitätsbezirks – die älteste in der vorliegenden Auswahl – eine territoriale Grenzkarte ohne sonderliche Faszination ist und allenfalls eine Vorstellung von der Entlegenheit dieses kaum mehr als angedeuteten kleinen Klosters vermittelt, ist die aus der gleichen Zeit stammende Abbildung des Klosters Groß-Burlo von einem gewissen eigenen Reiz. Die schlichte Urtümlichkeit der Gegebenheiten wird durch die Präzision und Detailtreue der Zeichnung nur unterstrichen. Eine in diesem Buch nicht abgebildete Karte des gleichen Klosters von 1729 zeigt, um wievieles freundlicher sich die Verhältnisse bis dahin gestaltet hatten. Vor allem war das Gebiet an der nördlichen Klosterseite in eine wasserreiche Parklandschaft mit einigen Halbinselchen verwandelt worden, auf denen kleine Häuschen, Eremitagen, standen. Die damit gebotene Möglichkeit für die Konventualen, sich für einige Zeit zurückziehen zu können, korrespondierte mit einer erstaunlichen Verbreitung des Eremitentums gerade im 18. Jahrhundert. Überall wurden Eremitagen gegründet, sie gehörten zum festen Bestandteil fürstlicher Parkanlagen und Jagdreviere. Dies allein schon macht offenbar, daß sie ihre Entstehung einer elegisch bukolischen Zeitstimmung, nicht genuin religiösen Motiven verdankten. Auch an einem solchen Einzelzug wird spürbar, daß der Geist des alten Mönchtums, der unzählige Christen und die Welt verwandelt hatte, erloschen war; seine Stelle hatten auch in den Orden selbst – Herrschaftsdünkel sowie bürgerliche Behaglichkeit und Sentimentalität eingenommen. Eine Vernichtung der alten Institutionen und die Erneuerung dessen, was in ihnen noch wirklich lebte, waren überfällig.

103

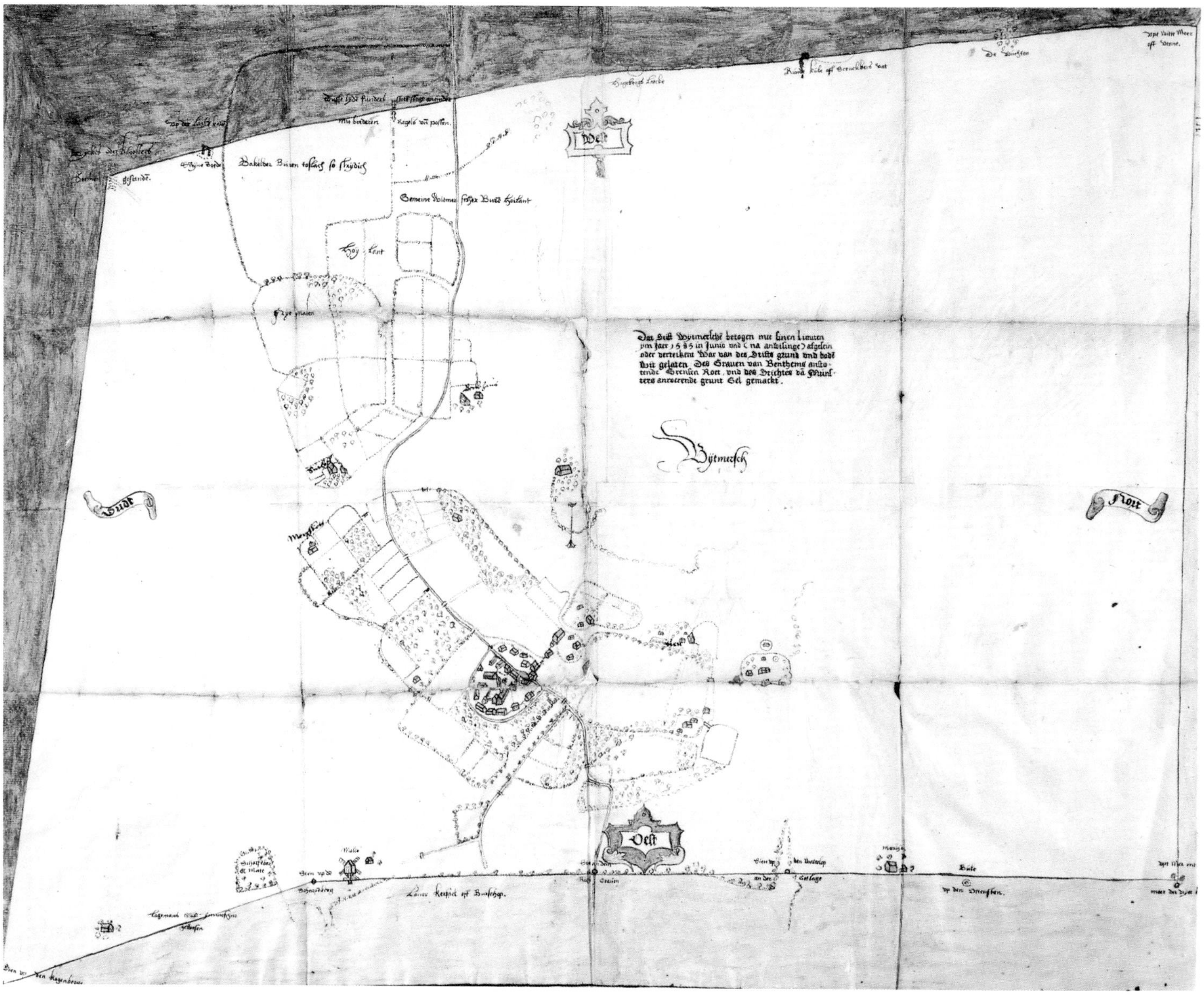

Abb. 103 Immunitätsbezirk des Klosters Wietmarschen bei Nordhorn. 1585

Das Benediktinerinnenkloster Wietmarschen weigerte sich mit Hinweis auf seinen Immunitätsbezirk, die von der Grafschaft Bentheim geforderten Steuern zu bezahlen, und führte deshalb einen Prozeß vor dem Reichskammergericht. Zugleich versuchte man, sich der Hoheit der Bentheimer Grafen zu entziehen und sich dem Fürstbischöfen von Münster zu unterstellen. In der Karte kommt die vom Kloster vertretene Rechtsauffassung zum Ausdruck. Die Karte entstand nach einer Grenzbegehung.

Abb. 104 Kloster Hördt bei Germersheim. 1637 - 1641

Das 1103 gegründete Augustinerkloster Hördt bei Germersheim wurde 1568 im Verlauf der Reformation durch den Schirmvogt und Ortsherren, den Kurfürsten von der Pfalz, aufgehoben, seine Güter wurden eingezogen. In den Wirren des Dreißigjährigen Krieges kam es zu einer kurzfristigen Wiederbelebung des Augustinerklosters in Hördt, indem der Mainzer Erzbischof 1637 Peter Kramer von Jestersheim als Propst in Hördt installierte, 1641 aber wurde er durch den Speyerer Bischof verdrängt, der seinerseits unmittelbar danach das Kloster Hördt wieder an Kurpfalz abtreten mußte. Im Verlaufe dieser Wirren wurde von Propst Krane eine *Plena ac solida informatio in facto circa statum monasterii Hördt ordinis cannonicorum regularum* verfaßt. Dieser Unterweisung ist ein Plan beigefügt, der offensichtlich von der Hand des Berichtsschreibers stammt. Er zeigt in Flächenkolorierung Kloster- und Wirtschaftsgebäude von Hördt sowie die Häuser des Dorfes mit der Kirche.

Abb. 105 Zisterzienserkloster Groß-Burlo bei Borken. 1590

Die durch einen äußeren Wall, Palisadenzäune und Gräften geschützte Anlage des Klosters *Mariengarden* sollte wie die Burg Raesfeld im Spanisch-Niederländischen Krieg (1566 - 1609) das grenznahe Verteidigungssystem des Hochstifts Münster stärken. Prior und Konvent von Groß-Burlo wehrten sich aber trotz häufiger Überfälle spanischer und generalstaatischer Truppen gegen die Aufnahme einer münsterischen Besatzung und versuchten mit diesem Klosterplan, auf dem alle Gebäude genau bezeichnet sind, die münsterischen Landstände vom Platzmangel des Klosters zu überzeugen.

104

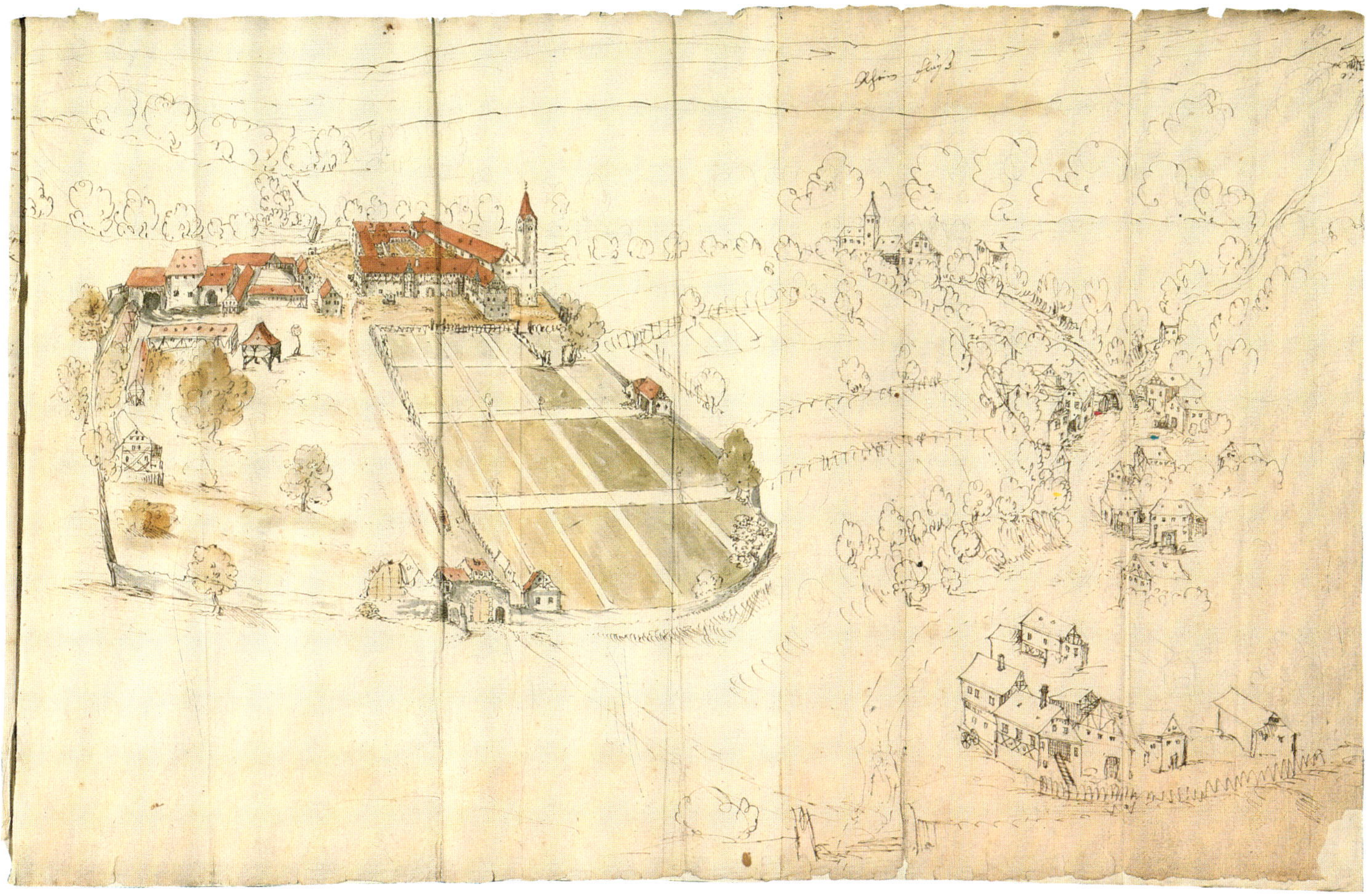

105

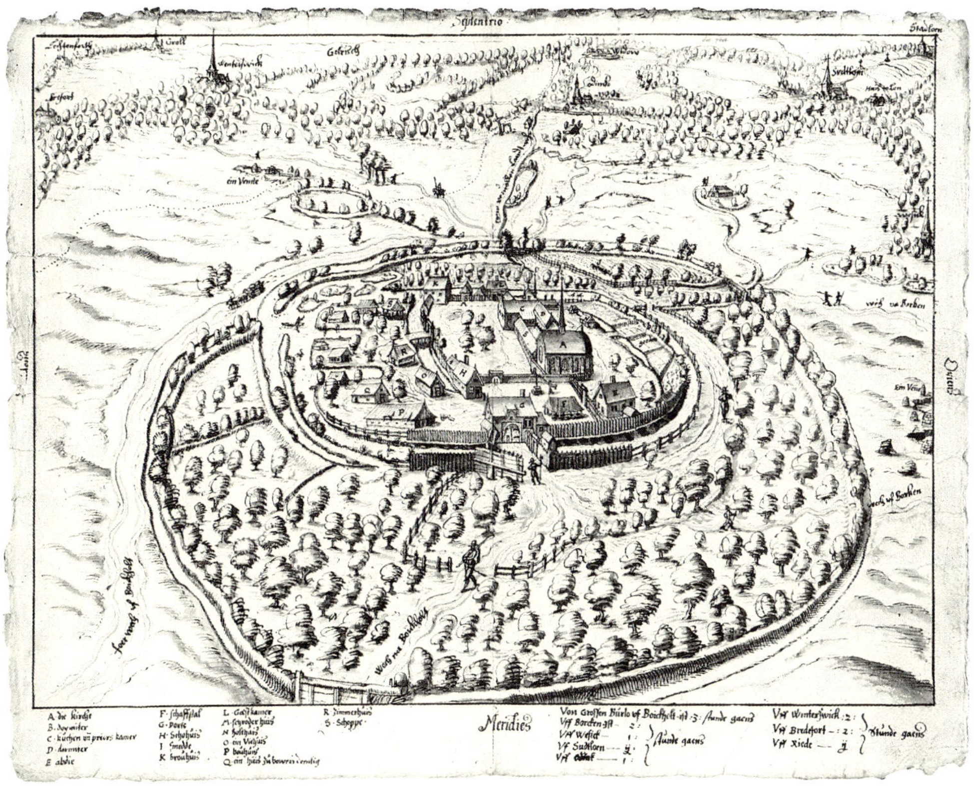
Septentrio
Meridies
A. die kirche
C. küchen vñ priors kamer
D. darunter
E. abdie
F. schaffstal
G. Porte
L. Gastkamer
R. Timmerhuis
S. Scheppe
Von Grossen Bürlo vf Boicholt ist 3 stunde gaens
Vff Borcken ist 2
Vff Wesick 1
stunde gaens
Vff Winterswick 2
Vff Bredefort 2
Vff Riede
stunde gaens

106

Abb. 106 Jagdgrenzen im Vogteibezirk des Klosters Grafschaft bei Schmallenberg. 1686

Der seit 1573 schwebende Streit zwischen dem Kloster und dem Freiherrn von Fürstenberg war 1653 beigelegt worden. Die Karte zeigt eine Zweiteilung des alten Vogteibezirks in einen südlichen (Vogtei Grafschaft) und einen nördlichen Teil (Gericht Oberkirchen). Für den südlichen Teil war 1653 ein gemeinsames Jagdrecht vereinbart worden. Im Streit von 1681 bis 1686 beanspruchte der Freiherr von Fürstenberg das alleinige Jagdrecht im rosa umrandeten Bezirk, da dieser kurfürstlich und ihm seit 1680 privat überlassen sei.

107

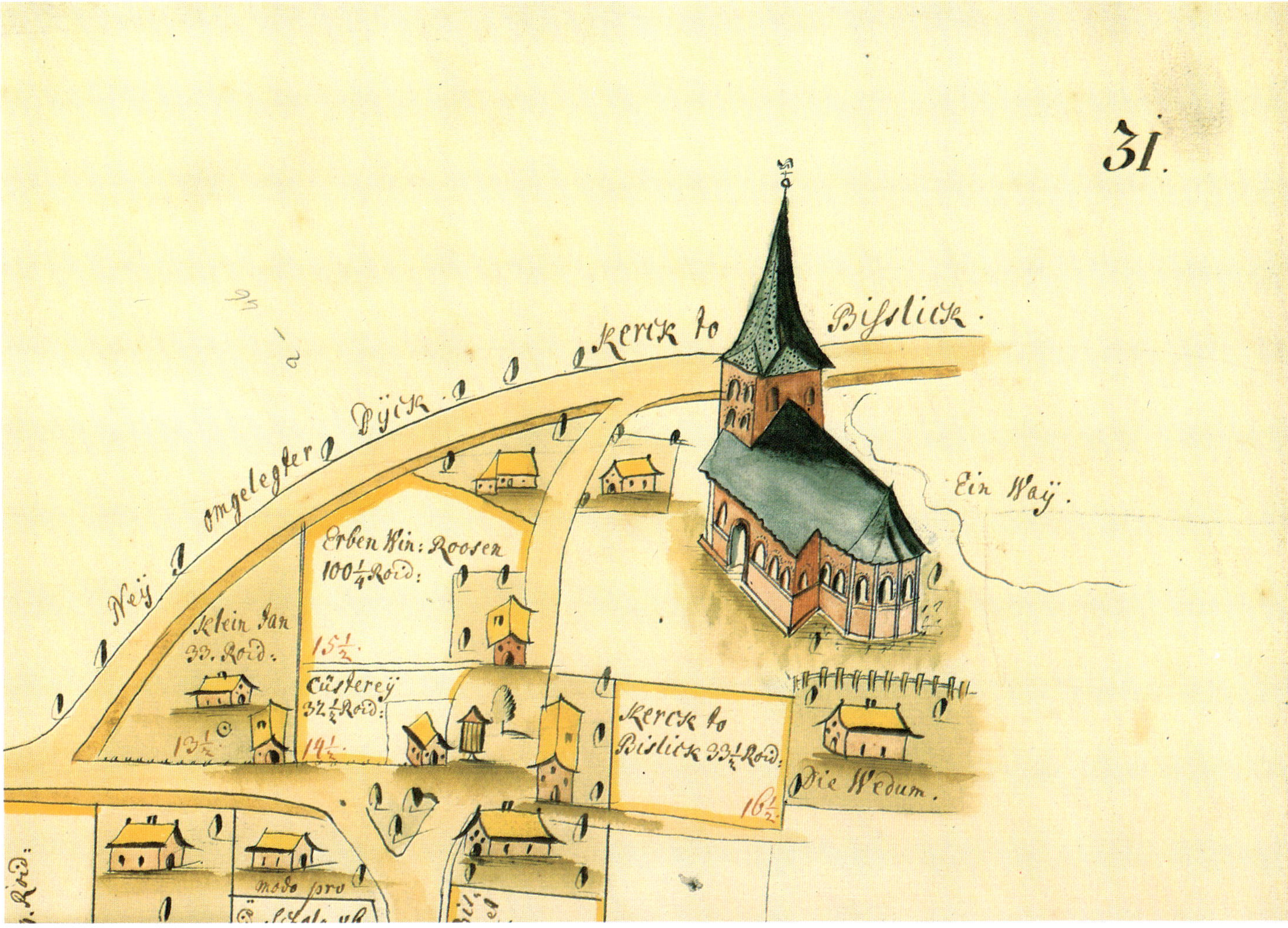

Abb. 107 Kirche von Bislich bei Xanten. 1704

Die Bislicher Gemarkung, die *Schow,* wurde bereits 1574 und 1575 vermessen und das Ergebnis 1612 in ein Kartenbuch übertragen. Das vorliegende Blatt ist Teil einer Neuaufnahme, die auf Ersuchen sämtlicher Berechtigten angefertigt wurde. Die Kirche, die in der zweiten Hälfte des 12. Jahrhunderts entstanden ist, wurde 1688 bei einer Rheinüberschwemmung schwer beschädigt und anschließend, wie es hier zu sehen ist, schöner wieder aufgebaut.

108

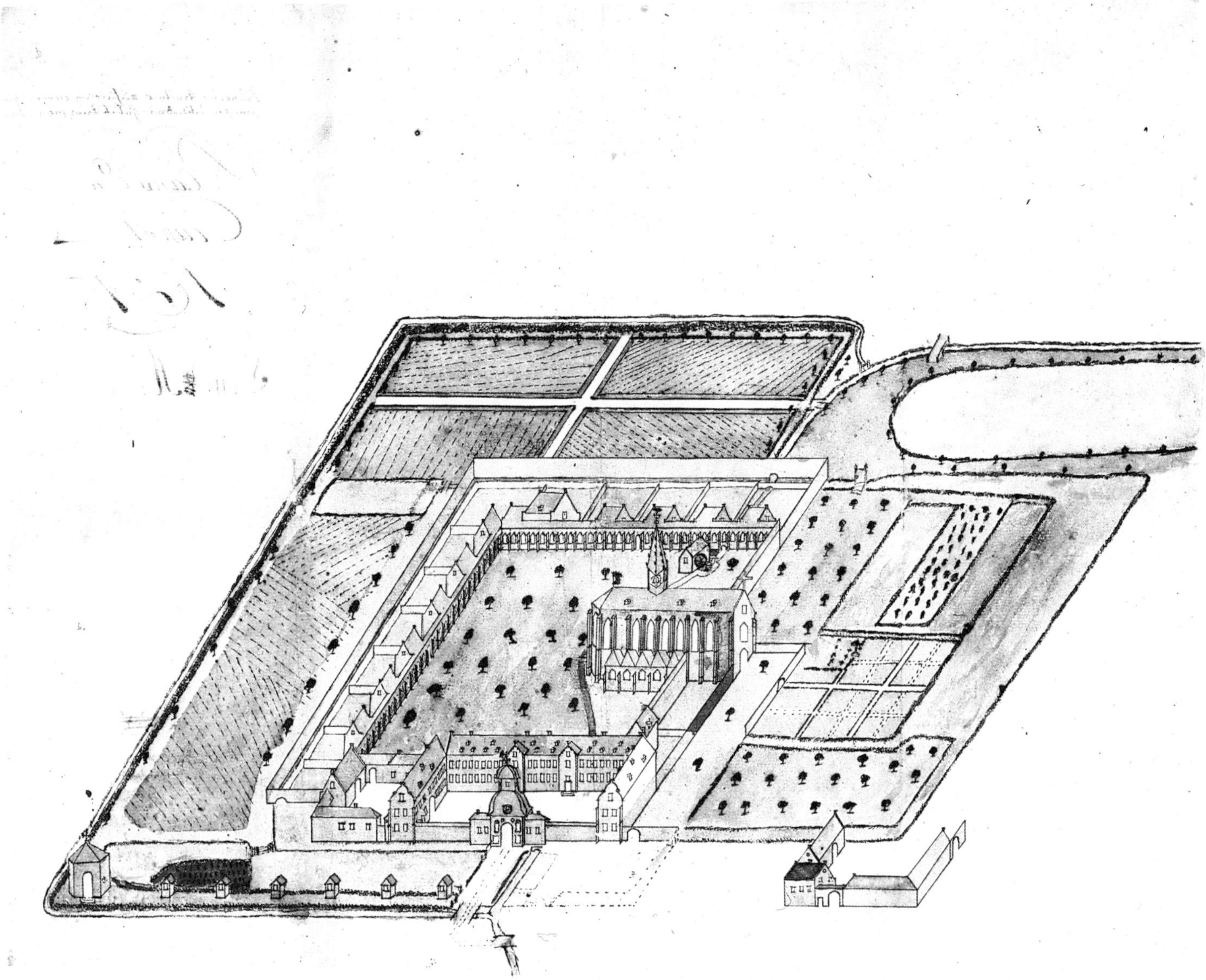

Abb. 108 Kartause Vogelsang bei Jülich. 1729

Das Kloster wurde von 1478 von Herzog Wilhelm IV. von Jülich-Berg gegründet. Die seit der 1802 erfolgten Säkularisation großenteils niedergelegten Klosterbaulichkeiten gruppierten sich wie bei Kartäuserklostern üblich in einem Rechteck, das auf drei Seiten von den kleinen Wohnungen samt dem Gärtchen der einzelnen Brüder gebildet wurde. Auf der Nordseite wurde Anfang des 18. Jahrhunderts eine große Anlage mit einem Torbau errichtet, der die Einzelwohnungen weichen mußten.

109

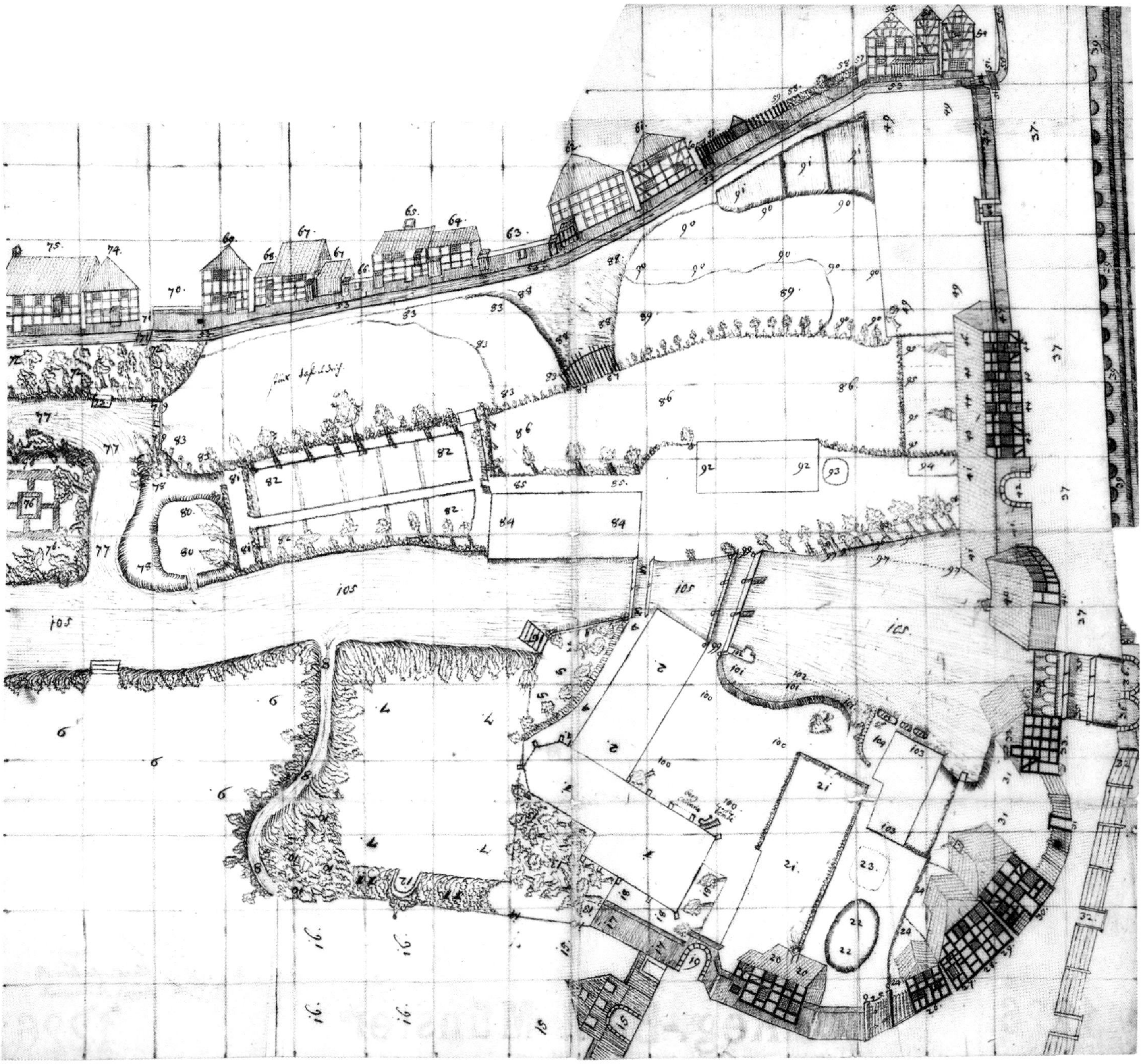

Abb. 109 Georgskommende in Münster. Um 1740

Die Kommende des Deutschen Ritterordens bildete in der Stadt Münster einen eigenen Gerichtsbezirk. Das Gelände der Kommende wurde durch die durchfließende Aa in einen südlichen und einen nördlichen Bereich aufgeteilt. In letzterem lag das eigentliche Kommendenhaus (2) und die St. Georgs-Kirche, deren Pfarrbezirk sich auf die Kommende beschränkte. Die einzelnen Parzellen werden durch ein der Karte beiliegendes Verzeichnis erläutert. Im Süden bildet die *Bommelmeyse* (53) die Grenze. Die (anschließend) im Aufriß gezeichneten Häuser gehörten nicht mehr zur Kommende. Für den Zeichner waren aber die Front der Hinterhäuser und die dort liegenden Gärten wegen der Nachbarschaft von Interesse.

110

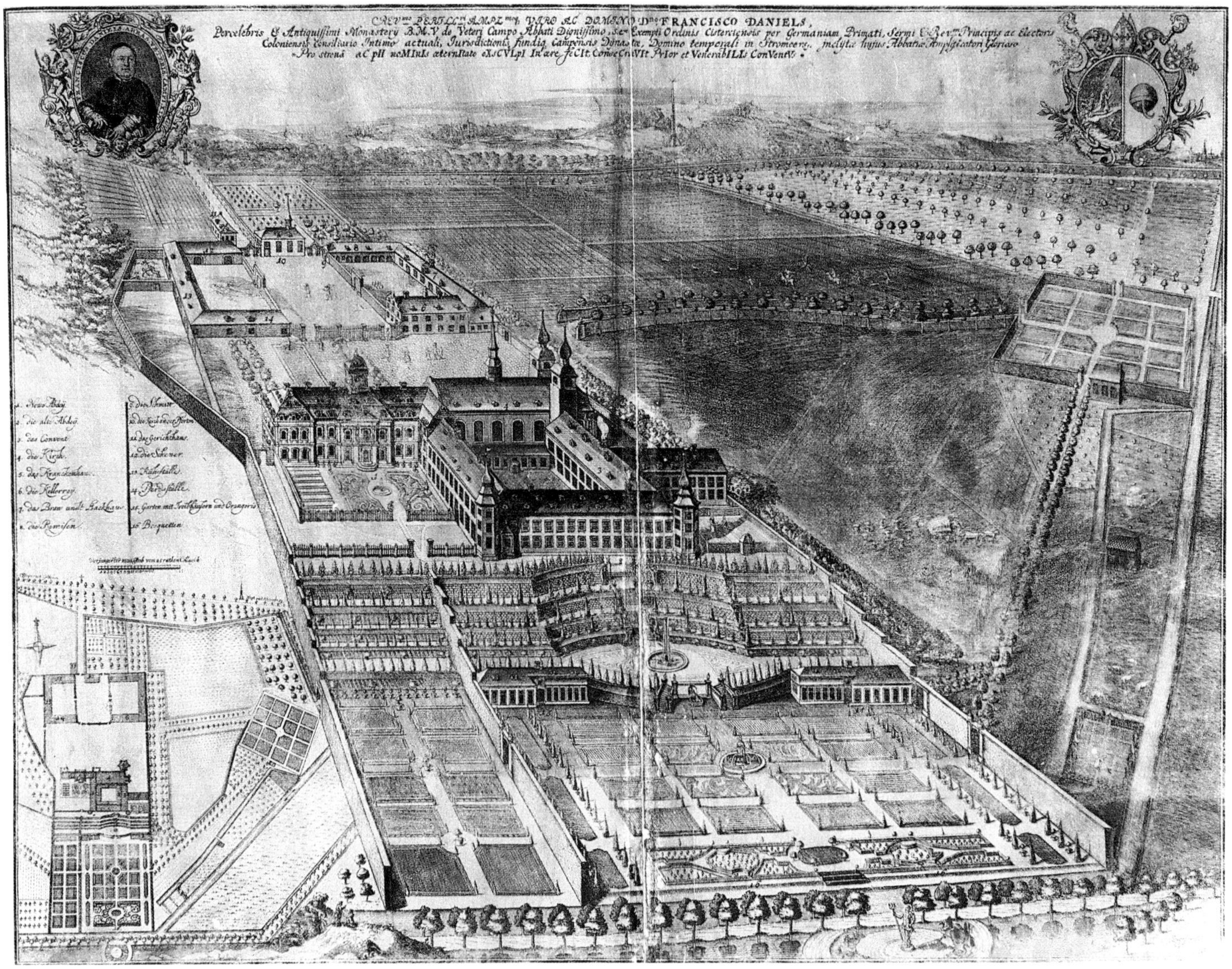

Abb. 110 Kloster Kamp mit Park, Gemeinde Kamp-Lintfort.1750

Kamp, das älteste Zisterzienserkloster Deutschlands, wurde 1121 gegründet. Abt Franz Daniels (1733 - 1749), der wie ein Fürst repräsentierte, ließ ein aufwendiges Prälaturgebäude und einen Terrassengarten nach den Plänen des Mönchs Benedikt Bücken am Südhang des Kamper Bergs anlegen. Am unteren Bildrand ist ein Teil der *Fossa Eugeniana* zu sehen.

Abb. 111 Burgbann Siegburg. 1766

Die Karte wurde dem jülich-bergischen Geheimen Rat in einem Streit um die Jagdgrenzen der Abtei Siegburg vorgelegt. Sie zeigt die Grenzen des Burgbanns sowie der Vogteien Troisdorf und Wolsdorf. Die mit den kurfürstlichen Jägern streitigen Stücke sind besonders bezeichnet. Bemerkenswert ist die fein ausgeführte Skizze der Abtei Siegburg, deren Gebäude wenig später durch einen Brand schwer beschädigt wurden.

Abb. 112 Hospital Kues. 1774

Der Ausschnitt zeigt aus der Vogelschau die Stadt Bernkastel mit der Burgruine Landshut und das Hospital Kues auf der gegenüberliegenden Moselseite. Das Hospital wurde 1447 von Nikolaus von Kues und seinen Geschwistern für die Unterbringung und Versorgung von 33 bedürftigen alten Männern gestiftet. Der Ausschnitt ist einer Karte der Gemarkungen Bernkastel und Monzelfeld entnommen, die während eines Prozesses zwischen den beiden Gemeinden wegen der Teilung des gemeinsamen Eigentums an Rottland, Wald und Weide angefertigt wurde.

111

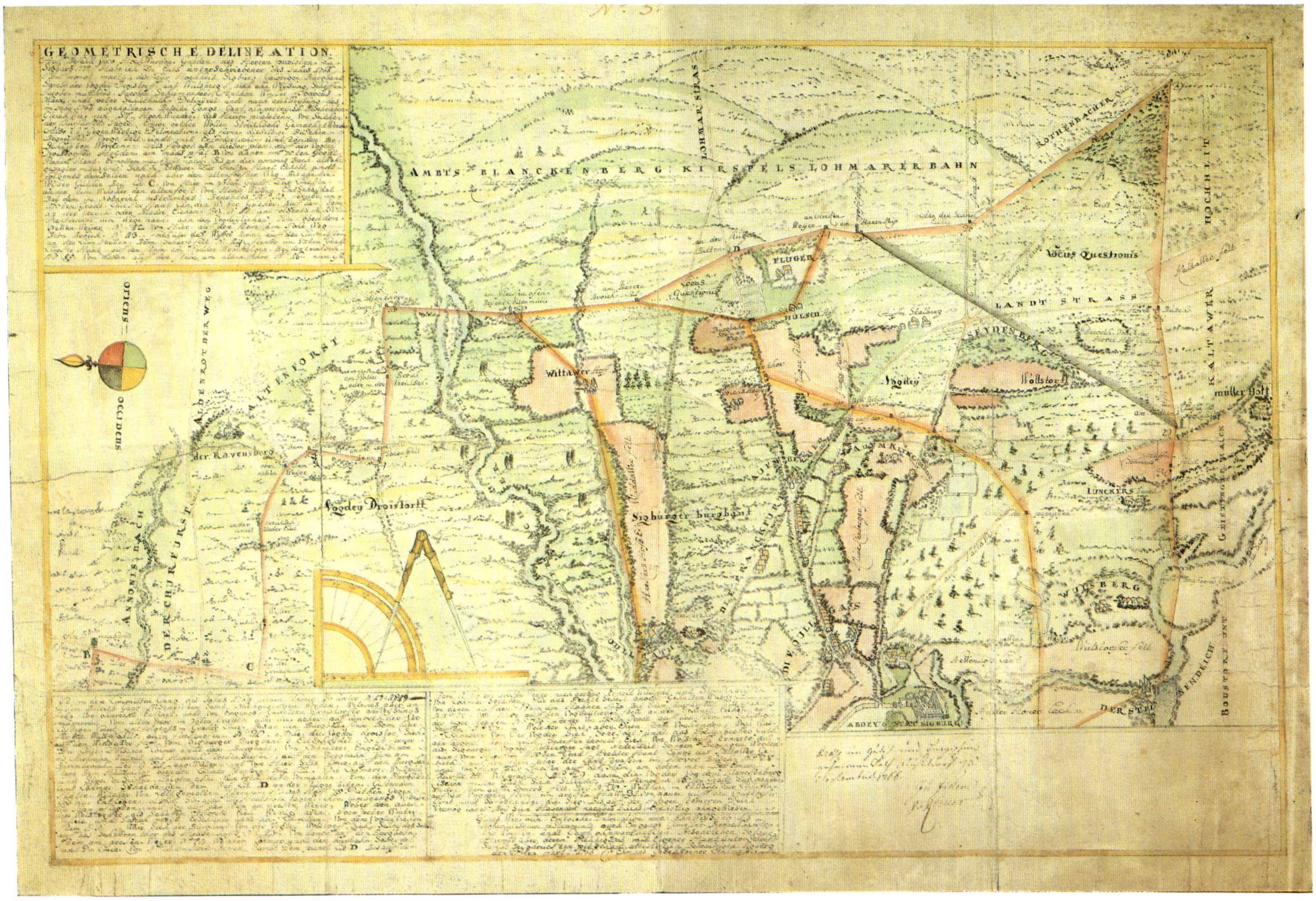
GEOMETRISCHE DELINEATION
AMBTS BLANCKENBERG KIRSPELS LOHMARERBAHN
Locus Questionis
LANDT STRASS
Wittawer
Wollstorff
der Ravensberg
LUNCKERS
müller Holt
KALTAWER
ORIENS
OCCIDENS

112

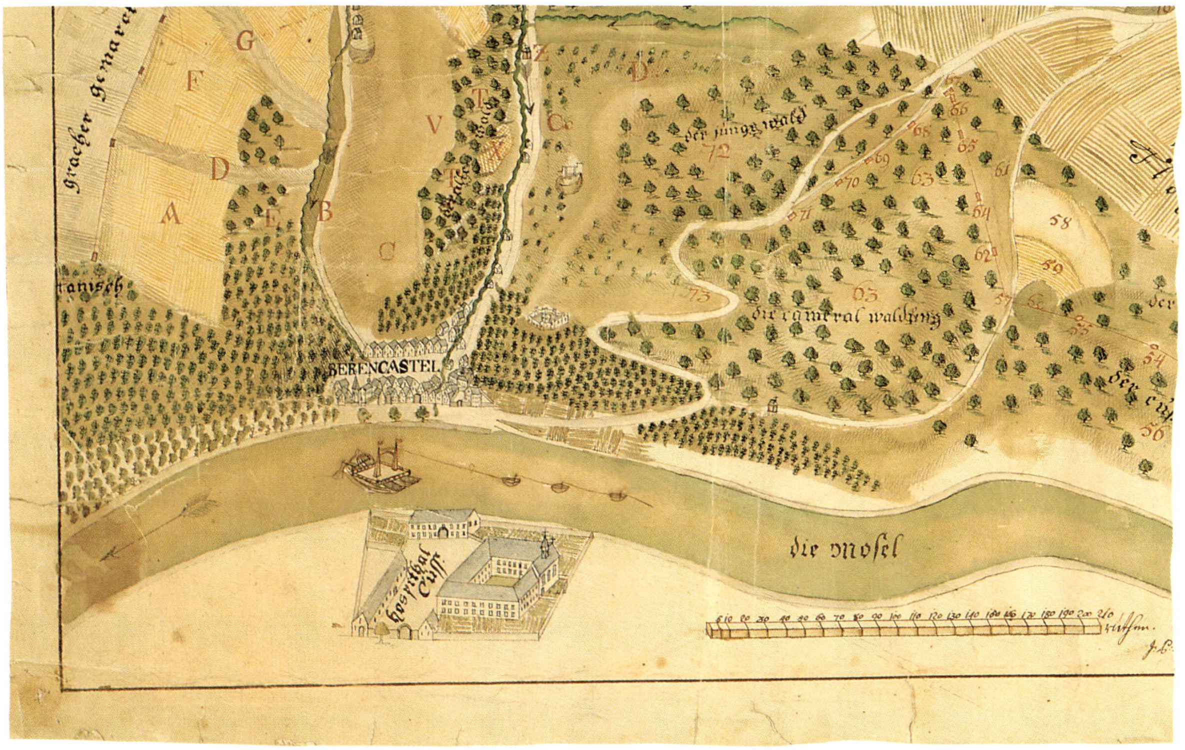
BERENCASTEL
die mosel
Hospithal Cuss

113

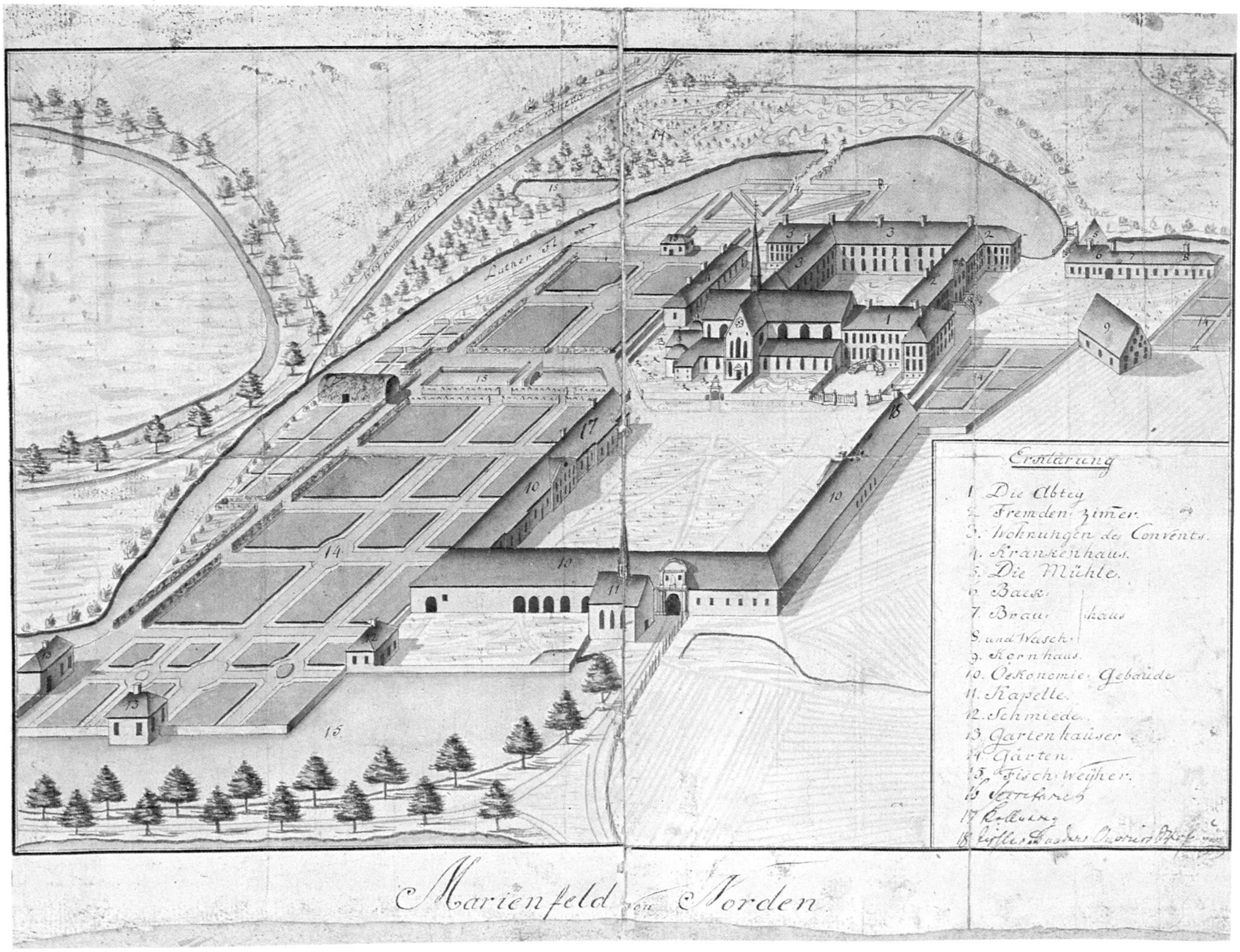

Abb. 113 Zisterzienserkloster Marienfeld bei Gütersloh. Um 1794

Die von Norden aus gezeichnete Ansicht des Klosters soll 1794 von einem französischen Trappisten, der als Emigrant in Marienfeld lebte, angefertigt worden sein. Sie zeigt die typische Anlage eines Zisterzienserklosters und überliefert den Zustand der Gebäude, wie diese sich nach den Umbauten zu Beginn des 18. Jahrhunderts präsentierten. Bis auf Kirche, Abtei- und Vorgebäude wurden sie 1828 abgerissen.

Abb. 114 Abtei Himmerod. 1792

Die Karte zeigt einen Lageplan der Zisterzienserabtei Himmerod mit den zugehörigen Wirtschaftsgebäuden und das umliegende Gelände. Die 1138 im Tal der Salm errichtete Abtei besaß umfangreichen Grundbesitz und galt als geistig-kultureller Mittelpunkt der vorderen Eifel. Dem vorliegenden Plan liegt keine genaue Vermessung zugrunde, sondern er wurde, wie der Geometer Jäger in der Legende erklärt, *nach dem Auge entworfen.* In erster Linie ging es wohl hier um die Darstellung der nahe der Abtei verlaufenden Grenze zwischen Kurtrier und der luxemburgischen Herrschaft Meer- und Bettenfeld.

Abb. 115 Trappistenkloster Rosendahl bei Coesfeld. Um 1800

Seit dem Jahre 1795 bauten aus Frankreich über Fribourg geflüchtete Trappisten auf einem vom Grafen Droste-Vischering Erbdroste geschenkten Gelände zwischen Osterwick und Darfeld ein Kloster. Im Jahre 1804 überließen die nach Klein-Burlo übersiedelnden Mönche den Trappistinnen das Kloster, das seitdem Rosendahl genannt wurde. Die Umgebung des Klosters ist in schematischer Form dargestellt. Orte und Häuser sind teils siglenartig, teils naturgetreu wiedergegeben (Kirchen zu Osterwick und Darfeld, Schloß Darfeld, Kloster Klein-Burlo, Haus des Rats Gröninger).

Abb. 116 Abtei Rommersdorf bei Neuwied. 1816

Als der Plan angefertigt wurde, war die ehemalige Prämonstratenserabtei Rommersdorf bereits aufgelöst und unterstand der preußischen Domänenverwaltung. Die im 12. Jahrhundert gegründete Abtei fiel 1803 an das Herzogtum Nassau, das den Besitz bereits als herrschaftliche Domäne nutzte. Die Karte stammt aus den Akten über die Veräußerung der seit 1816 zur preußischen Domäne Rommersdorf gehörenden Bauten und Grundstücke. In den wiederhergestellten Abts- und Konventsgebäuden befindet sich heute eine Außenstelle des Landeshauptarchivs Koblenz.

114

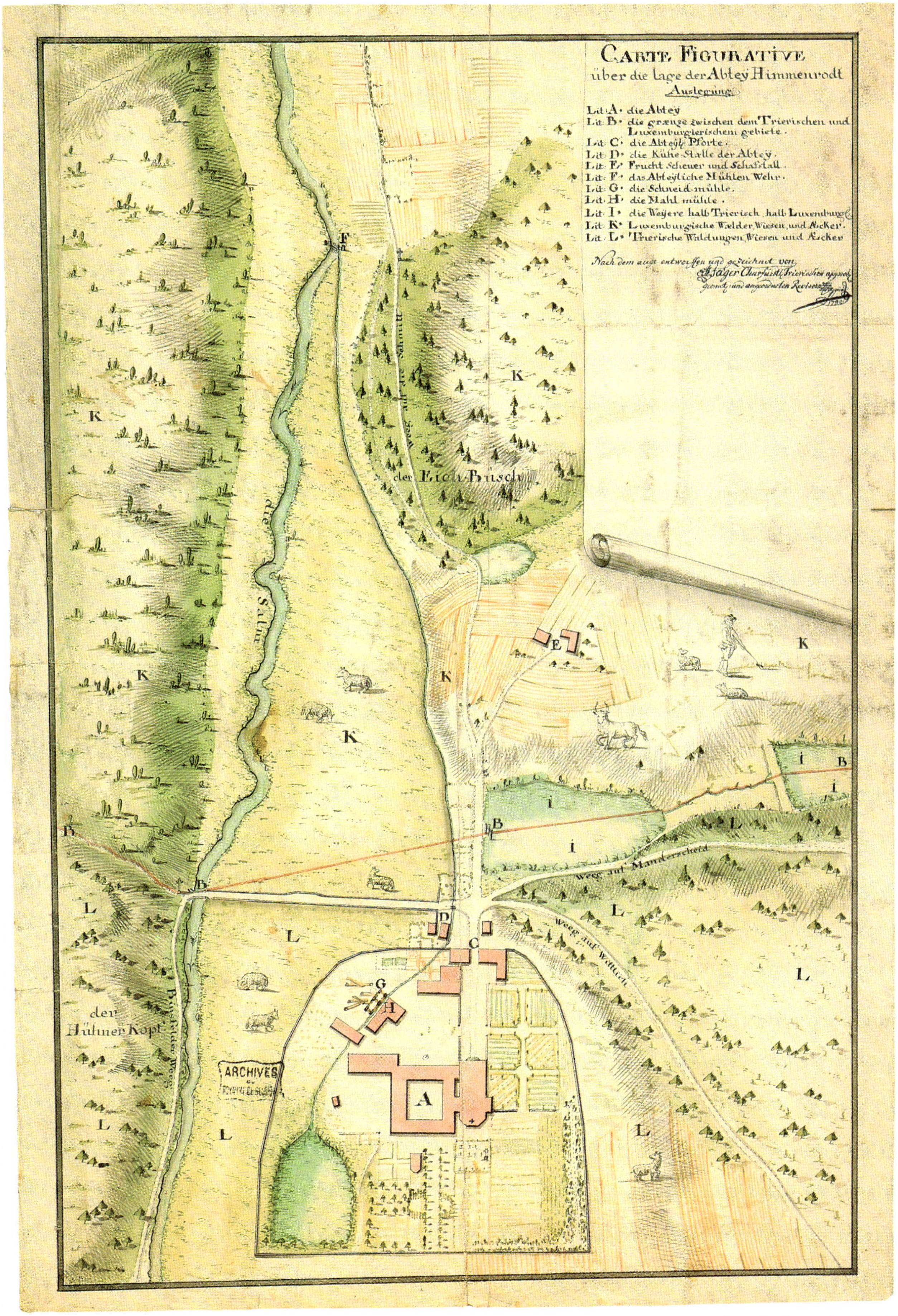
CARTE FIGURATIVE
über die lage der Abtey Himmenrodt
Auslegung
Lit. A. die Abtey
Lit. B. die grænze zwischen dem Trierischen und Luxemburgierischem gebiete.
Lit. C. die Abteyl. Pforte.
Lit. D. die Kühe-Stælle der Abtey.
Lit. E. Frucht Scheuer und Schafstall.
Lit. F. das Abteyliche Mühlen Wehr.
Lit. G. die Schneid-mühle.
Lit. H. die Mahl mühle.
Lit. I. die Weyere halb Trierisch, halb Luxemburg.
Lit. K. Luxemburgische Wælder, Wiesen, und Æcker.
Lit. L. Trierische Waldungen, Wiesen und Æcker
Nach dem auge entworffen und gezeichnet von
der Eich Busch
die Salm
der Hühner Kopf
Weeg auf Manderscheid
Weeg auf Wittlich
ARCHIVES

115

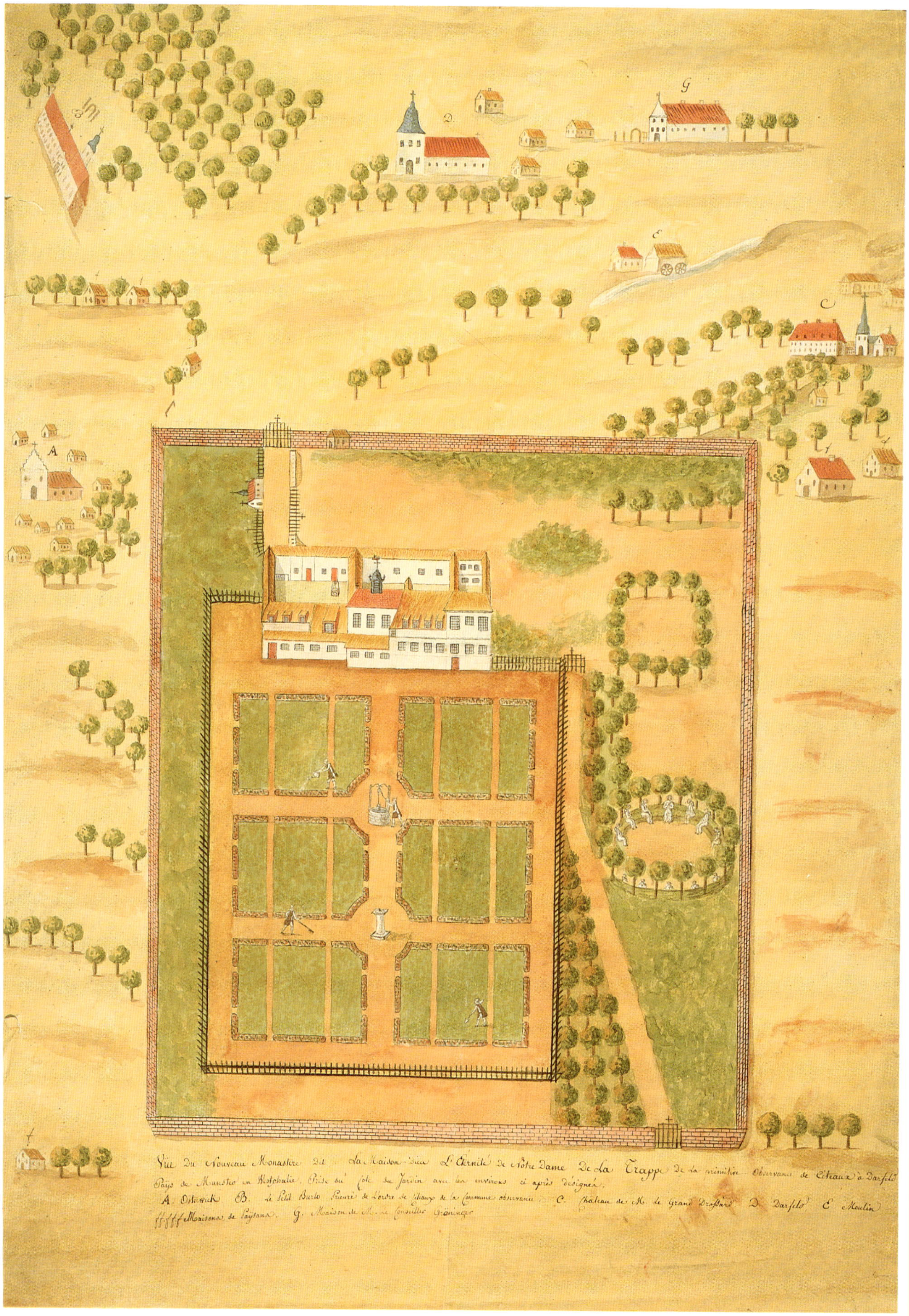
Vüe Du Nouveau Monastère Dit La Maison-Dieu L'Eternité de Notre Dame De La Trappe de la primitive Observance de Citeaux à Darfeld
Pays de Munster en Westphalie, Prise du côté du Jardin avec les environs ci après désignés.
A. Ostewick B. le Petit Burlo Prieuré de l'ordre de Citeaux de la commune observance. C. Château de M. le Grand Drossard. D. Darfeld. E. Moulin
ffff Maisons de Paysans. G. Maison de M. le Conseiller Gröninger

116

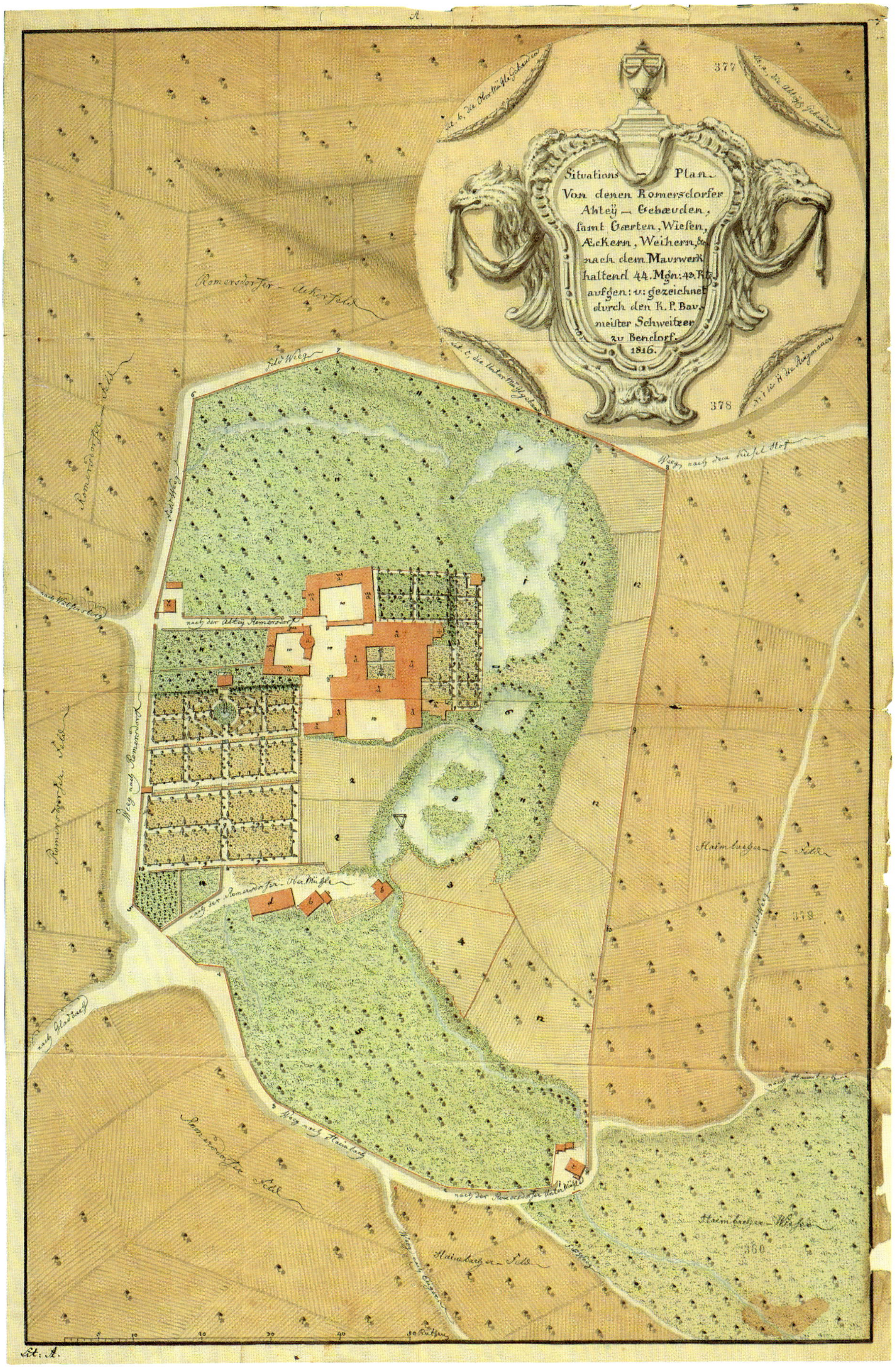

Situations Plan
Von denen Romersdorfer
Abteÿ_Gebæuden,
samt Gærten, Wiesen,
Æckern, Weihern, &c.
nach dem Maurwerk
haltend 44. Mgn: 42. Rt.
aufgen: u: gezeichnet
durch den K. P. Bau-
meister Schweitzer
zu Bendorf.
1816.
377
378
379
360
Lit. A.

Abb. 117 Abtei St. Maximin in Trier. Um 1805/06

Die inmitten eines römischen Gräberfeldes gelegene Benediktinerabtei St. Maximin gilt als eine der ältesten und bedeutendsten Mittelpunkte klösterlichen Lebens in Deutschland. Nach ihrer Auflösung bestimmte ein Erlaß Napoleons I. 1805, in den Gebäuden eine Handwerksschule einzurichten, der jedoch nicht zur Ausführung kam. Der nicht vollständig fertiggestellte Lageplan mit den Grundrissen von Kirche, Abteigebäuden und Gärten – es fehlt die Beschriftung – dürfte wie auch andere ähnliche Pläne im Zusammenhang mit der Frage der weiteren Verwendung der Bauten entstanden sein.

Abb. 118 Dorf und Schloß Stolberg. 1544

Der vorliegende Ausschnitt zeigt die damals noch sehr wenigen Häuser des später durch die Messingindustrie zu großer wirtschaftlicher Bedeutung gekommenen Ortes Stolberg. Das Schloß ist in der Form, in der es abgebildet ist, in der zweiten Hälfte des 15. Jahrhunderts errichtet worden. Es gehörte dem Herzog von Jülich, der es als Lehen an die Herren von Efferen ausgegeben hatte.

117

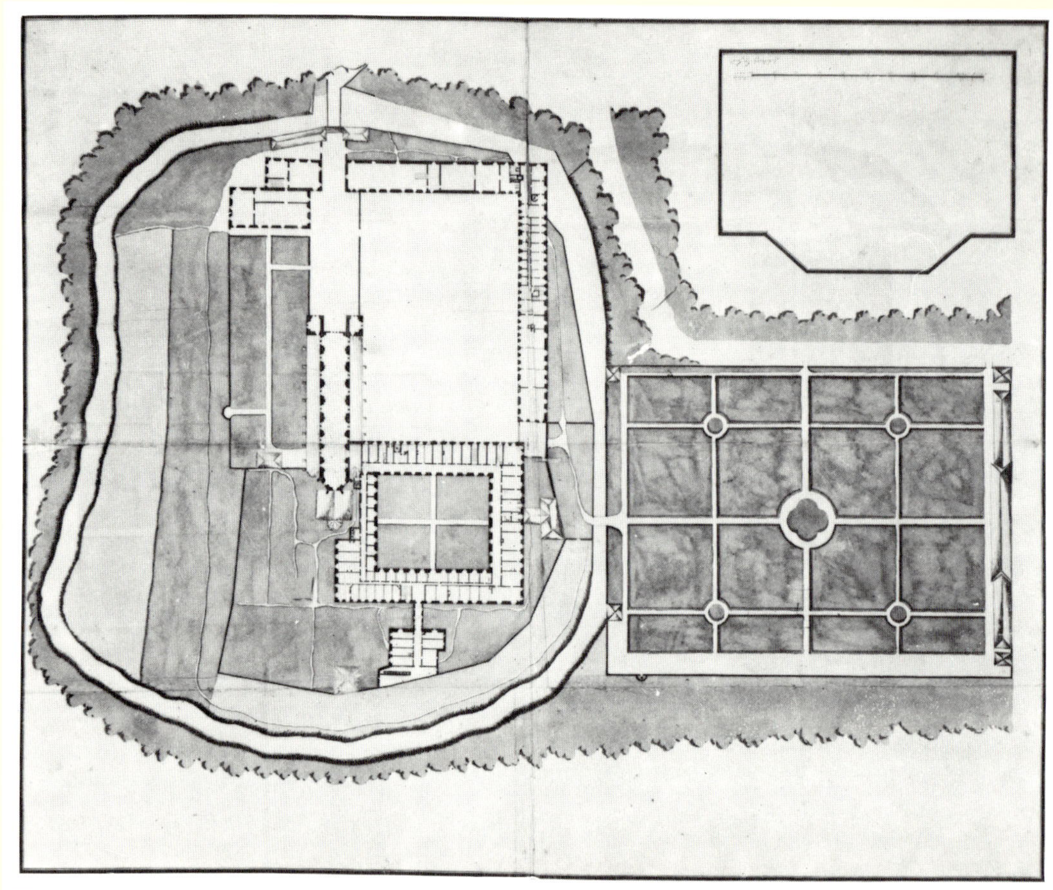

118

Die Welt des Adels

Von Martin D. Sagebiel

Bei einer Schilderung und Wertung der Karten im Umfeld des Adels ist zunächst wenigstens davon auszugehen, daß im westdeutschen, ja wohl im ganzen deutschen Bereich die Adelswelt nicht als Teil eines zentralen Staates anzusehen ist, sondern daß der kleine und mittlere deutsche Territorialstaat bereits ein Spezifikum des deutschen Adels darstellt. Anders als in den zentralistischen Staaten Westeuropas, in denen der landsässige Adel mehr und mehr in die Sphäre der Zentralen eingebunden wurde, bilden die deutschen geistlichen wie weltlichen Länder – auch nach der Durchsetzung absolutistischer Ideen – Fixpunkte, in denen sich die größere Selbständigkeit und Unabhängigkeit des Adels manifestieren kann. Durch den Aufstieg des niederen Adels selbst bis zum Reichsfürstenstand in den geistlichen Fürstentümern besaß der Adel als tragende soziale Schicht aller Staatlichkeit größeres Selbstbewußtsein und sank nicht so sehr zum dekorativen Beiwerk der absolutistischen Monarchie ab, wie dies – wenigstens zeitweise – in den großen Monarchien den Anschein hatte. Die Verbindung des geistlichen wie weltlichen Adels, sei es nun als Ministerialen, Beamtenadel oder kleiner Reichsstand, mit politischen, richtenden, verwaltenden und wirtschaftlichen Funktionen (Brunner) einer Gutsverwaltung wird bis zum Ausgang des Ancien Régime nie so ausgehöhlt, wie es anderwärts häufig der Fall war. Die feudale Struktur der Adelswelt bleibt auch im 18. Jahrhundert weitgehend bestehen, nur ist im deutschen Gebiet der Widerspruch zur Wirklichkeit im ökonomisch-politischen Bereich – mitbedingt auch durch die Kleinstaatlichkeit – nicht derartig gebrochen wie wohl im Ausland. Das heißt aber nicht, daß nach westeuropäischem und dem Vorbild in den größeren deutschen Monarchien nicht doch in der Adelswelt der deutschen Kleinstaaten das Höfische mehr und mehr heranwächst und ursprünglich adliges, selbständiges Wesen überwuchert. Ausdruck ist auch hier der Zug zum Erhöhten, ja Überhöhten, zum Prächtigen, ja Gewaltigen, wie man es im Barockzeitalter antrifft (Brunner). Bei aller Wahrung feudal-ritterlicher Elemente in der deutschen Adelswelt ist natürlich das Vorbild Frankreichs und dessen höfischer Repräsentanz richtungweisend für den deutschen Adel geworden, nur ist die Schwächung desselben als tragende soziale Schicht durch den höfischen Absolutismus auch dank der deutschen Kleinstaaten nicht soweit vollzogen und er kann sich somit leichter in die Aristokratie des 19. Jahrhunderts in einer sich wandelnden Zeit retten.

Die Vielfältigkeit der Aspekte einer sozialen Schicht und zumal die der Führenden im öffentlichen Leben durchdringt alle Bereiche, so auch ihre Zeugnisse, Quellen und Hinterlassenschaften. Neben der reinen Verwaltungstätigkeit bieten auch Kunst, Gewerbe, Literatur usw. Dokumente, die die Umwelt charakterisieren. Das Kartenbild, die Karte, erfaßt im weiteren Bereich der Adelswelt nicht nur nüchterne Fakten, wie sie in der Verwaltung und im Rechtswesen gebräuchlich sind, sondern es mengen sich Aspekte etwa der Kunst mit ein , die weitaus besser geeignet sind, nicht nur den äußeren Schein der Adelswelt und deren feudale Struktur zu zeigen, sondern auch etwas von den geistig-ideellen Hintergründen oder – etwa in Verfallszeiten – von vorgeschobenen Fassaden. Diese hohe Bewertung der älteren Karte in der Welt des Adels muß aber der Tatsache eingedenk sein, daß eine Entwicklung stattgefunden hat von der Karte als Abbild einer Idee, die sich in der Wirklichkeit wiederspiegeln soll, hin zur nüchtern-realistischen Abbildung einer nur bei Konstruktionsentwürfen geplanten Wirklichkeit ohne stärkere ideelle Zielsetzung, also eine Entwicklung hin zur Karte als reinem Verwaltungsinstrument. Das schließt nicht aus, daß auch bei den älteren hier vorgestellten Karten das Verwaltungsinteresse obenansteht, aber anders als bei den modernen Karten, die sich letztlich auf Grund der zeichnerisch-technischen Hilfsmittel unterscheiden und bei denen Individualzüge mehr und mehr verdrängt werden, zeigt die ältere Karte sowohl Eigentümlichkeiten der Ersteller und Zeichner wie auch des geistigen Hintergrundes der Empfänger, hier also des Adels. Es handelt sich aber weder zeitlich noch hierarchisch um eine homogene Adelswelt, da sowohl die Umwelt des landsässigen Adels wie der kleinen und kleinsten deutschen Territorialherren angesprochen wird, wie auch die durch weltlichen Besitz feudalistisch bestimmte Welt der Kirche in den geistlichen Territorien und Klöstern. Da die Unterschiede nicht so groß sind, rechtfertigt sich diese gemeinsame Betrachtung.

Adliges Wesen, adlige Umwelt spiegelt sich in der Karte nur teilweise wieder, aber beherrschende Faktoren werden sichtbar wie etwa die Orientierung an der rechtlichen Ordnung, in der z.B. der Grundherr alle wesentlichen Funktionen innehat und Gewalt oder Zwietracht nur um des wirklichen oder vermeinten Rechtes willen entstehen. Es kann auch die Illusionskunst sein, die entweder die Bedrohung der höfischen Welt durch den absolutistischen Staat und später durch das Bürgertum verhüllt oder sich als übersteigertes Ichgefühl zeigt. Auch der Rückzug in die Idylle des Landschaftsparks als Abkehr von der steifen höfischen Repräsentation, deutet auf die von der Außenwelt geschiedene höfische und adlige Existenz (Brunner). Der Inhalt der Karten in Bezug auf die Adelswelt ist abhängig von der Darstellungsform. Dabei stellt man eine Entwicklung fest, die mit der Welt des Adels wenig oder nichts zu tun hat. Wenn diese Frage auch schon an anderer Stelle eingehend behandelt worden ist, so muß hier doch – eben wegen der Abhängigkeit der Inhalte von der Form – auf die Darstellungsweise eingegangen werden.

Ausgehen kann man sowohl zeitlich wie auch methodisch von der Darstellung als Bild (Abb. 118). Natürlich ist die Abbildung der Erdoberfläche in der Art unseres heutigen abstrahierten Kartenbildes wesentlich älter, aber immer wieder wird in der frühen Kartendarstellung auf das Abbild, wie man es sah, zurückgegriffen. Meist sind es nicht gerade künstlerisch gestaltete oder künstlerisch zu bewertende Abbildungen. Der Wunsch der Bild-Ansicht, dem Abriß, die Elemente des Grundrisses oder der Vermessungskarte beizufügen, zeitigte die häufige und beliebte Darstellung aus der Vogelschau. Diese Darstellungsweise, die heute fast im Gegensatz zur technisierten Kartographie steht, erfreute und erfreut sich dauernder Beliebtheit, da sie bis zu einem gewissen Grade den Erfordernissen der Vermessung, vor allem aber der Anschaulichkeit nachkommt und verständlich erscheint. Ein Abbild der Wirklichkeit, wie es das Bild in einer Dimension wenigstens gab, ist die Karte aus der Vogelschau aber nicht. Mehr als eine Variante ist in jener Abbildungsweise zu sehen, in der Teile kartenmäßig flächig dargestellt sind, der Hintergrund aber ansichtsmäßig wiedergegeben ist (Abb.120). So ansprechend diese Hintergrundbildchen auch sein mögen, so haftet ihnen doch oft etwas Kulissenhaftes an oder die Darstellung ist etwas primitiv, aber der Wirklichkeit doch näher als die ungeregelte flächige Darstellung im Vordergrund.

Sehr beliebt wird es, in die flächige Darstellung das Abbild eines markanten Punktes, oft eines Gebäudes, unmaßstäblich einzubeziehen. So zeigen Karten über Grenzziehungen und Grenzabsteckungen zur Verdeutlichung der Situation eine Ansicht eines Schlosses oder eines Dorfes (Abb. 122, 121). Häufen sich diese Einfügungen, so wird es verständlich, daß die Abbildungen zu bloßen Symbolen werden. Handelt es sich aber um wesentliche Orte oder Plätze, so ist die Vermutung oft naheliegend, daß der Zeichner sich um ein Abbild der Wirklichkeit oder wenigstens eines Charakteristikums bemüht hat. Wohl eines der trefflichsten Beispiele für die Einfügung eines solchen Bildes an einem markanten Punkt befindet sich in der Karte über die zubehörigen Ländereien des Gutes Schweckhausen bei Soest, Ländereien, über die es Streitigkeiten zwischen verschiedenen Adligen gegeben hatte. Hier ist ein überproportional großer Bildstock eingezeichnet, der an den gewaltsamen Tod eines der Besitzer, Georg von Hatzfeld, erinnert. Auf den ersten Blick erscheint dieser Bildstock wichtiger als die ebenfalls bildlich dargestellten Gebäude (Abb. 125). Der historische Wert solcher und ähnlicher Abbildungen ist unterschiedlich. Oft kann an Hand des Erhaltenen festgestellt werden, daß der Kartenzeichner mit seinem Bild nicht allzu korrekt verfahren ist (Abb. 126) , mal handelt es sich auch nur um Planungen, wie sie bei den eingefügten Bauansichten in den Garten- und Parkplänen zu finden sind, es kann aber auch die einzige, wenigstens annäherungsweise richtig erhaltene Darstellung eines inzwischen verlorenen Bau- oder Kunstwerks sein. Beliebt ist auch jene Verbindung von Karte und Abbildung aus der Vogelschau, die das Abbild quasi als Beilage in eine Ecke der Karte einfügt, gelegentlich mit der Illusion eines gesondert angehefteten Blattes (Abb. 138).

Die weitaus größte Zahl der vorgeführten Karten ist nach Art der heutigen flächenmäßigen Abrisse gezeichnet. Die darstellerischen Mittel schwanken sowohl zeitlich – noch im 18. Jahrhundert lassen sich primitiv erscheinende Karten mit sehr einfach empfundenen Symbolen finden (Abb. 130) – wie auch technisch-künstlerisch erheblich. Die Karte eines Hermann tom Ring (Abb. 124) von 1584 kann sich in der Klarheit der Aussage sehr wohl mit der Darstellung der Fischereidistrikte am Saynbach von etwa 1715 (Abb. 122) messen. Die Entwicklung zeigt Sprünge und so lassen sich immer wieder Mischformen finden. Die Karte der Metternicher Höfe im kurtrierschen Dorf Naunheim bietet die einzeln vermessenen Grundstücke lagerichtig, wenn auch fast ohne sonstige erhellende topographische Angaben (Abb. 133). Eine Darstellung, die nüchterner Vermessung Genüge tut. Der gräfliche Burghof ist als Teil des Grundbesitzes grundrißartig mit vermerkt, zudem aber noch als Ansicht aus der Vogelschau außerhalb der geometrischen Aufnahme wiedergegeben.

Als eine weitere Darstellungsweise können die Pläne der Parks bezeichnet werden. Hier ist die Entwicklung vom Bild her viel geringer spürbar, hier ist vielmehr die Nähe zur Baukonstruktionszeichnung und deren Umsetzung in die begrenzte Landschaft berührt. Wenn die Ornamentik der Baustile und des Baudekors in Garten- und Parkanlagen wiederkehrt, so ist das die Darstellung einer Bauaufnahme. Erst durch die zunehmende Einbeziehung der realen Natur in die Parks des Landschaftsgartens vermengen sich die kartographischen Elemente der Konstruktionszeichnung und der Topographie, wobei wie beim Straßen-, Kanal- oder Bahnbau zuletzt die topographische Komponente überwiegt.

Burg und Landsitz

Typisch für den landsässigen, rittermäßigen Adel des späten Mittelalters und der frühen Neuzeit ist der befestigte Sitz, die Burg, als Zentrum der adligen Grundherrschaft, wobei es nicht darauf ankommt zu unterscheiden, ob es sich um den Wohn- und Verwaltungssitz einer landsässigen Familie des niederen Adels handelt, um den Mittelpunkt eines kleinen Territoriums oder um das adlig geprägte Amtshaus in einer großräumigeren Landesherrschaft. Diese Adelssitze konnten sowohl Schutz- und Trutzburgen gegen innere und äußere Feinde sein als auch kleinere und größere Zentren für die richterliche Gewalt, für die landesherrliche wie gutsherrliche Ökonomie und Verwaltung. Burg Stolberg (Abb. 118) zeigt in ihrer Trutzhaftigkeit und Gegenüberstellung zu den ungeschützten bäuerlichen Höfen und Katen am Flußufer solche Vorherrschaft im örtlichen Bereich. Ein Spannungsverhältnis wird sichtbar, selbst wenn die Schutzfunktion der Burg gegenüber dem unbewehrten Ort stärker hervorgehoben wird. Mit dem befestigten Haus Meinhövel (Abb. 124) wird im Grundriß eine Wasserburg gezeigt, wobei es sich wohl nicht um einen der stark befestigten Plätze handelt. Aber Grabenanlage, Ecktürme und Vorburg, d.h. Schutz des Zuganges, weisen den Platz als hinreichend gesichert aus. In Meinhövel wird die Trennung von adliger Wohnung und dem Wirtschaftsbereich in den Nebengebäuden und in der Vorburg erkennbar. Eine Nutzgartenanlage vor der Befestigung ist vermerkt worden. Auch die landesherrliche Burg, bzw. das Amtshaus oder Schloß Raesfeld (Abb. 119) bietet diesen Noch-Charakter des befestigten Platzes.Gerade hier ist die Karte ein wesentliches Instrument der Verwaltung, um den Ausbau der Burg im spanisch-niederländischen Krieg des ausgehenden 16. Jahrhunderts bildlich zu dokumentieren. Wie Meinhövel ist der Ort durch Gräben, Wälle, Pallisaden und Mauern geschützt, die z.T. verstärkt werden müssen. Beide festen Plätze, mal mit mal ohne Burgfried oder Hauptturm, lassen sich sehr gut in die Geschichte des Burgenbaus und seines Überganges in Richtung Schloß bzw. Festung einreihen.

Wie wenig trotz allem diese kleinen ländlichen Burgen und Adelssitze, sei es nun in den Höhenlagen der Mittelgebirge oder in den wasserreichen Ebenen, gesichert waren, zeigt die Hintergrunddarstellung des Hauses Dülmen (Abb. 120). Selbst wenn man hier von einer Vernachlässigung der Befestigungsanlage dieser landesherrlichen Burg ausgehen kann, so zeigen doch die ruinierten Burgsitze die Gefährdung der herkömmlichen Befestigungsart in den heftiger werdenden Kriegen der Neuzeit, hier im spanisch-niederländischen Krieg. Solch einen Burgsitz im Übergang von wirklicher Wehr zum bloßen Abschirmen sieht man auch in der kleinen, wohl nicht völlig wahrheitsgetreuen Abbildung des Schlosses Neersen der Grafen von Virmond (Abb. 126). Noch ist die Wehrhaftigkeit kenntlich, aber der Zeichner hat offenbar Freude an der Darstellung der vielen Türmchen gehabt und Wert auf die Schauseite dieser kleinen Residenz gelegt.

Es ist nicht möglich, auf Grund der hier vorliegenden Karten die Entwicklung des Burgen- und Schlösserbaus chronologisch festzulegen. Die viel ältere spätmittelalterliche Wasserburg Lüdinghausen, umgeben von komplizierten Grabensystemen, wird hier in einer Abbildung aus der ersten Hälfte des 18. Jahrhunderts vorgeführt (Abb. 127), als längst der Schloßbau und der moderne Festungsbau sich durchgesetzt hatten. Das landesherrliche Amtshaus Lüdinghausen reiht sich ein in die Gruppe der Plätze Raesfeld und Meinhövel und ist befestigungsmäßig auf dieser Stufe stehengeblieben. Kartenzweck wie -inhalt wollen ja auch nicht mehr den befestigten, wehrhaften Adelssitz vorführen, sondern den Verwaltungssitz, der sich in altmodischer Form darstellt und sich erst somit für den Betrachter als Beispiel aus älterer Zeit anbietet. Eine recht bescheidene Form dieser gesicherten Häuser älterer Zeit stellt das adlige Haus Schweckhausen dar (Abb. 125), das trotz seiner wassergeschützten Lage mehr den Charakter des im Flachland verbreiteten, von Gräben umgebenen Einzelhofes aufweist. Schweckhausen mag hier als Zeugnis jener Entwicklung interpretiert sein, in der der Adelssitz sich zum Gutsbesitz wandelt, in dem die ökonomische Komponente der alten Grundherrschaft nicht vermehrt um adlige Macht oder höfische Repräsentanz Ausdruck adligen Lebens neuerer Zeit geworden ist.

Wenn sich auch viel Älteres – etwa in den Burgen – erhalten haben mag, so vollzog sich doch seit dem 17. Jahrhundert, als sich der staatliche Schutz besser durchsetzte und sich die Wehrhaftigkeit der Burgen und burgähnlichen Plätze als zu schwach erwies, der Wandel zum geöffneten Landsitz: Geöffnet, da die wehrhafte Abgrenzung von der Außenwelt aufgegeben wurde, jedoch abgeschlossen weiterhin von der nichtadligen Umwelt. Diese neuerliche Abschließung zeigt sich auch im Bau und im Kartenbild. Es werden Mittel der höfischen Sonderung angewandt, die den Adel unter sich lassen. Eine eigene Ordnungswelt baut sich auf.

Nur klein ist die Darstellung der Residenz Myllendonk, so daß hier der Charakter einer Mischform zwischen Burg und Residenzschloß nur mit Mühe zu erkennen ist (Abb. 123). Es könnte die Vermutung naheliegen, daß es sich hier nur um das kartenmäßige Symbol eines Residenzschlosses handelt, aber die repräsentative Ansicht des Schlosses mit beflaggten Giebeln und mächtigen Turmhelmen verrät, daß hier nicht Wehrhaftigkeit sondern repräsentative Wirkung nach außen gemeint ist. Diesem Typ ist auch die Ansicht des Hauses Frohnenbruch bei Kamp-Lintfort zuzurechnen (Abb. 128), eine typische Niederungsburg innerhalb eines Grabensystems und mit einer Vorburg. Doch zeigt auch hier die Front des Hauptschloßgebäudes, daß der Festungscharakter bei aller Mächtigkeit der Türme dem Schaucharakter gewichen ist, nicht zuletzt auf Grund der Betonung der Giebel und Fensterfronten. Wohl besonders einprägsam ist die Hinwendung zum feierlichen Schaucharakter beim freiadligen Haus Heyer bei Borler (Abb. 121). Der residierende Adel war darauf bedacht, seine Macht und sein Ansehen nicht mehr durch wehrhafte Machtdemonstration unter Beweis zu stellen, sondern durch das Schöne und Erhabene. Sicherlich gibt es treffendere Beispiele als dieses kleine Schlößchen in der Eifel, aber es zeigt sich doch immer wieder, wie auch der niedere Adel diese Wendung mitvollzogen hat. Sicherlich scheint bei Haus Heyer die ältere Substanz des Burghauses durch, aber stärker noch als bei Haus Myllendonk (Abb. 123) ist die Kulisse des Schlosses – Giebel, flankierende Türme und innerer Ehrenhof – vor dem Wäldchen im Vordergrund hervorgehoben. Selbst in diesem kleinen Kartenausschnitt wird die Welt des Adels durch ihren repräsentativen Charakter abgehoben von der Welt der Ökonomie, hier der Landwirtschaft des daneben liegenden Hofes Heyer. Wie weit es gerechtfertigt ist, schon hier von einer Kulissenwelt zu sprechen, sei dahingestellt, wohl darf aber hier die Kulisse nicht als Scheinwelt interpretiert werden, denn es standen handfeste soziale Bedingungen dahinter.

Schlägt man den Bogen von der wehrhaften Burg zum Schloß, so wird die letzte Stufe, das Schloß als konstruiertes Gebilde, in den Karten hier nicht gezeigt, sondern nur das Pendant, der Schloßpark, der gleichgeartete Konstruktionselemente aufweist. Daneben dauert die befestigte Anlage fort im Schloß innerhalb der modernen Festung. Schloß Rietberg (Abb. 129) ist nur ein einfaches Beispiel dieser Verknüpfung von Residenzschloß und Festung. Der Festungsbau, im militärischen Bereich unabhängig fortentwickelt, kehrte zur Welt des Adels, hier der kleinen Residenz der Rietberger Grafen, als Ausdruck der Macht nochmals zurück. Die Anpassung des Schloß-Burgbaues an die moderne Waffentechnik ist versucht worden. Zugleich damit ist aber auch eine Form der Selbstdarstellung der Herrschaft gewählt worden, die über die reine Wehrhaftigkeit hinausgeht. Auch dem Festungsbau des 17. und 18. Jahrhunderts wohnt in seinem zweckgerichteten symmetrischen Ordnungsschema eine Haltung inne, auf der auch das hierarchisch-feudale Ordnungsgerüst des Adels jener Zeit fußte. Diese übertriebene Symmetrie ist in Rietberg als einer gewachsenen kleinen Festung nur angedeutet worden. Auffallend ist, daß bei der Schloßfestung die flächige Darstellung gewählt wurde, hingegen bei der Johann Nepomuk-Kapelle, beim Gericht und Vorwerk die beliebte Ansicht bevorzugt wurde. Vielleicht entsprach dem Geschmack des Zeichners mehr der interessante Kapellenbau und nicht der unvollkommene Festungsbau.

Gutsherrschaft

Das latent immer bestehende Spannungsverhältnis zwischen adliger und bäuerlicher Welt, das sehr prononciert in der bildlichen Darstellung des Dorfes und der beherrschenden Burg Stolberg (Abb. 118) sichtbar wird, ist nicht auf allen Karten über adlige Herrschaft und adlige Berechtigungen mit solcher Eindringlichkeit vor Augen gestellt. Trotzdem wohnen auch den anderen Karten immer wieder diese Momente der Beherrschung der bäuerlichen Welt inne, seien nun Einzelrechte oder Abgrenzungen abgebildet. Gewiß unterliegen die vorliegenden Karten schon von ihrem Entstehungszweck her wenigstens zwei Bereichen – Beweismittel im strittigen Verfahren und Bestandsaufnahme. Eine Vermengung beider Bereiche ist oft gegeben. Die Karten erweisen sich als Belege dafür, daß nicht nur die staatliche Welt sondern auch die Welt des staatstragenden Adels mehr und mehr von den Ordnungsprinzipen des gesetzten Rechtes geprägt wird (Brunner). Dieses Vordringen neuer Rechtlichkeit und Rechtsordnung bedingt aber auch, daß das Moment der direkten Herrschaft, die beim landsässigen Adel und der kleinen Territorialherrschaft lag, übergeht auf größere staatliche Einheiten. Diese Welt des Adels wandelt sich von der Grundherrschaft der frühen Neuzeit, verstanden als organische Verbindung von Ökonomie und Herrschaft, zur Gutsverwaltung, verstanden als materielle Grundlage für ein höfisch- aristokratisches Leben, bzw. zum Sitz eines Mitgliedes des Hofes im repräsentativen Schloß oder Gutshaus.

Die älteren Karten gehören meist jener Gruppe an, in der rechtliche Ordnungsfaktoren eine Feststellung wirklicher oder vermeintlicher Rechte und Berechtigungen erforderlich machen. In den vorliegenden Karten werden verschiedene Bereiche adliger Machtausübung angesprochen. Gerichtsbezirke als Machtbasis sind seit alters bekannt. So drängte auch der Adel, als die Territorialisierung des Gerichtswesens sich durchgesetzt hatte, auf genaue Abgrenzung. Die Karte über den *Beifang,* d.i. ein Gerichtsbezirk, Meinhövel und dessen Verhältnis zu Dorf und Kirche Nordkirchen (Abb. 124) unterstreicht die Position einer Partei in einem solchen Streit zwischen benachbarten Adligen. Da mit päpstlicher Genehmigung die Kirche nach dem Dorf Nordkirchen verlegt worden war, hatten die Besitzer des Hauses Meinhövel, die Herren von Münster, Interesse daran, ihre Gerichtsbarkeit über das Dorf festgeschrieben zu erhalten, was von den Förderern der Kirche bestritten worden war. In einem verhältnismäßig dicht mit Adelshäusern besetzten Gebiet, wo sich die adligen Besitzer nicht nur auf reinen landwirtschaftlichen Erwerb beschränkten, war die Mehrung grundherrlicher Rechte von entscheidender Bedeutung. Jede Änderung eines bestehenen Rechtszustandes, wie er hier durch die Verlegung der Kirche bewirkt worden war, mußte Unruhe, Unordnung und Begehrlichkeit wecken, die, wenn nicht durch Gewaltakte, nur durch Gerichte, aber in langwierigen Prozessen bereinigt werden konnten.

Die kleinräumigen Herrschaftsverhältnisse, seien sie nun mit landeshoheitlichen Rechten ausgestattet oder nicht, bedingen immer wiederkehrende Schwierigkeiten zwischen den adligen Nachbarn. Dabei sind die Klöster als Grundbesitzer, gleich welchen Ordens, dem Adel gleichzusetzen. In der Übersichtskarte über die strittigen Fischereirechte am Saynbach sind es Kleinstterritorien bzw. Splittergebiete größerer Reichsstände – hier Kurtriers –, die in unübersichtlicher, engräumiger Grenzlage über die Nutzung der Fischerei in Streit geraten sind (Abb. 122). Die einzelnen Herrschaftsgebiete sind durch deutliche Grenzen voneinander geschieden, selbst wenn sie sehr ineinander verwoben sind. Durch die Hervorhebung der strittigen Gewässer werden die Bindungen noch mehr betont. Deutlich sind die Grenzlinien nicht in die Mitte der Bäche gezeichnet, sondern markieren die Ufer. Mit dieser Angabe, die im Gegensatz zur heute vorherrschenden Praxis steht, Grenzen möglichst in die Mitte eines Gewässers zu legen, soll der Beweis erbracht werden, daß in einem von zwei Territorien begrenzten Gewässer beide Anrainer Fischereirechte ausüben können. Die vorliegende, sehr bildhafte Karte wird über die Zeichentechnik hinaus noch besonders ansprechend, da die Ansichten der Ortschaften, der Klöster Sayn und Rommersdorf und der Burgen Sayn und Isenburg trotz ansatzweiser Symbolhaftigkeit so wirklichkeitsbezogen vorgestellt werden. Wie häufig bei den in Karten vorkommenden Frontal- oder Schrägansichten von Gebäuden und Gebäudekomplexen handelt es sich nicht um künstlerisch hochstehende Abbildungen oder Konstruktionen, hier bieten sie aber doch etwas Atmosphäre.

Dem Bereich dieser Rechtsabgrenzungen in Gemengelage befindlicher herrschaftlicher Rechte ist auch die in der äußerern Gestaltung abweichende Karte des Züscher Lehnanteils der Freiherrn von Dürckheim zuzurechnen (Abb. 130). Diese Karte, die im Zusammenhang mit den strittigen Verhältnissen zwischen kurtrierischem und hintersponheimischem Lehngut und hunolsteinischem Eigengut entstanden ist und hier in der Kopie einer zeichnerisch simplen, circa 50 Jahre älteren Vermessung vorliegt, versucht vor allem den Waldanteil des Lehnbesitzes festzuhalten. Ortschaften, Gewässer und Wege dienen als Verdeutlichung der Situation, während die Forsten durch vereinfachte Baumdarstellungen hervorgehoben sind. Eine klare Abgrenzung der Waldbezirke innerhalb des Lehngebietes ist nicht konsequent durchgeführt und auch die Einfügung von Bruchgebieten scheint schematisiert. Es war dem Zeichner daran gelegen, die verschiedenen Bestandteile, aus denen sich der Lehnbereich im Hinblick auf die wirtschaftliche Nutzung zusammensetzte, vorzuführen, vor allem aber die äußere Abgrenzung gegenüber den Nachbarberechtigten. Den Herrschaftsbereich charakterisiert auch die merkbare Hervorhebung des Galgens als Zeichen des Gerichts.

Neben der Abgrenzung ganzer herrschaftlicher oder hoheitlicher Rechtsbezirke sind es vor allem Streitigkeiten über einzelne landwirtschaftlich genutzte Grundstücke oder Gebiete, die im Kartenbild als Beweismaterial anschaulich vor Auge geführt werden. Die Grundstücksstreitigkeiten zwischen Adligen, zwischen Adel und Landesherrschaft und auch zwischen Adel und Städten sind noch mehr als die Jurisdiktionsstreitigkeiten auf die ökonomisch-materielle Grundlage adliger Stellung ausgerichtet.

Bei der streitigen Heuwiese vor Haus Dülmen (Abb. 120) ging es 1594 darum, ob die Landesherrschaft eine Nutzungsänderung an einem Grundstück vornehmen lassen konnte, an dem auch andere, hier die adligen Burgmänner mit Hude- und Weiderechten mitberechtigt waren. Beim freiadligen Haus Heyer (Abb. 121) mußte adliger Grundbesitz von Nachbarn abgegrenzt werden, wobei auch der Forstanteil eine große Rolle spielte. Solchen Abgrenzungen und Mehrfachberechtigungen begegnet man immer wieder. Es sind vor allem die Gemeinheiten und Hudeberechtigungen, an denen sich der Streit um den Anteil des adligen Grundherren oder des Landesherren entzündete. Haus Myllendonk lag inmitten großer Bruchgebiete (Abb. 123), in denen sich der Grundherr, seine Abhängigen und das benachbarte Kloster Neuwerk durchzusetzen versuchten. Noch ist nicht der Aufteilung das Wort geredet, aber der ökonomisch-gutsherrliche Aspekt ist mindestens ebenso vertreten wie der politisch-herrschaftliche. Ähnliches sieht man im Herrschaftsbereich der von Virmond zu Neersen (Abb. 126) und in der Darstellung der Umgebung des Schlosses Rietberg (Abb. 129). In Rietberg wehrte sich die Stadt gegen die Ausweitung der Landesherrschaft durch Schloß- und Wirtschaftsbauten im gemeinschaftlichen Hudebezirk.

Nicht nur typisch für den Adel auf Burg, Schloß oder im Kloster war die Feststellung des ganzen Besitzes als Grundlage der eigenen Möglichkeiten. Mochten anfänglich oft auch Momente strittiger Ansprüche Anlaß zur Inventarisierung und Kartierung gewesen sein, so erhält diese Art der Aufzeichnung mehr und mehr ein eigenständiges Gewicht und letztlich darf von hier aus auch das staatliche Kataster als folgerichtige Fortsetzung gesehen werden. Wehrte sich der Adel noch im 18. Jahrhundert gerne gegen solche staatliche Überwachung, so war es im eigenen Bereich längst gang und gäbe, den Grundbesitz auch im Register und Plan festzuhalten.

Zu den Inventarisierungen anläßlich größerer Besitzstreitigkeiten gehört die Karte des großbäuerlich anmutenden Hauses oder Gutes Schweckhausen bei Soest (Abb. 125). Der festgestellte Besitz dieses Gutes lag fast ausschließlich in unmittelbarer Nähe des durch Gräben und Dämme geschützten Hauses. Eingebunden in die Umgebung durch Hinweise auf die benachbarten Dörfer liegt der Schwerpunkt der Darstellung auf der Größe und Anordnung der einzelnen Grundstücke. Es handelt sich nicht um eine modernen Maßstäben angenäherte Vermessung sondern die Grundstücksgrößen sind nach Erfahrungssätzen angegeben. Flurbezeichnungen und Nutzungshinweise wie Kälberkamp, Pferdebruch usw. sind noch nicht durchgängig, aber beliebt. Bei den Ackergewannen kann auch vermerkt sein, in wievielen Einzelstücken sie genutzt werden. Die auflokkernde Darstellung der Holzungen, Büsche und Hecken unterstreicht noch die bildhaften Züge. Eine Einbindung in die Welt des Adels erfolgt nicht nur über die Landwirtschaft als der materiellen Grundlage des Adels sondern auch über die feudale Lehnsbindung und den Bildstock zu Erinnerung an den gewaltsamen Tod Georgs von Hatzfeld 1595 durch *welsche Reiter*.

Schon wesentlich größere Exaktheit zeichnet die Vermessung der zum Hause Frohnenbruch gehörigen Forst-, Weide- und Ackergrundstücke aus (Abb. 128). Merkmal dafür ist das angeschlossene Grundstücksregister mit den Morgen- und Rutenangaben. Hier werden nur die unmittelbar angrenzenden Besitzungen aufgeführt, auf eine Mühle oder Fischereirechte entweder im Bild oder im Text hingewiesen. Die mäßige Größe und die unkomplizierten Grundstücksverhältnisse lassen Haus Frohnenbruch aus wirtschaftlicher Sicht als nicht sehr bedeutenden Adelssitz erkennen.

Bedeutender ist da schon das domkapitularisch münstersche Amtshaus Lüdinghausen ausgestattet (Abb. 127), wovon hier nur das erste Blatt eines prunkvollen Inventarbandes vorgestellt wird. Selbst wenn hier das spätmittelalterliche Amtshaus nicht repräsentativ für die adlige Umwelt in der ersten Hälfte des 18. Jahrhunderts erscheint, weist doch der Besitzumfang und die Darstellungsweise auf einen Machtfaktor hin – nur eben den der adlig bestimmten, geistlichen Landesherrschaft. Das zum Kartenbild gehörende Vermessungsregister verdeutlicht ein Ziel dieser Vermessung, nämlich das Interesse an der jetzigen und künftigen Nutzung des Besitzes. Noch umfaßt die dargestellte Vermessung des Besitzes auch ein repräsentatives Element, wie es gerade dies Lüdinghauser Inventar zeigt. Hingegen sind die heute repräsentativ erscheinenden ersten großen Katasteraufnahmen des 18. und frühen 19. Jahrhunderts nüchterne Registrierungen und wollen nicht mehr in erster Linie dem Besitzstolz dienen. Solch eine viel nüchternere Bestandsaufnahme liegt im Blatt der großen klevischen Katasteraufnahme von Schloß Moyland vor (Abb. 131). Erinnern die Situationsangabe der viertürmigen alten Burganlage an die adlige Herkunft, die angedeuteten Gärten an die zeitweilige Bevorzugung des Schlosses durch die preußischen Landesherren, wenn sie einmal in ihrem westlichen Besitz weilten, so ergibt doch die Einbindung in die großräumige Katasteraufnahme, daß auch ein Adelssitz nicht mehr sein muß als eine bloße Domäne, ein unselbständiger Teil landesherrlicher oder landadliger Gutsverwaltung. In Moyland sind die vermessenen und registrierten Grundstücke nach Größe, Besitzer und Nutzung aufgeführt. Ähnliche, von der Wirtschaftlichkeit geprägte Kleinresidenzdarstellungen begegen auch bei dem Situationsplan der Residenz in Corvey bei Höxter (Abb. 139), wo es nicht auf das Ansehen des kleinen Fürstbistums ankam, sondern auf die Festlegung des Umfangs der verpachteten Domäne. Preußischer Domänenbesitz wird auch in der Karte der Ländereien des Hauses Mark bei Hamm vorgestellt (Abb. 132). Die um Genauigkeit bemühte Vermessung der einzelnen Grundstücke – hier ohne eingetragene Größenangaben, dafür aber mit exakten Flurbezeichnungen – gewährt nur aus zwei Gründen Einblick in andere Bereiche als den der landwirtschaftlichen Ökonomie. Die tatsächliche topographische Situation der ehemaligen Burganlage zwischen Gräben, Wall und noch vorhandener Mauer erinnert an die ehemalige Wasserburg und der Hinweis auf das im Kartentitel so bezeichnete *alte gräfliche Haus Mark* konnte bei Wissenden Anklänge an den namengebenden Sitz der Grafen von der Mark hervorrufen. Historische Reminiszenzen, wie sie sicherlich 100 Jahre nach der Entstehung dieser Karte betont worden wären, fehlen. Eine ehemalige Residenz, die im Gegensatz zu gleichzeitigen oder sogar späteren Residenzschlössern nur noch landwirtschaftlich genutztes Gut ist, auch das ist adlige Welt, zeigt aber wieder die Verschiebung der Gewichte.

Betrachtet man die Katasteraufnahme als nüchterne, meist landesherrlich gelenkte Inventarisation, gegen die sich im Adel noch lange Widerstände lebendig hielten, so versäumte es dieser aber nicht, die Vorteile objektiver Vermessung für sich zu nutzen. Die gräflich Metternichschen Höfe zu Naunheim bei

Mayen (Abb. 133), Besitz einer kleinen Territorialherrschaft in fremdem Gebiet, steht als Beispiel für diese Übernahme der Katastervermessung zum Nutzen des Adels. Einzelne Grundstücke – andeutungsweise etwa durch die Wege im topographischen Zusammenhang – sind dargestellt, Acker- und Weideland des sowohl im Grundriß wie durch eine gesonderte Schrägansicht hervorgehobenen gräflichen Burghofes. Es fällt schwer, hier noch adlige Grundherrschaft von bäuerlichem Grundbesitz qualitativ zu unterscheiden. Natürlich bleibt der Grundbesitz materielle Grundlage der Stellung des Adels, aber die Besonderheit des Adels, seine Hervorhebung in die Nähe der Herrschaft, zeigt sich – wenigstens im Kartenbild – nicht mehr im Landbesitz sondern im Schloß und repräsentativen Park.

Parkanlagen

In den älteren Darstellungen adliger Besitzungen spielen Gärten oder gar Parks keine wesentliche Rolle. Außerhalb der Wasserburganlage Meinhövel (Abb. 124) neben den Wirtschaftsgebäuden ist ein abgetrennter Krautgarten vermerkt worden. Selbst wenn es sich hier um einen kleinen Park handeln sollte, steht er doch ohne jede feste Beziehung zum Schloß da. Solche kleinen, oft wirtschaftlich genutzten Gärten lassen sich zu allen Zeiten in unmittelbarer Nähe oder auch entfernter von Burg- und Schloßanlagen finden, ohne daß ihnen für die Adelswelt ein besonders typischer Gehalt zukommt. In Rietberg sind in der 2. Hälfte des 18. Jahrhunderts die herrschaftlichen Gärten fern und ohne wirklichen Bezug zur Residenz (Abb. 129), obwohl die Ansicht eines kleinen Pavillons den Parkcharakter erweist. Der fehlende Ausbau eines auf die Schloßfestung bezogenen größeren Parks erklärt sich in Rietberg aber auch mit der Abwesenheit der Landesherren. Auch Schloß Oberehe bei Gerolstein (Abb. 138) zeigt nur einen bescheidenen von hohen Mauern umgebenen Garten, der dem Schloßbereich zwar direkt angegliedert ist, aber keine organische Einheit mit ihm bildet. Vor allem ist es hier die Darstellungsweise, die den sehr regelmäßigen Garten als nicht so wichtig erscheinen läßt. Bei der Residenz des Fürstbischofs von Corvey (Abb. 139) gibt es neben dem einfachen regelmäßigen Park nördlich des Residenzschlosses, der keine Besonderheiten aufweist, noch die Plantage südlich der alten Klosteranlage, die hier in die Reihe der völlig getrennten Gärten zu zählen ist. Die Nutzbarkeit scheint, wie bei der ganzen Karte, die der Verpachtung der Landwirtschaft zu Grunde lag, vorzuherrschen.

Die Entwicklung von den Burganlagen zu den Schlössern war oben schon berührt worden. Die klassischen Parks des 17. und 18. Jahrhunderts, die als besonderes Merkmal höfischer Adelswelt angesehen werden, sind ebenso Konstruktionen wie die zahlreichen Architekturentwürfe für die Schloßbauten dieser Zeit. Auf die Architekturpläne wurde in dieser Kartenveröffentlichung verzichtet. Die Parkentwürfe und Zustandszeichnungen zeigen aber bei aller Selbstständigkeit der künstlerischen Mittel doch die sehr engen Beziehungen zwischen beiden Kunstgattungen, zumal in der Zeit der klassischen Parks Schloß und Gebäude sowie Parklandschaft in mehr oder weniger direktem Bezug und Abhängigkeit zueinander stehen (Hennebo).

Der klassische französische Park wird gerne in seinen klaren, leicht überschaubaren Formen, die nicht nach natürlichen sondern nach architektonischen Vorstellungen geordnet sind, mit dem im höfischen Leben alles regelnden Zeremoniell verglichen (Elias). Hier wie dort wird die Natur durch die Kunst gebändigt, alles Unkontrollierte zurückgedrängt und die Eleganz der Gliederung und Unterteilung wie in der Architektur zur Vorherrschaft gebracht. In der Kartendarstellung der Parks geht diese versuchte Bändigung des Materials soweit, daß Ornamentformen der Innenarchitektur auf die Beete (Parterres) übertragen werden. Träger dieser Gartenarchitektur war der Adel in all seinen feudal-hierarchischen Gliederungen. War in Frankreich das Vorbild des Hofes übermächtig, so zeigt sich in Deutschland das Fehlen einer Zentrale immer wieder. Lange Zeit aber ist Versailles Vorbild für viele Nachahmer geworden. Diese starke Nachahmung in den deutschen Residenzen führte aber doch zu einer gewissen Eigenständigkeit, in der man im weitesten Sinn auch die andere Struktur der deutschen Adelsgesellschaft zu erkennen vermag.

Der klassische Barockgarten mit seiner ornamentalen Strenge und seinem axialen Zusammenschluß von Garten und Bauwerk ist in den hier gezeigten Beispielen in der Eindeutigkeit nicht anzutreffen. Nur die Ornamentik des frühen, vielleicht sogar noch mehr italienisch beeinflußten Parks zeigt die Darstellung des Schlosses Neersen (Abb. 126). Noch getrennt durch den schützenden Graben, abgeschirmt von der benachbarten Freiheit, steht dieser Ziergarten oder -park in deutlicher Beziehung zum burgartigen Schloß. Auch in Schloß Moyland (Abb. 131) ist, wie die fast symmetrische Anordnung erweist, die Einbindung von Schloß und Park versucht worden. Diese bescheidenen Vorstufen repräsentativer Parkanlagen zeigen einfache architektonische Strukturen, sind aber noch lange nicht jene oft bewunderten und beschriebenen Kompositionen aus Gärten, Terrassen, Treppen, Wasseranlagen und Bauten, die in den größeren Anlagen begegnen (Hennebo). Sowohl den frühen französischen wie auch den späteren, aufgelockerteren französischen Parks, wie sie in den deutschen Beispielen auch hier anzutreffen sind, ist oft nachgesagt worden, daß sie wie eine Bühne der Freude, Prachtentfaltung und Repräsentation dienten und damit eine prächtige, kunstvoll geordnete Schein- oder Idealwelt ausmachten (Hennebo). Damit ist innerhalb der Anlagen ein eigenes Ordnungsgefühl ausgedrückt, da die Handelnden sich die Natur unterworfen haben, nach außen aber ein Abschluß, indem das Erhabene betont wird, eben die Macht des Adels und der daraus hervorragenden Regenten. Gerade die aufgelockerte Form des klassischen französischen Gartens war Vorbild der zahlreichen Parks in den rheinischen und westfälischen Gebieten. Die Freude an Unregelmäßigkeiten, die Ablösung des Erhabenen durch das kapriziös Verspielte dringen vor. Die Intimität mancher Parkbereiche – losgelöst oft vom zentralen Bauwerk – deutet noch mehr als die Scheinwelt der kulissenartigen Parks auf Auflösungserscheinungen hin (Hennebo). Eine noch unrealistischere Welt höfischer Schäferspiele erhellt auch die Abkehr vom Alltag und die nicht mehr vollgültige Position der adlig-höfischen Gesellschaft.

Die Abweichungen deutscher Garten- und Parkanlagen von den französischen Vorbildern lassen sich bei dem bescheidenen kleinen Park des Gutes Steinbeck in Lippe nur erahnen (Abb. 134). Der kleinen Herrenhausanlage ist der regelmäßig aufgebaute Park breit vorgelagert. Die einzelnen Parterres sind nicht voneinander unterschieden. In den Seitenbereichen sind grundstücksbedingte Unregelmäßigkeiten wenigstens versuchsweise durch Bosketts abgemildert worden. Nicht axial sondern mit Abschlußhäuschen an der dem Herrenhaus gegenüberliegenden Längsfront entspricht Steinbeck schon solchen deutschen Eigentümlichkeiten. Vielmehr den französischen Vorbildern verhaftet sind die Entwürfe für das kurfürstlich trierische Jagdschloß Kärlich bei Koblenz (Abb. 136 u. 137) und die fürstbischöfliche Residenz in Münster (Abb. 135). Sehr aufschlußreich sind dabei auch die Unterschiede zwischen den Planungen für die Parkanlage Kärlich und die wirklich ausgeführten Gärten. Einer dieser verschiedenen Entwürfe für den Park Kärlich (Abb. 137), der von dem Gärtner Jean Nicolas Wilmart 1768 vorgelegt worden war, zeigt recht unabhängig von der eigentlichen Schloßanlage einen axial ausgerichteten Park, der auf eine Torfassade ausgerichtet ist. In durchdachter Verbindung von Parterres, Terrassen, Treppen und Wasseranlagen ist diese zentrale Parkanlage konstruiert. Die einzelnen Abschnitte und Parterres bleiben ausgesprochen regelmäßig und verleugnen nicht den Charakter konstruierten Dekors. Schwierigkeiten bereitete dem Künstler die Einordnung dieses zentralen Parks in die vorgegebene Umgebung. Es trifft hier zu, daß das Dekor im Mittelpunkt recht kompliziert gestaltet ist, während es nach außen hin immer einfacher wird (Hennebo). Entsprechendes zeigt auch die Situation der Schloßanlage (Abb. 136), wie sie wenige Jahre vor der Zerstörung durch die Franzosen bestanden hat. Dem unvermittelt neben dem Dorf stehenden Schloß ist die symmetrische, aber wohl untergliederte Parkanlage mit ferner Ausrichtung auf das große Waldgebiet vorgelagert. Die Achse des Parks ist in einer der beiden Alleen in das Jagdgebiet fortgesetzt worden. Trotzdem bildet der Park mit der Allee fast einen Fremdkörper in der Landschaft. Es ist eine selbständige Welt, die sich nach außen möglichst abkapselt. Die Struktur des zentralen Parks, wie er sich 1788 darstellt, weist doch einige merkliche Abweichungen gegenüber dem älteren Plan auf. Die Anbindung an den Schloßbereich ist stärker bemerkbar und somit sind die Querachsen etwas mehr betont. Im Torbereich ist dagegen das Dekor vermehrt gegenüber dem Plan von 1768, so daß jetzt die ganze Parkanlage einbezogen ist.

Noch stärker ohne Bezug zur umliegenden Landschaft, sieht man von der repräsentativen Ausrichtung des Schloßplatzes auf die Stadt Münster ab, ist die Gestaltung des Schloßparks der Residenz in Münster (Abb. 135). Dieser nicht ausgeführte Plan des Architekten Johann Conrad Schlaun schlug im Zusammenhang mit dem Neubau des fürstbischöflichen Schlosses die Umgestaltung des ehemaligen Zitadellengeländes zum Park vor. Die Grundidee des klassischen französischen Parks mit seiner axialen Ausrichtung auf den zentralen Mittelpunkt, das Schloß, ist konsequent eingehalten. Die Einbeziehung und Ausrichtung der ehemaligen Schanzen gelingt im Entwurf, ja das dem Schloß entgegengesetzte Schanzdreieck wird kontrapunktisch als Abschluß mit Treppenanlagen und Terrassen entgegengestellt. Das architektonisch gestaltete Dekor der einzelnen Parterres und Bosketts, die starke Betonung der vorgesehenen Alleen zeugen von einer eigenen Handschrift des Künstlers. Für die geschlossene Adelswelt des Ancien Régime erscheint gerade der Entwurf für Münster symbolhaft: Der neue Schloßplatz als prunkvoller Aufmarschplatz mit seiner Macht- und Prachtdemonstration gegenüber der Stadt – wohl noch nicht gegenüber dem Bürgertum, sondern allgemein den Untertanen – die demonstrativ abgeschlossene Welt einer etwas steifen, zeremoniell gekünstelten Standeswelt. Trotzdem muß wohl der münstersche Entwurf als recht konservativ angesehen werden, denn längst hatten sich im Zeitalter des Rokoko andere, zierlichere Formen durchgesetzt und eine Rückkehr zum Natürlichen eingeleitet (Hennebo), die zu Ende des Jahrhunderts, wenn auch aus der Adelswelt hervorgehend, alle gesellschaftlichen Bereiche erfaßte.

Die Schloß- und Parkanlage von Benrath bei Düsseldorf (Abb. 141) steht sehr in französischer Tradition. Allein der große Spiegelweiher an der Gartenseite des Schlosses betont die symmetrische Grundkonzeption. Doch enthält die Gartengestaltung zahlreiche Rokokoelemente und landschaftsgestaltende Versuche, in denen hier Übergänge bemerkt werden können. Nicht alles, was heute noch in Benrath zu sehen ist, geht auf den gestalterischen Willen aus der Zeit des Kurfürsten Karl Theodor von der Pfalz zurück. Die vorliegende Karte zeigt die Parkanlage noch vor den landschaftsgestaltenden Änderungen, die Anfang des 19. Jahrhunderts der Hofgärtner Weyhe einfügte, dessen Wirken unten nochmals begegnet. Neben den quer- und längsaxial ausgerichteten Teilen des Parks mit der Mittelpunktstellung des Schlosses fällt der äußerlich zwar geometrische, große Parkteil auf, der durch die Alleen dem Schloß lose angebunden, aber weitgehend verselbständigt ist. Die vorhandenen geraden Linien werden in diesem Bereich durch schwingende, spielerische Wegeführungen aufgelockert. Etwas labyrinthisch mutet diese auch konstruierte Parklandschaft an, mit lauschigen Winkeln, Pavillons, kleinen Freiplätzen und Weihern. Benrath zeichnet sich in der hier vorliegenden Konzeption durch eine Mannigfaltigkeit der Formen auf verhältnismäßig kleinem Raum aus, die mehr Intimität, mehr Freiheiten zulassen als sie die zeremoniellen Bereiche des Parkes in unmittelbarer Schloßnähe oder die repräsentativen Schauseiten gestatten. Man mag in diesen Tendenzen nun Wandlungen gesellschaftlicher Ordnungen oder eine stärkere Flucht vor der Wirklichkeit erblicken, noch ist es die Wirklichkeit der adligen Gesellschaft, die sich eines Geistes mit der Landesherrschaft als deren höfische Stütze wußte. Diese Neigung des Rokokogartens zur vermehrten Natürlichkeit nimmt entsprechend der gesellschaftlichen Entwicklung des ausgehenden 18. Jahrhunderts zu. Suchte man dort noch die Idylle, das Schäferspiel, so tritt nun der Wunsch nach Einfachheit hinzu. Bei dieser Rückkehr zur Natur wird erkannt, daß eine Abkehr von der Symmetrie erforderlich ist. Es bleibt aber die gewollte Rückkehr zur Natur eine Nachahmung und damit weiterhin eine Absonderung von der Umgebung. Die architektonisch bestimmenden Stilmerkmale der älteren Parks werden aufgegeben, der repräsentative Charakter tritt mehr und mehr zurück (Hennebo).

Zunächst werden die Randbezirke der Architekturgärten vom englischen Gartenstil, dem Landschaftspark, berührt oder, wie man meinte, nach natürlichen Gesichtspunkten verändert. Ein späterer, aber bezeichnender Entwurf dieser Art ist der des Düsseldorfer Hofgärtners Maximilian Weyhe für den Park in Velen (Abb. 142). Seitlich des in seinen Fronten ost-westlich ausgerichteten Wasserschlosses befand sich ein streng französischer Park aus der 2. Hälfte des 18. Jahrhunderts mit seiner betonten Mittelachse. Den Randbereichen dieses Architekturparks von bescheidenen Ausmaßen wurden Landschaftsgartenteile zugeordenet. Der Plan Weyhes sah hier dichtere Baumbestände vor, die gegenüber dem offeneren architektonischen Garten einen Abschluß gegen die Außenwelt bilden mochten, in manchen Bereichen aber ein Eigengewicht gewannen, so vor allem gegenüber der westlichen Gartenfront des Schlosses. Hier hat sich ein Verständnis des Parks durchgesetzt, das sich trotz aller späteren Wandlungen ohne stärkere gesellschaftliche Bindung bis in unsere Zeit erhalten hat. Der Schloßpark in Velen, der in der Ausführung noch mit Wildparkgeländen in Fortsetzung der Parkachse verbunden wurde, ist ein einfacher, aber wohldurchdachter Landschaftsgarten zu nennen. Hingegen ist der abgebildete Plan der großzügigen Parkanlagen in Schönthal und auf dem Ludwigsberg bei Saarbrücken (Abb. 140) ein imponierendes Beispiel des feudalen Formwillens englisch beeinflußter Naturgestaltung. Einbezogen sind mit Labyrinthmotiven und Ähnlichem Elemente des Rokokoparks. Eine ganze Berg- und Tallandschaft wird in einer Komposition mehrerer Einzellandschaften gestaltet. Offene und busch- oder waldbestandene Flächen , Teiche und einzelne kleine Nebengebäude machen den Reiz dieser Planung aus. Hier sollte eine nach außen abgeschirmte Welt aufgebaut werden, die in sich selbst Genüge fand. Die Wirkung nach außen spielte nicht mehr die entscheidende Rolle.

Neben Rittertum und Burg ist es das barocke Schloß und der prunkvolle Park, die als wesentliche Elemente adliger Herrschaft, Macht und Ansehens in der allgemeinen Erinnerung geblieben sind, gern vermischt mit romantisierenden Verklärungen oder strikten Ablehnungen als purer Ausbeutung. Die Kartenbilder, für den Adel geschaffen, zeigen Bereiche einer adligen Welt und Umwelt. Neben politischen Wirkungen bekunden sie auch ein hohes Maß künstlerischen und kulturellen Wollens.

119

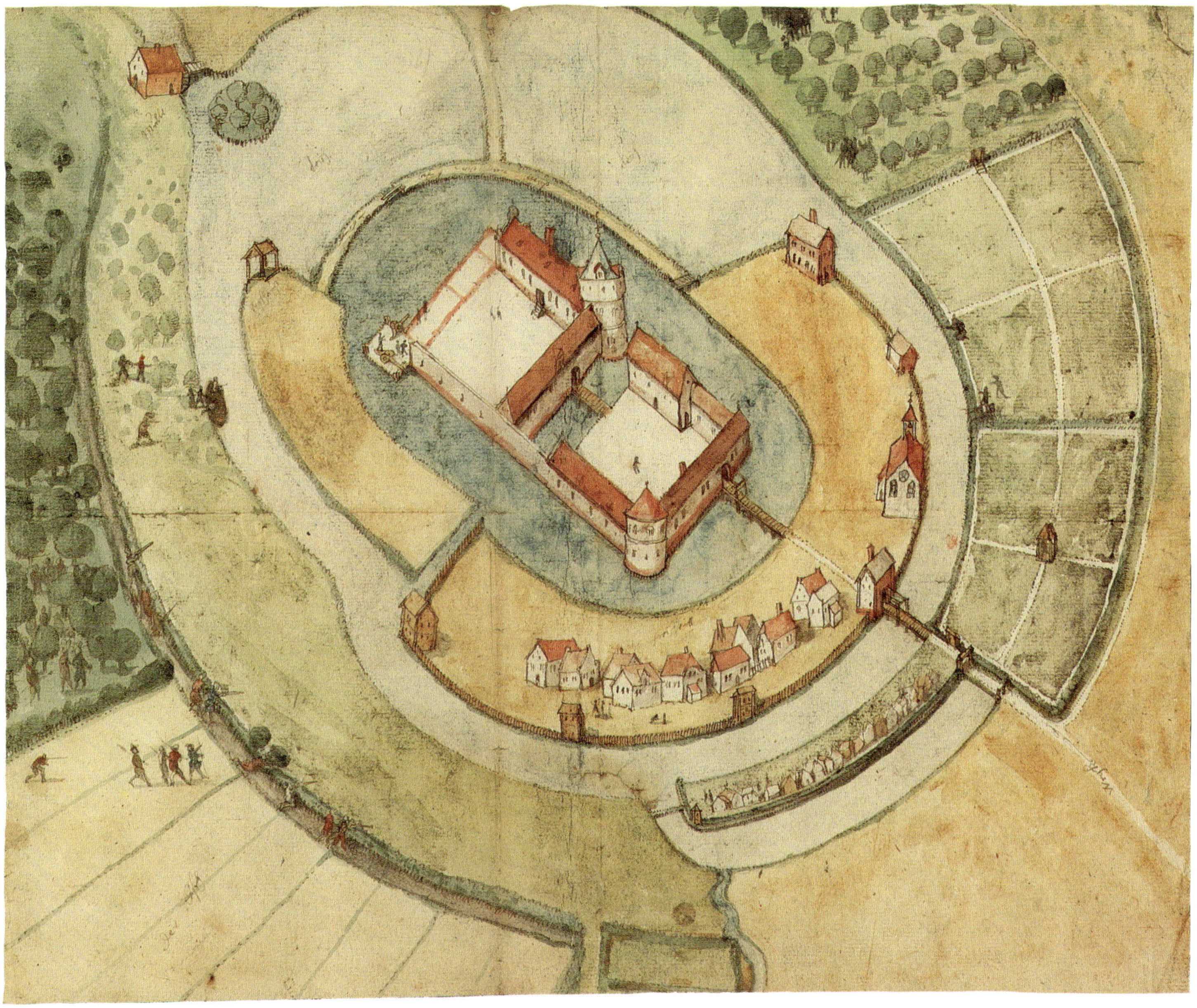

Abb. 119 Burg Raesfeld bei Borken. 1590

Die Zeichnung wurde auf Beschluß der Landstände als Verhandlungsunterlage für die münsterischen Deputierten zum Reichsdeputationstag in Frankfurt angefertigt. Wegen der sich häufenden Einfälle spanischer und generalstaatischer Truppen im Verlauf des Spanisch-Niederländischen Krieges (1566-1609) sollte die Burg Raesfeld in ein Verteidigungssystem des Hochstifts Münster entlang der Grenze zu den Niederlanden einbezogen werden.

120

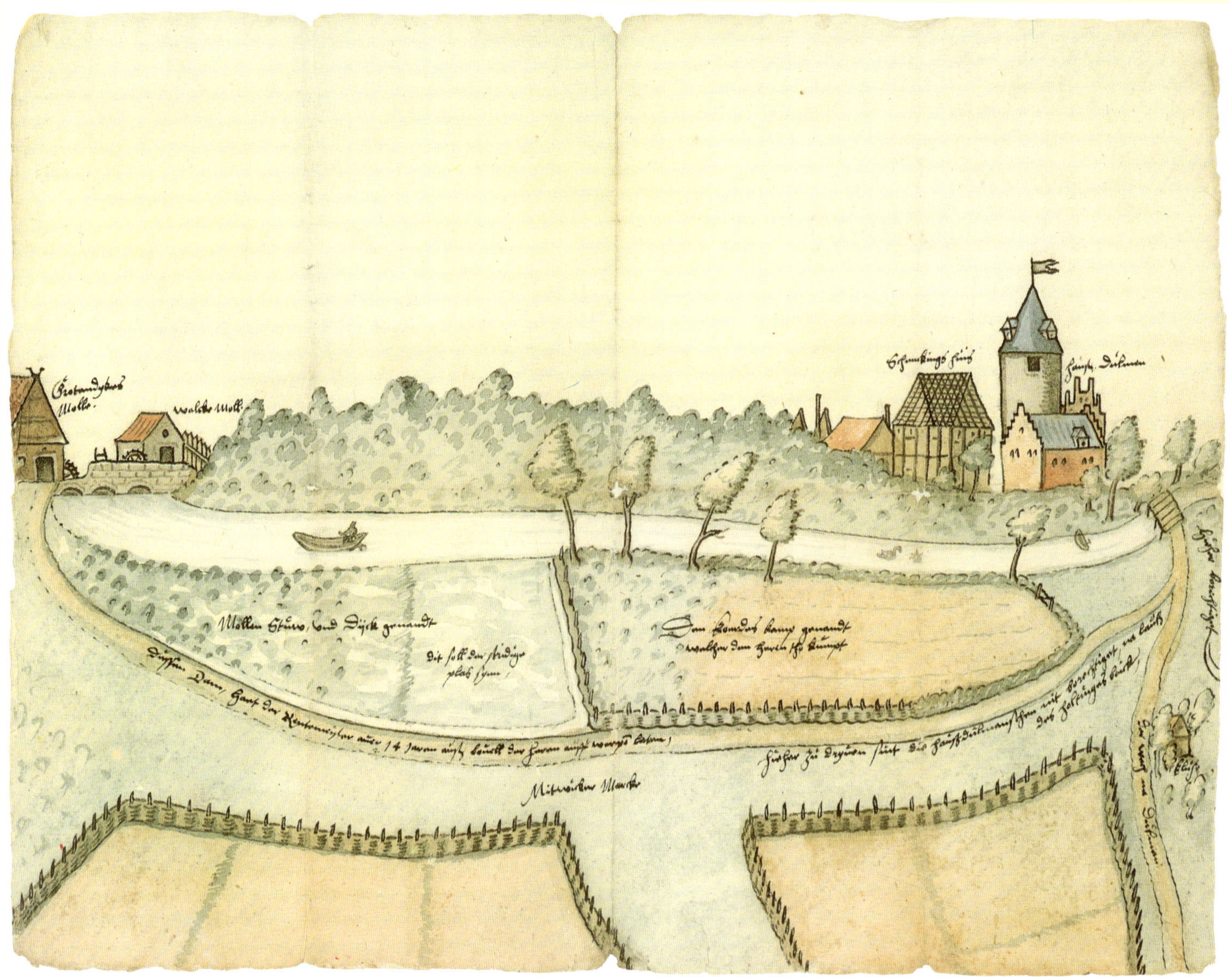

Abb. 120 Strittige Heuwiese vor Haus Dülmen. 1594

Die Zeichnung entstand anläßlich eines Streites zwischen den Burgmännern auf Haus Dülmen und dem Amtsrentmeister Georg von Asbeck. Mit Genehmigung der fürstlichen Rechenkammer hatte der Rentmeister 1583 begonnen, den ihm verpachteten und mit Erlen bestandenen, ausgetrockneten Mühlenteich zu kultivieren und in eine Heuwiese umzuwandeln. Die Burgmänner dagegen sahen angestammte Hude- und Weiderechte beeinträchtigt. Außer dem strittigen Grundstück zeigt die Karte von den Spaniern 1589 zerstörte Burgmannshöfe.

Abb. 121 Freiadliges Haus Heyer bei Borler. Um 1700

Das freiadlige Haus Heyer gehörte als kölnisches Lehen zu dem damaligen kurkölnischen Amt Nürburg, während der danebenliegende Hof Heyer unter kurtrierischer Hoheit im Amt Daun und unter der Lehnsherrlichkeit der Abtei St. Maximin bei Trier stand. Der Riß ist einer Sammlung von Urkundenabschriften der Freiherrn von Veyder beigelegt, die das Haus Heyer 1689/99 käuflich erworben hatten. Es ist im Zusammenhang mit einer Grenzbegehung zur Sicherung der von Veyderschen Rechte entstanden.

Heijer biesch
Hauß Heijer
decimal Ruten
10 20 30 40 50 60 70 80 90 100
Albert Burscheit

122

Abb. 122 Fischereidistrikte am Saynbach. Um 1715

Die Burgherren von Sayn beschwerten sich über die angeblich widerrechtliche Fischerei der Abtei Rommersdorf an dem Teil des Saynbachs, der das unter Oberherrschaft der Abtei stehende Kirchspiel Heimbach von dem Saynischen Distrikt trennte (Q bis E). Die Karte zeigt die beiden fischreichen Bäche Saynbach und Brexbach mit den jeweils angrenzenden Territorien, wobei die Darstellung der Herrschaftsverhältnisse am Brexbach zur analogen Beweisführung diente, da dort die jeweils anstoßenden Distrikte gleichermaßen die Fischerei ausübten.

123

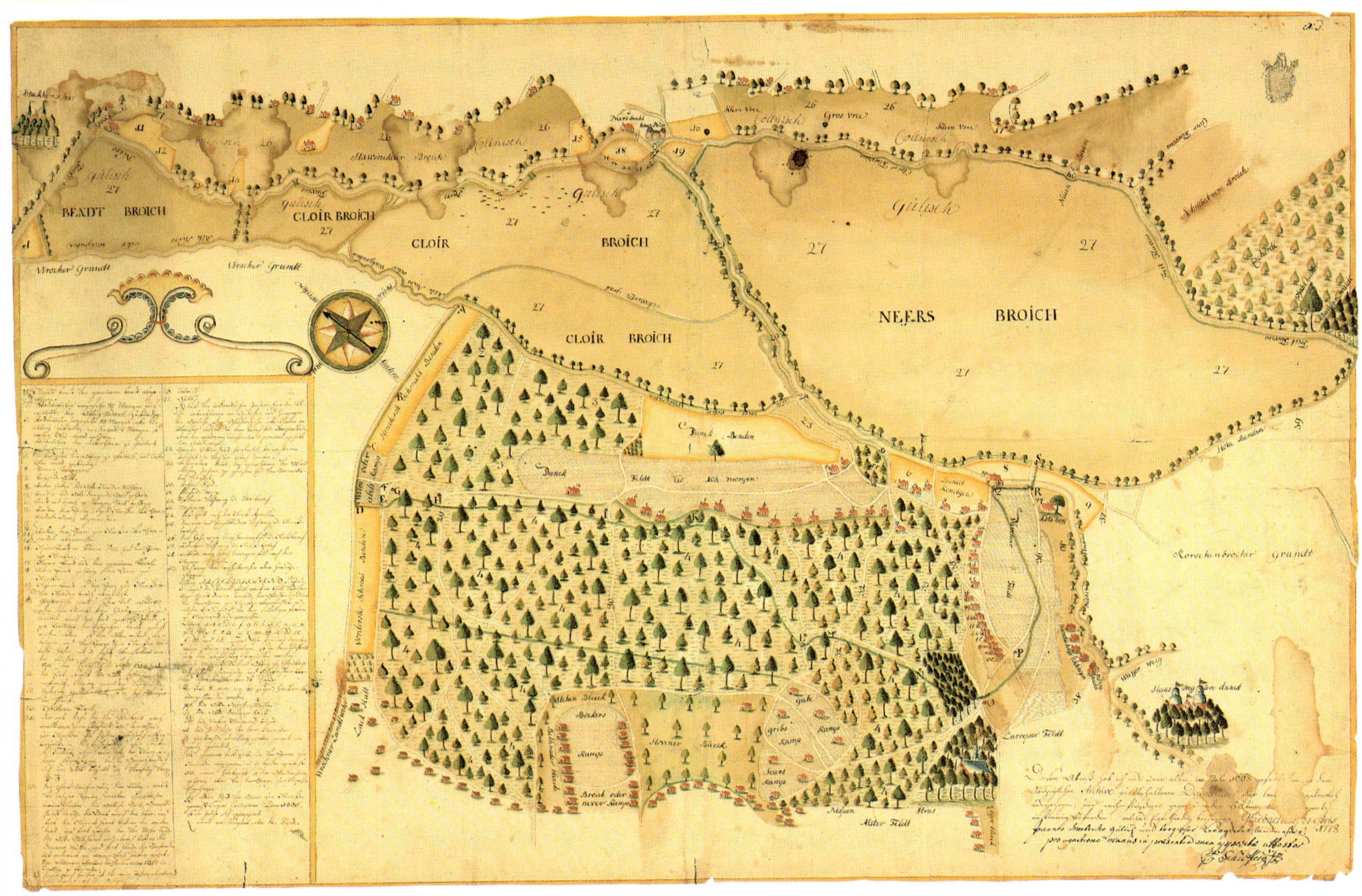

124

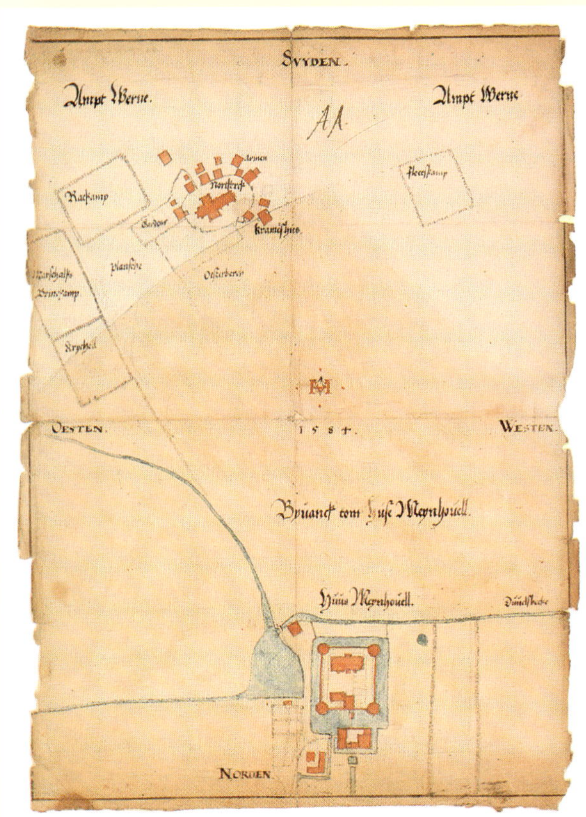

Abb. 123 Bendt-, Cloir- und Neersbroich mit Haus Myllendonk bei Mönchengladbach. 1668 (1778)

Das Schloß Myllendonk ist ursprünglich auf einer Erdaufschüttung, einer Motte, errichtet worden. Es war das Zentrum einer kleinen Reichsherrschaft, in deren Besitz sich eine Reihe von Adelgeschlechtern abwechselten. Links findet sich auf der Karte die Kirche des Frauenklosters Neuwerk abgebildet.

Abb. 124 Dorf Nordkirchen und Beifang Meinhövel. 1584

Das Dorf Nordkirchen lag bis 1530 in enger Nachbarschaft des (nicht abgebildeten) örtlichen Adelssitzes der Herren Morrien. Diese erwirkten beim Papst die Genehmigung zur Verlegung der Kirche und führten sie gegen den Widerstand des benachbarten Adels durch. In der Kette der daraus entstehenden Prozesse gehört der Streit mit den Herrn v. Münster zu Meinhövel um die Grenze ihres Beifangs. Ihr Anspruch auf die Gerichtsbarkeit über das Dorf wurde von den Morrien bestritten.

125

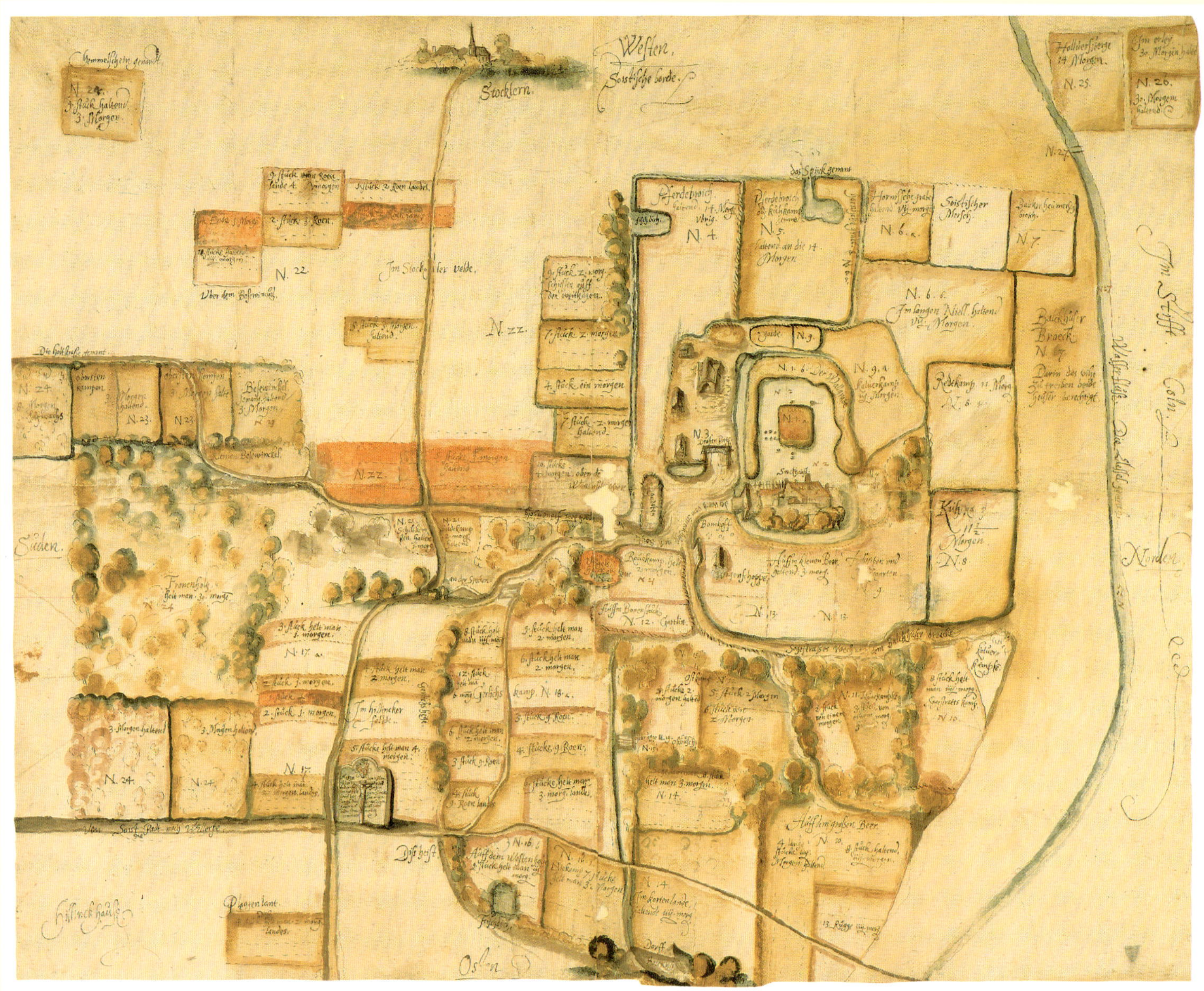

Abb. 125 Gut Schweckhausen bei Soest. Um 1600

In den vielfältigen Prozessen um das Lehnserbe des 1556 verstorbenen Jobst Droste zu Erwitte bildete der Besitz des Gutes Schweckhausen bei Soest einen wichtigen Streitpunkt zwischen den v. Hatzfeld und Droste. Die bildhafte Wiedergabe des adligen Sitzes und seiner umliegenden Ländereien ist eine Mischung aus Ansichten – Gutshaus, Dorf Stocklarn, Dorfbackhaus und Bildstock zur Erinnerung an den gewaltsamen Tod Georgs v. Hatzfeld 1595 – und grob skizzierten, aber nicht vermessenen Forst-, Acker- und Wiesengrundstücken, die aufgelockert sind durch einfach gemaltes Busch- und Baumwerk.

126

Abb. 126 Schloß und Freihheit Neersen bei Viersen. 17 Jh.

Die Karte zeigt das im wesentlichen aus dem Ende des 15. und der Mitte des 16. Jahrhunderts stammende Schloß innerhalb seines von der Niers gespeisten Grabens, das sich im Besitz der Familie v. Virmond befand. An der Niers liegt eine Mühle. Der unbekannte Zeichner hat nicht allzu korrekt gearbeitet.

127

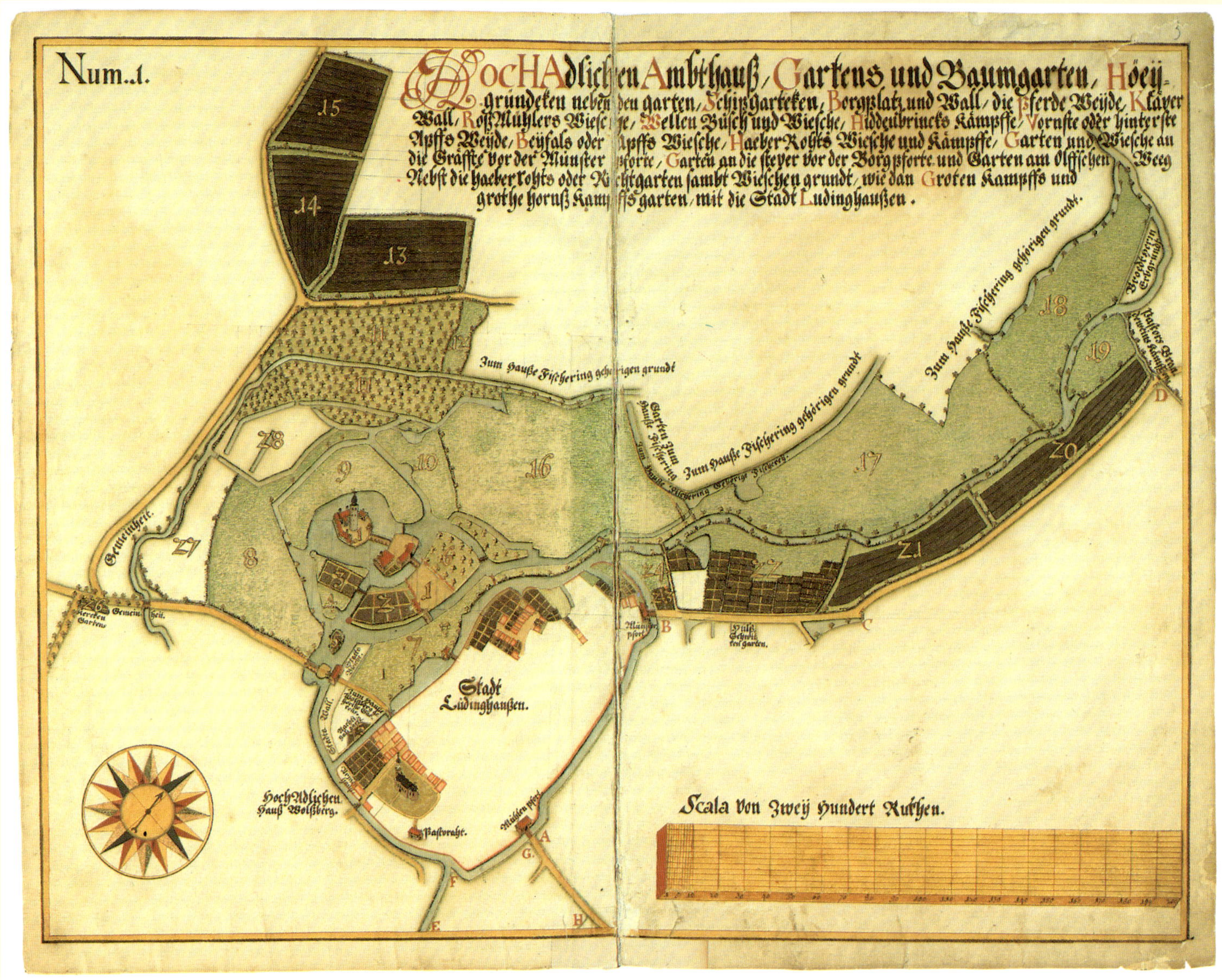

Abb. 127 Amtshaus Lüdinghausen. 1734

Aus der Vogelschau ist das Amtshaus zu Lüdinghausen, eine der drei ehemaligen Wasserburganlagen vor den Toren dieser Stadt, zusammen mit den unmittelbar angrenzenden Ländereien, aber auch einigen Grundstükken und der Ansicht der Kirche in der Stadt, in einem prunkvollen Band dargestellt. Die Vermessung seit 1730 hatte zunächst zu einer ebenso repräsentativen Kartendarstellung des ganzen Grundbesitzes um Lüdinghausen geführt, nach der die vorliegende Karte – der zentrale Abschnitt – nachgezeichnet wurde. Auffallend sind die kräftigen Farben und die Verwendung von Gold bei den Zahlen und der Windrose.

Abb. 128 Haus Frohnenbruch, Gemeinde Kamp-Lintfort. 1698

Das Haus Frohnenbruch, damals im Besitz der Freiherrn von Myllendonk, ist von der Kunstgeschichte als unbedeutend bezeichnet worden. Es zeigt aber doch die typische Anlage einer Niederungsburg mit Vorburg und Hauptschloß, die ganz von einem Wassergraben umgeben und ihrerseits ebenfalls durch einen Wassergraben getrennt sind. Der Name des Zeichners Johann Bucker bürgt dafür, daß die Darstellung einigermaßen der Wirklichkeit entspricht. Die Karte ist im Verlauf eines Prozesses vor dem Reichskammergericht entstanden.

128

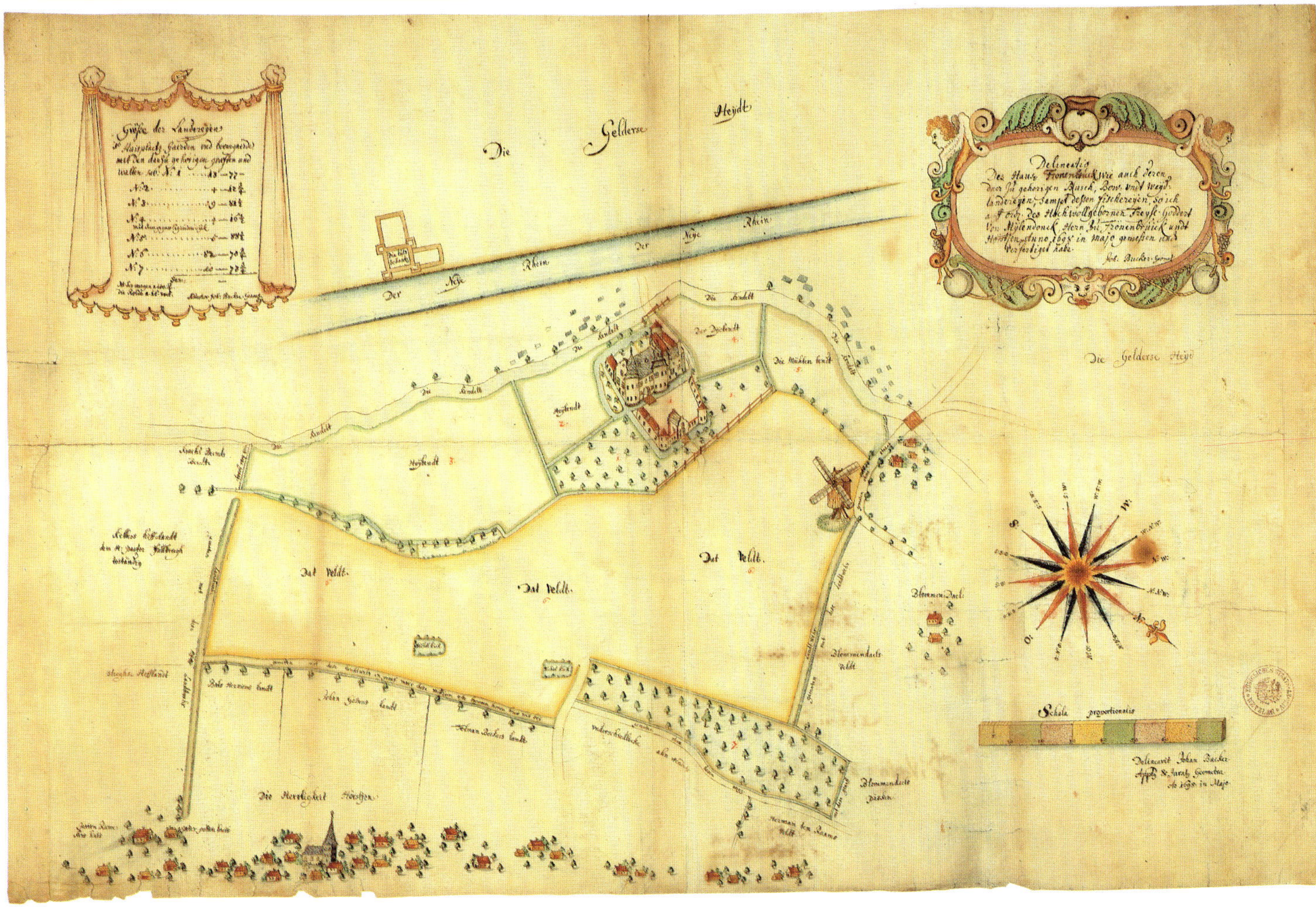

129

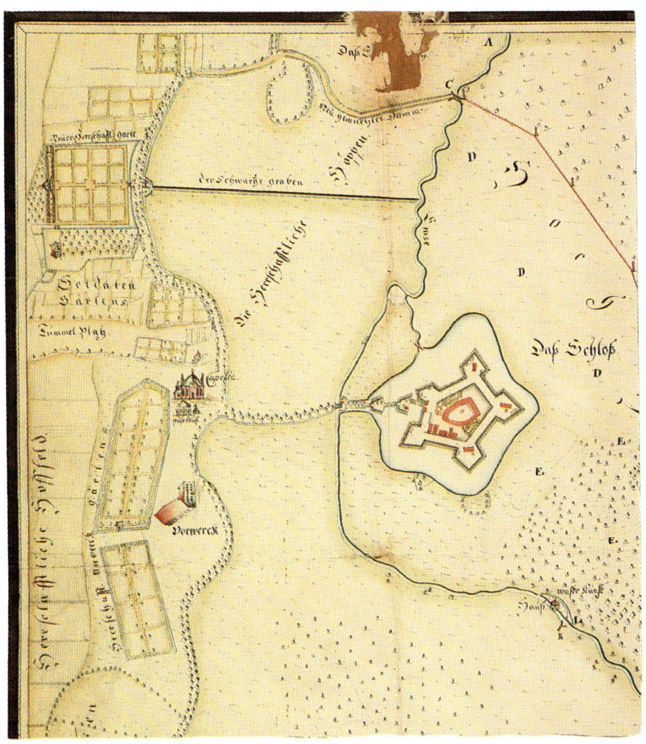

Abb. 129 Schloß Rietberg und Umgebung. 2. Hälfte 18. Jh.

Die zwischen Stadt und Landesherrschaft immer wieder strittigen Gemeinheiten und Hudeflächen oberhalb Rietbergs in der Emsaue zeigen mehr unbeabsichtigt auch einen Großteil der landesherrlichen Gebäude und Anlagen. Die Befestigungswälle des Schlosses,aber auch die entfernter liegenden herrschaftlichen Gärten lassen wie das neue Emshaus den repräsentativen Charakter der Gesamtanlage erkennen, so bescheiden sie auch sind. Die eingezeichnete Kapelle neben dem Freistuhl, die 1752 fertiggestellt wurde, dient mit zur Datierung der Karte.

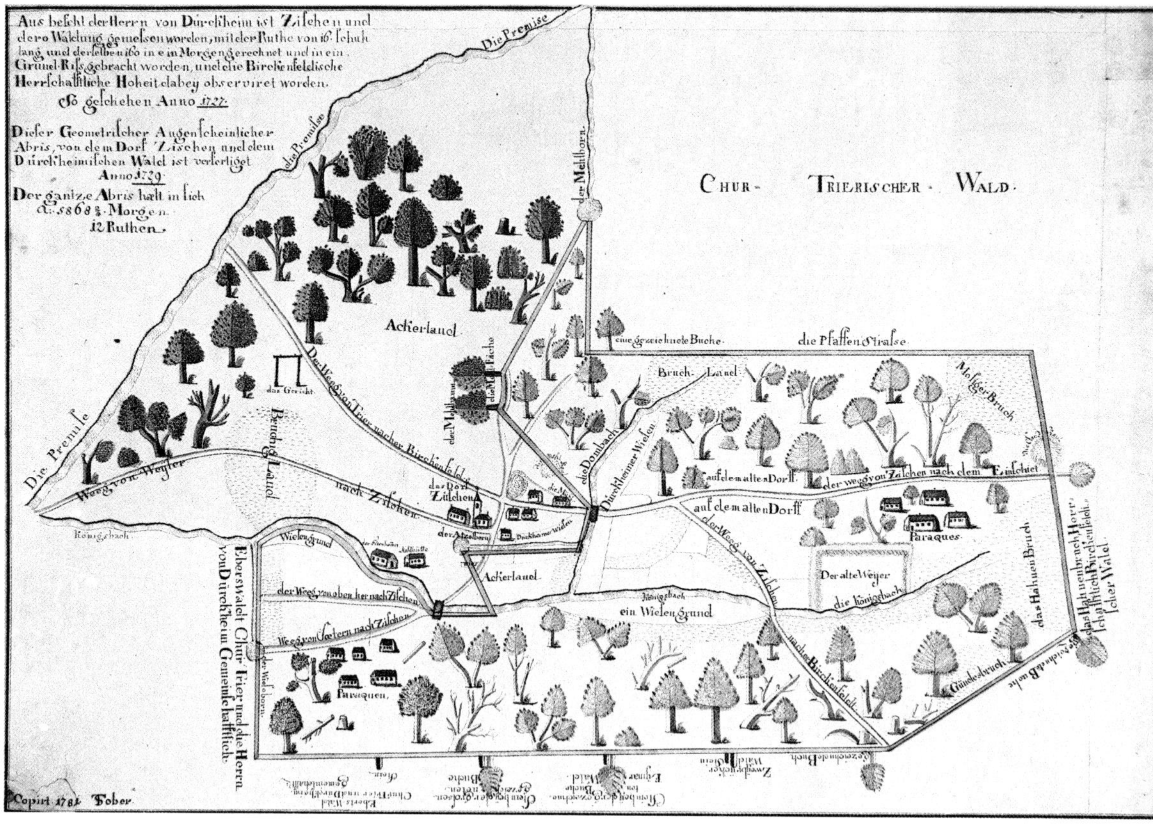

Abb. 130 Züscher Lehenanteil der Freiherrn von Dürckheim. 1729 (1781) *130*

Das im Schwarzwälder Hochwald bei Birkenfeld gelegene Züscher Lehen ist ein Beispiel für die teilweise äußerst komplizierten Herrschaftsverhältnisse dieses Raumes. Neben einem kurtrierischen und einem hintersponheimischen Mannlehen gab es ein hunolsteinisches Eigengut, worauf die Freiherren von Dürckheim Erbansprüche erhoben. Im Zuge der langwierigen Auseinandersetzungen um das Züscher Lehen dürfte sowohl das Original von 1729 als auch die abgebildete Kopie entstanden sein.

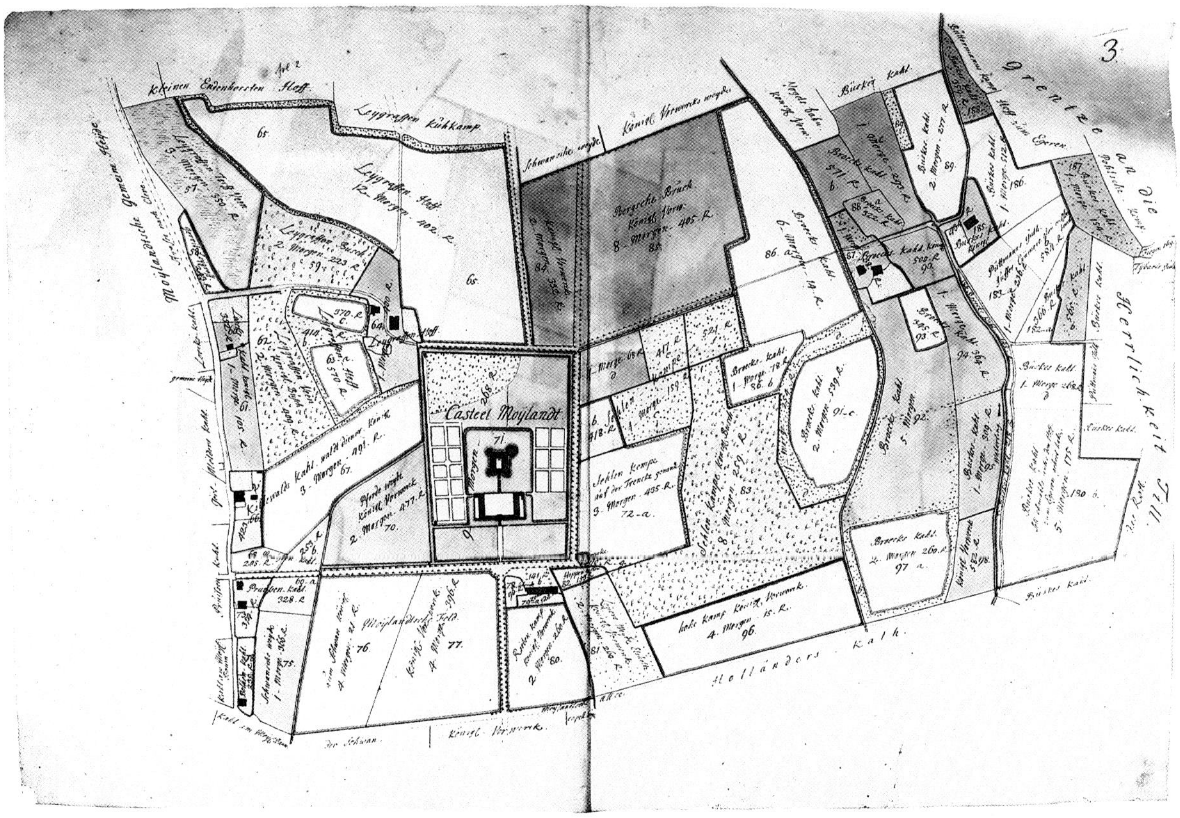

Abb. 131 Schloß Moyland, Gemeinde Bedburg-Hau. Nach 1736 *131*

Die Karte, ein Blatt der großen klevischen Katasteraufnahme, bietet den Grundriß des jetzt nach schweren Kriegszerstörungen vom Verfall bedrohten Schlosses Moyland. Die im 15. Jahrhundert entstandene vierflügelige Anlage mit Rundtürmen an den Ecken liegt inmitten seiner Gräben und Parkanlagen.

132

Abb. 132 Haus Mark bei Hamm. 1751

Die namengebende Landesburg der Grafschaft Mark war im 18. Jahrhundert, als sie nach langjähriger Verpfändung wieder in landesherrlichen Besitz übergegangen war, nur noch ein Schatten einstiger Größe. Die Mauern der kreisrunden Hauptburg lassen noch die adlige Wehranlage erkennen. Die Wirtschaftsgebäude auf der ehemaligen Vorburg kennzeichnen, was das alte gräfliche Haus geworden war – eine bloße Domäne im Bereich der Rentei Hamm. Während der Originaltitel noch etwas von der historischen Bedeutung des Platzes anklingen läßt, weist die Darstellung auf die allgemeine Nützlichkeit von Vermessungskarten hin.

133

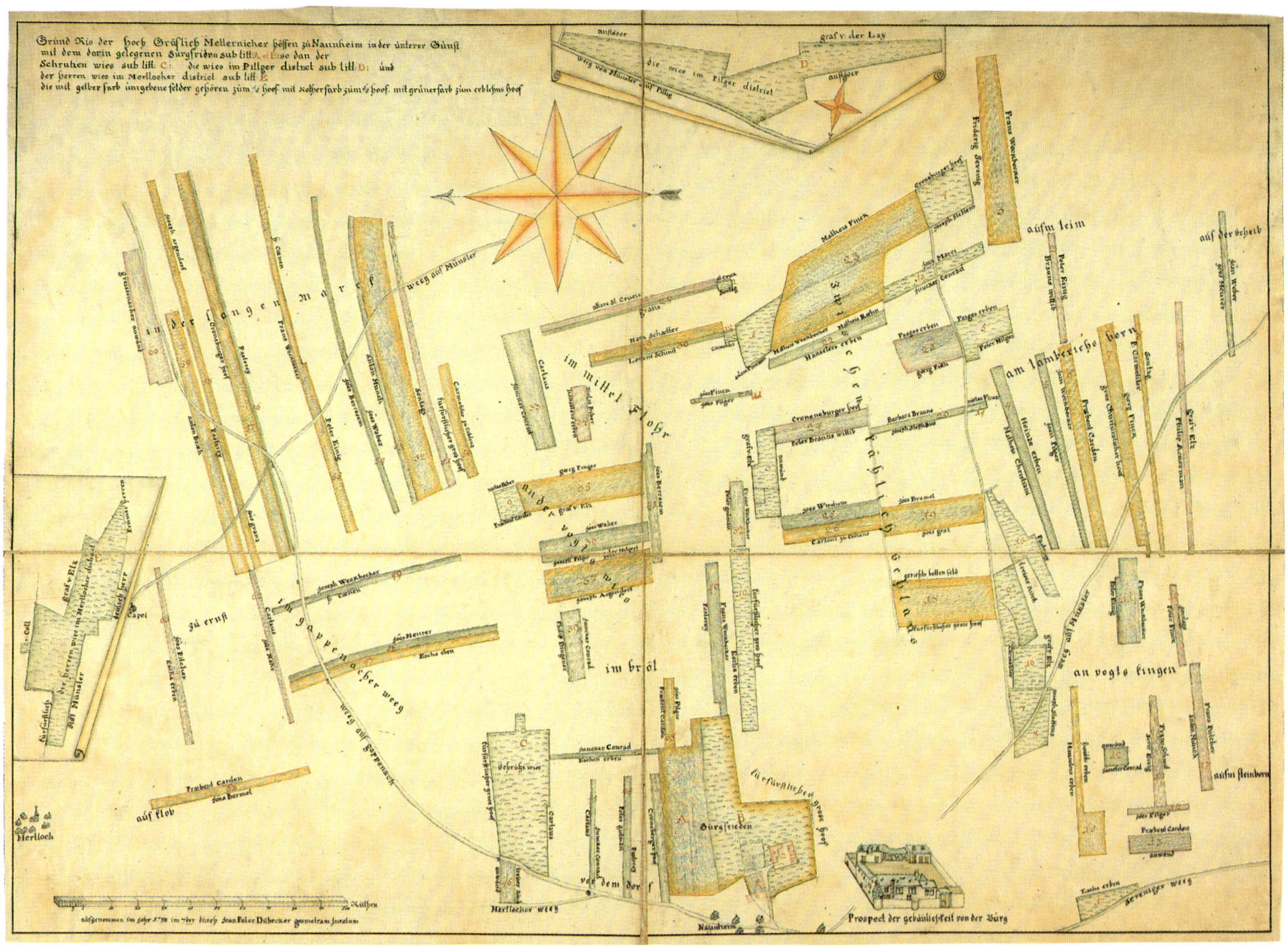

Abb. 133 Gräflich Metternicher Höfe zu Naunheim bei Mayen. 1788

Zu den weit verstreut liegenden Besitzungen der Grafen von Metternich gehörte auch Grundbesitz in dem kurtrierichen Dorf Naunheim. Die Karte zeigt die einzelnen Grundstücke lagerichtig mit Angabe der jeweils benachbarten Besitzer, während andere topographische Merkmale des Geländes außer dem Wegenetz dabei unterdrückt werden. Der gräfliche Burghof erscheint in dem Burgfrieden B und als kleine Schrägansicht außerhalb der geometrischen Aufnahme. Wahrscheinlich ist die Karte im Zusammenhang mit einem Güterverzeichnis gefertigt worden, worauf die Durchnumerierung der Grundstücke hindeutet.

134

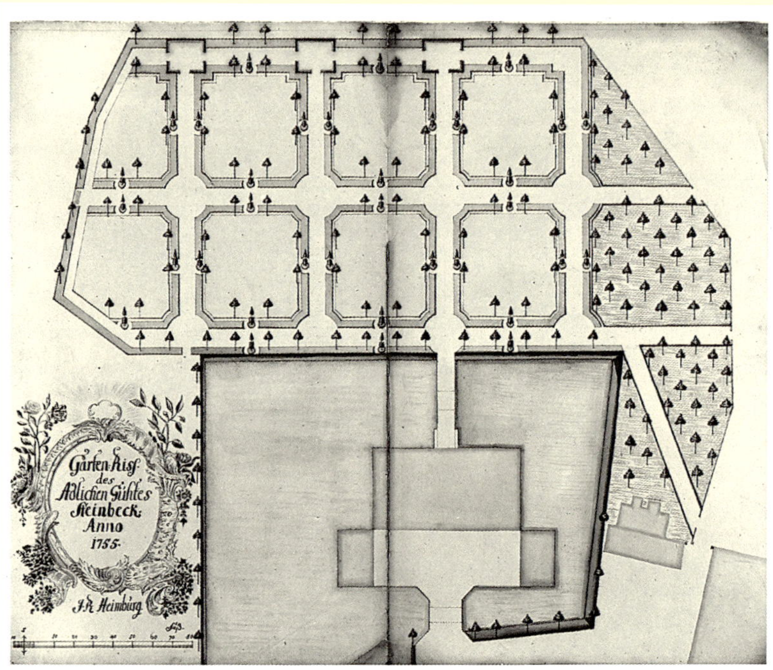

Abb. 134 Gartenanlage des Gutes Steinbeck bei Bad Salzuflen. 1755

Barocke Prachtentfaltung ließ sich vom nicht sonderlich begüterten lippischen Landadel am ehesten in Gartenanlagen entwickeln. Gut Steinbeck war 1755 als eines von 25 landtagsfähigen Gütern im Besitz der Familie von Wrede.

Abb. 135 Fürstbischöfliche Residenz in Münster. 1769

Der in dieser Form nicht ausgeführte Gesamtplan Johann Conrad Schlauns für die Residenz in Münster mit Schloßplatz und Park bot dem Landesherren nach den Verhandlungen mit dem Domkapitel einen Überblick über das große Bauvorhaben. Die etwas lineare Zeichenweise, die in der Ausführung nicht von Schlaun allein herrühren muß, verwendet gedeckte Farben. Das Hauptgewicht ist auf die Gestaltung des Parks gelegt, der trotz der Beschränkung durch die alte Befestigung den Hofgarten rechteckig bis zum Schloß ausweitet und dabei den reichen barocken Schmuckwillen zum Ausdruck bringt. Mit der Anordnung des Schloß- und Neuplatzes in Front des Schlosses ist den repräsentativen Bedürfnissen Genüge getan.

Abb. 136 Schloß und Gartenanlage zu Kärlich bei Koblenz. 1768

Im Landeshauptarchiv Koblenz befindet sich eine Reihe von Plänen aus der zweiten Hälfte des 18. Jahrhunderts für einen Ausbau des Jagdschlosses der trierischen Kurfürsten und für die Neugestaltung der Gartenanlagen zu Kärlich. Weder der Entwurf des Gärtners Wilmart noch ein 1771 vorgelegter ähnlicher Entwurf des Architekten Johann Seiz, die beide eine Gartengestaltung im französischen Stil vorsahen, kamen zur Ausführung. Von dem Schloß und den Gärten ist heute nichts mehr erhalten.

Abb. 137 Mülheim und Kärlich mit kurfürstlichem Schloß. 1786

Links neben dem gut erkennbaren Schloßgartengrundriß in Kärlich zeigt der umfangreiche Gesamtplan die Anlage eines großen als Landschaftsgarten anzusehenden Waldgebietes. Im Ausschnitt sind nur die beiden Alleen sichtbar, die die Gartenkomplexe miteinander verbanden.

135

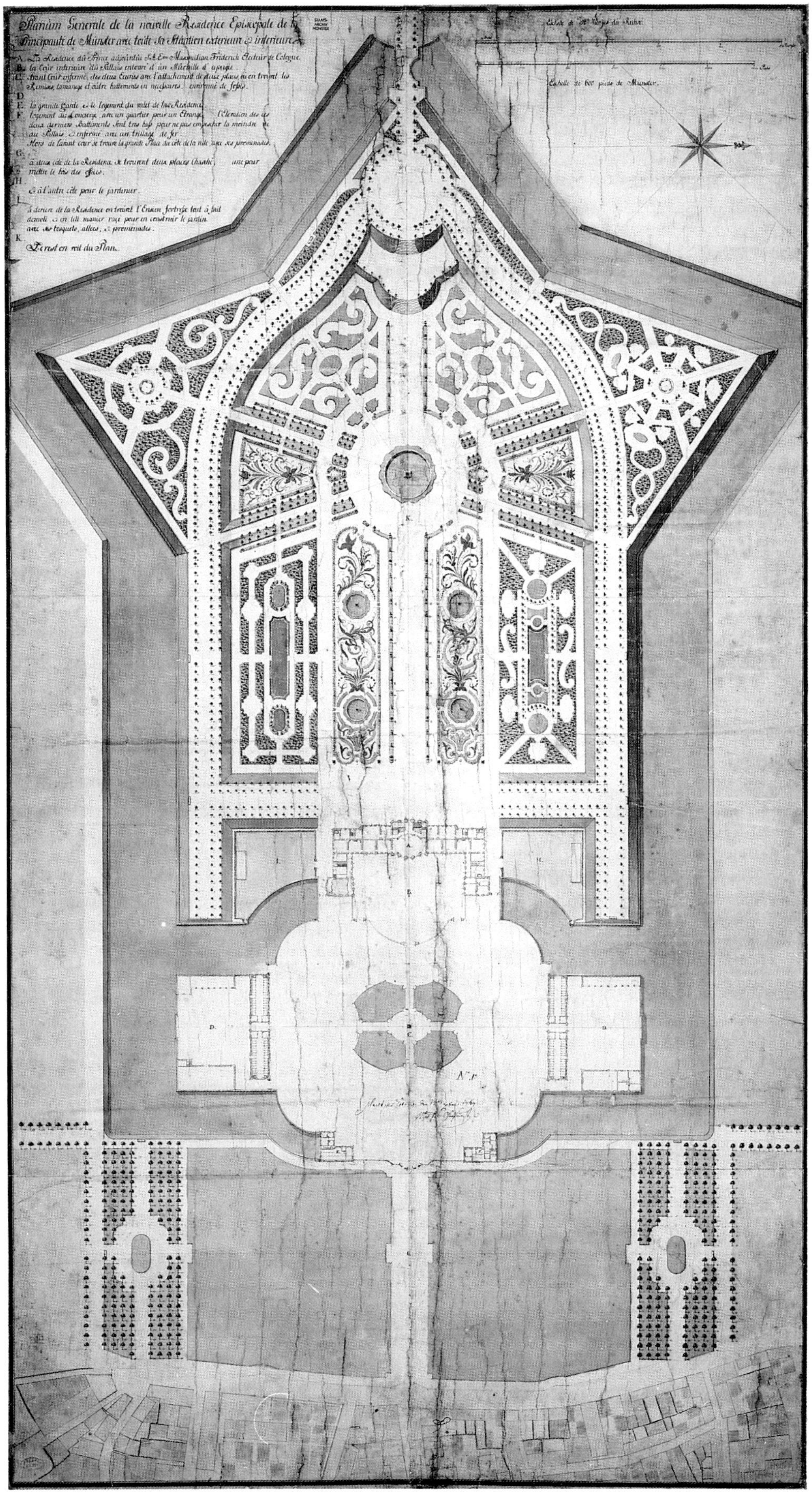

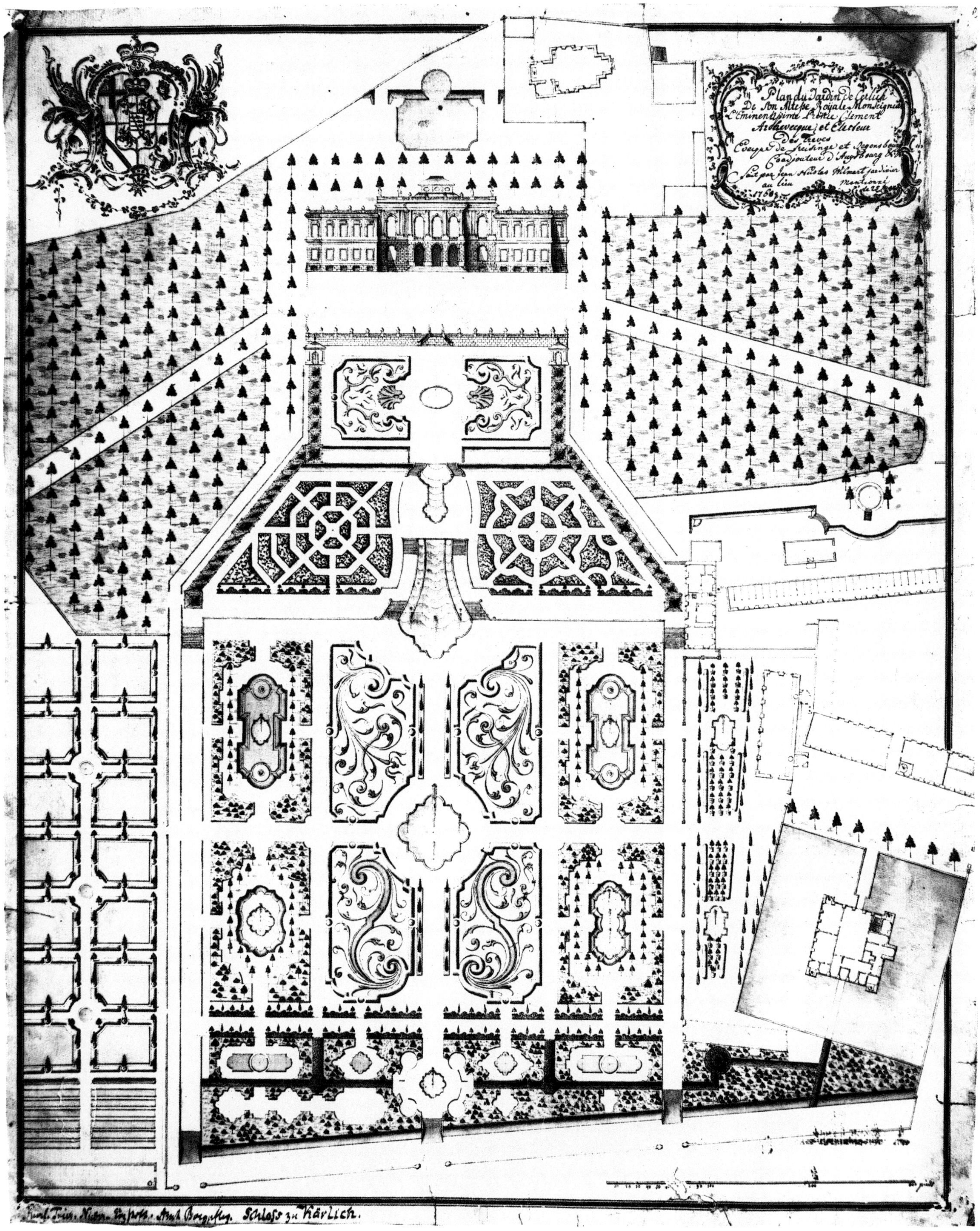
Plan du Jardin de Cerlich
De Son Altesse Royale Monseigne
Archevecque et Electeur
Des treves
Coadjouteur d'Augsbourg
fait par Jean Nicolas Wilmart jardinier
au lieu
1760
Schloss zu Kärlich.

Schloß
Kárlich
Mühlheim

Abb. 138 Schloß Oberehe bei Gerolstein. 1789 (1792)

Schloß Oberehe ist einer der wenigen noch erhaltenen befestigten Wirtschaftshöfe in der Eifel. Das Gut wurde 1693/95 von Johann Christoph von Veyder von den Grafen von Manderscheid-Blankenheim erworben. Anfang des 18. Jahrhunderts gelangte es in den Besitz des Freiherrn Hugo von Metternich, in dessen Familie es bis zur Versteigerung durch die französische Regierung 1811 verblieb. Die Ansicht stammt aus einer großen Übersichtskarte der Herrschaften Oberehe und Hohenfels, die auch ausführliche Beschreibungen der Grenzverläufe und Besitzverhältnisse enthält.

Abb. 139 Anlage des Klosters Corvey. 1798

Die Residenz des Fürstbischofs von Corvey bei Höxter, die ihre Entstehung als barocke Klosteranlage nicht verleugnet, liegt in einem Bogen der Weser. Ökonomie und Wirtschaftsbereiche neben wenigen bescheidenen Parkanlagen bilden den Schwerpunkt der Darstellung. Die Vermessung im Rahmen der Verpachtung der Domäne diente nüchternen Anforderungen und verzichtete auf die Wiedergabe höfischen Glanzes.

Abb. 140 Die fürstlichen Gärten im Schönthal und auf dem Ludwigsberg bei Saarbrücken. Um 1790

Dieser Plan ist der ausführlichste der auf Anregung des Fürsten Ludwig von Nassau-Saarbrücken (†1794) in seinen letzten Lebensjahren rund um das Lustschloß Ludwigsberg entstandenen großzügigen Parkanlagen, der ersten im anglo-chinesischen Stil auf deutschem Boden. Es ist ungeklärt, ob er den tatsächlichen Bestand festhält oder einen Entwurf für Umgestaltungen darstellt.

138

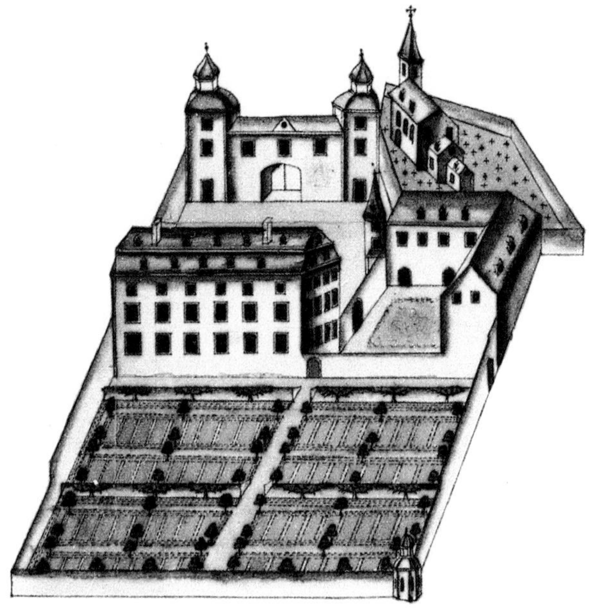

PROSPECT DER HERSCHAFTLICHEN BURG MIT DEM GARTEN AB ORIENTE

139

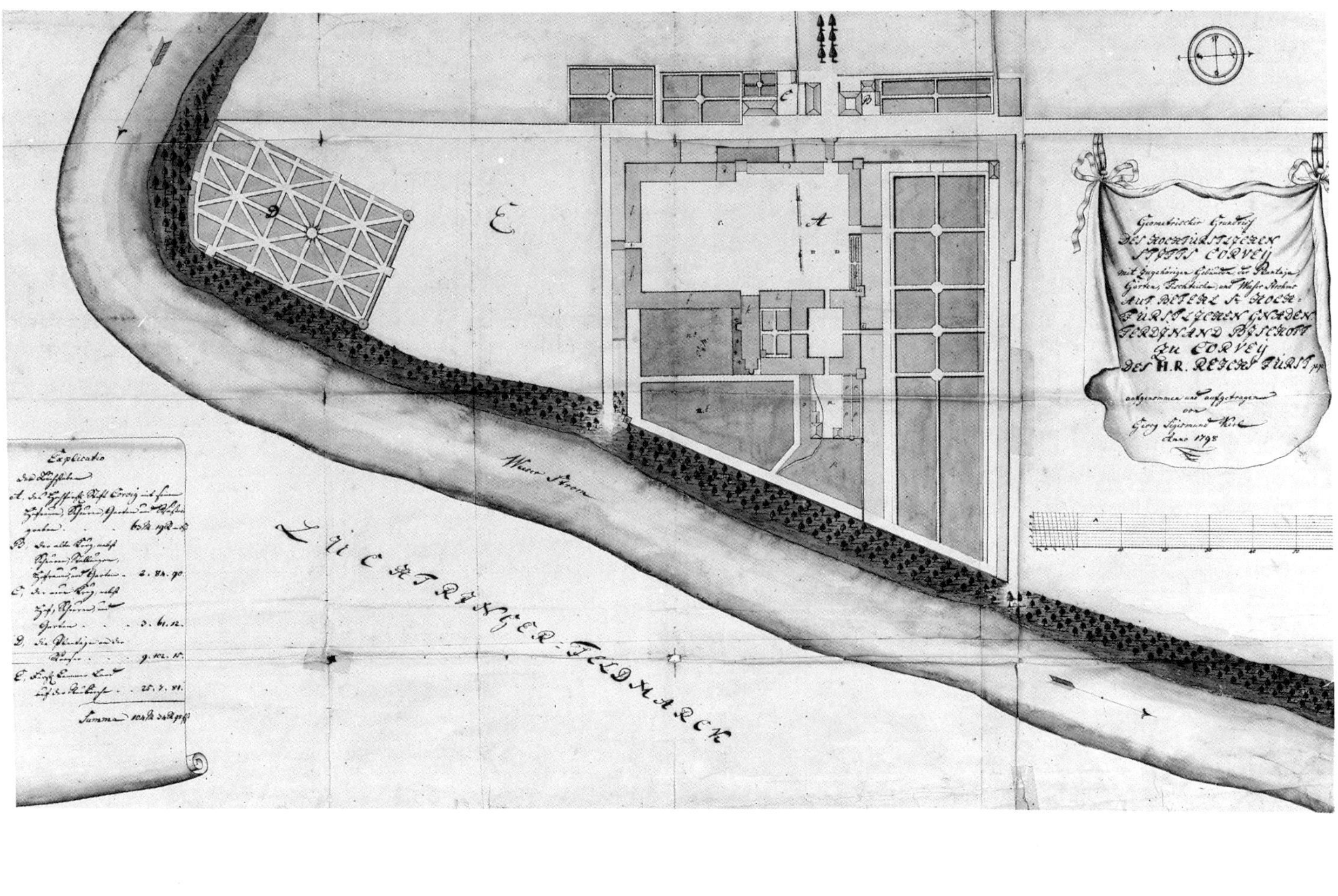

140

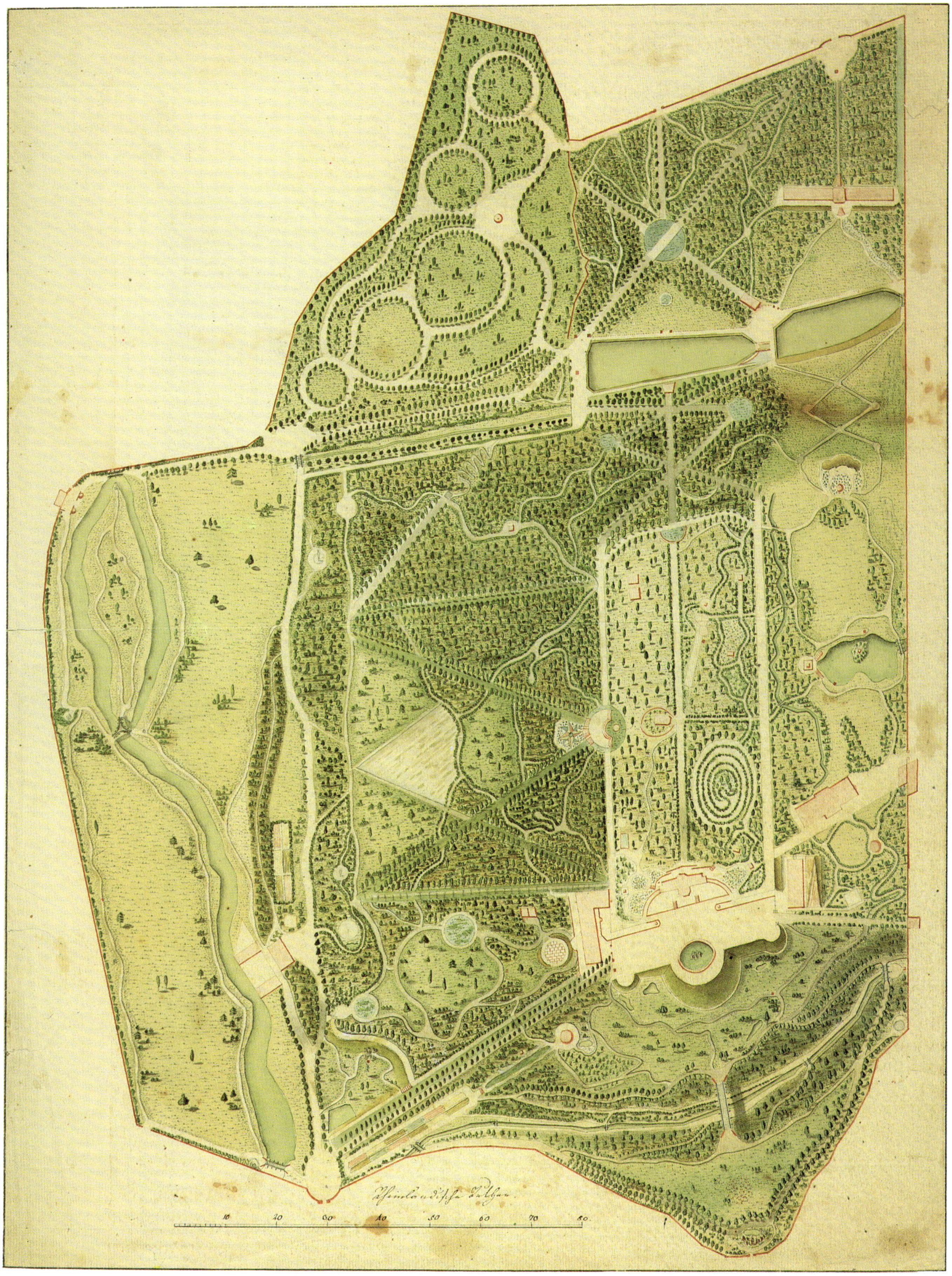

Abb. 141
Schloß und Park zu Benrath bei Düsseldorf. 1806

Das Schloß Benrath ist in der Gestalt, in der es heute noch besteht, mit dem großen Park seit 1755 unter dem Kurfürsten Karl Theodor errichtet worden. Auch die geometrisch gestalteten Parkanlagen sind noch vorhanden, wenn auch Änderungen an den Seitenteilen vorgenommen wurden. Der Plan zeigt die kunstvolle Ornamentik der Wegeführungen, die sich dem Wanderer immer nur unzulänglich erschließt.

141

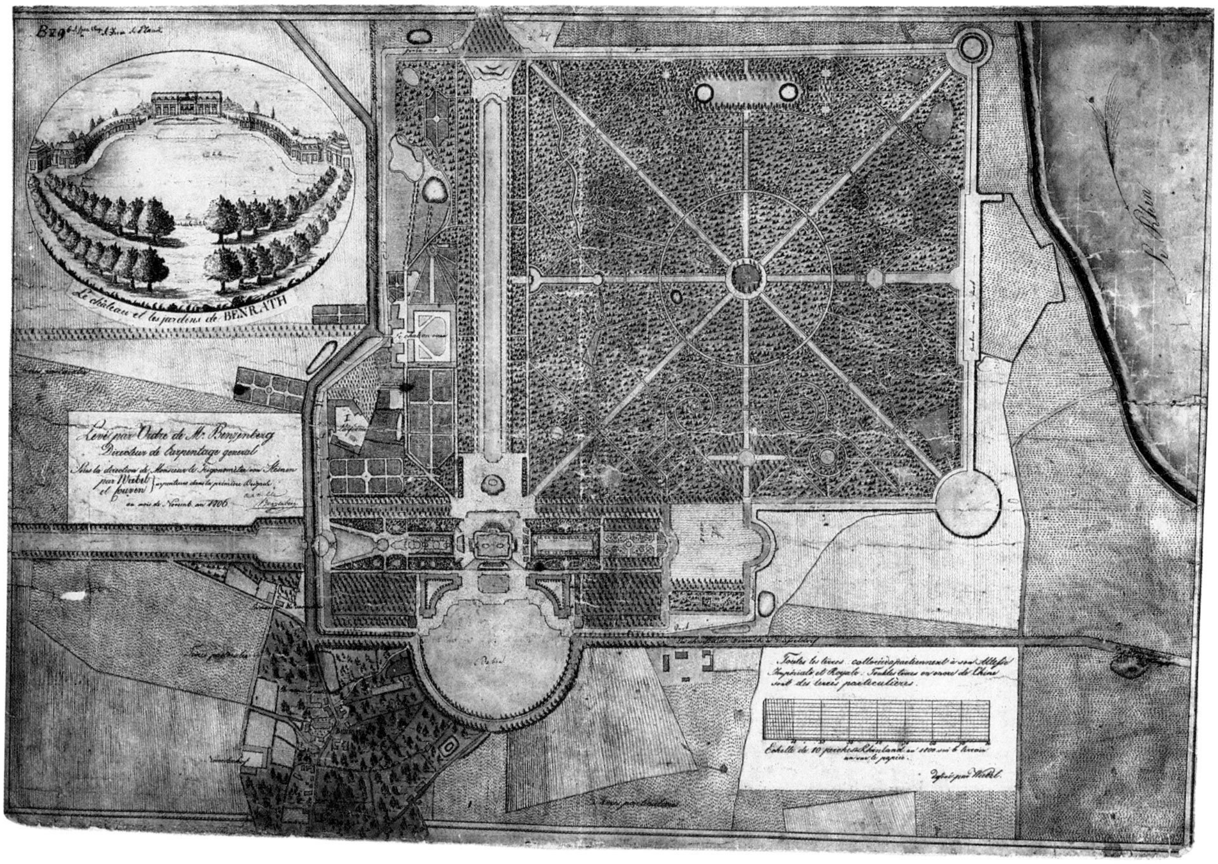

Abb. 142 Schloßpark in Velen bei Borken. 1816

Nicht mehr höfische Repräsentanz, sonden die gärtnerische Anlage eines bedeutenden Adelssitzes steht im Vordergrund dieses Entwurfes für den Park des Schlosses Velen bei Borken. Es ist sowohl die Absicht durch die genaueste Darstellung der verschiedenen Baumsorten und Sträucher gärtnerische Anweisungen zu geben, die Nutzung einzelner Abschnitte zu erläutern wie auch dem Betrachter einen Überblick über den streng gegliederten symmetrischen Parkteil umgeben von abschließenden und begrenzenden Waldgruppen zu vermitteln.

142

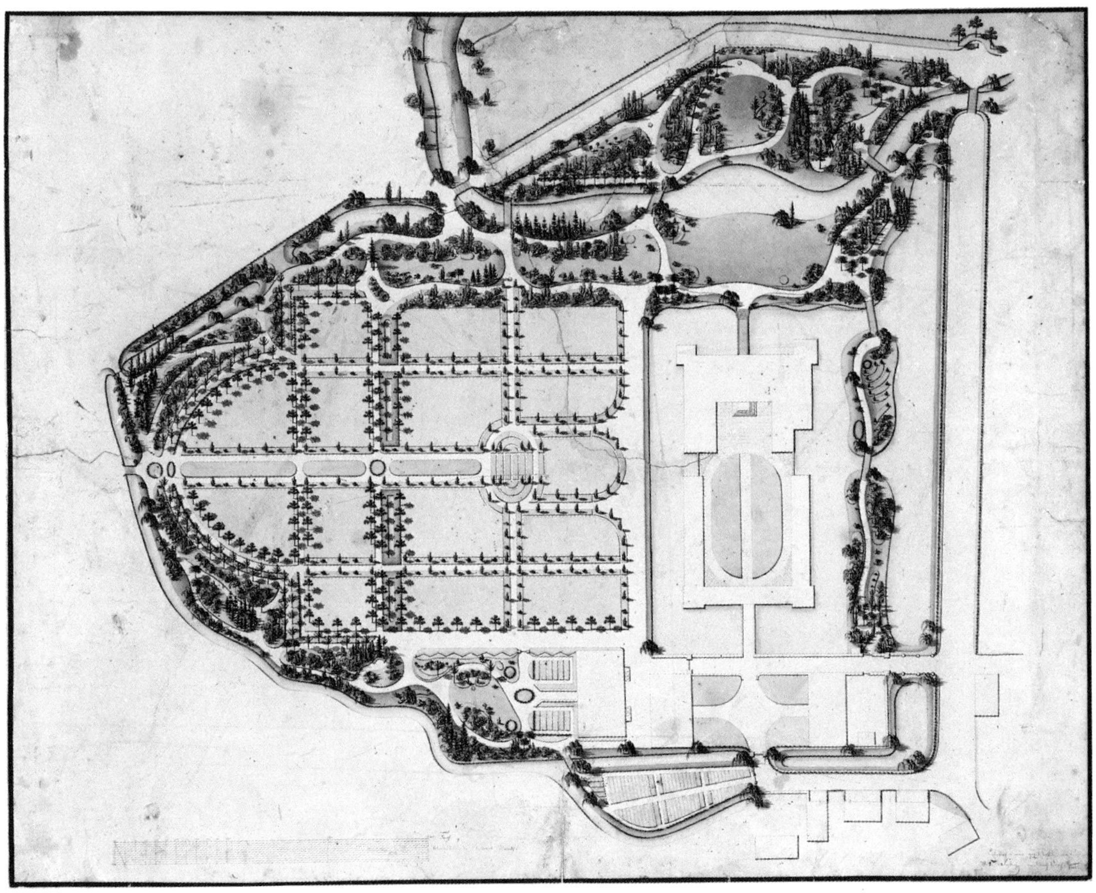

Handel und Verkehr

Von Joachim Kermann

Unser Gebiet wurde in der frühen Neuzeit von zwei wirtschaftlichen Großzentren beherrscht: Köln und Frankfurt am Main. Das mit Abstand wichtigste Wirtschafts- und Handelszentrum am Niederrhein war Köln. Hier kreuzten der Rhein und die parallel verlaufende Straße als wichtigste Nord-Süd-Verbindung (Nijmegen-Basel) mit einer West-Ost-Verbindung (Flandern/Brabant-Siegen-Erfurt-Leipzig) und einer Verbindung von Südwesten nach Nordosten (Paris-Reims-Aachen-Dortmund-Münster-Bremen-Hamburg-Lübeck). Köln gelang es zur Zeit der Hanse innerhalb der westfälischen Städtegruppe eine Vorortfunktion auszuüben. Rheinaufwärts liefen die Handelsbeziehungen nach Mittel- und Oberdeutschland, Osteuropa und Italien hauptsächlich über die Frankfurter Messe, die zweimal jährlich stattfand. Seit dem Ende des 16. Jahrhunderts gewann der direkte Verkehr mit Leipzig und der Leipziger Messe an Bedeutung. Es wurden aber auch Beziehungen zu Speyer, Worms und Straßburg gepflegt. Noch wichtiger als diese waren die Verbindungen in Richtung Norden und Westen: nach England, den Niederlanden und namentlich den flandrisch-brabantischen Provinzen. Mit ihnen bestand für den Bereich der Textilherstellung eine Interessen- und Wirtschaftsgemeinschaft. Sie waren Absatzgebiete für Kölner Exportartikel, wie metallgewerbliche Erzeugnisse der rheinisch-westfälischen Gebirgslandschaften, für Waffen und Rheinwein.

Im Bereich Westfalen waren Schnittpunkte des Fernhandels die Städte Dortmund (Duisburg-Soest-Paderborn-Höxter-Magdeburg und Köln-Bremen), Münster (Köln-Bremen, Wesel-Bielefeld-Braunschweig, Holland-Paderborn-Kassel-Erfurt) und Paderborn (Frankfurt a.M.-Bremen bzw. Lüneburg-Hamburg-Lübeck, Münster-Erfurt und Duisburg-Magdeburg).

Im Süden, schon außerhalb unseres Gebietes, hatte Frankfurt am Main seit dem Spätmittelalter die Vorrangstellung der mittelrheinischen geistlichen Metropolen Mainz, Worms und Speyer abgelöst und sich zum unbestrittenen Mittelpunkt des gesamten mittelrheinischen Tuch- und Weinabsatzes und des europäischen Waren- und Geldverkehrs entwickelt. Aus allen Himmelsrichtungen liefen die Straßen sternförmig auf diese Stadt zu. Für die Handelsströme aus dem Norden wurde sie zur Schaltstelle für den Mittelmeerhandel und seit dem Aufstieg Leipzigs im wachsenden Maße auch für den Osthandel.

Im Zusammenhang mit der Sicherung der Hauptverkehrswege, der Wahrnehmung von Zoll- und Geleitrechten übten das Reich, der Adel und in der frühen Neuzeit insbesondere der Territorialstaat Einfluß auf den Handel und das Verkehrswesen aus (Abb. 143).

Durch die Ansiedlung niederländischer Flüchtlinge gelang es Kurpfalz, neue Gewerbe einzuführen und den Handel zu beleben. Am bedeutendsten war die Exulantensiedlung in Frankenthal. Zum wirtschaftlichen Vorort des gesamten pfälzischen Mittelrheins und zur zentralen Handelsstadt entwickelte sich das von Kurfürst Friedrich IV. 1606 neugegründete und 1607 zur Stadt erhobene Mannheim. In seinem Schatten konnten die benachbarten Reichsstädte Worms und Speyer ihre Stellung nicht behaupten, zumal hier auch durch die Zünfte Innovationen im gewerblichen Bereich verhindert wurden.

Mainz, das bis zum Hochmittelalter eine überragende Stellung im Fernhandel eingenommen hatte, verlor diese um 1300 an das aufstrebende Frankfurt a.M. Es behielt jedoch auch in den folgenden Jahrhunderten noch eine gewisse Bedeutung im Bereich des Weinhandels, Weintransports und des Speditionsgeschäfts im Zusammenhang mit dem Stapelrecht. Dagegen war die eigene Güterproduktion unterentwickelt.

Im Westen, an der oberen Saar, nahm Saarbrücken im Bereich des Handels aufgrund einheimischer Erzeugnisse, wie Holz, Steinkohle, Eisen- und Glasartikel eine Vorrangstellung ein. Durch ein System von Staatsverträgen war seit dem Ende des 16. Jahrhunderts der Holzabsatz in die Niederlande geregelt, während umgekehrt Saarbrücken als Stapelplatz holländischer Kolonialwaren den Hunsrück, die Pfalz, Lothringen, das Elsaß und Teile der Schweiz versorgte.

Neben den bedeutenden Messe- und Fernhandelsstraßen gab es zahlreiche mittelgroße und kleinere Städte, die mehr oder weniger vom Verkauf gewerblicher Produkte lebten und auf den Erwerb landwirtschaftlicher Produkte angewiesen waren. Der Ort für den Handel mit gewerblichen und landwirtschaftlichen Produkten bildete der städtische Markt. Den Austausch zwischen Stadt und Land förderten Straßen und Wege, die oft sternförmig von allen Seiten auf die Stadt zuliefen (Abb. 80, 82, 145, 215).

Allerdings kann man damals von Straßen im eigentlichen Sinne kaum sprechen, da sie keinen festen Unterbau besaßen, sondern mehr oder weniger an die Boden- und Geländebeschaffenheit angepaßte Naturwege waren (Abb. 144). Den Bau von Straßen und Wegen und deren Unterhalt mußten die anliegenden Bauern leisten, und er wurde in der Regel nur mit hinhaltendem Widerstand erbracht. Wiederholte Anordnungen und Vorschriften zum Wegebau fruchteten nicht viel. So befanden sich nicht nur die lokalen Verbindungen, sondern auch die großen Fernhandelsstraßen im 18. Jahrhundert (Abb. 146) und teilweise noch im frühen 19. Jahrhundert in einem miserablen Zustand und genügten keineswegs dem steigenden Verkehrsaufkommen. Die Reise und Transportgeschwindigkeit der Postkutschen und Fuhrwerke übertraf daher kaum die eines Fußgängers. In zahlreichen Reiseberichten ist das Elend einer Fahrt mit der Postkutsche anschaulich festgehalten worden, wenn es auch im Einzelfall gelegentlich zu karikierenden Überzeichnungen gekommen sein mag. Da die Anwohner an Vorspann, Reparaturen und Beherbergung verdienten, waren sie an einer Verbesserung des Straßenzustandes und einer Beschleunigung des Post- und Fuhrverkehrs nicht interessiert.

Das Postnetz wurde im Laufe des 18. Jahrhunderts immer mehr ausgeweitet und verband insbesondere die Hauptzentren

Deutschlands und der Territorien miteinander. Die Verbindungen wurden inzwischen immer zuverlässiger und schneller hergestellt. Soweit die Straßen Flüsse überqueren mußten und sich keine Furt vorfand, dienten Fähren zum Übersetzen an das andere Ufer (Abb. 147).

Steinerne Brücken, wie die römische Moselbrücke zu Trier und die des Erzbischofs Balduin zu Koblenz, waren sehr selten und galten den Zeitgenossen als Besonderheit. Der für damalige Verhältnisse außerordentlich hohe technische, personelle und kostenmäßige Aufwand verhinderte den Bau vieler Brücken. In Kriegszeiten hielt man sie sogar für einen Nachteil, da sie dem Feind den Übergang über das natürliche Hindernis, den Strom, erleichterten. Sie wurden deshalb aus Verteidigungszwecken zerstört (Abb. 148) und mußten dann später mit erheblichem finanziellen und personellen Aufwand wiederaufgebaut werden.

Die Binnenschiffahrt bildete für die wirtschaftliche Entwicklung in der vorindustriellen Zeit die Voraussetzung, um benötigte Nahrungsmittel und Rohstoffe kostengünstig heranzuschaffen und um die Enderzeugnisse wiederum zu den Absatzplätzen oder sogar zu den Überseehäfen zu bringen. Die Binnenschiffe waren in der fraglichen Zeit allerdings klein und hatten nur einen geringen Tiefgang, denn sie mußten stromaufwärts von Menschen und Tieren getreidelt werden (Abb. 152). Trotzdem waren sie an Tragfähigkeit den Landfuhrwerken überlegen und die Personenbeförderung war hier wesentlich bequemer als mit der Reisekutsche.

In unserem Gebiet gab es als schiffbare Flüsse den Rhein mit seinen Nebenflüssen und die Ems und Weser für den Randbereich des nördlichen und östlichen Westfalen. Die großen Ströme veränderten jedoch häufig durch Einbrüche ihr Flußbett und hier wie auch bei den kleinen Flüssen, auf denen die Schiffahrt nur sporadisch bei genügend hohem Wasserstand erfolgen konnte, stellten Untiefen eine erhebliche Gefahr dar. Weitere Hindernisse waren die zahlreichen Mühlen auf und an den Flüssen. Sie behinderten die Schiffahrt und verursachten häufigen Schiffbruch.

Als wichtigste Wasserstraße galt unbestritten der Rhein. Allerdings wurde die Schiffahrt hier erheblich durch nicht weniger als 37 Zollstellen im Abschnitt zwischen Basel und Nijmegen beeinträchtigt. Der mehrfach von den vier rheinischen Kurfürsten unternommene Versuch, eine Verminderung der Rheinzölle zu erreichen, blieb ohne Erfolg.

Seit alters her nutzte man auch die Mosel als Schiffahrtsstraße, z.B. verkehrte vom 16. - 18. Jahrhundert zwischen Trier und Frankfurt a.M. ein eigenes Marktschiff insbesondere zur Ausfuhr von Tüchern. Niedrige Wasserstände im Sommer, Untiefen und Sandbänke erschwerten allerdings die Schiffahrt häufig. Es fehlte zwar nicht an Versuchen, diese durch wasserbautechnische Maßnahmen zu verbessern (Abb. 151), doch erst die Kanalisierung des Flusses im 20. Jahrhundert gestattete eine ständige Fahrt.

Mit der Weser durchzog ein weiterer bedeutender Strom im Bereich des Fürstentums Minden unser Gebiet. Allerdings brachte dieser Fluß der Stadt Minden (Abb. 156) und dem gleichnamigen Fürstentum bzw. den Nachbarterritorien nur wenig Vorteile, da der Handelsverkehr auf dem schiffbaren Teil durch 23 Zollstellen bzw. Stapelgerechtigkeiten stark beeinträchtigt wurde und in seinem Einzugsbereich nur wenig bedeutende Handelsplätze mit geringem Handelsverkehr lagen.

Soweit die natürlichen Voraussetzungen die Schiffahrt nicht zuließen, konnte man durch Kanalbauten diesen Nachteil zwar ausgleichen, aber wegen der immensen Bau- und Unterhaltungskosten sind derartige Projekte selten ausgeführt worden.

Für den Handel Westdeutschlands mit dem Osten war der 1398 eröffnete Stecknitzkanal zwischen Elbe und Lübeck an der Ostsee von Bedeutung, inbesondere während der häufig wiederkehrenden Konflikte mit Dänemark, wenn der Weg durch den Sund gesperrt war. Ebenfalls noch bis ins Mittelalter reichen Pläne zurück, den Handel von und zum Münsterland durch den Ausbau der Berkel zu intensivieren. Die von den Niederländern Ende des 16. Jahrhunderts erneut aufgegriffenen Pläne (Abb. 149) wurden jedoch niemals ausgeführt. Johann Casimir von der Pfalz ließ zur Förderung von Handel und Gewerbe seiner Exulantensiedlung Frankenthal von 1580 bis 1590 eine Wasserverbindung zum Rhein anlegen, den sogenannten »Niederländerkanal«. Dieser Kanal, der während des Pfälzischen Erbfolgekrieges verfallen war, wurde von Kurfürst Karl Theodor wiederhergestellt und behielt seine wirtschaftliche Bedeutung bis zum Aufkommen der Eisenbahn.

Gesteigertes Interesse für Kanalbauten gab es in Deutschland im Zeitalter des Merkantilismus. Anregend und als Vorbild wirkten hier die unter Colbert begonnenen umfangreichen Anlagen, mit denen die Erschließung Frankreichs für die gewerbliche Entwicklung gefördert werden sollte, und das Kanalnetz der Niederlande. Unter den deutschen Staaten baute Preußen in der fraglichen Zeit die bedeutendsten Kanäle. Preußen sorgte dafür, daß direkte Binnenschiffahrtsverbindungen zwischen Elbe und Oder (1662-1668) und Oder und Weichsel (nach 1770) gebaut wurden und daß durch eine Vielzahl von Kanalbauten Berlins Versorgung, dessen gewerbliche Entwicklung und sein Aufstieg zur Großstadt möglich wurde.

In den Westgebieten waren die Bemühungen um Kanalbauten wesentlich bescheidener. Das lag einerseits daran, daß durch das bestehende natürliche Flußsystem schon relativ gute Bedingungen für die Schiffahrt gegeben waren, andererseits aber auch ergänzende Flußausbauten und Kanalprojekte an den gegensätzlichen Interessen der zahlreichen Anrainerterritorien und ihrer Finanzschwäche scheiterten.

Die Franzosen legten im Zusammenhang mit dem Bau der Festung Landau 1688 einen Kanal zum 5 1/2 km entfernten Albersweiler an, um von einem Steinbruch die erforderlichen Mengen Baumaterial bis nahe vor die Stadt heranführen zu können (Abb. 153). Nach Ausführung des Bauprojekts verlor er seine Bedeutung.

Im Bistum Münster entstand zwischen 1724 und 1730 ein von Münster ausgehender, etwa 30 km langer Kanal, der in den 1760er Jahren noch um einige Kilometer verlängert wurde und der in der Nähe von Rheine endete. Er wurde nach seinen beiden fürstbischöflichen Bauherren Max-Clemens-Kanal genannt. Die geplante Weiterführung bis zur Ems bei Rheine unterblieb allerdings. Er erlangte wirtschaftlich und verkehrspolitisch nie Bedeutung und wurde 1840 endgültig aufgegeben.

Auch die geplante Wasserstraßenverbindung zwischen Münster und den Niederlanden blieb ein Fragment. Zur Ausführung kam nur ein Teilstück zwischen Stadtlohn und dem niederländischen Zutphen durch die Schiffbarmachung der Berkel im Jahre 1770.

Brandenburg - Preußens Bemühungen galten in Westfalen vor allem der Schiffbarmachung von Lippe und Ruhr, um wenigstens einen dieser beiden Flüsse an den Rhein anzuschließen und um auf diese Weise für den Absatz der märkischen Kohle, insbesondere nach Kleve, ein kostengünstiges Transportsystem zur Verfügung zu haben. Während das Projekt des Lippeausbaus (Abb. 150) an den hohen Kosten wie auch am Widerstand der Nachbarterritorien scheiterte, wurden die Verhandlungen in bezug auf den Ausbau der Ruhr erfolgreich abgeschlossen (Abb. 154). Dieser Fluß konnte nach dem Bau von zwölf Schleusen ab 1776 von Herdecke an und seit 1803 von Witten an befahren werden. Allerdings war er auch jetzt nur für Lastkräne bis zu 100 t passierbar. Umschlaghafen für die Kohle wurde am Flußende Ruhrort (Abb. 155), das dann besonders im 19. Jahrhundert einen raschen Aufschwung nahm.

Die Zeit vom ausgehenden 17. bis zum beginnenden 19. Jahrhundert war in vielfältiger Weise eine Phase des Umbruchs. Stärker als je zuvor machte sich der Einfluß des Staates auf die Handels- und Verkehrspolitik bemerkbar, zunächst durch den Merkantilismus, dann unter der dominierenden Politik Napoleons und schließlich durch die auf dem Wiener Kongreß erfolgte Neuordnung der politischen Verhältnisse in Europa. Im Bereich der Verkehrstechnik wurden neue Methoden beim Straßen-, Fluß- und Kanalbau angewendet, und die Weiterentwicklung der Dampfmaschine als Antriebskraft für Schiffe und die Eisenbahn führten zu einer Revolutionierung des Verkehrswesens.

Wenden wir uns zunächst der staatlichen Wirtschaftspolitik im Zeitalter des Merkantilismus zu, die besonders von dem französischen Vorbild beeinflußt wurde. Der französische Minister Colbert (1619 - 1683) hatte u. a. das inländische Gewerbe durch folgende Maßnahmen zu fördern gesucht: Zollentlastung für Rohstoffeinfuhren und Zollbelastung für Fertigwareneinfuhr, Verminderung der inländischen Zollschranken, Bau von Straßen und Kanälen zur Verbesserung der Infrastruktur.

Das Merkantilsystem förderte den Handel und die gewerbliche Wirtschaft zur Erlangung einer aktiven Handelsbilanz, um auf diese Weise die eigenen Einnahmen und damit auch die eigene Macht zu stärken. Die Bemühungen des Reiches (Reichstages), in diesem Sinne einen Art Reichsmerkantilismus in Deutschland zu betreiben, blieben ohne großen Erfolg. So scheiterten alle Versuche, die Zollschranken im Innern des Reiches aufzuheben, die Verkehrswege zu verbessern und die westdeutschen Gebiete gegen die französischen gewerblichen Produkte abzuschirmen, weil die Territorialherren mehr auf ihren eigenen Vorteil als auf den des Gesamtreiches bedacht waren. Andererseits waren aber gerade die rheinischen Territorien zu klein und zu sehr zersplittert, um wie die großräumigen Staaten im Osten und wie der mächtige Nachbar Frankreich im Westen eine konsequente Handels- und Wirtschaftspolitik im merkantilistischen Sinne betreiben zu können. Die entsprechenden Bemühungen der Regierungen und der Behörden wiesen daher nur bescheidene Erfolge auf. So wurde weiterhin der Handel durch Binnenzölle oder durch Schutzzölle der Territorialstaaten erheblich behindert. Es erstaunt daher um so mehr, daß trotz all dieser Hemmnisse in Rheinland und Westfalen ein bedeutender Außenhandel florieren konnte.

Die napoleonische Neuordnung Europas hatte für Handel und Verkehr unseres Gebietes sowohl fördernde als auch hemmende Auswirkungen. Von Vorteil waren: das einheitliche Münzwesen, die feste Währung, das einheitliche metrische Maß- und Gewichtssystem, die fortschrittlichen Bestimmungen des Handelsgesetzbuches, die Bildung von Handelsgerichten und Handeskammern, das Ausstellungswesen, die Vergabe von Staatsprämien, die Abschaffung der Binnenzölle und der meisten Rheinzölle und der großzügige Ausbau der Straßen. Ein bedeutendes Hemmnis war dagegen, daß der Rhein in seinem Gesamtverlauf zur streng überwachten Zollinie zwischen Frankreich und den rechtsrheinischen Landen wurde und alte traditionelle Wirtschafts- und Handelsverflechtungen unterbrach. Im Mittelrheingebiet waren hiervon insbesondere Städte wie Mainz, Worms, Frankenthal und Speyer betroffen, die ihre Rohstoffe bisher von der »anderen« Seite bezogen hatten. Noch schlimmer erging es aber den rechtsrheinischen Gewerbe- und Handelszentren, denen Frankreich (einschließlich des ehemals deutschen linksrheinischen Gebiets) und Italien als Absatzgebiete verschlossen blieben. Hier konnte auch lebhafter Schmuggel keinen Ausgleich schaffen. Viele rechtsrheinische Unternehmer, Fabrik- und Heimarbeiter, insbesondere aus dem bergischen Land, zogen daher über den Rhein und ließen sich in Neuß, Rheydt, Viersen, Grevenbroich und Bonn nieder, um hier ein Auskommen zu finden.

Gewerbe und Handel sowohl des rechtsrheinischen wie auch des linksrheinischen Gebietes waren empfindlich von den Auswirkungen der napoleonischen Kontinentalsperre betroffen. Insbesondere die auf außereuropäische Exportmärkte ausgerichtete Monschauer Tuchfabrikation und die Krefelder Seidenindustrie erlitten durch die Unterbrechung der alten Handelsverbindungen erhebliche Rückschläge.

Nach der Neuordnung Europas auf dem Wiener Kongreß hatten sich Frankreich, die Niederlande, Österreich, Rußland und Nordamerika durch hohe Schutzzölle abgeschirmt und damit den exportorientierten Gewerben in Rheinland und Westfalen die Absatzmöglichkeiten erschwert. Erst die Handelsverträge mit den Niederlanden (1839), Belgien (1844), Frankreich (1862) und England (1863) schufen wesentliche Erleichterungen. Aber auch der innerdeutsche Handel war zunächst erheblich behindert. Die deutschen Einzelstaaten schirmten ihre Territorien durch Zollgrenzen gegenseitig ab. Die an Preußen gefallenen Landesteile hatten immerhin den Vorzug, daß sie seit dem Zollgesetz vom Mai 1818 einem einheitlichen Wirtschaftsraum von etwa 10,5 Millionen Menschen angehörten. Unter Preußens Führung wurde am 1. Januar 1834 der Deutsche Zollverein gegründet, dem bis 1836 alle deutschen Rheinanliegerstaaten beigetreten waren (zuletzt Baden und Nassau). Weitere Vertragswerke förderten die Liberalisierung der Schiffahrt auf dem Rhein. Die rheinische Schiffahrtsakte hatte bereits 1831 die noch bestehenden Stapelrechte von Köln und Mainz und einige andere Schiffahrtsprivilegien aufgehoben. Nur die Holländer konnten noch gewisse Schiffahrtsabgaben behaupten, die mit der Schiffahrtsakte von 1868 ebenfalls entfielen.

Die grundlegende verkehrstechnische Innovation an der Wende zum 19. Jahrhundert war der Chausseebau, d.h. der Bau auch im Untergrund befestigter und mit einer relativ glatten Oberfläche versehener Straßen. In Deutschland stellten die gewerbereichen Gebiete Grafschaft Mark und Großherzogtum Berg am Ende des 18. Jahrhunderts einen Schwerpunkt entsprechender Straßenbauten dar. Da beide nicht von Schiffahrtswegen erschlossen werden konnten, war hier ein leistungsfähiges Straßennetz für die Zufuhr der benötigten Rohstoffe und für den Abtransport der Enderzeugnisse ein Desiderat insbesondere der ansässigen Eisen- und Textilindustrie.

Im Fürstentum Minden und in der Grafschaft Ravensberg ließ die preußische Regierung in den 1790er Jahren die wichtigsten Städte, nämlich Minden, Herford und Bielefeld durch chaussierte Straßen miteinander verbinden (Abb. 161). In den mittleren und südlichen Teilen der Rheinlande waren es insbesondere das Kurfürstentum Trier und die Kurpfalz, die ebenfalls den Vorteil des Chausseebaus erkannten und entsprechende Projekte verwirklichten. Kurfürst Clemens Wenzeslaus von Trier versuchte die beiden politischen und wirtschaftlichen Zentren seines Territoriums, Trier und Koblenz, durch eine Chaussee besser miteinander zu verbinden (Abb. 158 und 159) und Kurfürst Karl Theodor von der Pfalz wählte die seiner Hauptstadt Mannheim gegenüberliegende Fähranlagestelle auf der anderen Rheinseite als Ausgangspunkt für eine Chaussee, die bis nach Oggersheim führte (Abb. 157), der Residenz der Kurfürstin Elisabeth Auguste und ein Hauptort des Postverkehrs.

In napoleonischer Zeit wurde der Chausseeausbau fortgesetzt und insbesondere wegen der Truppendurchmärsche auf leistungsfähige West-Ost-Verbindungen Wert gelegt (Abb. 163). Damals entstanden u.a. die Chausseen von Köln über Wermelskirchen, Lennep ins Wuppertal und von Köln über Solingen nach Hittorf. Eines der großen Straßenbauprojekte, das ebenfalls in dieser Zeit verwirklicht wurde, war die Herstellung der sogenannten Kaiserstraße, die von Paris über Metz, Saarbrükken, Homburg, Kaiserslautern, Kirchheim-Bolanden, Alzey auf kürzestem Wege nach Mainz führte. Bei ihrer Anlage waren primär militärstrategische Gesichtspunkte maßgebend, doch diente sie sekundär auch der Belebung der Handelsbeziehungen zwischen Frankreich und den linksrheinischen Gebieten. Die Franzosen widmeten auch der traditionsreichen linksrheinischen Straße von Nijmegen nach Basel ihre Aufmerksamkeit. Hier begann man seit 1802 mit Ausbaumaßnahmen, die in einzelnen Abschnitten bereits bis 1814 fertiggestellt waren (Abb. 162). Auch rechts des Rheins wurde die Rheinuferstraße in einzelnen Abschnitten chausseemäßig ausgebaut wie z.B. durch das Herzogtum Nassau im Abschnitt zwischen Ehrenbreitstein und Mallendar (Abb. 160). Die Zeit der französischen Besetzung war allerdings zu kurz, um im Straßenbau deutliche Akzente setzen zu können.

Nach der politischen Aufteilung der Rheinlande auf dem Wiener Kongreß setzten die neuen Territorialgewalten den Chausseeausbau fort, wobei allerdings gerade im linksrheinischen Bereich oft die handels- und verkehrspolitischen Interessen gegenüber den militärstrategischen zurückgestellt wurden. Hinderlich waren ferner auch die Chausseegebühren, die erst mit der Zeit eingestellt wurden. Im Hinblick auf die Straßenbautechnik ging man seit den 1820er Jahren zu einem neuen Verfahren über, das nach seinem schottischen Erfinder Mac Adam als »Makadamisieren« bezeichnet wurde und das eine Mischung aus Stein- und Kiesstraßenbau war.

Der Ausbau der Chausseen ermöglichte die Verbesserung und Beschleunigung der Postbeförderung, ein wesentlicher Verkehrsfaktor während der »Voreisenbahnperiode«. Um die Mitte des 19. Jahrhunderts ging eine erste Phase des Kunststraßenbaus – nicht zuletzt durch das Aufkommen der Eisenbahn als konkurrierendes Transportmittel – zu Ende. Neue Straßen wurden jetzt nicht mehr für den Fernverkehr, sondern als Zubringer für die Eisenbahn gebaut.

Entscheidende Veränderungen vollzogen sich auch zu Beginn des 19. Jahrhunderts im Bereich der Schiffbautechnik und Schiffahrt. Die Idee, Dampfkraft für den Antrieb von Schiffen zu nutzen, geht bis in das frühe 17. Jahrhundert zurück. Ende des 18.Jahrhunderts versuchte man mehrfach dampfgetriebene Schiffe zu bauen. Erfolg hatte hierin jedoch erst Robert Fulton nach Versuchsfahrten 1803 auf der Seine und 1807 auf dem Hudson. Seit 1812 wurden in England Dampfschiffe gebaut, und diese erschienen 1816 zum ersten Mal auf dem Rhein bis Köln und im folgenden Jahr bis Koblenz. 1822 begründeten die Holländer eine Niederländische Dampfschiffsreederei, die die Strecke von Rotterdam bis Köln befuhr. 1825 folgte die Preußisch-Rheinische Dampfschiffahrtsgesellschaft auf Initiative der Kölner Kaufmannschaft und 1846 die »Niederrheinische Dampfschiffahrtsgesellschaft« in Düsseldorf.

Seit den vierziger Jahren ging man dazu über, Schiffe ganz aus Eisen zu bauen. Die ersten eisernen Rheinschleppkähne erschienen seit 1843 auf dem Rhein. Kahn- und Dampferbau – das erste Dampfschiff hatte 1831 die Gutehoffnungshütte vom Stapel gelassen – gaben der Schwerindustrie neuen wichtigen Auftrieb. Der technische Wandel im Schiffbau bedeutete dagegen für die alte Kahnschiffahrt eine existenzgefährdende Bedrohung.

Die Häfen Ruhrort (Abb.164) und Duisburg wurden in jenen Jahren zu den größten Binnenhafenanlagen Westdeutschlands ausgebaut.

Bedeutende Güterschiffahrtsunternehmen, wie die von Matthias Stinnes, Franz Haniel, Fritz Harkort und Ludolf Camphausen, entstanden in den 1840er Jahren. Im harten Konkurrenzkampf mit der Eisenbahn ging der Personen- und Stückgutverkehr im wesentlichen an diese verloren, während die Massengüter wie Kohle, Erz, Getreide, Eisen und Holz weitgehend beibehalten bzw. sogar verstärkt übernommen wurden, seitdem die Eisenbahn in den 1880er Jahren an die Grenzen ihres Transportvermögens gestoßen war. Während die modernen Dampfschiffe ohne Schwierigkeiten den Rhein flußaufwärts bis Koblenz befahren konnten, erwies sich die weitere Flußstrecke in Richtung Süden für diese Schiffe als nicht geeignet.

Im preußischen Abschnitt stellte das Binger Loch seit eh und je eine besondere Gefahrenstelle für die Rheinschiffahrt dar. In den Jahren 1830/32, in den sechziger und in den neunziger Jahren versuchte man mit Sprengungen die Fahrrinne zu vertiefen und zu verbreitern, ohne jedoch befriedigende Ergebnisse zu erzielen. Erst unter Anwendung moderner neuer Wasserbautechniken konnte 1925-1931 ein erfolgreicher Ausbau abgeschlossen werden. Nicht weniger schwierig war die Beseitigung der Gefahrenstellen am Loreleyfelsen.

Im Abschnitt zwischen Mainz und Mannheim/Ludwigshafen waren die Verhältnisse wieder wesentlich einfacher. Der Fluß durchzog hier die Ebene des Oberrheingrabens in zahlreichen Stromkrümmungen, die begradigt werden mußten. Die Ausbauarbeiten zogen sich bis 1932 hin.

Größere Schwierigkeiten wiederum gab es am Oberrhein oberhalb von Mannheim, die der modernen Schiffahrt zunächst den Zugang verstellten. Hier dehnte sich das Flutprofil bis über vier Kilometer in die Breite aus. Überschwemmungen zerstörten häufig fruchtbare Ländereien und Dörfer. Um derartige Schäden abzuwenden und um den Rhein in ein festes Flußbett zu zwingen, schlossen Bayern und Baden einen Staatsvertrag und ließen seit 1817 unter der Leitung des badischen Wasserbauingenieurs Gottfried Tulla eine Flußbegradigung durchführen. Diese Arbeiten wurden im großen und ganzen bis 1876 abgeschlossen. Wenn diese Maßnahmen auch zur Sicherung der umliegenden Orte und Fluren dienten und durch den Bau fester Uferanlagen die Voraussetzung für den Bau von Brücken und Häfen schufen, so war bei dieser Korrektur an den modernen Transport von Massengütern auf Dampfschiffen und Eisenkähnen noch nicht gedacht worden. Für sie war der Rhein oberhalb von Mannheim / Ludwigshafen immer noch nicht passierbar.

Als Endpunkte der regelmäßigen Dampfschiffahrt entstanden daher im 19. Jahrhundert in beiden Städten bedeutende Hafenanlagen. Die älteren besaß Mannheim, die in günstiger Lage an der Neckarmündung erbaut und seit den dreißiger Jahren von der Mannheimer Kaufmannschaft tatkräftig gefördert worden waren und die sich insbesondere zum Umschlagplatz für Ruhrkohle entwickelten.

Einen rasanten Aufstieg gleichsam aus dem Nichts heraus nahm der Hafen Ludwigshafen. Im Jahre 1820 hatte der Kaufmann und Weinhändler Heinrich Scharpff hier einen Landeplatz erworben. Er selbst und sein Schwiegersohn Lichtenberger nutzten diese Standortvorteile zum Nachteil Speyers. Sie legten die Grundlagen für den Hafen und die Stadt, die dann später nach dem bayerischen König Ludwig I. den Namen Ludwigshafen erhielt. Insbesondere die chemische Großindustrie, die sich hier entwickelte (Badische Anilin- und Soda-Fabrik, Giulini u.a.), sorgte für den beeindruckenden Aufstieg dieser Neugründung im 19.Jahrhundert.

Im letzten Drittel des 19. Jahrhunderts entstand insbesondere im Elsaß eine lebhafte Diskussion um den weiteren Ausbau des Abschnitts Mannheim-Straßburg. Die Stadt Straßburg, seit 1830 Endpunkt des Rhein-Rhône-Kanals, war an einer Schiffbarmachung des Rheins interessiert. Nach langwierigen Verhandlungen begannen 1901 die Ausbauarbeiten, mit deren Abschluß 1906 Straßburg zum Endpunkt der Rheinschiffahrt wurde, der infolge weiterer Ausbaumaßnahmen in den 1920er und 1930er Jahren noch bis Basel verlegt wurde.

Wenden wir uns noch den Nebenflüssen des Rheins zu. Der Bau der badischen Neckartaleisenbahn hatte auf diesem Fluß die Schiffahrt in der Mitte der siebziger Jahre fast ganz zum Erliegen gebracht. Erst zu Beginn unseres Jahrhunderts wurde im Rahmen der deutschen Kanalbaupolitik das Projekt einer Großschiffahrtsstraße von Mannheim bis Eßlingen erörtert, doch es dauerte noch bis zum Jahre 1922, ehe man mit den Ausbaumaßnahmen begann und bis 1935, ehe der erste Streckenabschnitt Mannheim-Heidelberg eröffnet wurde.

Der zweite bedeutende rechtsrheinische Zufluß, der Main, verlief bis in die Mitte des 19 Jahrhunderts in einem gänzlich ungeregelten Flußbett und war wegen häufiger Niedrigwasserstände für die moderne Schiffahrt nicht passierbar. Bis 1886 hatte Preußen den Main von der Mündung bis Frankfurt a.M. kanalisiert, 1901 konnte Offenbach und 1921 Aschaffenburg von modernen Großschiffen erreicht werden.

Ebenso wie beim Neckar und Main wurde die verkehrstechnische Anbindung der Mosel an den Rhein seit der Einführung der Großschiffahrt nur über die Kanalisierung erreicht. Preußen wie auch das Deutsche Reich, sonst seit dem Ende des 19. Jahrhunderts durchaus am Wasserstraßenausbau interessiert, gaben hier politisch-militärischen Erwägungen gegenüber wirtschaftlichen Argumenten den Vorzug und lehnten daher die Verwirklichung des Projekts ab. Im Jahre 1938 erwachte das deutsche Interesse an der Kanalisierung der Mosel aufs neue. Die Ausbaumaßnahmen begannen noch vor dem Ausbruch des Zweiten Weltkrieges, wurden dann jedoch unterbrochen, und erst nach der Unterzeichnung des deutsch-französischen Staatsvertrages von 1956 konnte das Projekt nach siebenjähriger Arbeit abgeschlossen werden.

Initiativen zur Einbeziehung der Saar in das Wasserstraßensystem gingen im 19. Jahrhundert insbesondere von französischer Seite aus. Zu dem seit 1853 vollendeten Rhein- Marne-Kanal wurde bei Gondrexange als Abzweigung der Saar-Kohlen-Kanal bis Saargemünd gebaut, der 1866 eröffnet wurde. Im Anschluß daran wurde die Saar von Saargemünd bis Luisenthal und 1879 bis Saarlouis ausgebaut. Auf dieser Wasserstraße konnten Schiffe bis 300 Tonnen Tragfähigkeit die Saarkohle an den Rhein (nördlich von Straßburg) bringen. Im Jahre 1975 wurde der Ausbau der Saar zu einer Großschiffahrtsstraße in Angriff genommen. Der Abschluß dieser Arbeiten ist für 1991 vorgesehen. Im Bereich Rheinland-Westfalen war bereits im 18. Jahrhundert Preußen daran interessiert, daß die Lippe und Emscher zu schiffbaren Flüssen erweitert werden sollten. Dieses Projekt scheiterte damals jedoch an den hohen Kosten wie auch am Widerstand der Nachbarterritorien. Nachdem die Lippe seit dem Wiener Kongreß ganz im preußischen Gebiet lag, griff man zur Förderung des Kohleabsatzes das alte Projekt der Flußregulierung wieder auf. Seit 1830 war der Fluß schiffbar, und es wurde insbesondere von Lünen aus Kohle verladen und abtransportiert. Seit den sechziger Jahren unterlag aber auch hier die Flußschiffahrt der konkurrierenden Eisenbahn.

Der Kohletransport über die Ruhr, der nach den Ausbaumaßnahmen in den 1770er Jahren begann, zeigte in der ersten Hälfte des 19. Jahrhunderts eine stetig steigende Tendenz und erreichte um 1860 mit einer Jahresleistung von fast einer Millionen Tonnen seinen Höhepunkt. Danach erfolgte der Niedergang der Ruhrkohleschiffahrt allerdings sehr schnell. Immer mehr Bahnstrecken verbanden seit den 1860er Jahren die Zentren der Kohleproduktion und des Kohlehandels. Der lästige

Transport zu den Beladehäfen und der Abtransport von den Empfängerhäfen sowie die schwierige und zeitaufwendige Umladearbeit, die auch zu einem Qualitätsverlust der Kohle führte, konnten jetzt entfallen. Außerdem ließ sich trotz weiterer Stromregulierungsarbeiten nicht erreichen, daß die Flußschiffahrt durch zu niedrigen oder zu hohen Wasserstand, durch Eisgang oder durch Schleusenreparaturen sehr häufig behindert und somit recht unzuverlässig war. So verwundert es nicht, daß Ende der 1870er und Anfang der 1880er Jahre die Schiffahrt auf der Ruhr der konkurrenzfähigeren Eisenbahn nicht mehr standhalten konnte und dann fast ganz aufhörte.

Nach dem Wiener Kongreß erwog Preußen den Plan, die Ems über den Max-Clemens-Kanal und über Münster hinaus mit der Lippe zu verbinden, um so eine neue durchgehende Verbindung vom Rhein zur Nordsee unter Umgehung der Niederlande zu schaffen. Man beabsichtigte mit diesem Projekt das Douanesystem der Niederländer, das auf alle über die Nordseehäfen importierten und exportierten Waren (auch bei Transitgütern) Zölle erhob, zu umgehen und zusätzlich noch den Kohleabsatz im nördlichen Westfalen zu beleben. Als die Niederlande sich aber in der Rheinschiffahrtsakte verpflichtet hatten, mit Wirkung von 1832 an alle Seezölle aufzuheben, wurde das Projekt einer Lippe-Ems-Verbindung nicht mehr weiter verfolgt.

Im Anschluß an die Gründerkrise und den Übergang zur Schutzzollpolitik lebte der Gedanke einer Nord-Süd-Kanalverbindung vom Ruhrgebiet zur Ems wieder auf. Fürsprecher waren die Schwerindustrie an der Ruhr, die von einer Absatzkrise geplagt wurde, und das Reichsmarineamt, das den Nordseehafen Emden zu einer Marinebasis ausbauen ließ und sich von dem Kanal eine bessere Kohleversorgung versprach. Auch das preußische Oberbergamt in Dortmund setzte sich für einen vermehrten Kohleabsatz über die Emshäfen ein und war Befürworter des Kanalprojekts. Trotz vielfältiger Widerstände gelang es schließlich, das Projekt im Preußischen Landtag durchzusetzen. Seit dem Jahre 1890 wurde mit den Bauarbeiten begonnen (Abb. 165). 1899 erfolgte dann die Einweihung des Dortmund-Ems-Kanals. Entgegen den ursprünglichen Erwartungen verlief der Kohleabsatz über den Kanal jedoch nur äußerst schleppend, weil die Eisenbahn durch die Direktverbindung bis zum Zechentor auch weiterhin im Vorteil war und den Grubenverwaltungen ein teures Umladen ersparte. Dagegen erfolgte von den Hüttenwerken an der Ruhr eine steigende Nachfrage nach billigem Schiffstransport, weil zu jener Zeit die Abhängigkeit von ausländischen Erzimporten immer größer wurde. Neben Erzen aus Spanien und Nordafrika wurde seit der Eröffnung der Lofotenbahn zum eisfreien Hafen Narvik (1903) der Import schwedischen Eisenerzes immer bedeutender, was auch dadurch gefördert wurde, daß der Umschlaghafen Emden auf der kürzesten Route zwischen Narvik und Dortmund lag. So profitierten namentlich die Eisen- und Stahlindustrie von dem Kanalbau, der sie der Verlagerung ihrer Werke an den Rhein enthob.

Seit den 1850er Jahren wurde von interessierten Kreisen auch eine Kanalverbindung zwischen Rhein und Elbe gefordert. Bei diesem Projekt war der Gedanke maßgebend, daß die westfälische Kohle billiger zur Weser gelangen sollte, in deren Einzugsbereich die englische Konkurrenz noch den Markt beherrschte. Die Verbindung zur Elbe und Oder sollte außerdem den Produkten der Ruhrindustrie einen billigen Weg nach Mittel- und Ostdeutschland eröffnen, andererseits aber auch mehr und billigere Nahrungsmittel in das bevölkerungsreiche Ruhrgebiet bringen. Trotz vieler Erörterungen konnte damals noch keine Einigung erreicht werden. Schließlich jedoch gelang es der Eisenbahn, die bei einer Verwirklichung des Vorhabens Hauptleidtragende gewesen wäre, durch eine attraktive Tarifpolitik das Projekt zunächst zu verhindern. Bei der Eröffnung des Dortmund-Ems-Kanals gab Kaiser Wilhelm II. seiner Hoffnung Ausdruck, daß ihn das Parlament bald in die Lage versetzen werde, auch den Mittellandkanal zu verwirklichen. Ein langwieriger innenpolitischer Streit verhinderte dies jedoch. Es dauerte noch bis zum Jahre 1904, ehe mit den Bauarbeiten begonnen wurde. Mit dem Ausbruch des Ersten Weltkrieges waren einige Teilstücke fertig, die Abwicklung des Gesamtprojekts dauerte noch bis zum Jahre 1938.

Nur 13 Jahre nach dem ersten öffentlichen Eisenbahnbetrieb der Welt zwischen Stockton und Darlington (1825) und nur drei Jahre nach der Eröffnung der ersten deutschen Eisenbahn zwischen Nürnberg und Fürth (1835) begann auch im rheinischen Raum das Eisenbahnzeitalter. Das erste Teilstück der Strecke Düsseldorf-Elberfeld wurde 1838 zwischen Düsseldorf und Erkrath eröffnet, die Gesamtstrecke wurde im Jahre 1841 freigegeben. Ihre Hauptbedeutung lag darin, daß sie das Industriegebiet des Wuppertals durch ein leistungsfähiges Transportmittel mit einem Rheinhafen verband und auf diese Weise Rohstoffzufuhr und Absatz der Endproduktion wesentlich erleichterte.

Die Strecke war von der Düsseldorf-Elberfelder Eisenbahngesellschaft gebaut worden, einer Aktiengesellschaft. Diese Unternehmensform, die durch Emission von Aktien das für die Investitionen erforderliche Kapital aufbrachte, wurde auch für den Bau der übrigen Bahnstrecken im Rheinland und weitgehend auch in Westfalen gewählt. Die hohen Renditeerwartungen führten nicht selten dazu, daß die Aktien überzeichnet wurde. Der Staat war an derartigen Privatbahnen nur insoweit beteiligt, als bei ihm für den Streckenbau eine Konzession eingeholt werden mußte, die Aktiengesellschaft als besondere Unternehmensform von ihm konzessioniert wurde und daß er sich evtl. noch durch Zeichnung eines Teils der Aktien am Stammkapital beteiligte.

Andere deutsche Staaten wie Hannover, Hessen-Kassel, Nassau, Baden und Württemberg wählten von Anfang an einen anderen Weg. Sie entschieden sich für das Staatsbahnsystem, d.h. der Staat betrieb die Eisenbahn als Eigenunternehmen. Es wird weiter unten gezeigt, daß seit den 1880er Jahren nach und nach alle Privatbahnen unseres Bereichs verstaatlicht wurden.

Die zweitälteste Eisenbahn des Rheinlandes war die Verbindung zwischen Köln und Aachen (1841), die 1843 bis zum belgischen Herbesthal fortgeführt wurde, wodurch der Anschluß an die Strecke Herbesthal-Brüssel-Antwerpen hergestellt wurde. Führende Unternehmer Antwerpens unterstützten den Bau dieser Linie, weil sie nach der Trennung Belgiens von den nördlichen Niederlanden an einer engen Zusammenarbeit mit dem Rheinland interessiert waren.

Lange und zunächst vergeblich wurde über das Projekt einer großen West-Ost-Verbindung vom Rhein zur Weser (Rhein-

Weser-Bahn) verhandelt. Einer ihrer eifrigsten Förderer war Fritz Harkort gewesen, der sich dafür einsetzte, daß die Verbindung durch das Wuppertal gelegt werden sollte, was bei der hauptsächlichen Ausrichtung seines Kleineisenwarenabsatzes vom bergisch-märkischen Gebiet nach Nordosten durchaus verständlich war. Die Bahnstrecke Köln-Minden konnte 1847 in Betrieb genommen werden. Sie umging allerdings aus Kostengründen den bergisch-märkischen Raum und das Industriegebiet an der Ruhr in einem weiten nördlichen Bogen, indem sie durch das Emschertal gelegt wurde, wo das Gelände weniger Schwierigkeiten bot. Diese Streckenführung entsprach nicht den Interessen der Wirtschaft.

Ebenfalls noch im Jahre 1847 wurde von Minden aus die Verbindung über Hannover, Braunschweig nach Berlin eröffnet. Damit war eine der wichtigsten Verkehrsverbindungen Preußens entstanden, die mit ihren Zweigbahnen wesentlich zu seiner strukturellen Erschließung beitrug. Da diese Linie – wie schon erwähnt – das Wuppertal umging, betrieb die Bergisch-Märkische Eisenbahngesellschaft den Bau einer eigenen Bahn, die das Bergische Land mit dem Kohlerevier verbinden sollte. Im Jahre 1848 war sie fertiggestellt. Sie führte von Elberfeld über Schwelm, Hagen, Witten nach Dortmund und erreichte dort den Anschluß an die Köln-Mindener Bahn.

Die gleiche Gesellschaft bemühte sich um eine Konzession für die Strecke Dortmund/Witten-Bochum-Essen-Mülheim-Duisburg/Oberhausen und konnte sie zwischen 1860 und 1862 in Einzelabschnitten eröffnen. Sie erschloß damit erstmals das größte Industriegebiet und Kohlelager Deutschlands in seiner ganzen Länge, ersparte fortan die mühevolle Kohleabfuhr auf Pferdegespannen an die Ruhr und an den Rhein und wurde dadurch zur eigentlichen Verkehrsachse des Ruhrgebietes. Leider ist es hier an dieser Stelle nicht möglich, allen Phasen des Eisenbahnbaus im Raum Rheinland und Westfalen nachzugehen. Begnügen wir uns mit dem Hinweis, daß das Streckennetz bis zum Beginn der fünfziger Jahre noch relativ dünn und unzusammenhängend war, daß es sich erst in den beiden nächsten Jahrzehnten im Ruhrgebiet erheblich verdichtete und daß von hier aus radial in allen Richtungen Fernstrecken gebaut wurden.

Der ungleichmäßige Ausbau des Eisenbahnnetzes brachte einigen Regionen zeitweise erhebliche Nachteile (westliches Münsterland, östliches Sauerland, Teile des bergisch-märkischen Landes), in einigen anderen Regionen gingen sogar die frühindustriellen Ansätze wegen der fehlenden Eisenbahnerschließung und dem daraus entstehenden Standortnachteil völlig zugrunde (Eifel), während eine derartig verhängnisvolle Entwicklung im Siegerland z.B. noch im letzten Augenblick abgefangen werden konnte. Nachteilig für Handel und Verkehr wirkte sich generell die noch fehlende überterritoriale Streckenplanung und Eisenbahnpolitik aus, z.B. war eine direkte Verbindung vom Ruhrgebiet zu den Nordseehäfen Bremen und Hamburg erst nach der Annexion des Königreichs Hannover durch Preußen (1866) möglich.

Die heute wichtigste Nord-Süd-Verbindung ist die parallel links des Rheins verlaufende Eisenbahnstrecke. Dieses Projekt stieß zunächst auf heftigen Widerstand, wobei neben strategischen Einwänden der Militärs auch Bedenken von Seiten der Rheinschiffahrt gegen den neuen Konkurrenten erhoben wurden. 1842 war zwar schon die Linie Köln-Bonn gebaut worden; die Verlängerung rheinaufwärts ließ jedoch noch lange Zeit auf sich warten. Das Teilstück Bonn-Rolandseck folgte erst 1856 (Abb. 166), und im Jahre 1859 hatte dann die Rheinische Eisenbahngesellschaft die gesamte linksrheinische Strecke bis zur preußischen Südgrenze (Bingerbrück) fertiggestellt, wo sich das Netz der Hessischen Ludwigsbahn anschloß.

Aus dem Südteil der preußischen Rheinprovinz ist noch der Bau folgender Hauptstrecken erwähnenswert: Saarbrücken-Neunkirchen-Bingen, zu deren Errichtung sich bereits 1839 in Bad Kreuznach ein Komitee gebildet hatte, die aber erst 1860 durchgehend in Betrieb genommen werden konnte, und Saarbrücken-Merzig (1858) -Trier (1860); Trier-Köln (durch die Eifel, 1871), während die Strecke durch das Moseltal nach Koblenz erst nach langwieriger Diskussion und Überwindung zahlreicher Widerstände gebaut und 1878/79 eröffnet werden konnte.

Die Entwicklung des Eisenbahnnetzes ohne eine übergeordnete Konzeption durch verschiedene miteinander konkurrierende private Eisenbahngesellschaften führte zu manchen Ungereimtheiten, wie z.B. zum Bau von zwei Bahnhöfen in unmittelbarer Nachbarschaft (Abb. 167). Mußten in der Anfangsphase die Betriebe ihren Standort noch in der Nähe der Bahn suchen, so versuchten später die neuen Verkehrsträger den Unternehmen zu folgen. Der Bergbau hatte unter allen Wirtschaftszweigen die größte Nachfrage nach Transportleistungen. Er gewann damit einen wesentlichen Einfluß auf die Gestaltung des Eisenbahnnetzes. Der Kampf um die Zechenanschlüsse führte vielfach zu einem seltsam gewundenen Verlauf einzelner Strecken und zu einer überproportionalen Gleisnetzdichte im Bereich der Bergbauzentren, so daß in einzelnen Fällen auf einem schmalen Raum von 15 bis 20 km Breite zeitweise sechs Eisenbahngesellschaften miteinander konkurrierten.

Der Kampf der Eisenbahngesellschaften um die Zechen und Hüttenbetriebe als den wichtigsten Großkunden führte schließlich dazu, daß in diesen Regionen besonders günstige Frachttarife angeboten wurden. Die Ungleichheit der Eisenbahntarife, die einseitige Ausrichtung der Privatbahngesellschaften auf bestimmte rentable Strecken, die Kompliziertheit des Übergangs von einer Gesellschaft zur anderen (Formalitäten beim Frachtverkehr, unterschiedliche Beförderungspreise und -bestimmungen, Zuganschlüsse u.ä.m). der erbitterte Kampf um die Frachtraten und nicht zuletzt die Begehrlichkeit des Staates nach den hohen Erträgen der Eisenbahngesellschaften veranlaßten den preußischen Staat zur Übernahme aller Eisenbahnen. Von den drei großen Eisenbahngesellschaften wurde die Köln-Mindener am 20. Dezember 1879, die Rheinische Gesellschaft am 14. Februar 1880 und als letzte die Bergisch-Märkische Eisenbahngesellschaft am 1. Januar 1882 der preußischen Eisenbahnverwaltung unterstellt. Die Verstaatlichung der Eisenbahnen brachte jetzt einen einheitlichen Eisenbahntarif, der allerdings nach Ansicht der Wirtschaft zu hoch angesetzt war. Der Staat war jedoch an Überschüssen interessiert, da sie in den Staatshaushalt gelangten und zur Finanzierung anderer Ausgaben beitrugen. Noch größer wären die Vorteile der Verstaatlichung gewesen, wenn sich die deutschen Staaten auch zur

Gründung einer »Reichseisenbahn« hätten entschließen können. Entsprechende Bestrebungen scheiterten jedoch am Widerstand zahlreicher kleinerer Länder und erst nach dem verlorenen Ersten Weltkrieg waren die Voraussetzungen für die Begründung der »Reichsbahn« gegeben.

Wenden wir uns abschließend noch der Eisenbahnentwicklung in der Pfalz und in Rheinhessen zu. Zu Beginn des Eisenbahnbaus empfand Bayern seinen pfälzischen Besitzstand durchaus nicht als gesichert und überließ daher hier, entgegen der sonstigen bayerischen Regelung (seit 1842 Staatseisenbahnen), die Initiative privaten Gesellschaften. Von Anfang an bildeten sich zwei Schwerpunkte: 1) die Herstellung einer Ost-West-Verbindung zwischen Ludwigshafen am Rhein und dem saarländischen Kohlebergbaugebiet (seit 1836 projektiert, 1849 bis Bexbach, 1852 bis Saarbrücken, dort Anschluß an die französische Ostbahn nach Paris) und 2) der Bau der linken Rheintallinie (fertiggestellt 1855), der insbesondere französischen Interessen entgegenkam, weil die Schiffahrt oberhalb Mannheim/Ludwigshafen nur noch mit großen Schwierigkeiten erfolgen konnte. Den weiteren Ausbau des pfälzischen Netzes betrieben drei private Gesellschaften, die sich ab 1. Januar 1870 unter einer einheitlichen Direktion mit starkem staatlichen Einfluß zusammenschlossen, rechtlich aber weiterhin selbständig blieben. Im Jahre 1909 verstaatlichte Bayern die pfälzischen Bahnen und übernahm damit das letzte und größte in sich geschlossene private Eisenbahnnetz Deutschlands.

In Rheinhessen kam es unter dem Eindruck der pfälzischen Eisenbahnprojekte und nach Überwindung von vielerlei Widerständen 1845 in Mainz zur Gründung der »Hessischen-Ludwigsbahn-Gesellschaft«, der in den nächsten Jahrzehnten die Eisenbahnerschließung der Provinzen Rheinhessen und Starkenburg des Großherzogtums Hessen oblag. Als erstes Projekt wurde 1853 die Strecke von Mainz über Worms bis zur pfälzischen Grenze verwirklicht, wo die schon bestehende pfälzische Ludwigsbahn einen durchgehenden Anschluß ins Saargebiet und nach Frankreich herstellte. Die rheinhessische Wirtschaft war an dieser Linie besonders interessiert, weil sie auf eine günstige Zufuhr der Saarkohle, von Holz und Torf aus der Pfalz sowie an der Ausfuhr seines Überschußgetreides angewiesen war. Im Jahre 1858 folgte die Strecke Mainz-Darmstadt (mit Anschluß an die rechtsrheinische Linie nach Baden und in die Schweiz) -Aschaffenburg (Übergang an das bayerische Netz), wobei der Rhein zwischen Mainz und Gustavsburg zunächst durch eine Trajektverbindung und erst ab 1862 durch eine feste Rheinbrücke überwunden wurde. Die 1859 neueröffnete Eisenbahn Mainz-Bingen/Bingerbrück stellte den Anschluß zu dem im gleichen Jahr eröffneten preußischen Teil der Rheinstrecke her und damit auch eine durchgehende Verbindung zwischen Antwerpen bzw. dem Ruhrgebiet und den Staaten Süddeutschlands. Mit dem Bau der hartumkämpften linksmainischen Verbindung nach Frankfurt a.M. und dem dort bestehenden Anschluß an das Norddeutsche Bahnnetz (1862) und einer Trajektverbindung zur rechtsmainischen Taunusbahn (1861) war das Grundnetz im wesentlichen hergestellt und der Anschluß an die anschließenden Verkehrsgebiete gelungen. Mit Wirkung vom 1. Februar 1897 ging die Hessische Ludwigsbahn als Preußisch-Hessische Eisenbahngesellschaft in Staatsbesitz über.

In bezug auf Schnelligkeit, Pünktlichkeit und Transportleistung war die Eisenbahn der Postkutsche und dem Frachtfuhrwerk überlegen, so daß erstere in der zweiten Hälfte des 19. Jahrhunderts zum dominierenden Verkehrsmittel wurde. Die Fernstraße wurde durch die Eisenbahn entlastet. Auch in der zweiten Hälfte des 19. Jahrhunderts baute man weiterhin Straßen, aber sie wurden jetzt Zubringer der Eisenbahnen. Fast jedes Dorf, bis auf wenige Ausnahmen, wurde an das Straßennetz angeschlossen. Stadt und Dorf profitierten von den verbesserten Verkehrsbeziehungen und dem erleichterten Wirtschaftsaustausch. Erst mit der Entwicklung des Kraftfahrzeugverkehrs nach dem Ersten Weltkrieg geriet der Straßenbau wieder in den Mittelpunkt verkehrspolitischer Überlegungen.

143

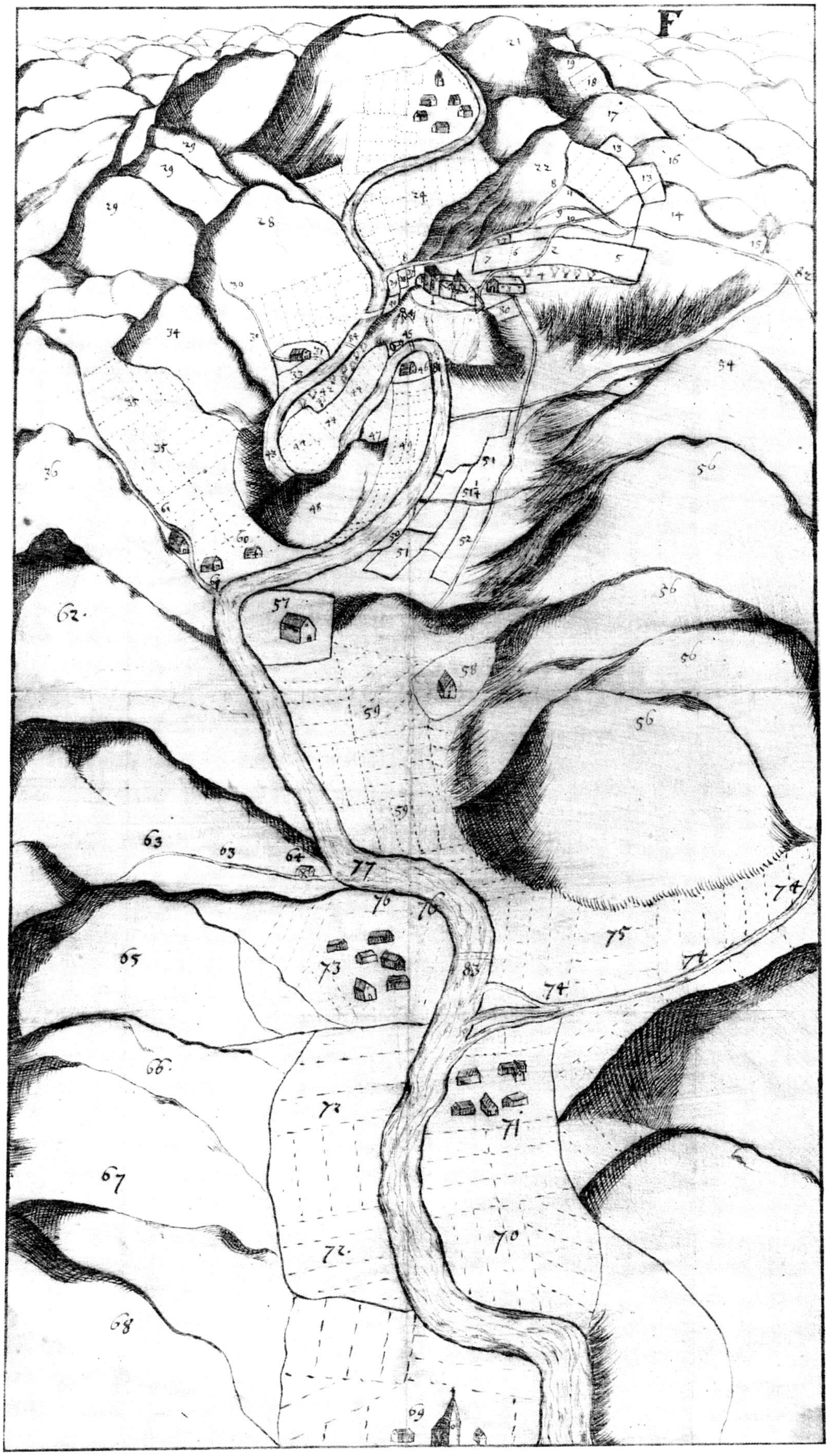

Abb. 143 Lennetal zwischen Rönkhausen und Ohle bei Plettenberg. 1653

Die Burg Schwarzenberg wurde seit 1301 für die Grafen von der Mark errichtet, um ihnen einen strategisch wichtigen Stützpunkt über dem Lennetal und damit einen Hauptverkehrsweg durch die Waldgebirge des Süderlandes zu sichern. Burg und Burglehen gingen im Lauf der Zeit in den (Pfand-) Besitz der Herren von Plettenberg über. Zur Vorbereitung von Verhandlungen um deren Wiedereinlösung bzw. den endgültigen Verkauf (1669) wurden das Haus und seine Ländereien im Lennetal 1653 verzeichnet.

144

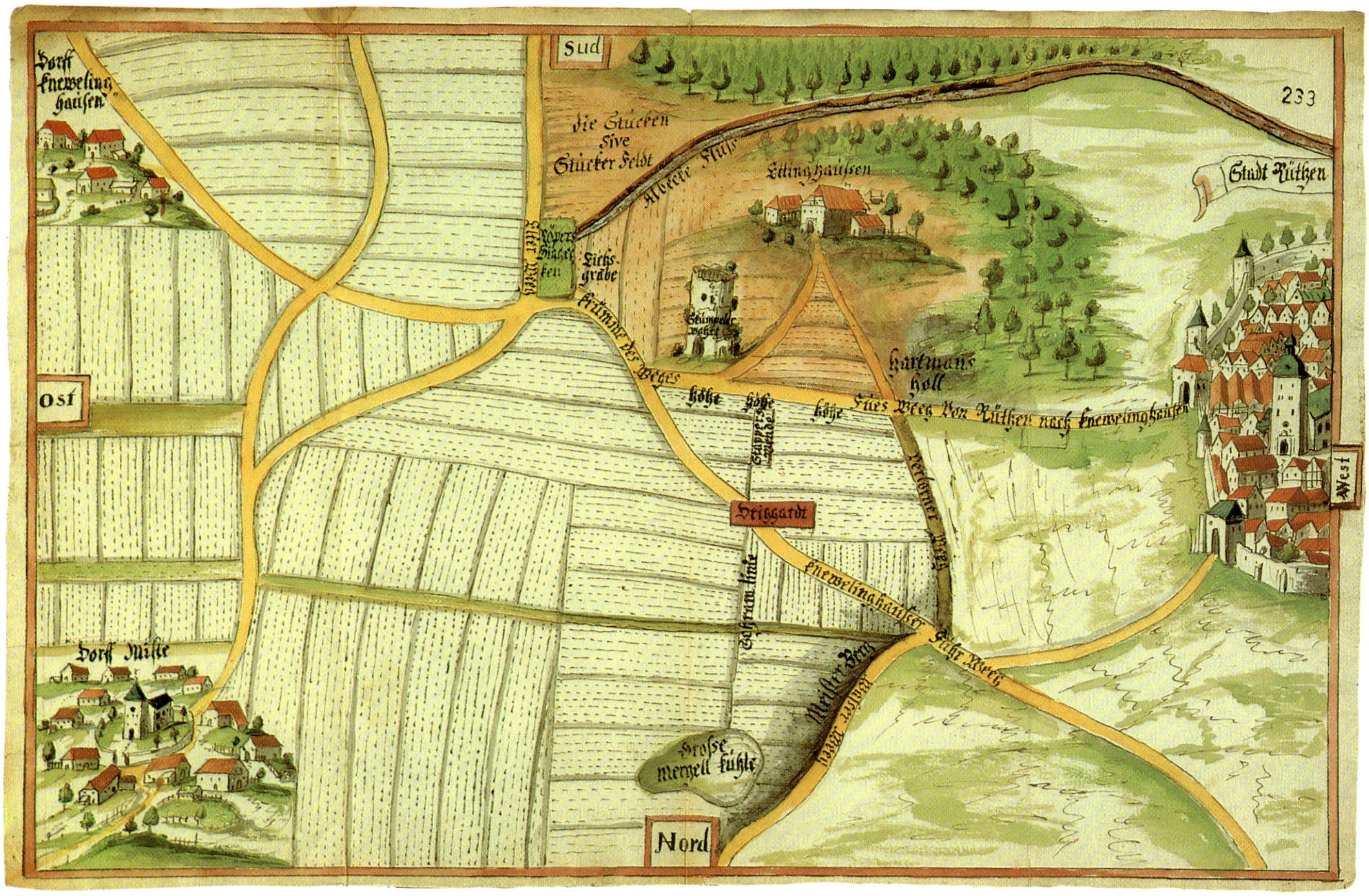
Sud
Ost
West
Nord
Dorff Enewelinghausen
Dorff Miste
Ettinghausen
Stadt Rüthen
die Stucken sive Stucker Feldt
Hartmans holl
Fues Weg von Rüthen nach Enewelinghausen
Grosse mergell kuhle
233

145

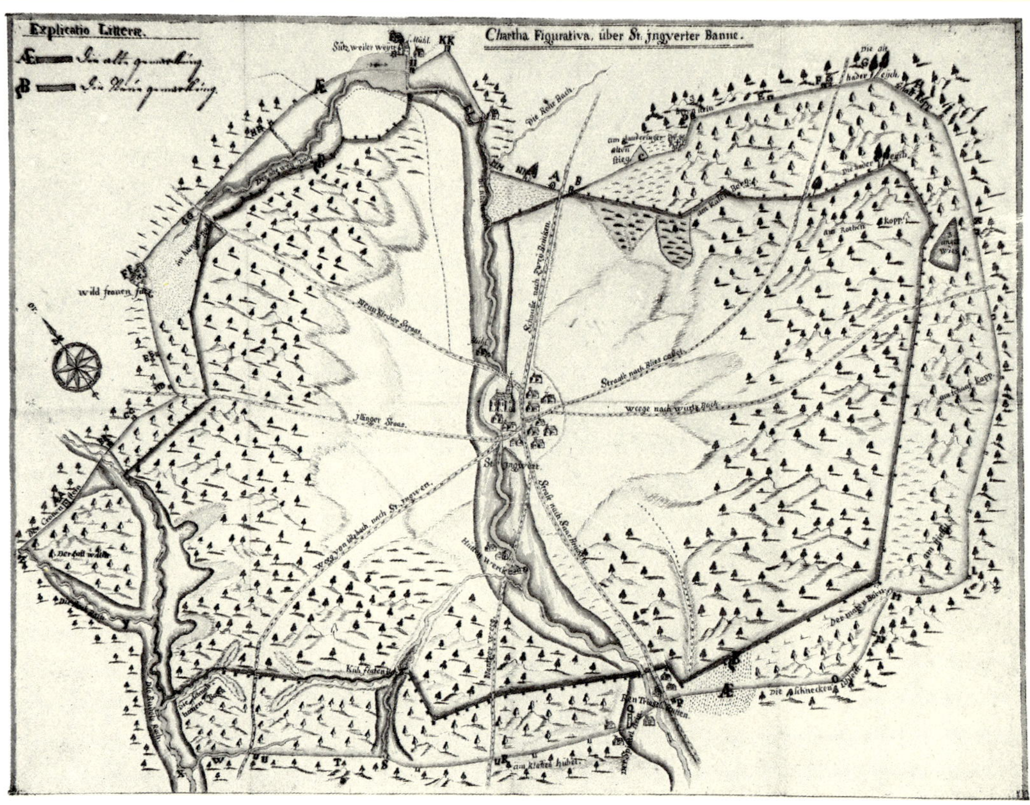
Explicatio Litterae
Chartha Figurativa, über St. Ingverter Banne.

146

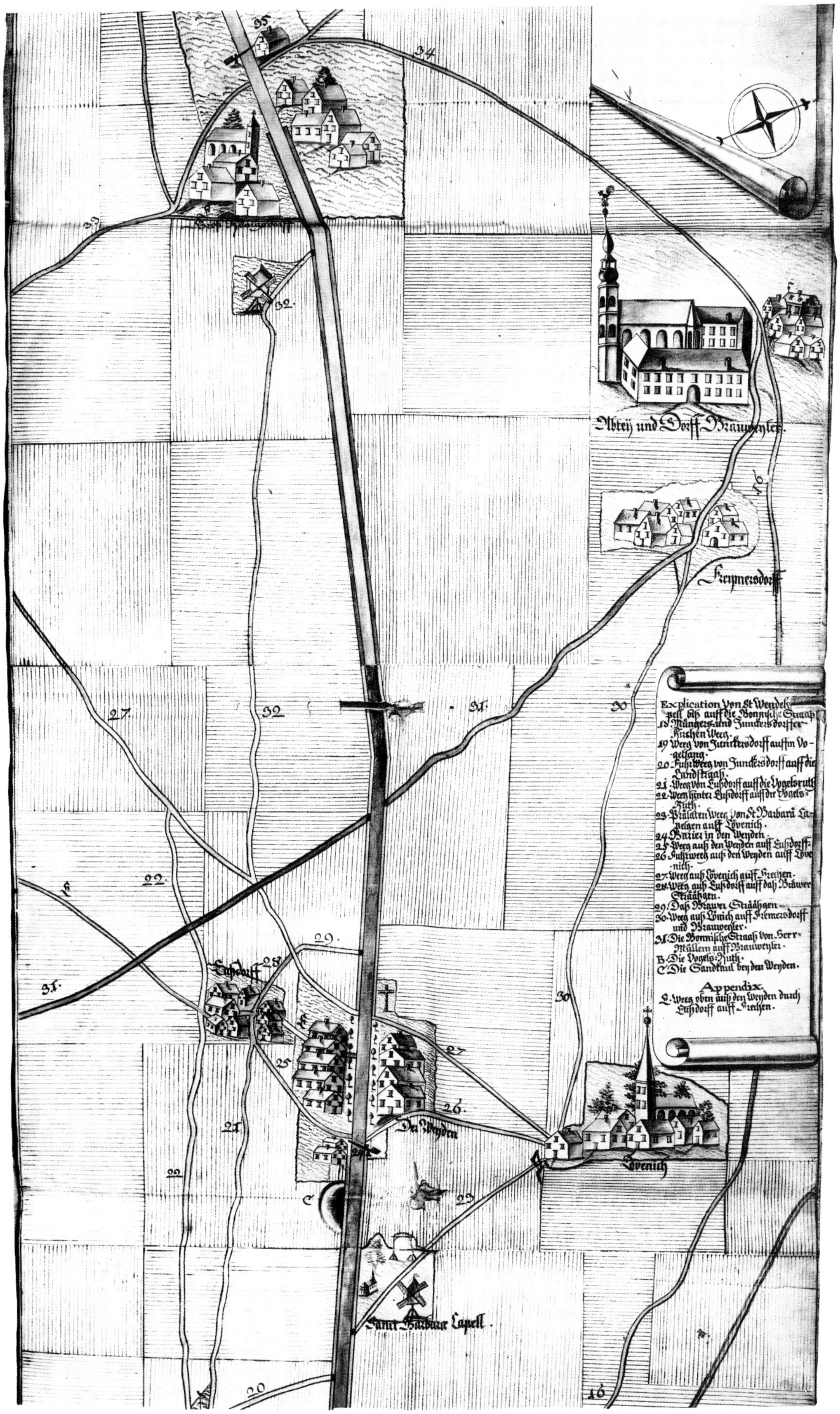

Abb. 144 Wege bei Rüthen. 1653

Obwohl das Dorf Meiste und der Schultenhof Ettinghausen beide der städtischen Verwaltung und Gerichtsbarkeit von Rüthen unterstanden, kam es zwischen ihnen zu einem über 120 Jahre dauernden Prozeß um die Samt- und Sonderhuderechte in dem vom Fuß- und Fuhrweg von Rüthen nach Kneblinghausen eingegrenzten *Drig(g)ardt* vor der Stadt. Der Verlauf und die Benennung der Wege spielten in diesem Prozeß eine so zentrale Rolle, daß eine erneute Kartierung im Jahre 1698 erforderlich wurde.

Abb. 145 Bannkarte von St. Ingbert mit Straßen. Um 1779

Anläßlich von Grenzdifferenzen zwischen von der Leyen und Trier wurde die Gemarkung von St. Ingbert erneut festgelegt und dabei verkleinert. So lagen die Rentrisch-Hütten westlich des St. Ingberter Hüttenwerks nunmehr außerhalb der Gemarkung von St. Ingbert. Doch nicht als Bannkarte findet dieser Plan Aufnahme in die vorliegende Publikation, sondern weil er die verkehrsmäßige Lage von St. Ingbert nicht nur an der Straße von Zweibrücken nach Saarland wiedergibt, sondern auch darlegt, wie von St. Ingbert sternförmig die Straßen in alle Richtungen auseinandergehen – so nach Blieskastel und Neunkirchen – und den Ort als Verkehrsmittelpunkt herausstellen.

Abb. 146 Königsdorfer Landstraße. 1743

Straßenbau wurde im 18. Jahrhundert mit großer Intensität betrieben. Bei der hier abgebildeten Strecke handelt es sich um ein Teilstück der Strecke Köln - Aachen. Die Ansichten der Dörfer und Kirchen entsprechen nicht der Wirklichkeit, was besonders in Brauweiler deutlich wird.

147

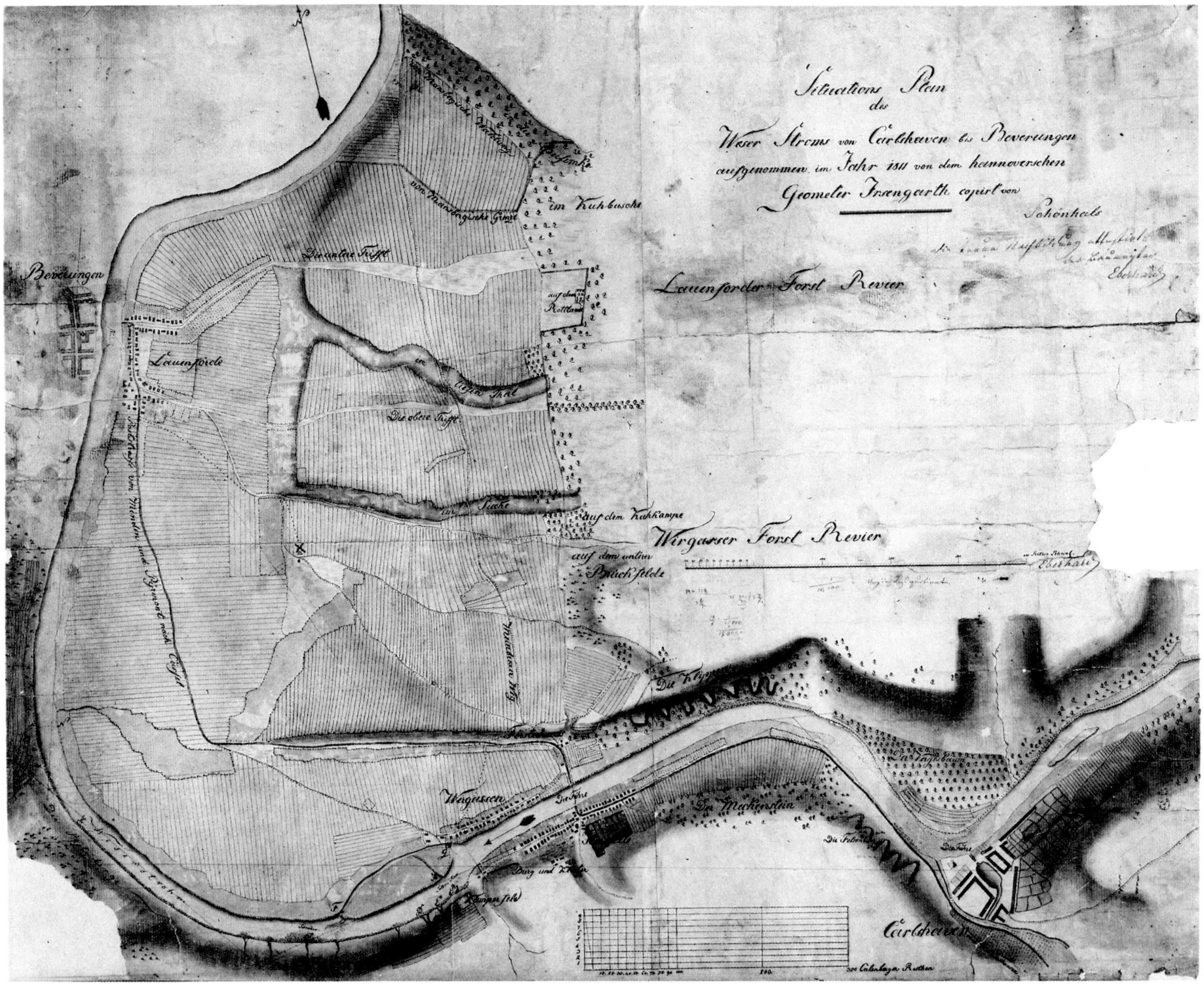

Abb. 147 Weserfähren zwischen Karlshafen und Beverungen. 1811

Die Verkehrsförderungs-Maßnahmen im Königreich Westphalen konzentrierten sich 1811 auf den Ausbau der Chaussee Kassel - Bremen. Im Gebiet der Unterpräfektur Höxter des Fuldadepartments wurden die entsprechenden Arbeiten von Distriktbaumeister Eberhard geleitet. Zwischen Karlshafen und Beverungen kreuzte die Straße zweimal die Weser. Die Verkehrsbehinderung durch den Strom sollte aber nicht durch Brückenschlag, sondern nach wie vor durch Fährbetriebe behoben werden.

Abb. 148 Brücke über die Ruhr bei Hattingen. Um 1659

Im Dreißigjährigen Krieg hatten die Landstände der Grafschaft Mark die Hattinger Kirchspielsbrücke aus strategischen Gründen zerstört. Der bereits 1652 vom Großen Kurfürsten Friedrich Wilhelm von Brandenburg genehmigte Wiederaufbau der Brücke auf den alten Fundamenten wurde in den Jahren 1659 bis 1661 von der Stadt Hattingen auf eigene Kosten durchgeführt. Bis dahin hatten Fährschiffe den Verkehr über die Ruhr aufrechterhalten.

Abb. 149 Die Berkel - Ijssel - Rhein - Schiffahrt. Um 1592

Die von einem Niederländer angefertigte Handzeichnung beschreibt den Flußlauf der Berkel von der Quelle bei Billerbeck bis zur Einmündung in die Ijssel bei Zütphen. Angedeutet ist der große alte Handelsweg aus dem Hessischen durch die Grafschaft Mark und das Vest Recklinghausen über Dorsten und Bocholt nach Borculo. Während des Spanisch-Niederländischen Krieges (1566 - 1609) wurde vielfach versucht, den Warenverkehr von den unsicheren Straßen auf schiffbar gemachte Bäche und Flüsse zu verlagern.

148

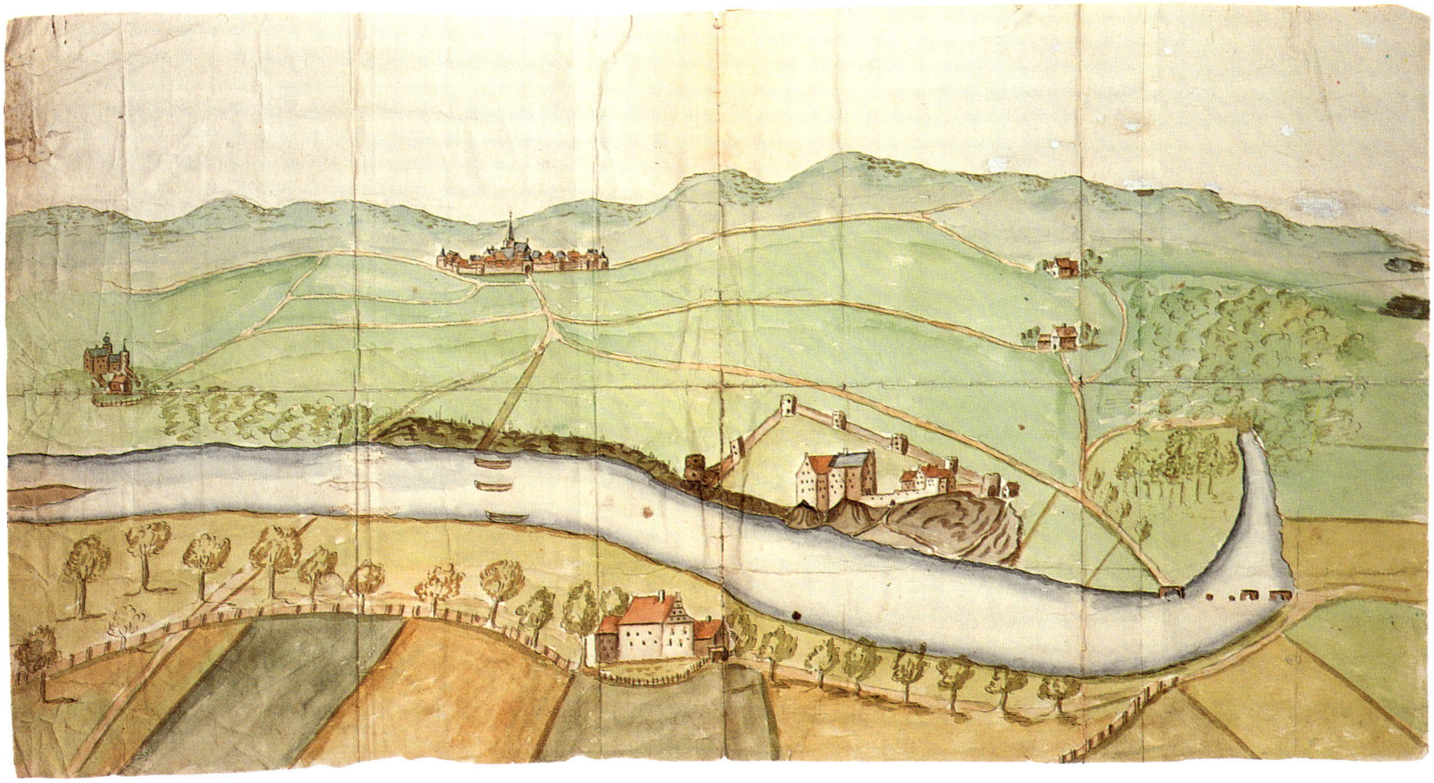

149

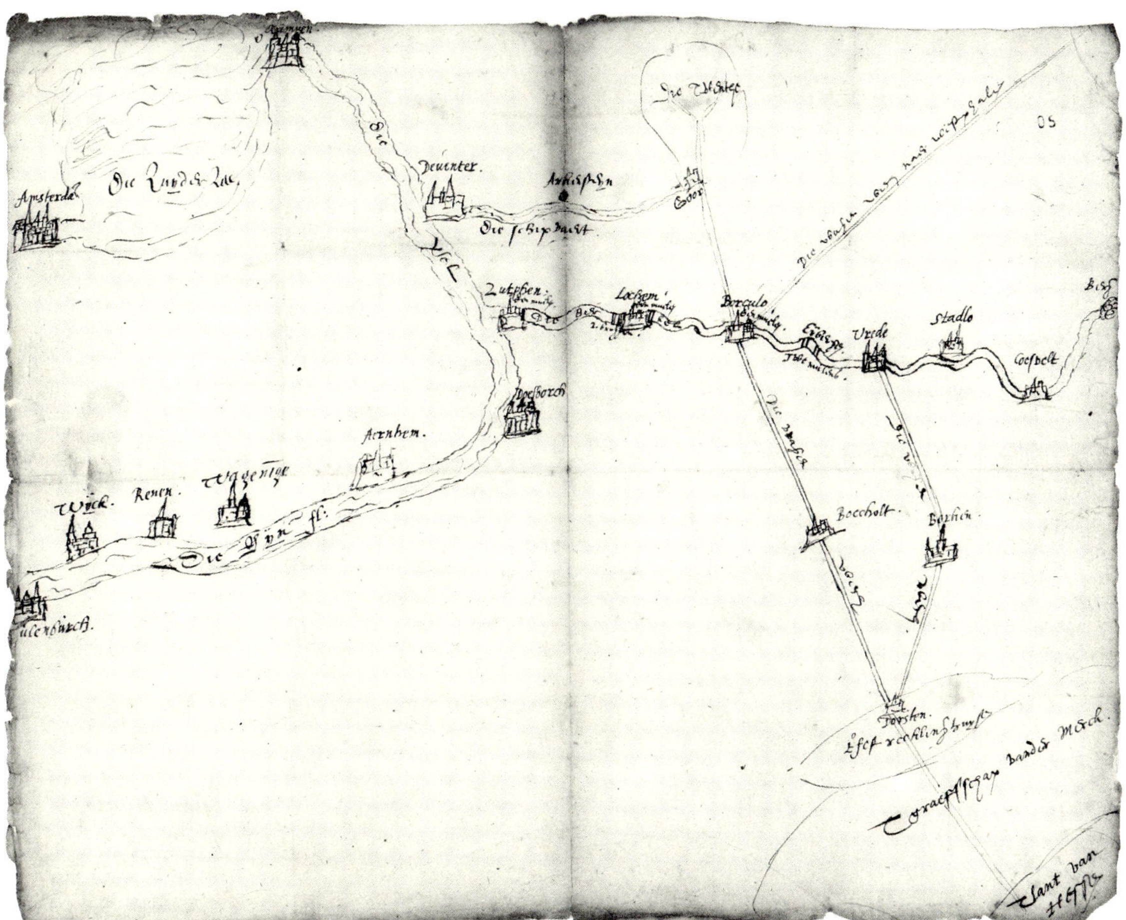
Amsterdam
Deventer
Zutphen
Doesborch
Arnhem
Renen
Borculo
Stadlo
Bocholt

150 a

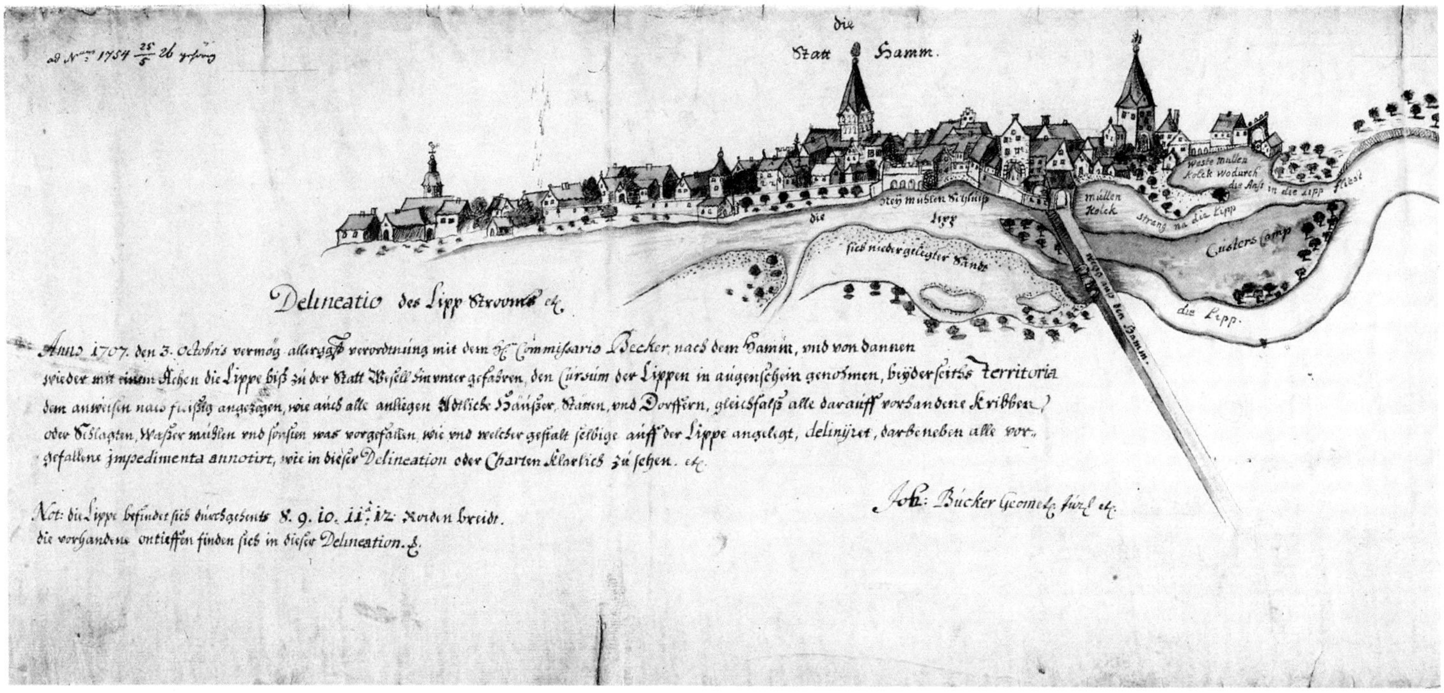
die Statt Hamm.
Delineatio des Lipp Strooms etc.
Anno 1707. den 3. Octobris vermög allergst verordnung mit dem H. Commissario Becker naeb dem Hamm, und von dannen
wieder mit einem Achen die Lippe biß zu der Statt Wesell hinunter gefahren, den Cursum der Lippen in augenschein genommen, beijderseits territoria
dem anweisen nach fleißig angezogen, wie auch alle anliegen Adliche Häußer, Statten, und Dorffern, gleichfals alle darauff vorhandene Kribben
oder Schlagten, Waßer müllen und sonsten was vorgefallen, wie und welcher gestalt selbige auff der Lippe angelegt, delinijret, darbeneben alle vorgefallene impedimenta annotirt, wie in dieser Delineation oder Charten klarlich zu sehen. etc.
Joh: Bücker Geomet. fürstl. etc.
Not: die Lippe befindet sich durchgehents 8. 9. 10. 11. 12. Roeden breidt.
die vorhandene ontieffen finden sich in dieser Delineation. etc.
die Lipp
Custers camp

150 b

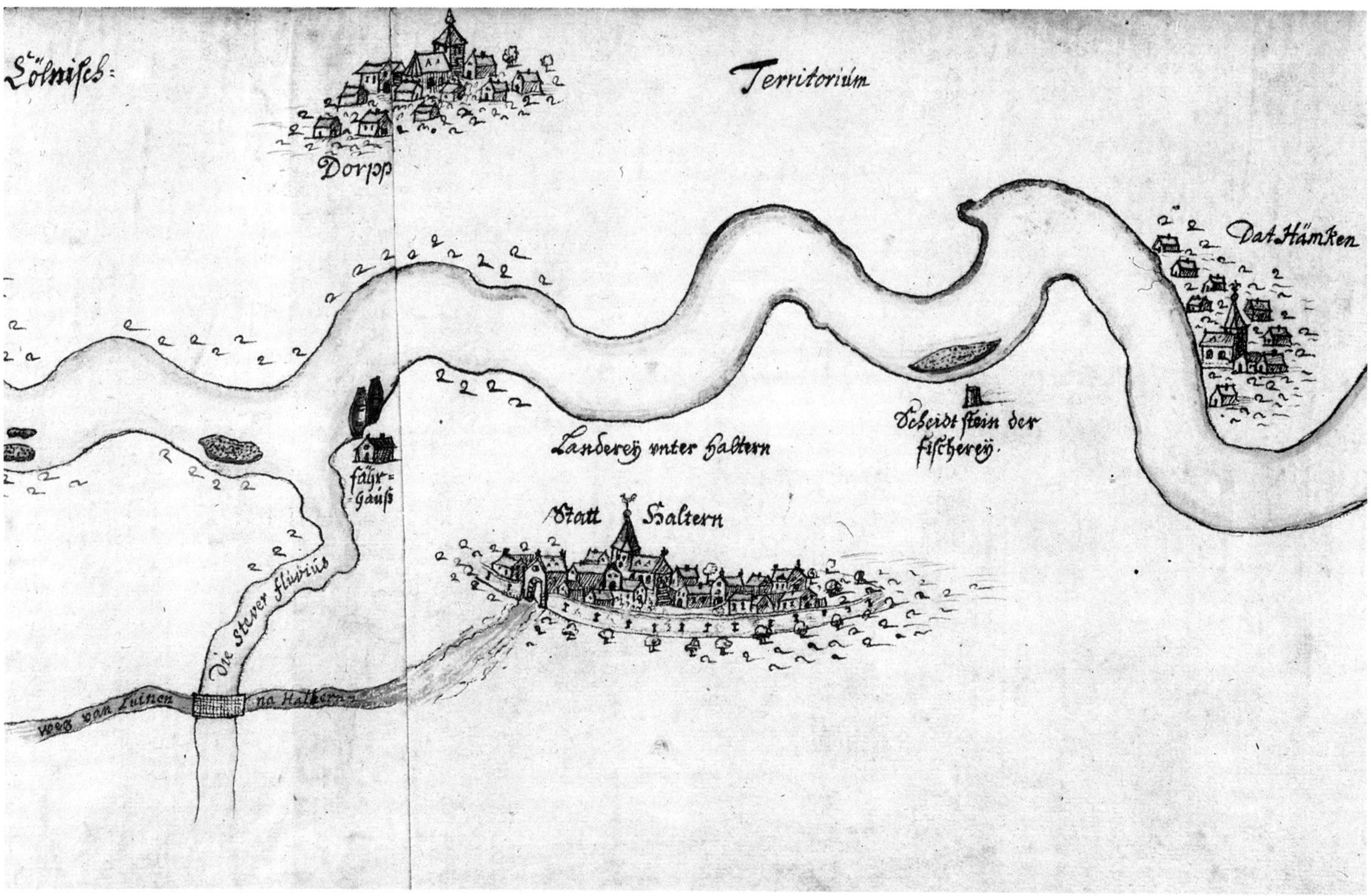
Cölnisch
Territorium
Dorpp
Dat Hämken
Landerey unter Haltern
Scheidt stein der fischerey
fahr-hauß
Statt Haltern
die Stever fluvius
weg van Luinen na Haltern

151

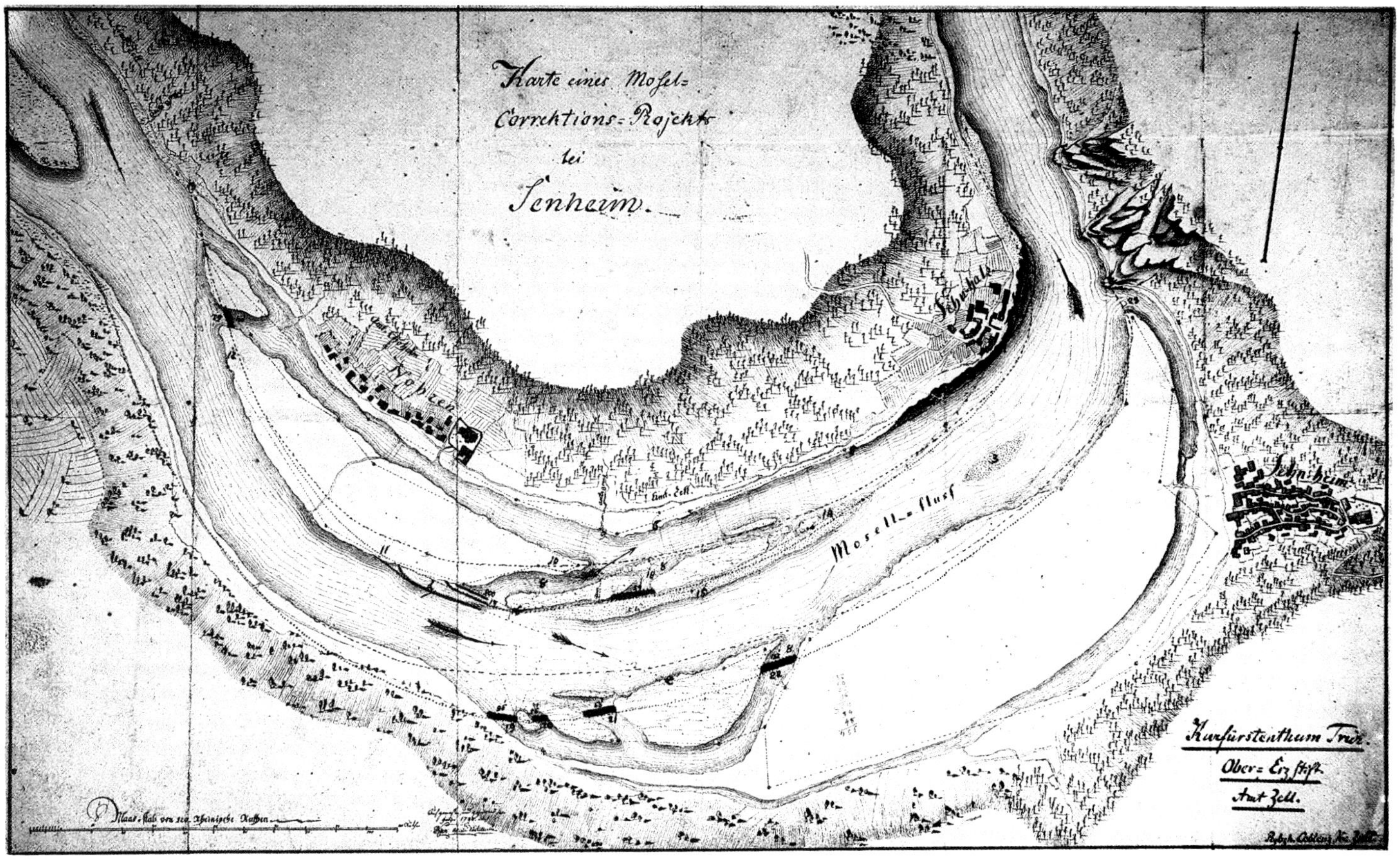

Abb. 150 a+b Die Lippe als Handelsweg. 1707

Die brandenburg-preußischen Provinzialbehörden für Kleve-Mark sammelten seit etwa 1650 Unterlagen für die Nutzbarmachung der Lippe als Handelsweg zum Rhein; auch in Form der abgebildeten *Delineatio* des Flußlaufes zwischen Hamm und Wesel von 1707, die Untiefen und Sandbänke im Strom, Fischerei- und Zollgrenzen sowie Städte, Dörfer und Adelssitze an den Ufern nach Augenschein markierte. Die Karte wurde 1754 bei Verhandlungen mit Kurköln und Münster benutzt, die 1769/71 zu Konventionen über die Schiffbarmachung und Zollerhebung an der Lippe führten. Die beiden Ausschnitte zeigen die Lippe mit Seitensträngen und Mühlenkolken bei Hamm sowie ihren Lauf zwischen Haltern und Bossendorf *(Dorpp)* mit Einmündung der Stever.

Abb. 151 Moselregulierung bei Senheim. 1788

Die Schiffahrt auf der Mosel wurde immer wieder durch niedrige Wasserstände im Sommer, durch Untiefen, Sandbänke und Geröllablagerungen behindert. Wie die Karte deutlich zeigt, versuchte man schon damals derartige Hindernisse durch die Anlage von Dämmen aus Pfahlwerk oder aufgeschichteten Steinen, sogenannten Buhnen, zu beseitigen, um das Flußbett einzuengen und die Fahrrinne zu vertiefen. Pläne, durch den Einbau von Wehren und Schleusen ein kanalähnliches Wassersystem entstehen zu lassen, wurden vor allem gegen Ende des 19. Jahrhunderts diskutiert. Die vollständige Kanalisierung der Mosel fand 1964 ihren Abschluß.

152

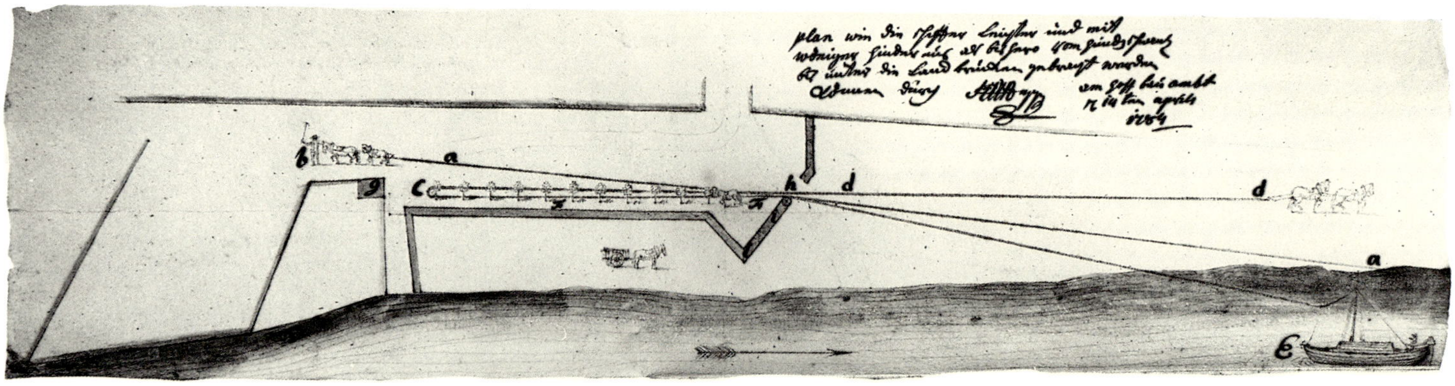

153

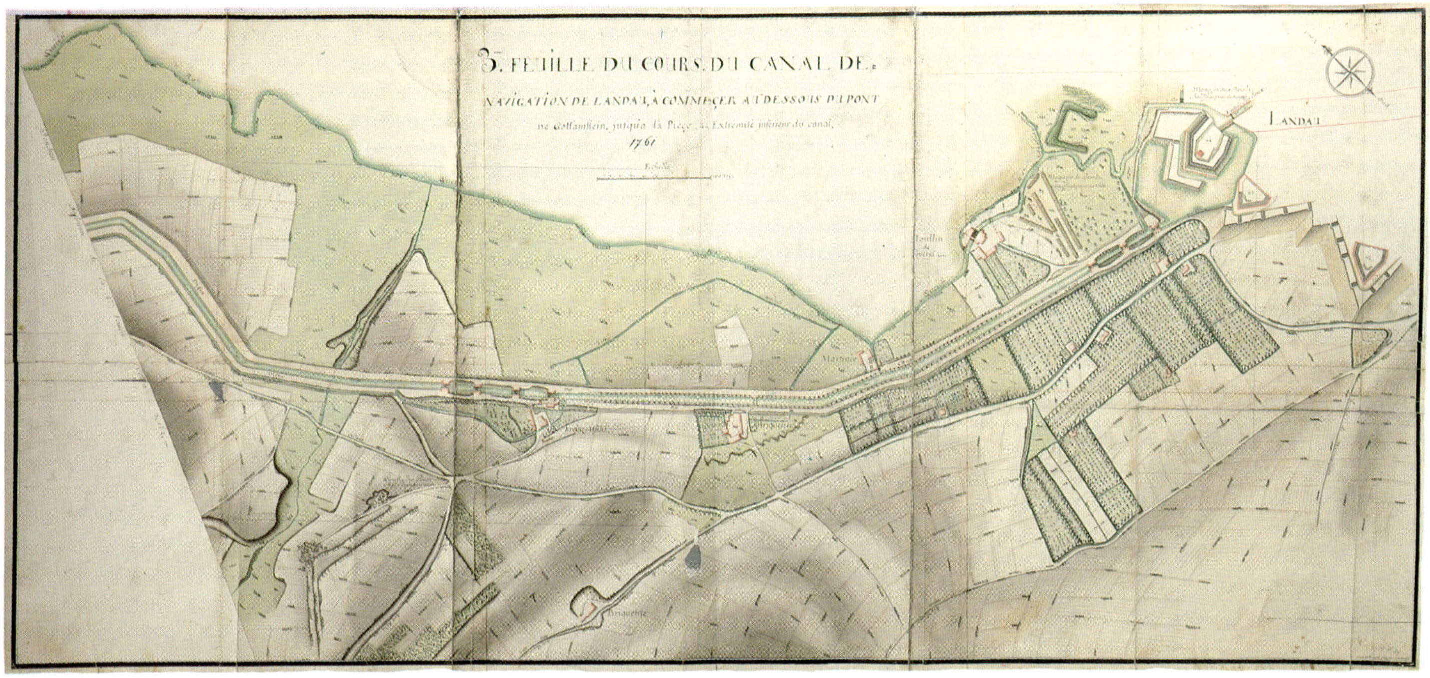

Abb. 152 Treidelverkehr am Rheinufer in Koblenz. 1784

Im Zusammenhang mit Straßenbaumaßnahmen am Rheinufer machte der Hofbrunnenmeister Kirn einen Vorschlag zu Erleichterung des Treidelverkehrs vom Deutschen Eck bis zur Landungsbrücke. Mit Hilfe von zwei Rollen bei c und h konnte durch mehrfachen Richtungswechsel der Pferde das Schiff an die Landungsbrücke gezogen werden, ohne daß eine lange Strecke zurückgelegt werden mußte.

Abb. 153 Queichkanal (Albersweiler Kanal) westlich von Landau. 1761

Die Erbauung oder Betreibung des Queichkanals oder Albersweiler Kanals diente rein militärischen Zwecken. Er wurde ausgangs des 17. Jahrhunderts zum Transport des Baumaterials für die Festung Landau aus den Steinbrüchen bei Albersweiler von dort bis zur Festungsbaustelle konstruiert. Hierbei wurde teilweise der Queichfluß kanalisiert, teilweise dem Kanal ein eigenes Bett gegraben. Von einem 1761 angefertigten dreiblättrigen Kartensatz, der den Kanal in seinem ganzen Verlauf wiedergibt, stellt das vorliegende dritte Blatt den östlichsten Teil des Kanals bis zur Festung Landau und die diese umgebenden künstlichen Gewässer dar. Man erkennt auf dem Blatt, daß der Kanal auf seinem letzten Stück nicht mehr dem Verlauf des Queichflusses folgt. Ferner bemerkt man auf der Karte unter anderem zwei Ziegeleien südlich des Kanals.

154

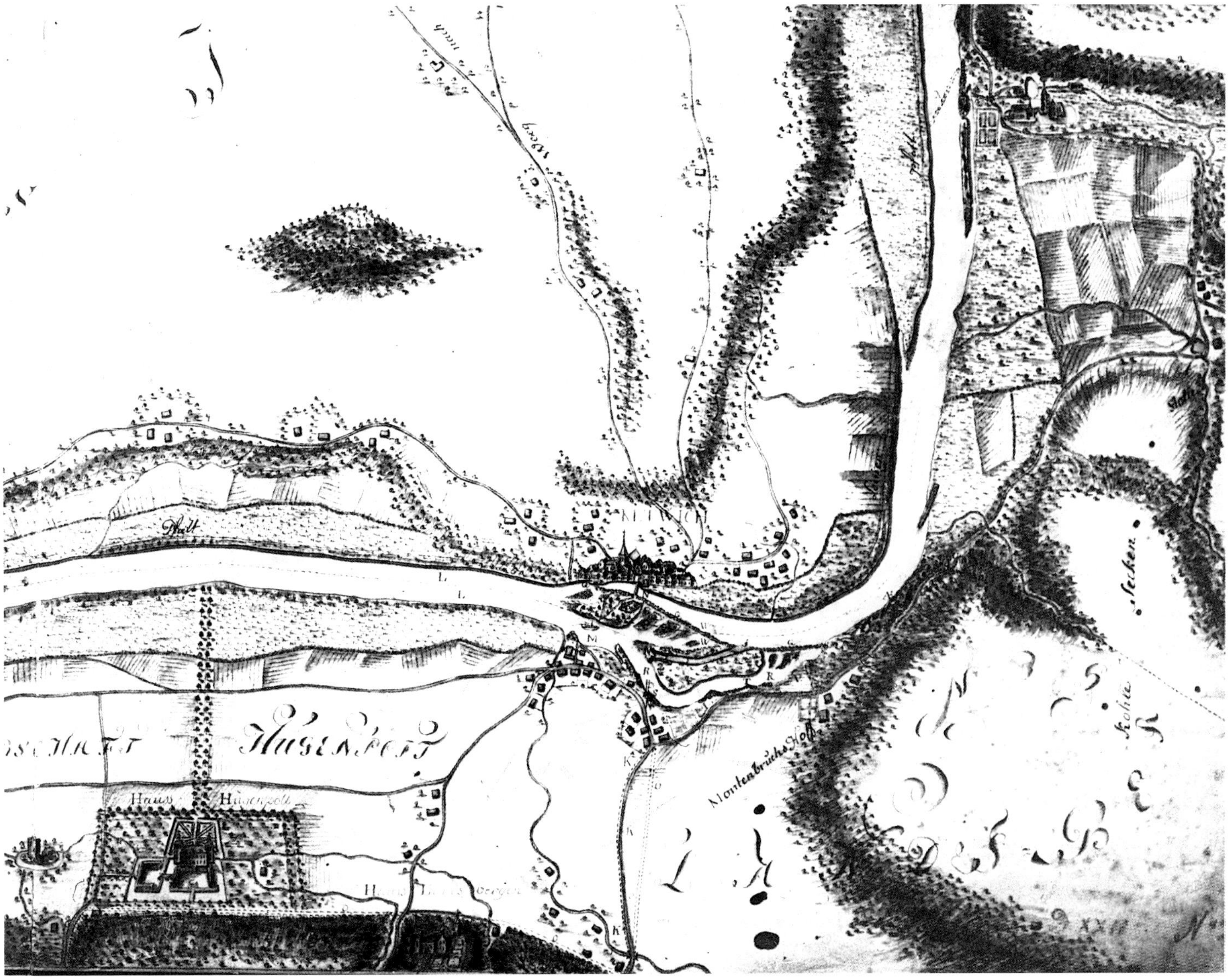

Abb. 154 Die Ruhr bei Kettwig (Stadt Essen). 1771/1779

Die Karte verzeichnet in dem von ihr abgebildeten Abschnitt die Grenzen zwischen dem Reichsstift Werden, den Herrschaften Oefte, Hugenpoet, Broich, Mülheim sowie den Herzogtümern Berg und Kleve. 1779 trug man die im Verlauf der inzwischen erfolgten Schiffbarmachung des Flusses angelegten Schleusen nach.

155

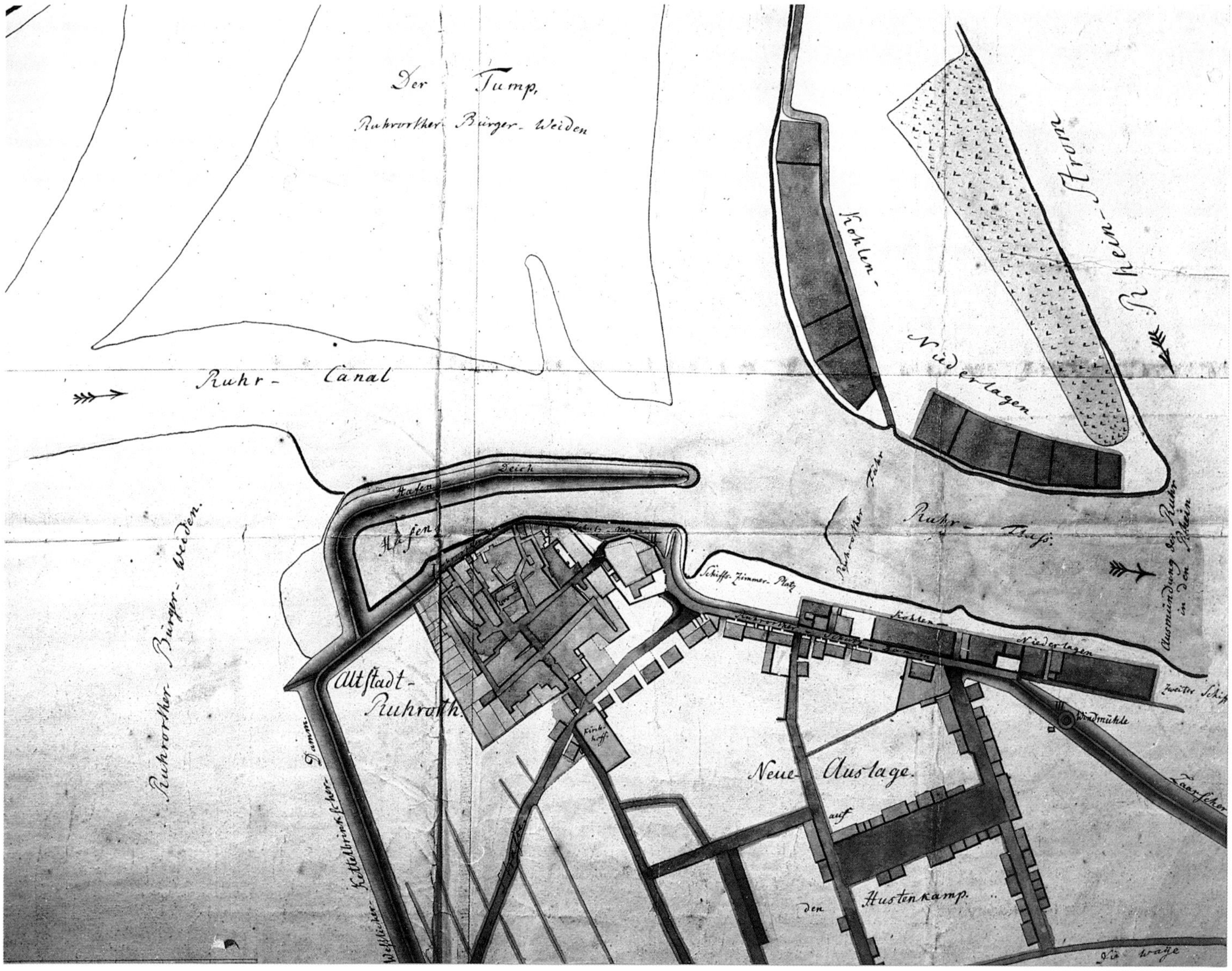

Abb. 155 Stadt Ruhrort. 1804

Neben dem etwas unregelmäßig wirkenden Grundriß der Altstadt ist die seit ungefähr der Mitte des 18. Jahrhunderts entstande Neustadt dargestellt. Ruhrort hatte schon früh Bedeutung als Umschlagplatz für die an der Ruhr geförderten Kohlen. Der Hafen befand sich zu dieser Zeit allerdings noch in den ersten Anfängen.

156

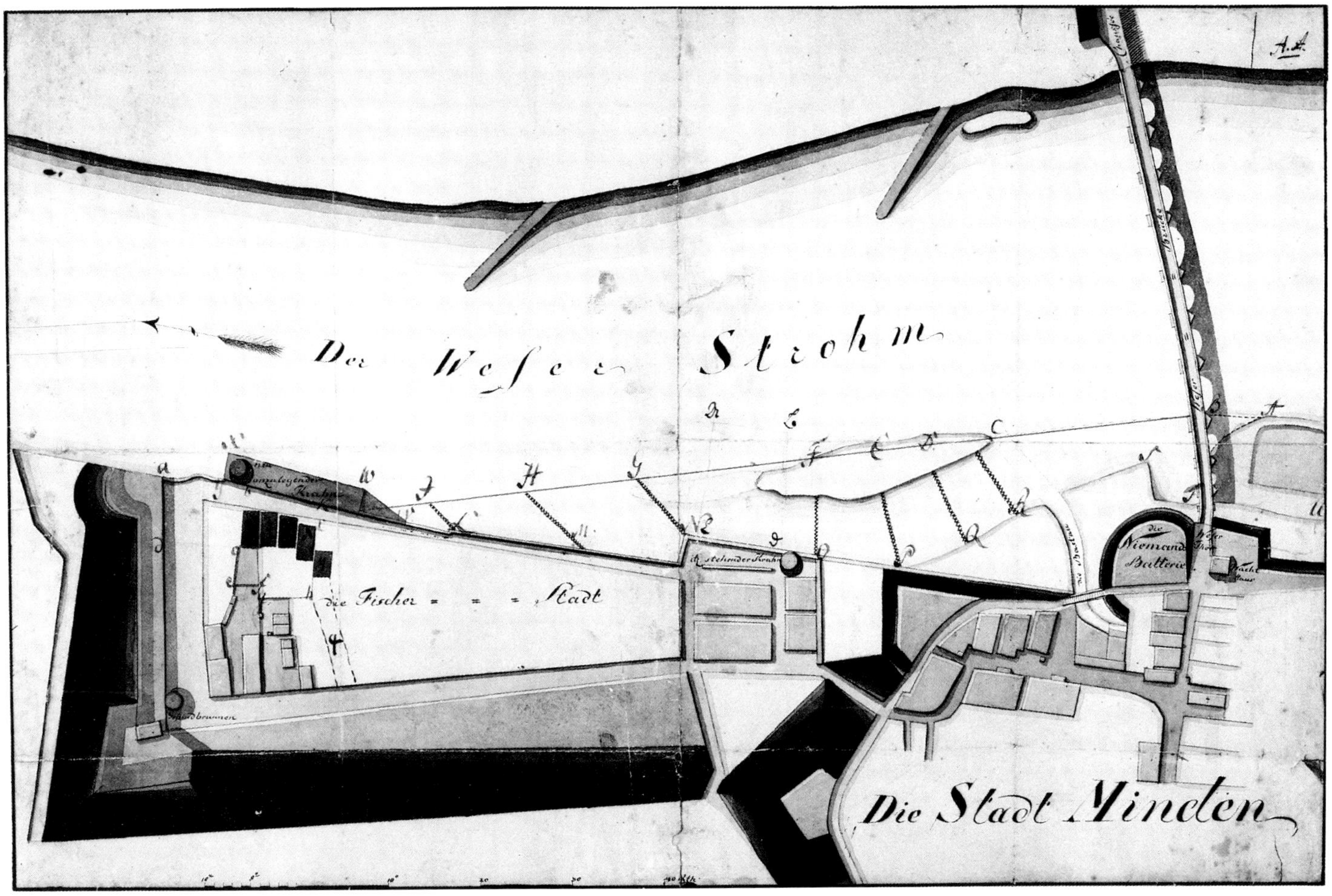

Abb. 156 Ufervorverlegung vor der Fischerstadt von Minden. Um 1814/15

Nach der Befreiung Mindens von den Franzosen wurden 1814/15 durch preußische Ingenieuroffiziere vielfältige Pläne entworfen, die Stadtbefestigungen durch Erdarbeiten auszubauen. In diesem Zusammenhang dürfte auch die in der Karte projektierte Ufervorverlegung in Höhe der roten Linie gehören, mit der unter anderem eine Verbreiterung der Anlegestellen für Flußschiffer und damit eine Verbesserung für den Warenumschlag ermöglicht werden sollte. Der Plan wurde bis 1825 nur teilweise verwirklicht, die Aufschüttung nur von B bis etwa G durchgeführt, die Bastau nicht bei C, sondern bei N in die Weser geleitet. Für den Festungsausbau nach 1816 wurden verstärkt Steinbauten vorgenommen, darunter auch die hier noch nicht vorgesehenen Umgestaltungen des Wesertores und des Rondells.

Abb. 157 a+b Straße von der Rheinschanze (Ludwigshafen) nach Oggersheim. Um 1727-1765

Der Plan der Chaussee von der Abzweigung an der Speyerer Straße bei der Rheinschanze zum Lustschloß des Prinzen Friedrich in Oggersheim, sehr exakt mit allen Bäumen und deren Schatten gezeichnet, gibt nicht nur die Linienführung wieder, sondern gewährt in Querprofilen einen Einblick in die Unterschotterung der Straße, in die Überwindung des teilweise sumpfigen und von Wasserläufen durchzogenen Geländes in Form von Brücken, deren Anlage, Fundamentierung und Spezialschotterung. Ferner zeigt die Karte den damaligen Zustand der Rheinschanze als Mannheimer Außenfort mit dem Ansatz der Schiffbrücke. Der undatierte, französisch geschriebene Plan wurde einem Aktenband des Bestandes Kurpfalz entnommen, der die Jahre 1727-1765 umfaßt. Diese Jahresangaben wie die Nennung des Prinzen Friedrich sind die einzigen Datierungshinweise.

157 a

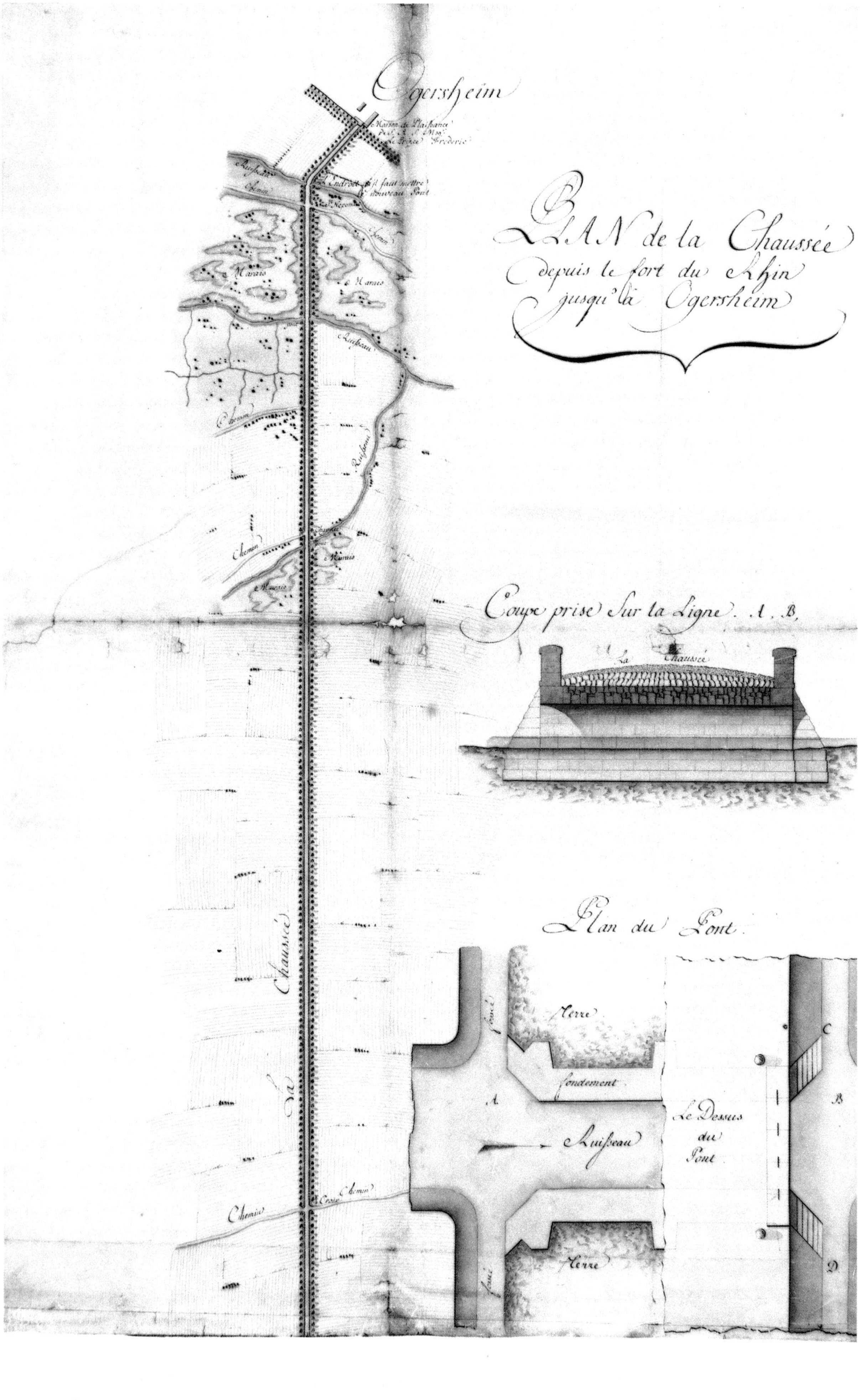
Ogersheim
Maison de Plaisance
Endroit où il faut mettre
nouveau Pont
Ruißeau
Chemin
Marais
PLAN de la Chaussée
depuis le fort du Rhin
jusqu'à Ogersheim
Ruißeau
Chemin
Marais
Coupe prise sur la Ligne. A. B.
La Chaussée
Plan du Pont
Terre
fondement
A
Ruißeau
Le Dessus
du
Pont
Terre
C
B
D
La Chaussée
Chemin

157 b

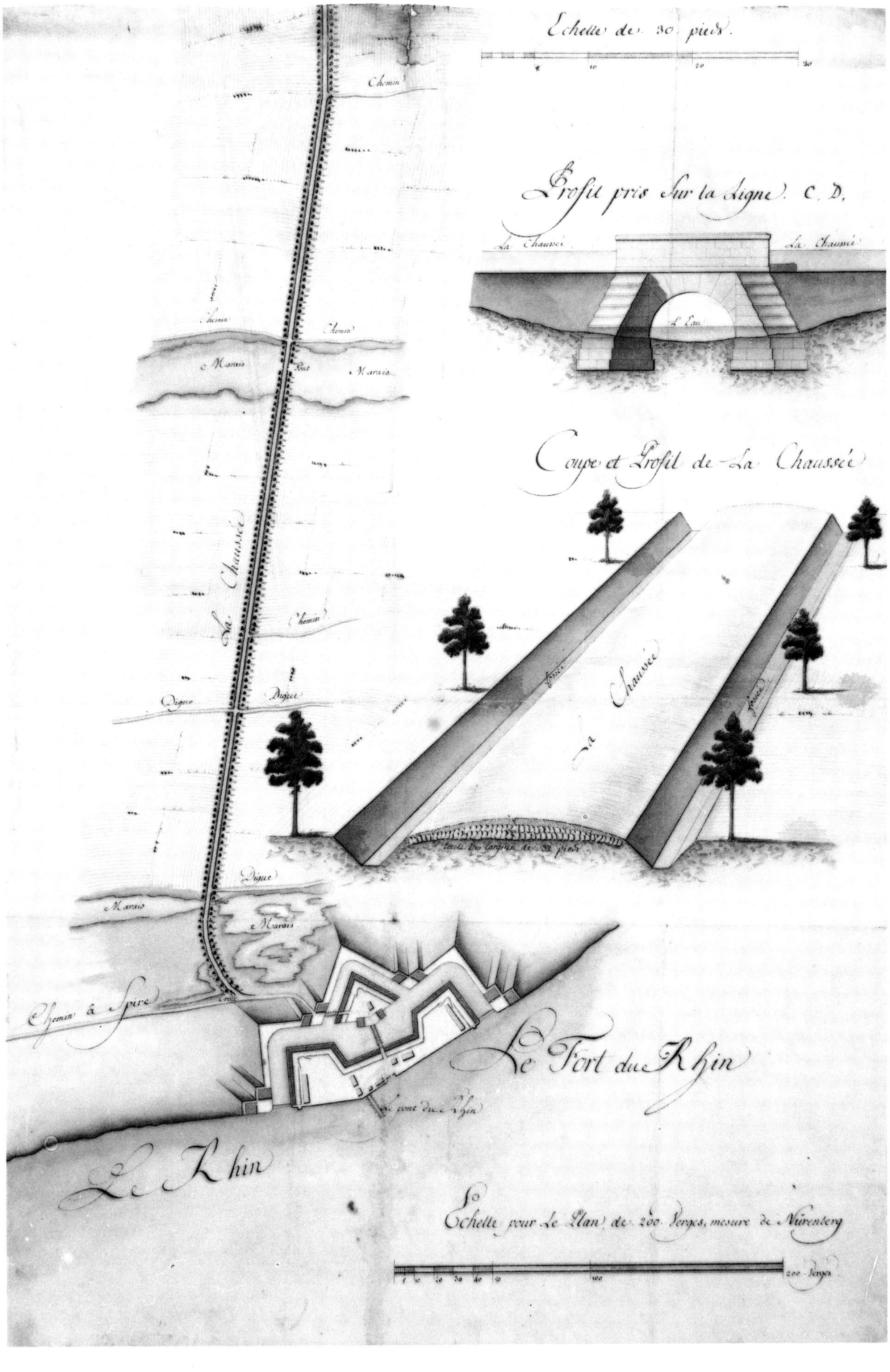
Echelle de 30 pieds.
10
20
30
Chemin
Profil pris sur la Ligne C. D.
La Chaussé
La Chaussé
L'Eau
Chemin
Chemin
Marais
Pont
Marais
Coupe et Profil de La Chaussée
La Chaussée
Chemin
Digue
Digue
La Chaussée
Digue
Marais
Marais
Chemin de Spire
Le Fort du Rhin
Le pont du Rhin
Le Rhin
Echelle pour Le Plan de 200 Verges, mesure de Nürenberg
100
200 Verges

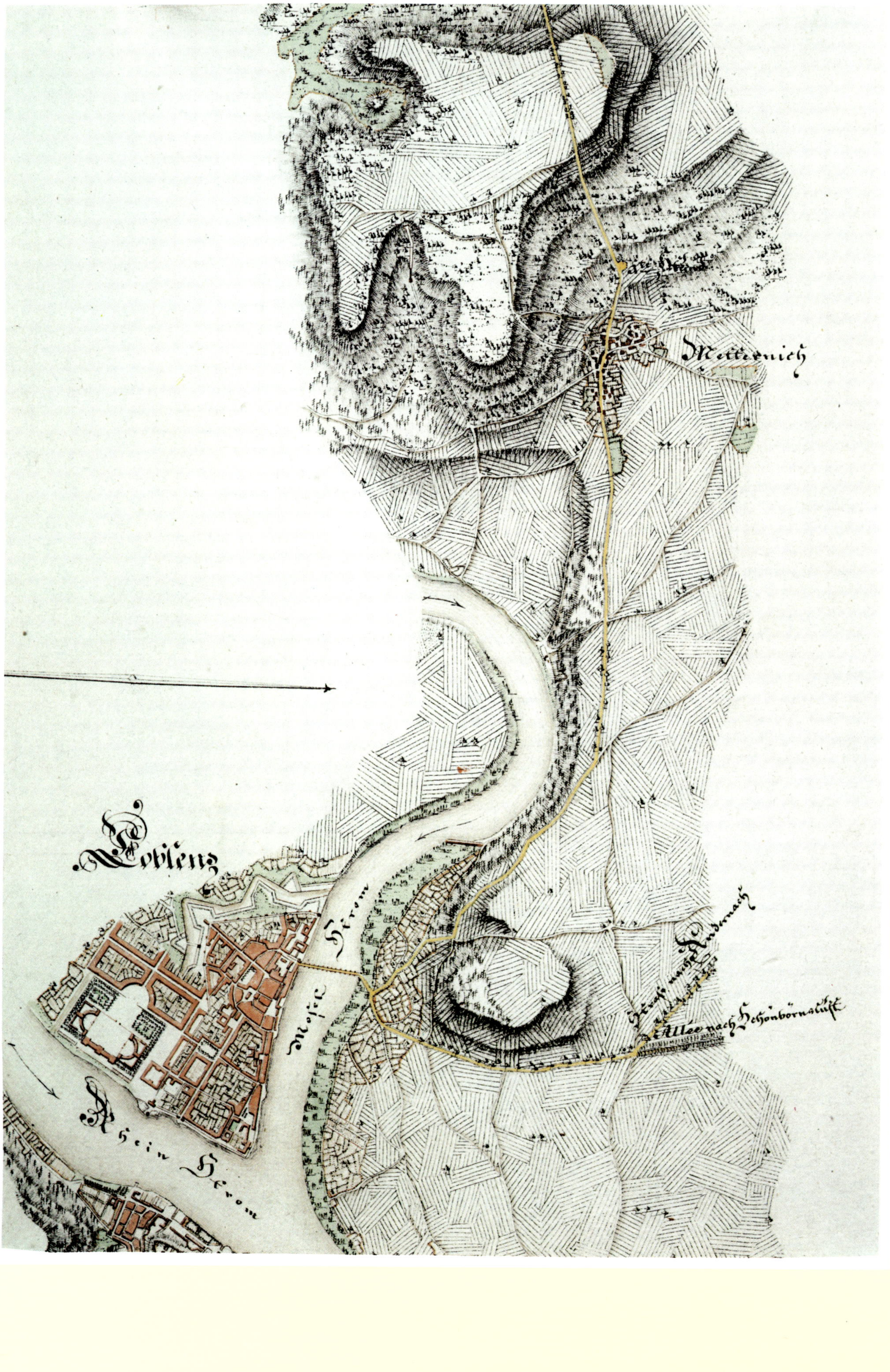
Metternich
Coblenz
Mosel Strom
Rhein Strom
Straße nach Andernach
Allee nach Schönbornslust

159

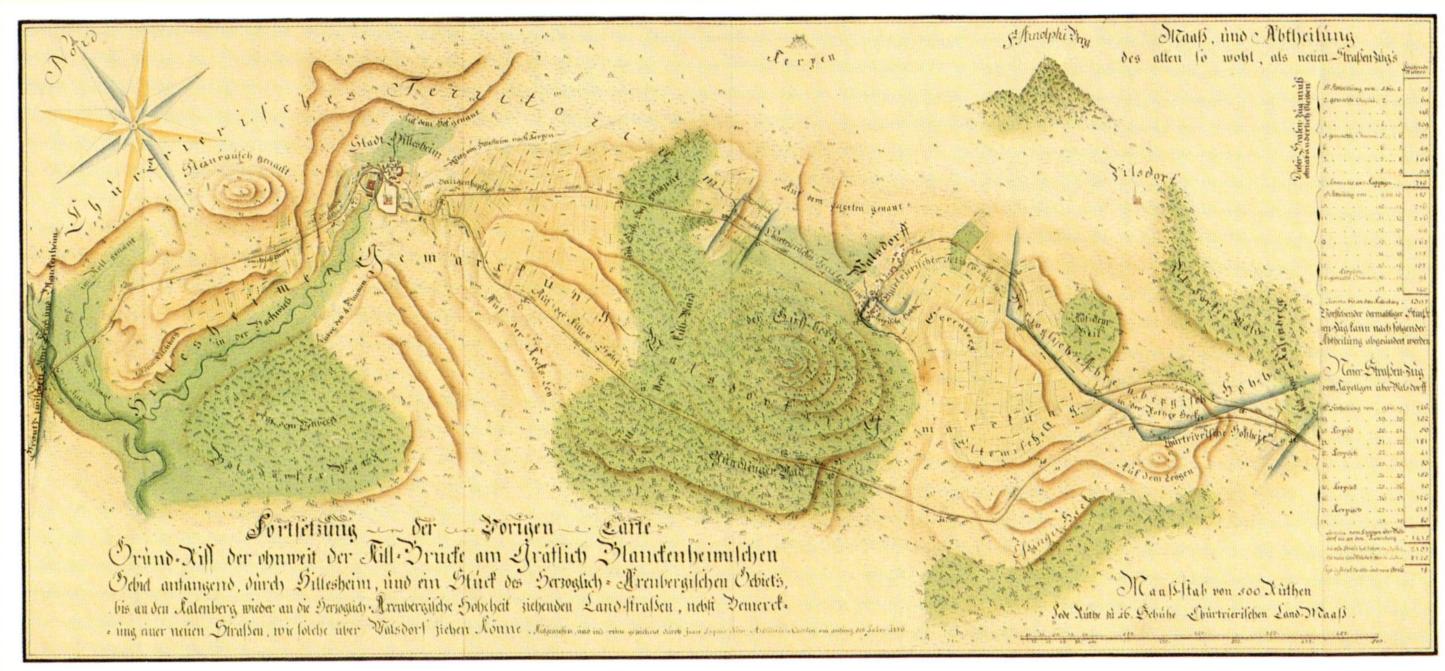

160

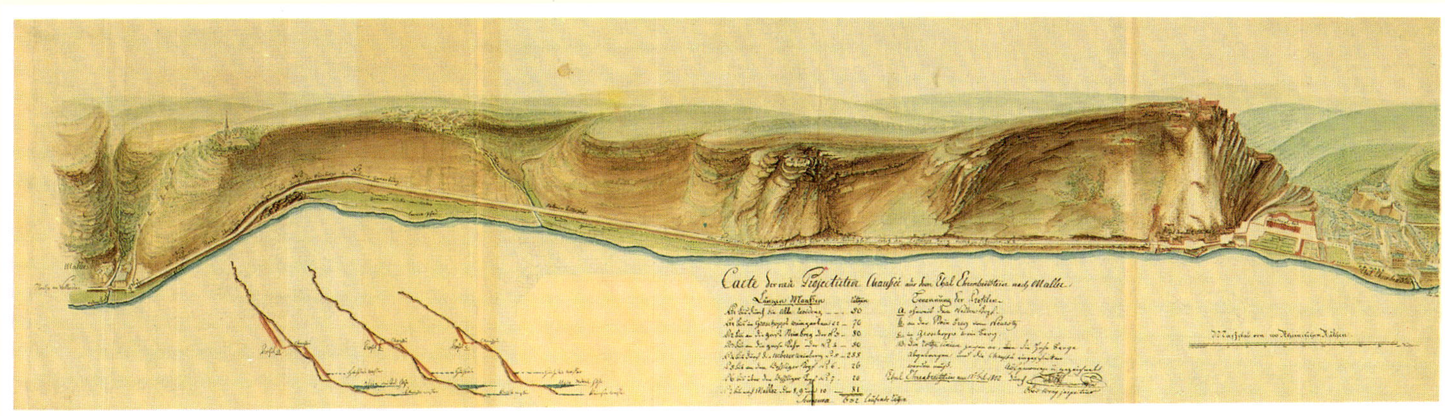

Abb. 158 Erste Meile der Straße Koblenz - Trier. 1789

Im Zuge der systematischen Verbesserung des kurtrierischen Landstraßenwesens entstand umfangreiches Kartenmaterial mit Aufnahmen der vorhandenen und geplanten Chausseen im Kurstaat. Das vorliegende Blatt stammt aus einem Atlas der Straße Koblenz - Trier und einiger Nebenstraßen mit insgesamt 16 Karten – meist ein Blatt pro Meile – und einer Gesamtübersichtskarte. Das sehr sorgfältig vermessene und gezeichnete Kartenwerk ist die Arbeit des kurtrierischen Oberwegeinspektors Johann Jakob Kirn, von dem zahlreiche kartographische Arbeiten für den Straßen- und Wasserbau überliefert sind.

Abb. 159 Schneifelstraße östlich Hillesheim. 1786

Aus einem anderen Straßenkartenatlas für ein gemeinsames österreichisch-luxemburgisches und kurtrierisches Projekt der Straße Malmedy - St. Vith - Hillesheim stammt die Karte der Straßenführung östlich von Hillesheim. Zur Verringerung der Steigung sollte der vorhandene Straßenzug (untere Straße) durch eine neue Straße über Walsdorf ersetzt werden. Obwohl ebenfalls von Johann Jakob Kirn angefertigt, lassen sich einige Unterschiede in der kartographischen Erfassung des Geländes vor allem bei der Höhendarstellung erkennen. Eingezeichnet sind auch die Territorialgrenzen zur Grafschaft Blankenheim und zum Herzogtum Arenberg, soweit sie den Straßenverlauf berühren.

Abb. 160 Straße von Ehrenbreitstein bis Mallendar. 1802

Die Karte zeigt den Verlauf der alten Uferstraße beginnend an der alten Residenz in Tal-Ehrenbreitstein bis zum Ortsanfang von Mallendar mit drei Profilskizzen und ungefähren Längenangaben der einzelnen Teilstücke. Viel Sorgfalt hat der Oberwegeinspektor Kirn auf die Darstellung der Ortsansichten und des bergigen Geländes verwandt. Aus dem Jahre 1807 liegen weitere Baupläne für dieses Teilstück und die Fortführung in Richtung Vallendar im Grundriß vor, die auf genauer Vermessung basieren.

161

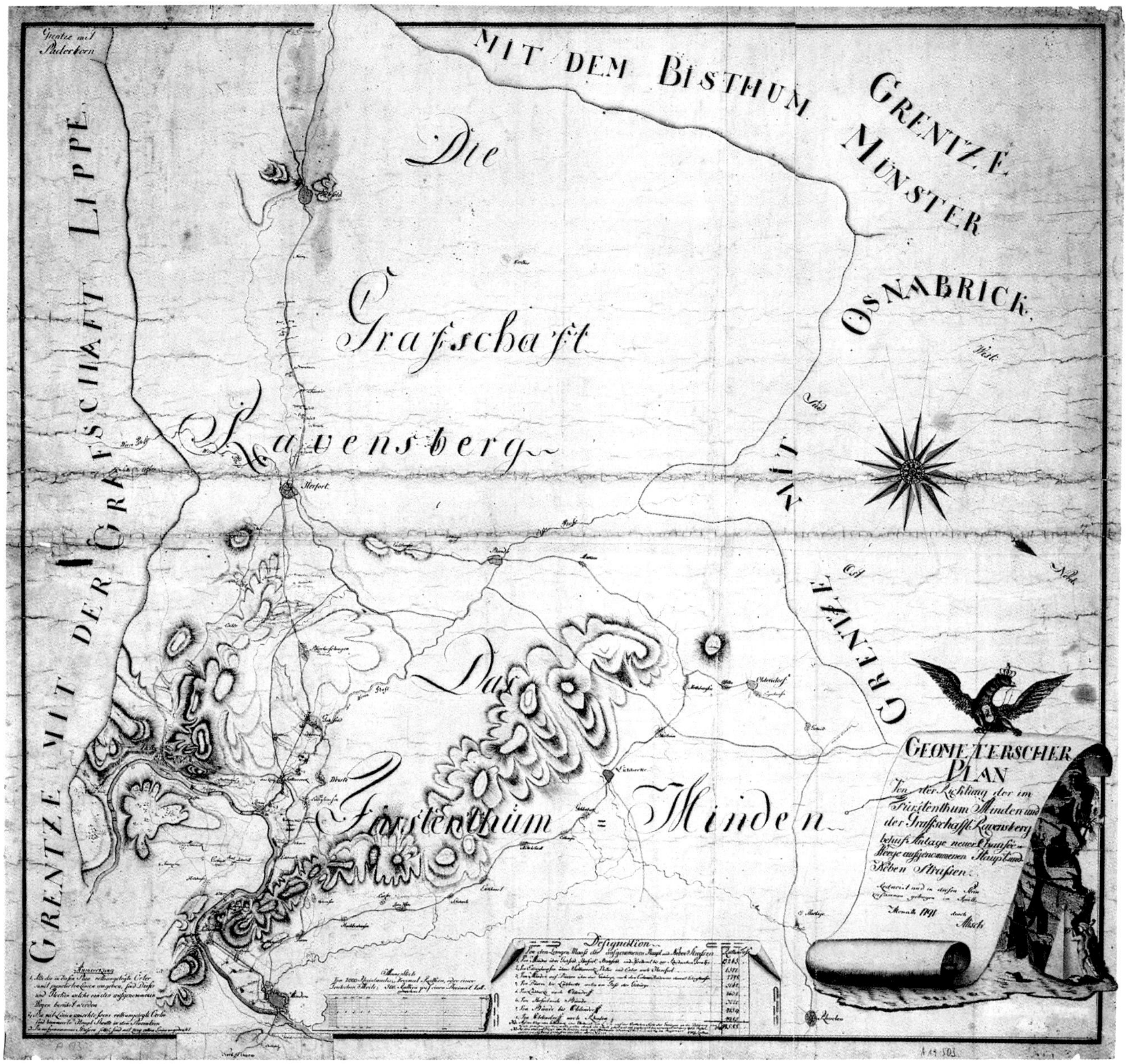
MIT DEM BISTHUM
GRENIZE
MÜNSTER
OSNABRICK
MIT
GRENTZE
GRENTZE MIT DER GRAFSCHAFT LIPPE
Die
Grafschaft
Ravensberg
Das
Fürstenthum = Minden
GEOMETERSCHER PLAN
Von der Richtung der im Fürstenthum Minden und der Grafschaft Ravensberg behufs Anlage neuer Chausse-Wege aufgenommenen Haupt und Neben Strassen
Designation

162

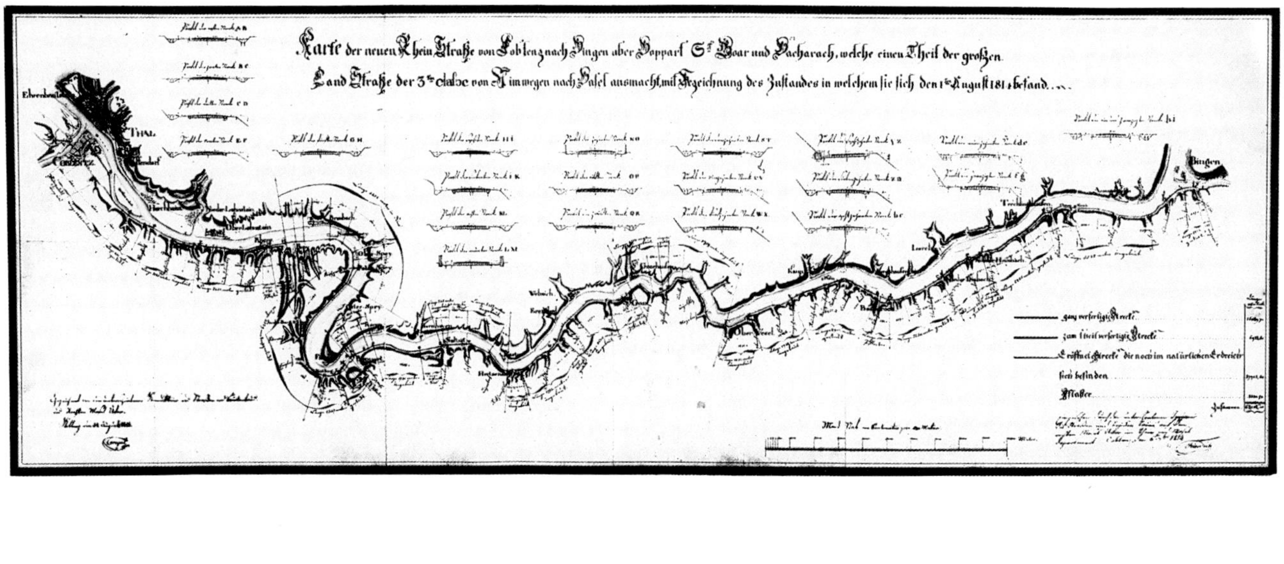
Karte der neuen Rhein Straße von Coblenz nach Bingen aber Boppart St. Goar und Bacharach, welche einen Theil der großen Land Straße der 3ten classe von Nimwegen nach Basel ausmacht, mit Bezeichnung des Zustandes in welchem sie sich den 1ten August 181. befand.
Bingen

163

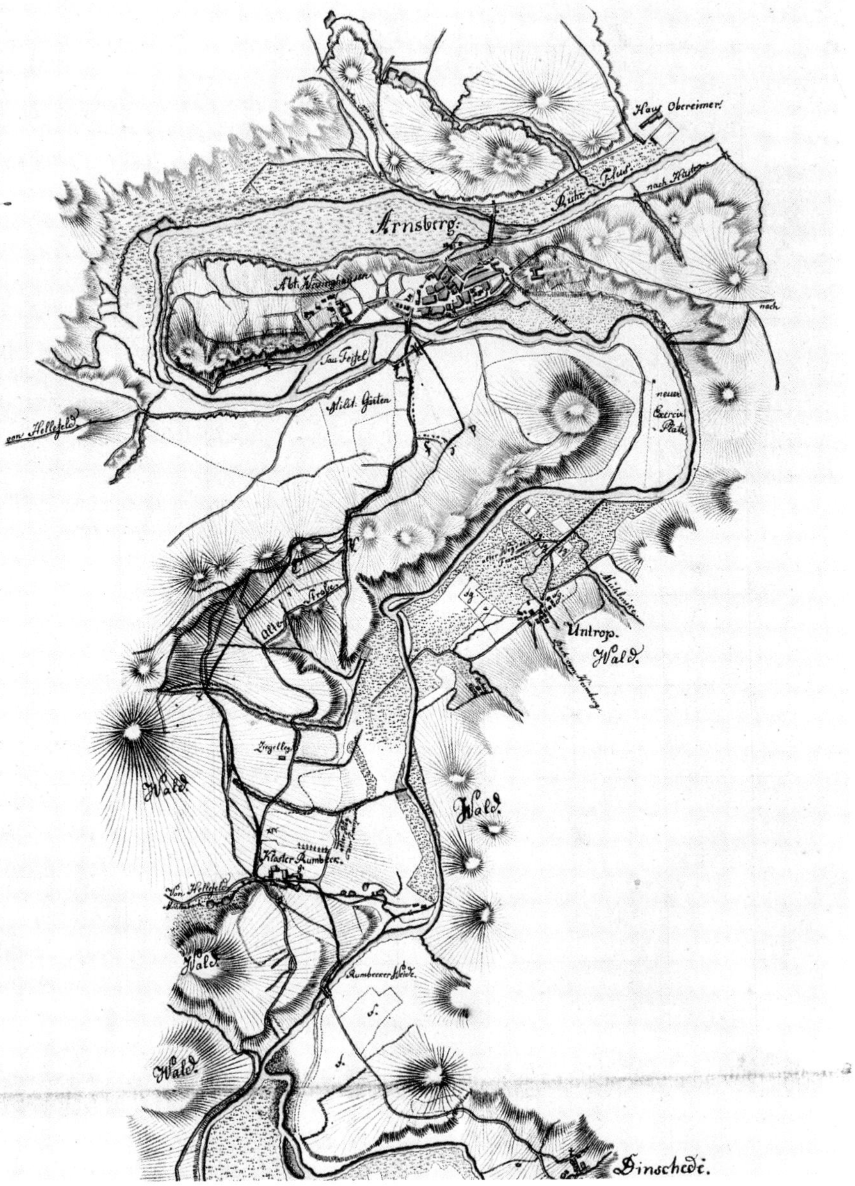

Abb. 161 Straßen in Minden-Ravensberg. 1791

Innerhalb der verschiedenfarbig angelegten Grenzen des Fürstentums Minden und der Grafschaft Ravensberg zu den Nachbarterritorien sind die wichtigsten Straßen ebenfalls farbig eingezeichnet. Von ihnen war die Straße, die die Hanse- und Residenzstädte Minden, Herford und Bielefeld miteinander verband, die wichtigste. Auf den Ausbau und die Verbesserung ihrer Linienführung richtete sich das Hauptaugenmerk der preußischen Regierung.

Abb. 162 Rheinstraße von Koblenz nach Bingen. 1814

Ein Beispiel für eine exakt vermessene und gleichzeitig kartographisch ansprechend gestaltete Straßenkarte ist die Bestandsaufnahme des Teilstücks Koblenz-Bingen der großen linksrheinischen Rheinstraße von Nijmegen bis Basel. Der von den Franzosen 1802 begonnene Ausbau der Rheintalstraße war bereits 1814 teilweise fertiggestellt. Der Fertigungsstand einzelner Abschnitte ist durch Farbgebung unterschieden und mit Angabe der Länge entsprechend bezeichnet: 21 Profile geben die Höhenunterschiede der ganz und teilweise fertiggestellten Strecken an. Eingezeichnet sind auch die Mündungen aller Bachläufe, die im Straßenverlauf überbrückt werden mußten.

Abb. 163 Ruhrtal von Dinschede bis Arnsberg. Um 1810

Dieser Ausschnitt der topographischen Karte des Ruhrtals von Freienohl bis Arnsberg zeigt die dem stark gewundenen Lauf des Flusses zu beiden Seiten folgenden Straßen, die beim Kloster Rumbeck zusammenlaufen. Eine von hier bis Arnsberg vorgesehene Neutrassierung der Straße wurde rot eingezeichnet. Kennbuchstaben markieren die für den Bau der Straße wichtigen Punkte.

164

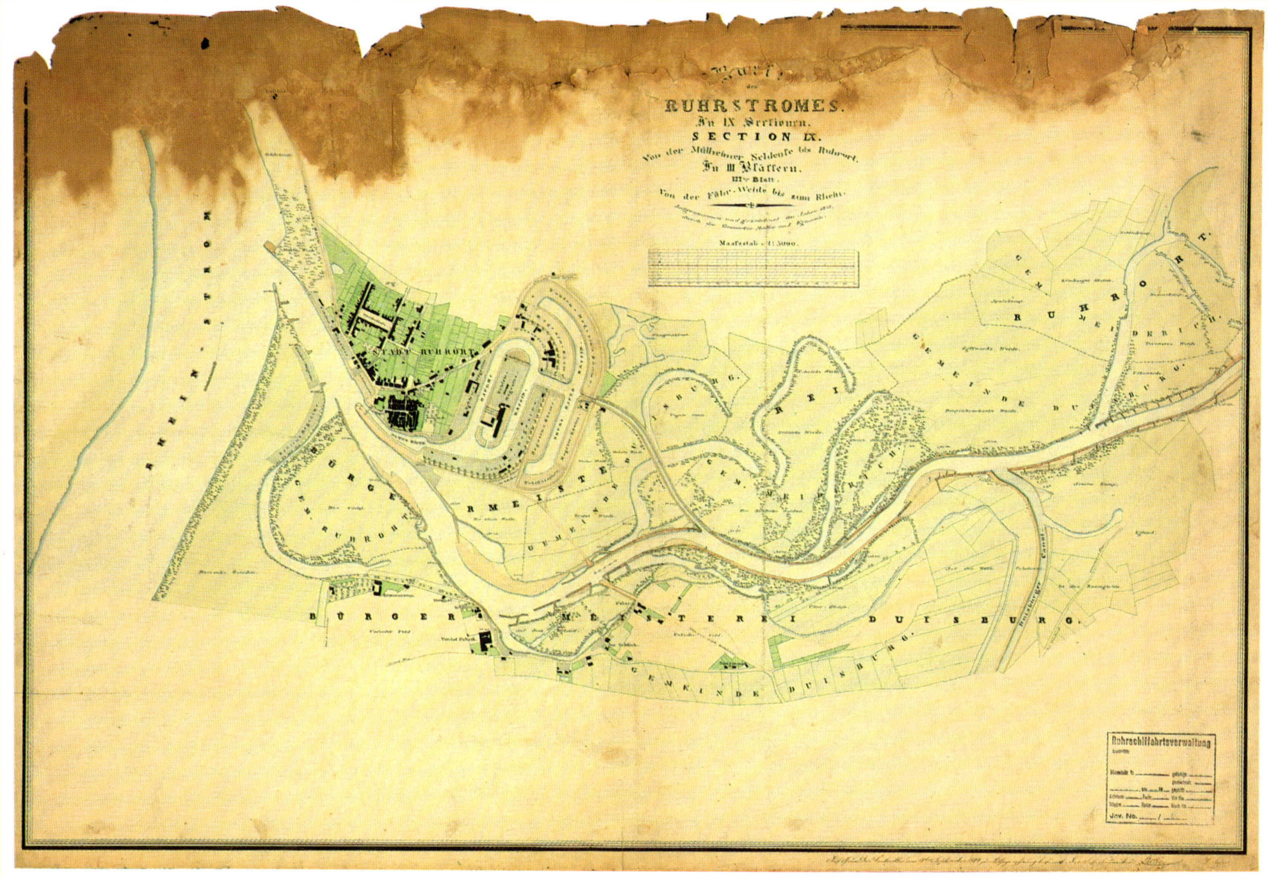
des
RUHRSTROMES.
In IX Sectionen.
SECTION IX.
Von der Mülheimer Schleuse bis Ruhrort.
In III Blättern.
III. Blatt.
Von der Fähr-Weide bis zum Rhein.
Maafsstab = 1:5000.
STADT RUHRORT
BÜRGERMEISTEREI DUISBURG.
GEMEINDE DUISBURG
Ruhrschiffahrtsverwaltung

165

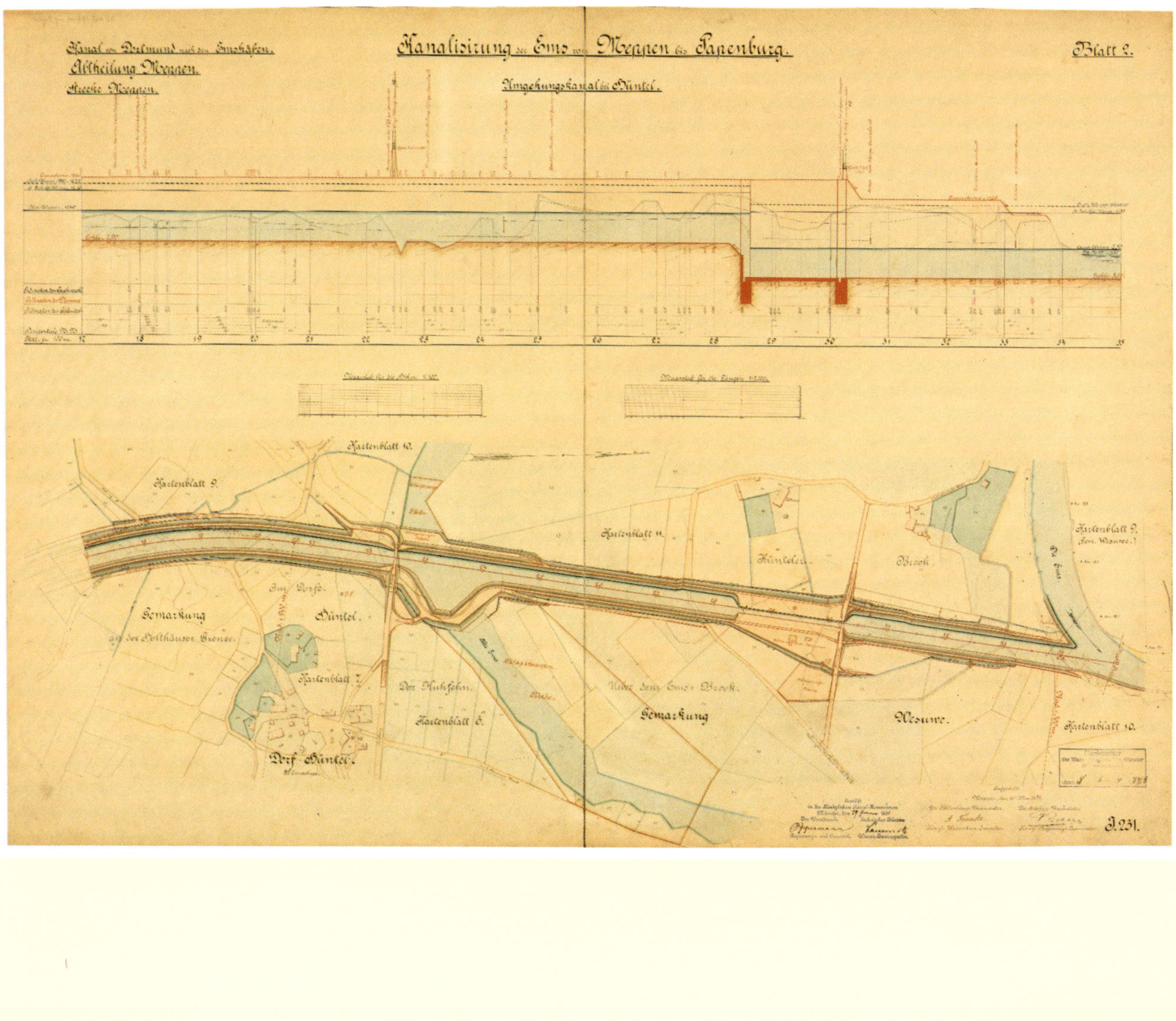
Kanal von Dortmund nach den Emshäfen.
Abtheilung Meppen.
Strecke Meppen.
Kanalisirung der Ems von Meppen bis Papenburg.
Blatt 2.
Umgehungskanal bei Hüntel.
Kartenblatt 10.
Kartenblatt 9.
Kartenblatt 11.
Gemarkung
Hüntel.
Kartenblatt 7.
Der Kuhfehn.
Kartenblatt 8.
Gemarkung
Dorf Hüntel.
J. 231.

166

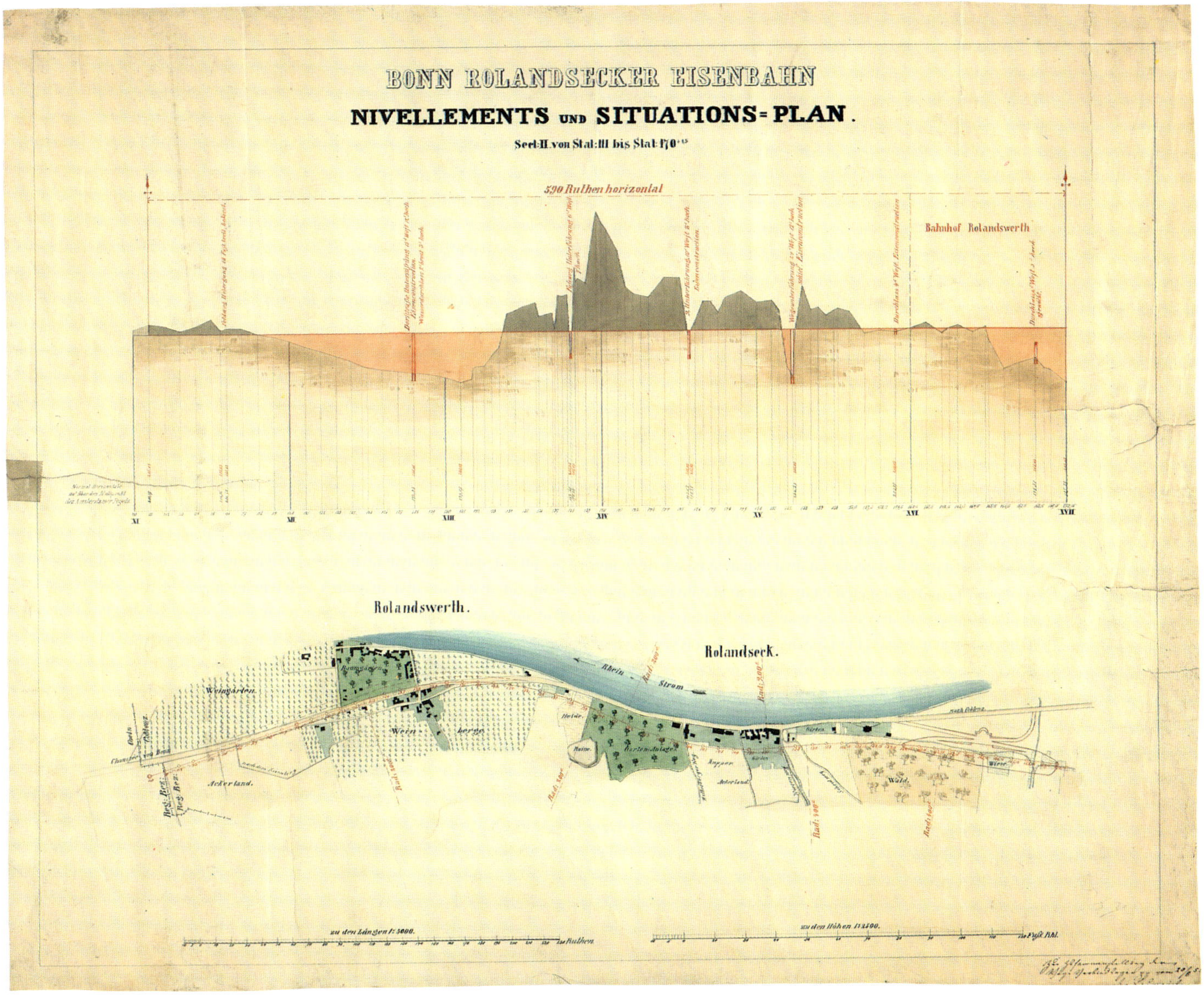

Abb. 164 Der Ruhrorter Hafen. 1842

Der große Industriehafen mit seinen ausgedehnten Lagermöglichkeiten für Kohlen, mit Magazinen, einem Schiffbauplatz und einem zur Anlage von Fabriken ausgewisenen Gelände ist in einer Ausbauphase dargestellt. Die industrielle Entwicklung hatte allerdings gerade erst begonnen, wie vor allem daran zu sehen ist, daß die an der Ruhr gelegenen Ländereien noch größtenteils als Weiden genutzt werden.

Abb. 165 Ems-Umgehungskanal bei Hüntel, nördlich von Meppen. 1891

Der Ausbau des Dortmund-Ems-Kanals als Wirtschaftsader für das Ruhrgebiet (1886 beschlossen, 1892 begonnen, 1899 eingeweiht) erfolgte im Abschnitt Gleesen-Herbrum zum größten Teil durch Stauregulierungen der Ems. Zur Abkürzung größerer Flußschleifen wurden in die Strecke aber auch künstliche Kanalbauteile eingefügt, wie es die Planung z.B. bei Hüntel vorsah. Damit verbunden war die Errichtung einer Schleppzug-Schleuse (Hubhöhe: 2,90 m) im nördlichen Teil des Umgehungsabschnitts.

Abb. 166 Eisenbahn Bonn - Rolandseck. 1855

Ein Teilstück Bonn - Rolandseck der linksrheinischen Eisenbahnlinie wurde 1856 als Verlängerung der bereits 1844 eröffneten Strecke Köln - Bonn fertiggestellt und in den folgenden Jahren bis an die preußische Landesgrenze bei Bingen fortgeführt. Der Situationsplan zeigt den Streckenverlauf bei Rolandseck mit der notwendigen Änderung der Straßenführung und bei den Stationen Nr. 160,15 bis 170,15 den Bereich des inzwischen stillgelegten Bahnhofs Rolandseck, der heute als kulturelles Zentrum der rheinland-pfälzischen Landesregierung genutzt wird.

167

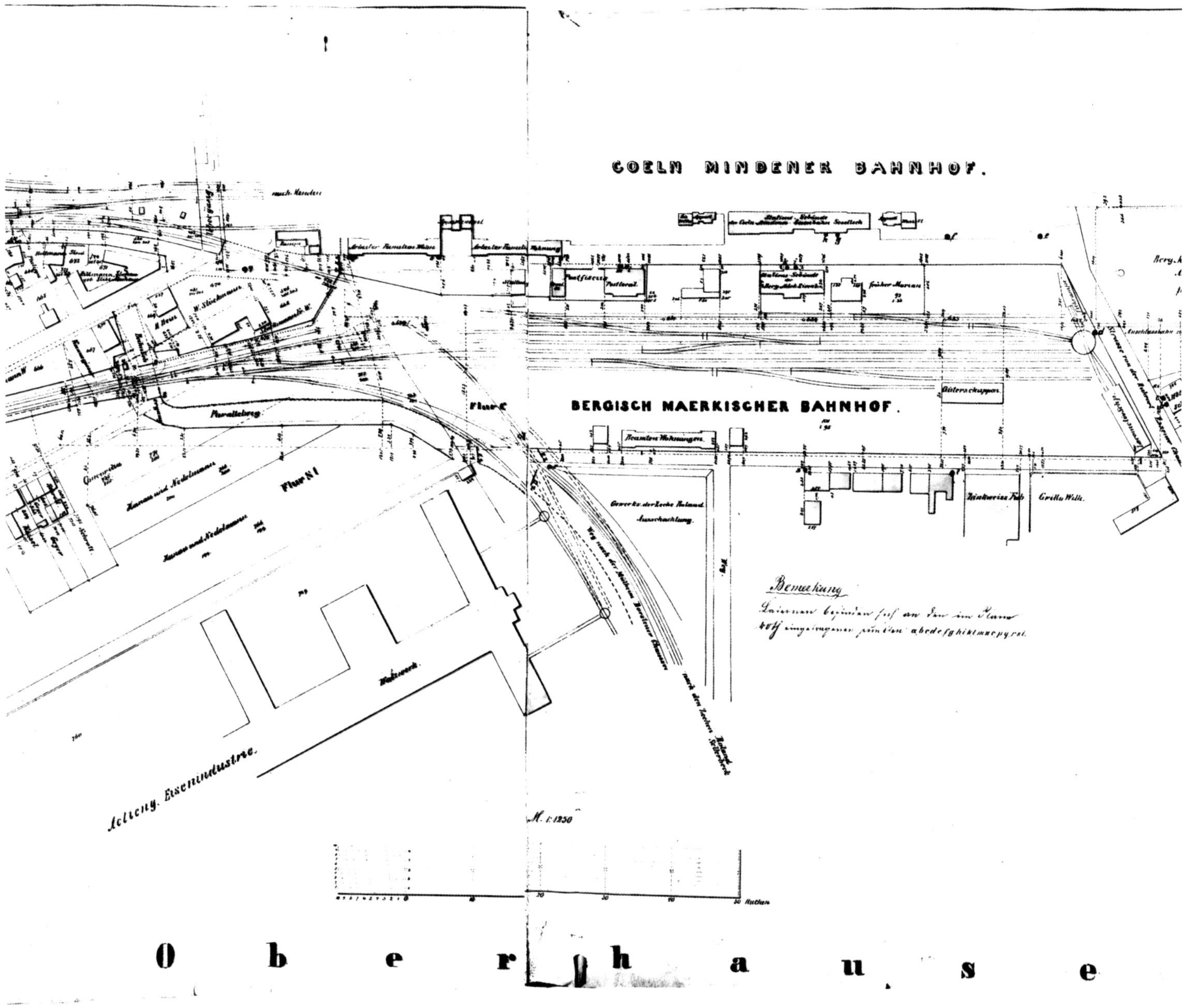

Abb. 167 Bahnhöfe in Oberhausen. 1872

Dargestellt sind hier der Bergisch-Märkische und der Köln-Mindener Bahnhof. Der Eisenbahnbau in Preußen, der 1838 begonnen hatte, war anfangs miteinander konkurrierenden privaten Gesellschaften überlassen, was zu manchen Ungereimtheiten führte, wie hier in der Nachbarschaft von zwei Bahnhöfen zu sehen ist.

Gewerbe und Industrie

Von Erich Wisplinghoff

Von den in diesem Band abgebildeten Darstellungen alter Industrien sind die beiden zeitlich am weitesten auseinanderliegenden, die des eisenverarbeitenden Dollartshammers mit angeschlossener Messingschmelze, Bleihütten und Bohrmühle in der nördlichen Eifel bei Stolberg aus dem Jahre 1544 (Abb. 168) und die der Stadt Essen mit dem sich gerade damals rapide vergrössernden Etablissement von Krupp um 1870 (Abb. 190) in hervorragendem Maße geeignet, Konstanten und Unterschiede in der industriellen Entwicklung des hier zu behandelnden Raums deutlich zu machen. Die wesentliche Konstante besteht in dem hohen Rang der Schwerindustrie, die noch heute den Wirtschaftsraum zwischen Aachen und Dortmund nachhaltig prägt. Unterschiede zwischen damals und heute ergeben sich vor allem aus der Tatsache, daß die Schwerindustrie der frühen Neuzeit bodenständig war in dem Sinn, daß sie vor allem da Möglichkeiten gedeihlicher Entwicklung fand, wo Lagerstätten von Mineralien sowie ein ausreichendes Angebot von Wasserkraft und Holzkohle zusammentrafen. Diese günstigen Voraussetzungen waren nicht nur in der Eifel, sondern auch im Hunsrück, in der Saargegend ((Abb. 187), im bergischen Land (Abb. 179), im Siegerland, im Sayntal, an der unteren Lahn bei Bad Ems und in der westfälischen Grafschaft Mark gegeben, doch wurden sie nicht überall im gleichen Maß genutzt. Die moderne Schwerindustrie ist dagegen immer mehr von den Verkehrsbedingungen abhängig geworden und siedelt sich vor allem da gern an, wo gute Transportmöglichkeiten für Massengüter bestehen. Zum anderen haben sich im Lauf der Zeit die Dimensionen der Industriebetriebe gewaltig vergrößert. Am Dollartshammer waren mit jahreszeitlich bedingten Unterschieden etwa zehn Leute beschäftigt, bei Krupp allein am Standort Essen 1865 nicht weniger als fast 8200.

Mittelalterliches Gewerbe hatte seinen bevorzugten Standort in der Stadt. Das ist eine gängige und im großen und ganzen auch zutreffende Feststellung. Natürlich durfte auch auf dem Land nicht ganz ein ortsansässiges Gewerbe fehlen, das in einzelnen Fällen erhebliche Bedeutung gewann. Es kam sogar vor, wofür Köln ein herausragendes Beispiel liefert, daß Erzeugnisse ländlichen Gewerbefleißes unter dem Namen einer größeren Stadt gehandelt wurden. Aber der Standort Stadt hatte neben unbestreitbaren Vorzügen nicht geringe Nachteile. Wasserkraft, Holzkohle, Grundstücke beispielsweise für die Bleicherei standen häufig nicht oder nicht in ausreichendem Maß zur Verfügung. Das war einer der Gründe, weshalb seit dem späteren Mittelalter in wachsendem Maß bestimmte Gewerbezweige in ländliche Gebiete verlagert wurden. Das meiste Gewicht dürfte allerdings die Überlegung gehabt haben, daß sich das Gewerbe auf dem Land oder in Kleinstädten ungehindert von zünftlerischen Einschränkungen ausdehnen konnte, ungehemmt von Ordnungen, die die Zahl der Arbeitskräfte des einzelnen Meisters, der mechanischen Hilfsmittel, des Bezugs von Rohstoffen begrenzten. Für den aktiveren, unternehmungslustigen Teil der Handwerkerschaft wurden diese Beschränkungen begreiflicherweise immer mehr zu einem Ärgernis.

Recht häufig wirkten sich seit dem 16. Jahrhundert konfessionelle Streiterei und Unduldsamkeit auf die Wirtschaft aus. Gerade in unserem Raum gibt es dafür zahlreiche und wesentliche Beispiele. Die protestantischen Kupfermeister, die Ende des 16. bzw. zu Anfang des 17. Jahrhunderts die Reichsstadt Aachen verlassen mußten, haben sich zu einem guten Teil in dem benachbarten, damals noch ländlichen Stolberg niedergelassen (Abb. 118), das nun einen großen Aufschwung erlebte. Die Kleinstadt Krefeld ist seit der 2. Hälfte des 17. Jahrhunderts durch die Zuwanderung von Mennoniten zu europäischer Bedeutung in der Seidenindustrie gelangt (Abb. 83). Ebenfalls wurde die Weseler Tuchproduktion durch Niederländer belebt (Abb. 101), während in Köln die von diesen Leuten mitgebrachten technischen Neuerungen auf Ablehnung stießen. Glaubensflüchtlinge fanden während des späteren 16. Jahrhunderts in Frankenthal und anderen pfälzischen Orten wie Annweiler, Lambrecht und Otterberg eine neue Heimat, wo sie besonders Tuch- und Gobelinherstellung betrieben. Noch im späten 17. und 18. Jahrhundert wurde Neuwied dank der großzügigen Haltung seiner Landesherren in Konfessionsfragen zu einem wichtigen Industrieort.

Probleme eigener Art bereitete die Energieversorgung der vorindustriellen Zeit. Holz, Holzkohle und Steinkohle dienten damals vornehmlich Heizzwecken, aber auch dem Gewinnen von Metallen aus den Erzen und dem Erhitzen der Metallstücke zur weiteren Bearbeitung. Nicht selten mangelte es an Holz oder Holzkohle. Ein Raubbau am Wald hatte sehr schnell fatale Auswirkungen. Die reichlich vorhandene Steinkohle war für hüttentechnische Zwecke nicht allgemein verwendbar. Zum Betrieb von Mahlmühlen, Hämmern, Schleifereibetrieben, Walkmühlen usw. (Abb. 169, 172, 174, 183, 189) diente, bevor die Dampfmaschine erfunden war, in erster Linie die Wasserkraft, wasserwirtschaftliche Meliorationen spielten deshalb eine wichtige Rolle (Abb. 176, 180, 181). Man hatte es vor allem gelernt, das Wasser in größeren Teichen zu stauen, um die Unregelmäßigkeiten der Niederschläge auszugleichen, wie der von dem Ingenieur-Offizier Gröninger angefertigte Plan der Mühle bei Oelde anschaulich zeigt (Abb. 182). Trotzdem mußte häufig genug bei längeren Trockenperioden der Betrieb eingestellt werden. Die noch erheblich ungleichmäßiger zur Verfügung stehende Kraft des Windes, die im Gegensatz zum Wasser nicht gespeichert werden konnte, ist zur Hauptsache nur für Mahlmühlen und als Reserve genutzt worden.

Auf eine Besonderheit allgemeiner Art ist noch hinzuweisen. Mittelalterlicher und ebenfalls frühneuzeitlicher Bergbau beutete häufig winzige Vorkommen von Erzen und Kohle aus, die heutzutage im Zeitalter der Massenproduktion nicht einmal mehr einer flüchtigen Überlegung für wert gehalten würden. Bezeichnend erscheint, daß im Herzogtum Berg, das keine nach modernen Gesichtspunkten wirklich beachtenswerte Lagerstätten besaß, in der Zeit von 1717-1812 von der dortigen Bergverwaltung nicht weniger als 417 Mutscheine auf 372 Bergwerke ausgestellt worden sind, wobei es um Eisen, Kupfer, Blei, Silber, Quecksilber, Steinkohle, Braunkohle, Schwefel, Vitriol, Alaun und manches andere ging. Nicht alle, aber viele dieser Anlagen haben die Produktion aufgenommen. Selbstverständlich bestanden in anderen Territorien mit ähnlichen natürlichen Voraussetzungen ähnliche Verhältnisse. Auch bei den meisten Gewerbezweigen verhielt es sich so, daß eine große Zahl von Betrieben weit über Land verstreut war. Die Feststellung dürfte wohl kaum zu weit gehen, daß in etwa einem Drittel der Städte unseres Raums, deren Zahl sich auf mehr als 350 beläuft, vor 1800 die Erzeugung von Textilien eine gewisse Bedeutung hatte. Eine strikte Beschränkung auf das Wesentliche, der Verzicht auf eine auch nur annähernde Vollständigkeit ist also dringend geboten, da unsere Darstellung sonst sehr schnell zu einer langen, ungenießbaren Liste entarten würde.

Textilindustrie

Die Erzeugung von Textilien ist zu einem guten Teil schon sehr früh gewerblich betrieben worden. Auch eine Spezialisierung auf bestimmte Produkte hat es schon bald gegeben. So ist eine Zunft der Bettlakenweber in Köln 1149 bezeugt. Vor allem die komplizierte Wolltuchherstellung, an der ja nicht nur Weber, sondern auch Walker, Tuchscherer und Färber beteiligt waren, konnte am heimischen Herd in aller Regel nur wenig qualitätvolle Produkte liefern. Natürlich hatte die Tuchindustrie ihre Schwerpunkte. Das nördliche Rheinland besaß ein gewisses Übergewicht sowohl gegenüber dem Süden als auch gegenüber Westfalen. Sie hat zudem von Ort zu Ort besondere Konjunkturen erlebt. Noch im frühen 16. Jahrhundert hat Düren die Frankfurter Messe beliefert, doch die heimische Tucherzeugung sank nach der Eroberung und dem Stadtbrand von 1543 fast bis zur Bedeutungslosigkeit ab. Auch in Köln hat sie aus anderen Gründen einen starken Rückgang erfahren. An Gewicht gewannen dagegen in der frühen Neuzeit Münstereifel, Hückeswagen, Lennep, Wipperfürth und Kettwig. Aachen hat seinen hohen Rang auf diesem Gebiet behaupten können. Vorort in der Produktion hochwertiger Tuche war jedoch bis zum Ende des 18. Jahrhunderts Monschau in der nördlichen Eifel, das aber nur eine relativ kurze, intensive Blüte erlebte. Im Süden sind als Tuchorte Kaiserslautern und seit dem späten 16. Jahrhundert Frankenthal zu nennen. Deckenherstellung wurde in großem Maß in Burg an der Wupper betrieben.

Die relativ einfache Technik der Leinenherstellung erlaubte die Produktion im Hause und als Nebengewerbe ohne einschneidende Qualitätsverluste. Trotzdem haben sich Schwerpunkte herausgebildet, vor allem natürlich da, wo viel Flachs angebaut wurde, der keinen besonders guten Boden verlangt. Im Rheinland war es das Gebiet um Erkelenz, Viersen und Dülken, in Westfalen das Ravensberger Land mit dem Zentrum Bielefeld, Tecklenburg und das Niederstift Münster. Vor allem in Westfalen wurde ein Qualitätserzeugnis hergestellt, das in großen Mengen in den Export ging. Das Leinen mußte gebleicht werden, was weiches Wasser und große Wiesenflächen erforderte. In Wuppertal hat sich seit dem 16. Jahrhundert, ausgehend von der Bleicherei (Abb. 178) eine hochrangige Produktion von Kurzwaren, von Bändern, Litzen und Posamenten entwickelt, die europäischen Ruf gewann und das Tal zu einer bedeutenden Industriezone werden ließ.

Die Herstellung von Baumwoll- und Baumwollmischgeweben hatte vor allem im Rheinland eine lange Tradition. Vielfach ist dieses Gewerbe an die Stelle früherer Leinenerzeugung getreten, wie überhaupt seine Erzeugnisse als hochwertiger Ersatz für Leinenwaren dienen konnten. In Westfalen hat sich dieser Prozeß weit weniger durchgesetzt, was bei dem hohen Standard der dortigen Leinenerzeugung nicht zu verwundern braucht. Die Herstellung von Mischgeweben, die als Barchent, Boratt und Bombasin bezeichnet wurden, hat zunächst einmal während des 16. Jahrhunderts in Köln eine bedeutende Konjunktur erlebt. Eine auf dieser Grundlage beruhende Textilindustrie mit großer Zukunft entstand um die Kleinstädte Mönchengladbach und Rheydt, wie überhaupt das nördliche Rheinland auf diesem Gebiet führend war. Doch auch in der Grafschaft Mark, in Siegen ebenso wie in Kaiserslautern hatte sich im 17. und 18. Jahrhundert eine recht bedeutende Baumwolle verarbeitende Industrie entwickelt.

Den Anfang mit der Seidenweberei und Seidenverarbeitung hatte in unserem Raum Köln gemacht, das eine erhebliche Bedeutung noch in der frühen Neuzeit behauptete. Aber das große rheinische Zentrum der Seidenindustrie von europäischem Rang entstand seit dem 17. Jahrhundert in Krefeld als Leistung der aus dem bergischen Land stammenden mennonitischen Familie von der Leyen (Abb. 83). Sie erhielt dafür ein Monopol vom preußischen Staat, zu dem Krefeld seit dem Anfang des 18. Jahrhunderts gehörte. An der großen Konjunktur waren auch die ländlichen Nachbargebiete stark beteiligt. Die übrigen Textilfabrikanten Krefelds wichen auf die Samtherstellung aus. Zu Anfang des 18. Jahrhunderts sind in Mülheim am Rhein als Ableger Kölns, nach 1773 in Kaiserswerth als Ableger Krefelds Seidenbetriebe entstanden, die sich aber im 19. Jahrhundert nur zum Teil behaupten konnten. Im späteren 18. Jahrhundert hat in der Seidenindustrie auch Frankenthal eine gewisse Bedeutung erlangt.

Bei der bedeutenden Rolle, die die rheinische Textilindustrie im 18. Jahrhundert spielte, ist es gewiß nicht verwunderlich, daß die in England gemachten Erfindungen zur Mechanisierung des Spinnens und Webens hier schon früh starke Beachtung fanden. Ausgangspunkt der Mechanisierung war die Spinnerei, da der große Bedarf an Garnen kaum noch durch den kostspieligen Handbetrieb gedeckt werden konnte. Die erste Spinnmaschine stand seit 1784 in Cromford bei Ratingen – der hier tätige Unternehmer stammte aus Wuppertal – und lieferte im wesentlichen auch dahin. Durch nicht sonderlich wirksame Anordnungen suchte man einen Schutz vor Industriespionage zu erreichen. Zur stärkeren Nutzung und Verbreitung der Maschinen, auch der Dampfmaschinen, kam es jedoch erst in der französischen und der dann folgenden preußischen Zeit.

Der Bergbau

Teile des Rheinlands und Westfalens sind Standorte sehr alter und zu ihrer Zeit höchst bedeutender Industrie. Dazu hat ganz wesentlich die Tatsache beigetragen, daß hier die Erde Schätze an Kohlen und Erzen birgt, die schon in frühester Zeit gehoben und weiter verarbeitet wurden. Beginnen wir mit der Steinkohle. Ihr Abbau ist bereits im 12. Jahrhundert an den Stellen, wo die Vorkommen das Tageslicht erreichen, in der Umgebung von Aachen erfolgt. Seine Bedeutung hat dieses Revier (Abb. 173), dessen Geschichte seit der frühesten Neuzeit gut bezeugt ist, bis heute behalten. Nachrichten über den Ruhrbergbau liegen erst aus sehr viel späterer Zeit, beginnend mit dem 14. Jahrhundert vor. Obwohl Bezeugungen in dieser frühen Zeit häufig vom Zufall der Überlieferung abhängig sind, scheint der zeitliche Vorsprung des Aachen-Eschweiler Bergbaus doch festzustehen. Jedenfalls hat er noch im späten 16. Jahrhundert einen technischen Vorsprung besessen. Das ist nämlich wohl die Voraussetzung dafür gewesen, daß um 1570 der damalige Kellner, später Abt des Klosters Werden an der Ruhr, Heinrich Duden, Bergleute aus Eschweiler anwarb, als er ein gerade entdecktes Kohlevorkommen ausbeuten wollte. Dann aber hat sich der Kohlebergbau an der Ruhr noch im 17. und 18. Jahrhundert stark entwickelt. Führend war dabei die Grafschaft Mark, für die seit 1766 mit einer neuen Bergordnung das sog. Direktionsprinzip eingeführt wurde, das den Bergbau einer straffen staatlichen Aufsicht und Reglementierung unterwarf (Abb. 184). Die Ruhr wurde seit 1770 durch gemeinsame Anstrengungen der Anliegerstaaten schiffbar gemacht. Die Steinkohlevorkommen des Saarlandes und der nördlichen Pfalz sind ebenfalls seit dem späten Mittelalter bekannt und genutzt worden. An der Saar wurde 1751 der Bergbau unter landesherrliche Verwaltung gestellt. Außerhalb des Ruhrgebiets hat der Kohlebergbau in Westfalen noch im Tecklenburger Land Bedeutung erlangt, wofür der Name Ibbenbüren steht. Braunkohlen sind dagegen, obwohl ihre Gewinnung weniger Probleme bot als die der Steinkohle, bis weit in das 19. Jahrhundert hinein nur sehr wenig genutzt worden.

Die hauptsächlichen Zonen der Eisenerzgewinnung wurden oben schon genannt. Ergänzend ist zu bemerken, daß die Vorkommen von sehr verschiedener Mächtigkeit waren. Im bergischen Land (Abb. 170) und noch mehr in der Grafschaft Mark hat die eigene Erzgrundlage für die eisenverarbeitende Industrie schon bald nicht mehr ausgereicht. In der Eifel und im Hunsrück wurde ihre Produktion bis weit in das 19. Jahrhundert, im Siegerland sogar bis in die heutige Zeit aufrechterhalten. Noch in unserem Jahrhundert hat die Bleigewinnung in der nördlichen Eifel eine wesentliche Rolle gespielt. Blei wurde auch im Gebiet an unterer Sieg und Nister (Abb. 177), Galmei, das Zinkerz, bis in unsere Zeit am Altenberg in der Nähe von Aachen gewonnen. Vorkommen von Kupfer sind im Sauerland (Abb. 175, 177) und an vielen anderen Stellen anzutreffen und wurden ausgebeutet, haben aber, vielleicht mit Ausnahme von Sayn-Altenkirchen, nirgends eine größere Bedeutung erlangt. So war Stolberg immer auf auswärtiges Kupfer angewiesen. Silberbergbau ist im bergischen Land schon im hohen Mittelalter und sogar in Kaiserurkunden bezeugt. Verträge betreffend den Dollartshammer zeigen, daß man im 16. Jahrhundert in der nördlichen Eifel das mit dem Blei zusammen auftretende Silber zu gewinnen suchte, doch scheinen die Erfolge dabei nicht erheblich gewesen zu sein. Silberbergbau hat neben der Gewinnung von Quecksilber eine Rolle im Siegerland und in Meisenheim am Glan gespielt. Unter den Metallvorkommen der nördlichen Pfalz sind Quecksilber und Silber (Abb. 185) zu nennen. Goldwäscherei wurde am Rhein bei Germersheim noch bis ins vorige Jahrhundert hinein betrieben.

Auch das Salz hat in diesem Kapitel seinen Platz. Tacitus berichtet, daß germanische Stämme im 1. Jahrhundert nach Christus heftige Kämpfe um Salzquellen ausgefochten haben. In der frühen Neuzeit bestand an Salz gewiß kein Mangel mehr. Doch in einer Zeit, die keines der modernen Konservierungsverfahren kannte, war es als Konservierungsstoff geradezu unentbehrlich und wurde je Kopf in weit größeren Mengen als heute verbraucht. In unseren Gegenden gab es ertragreiche Salinen an mehreren Stellen, so in Bad Dürkheim (Abb. 188), in Kreuznach an der Nahe und Umgebung, dann aber auch in der Soester Börde, wo der Name Salzkotten heute noch an die Bedeutung dieser Produktion früherer Zeit erinnert (Abb. 171). In Westfalen wurde Salz noch in der Grafschaft Mark bei Unna-Königsborn und Rheine gewonnen. Dagegen ist die Salzerzeugung in Sulzbach an der Saar schon im 18. Jahrhundert eingestellt worden.

Schließlich sind Steine, die in Steinbrüchen, aber auch in Bergwerken gehoben werden, zu erwähnen. Begünstigt wurde diese Industrie durch den starken Bedarf des Flachlands an Natursteinen, das selbst nur geringe Vorkommen besaß. Gewinnung von Steinen und Dachschiefer war zwar vielerorts möglich, doch kam zwei rheinischen Lagerstätten eine weit über den lokalen Bereich hinausgehende Bedeutung zu. Der Trachyt des Siebengebirges, speziell der vom Drachenfels (Abb. 186), wurde für zahlreiche mittelalterliche Bauwerke verwendet, deren bekanntestes der Kölner Dom ist. Sehr viel größer noch war der Bereich, in den die aus den dortigen Basaltvorkommen hergestellten Mühlsteine des Gebietes um Mayen verfrachtet wurden. Dort wurde auch Traß gewonnen, ein Material, das besonders für Wasserbauarbeiten verwendet wurde. Die Kalkvorkommen des bergischen Lands sind schon seit dem Mittelalter genutzt worden. Halbedelsteine wurden an der Nahe bei Idar-Oberstein gefunden und verarbeitet.

Metallverarbeitung

Selbstverständlich wurden die Erze an den Stellen, an denen sie gehoben wurden, auch verhüttet. Das war bei den schwierigen Transportverhältnissen vor dem Eisenbahnzeitalter auch gar nicht anders möglich. Zweckmäßig wäre es sicher gewesen, daran an Ort und Stelle die Verarbeitung anzuschließen, was aber nicht an allen Stellen in gleichem Maße geschehen ist. So sind die Erzeugnisse der Eifeler Eisenhütten zu einem guten Teil nach Köln, aber auch in die Städte des Jülicher Landes und nach Düsseldorf gegangen. Weshalb die Eifel ihr Eisen exportierte, weshalb das bergische Land und die Mark ihre geringe Produktion weiterverarbeiteten, läßt sich nicht sagen. Eine eisenverarbeitende Industrie von europäischer Geltung entstand in unserem Raum vor allem an zwei Stellen, im bergischen Land um Solingen und Remscheid und in der Grafschaft Mark. Die bergische eisenverarbeitende Industrie hat sich, in ihren Anfängen zweifellos stark beeinflußt von Köln und begünstigt durch die reichlich zur Verfügung stehende Wasserkraft, auf die Herstellung von Klingen aller Art, von Sensen, Sicheln und Werkzeug verlegt. Bergische Besonderheit war die starke Auffächerung der Klingenherstellung, an der Schmiede, Härter und Schwertfeger beteiligt waren. Öfter wurde versucht, diese Industrie durch Abwerbung und Abwanderung von Arbeitskräften auch an anderen Stellen zu verpflanzen, doch hat es damit nur in der Grafschaft Mark gewisse Erfolge vornehmlich auf dem Gebiet der Sensenherstellung gegeben. In dem zweiten wichtigen Zentrum, der Mark, war die Eisenverarbeitung ebenfalls stark spezialisiert. Haupterzeugnis war Draht verschiedenster Stärken. Aber auch Halbfertigprodukte, ferner Nadeln und sog. Breitwaren wie Spaten, Schaufeln und Pfannen wurden hergestellt. Aus Aachen ist die Erzeugung von Kratzendraht hierhin verlegt worden.

An manchen Orten außerhalb der beiden soeben vorgestellten Kerngebiete hatten sich Spezialindustrien entwickelt, die sich aber nicht in jedem Fall behaupten konnten. Klingen wurden im westfälischen Breckerfeld produziert, doch trat dabei ein scharfer Rückgang schon im 17. Jahrhundert ein. Ratinger Scheren waren lange Zeit ein Begriff, aber nach den Zerstörungen des Dreißigjährigen Krieges war es damit zu Ende. Besser hat sich die Herstellung von Schußwaffen, im besonderen von Gewehren, in Essen entwickelt und behauptet. In dem wenig verkehrsgünstig gelegenen Velbert spezialisierte man sich auf Kleinartikel wie Schlösser und Beschläge. In Olpe wurden in großem Umfang Pfannen und Kessel erzeugt. In Aachen gewann die Herstellung von Nadeln, anfangs aus Messing, später aus Stahl, eine weit über den regionalen Bereich hinausgehende Bedeutung. In Neuwied entstand das erste Blechwalzwerk auf deutschem Boden. In Dillingen an der Saar nahm die Produktion von Platten und Öfen einen erheblichen Aufschwung.

Begünstigt durch nahe gelegene Zinkvorkommen war im Maastal, danach aber auch in dem benachbarten Aachen eine umfangreiche Messingproduktion entstanden. Der Ausgang der konfessionellen Wirren in der Reichsstadt, die durch das Eingreifen auswärtiger Mächte zugunsten des alten Glaubens entschieden wurden, zwang die zumeist protestantischen »Kupfermeister« zur Abwanderung. Wie schon erwähnt, ließen sie sich zu einem guten Teil in Stolberg nieder, wo nun in einer größeren Anzahl von Betrieben eine im 17. und 18. Jahrhundert in Europa führende Messingverarbeitung entstand, die allerdings schon im späteren 18. Jahrhundert einen Rückgang erlebte. Daneben kam in dieser Zeit auch in der Grafschaft Mark die Herstellung von Schnallen, Knöpfen, Spangen, Fingerhüten und Dosen aus Kupfer und Kupferlegierungen zur Blüte.

Andere Industrien

Die chinesische Erfindung des Papiers ist dem Abendland durch die Araber vermittelt worden, die selbst damit um die Mitte des 8. Jahrhunderts bekannt wurden, und hat sich zunächst in Südeuropa recht langsam verbreitet. Die erste Papiermühle Deutschlands arbeitete am Ende des 14. Jahrhunderts in der Nähe von Nürnberg. Im Rheinland ist es zur Papierherstellung in größerem Umfang erst gegen Ende des 16. Jahrhunderts gekommen. Doch die neue Industrie faßte Fuß in zwei Gebieten, die sich dann als ausgesprochen zukunftsträchtig erwiesen haben, erstens in den Tälern der nördlichen Eifel mit dem Zentrum Düren, zum anderen am bergischen Strunderbach in Bergisch-Gladbach. Die dort gelegenen Werke haben auch heute noch große Bedeutung.

Bei Keramik, Glas, Porzellan handelt es sich um verwandte Produktionen, die ihre Erzeugnisse aus den Rohstoffen Ton und Sand durch Brenn- und Schmelzvorgänge herstellen, die aber zeitlich und örtlich stark unterschiedliche Schicksale gehabt haben. Die rheinische Töpferei ist uralt und reicht weit über die Römerzeit zurück. Im späteren Mittelalter und im 16. Jahrhundert war Siegburg ein bedeutendes Zentrum, das seine Kannen, Töpfe und Schüsseln überall hin nach Europa lieferte. Durch Kriegswirren kam die Erzeugung hier im 17. Jahrhundert fast völlig zum Erliegen. Siegburger Töpfer wanderten u.a. nach Höhr-Grenzhausen ab, wo vorher schon eine wichtige Industrie bestand, die nun außer Töpfen und Schüsseln auch die anspruchsvollen Kannen herstellte. Daneben entwickelte sich die Herstellung von Tonpfeifen. Auch im linksrheinischen Frechen ist begünstigt durch umfangreiche Tonlagerstätten, eine Keramikherstellung in der frühen Neuzeit entstanden. Schließlich ist auch die Töpferei in Bendorf zu nennen.

Glasherstellung war an das Vorkommen von geeignetem Sand und an reichliches Vorkommen von Brennmaterial gebunden. In unserem Bereich entwickelte sich eine erwähnenswerte Glasherstellung während des 18. Jahrhunderts vor allem in der Grafschaft Saarbrücken und in der nördlichen Eifel. Aber es gab auch Glasmanufakturen in Steele bei Essen und in der Pfalz in Ottersberg.

Die Porzellanherstellung, die sich im 18. Jahrhundert in ganz Europa rasch ausbreitete, war dagegen eher Spielerei und Prestigeobjekt kleinerer und größerer Fürstlichkeiten. In dem von uns zu behandelndem Gebiet hat sie kaum größere Bedeutung erlangt. Zu nennen sind hier allenfalls die Manufakturen in Ottweiler, Blieskastel, beide im Saarland, in Vallendar und Frankenthal sowie die Fayencefabrik in Bonn.

Tabak, Leder und Möbel

Die Gewerbezweige, die am Schluß unseres Überblicks über das Gewerbe der frühen Neuzeit stehen, haben nichts miteinander gemein und sind hier aus praktischen Gründen zusammengefaßt. Ledererzeugung und -verarbeitung hat es in mehr oder weniger großem Rahmen fast überall dort gegeben, wo Viehhäute, die als Gerbmaterial dienende Eichenrinde und Wasserkraft zu ihrem Vermahlen in genügendem Maße zur Verfügung standen. Daß war in bergigen Gegenden weit eher der Fall als im Flachland. Die Tabakverarbeitung hat vor allem im 18. Jahrhundert ihren Aufschwung genommen, wobei zum Teil landesherrliche Initiative maßgebend war. Größere Bedeutung gewann sie in Köln und Duisburg. Die Möbelherstellung hatte im 18. Jahrhundert ihr alles überstrahlendes Zentrum in Neuwied, wo Möbel von hervorragendem künstlerischen Wert produziert wurden. Daneben ist nur noch Mainz zu nennen.

Die Franzosenzeit

Die Ende des Jahres 1794 beginnenden fast 20 Jahre unmittelbarer französischer Herrschaft auf dem linken Rheinufer haben nicht nur auf die Wirtschaft dieser Regionen, sondern auch auf die benachbarten Gegenden starke Auswirkungen gehabt. Nicht, daß etwa von großen technischen Neuerungen zu berichten wäre. Doch die Rahmenbedingungen änderten sich geradezu entscheidend, als nun ein einheitliches, sich von den Pyrenäen bis zum Rhein erstreckendes Wirtschaftsgebiet geschaffen wurde. Schon das war ein Fortschritt, der nicht hoch genug eingeschätzt werden kann. Auch auf dem rechten Rheinufer kam es einige Jahre später zur Entstehung größerer staatlicher Gebilde. Die Gewerbefreiheit wurde eingeführt. Ebenso wichtig war ein anderer Punkt. Frankreich strebte nach Autarkie, was vor allem für die Zeit Napoleons galt, und schloß sich durch hohe Zollmauern von seinen Nachbarn ab, auch wenn es sich bei ihnen wie im Fall des Großherzogtums Berg um Satellitenstaaten handelte. Man ging dazu über, die Vorkommen von Bodenschätzen systematischer als bisher zu erfassen (Abb. 187). Autarkiebestrebungen waren zwar nicht neu – schon das Zeitalter des Merkantilismus seit dem späten 17. Jahrhundert war davon geprägt –, doch in dem so stark territorial zersplitterten westlichen Deutschland hatte es dafür keine rechte Grundlage gegeben. Dank der protektionistischen Einstellung des Staates und in den letzten Jahren durch die Kontentinentalsperre von der englischen Konkurrenz abgeschirmt, erlebten die linksrheinischen Industrien eine Blütezeit. In der Textilindustrie setzte sich die Mechanisierung durch; auch die Dampfmaschine gewann an Boden. Man versuchte sich an der Erzeugung von Zucker aus der einheimischen Rübe. Es gab staatliche Förderungsmaßnahmen wie Industrieausstellungen mit Prämierungen hochwertiger Erzeugnisse.

Die linksrheinische Wirtschaft blieb dennoch in dieser Zeit von schweren Krisen nicht verschont. Das zeigte sich besonders 1808, als innerhalb kürzester Zeit bedingt im wesentlichen durch Rohstoffmangel mehr als die Hälfte der Textilarbeiter im Roerdepartment entlassen wurde. Die Trennung von den rechtsrheinischen Gebieten wurde nicht nur als Vorteil empfunden, da manche Gewerbezweige auf rechtsrheinische Erzeugnisse angewiesen waren. Hemmend wirkte gelegentlich der Dirigismus der französischen Verwaltung und ihre Furcht vor dem Schmuggel über den Rhein hinweg. So mußten Fabrikgründungen in Paris genehmigt werden; in einigen Fällen kamen sie wegen des Einspruchs der Zollverwaltung nicht zustande. Natürlich stellten auch die beinahe ständigen Kriege Napoleons eine starke Belastung dar.

In scharfem Gegensatz zu der insgesamt recht positiv zu bewertenden Entwicklung auf dem linken Rheinufer stand die außerhalb des eigentlichen französischen Machtbereichs. Die stark exportorientierte bergische und märkische Industrie, aber auch das Töpfereigebiet von Höhr-Grenzhausen wurde durch die hohen Zölle von wesentlichen Teilen ihrer Absatzgebiete abgeschnitten. Bergische und märkische Unternehmer sind deshalb in nicht geringer Zahl zusammen mit ihren Facharbeitern auf das linke Rheinufer übergesiedelt, wo beispielsweise die bisherige Ackerbürgerstadt Neuss für einige Zeit eine gewisse Bedeutung in der Textilerzeugung gewann. Doch für das Gros der rechtsrheinischen Industrie war dieser Weg nicht gangbar. So geriet in den Anfangsjahren des 19. Jahrhunderts die bergische und märkische Industrie in schwere Bedrängnis, woran auch die rege Schmuggeltätigkeit nichts änderte.

Das weitere 19. Jahrhundert

Der Übergang der Rheinlande und Westfalens an Preußen im Jahr 1815 bedeutete für die Wirtschaft dieser beiden hochentwickelten Gebiete eine Herausforderung von besonderer Schärfe. Auf dem linken Rheinufer hatte für sie in der Franzosenzeit eine Art Treibhausklima bestanden. Nun fielen die schützenden Wände, da Preußen im Interesse seiner ostelbischen, auf Export angewiesenen Landwirtschaft auf Schutzzölle verzichtete, auf die die Industrie der Westprovinzen angesichts der weit überlegenen englischen Konkurrenz dringend angewiesen gewesen wäre. England drängte ja mit ruinös wirkenden Preisen auf den ihm mehr als ein Jahrzehnt weitgehend verschlossenen kontinentaleuropäischen Markt. Die beiden ersten Jahrzehnte der preußischen Herrschaft stellten eine besonders schwierige Zeit dar, in der viele Unternehmungen in Konkurs gingen und nur die stärksten und am besten geführten überlebten.

Für die Industrialisierung, die mit den 30er und 40er Jahren des 19. Jahrhunderts einsetzte, waren verschiedene Gründe verantwortlich. Am wichtigsten war, daß eine stark anwachsende Bevölkerung einen immer größeren Bedarf an Industriewaren hatte. Die Dampfmaschine setzte sich immer mehr durch und lieferte die Energie dort, wo man sie brauchte. Die Industrie war nun nicht mehr auf Wasserkraft vornehmlich der Gebirgsbäche mit starkem Gefälle angewiesen. Auf Räder gestellt hatte sie ein neues Zeitalter des Verkehrs herbeigeführt. Der Eisenbahnbau, der in Deutschland 1835, im Rheinland nur wenig später 1838 begann, erhöhte mit seinem enormen Bedarf an Schienen und rollendem Material die Anforderungen an die Eisenindustrie auf ein zuvor nicht gekanntes Maß. Nur durch gewaltige Anstrengungen konnte dem entsprochen werden. Im Schiffbau ging man vom Holz zum Eisen über. Der Straßenbau hatte in der französischen und ersten preußischen Zeit eine Hochkonjunktur erlebt. Fast gleichzeitig mit dem Beginn des Eisenbahnbaus war unter preußischer Führung der Deutsche Zollverein entstanden, der von seinem Beginn an den größeren Teil Deutschlands zu einem einheitlichen Wirtschaftsgebiet machte. Dank der zahlreichen Erfindungen und ihrer immer schnelleren Ausnutzung gewann der technische Fortschritt ein immer rascheres Tempo.

Der S t e i n k o h l e nabbau hatte damit begonnen, die zu Tage tretenden Vorkommen auszubeuten und ihnen, besonders von Hanglagen aus, so weit wie möglich mittels Stollen in die Erde zu folgen (Abb. 184). Das war ein Vorgehen, mit dem nur ein kleiner Teil der Vorräte erreicht werden konnte, der zudem von schlechter Qualität war. Das zweite technisch ungleich aufwendigere und kostspieligere Verfahren bestand darin, die über der Kohle liegenden Deckschichten zu durchstoßen und zum Tiefbau überzugehen. Das geschah mit Schächten, die senkrecht in die Erde getrieben wurden. Den einzelnen dabei angeschnittenen Kohlenflözen folgte man dann mittels Stollen. An der Ruhr gelang das zuerst in den 30er Jahren des 19. Jahrhunderts, wobei sich hemmend die bis dahin schlechte Absatzlage für Kohle und die vorsichtige Politik der preußischen Bergbauverwaltung bemerkbar machten. Der Bergbau, der südlich der Ruhr begonnen hatte, folgte den in immer größere Tiefen absinkenden Flözen nach Norden in Richtung auf die Emscher und erschloß nach der Mitte der 19. Jahrhunderts auch die westlich des Rheins gelegenen ausgedehnten Lagerstätten. Der gewaltigen Produktionsausweitung an der Ruhr konnten die übrigen Kohlegebiete im Raum von Aachen, Eschweiler, an der Saar und in Ibbenbüren nicht in gleichem Maß folgen. Ihre Bedeutung verringerte sich erheblich.

Braunkohle hatte man lange Zeit zur Alaun- und Farbenherstellung sowie als Düngemittel verwendet. Erst im ausgehenden 19. Jahrhundert ging man daran, die großen, dicht unter der Erde liegenden und deshalb leicht zugänglichen Vorkommen westlich von Köln in wirklich großem Maßstab auszubeuten. Diese Verspätung hatte ihre Gründe. Braunkohle war weniger energiereich als Steinkohle und enthielt viel Wasser, so daß der Transport über größere Strecken hinweg unrationell erscheinen mußte. Als Hausbrand wurde sie erst interessant, nachdem man gelernt hatte, sie zu Briketts zu pressen. Weit größere Mengen wurden jedoch an Ort und Stelle in elektrischen Strom umgewandelt.

Die Gewinnung von Steinen erlebte vor allem im südlichen Rheinland, wo die entsprechenden natürlichen Voraussetzungen gegeben waren, eine große Konjunktur, als seit dem 2. Drittel des 19. Jahrhunderts der riesige Bedarf des Eisenbahn- und Straßenbaus zu befriedigen war. Der Ton für die Keramikindustrie wurde teils im Tage-, teils im Schachtbau in der Rheinebene südlich von Mainz gewonnen. Für den sich kräftig entwickelnden Schieferabbau im Hunsrück war eine starke Konzentration der Betriebe kennzeichnend.

Seit etwa der Mitte des 19. Jahrhunderts gewann das Ruhrgebiet auch die Spitzenposition in der deutschen Eisenerzerzeugung, die zuvor ganz eindeutig das Siegerland innegehabt hatte. In den Gebirgszonen ging die Eisenerzerzeugung allmählich und dann immer schneller zurück. An den meisten Stellen kam sie schließlich ganz zum Erliegen, wobei die schlechten Verkehrsbedingungen ebenso ein Rolle spielten wie die relativ geringe Mächtigkeit der Lagerstätten. Das Siegerland beschränkte sich zunehmend auf die Herstellung von besonders hochwertigem Eisen und Stahl, was sich ebenfalls in Bendorf und Neuwied als hilfreich erwies. Das im 18. Jahrhundert in England entwickelte Verfahren, Kohle in Koks umzuwandeln, setzte sich um die Mitte des 19. Jahrhunderts auch in Deutschland durch. Es ermöglichte den Einsatz der reichlich vorhandenen und billigen Steinkohle statt der teuren und nur begrenzt verfügbaren zuwachsenden Holzkohle ohne wesentliche Qualitätsnachteile. Für die Entwicklung im Ruhrgebiet erwies es sich als günstig, daß in seinem östlichen Teil um 1850 größere Vorkommen von Kohleneisenerz entdeckt und genutzt wurden.

An dieser Stelle erscheint es notwendig, einen Blick auf die neuen Techniken der Eisenerzerzeugung zu werfen, die alle in England erfunden worden waren. Als erstes kam das Puddelverfahren, das seit den 20er Jahren des 19. Jahrhunderts in der nördlichen Eifel, am Rasselstein bei Neuwied und in der Mark fast gleichzeitig eingeführt wurde. Eine weitere enorme Beschleunigung erfuhr die Eisenproduktion durch die Erfindung von Bessemer, mit der allerdings nicht alle Erze verarbeitet werden konnten . Den einschneidenden Wandel brachte nur wenig später das Thomasverfahren, das es ermöglichte, phosphorreiche Eisenerze ohne Qualitätsnachteile zu verhütten, die aus leicht zu erschließenden Vorkommen in Lothringen, Spanien und Algerien stammten. Dank der verbesserten Transportmöglichkeiten konnten sie zu Preisen geliefert werden, mit denen die einheimischen Erzgruben nicht konkurrieren konnten, deren Standortnachteile sich immer mehr fühlbar machten. Die Transportverhältnisse begünstigten schließlich auch ein Wandern der Eisenerzeugung an der Ruhr von Ost nach Westen hin zum Rhein.

In der Eisenverarbeitung haben sich die alten bedeutenden Regionen, im besonderen das bergische Land und die Mark, erheblich besser behaupten können, obwohl sich zahlreiche Betriebe auch in der Nachbarschaft der Eisenhütten niederließen. Technische Neuerungen haben auf diesem Gebiet größten Einfluß gehabt. Die Bearbeitung des Eisens durch Walzen statt durch Hämmern hatte zur Folge, daß größere Werkstücke in wesentlich kürzerer Zeit und in besserer Qualität als zuvor hergestellt werden konnten. Zuerst wurde es auf dem Rasselstein eingeführt und setzte sich dann in verhältnismäßig kurzer Zeit allgemein durch. Man spezialisierte sich auf die Herstellung von Grob- oder Feinblech. Die traditionelle Drahtherstellung wurde mit Erfolg mechanisiert ebenso wie die Nadelproduktion, die sich nach der Überwindung einiger Schwierigkeiten günstig entwickelte. In der Mark nahm die Herstellung von Ketten und Schrauben einen kräftigen Aufschwung. Die Schienen für die erste deutsche Eisenbahnstrecke Nürnberg-Fürth wurden auf dem Rasselstein hergestellt. Aus kleinsten Anfängen entstand eine leistungsfähige Maschinenindustrie, deren erste namhafte Werke in Essen, Grevenbroich und Sterkrade, in Westfalen in Wetter an der Ruhr standen, wo der Industriepionier Friedrich Harkort arbeitete. Sie breitete sich sehr schnell aus.

Die ersten Jahrzehnte der preußischen Herrschaft waren für die gesamte Textilindustrie sehr schwierig, wobei die ungehemmten Einfuhren aus dem technisch weit überlegenen England ebenso eine Rolle spielten wie die Schutzzollpolitik anderer europäischer Staaten. Besonders schwer hat die Leinenerzeugung darunter gelitten. Zwar hätte die Mechanisierung eine gewisse Abhilfe schaffen können, aber sie setzte sich, wie schon berichtet, zuerst in der Baumwollspinnerei und seit den 40er Jahren auch in der Baumwollweberei durch. Die Leinenindustrie folgte erst mit einigem zeitlichen Abstand. Die Baumwollverarbeitung hatte ihre wichtigsten Zentren im Rheinland um Mönchengladbach und Rheydt, in Wuppertal und im Kreis Lennep, in Westfalen im westlichen Münsterland in einer Zone entlang der niederländischen Grenze und im Raum Bielefeld. Die Wolltucherzeugung behauptete sich vornehmlich an einigen alten Standorten wie Aachen, Kettwig und Lennep. In der Herstellung von Samt und Seide konnten Krefeld und Mülheim am Rhein ihren Platz einigermaßen halten, während Wuppertal hier stark an Bedeutung gewann.

Zusammenfassung und Ausblick

Die Entwicklung der übrigen bereits bestehenden und der sich neu entwickelnden Industrien kann hier nicht mehr behandelt werden. Zu bemerken ist, daß die Salzerzeugung in Salinen einen starken Rückgang erlebte. Die Glaserzeugung gewann einen neuen wichtigen Standort in Düsseldorf-Gerresheim und behauptete sich im Saarland. An der Saar entwickelte sich die Keramikherstellung zu großer Bedeutung. Wachstumsindustrie in höchstem Maß war die chemische Industrie, wobei die Herstellung von Farben, zunächst auf der Grundlage von Blei und Zink, dann von Steinkohlenteer, weiter die Produktion von Schwefelsäure, von Sprengstoffen und künstlichem Dünger die sie tragenden Säulen bildete. Sie verlagerte sich an den Rhein, wo die Namen Ludwigshafen, Leverkusen, Dormagen und Ürdingen zu nennen sind. Die Sprengstoffindustrie ließ sich in der wenig besiedelten Troisdorfer Heide nieder. Mit einiger Verspätung kam schließlich die Fahrzeugherstellung hinzu. In den Archiven hat sich die industrielle Entwicklung insgesamt gesehen neben Akten mehr in Plänen über einzelne Gebäude, Anlagen und Maschinen als in Karten niedergeschlagen.

Abb. 168
Dollartshammer
bei Stolberg. 1544

Das hier abgebildete anscheinend in unberührter Waldeinsamkeit liegende Fachwerkhaus beherbergte mehrere Werke der Schwerindustrie, an denen auch der Herzog von Jülich-Kleve-Berg beteiligt war, nämlich ein mit Wasserkraft betriebenes Hammerwerk zu Herstellung von Stabeisen, eine Messingschmelze, Bleihütten, einen Betrieb zum Ausbohren von Geschützrohren und eine Eisengießerei. Das Stabeisen wurde vornehmlich in Köln verkauft.

168

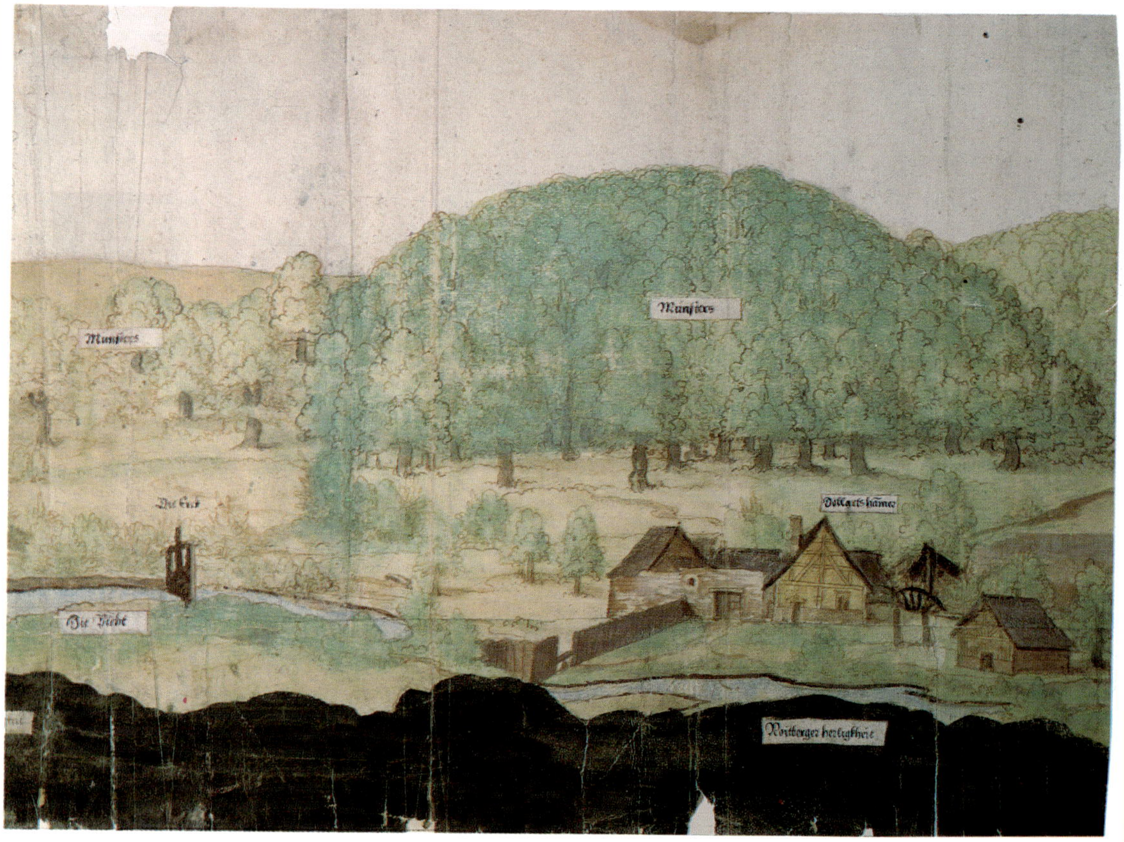

Abb. 169
Hof und Mühlenanlage
bei Hönningen. 1580

Die wie eine Kinderzeichnung anmutende Darstellung ist dennoch ein amtliches Dokument, entstanden bei Streitigkeiten zwischen der Abtei Rommersdorf und den Isenburgern wegen des Baus einer isenburgischen Schneidmühle bei dem abteilichen Hof Syon bei Hönningen. Der Augenschein zeigt die Hofanlage und außerhalb der Umzäunung den begonnenen Bau der isenburgischen Mühle. Das links als Ruine erkennbare Gebäude war ehemals eine Kapelle, wurde dann als Scheune und Stall genutzt und bei einem Brand bis auf die Grundmauern zerstört.

169

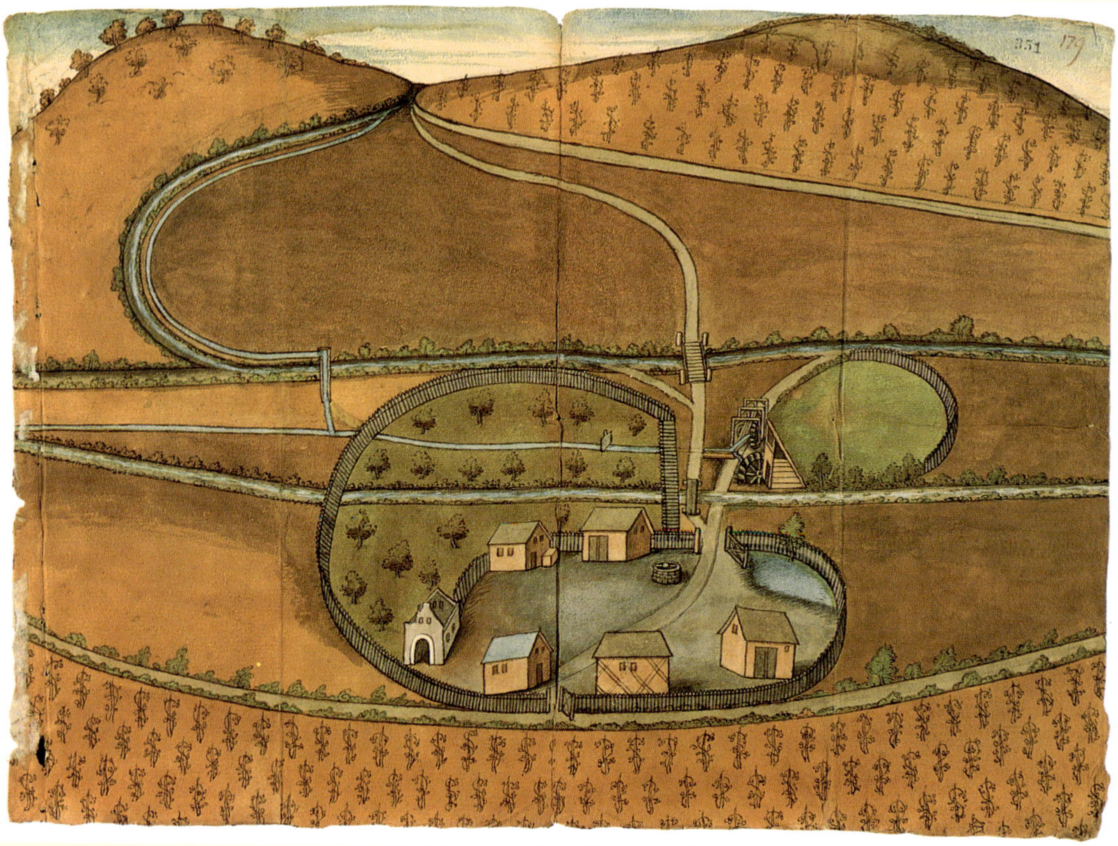

170

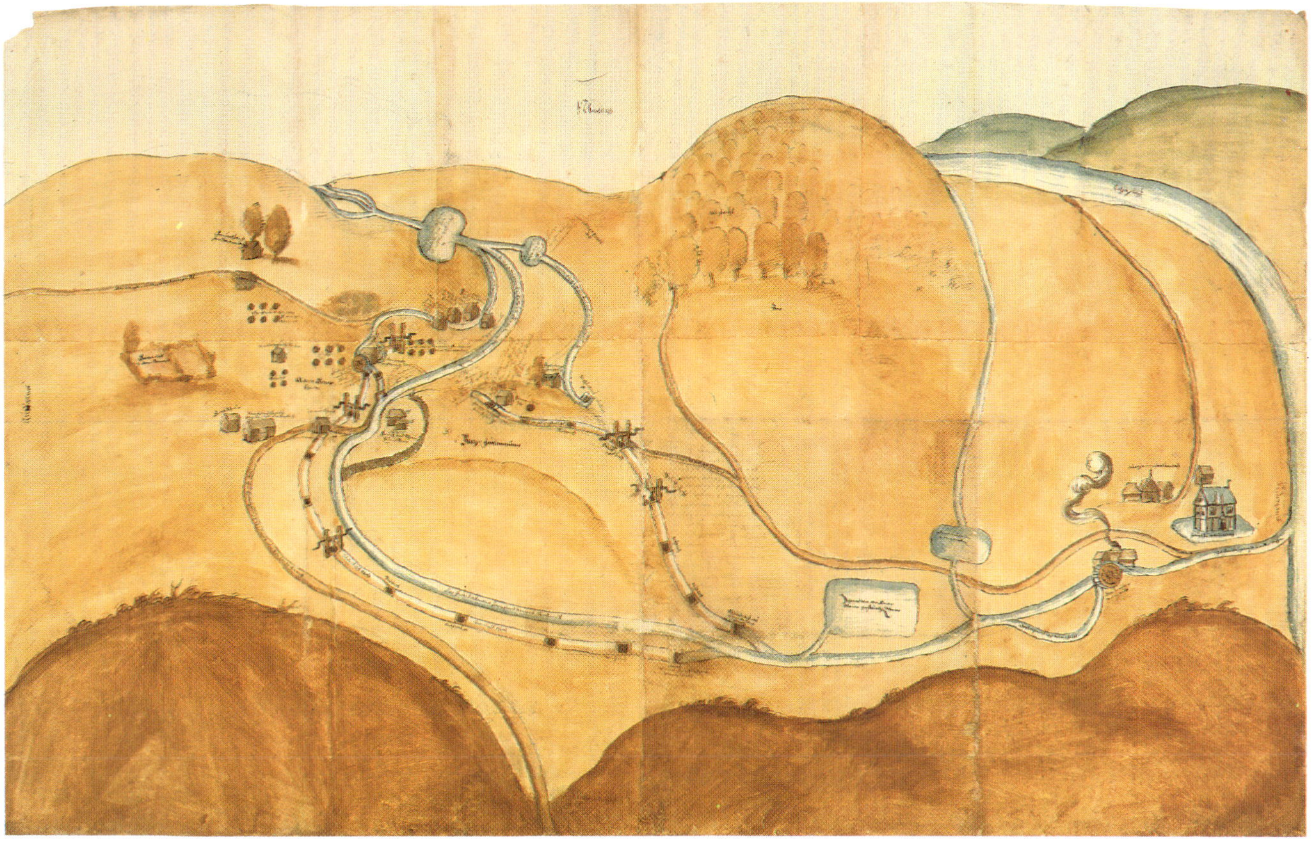

171

172

173

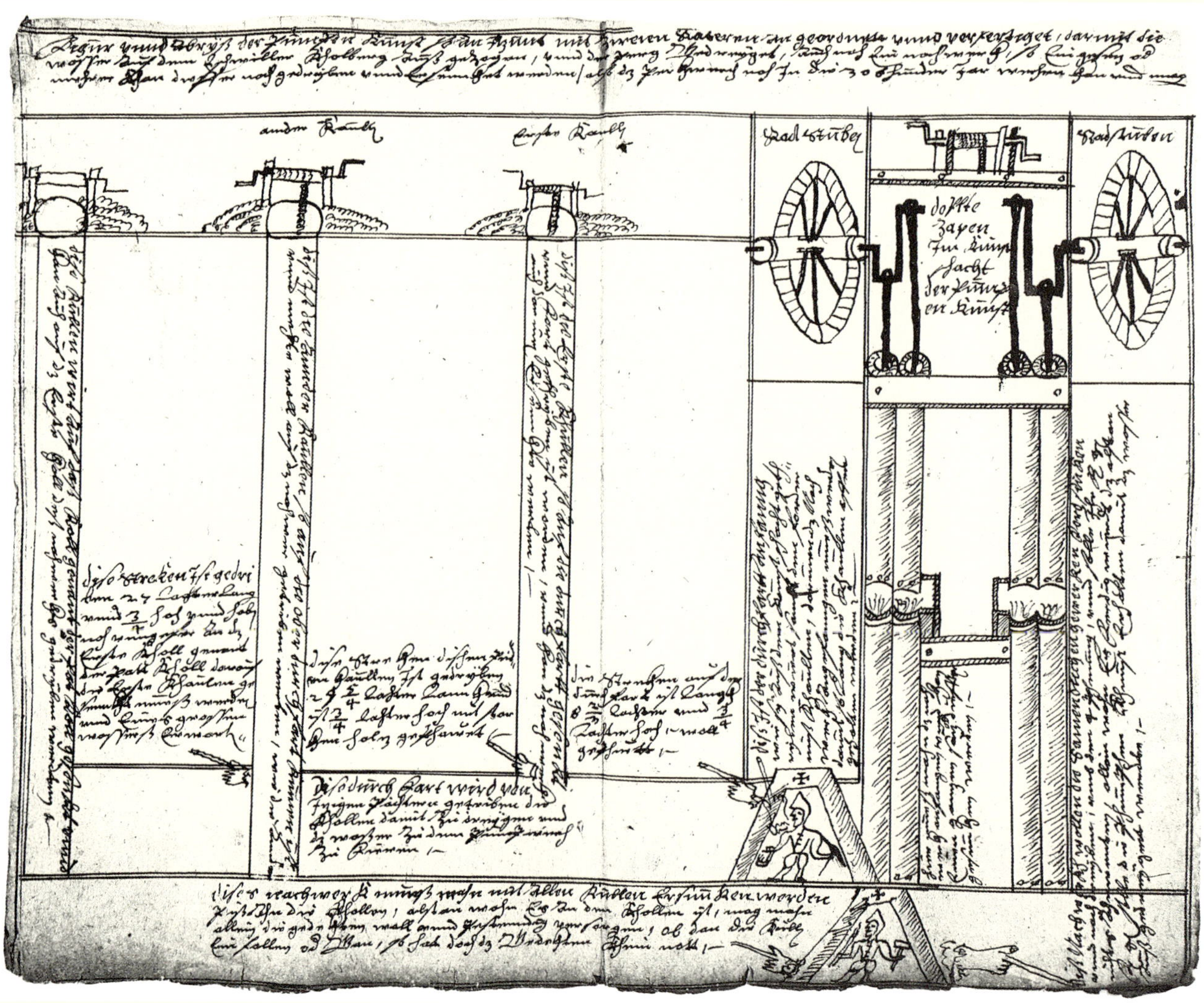

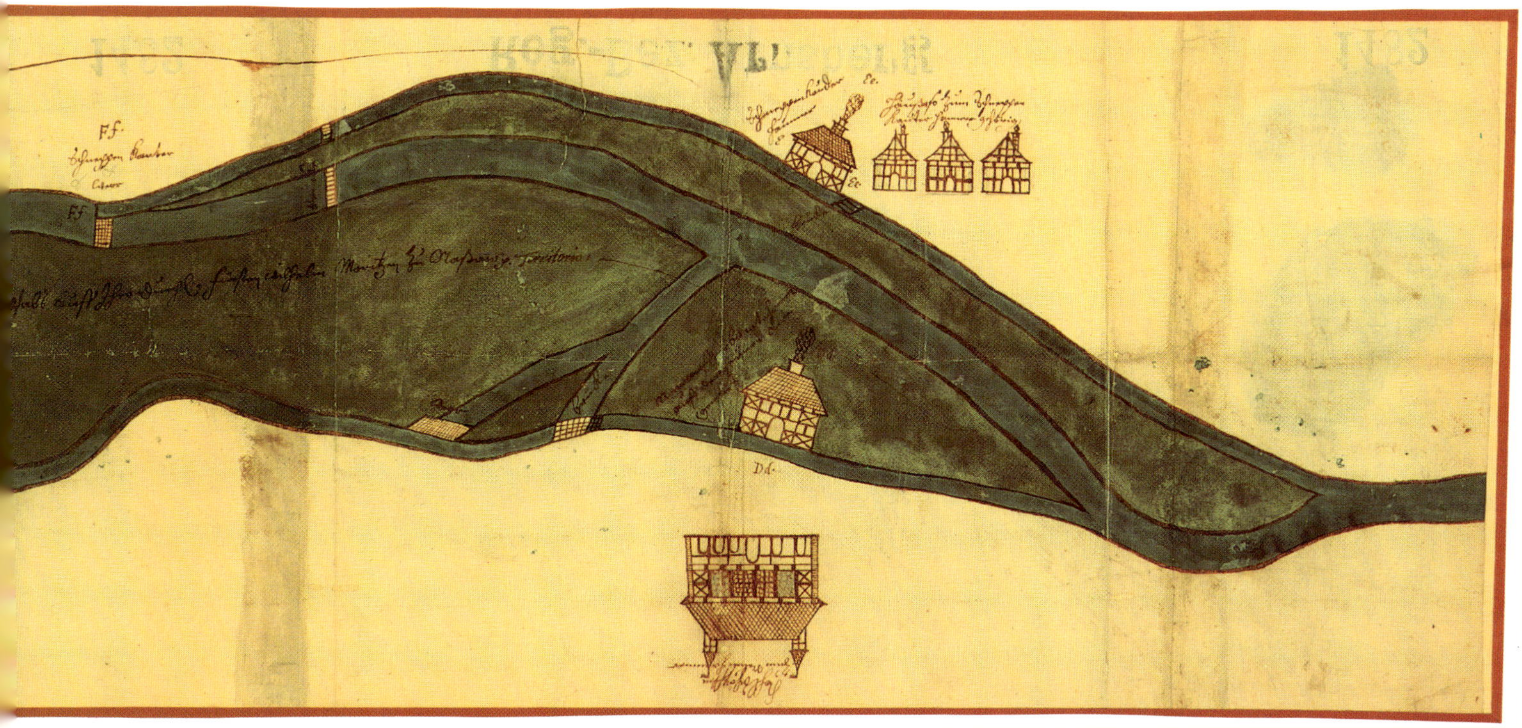

Abb. 170 Eisenerzgewinnung bei Ründeroth, Gemeinde Engelskirchen. 1582

Die abgebildete Karte gibt Auskunft über die Funktion eines Eisenwerks in älterer Zeit. Sie zeigt die unterirdischen Stollen, die Lichtlöcher, die Haspeln, mit denen das Eisenerz zu Tage gebracht wurde, und einige von dem Kaltenbach betriebene Wasserräder.

Abb. 171 Gebiet zwischen Salzkotten und Upsprunge mit Salzbrunnen an der Heder. 1592

Die in kräftigen Farben gehaltene Karte, von der Stadt Salzkotten dem Reichskammergericht in Speyer in einem Prozeß gegen den Bischof von Paderborn vorgelegt, bietet eine perspektivische und naturalistisch-erzählende Ansicht der Landschaft und der Gebäude, die deren Eigenart und Nutzung klar erkennen läßt. In dem Prozeß ging es um einen Salzbrunnen (Q) in der städtischen Allmende, den Bischof Dietrich von Fürstenberg unter Berufung auf seine Rechte als Landesherr wieder in Betrieb genommen hatte, um in Konkurrenz zum städtischen Salzhandel seine Einnahmen zu erhöhen. Der Prozeß, den der Rat und vor allem die privilegierten Sälzer zu Salzkotten darauf vor dem Reichskammergericht anstrengten, schwebte noch 1603 unentschieden.

Abb. 172 Eisenhämmer und gewerbliche Wasserregulierung am Fluß Ferndorf bei Geisweid, Stadt Hüttental. 1690

1690 klagte Johann Franz v. Nassau-Siegen (Kath. Teil) vor dem Reichskammergericht in Speyer gegen Wilhelm Moritz von Nassau-Siegen (Evangel. Teil), weil dieser durch einen neuen Wassergraben und ein neues Hammerwerk (Dd) dem gegenüberliegenden Schneppenkäuter Hammer das Wasser genommen und die ausgewogene Nutzung der Flußregulierung aus dem Gleichgewicht gebracht hatte. Die relativ ungelenke Darstellung beschränkt sich auf das Notwendigste, läßt aber die Dichte der Siegerländer Gewerbelandschaft mit den typischen Gebäuden gut erkennen.

Abb. 173 Wasserförderung im Eschweiler Bergrevier. 1600

Der vermutlich schon im 12. Jahrhundert betriebene Abbau von Steinkohlen in diesem Gebiet war stets durch eindringendes Wasser gefährdet. Die Skizze zeigt in schematisierter Form die mit Wasserkraft betriebene Pumpenanlage, die Kohlegewinnung und das Aufbringen der Kohle zu Tage.

174

175

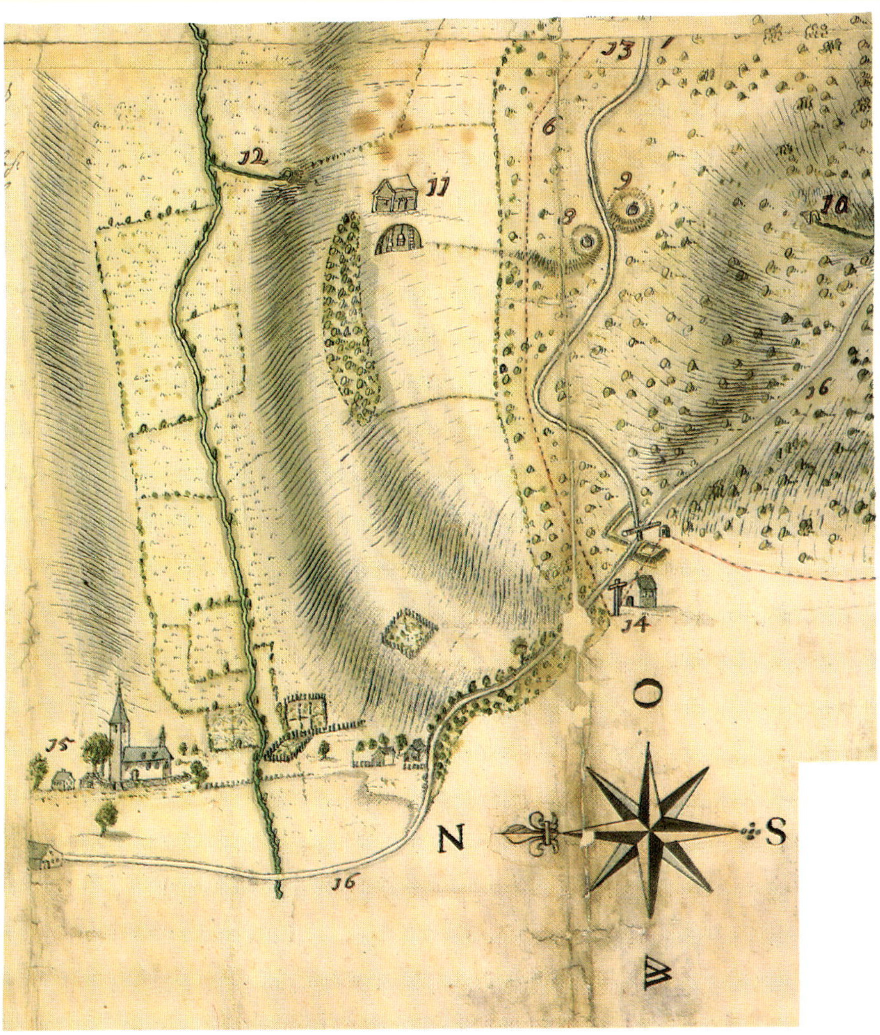

176

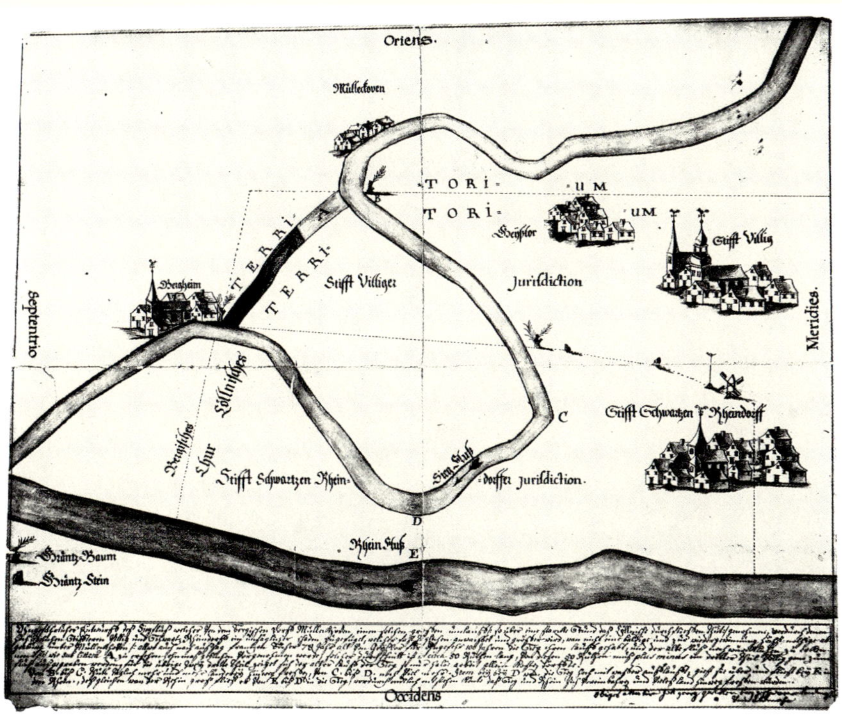

Abb. 174 Korn- und Ölmühlen zu Linnich bei Jülich. 17. Jh.

Die Karte zeigt in dem abgebildeten Ausschnitt die von dem linksrheinischen Flüßchen Rur getriebenen herzoglichen Korn- und Ölmühlen zu Linnich, die in dieser Zeit zumeist verpachtet waren, das Rurtor der Stadt und einen Teil der Stadtmauer. Während das Fachwerk der Mühlengebäude, der Natursteinsockel des Tors und die Natursteinumrandung des Torbogens gut zu erkennen sind, ist die Darsellung der Mauer mehr konventionell gehalten.

Abb. 175 Kupfergruben bei Rahrbach, Gemeinde Kirchhundem. 1721

Die Karte wurde für einen Grenzstreit zwischen dem Herzogtum Westfalen und Nassau-Siegen gezeichnet, der seine Schärfe trotz schon vorangegangener Absprachen von 1593 und 1688 durch die neben einer älteren Kölner Kupfergrube nach 1700 begonnene Nassauer Grube erhielt. 1710 gerieten die Nassauer unter Tage in den Kölner Stollen. Seitdem stritt man sich. Der Zeichner versucht trotz perspektivischer Gebäudeansichten ein zutreffendes Reliefbild zu vermitteln, da er sich mit der 1688 vereinbarten Grenzmessung »der Wasserwaage nach« auch meßtechnisch auseinandersetzen mußte.

Abb. 176 Regulierung der Sieg an ihrer Mündung in den Rhein. Um 1745

Die Sieg hat auf den letzten Kilometern ihres Laufs immer eine starke Mäanderbildung gezeigt. Die Karte illustriert den Vorschlag, eine der Schleifen anzuschneiden (AA). Die Abbildungen der Dörfer und Kirchen entsprechen nicht der Wirklichkeit.

177

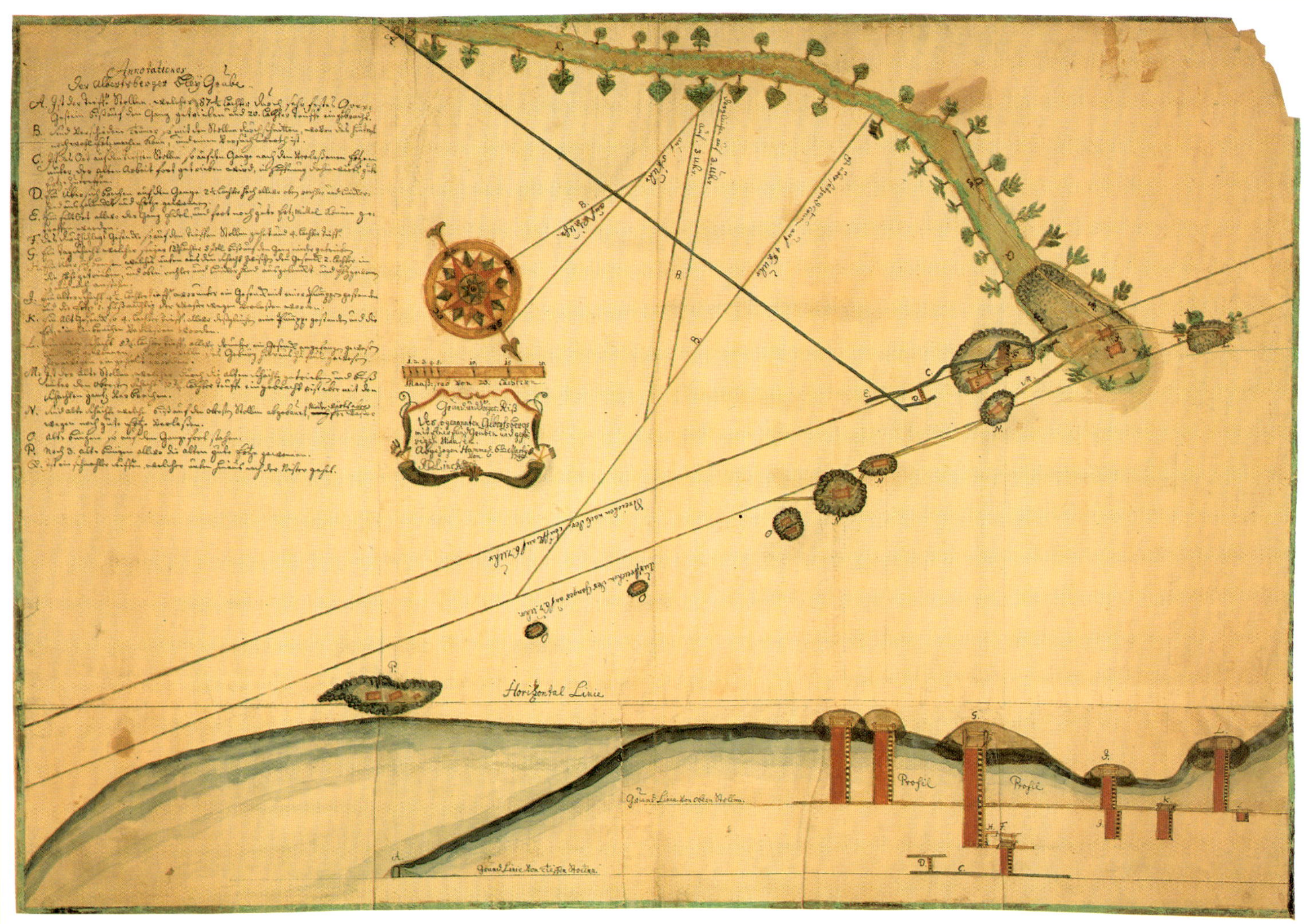

Abb. 177 Albertsberger Bleigrube bei Hamm, Kreis Altenkirchen. 1749

Neben den Eisenerzvorkommen an der Sieg gab es im Raum beiderseits der Nister ein größeres Verbreitungsgebiet von Bleierzen meist zusammen mit Kupfer- und Zinkvorkommen, deren Abbau bereits vor dem Dreißigjährigen Krieg begonnen wurde. Der Plan, der die Stollen im Grundriß und im Profil zeigt, dürfte im Zusammenhang mit jährlichen Visitationen der Gruben durch den Berginspektor Linck zu Hamm entstanden sein, bei denen der Zustand der Gruben untersucht und Mutmaßungen über weitere lohnende Abbaumaßnahmen angestellt wurden.

178

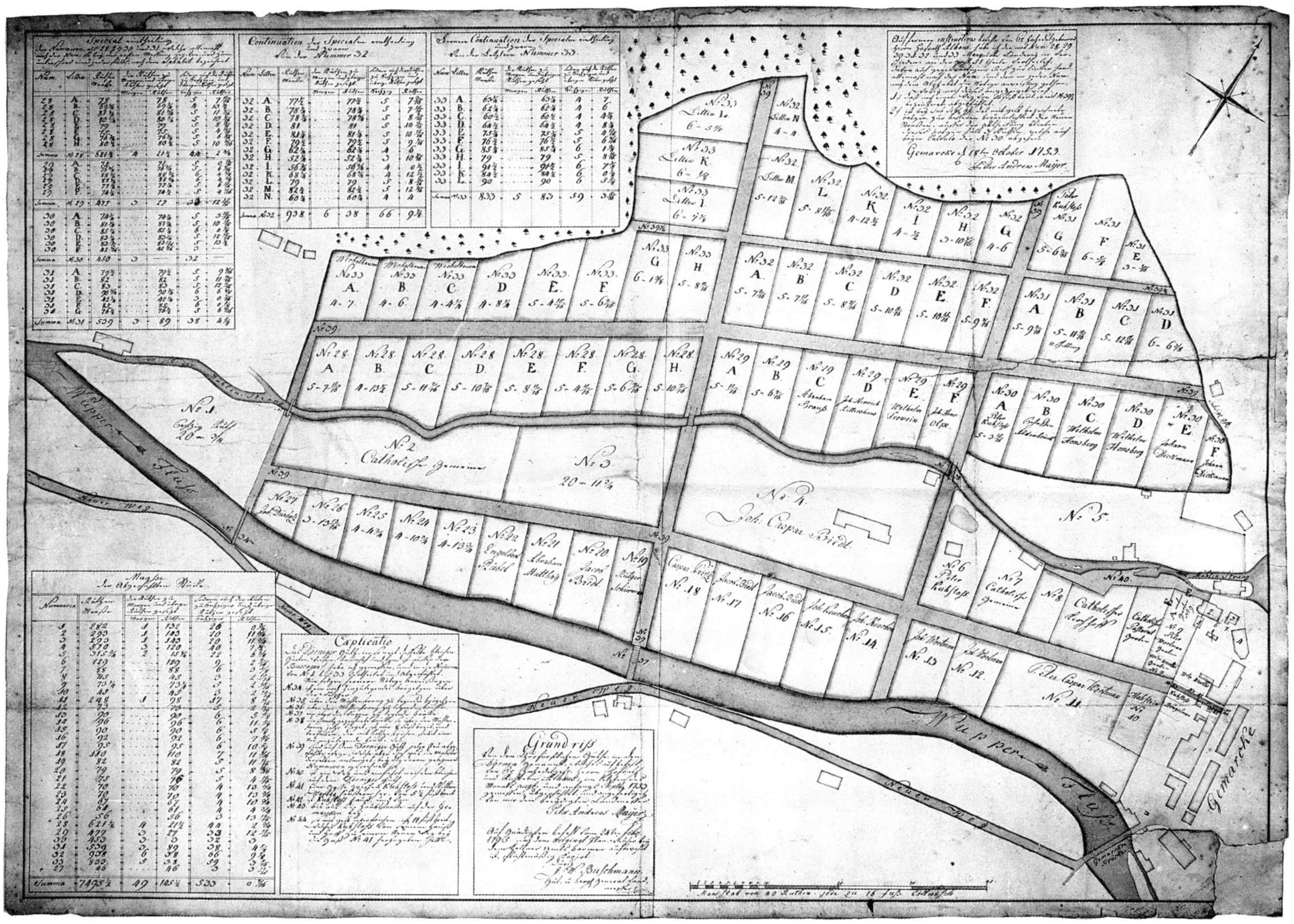

179

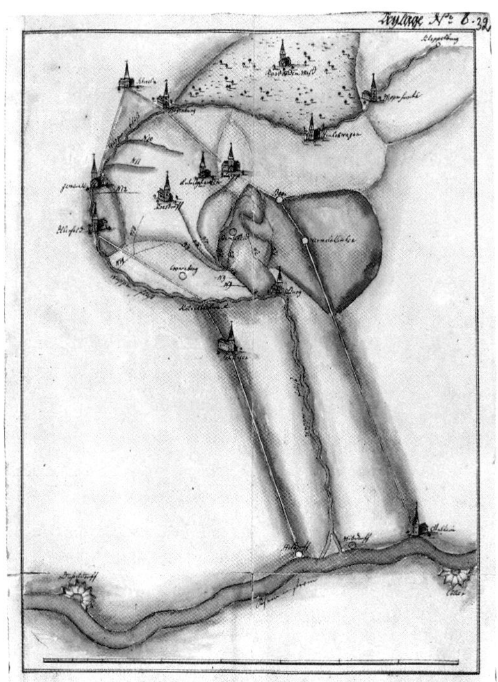

Abb. 178 Dörniger Gut zu Gemarke, Stadt Wuppertal. 1753 (1795)

Die Karte hat ihren Wert vor allem in der Wiedergabe der Parzellen, auf denen Leinengarn gebleicht wurde, ein hauptsächlicher Gewerbezweig des Wuppertals. Die Namen der Inhaber repräsentierte einen guten Teil der industriell tätigen Oberschicht des Tals.

Abb. 179 Industrieorte im Herzogtum Berg. 1773

Die Karte diente zur Illustration des von dem Hofkammerrat Friedrich Heinrich Jakobi in den Jahren 1773 und 1774 angefertigten Berichts über die Industrie des Herzogtums Berg, das sowohl über eine Eisenverarbeitung von hohem Rang wie auch über eine stark spezialisierte Textilerzeugung verfügte. Der Zeichner hat es allerdings nicht für notwendig gehalten, alle Orte aufzunehmen.

180

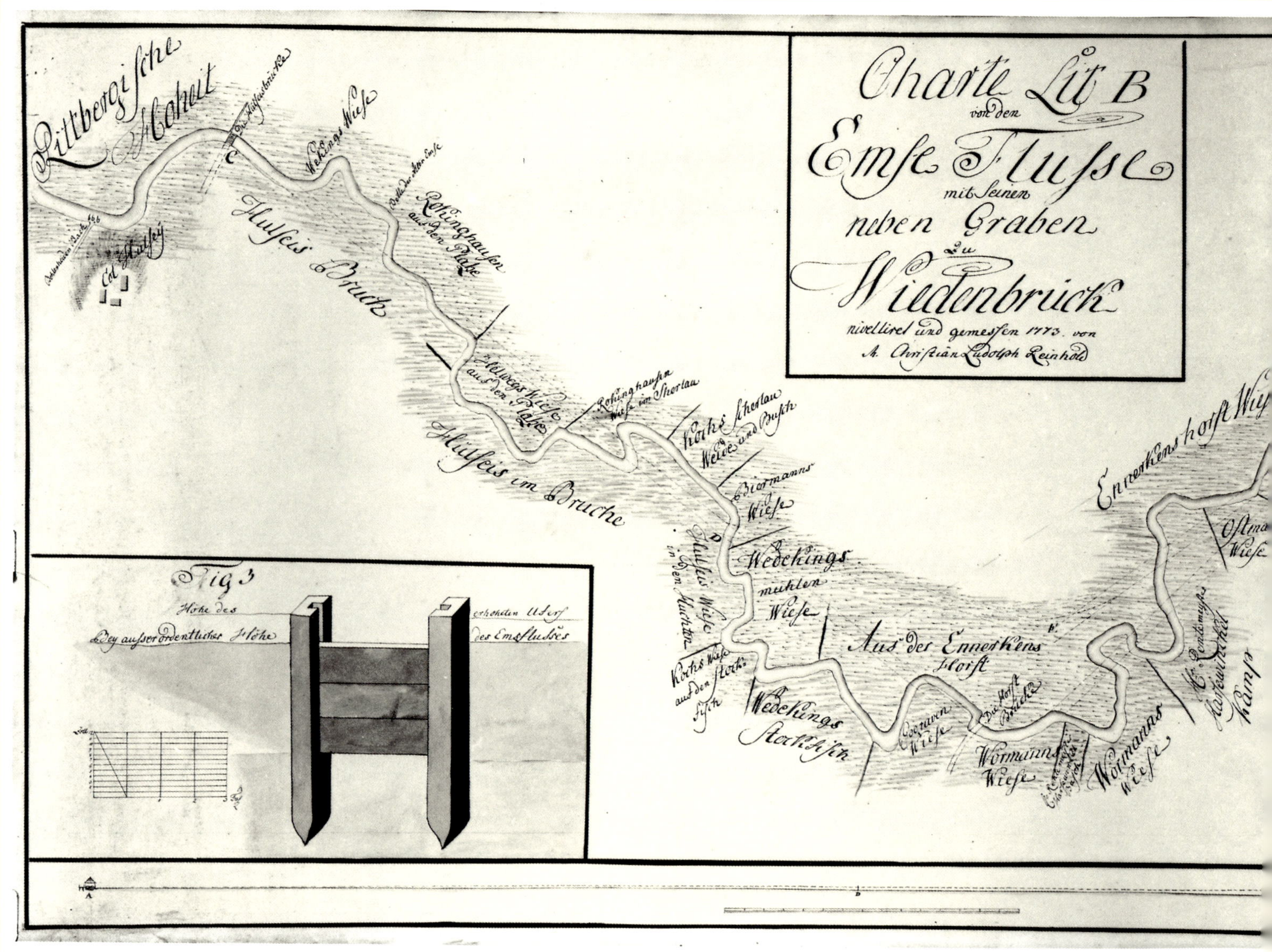
Charte Lit. B
von den
Emse Flusse
mit Seinen
neben Graben
zu
Wiedenbrück
nivellirt und gemessen 1773. von
M. Christian Ludolph Reinhold
Fig 3

181

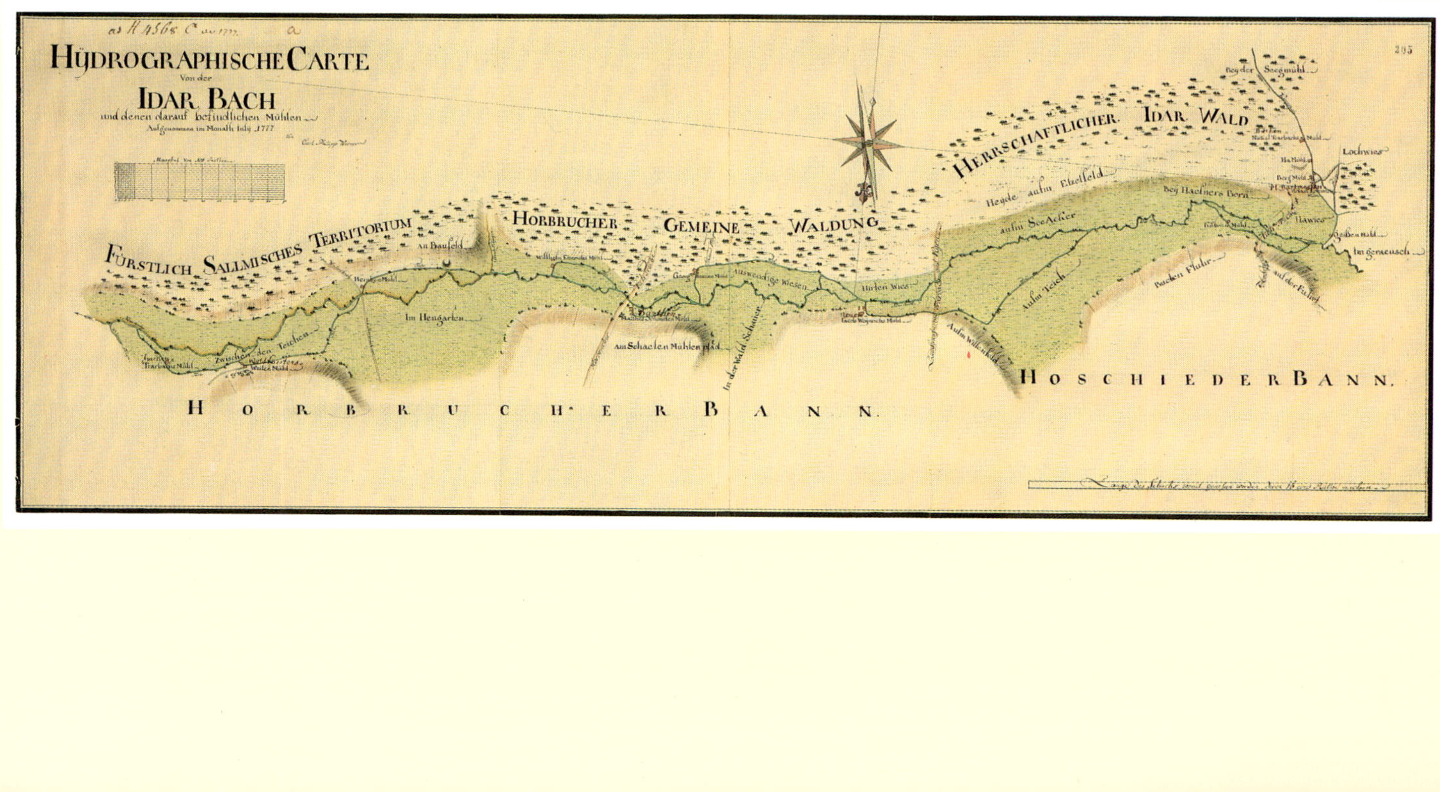
HYDROGRAPHISCHE CARTE
Von der
IDAR BACH
und denen darauf befindlichen Mühlen
HERRSCHAFTLICHER IDAR WALD
FÜRSTLICH SALMISCHES TERRITORIUM
HOBBRUCHER GEMEINE WALDUNG
HORBRUCHER BANN.
HOSCHIEDERBANN.

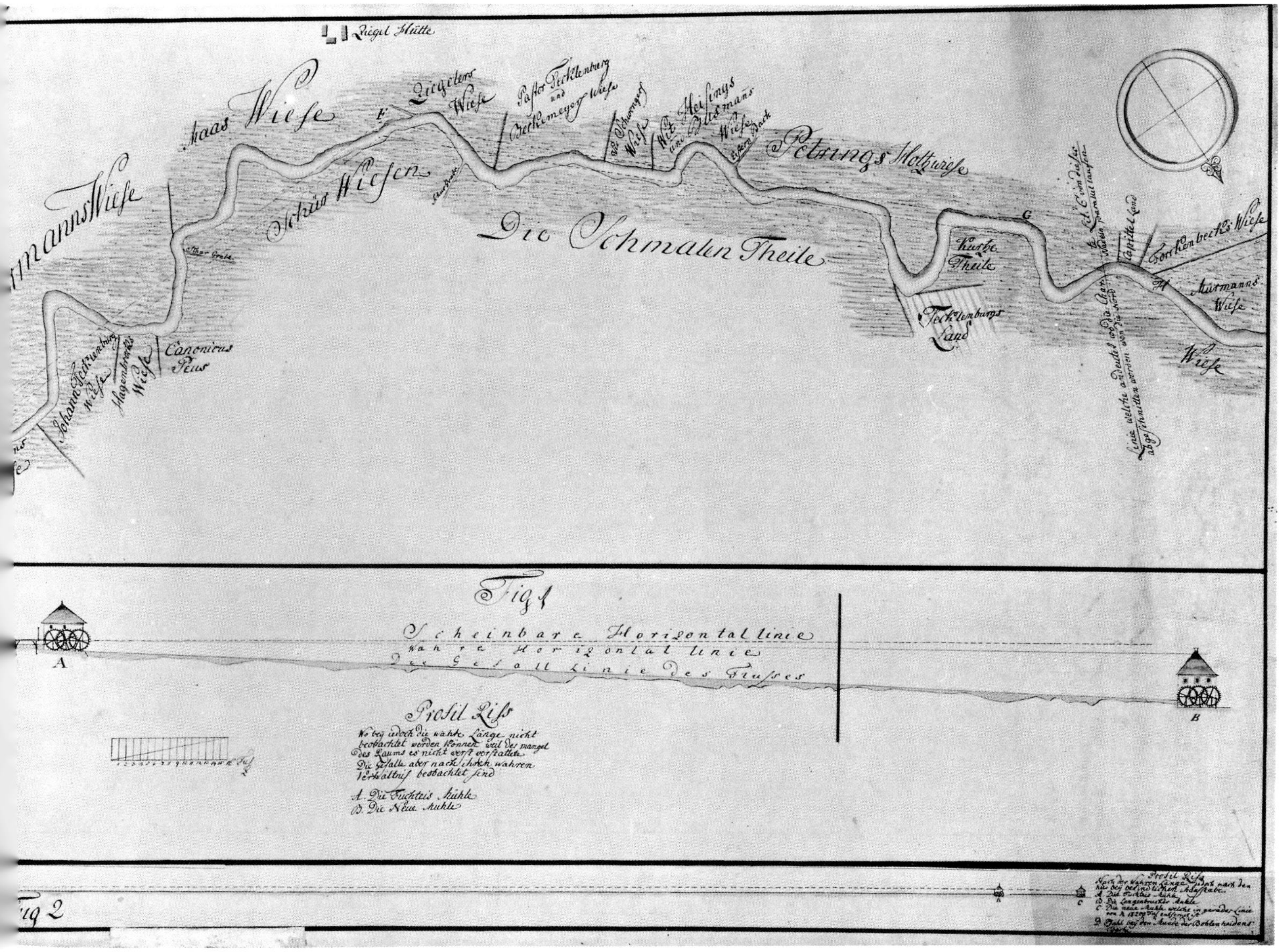

Abb. 180 Die Ems bei Wiedenbrück. 1773

Zur Erhöhung der Leistungsfähigkeit der an der oberen Ems zwischen Wiedenbrück und Rietberg gelegenen Mühlen, der Fuchteis Mühle, der Neuen Mühle und der Langenbrücker Mühle, wurde eine Aufstauung und Begradigung des stark mäandernden Flusses geplant. Der heutige Verlauf des Emsbettes in diesem Flußabschnitt entspricht dem Projekt von 1773.

Abb. 181 Teil des Idarbaches bei Rhaunen. 1777

Der pfalz-zweibrückische Geometer Werner hatte den Auftrag, hydrographische Karten einiger Bäche in der Pflege Irmenach und im Hochgericht Kleinich südöstlich von Traben-Trarbach mit den daran liegenden Mühlen und Mühlenteichen anzufertigen. Ergänzt wird die Aussage der Karte durch eine ausführliche Mühlenbeschreibung, aus der die Abhängigkeit der Leistungsfähigkeit der Mühlen von der Größe des Baches und der Anzahl der Mahlgänge besonders deutlich wird. Waren an kleineren Bachläufen zahlreiche Mühlen angesiedelt, konnten diese in den Sommermonaten nur bei starken Regenfällen betrieben werden.

182

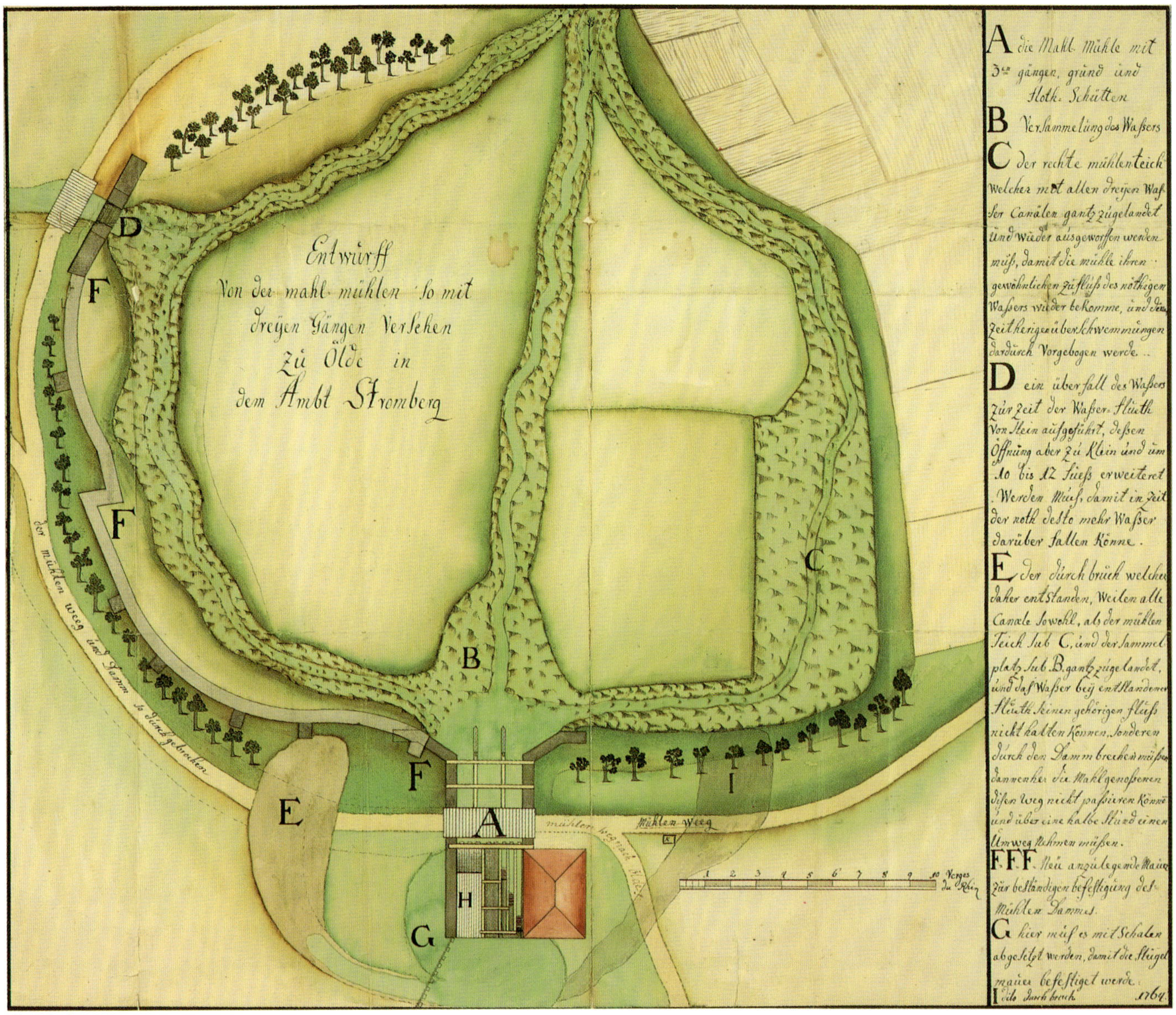

Abb. 182 Mühle bei Oelde. 1764

Die Geschichte der immer verpachteten, schon zu Beginn des 17. Jh. mit drei Wasserrädern ausgestatteten Getreidemühle läßt sich seit 1500 lückenlos verfolgen. Auch infolge der vorangegangenen Kriegsjahre und nach einem Dammbruch bei einem Hochwasser waren 1764 besonders umfangreiche Reparaturen notwendig geworden, für die der Ingenieur-Offizier Gröninger aus Münster herangezogen wurde. Seine präzise Karte bezeichnet genau die notwendigen Dammarbeiten und die auszuhebenden Kanäle im Mühlenteich, der wegen seiner Verlandung kein Hochwasser mehr abfangen konnte.

183

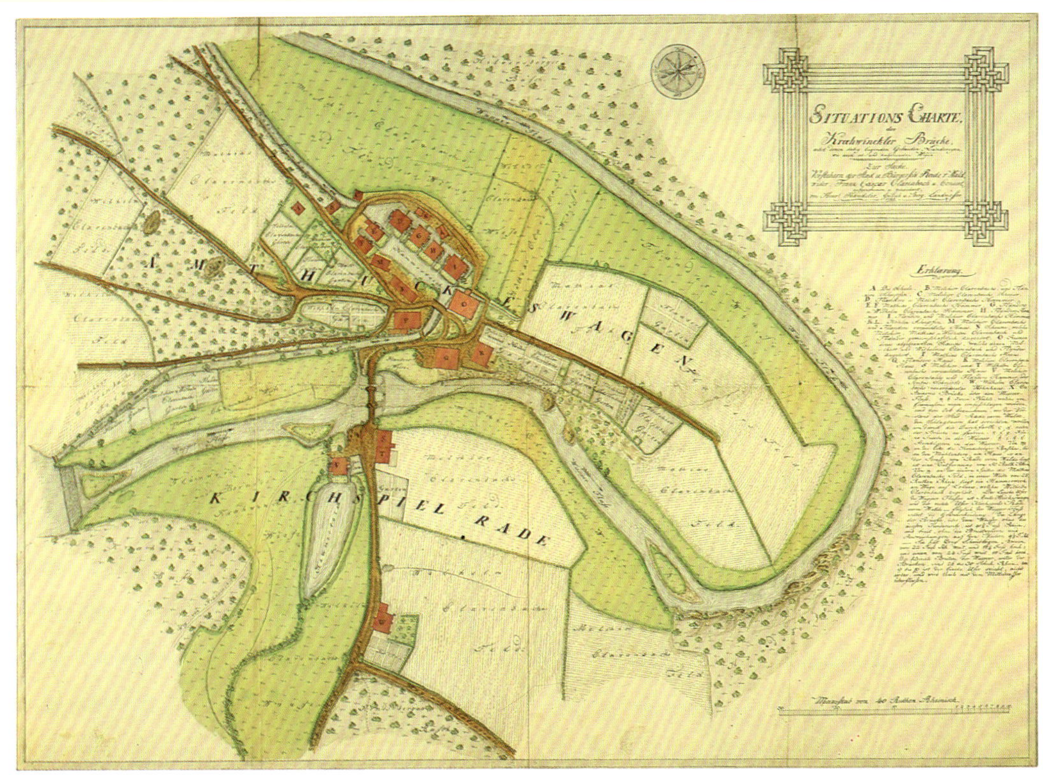

184

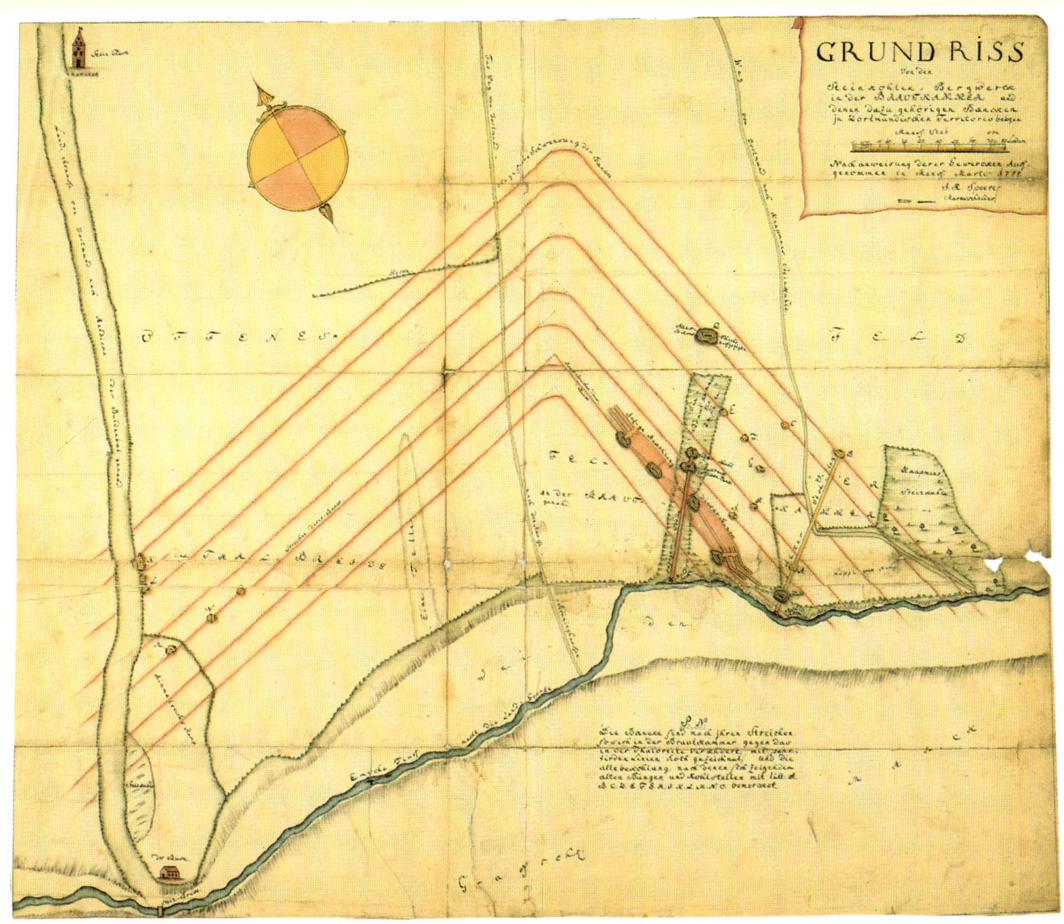

Abb. 183 Krähwinkler Brücke, Oberbergischer Kreis. 1785

Die Brücke überquert die Wupper zwischen Hückeswagen und Radevormwald. Die Karte stammt aus dem Prozeß eines der Anlieger wegen des von ihm geforderten Brükkengeldes. Sie zeigt neben den Wegen und der steinernen Brücke auch die Lage der Hammerteiche, Wassergräben und einer Anzahl von Eisenhämmern

Abb. 184 Steinkohlenbergwerke in der Feldmark Brautkammer an der Emscher südlich von Dortmund. 1788

Die Karte wurde für einen Prozeß um die Reichweite von Abbaurechten und die Ausdehnung des Flözes gezeichnet. Genau vermessen sind der ältere, schon 1726 durch Lütticher Bergleute angelegte Holz-Stollen (gelb), der nach 1757 angelegte tiefere Steinstollen (rot) und die ausgekohlten Flächen. Das Gesamtflöz wird nur in der vermuteten Ausdehnung, nicht im Neigungswinkel dargestellt. Die Karte verbindet Oberflächen- und die schwierigere Darstellung unter Tage.

Abb. 185 Gruben Frischer Mut und St. Peter am Stahlberg bei Rockenhausen. 1791

Das Nordpfälzer Bergland war reich an Kohle- und Edelmetallgruben; dabei ist besonders der Quecksilberabbau hervorzuheben. Der vorliegende Plan entstammt der Grubenverwaltung des Herzogtums Zweibrücken, das neben der Kurpfalz den Hauptanteil an der Erzausbeute in der Nordpfalz innehatte. Unter den zahlreichen, im Landesarchiv Speyer verwahrten Grubenplänen wurde dieser ausgewählt, da er auf eine sehr anschauliche Weise die Stollenführung einiger benachbarter Gruben aufzeigt. Dabei wurden im Aufriß die Stollen der verschiedenen Brunnen ineinandergezeichnet und durch unterschiedliche Farbgebung differenziert.

185

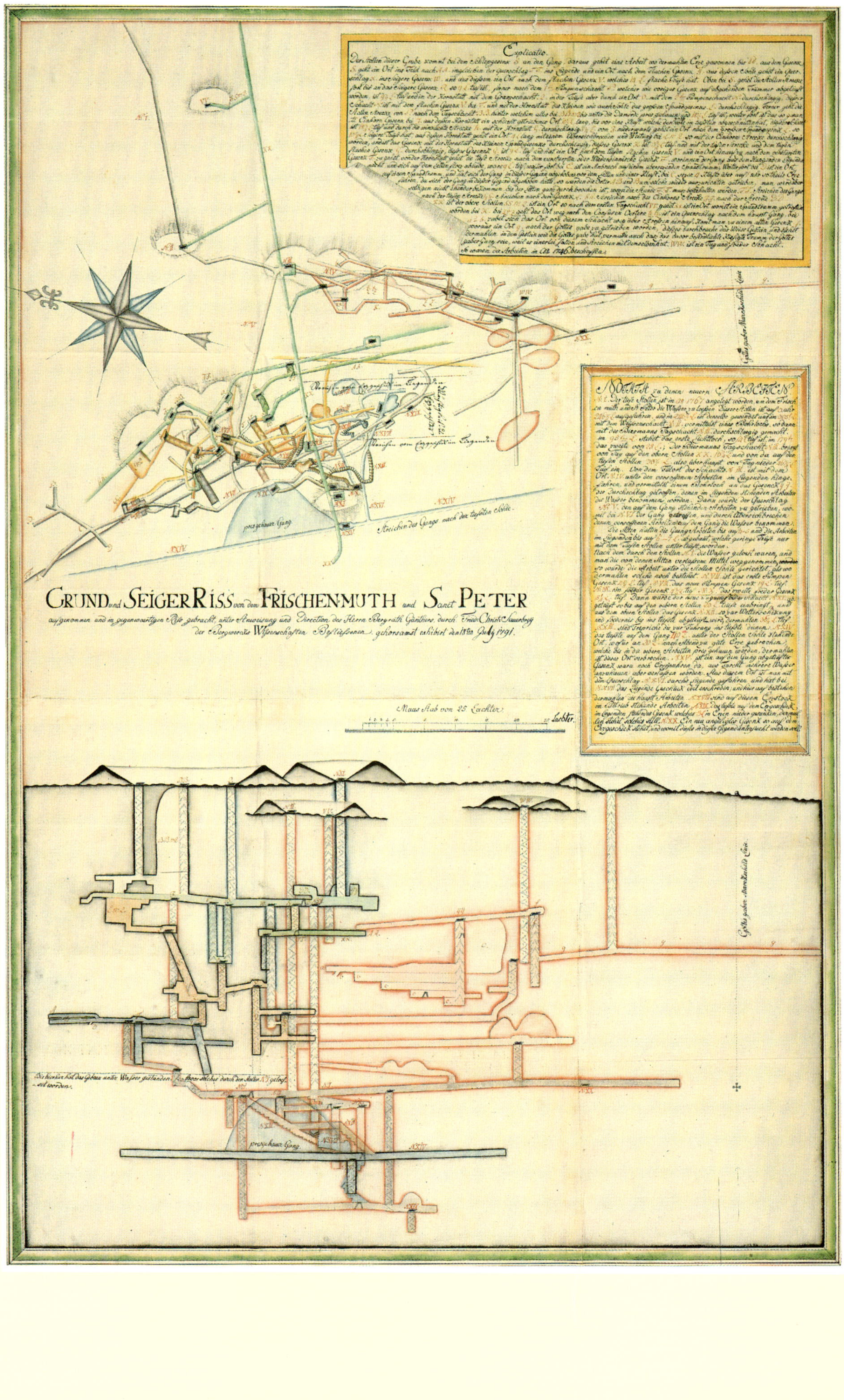
Explicatio
GRUND und SEIGER RISS von dem FRISCHENMUTH und Sanct PETER
aufgenommen und in gegenwärtigen Riss gebracht, unter Anweisung und Direction des Herrn Bergrath Günthers, durch Fried: Christ: Sauerbrey
der Bergwercks Wissenschaften Beflissenen, gehorsamst exhibirt den 18ten July 1791.
Maas Stab von 25. Lachter
Streichen des Gangs nach der tiefsten Sohle.
pressgehauer Gang

186

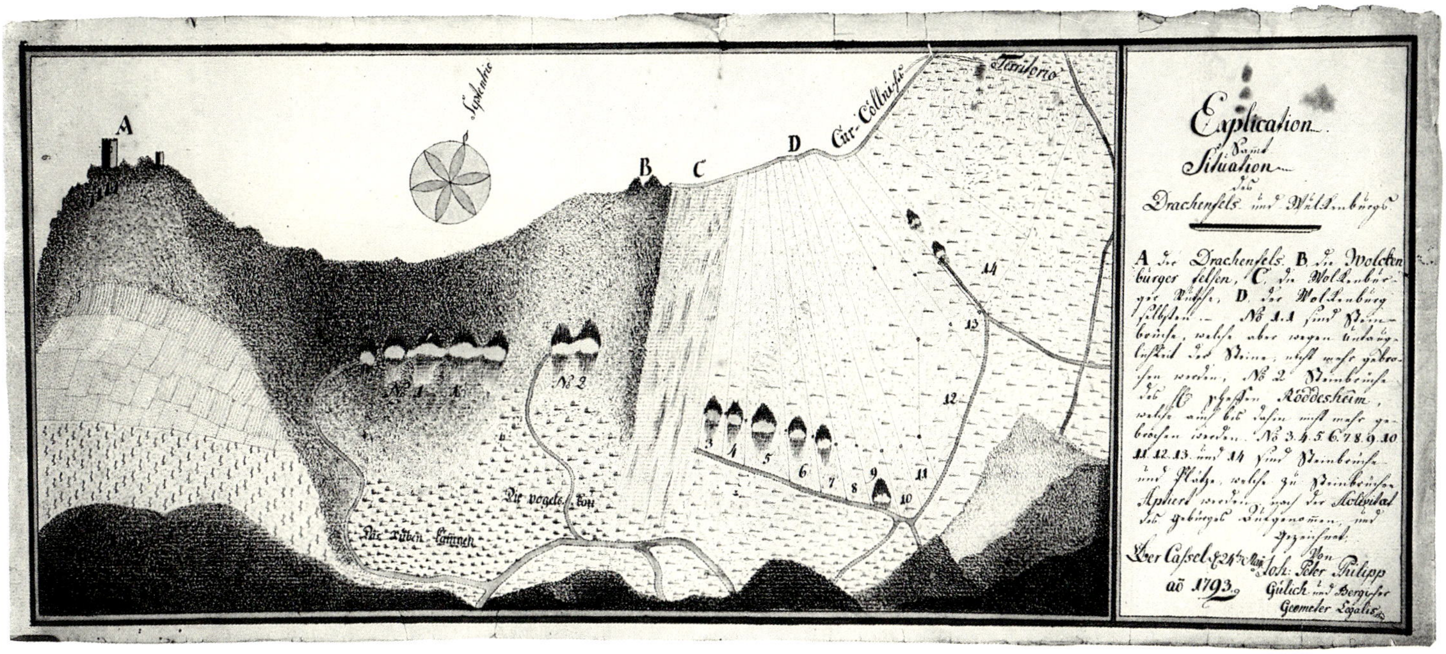
A
B
C
D
Explication
Situation
No 2
3
4
5
6
7
8
9
10
11
12
13
14

187

CARTE MINERALOGIQUE D'UNE PARTIE DE LA LORRAINE ALLEMANDE, où se trouvent Sarre-Louis, Sarre-Brück, Sarre-guemine, Forbach, St. Avold Püttelange et Sarre-Albe. No. 31.
EXPLICATION, des Caracteres employés dans cette Carte.
Pierre Calcaire.
Pierre de Sable.
Mine de fer.
Mine de Plomb.
Mine de Cuivre.
Sable.
Mine de Charbon.
Gypse ou Pierre à Plâtre.
Bol ou Argille Seche.
Coquille.
Eau salée ou Sel Marin.
Argille.
COUPE, DES CÔTES DE ROCHE SABLEUSE ROUGE, des environs de Sarre-Louis.
Sarre-Louis
Forbach
St. Avold
Sarre-Albe

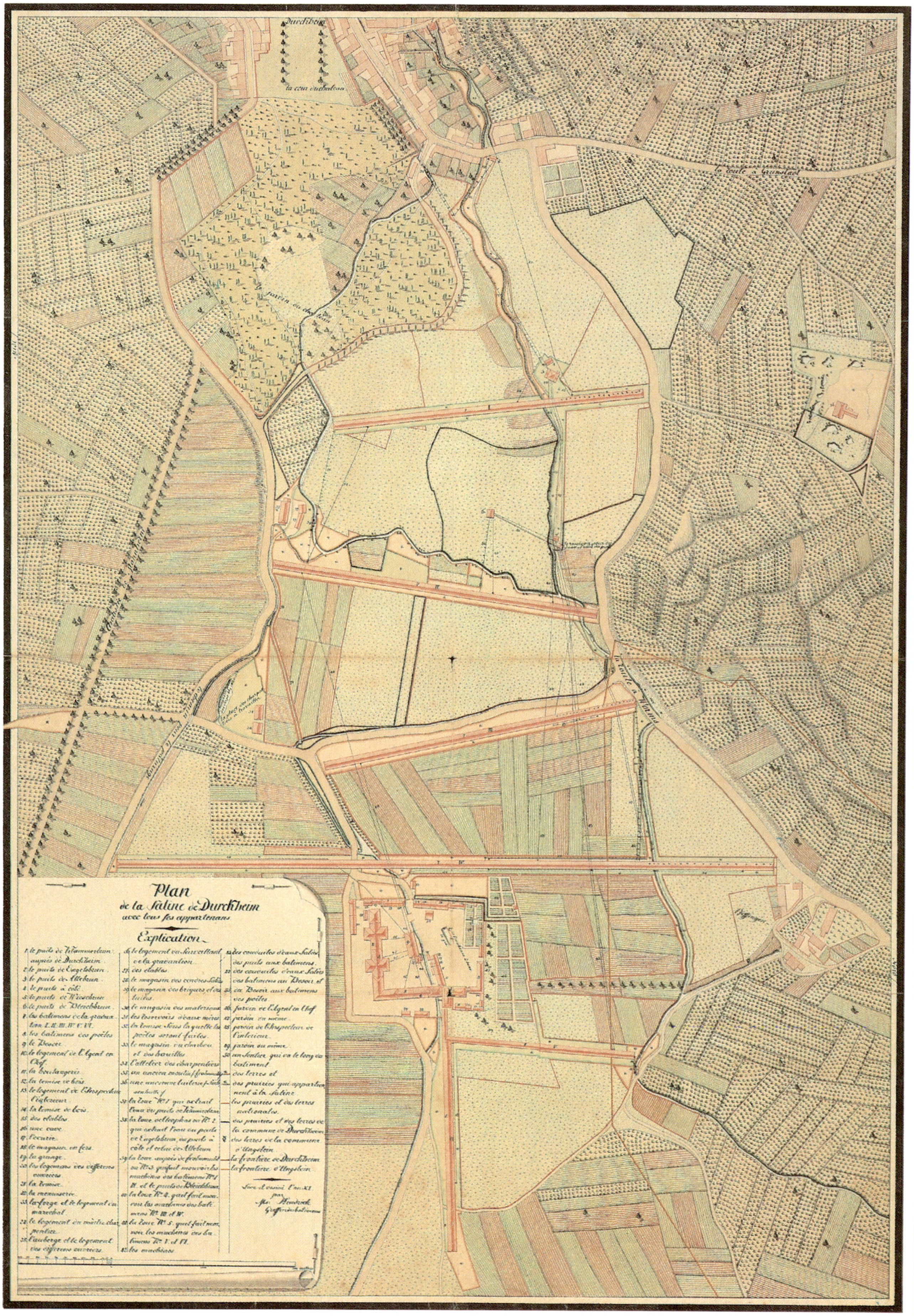
Plan
de la Saline de Durckheim
avec tous ses appartenans
Explication
le logement de l'Agent en Chef
la boulangerie
la remise de bois
des etables
une cave
l'ecurie
la grange
la remise
l'auberge et le logement des differens ouvriers
des etables
le magasin des materiaux
l'attelier des charpentiers
les machines
des poëles
jardin de l'Agent en Chef
jardin du même
jardin du même
des terres et
des prairies qui appartiennent à la Saline
les prairies et des terres nationales
la frontiere de Durckheim
la frontiere d'Ungstein

189

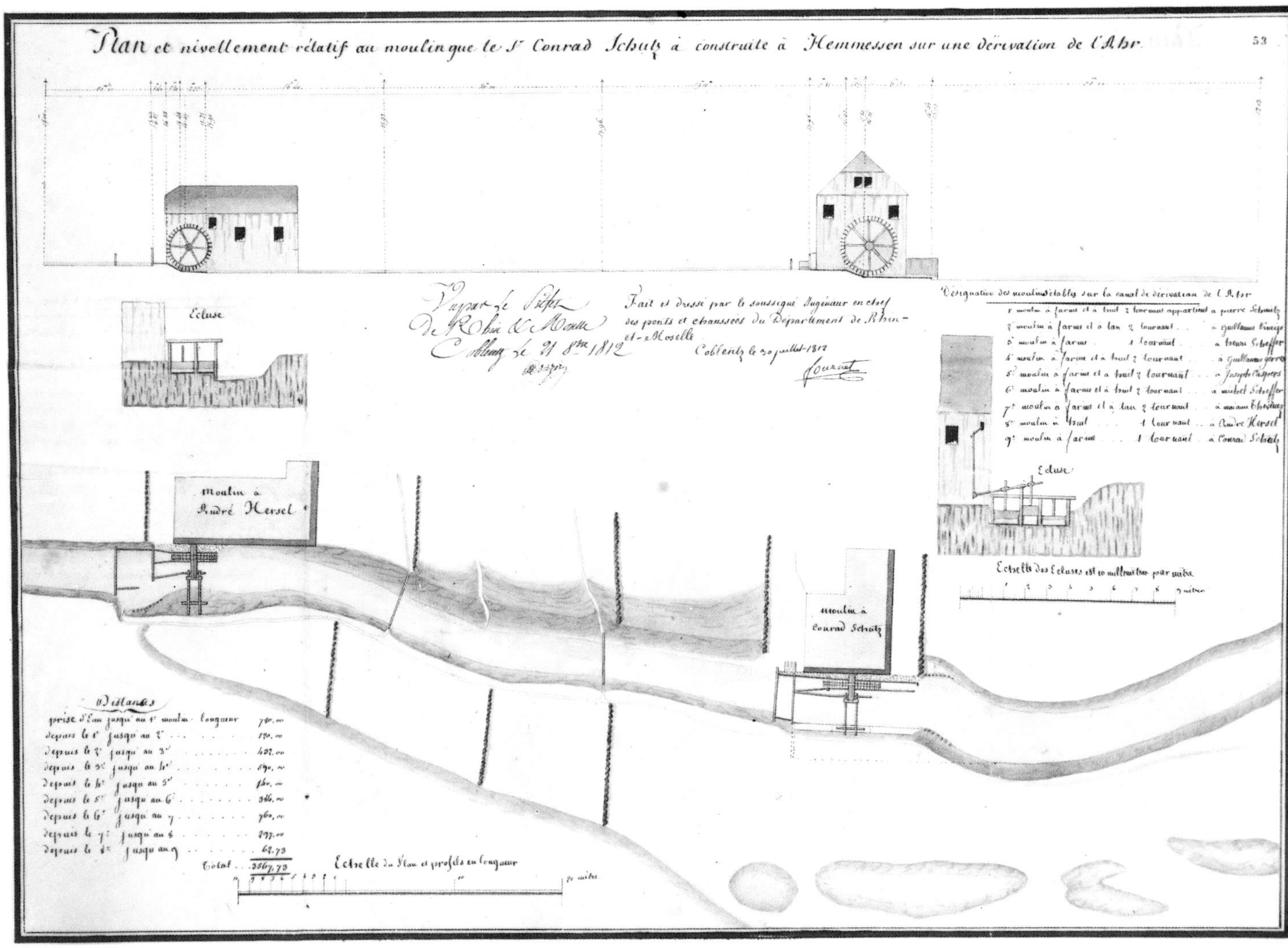

Abb. 186 Drachenfels und Wolkenburg mit Steinbrüchen. 1793

Schematisch sind die damals nicht mehr in Betrieb befindlichen Steinbrüche und die demnächst zu nutzenden Stellen gekennzeichnet. Der vulkanische Stein des Drachenfels ist schon in römischer Zeit abgebaut worden und hat später als Material für viel bedeutende mittelalterliche Bauwerke, u.a. den Kölner Dom, gedient.

Abb. 187 Lagerstättenkarte der mittleren Saargegend. Um 1800

Das aus einem bibliographisch nicht ermittelbaren Sammelwerk stammende Blatt (bezeichnet No. 31) ist, abgesehen von einzelner Erwähnung eines Vorkommens von Bodenschätzen in älteren Karten, die erste bekannte Lagerstättenkarte der Saargegend. Sie verzeichnet das Vorkommen von Kalk- und Sandstein, Eisen-, Blei- und Kupfererz, Kohle, Salz, Sand, Ton, Gips und Muschelkalk.

Abb. 188 Saline zu Bad Dürkheim. 1802/03

Im Bereich des aufgelösten Benediktinerinnenklosters Schönfeld östlich von Bad Dürkheim wurde von den Grafen von Leinigen eine Saline errichtet, die teilweise auch nach diesem Kloster benannt wurde. Die Leininger Saline bei Bad Dürkheim war eine der bedeutendsten Südwestdeutschlands. Sie wurde in der französischen und bayerischen Zeit weiterbetrieben, und auch heute noch sind Teile des großen Gradierwerkes zu sehen. Der vorliegende, gewestete Plan zeigt am oberen Rand die äußerste Besiedlung von Bad Dürkheim mit dem Schloßbereich, an den sich der Schloßgarten anschließt. Östlich davon sind vier Gradierwerke, von denen heute nur noch ein Werk existiert, mit den zugehörigen Gebäuden zu erkennen. Östlich davon ist der ehemalige Klosterbereich anhand der Linienführung der Gebäude noch deutlich auszumachen, auch die Klosterkirche ist noch gut zu erkennen.

Abb. 189 Mühle an der Ahr bei Hemmessen, Bad Neuenahr. 1812

Im Rahmen eines Gutachtens zu dem Gesuch des Müllers Conrad Schutz um Erweiterung seiner 1808 an einem Seitenarm der Ahr erbauten Getreide- und Lohmühle um einen Ölmahlgang untersuchte der Ingenieur Fournet, inwieweit Einsprüche der umliegenden Mühlenbesitzer gegen das Vorhaben gerechtfertigt waren. Der Plan zeigt neben der Schutz-Mühle nur eine der betroffenen Nachbarmühlen. Die übrigen Mühlen erscheinen im Legendentext. Dem Antragsteller wird der Ausbau schließlich gestattet mit der Auflage, durch entsprechende Maßnahmen die Wasserversorgung der benachbarten Mühlen sicherzustellen.

190

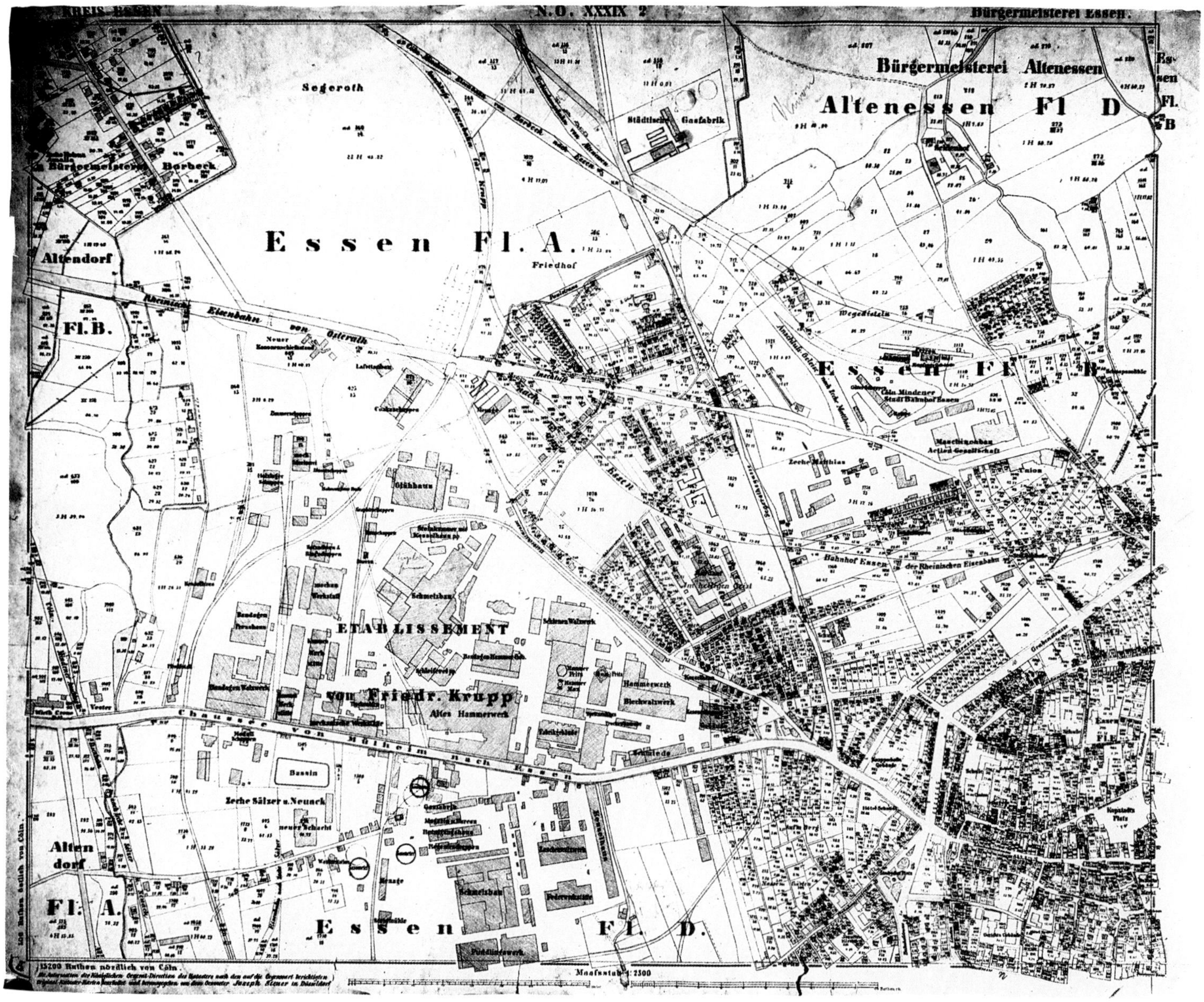

Abb. 190 Stadt Essen mit der Firma Krupp. Um 1870

Deutlich ist zu erkennen, wie sehr die Firma Krupp das Bild der Stadt Essen geprägt hat, in der zu dieser Zeit etwa 28 % der Bevölkerung ihre Werksangehörigen waren. Der Riesenhammer Fritz ist 1861 in Betrieb genommen worden. Die als rheinische Eisenbahn bezeichnete Strecke entstand 1866.

Grenzen, Territorien, Verwaltung

Von Peter Veddeler

Auch wenn in der heutigen Zeit Grenzen mitunter als ein verzichtbares Überbleibsel aus nationalstaatlicher Zeit abgetan werden, ist nicht zu verkennen, daß Grenzen und Abgrenzungen durchaus einen Sinn haben und in Vergangenheit wie Gegenwart einem gesellschaftlichen Bedürfnis entgegenkommen. Dieses gilt für das einzelne Individuum in gleichem Maße wie für Gruppen von Individuen, in der Familie, der Sippe, im Stammes- oder im Staatsverband. Denn ohne mehr oder weniger genaue Abgrenzung ist weder der Besitz von Grund und Boden noch die Herrschaft über ein Gebiet möglich, und nur dann ist eine Verwaltung überhaupt voll funktionsfähig, wenn ihr ein festumrissener Amts- und Zuständigkeitsbereich zugewiesen wird.

Die Notwendigkeit sich abzugrenzen wurde umso größer, je dichter Menschem im Laufe der Besiedlung eines Landstriches aufeinander rückten. So kann es nicht verwundern, daß bereits aus den orientalischen Hochkulturen Grenzziehungen und -vermessungen bekannt sind, daß schon die Babylonier Grenzsteine zur Abteilung von Grundbesitz benutzten, wie übrigens später die Römer auch. Seit der Antike sind staatliche Anstrengungen überliefert, Grenzen gegen unruhige Nachbarn wirkungsvoll zu schützen. Erinnert sei hier an den Limes, jenen Grenzwall, der das Imperium Romanum gegen das Eindringen germanischer Stämme sichern sollte. Er konnte noch über ein Jahrtausend nach dem Zusammenbruch des Römischen Reiches den Charakter einer Grenzlinie bewahrt haben, wie z.B. bei Bendorf, und sei es auch nur in Gestalt einer Forstgrenze (Abb. 207).

In den weniger dicht besiedelten Gebieten Germaniens und später Deutschlands freilich war in früher Zeit eine genaue Abgrenzung der Siedlungsräume nicht erforderlich. Bis zum Mittelalter diente daher als »Landscheide« – niederdeutsch »Landscheidinge« –, also als Grenze, keine Linie, sondern ein mehr oder weniger breiter Saum unbebauten und unbesiedelten Landes. Als dann im Zuge der fortschreitenden Besiedlung diese Grenzsäume immer mehr schrumpften, ergab sich auch hier die Erfordernis einer genaueren Abgrenzung. Dienten zunächst allgemeine »Landmarken« wie Flüsse, Bäche, Wälder, Sümpfe und Moore als »Grenzen«, so benutzte man später natürliche Markierungen in der Landschaft, vor allem Bäume, die durch Kerben, Kreuze oder eingeschlagene Nägel als Grenz-, Lach- oder Malbäume gekennzeichnet wurden und einem besonderen Schutz unterstanden. Grenzfrevel, wie das Abhauen solcher Bäume, wurden mit strengen Strafen geahndet. Daneben dienten aber auch schon während des Mittelalters künstliche, vom Menschen gesetzte Zeichen wie Steine oder Pfähle der Kennzeichnung der Grenze.

Im Laufe der Zeit entwickelte sich, begünstigt durch die territoriale Zersplitterung, eine Vielzahl von Grenzen in Deutschland. Neben den Territorialgrenzen gab es noch Gerichts- und Ämtergrenzen, Marken-, Forst- und Jagdgrenzen, Bann- und Immunitätsgrenzen, Stadt- und Kirchspielgrenzen. Sie werden im folgenden in den drei Abschnitten Grenzen, Territorien, Verwaltung behandelt, eine Einteilung, die sich als zweckmäßig anbietet.

Grenzen

Ton eirsten hevet unse ghenedige Here van Cleve eynen ungheborlichen und unwontlichen dyck, grafft und wech doen graven van der Iselborgh int ghestichte van Munster bynnen varen und pelen des selven ghestichtz. . . . So beginnen die Ausführungen über Grenzstreitigkeiten zwischen dem Herzogtum Kleve und dem Fürstbistum Münster gegen Ende des 15. Jahrhunderts, in denen versucht wird, den richtigen Grenzverlauf zwischen beiden Territorien zu beschreiben (NW StA Münster, Fürstbistum Münster, Landesarchiv 13, Nr. 27 b). Es ist daraus zu ersehen, daß sich im westlichen Deutschland zu dieser Zeit bereits landesherrliche Territorien, also geographisch abgegrenzte »Flächenstaaten« herausgebildet hatten, die ihre Grenzen kennzeichneten, wie die Formulierung *bynnen varen und pelen* (=innerhalb der Grenzen und Pfähle) vermuten läßt. Um solche Grenzen eindeutig zu markieren, ging man etwa seit dem 16. Jahrhundert dazu über, behauene Grenzsteine zu verwenden, die mit Inschriften, Jahreszahlen oder dem landesherrlichen Wappen versehen wurden. Einen vorzüglichen Eindruck von dem Aussehen solcher Grenzsteine vermittelt Abb. 216. Daß aber noch um 1600 eine Territorialgrenze überwiegend durch Grenzpfähle und -bäume markiert sein konnte, bezeugt die Karte der Grafschaft Steinfurt, in der nicht weniger als 49 Grenzpfähle und zwischen 40 und 50 gekennzeichnete Bäume, aber nur 16 Grenzsteine eingetragen sind (Abb. 197). Auch waren gegen Ende des 17. Jahrhunderts durch aus noch unbearbeitete, unregelmäßige Grenzsteine in Gebrauch, wie die Karte des am linken Rheinufer gelegenen klevischen Brückenkopfes Orsoy zu belegen scheint. Interessant ist dabei auch, daß zwischen der durch die Grenzsteine markierten klevisch-moersischen Grenze und der Festung Orsoy noch eine Landwehr mit Schlagbaum liegt (Abb. 209).

Trotz vorhandener Grenzmarkierungen konnte es jedoch, wie das eingangs angeführte Beispiel verdeutlicht, gleichwohl zu Streitigkeiten kommen . Mittelalterlich-deutscher Rechtspraxis entsprach es, wenn dann bei einer Grenzbegehung, einem sog. »Schnatgang«, durch Augenscheinnahme des ortskundigen lokalen Richters, wenn durch die Befragung gleichfalls ortskundiger älterer Zeugen der richtige Grenzverlauf festgestellt wurde. Ein anschauliches Bild eines Schnatganges bietet Abb. 195, die im Grunde weniger eine Karte als vielmehr eine szenische Darstellung der Grenzbegehung ist. Deutlich zu erkennen sind einige Herforder Ratsherren, die sich an die Grenze zwischen der Stadt und der benachbarten Grafschaft Lippe begeben haben und zu ihrer größeren Sicherheit von einer mit Spießen bewaffneten Schutzwache begleitet werden, während rechts von ihnen in gebührendem Abstand eine

Gruppe von Männern steht, die man sicherlich als ortskundige Bauern ansprechen darf, die auf ihre Befragung warten. Links vom Schlagbaum sind zwei Landmesser mit Meßseil zu erkennen, deren Aufmaße von einem Schreiber notiert werden.

Als im Laufe des 16. Jahrhunderts das römische Recht das deutsche verdrängte, trat ein wesentlicher Wandel in der Rechtsfindung ein. Es waren nun studierte Richter, die urteilten, denen aber häufig die nötigen Ortskenntnisse fehlten. Hinzu kam, daß an die Stelle des mündlichen das schriftliche Verfahren trat. Im Hinblick auf Grenzstreitigkeiten hatte das zur Folge, daß man eine schriftliche Darstellung der strittigen Grenze benötigte, damit das Gericht sich ein Bild machen konnte. Dieses war umso dringender, wenn der Richter seinen Sitz fernab von dem Streitobjekt hatte, so wie es bei Prozessen vor dem Reichskammergericht die Regel war. Da sich aber die protokollartigen, oft umständlichen Aufzeichnungen über den Grenzverlauf kaum eigneten, eine halbwegs zutreffende Vorstellung zu vermitteln, ging man dazu über, den Grenzverlauf vor Ort nach dem Augenschein abzuzeichnen. Es waren keine Karten im eigentlichen Sinne sondern eher Landschaftsdarstellungen mit dem Grenzverlauf. Außerdem , und das muß betont werden, galten sie vor Gericht noch nicht als Dokumente, die Rechtsansprüche beweisen konnten, sie dienten lediglich als Orientierungshilfe, als Ersatz für den örtlichen Augenschein. So war es häufig, daß beide Parteien Grenzkarten einsandten, die ihren Standpunkt von der »richtigen« Grenze verdeutlichen sollten. So geschah es beispielsweise bei einem Prozeß des Fürstbischofs von Minden gegen den Herzog von Jülich-Kleve-Berg vor dem Reichskammergericht gegen Ende des 16. Jahrhunderts. Der Streit war dadurch ausgelöst worden, daß die Weser, die bei Vlotho die Grenze zwischen der zu Jülich-Kleve-Berg gehörenden Grafschaft Ravensberg und dem Fürstbistum Minden bildete, ihr Flußbett und damit die Grenze zum Nachteil der ravensbergischen Seite verändert hatte. Um einer weiteren Grenzveränderung Einhalt zu gebieten, hatte der Amtmann von Vlotho daraufhin das ravensbergische Ufer durch Dämme und Buhnen sichern lassen, die nach Meinung der Mindener die Weserschifffahrt behinderten, Grund genug, vor dem Reichskammergericht einen Prozeß anzustrengen. Der Herzog beauftragte keinen Geringeren als den Landmesser Arnold Mercator, Sohn des großen Kartographen Gerard Mercator, den Grenzabschnitt vom ravensbergischen Standpunkt darzustellen, und so ist die Karte nach Osten ausgerichtet, so daß die Burg Vlotho, die offensichtlich naturgetreu wiedergegeben worden ist, rechts auf der Karte erscheint (Abb. 192). Die von Minden eingereichte Karte ist von dem gegenüberliegenden, also mindenschen Ufer der Weser aufgenommen worden und folglich nach Westen orientiert; hier erscheint die Burg Vlotho auf der linken Seite der Karte. Beide Karten, sog. »Prätensionskarten«, vertreten also einseitig – im wahrsten Sinne des Wortes – den Standpunkt der jeweiligen Partei.

Für diesen Typus der Prätensionskarte, die einen Anspruch verdeutlichen will, steht auch die Karte der Grenze zwischen dem Fürstbistum Münster und der Grafschaft Bentheim im Bereich der Brechter Mark, die wohl um 1615 von der münsterischen Seite in Auftrag gegeben wurde (Abb. 200). Hier ist die prätendierte Grenze schon deutlicher zu erkennen, da sie durch einen Grenzstein, Fähnchen, Grenzbäume und einen Bachlauf markiert wird. Doch liefert die Karte außer dem Grenzverlauf noch mehr an Informationen, geht sie doch in geradezu erzählender Weise auf die Ursachen des Grenzstreites ein, so daß mit einigem Einfühlungsvermögen die Karte fast auch ohne die dazugehörigen Akten verständlich wird. Entstanden war der Streit nämlich wegen der Nutzung der Brechte zur Gewinnung von Plaggen und Torf, letzterer diente wegen des Mangels an größeren Waldungen als Brennmaterial und zur Gewinnung von Schmiedekohle – die schwelenden Torfmeiler sind auf der Karte deutlich sichtbar. Wegen des Torfstichs kam es zu Auseinandersetzungen zwischen den Einwohnern des münsterischen Dorfes Ochtrup und des bentheimischen Dorfes Gildehaus, die bald handfeste Formen annahmen. Wie die Karte ausdrücklich festhält, hatten die Gildehauser die von den Ochtrupern säuberlich zum Trocknen aufgesetzten Torfreihen umgeworfen. Offensichtlich wandten sich die Geschädigten nun an ihren Landesherrn, den Fürstbischof, der Bewaffnete an die Grenze sandte, um seine Interessen und die seiner Untertanen zu schützen. Damit wurde aus dem Streit der Dörfler ein Streit der beiden Landesherrn um die Landesgrenze, der vor dem Reichkammergericht in Speyer ausgetragen wurde.

Zu Anfang des 17. Jahrhunderts treten allerdings schon Grenzkarten auf, die nicht nur einseitig die Vorstellungen einer Partei berücksichtigen. In der Karte der Grenze zwischen dem Fürstbistum Münster und der damals spanischen Grafschaft Lingen von 1616 beispielsweise hat der Zeichner die von beiden Seiten geforderten Grenzlinien eingetragen, farblich unterschieden und Grenzmarkierungen vermerkt. Allerdings bereitete es, wie aus der Karte ersichtlich ist, damals Schwierigkeiten, einige Grenzsteine richtig anzusprechen, zu entscheiden, ob sie der Kennzeichnung der Landesgrenze oder nur zur Begrenzung einer Markengerechtigkeit dienten. So ist bei einem der Steine vermerkt:

Een stein bij den wijtbus darvan etliche stücke affgeschlagen, die Risenbecker willen denselven voor geenen snaet stein holden, maer seggen, dat dieselve ende meer andere steinen affsonderen der Gravenhorster Plaggen Matt.

Bei einem Kreuz zeigt der Zeichner sogar ausdrücklich an, daß es nur die Stelle angebe, an der ein Mann seine eigene Ehefrau ermordet habe, wohl, um von vornherein klarzustellen, daß es sich nicht um einen Grenzstein handele (Abb. 201). Was diese Karte im übrigen von den anderen erwähnten Karten unterscheidet, ist die Tatsache, daß sie keine »Landschaftsdarstellung« mehr ist, sondern den Vorstellungen von einer Karte schon näher kommt. Allerdings darf der eingezeichnete Zirkel mit Maßstab nicht darüber hinwegtäuschen, daß sie äußerst ungenau die Verhältnisse wiedergibt, daß die Entfernungen und die Lage der Orte zueinander nach dem Augenschein gezeichnet und daß die geschätzten Distanzen wohl nur hier da durch Messungen überprüft worden sind. Daß Grenzkarten noch im 18. Jahrhundert in Form von Landschaftsdarstellungen gezeichnet wurden, verdeutlicht Abb. 212 mit der Grenze zwischen dem kurkölnischen Herzogtum Westfalen und dem Fürstentum Nassau-Siegen auf der Rahrbacher Höhe. Mit flüchtigen Pinselstrichen hat der Zeichner eine Landschaft zu Papier gebracht, in die die Grenze eingezeichnet worden ist, aber nicht als exakte

Linie, sondern nur in ihrem ungefähren Verlauf entlang der Landstraße. Gekennzeichnet wird sie durch zwei mit dem kurkölnischen Wappen versehene Grenzsteine, zwei Grenzbäume und einen Schlagbaum. Auf Maßstäblichkeit ist nicht im geringsten Rücksicht genommen worden, sind doch die Grenzsteine doppelt so groß wie die beiden eingezeichneten Bergwerke und sogar wesentlich größer als der Schlagbaum. Angaben der Himmelsrichtung oder gar eines Maßstabes sucht man vergeblich. Ohne die dazugehörige Akte ist die Karte kaum verständlich.

War es verhältnismäßig einfach, den Verlauf einer Grenze in flachem oder leicht hügeligem Gelände zu kartieren, so bereitete dieses in bergigem Terrain erhebliche Schwierigkeiten, auch noch im 18. Jahrhundert, wie aus Abb. 217 ersichtlich wird. Das Gebirge besteht aus einer Aneinanderreihung unterschiedlich hoher Maulwurfshügel in Kavalierperspektive, zwischen denen sich die Grenze zwischen der Reichsherrschaft Homburg und den bergischen Ämtern Blankenberg und Windeck schließlich verliert, so daß Unklarheit über den weiteren Grenzverlauf besteht. Windrose, Zirkel und Winkelmesser wie auch Unterschriften und Siegel der beiden beauftragten Landmesser mögen den Eindruck erwecken, hier liege eine genaue Karte vor; in Wirklichkeit ist sie jedoch maßstäblich in erheblichem Maße verzerrt und sicherlich teilweise nach dem Augenschein aufgenommen worden.

Nicht weniger schwierig konnte sich die Festlegung einer Grenzlinie in unwegsamem Gelände gestalten, wie beispielsweise zwischen den niederländischen Provinzen Drenthe und Groningen und dem Niederstift des Fürstbistums Münster (Abb. 213). Hier erstreckte sich nämlich das ausgedehnte Bourtanger Moor, ein kaum passierbares Hochmoor, das nur an einer Stelle eine Verkehrsverbindung zwischen den Niederlanden und dem Siedlungsstreifen entlang der Ems auf deutscher Seite gestattete. Gerade dort hatten Ende des 16. Jahrhunderts die Niederländer zur Sicherung dieser Verbindung ihre starke Festung Bourtange angelegt, die dem Moor auch seinen Namen gab. Als seit etwa 1600 zuerst die Niederländer, dann auch die münsterische Seite, mit der Abtorfung des Moores begannen, trat das ein, was andernorts bereits Jahrhunderte vorher geschehen war: der unwegsame, unbesiedelte Grenzsaum schrumpfte, die Siedlungen drangen von beiden Seiten gegeneinander vor, und schließlich wurde das Bedürfnis nach einer exakten Grenzziehung immer dringender. Als man sich 1730 an die Fixierung der Grenze machte, mußte man feststellen, daß die Vorstellungen der Niederländer von jenen Münsters z.T. erheblich abwichen. Die von Münster prätendierte Linie lief soweit westlich von der niederländischen, daß sie die Festung Bourtange nahezu halbierte. Beide Linien hat der Zeichner in seine Karte eingetragen und so die Grundlage für eine Grenzregelung mittels eines Kompromisses geschaffen.

Viele der Grenzstreitigkeiten konnten in der Tat nur durch Kompromisse gelöst werden, sofern man nicht vom Wege der Verhandlungen und des Ausgleichs abwich und das Problem durch Waffengewalt zu lösen suchte. Nach zähen Verhandlungen kam so ein Grenzausgleich größeren Umfangs zwischen dem Königreich Frankreich und seinen deutschen Nachbarn in den Jahren 1766 bis 1789 zustande, nachdem das Herzogtum Lothringen endgültig an Frankreich übergegangen war. Anders als zu Zeiten Ludwigs XIV. suchte man nun ganz im Sinne der Aufklärung die Grenzfragen auf friedlichem Wege zu lösen. In diesen Zusammenhang gehört die Grenzregulierung von 1779 zwischen Frankreich und dem Kurfürstentum Trier bei Merzig (Abb. 219). Über weite Strecken lehnte sich die neue Grenze an die Saar an, das rechte Ufer war trierisch, das linke französisch, während der Fluß selber ungeteilt blieb. Die einzelnen Grenzsteine am Ufer sind durchnumeriert und in einem separaten Grenzbegehungsprotokoll aufgeführt. Die Karte, die einen guten Eindruck von dem hohen Stand der französischen Kartographie vermittelt, beschränkt sich nicht nur auf den Grenzverlauf, sondern gibt auch sonstige topographische Einzelheiten wie Wege, Straßen, Bäche, Höhen und Ortschaften – diese bereits als Grundriß dargestellt – wieder. Sie wirkt sachlich und verzichtet auf schmückendes Beiwerk wie verzierte Kartuschen und allegorische oder szenische Darstellungen. Gleichwohl besticht sie durch die dezente Farbgebung und die gekonnte Darstellung.

Nur wenige Jahre jünger ist eine deutsche Karte von 1783 mit der Grenze zwischen dem preußischen Amt Ravensberg und dem osnabrückischen Amt Grönenberg (Abb. 220). Eine gemischte Grenzkommission hatte auch hier auf dem Wege des Ausgleichs eine neue Grenzlinie festgelegt und durch 53 Steine markiert, die in den umrahmten Feldern auf der Karte der Reihe nach einzeln aufgeführt sind. Eine dieser Grenzsteinbestimmungen lautet z.B.: *der Stein stehet oben an der Brücke an der Osnabr(ückischen) Seite, bey der Landesfürst(lichen) Wiese- . . . von N(umero) XLVII nach N(umero) XLVIII zeiget die magnet nadel auf 204 Grad, die Linie hält 1068 F(uß).* Die durch rote Punkte und römische Ziffern gekennzeichneten Steine sind also durch Messung der Winkel und der Abstände zueinander nachprüfbar bestimmt worden. In Gestalt der Grenze zwischen den Bundesländern Niedersachsen und Nordrhein-Westfalen hat die Grenzlinie von 1783 übrigens die Zeiten überdauert. In ihrer äußeren Aufmachung steht die Karte, die mit Rücksicht auf den Grenzverlauf nicht genordet sondern nach Südwesten orientiert ist, noch älteren Vorbildern sehr nahe, indem sie als Schmuck den preußischen Adler mit dem Ravensberger Sparrenschild, den Osnabrücker Wappenschild mit dem roten Rad, die Büste eines bärtigen Mannes und eine besonders schön ausgeführte Windrose verwendet. Im Vergleich zu der erwähnten französischen Karte bietet sie wenig an topographischen Details, was zum großen Teil auf die beiden Schrifttafeln zurückzuführen ist. Hervorzuheben ist jedoch, daß auf der Karte durch Unterschrift und Siegel der Bevollmächtigten beider Seiten der richtige Grenzverlauf bescheinigt wird, die der Karte damit den Rang eines vor Gericht glaubwürdigen Dokuments verleihen, während die frühen Grenzkarten nicht mehr als Orientierungshilfen waren.

Gegen Ende des 18. Jahrhunderts haben die Grenzkarten bereits einen bemerkenswerten Stand an Genauigkeit erreicht. Verfeinerte Methoden – wie z.B. exaktere Winkelmessungen und die konsequent angewandte Triangulation haben dann aber seit dem 19. Jahrhundert noch zu genaueren Vermessungen der Grenzen geführt.

Territorien

Waren die Grenzkarten vornehmlich zu dem Zweck angefertigt worden, bei Rechtsstreitigkeiten zwischen Nachbarn den strittigen Abschnitt einer Grenze wiederzugeben, so konnte der Anlaß, ein geschlossenes Territorium zu kartieren, unterschiedlicher Natur sein.

Als gegen Ende des 15. Jahrhunderts die Bildung der Territorien im westlichen Deutschland einen gewissen Abschluß gefunden hatte, entstand allmählich der Wunsch der Landesherren, durch Vermessung und Kartierung ihrer Herrschaftsgebiete eine genauere Vorstellung von deren Ausmaßen zu gewinnen, was gerade im Hinblick auf die Landeshoheit, die Gerichtsbarkeit und die Erhebung von Schatzungen von erheblicher Bedeutung war. In diesen Zusammenhang gehört die von Arnold Mercator durchgeführte Aufnahme Kurtriers und der Landgrafschaft Hessen in der zweiten Hälfte des 16. Jahrhunderts. Aber es gab durchaus auch andere Beweggründe. Beispielsweise waren es Erbauseinandersetzungen der Grafen Hermann und Wilhelm von Wied, denen die Karte der Niedergrafschaft Wied von 1589 ihre Entstehung verdankt (Abb. 194). Nach der Teilung der Grafschaft Wied in die Ober- und Niedergrafschaft sollte die Karte die Ausdehnung der Niedergrafschaft mit den wichtigen topographischen Einzelheiten im Bild festhalten. Das Ergebnis ist eine Landschaftsdarstellung in Schrägansicht. Grenzen sind nicht zu erkennen, und nur der Rhein und die Wied, die wegen der Schrägansicht zum Teil durch die bergige Landschaft verdeckt wird, gestatten in Verbindung mit den Orten eine grobe Orientierung. Die Orte selber scheinen im großen und ganzen nach der Natur gezeichnet worden zu sein.

Der Streit mit dem Fürstbistum Münster um die Landeshoheit in der zur Reichsgrafschaft erhobenen Herrschaft Steinfurt veranlaßte 1597 den Grafen von Bentheim, seine Ansprüche in einer Karte zu präzisieren (Abb. 197), die bereits ein bemerkenswertes Maß an Abstraktion aufweist. So ist das beanspruchte Territorium in grüner Flächenfarbe angelegt und von einer roten Grenzlinie umschlossen, von dem sich das in kräftigem Orange gehaltene münsterische Gebiet deutlich abhebt. Neben den Orten und Wasserläufen sind auch die Gerichtsstätten vermerkt, und zwar in voller Absicht, war doch die Hochgerichtsbarkeit ein Bestandteil der geforderten Landeshoheit. Allerdings fand der einseitig dargelegte Anspruch vor dem Reichskammergericht nur zum Teil Anerkennung.

Zu Anfang des 17. Jahrhunderts sah sich die Reichsstadt Dortmund veranlaßt, ihr Territorium, das aus Stadt und Grafschaft Dortmund bestand, zeichnen zu lassen (Abb. 215). Den Anstoß dazu gaben Streitigkeiten wegen Ausübung der Jagd mit den benachbarten adeligen Häusern, deren Besitzer offensichtlich auch auf Dortmunder Gebiet dem Weidwerk nachgegangen waren. In einem Prozeß vor dem Reichskammergericht suchte die Stadt dem einen Riegel vorzuschieben. Das Hauptaugenmerk ist bei der Karte daher auf den Grenzverlauf und die benachbarten adeligen Häuser gelegt worden. Bezüglich der Genauigkeit der Karte dürfen allerdings keine großen Ansprüche gestellt werden, ein Maßstab ist nicht vermerkt.

Ebenso wenig Genauigkeit weist die Karte der Herrschaft Büren im Fürstbistum Paderborn von 1690 auf (Abb. 210), die als Anlage zu einer Prozeßakte diente. Die Edelherren von Büren hatten versucht, sich der Landeshoheit der Paderborner Fürstbischöfe zu entziehen, mit der spitzfindigen Begründung, ihre Herrschaft gehöre zwar zur Diözese der Bischöfe von Paderborn nicht aber zu deren Territorium. Als die Herren von Büren ausstarben, wurden sie von den Jesuiten beerbt. Diese suchten nun die Ansprüche der Bürener durchzusetzen und gaben offenbar die Karte in Auftrag. Die Grenzen der Herrschaft Büren und der Teilherrschaft Ringelstein sind gelb koloriert, die beiden Halsgerichte von Büren und Ringelstein ausdrücklich vermerkt, ein deutlicher Hinweis auf die prätendierte Landeshoheit.

Als nach einem erfolgreich ausgegangenen Erbstreit die kleine Reichsherrschaft Pyrmont in der Eifel an die Freiherren Waldbott von Bassenheim fiel, ließen diese um 1720 ihren Miniaturstaat kartieren (Abb. 211). Den Mittelpunkt des Ländchens nimmt das Schloß Pyrmont ein, auf das fast alle Wege zulaufen. Mit viel Liebe zum Detail sind die Waldungen, Äcker, Wiesen und Gärten, selbst der unterhalb des Schloßberges befindliche Weinberg, vermerkt worden.

Viele Einzelheiten bietet auch die Karte des Herzogtums Kleve aus dem 18. Jahrhundert (Abb. 214). Sie steht in unmittelbarem Zusammenhang mit einem Naturereignis, dem Hochwasser des Winters 1740/41. Nicht allein das Überschwemmungsgebiet ist kartenmäßig erfaßt worden sondern auch die Verbreitung von Kultur- und Ödland, worüber die Legende wie folgt Auskunft erteilt:

1) *ist alles was grün illuminiret, dasjenig Land, so durch die Überströmung unter Wasser gesetzet worden, theils zu 1, 2, 3 biß 10 fuß* tieff.

2) *was gelb illuminiret, ist der übrige theil des Landes so uhrbahr ist und nicht unter Wasser stehet.*

3) *die rothe illumination am Rande sind die grentzen.*

4) *was nicht illuminiret, ist entweder Busch, Moras, Sand oder unuhrbar Heydekraut.*

Zudem enthält die Karte noch die Festungen, Städte und Dörfer, die Straßen, Wege und Wasserläufe, so daß man schon annähernd von einer topographischen Karte des Herzogtums sprechen kann, die über ihren eigentlichen Entstehungszweck hinaus für die Verwaltung und das Militär von Nutzen sein konnte. Gleichwohl dürfen an den Maßstab, der noch in Wegstunden angegeben wird, und an die Exaktheit des Grenzverlaufs keine übertriebenen Erwartungen gestellt werden.

Gerade im 18. Jahrhundert ist das Anwachsen des Interesses an statistischen, geographischen und ökonomischen Daten spürbar. Nicht von ungefähr erscheinen in zahlreichen deutschen Staaten historisch-geographisch-statistische Landesbeschreibungen zum Nutzen der Verwaltungen. Außerdem gestattet die Verbesserung des Vermessungswesens eine systematische Landesaufnahme.

Verwaltung

Für die besonderen Anliegen der Verwaltung reichten jedoch in vielen Fällen die großräumigen Territorialkarten nicht aus. Es bedurfte kleinmaßstäblicher Spezialkarten, um z.B. den Umfang eines Amtes, eines Bann-, Gerichts- oder Forstbezirks genau bestimmen zu können.

Da die meisten Territoren der Rheinlande und Westfalens in Ämter unterteilt waren, kam den Ämterkarten eine besondere Bedeutung zu. Allerdings ist die Informationsdichte bei diesen Karten unterschiedlich, je nach dem Zweck der Anfertigung. So beschränkt sich die Karte des bergischen Amtes Angermund von 1605 (Abb. 198) im wesentlichen auf die Grenze, die Straßen und Wege sowie auf die Ortschaften, da es in erster Linie um die Feststellung der Grenze des Amtes zur kurkölnischen Vogtei Kaiserswerth ging. Die Karte des Amtes Harpstedt (Abb. 202) entstand 1615 im Zusammenhang mit einem Streit zwischen den Fürstbischöfen von Münster und den Grafen von Oldenburg um die Frage, an welcher Stelle ein Zoll zu erheben sei. Die Karte vermag den Umfang des Amtes in den Proportionen nur äußerst ungenau wiederzugeben, eine Vermessung hat offenbar nicht stattgefunden. An topographischen Details erscheinen die Orte, Wege und Wasserläufe sowie schematisch dargestelltes Buschwerk. Es bedarf schon genaueren Hinschauens, um die Stelle des Zollbrettes ausfindig zu machen. Anliegen der Karte des Amtes Kempen von 1659 war es zwar nur, den Grenzverlauf gegenüber der moersischen Exklave Krefeld und dem Herzogtum Geldern darzulegen (Abb. 205), gleichwohl enthält sie eine Fülle von topographischen Einzelheiten. Für interne Verwaltungszwecke wird die Karte des kurtrierischen Amtes Daun in der Eifel 1683 angefertigt worden sein (Abb. 208). Neben den Dörfern sind noch Höfe, Mühlen, eine Eisenhütte, die Waldungen, Wasserläufe, Wege, die Maare, sogar die Richtstätten eingezeichnet. In Form einer Inselkarte ist das Oberamt Meisenheim in der Pfalz abgebildet (Abb. 218). Die 1777 gezeichnete Karte, die den Einfluß der französischen Kartographie erkennen läßt, versucht durch abgestufte Ocker- und Brauntöne eine Vorstellung von den Höhenunterschieden des Geländes zu vermitteln.

Auskunft über die Bodennutzung liefern die sog. »Kulturmassenpläne«, die auf Anordnung der französischen Behörden im besetzten linksrheinischen Gebiet angefertigt werden mußten. Sie dienten der Steuerverwaltung als Grundlage für die Bemessung der Grundsteuer nach den geschätzten Erträgen und stellen somit – modern ausgedrückt – Katasterkarten dar. Die Karten, die alle im Maßstab 1 : 5000 gezeichnet sind, geben jeweils eine Commune wieder, die in Sectionen (= Fluren) aufgeteilt ist. Reizvoll ist sicherlich ein Vergleich der Bodennutzungsarten in der Karte der Commune Niederadenau in der Eifel von 1803 (Abb. 224) mit denen der Commune Linn am Niederrhein von 1806 (Abb. 226). Detaillierte Angaben über die Bodenkulturarten liefert auch die *Carte topographique des principautés d'Essen et Werden* von 1812/13, die als Arrondissement Essen zum Rheindepartement des Großherzogtums Berg gehörten (Abb. 225).

Ein Erbe des Mittelalters war eine aus heutiger Sicht unvorstellbare Rechtszersplitterung, die durch das Fehlen einer starken Zentralgewalt in Deutschland ermöglicht und begünstigt worden war. Ungenaue Kenntnisse über Qualität und Ausdehnung einer Gerichtsbarkeit konnte nur zu leicht zu Konflikten führen. Daß bei solchen Streitigkeiten Karten gute Dienste zu leisten imstande waren, verdeutlicht die Karte der Deutschordensherrschaft Elsen bei Grevenbroich aus dem Jahre 1536, wohl eine der ältesten, die zum fraglichen Thema in Beziehung steht (Abb. 191). Der Deutsche Orden und der Graf von Salm stritten um die Gerichtsbarkeit über das kleine Dorf Noithausen, worauf die äußerst reizvolle Karte, die entfernt an Dürersche Landschaftsdarstellungen erinnert, denn auch ausführlich eingeht. Die vom Deutschen Orden geforderte Gerichtsgrenze zieht sich, zusätzlich durch Grenzsteine markiert, als rotes Band durch die Landschaft. Die Gerichtsstätte ist durch vier Räder gekennzeichnet, auf die die verurteilten Missetäter geflochten wurden. Ein erläuternder Text darunter gibt Auskunft darüber, welche Bewandtnis es damit in dem fraglichen Rechtstreit hatte: die drei beieinander stehenden Räder waren von dem Vater des Grafen von Salm errichtet worden, um seinen Anspruch zu manifestieren; der Herzog von Jülich, als Schirmherr der Deutsch-Ordensherrschaft Elsen, hatte sie kurzerhand entfernen und vor das Dorf Hemmerden, das nicht dem Orden gehörte, werfen lassen. Das vierte, etwas abseits stehende Rad kennzeichnet die Stelle, *dae der Scheffer van wegen des ordens uß dem Nothußner Hof vormals gericht sein soll.* Das Vorgehen des Herzogs von Jülich wurde mit einer für die Einwohner von Noithausen empfindlichen Gegenmaßnahme, der Beschlagnahme der auf dem Felde befindlichen Korndiemen des Dorfes, beantwortet, was die Karte ebenfalls festhält. Darüberhinaus bietet die Karte, die sicherlich getreu nach der Natur aufgenommen worden ist, eine Fülle von interessanten Einzelheiten. Da ist einmal das Dorf Elsen mit der romanischen Kirche, dem Deutschordenshaus, der Mühle und den strohgedeckten Fachwerkhäusern. Etwa im Mittelpunkt der Karte steht das Dorf Noithausen, ausdrücklich bezeichnet werden der Hof des Ordens, das Wirtshaus und der Ziehbrunnen sowie ein in der Feldflur angelegter Ziegelofen; zu erkennen ist auch das schiefergedeckte Haus Noithausen links am Rande des Dorfes. Unten rechts erscheint das in der Grafschaft Dyck belegene, damit dem Grafen von Salm unterstehende Dorf Hemmerden, während die von einer Mauer umgebene jülische Stadt Grevenbroich noch eben am Horizont sichtbar wird.

Streitigkeiten wegen der Gerichtsbarkeit gab es ebenfalls zwischen Kurtrier und Pfalz-Zweibrücken, und zwar wegen der Hochgerichtsbarkeit in der Grafschaft Veldenz. Hier lagen die Verhältnisse wesentlich komplizierter. Die Pfalz-Zweibrückener besaßen zwar die Landesherrschaft über die Grafschaft, die ein entfremdetes Lehen der Bischöfe von Verdun war, nicht aber die Hochgerichtsbarkeit, da die Grafschaft kurioserweise eine eigene Zenderei des kurtrierischen Hochgerichtsbezirks Bernkastel bildete. Die Karte von 1562, die zu den Akten eines langwierigen Prozesses vor dem Reichskammergericht gehörte, stellt den Veldenzer Burgfriedensbezirk dar. Rechts oberhalb der Burg ist eine Richtstätte mit Galgen und Scheiterhaufen zu erkennen, auf dem offenbar zwei Menschen (Hexen?) verbrannt werden (Abb. 193), ein Hinweis auf die beanspruchte Hochgerichtsbarkeit.

Meinungsverschiedenheiten über die gerichtlichen Kompetenzen entstanden indes nicht nur zwischen benachbarten Territorien, sondern auch innerhalb einer Landesherrschaft, wie das folgende Beispiel verdeutlichen mag. Ende des 16. Jahrhunderts gerieten der Amtsinhaber des fürstbischöflich-münsterischen Amtes Wolbeck und der des benachbarten Gogerichts Telgte wegen der Ausdehnung der *Freien Kammer* des Amthauses Wolbeck in Streit. Daß die Freie Kammer einen eigenen Bezirk bildete, in dem der Inhaber des Amtes Wolbeck in eigener Verantwortlichkeit die Gerichtsbarkeit ausübte, war nicht strittig, unklar war jedoch, wieweit sich sein Gerichtsbezirk erstreckte. Als eine Einigung zwischen den Parteien nicht zu erzielen war, ließ die münsterische Hofkammer 1603 die Karte der Freien Kammer zeichnen, die die Ansprüche beider Seiten zu berücksichtigen sucht (Abb. 196). Besondere Aufmerksamkeit ist daher dem Grenzbereich gewidmet; vermerkt sind Wohnstätten, Gehölze, sogar einzelne Bäume, Gewässer, Schlagbäume und die sog. Hecks, Vorrichtungen zum Sperren von Wegen. Im Mittelpunkt der Karte liegt das von einer Gräfte umgebene Amtshaus Wolbeck, links davon ist der Wigbold Wolbeck mit dem Drostenhof zu erkennen, während die Richtstätte der Freien Kammer durch Rad und Galgen angedeutet wird. Am oberen Rand der nach Westen orientierten Karte erscheint die Silhouette der Stadt Münster mit ihren zahlreichen realistisch gezeichneten Türmen. Der Reiz der Karte liegt auch darin, daß sie eine große Anzahl bäuerlicher Anwesen aufführt, von denen ein Teil noch heute vorhanden ist.

Nicht mit einem Streit sondern mit der Familienpolitik des münsterischen Fürstbischofs Christoph Bernhard von Galen ist die Karte der Herrlichkeit und des Gerichts Esterwegen von 1677 (Abb. 206) in Verbindung zu bringen. In Esterwegen, weitab an der Grenze des Niederstifts Münster zum Fürstentum Ostfriesland gelegen, hatte sich bis in das 16. Jahrhundert eine – allerdings unbedeutende – Johanniterkommende befunden. Nachdem er die Lehenshoheit erworben hatte, verband der Bischof die Herrschaft, die noch mit der Jurisdiktion ausgestattet worden war, mit dem Erbkämmereramt. Dieses 1663 erneuerte, mit Gütern und Einkünften reich ausgestattete Erbamt nun besaß sein Neffe, Franz Wilhelm von Galen. Wie es scheint, hegte der Bischof Pläne, die Moore im Niederstift zu kolonisieren. Die fragliche, von dem münsterischen Ingenieuroffizier Peter Pictorius d. Ä. gezeichnete Karte sollte die Grenzen der neugeschaffenen Herrschaft Esterwegen festhalten und dem Domkapitel zu Münster zur Billigung vorgelegt werden. Schließlich ist sie von Franz Wilhelm von Galen unterschrieben worden. Bemerkenswert ist dabei, daß es sich weniger um eine Karte der Herrschaft Esterwegen als vielmehr um eine solche des ostfriesisch-münsterischen Grenzgebietes handelt, in der die Herrschaft selber nicht viel Platz einnimmt und nur wenig an topographischen Details – die Orte Bockhorst und Esterwegen sowie eine einsame Bockwindmühle – enthält. Das einzige, was die Herrschaft von der Umgebung abhebt, ist eine breite Umrandung mit Goldbronze. Wie aus einem Hinweis von Pictorius auf der Karte hervorgeht, hat er nur die Herrschaft Esterwegen vermessen, nicht jedoch die Umgebung. Hier hat er seine Kenntnisse aus verschiedenen Vorlagen oder von Gewährsleuten erhalten. Das Ergebnis ist eine zwar ästhetisch reizvolle, aber doch äußerst ungenaue, in den Proportionen verzerrte Karte, bei der der Maßstab zwischen 1 : 50 000 und 1 : 110 000 schwankt.

Zum Schluß sei noch eine Karte angeführt, bei der es um finanzielle Interessen, genauer gesagt um die Zehntberechtigung über einen Teil der Pfarrei Alpen am Niederrhein ging. Da sich der Kurfürst von Köln und der Graf von Bentheim-Steinfurt, der die Unterherrschaft Alpen als kurkölnischen Lehen besaß, über den Zehnten nicht einigen konnten, führten sie einen Prozeß. Die von dem Streitobjekt 1621 angefertigte Karte (Abb. 204) dürfte wenig geeignet sein, eine klare Vorstellung darüber zu vermitteln, wem denn nun der Zehnte zustand. Was jedoch ihren besonderen Wert ausmacht, ist die Tatsache, daß sie zahlreiche topographische Datails enthält: eine Ansicht von Stadt und Burg Alpen, die Stadt Rheinberg, die Ruine (?) des Schlosses Loo sowie einige, wohl adelige Häuser. Bei genauerem Hinschauen kann man noch zwei Feldbrandöfen, eine Windmühle, einen Galgen und ein kurkölnisches Zollbrett entdecken. Die einzelnen Objekte sind durch Versalien bezeichnet und in der Legende erläutert.

Schlußbetrachtung

Die Fortschritte im Vermessungswesen seit dem 19. Jahrhundert, genannt sei die konsequent angewandte Triangulation, ermöglichten exaktere, zuverlässigere Karten, mit denen die alten Karten des 16., 17. und 18. Jahrhunderts nicht konkurrieren konnten. Hinzu kommt, daß durch das Ende des Alten Reiches, durch die Umgestaltungen während der französischen Fremdherrschaft, vor allem aber die durch vom Wiener Kongreß 1815 ausgelöste politische Flurbereinigung in den Rheinlanden und Westfalen unzählige Grenzen ihre Gültigkeit verloren, zahlreiche Territorien von der Landkarte verschwanden, überflüssig gewordene Verwaltungs- und Gerichtsbezirke aufgelöst wurden, um in neuen größeren Einheiten aufzugehen. Die alten Karten, für die Verwaltung entbehrlich geworden, gelangten in die Plankammern der Staatsarchive, wo sie lange wenig beachtet schlummerten. Erst in neuerer Zeit hat man den Quellenwert dieser Karten erkannt, die, wenn man zu »lesen« versteht, ein beachtliches Maß an Informationen zur Territorial- und Verwaltungsgeschichte zu bieten imstande sind.

191

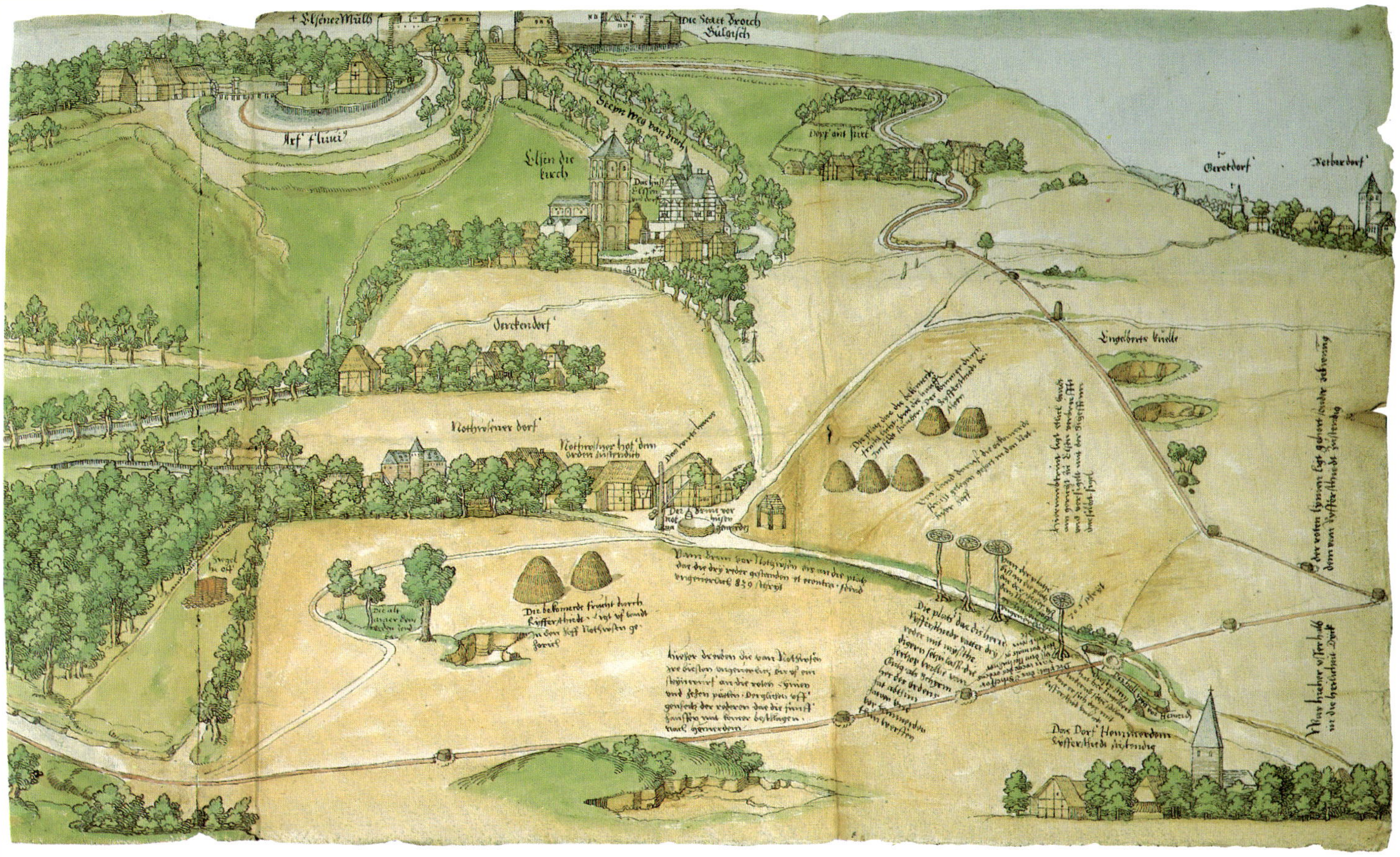

192

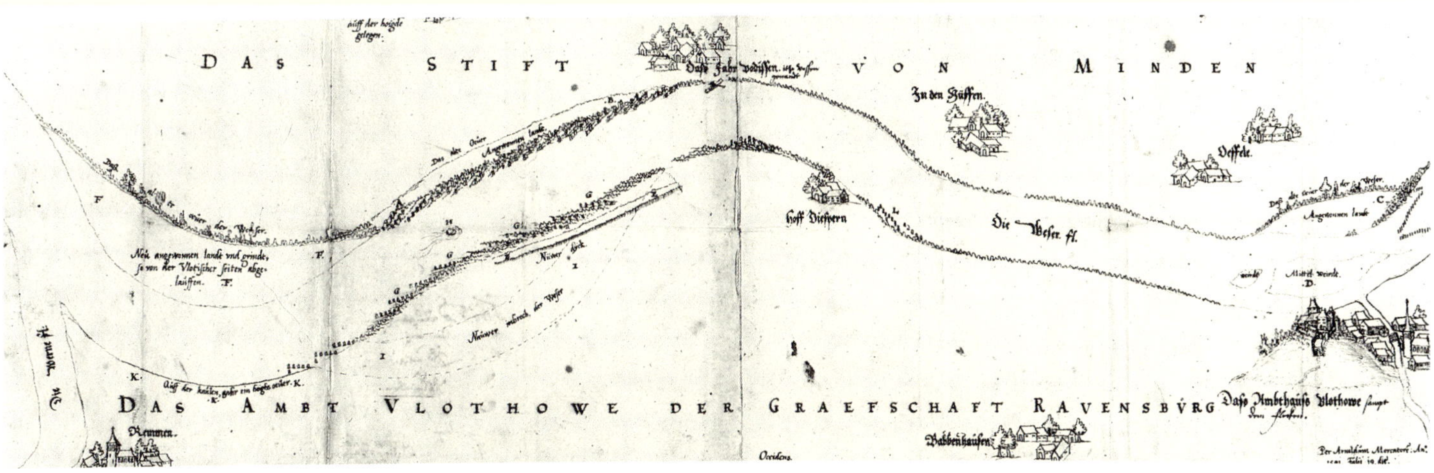
DAS STIFT VON MINDEN
Zu den Hüffen
Die Weser fl.
DAS AMBT VLOTHOWE DER GRAEFSCHAFT RAVENSBVRG

193

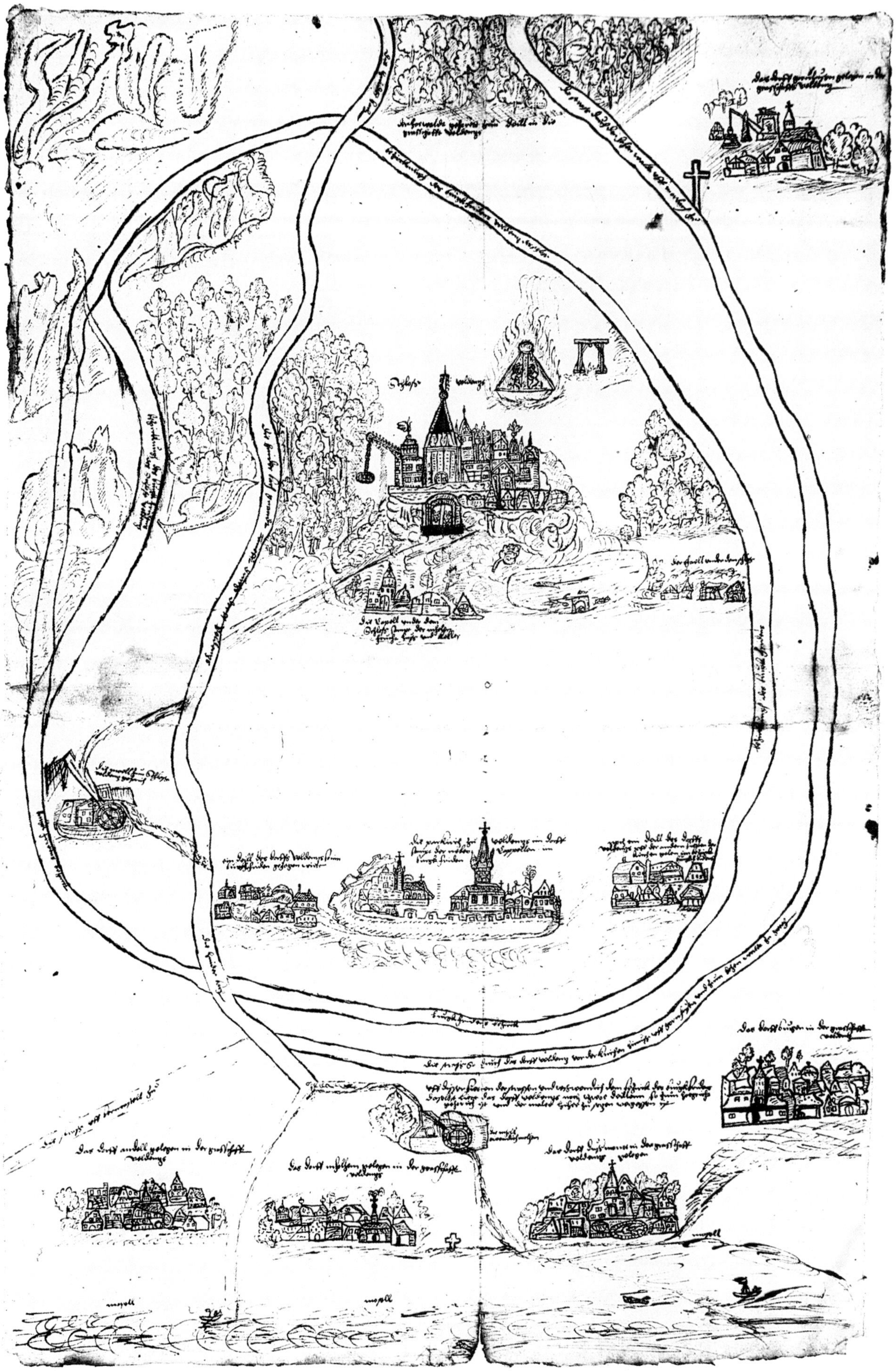

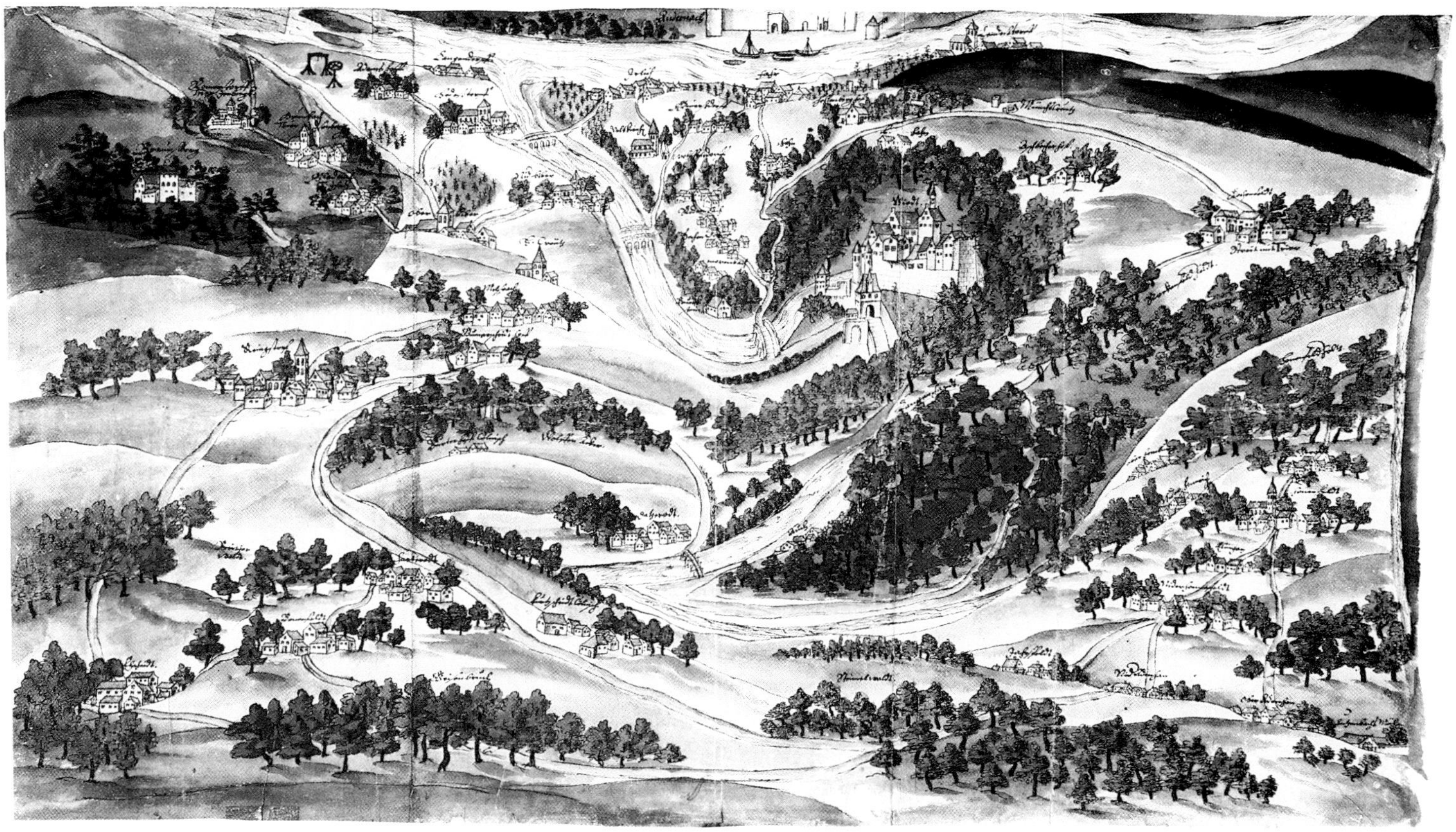

194

Abb. 191 Deutschordensherrschaft Elsen bei Grevenbroich. Um 1536

Die Karte entstand bei einem Prozeß vor dem Reichskammergericht zwischen dem Deutschen Orden und Johann von Salm, Herrn zu Reifferscheid, als Herrn der Grafschaft Dyck um die Gerichtsbarkeit im Bereich des Dorfes Nothausen. Das Gebiet, in dem der Deutsche Orden die Gerichtsbarkeit beanspruchte, ist mit einer roten Linie eingefaßt. Die Karte enthält neben der Wiedergabe der Orte und Einzelgebäude einige Details, die in direktem Zusammenhang mit dem Prozeßverlauf stehen, wie die vier Räder für Missetäter und die von Reifferscheider Seite beschlagnahmten Kornhaufen.

Abb. 192 Die Weser als Grenze zwischen der Grafschaft Ravensberg und dem Fürstbistum Minden bei Vlotho. 1581

Zwischen Vlotho und Rehme bildete die Weser die Grenze zwischen Minden und Ravensberg. Da sich das Flußbett und damit die Grenze verlagerte, versuchte man seitens Ravensbergs dem durch Dämme entgegenzuwirken. Das führte zur Behinderung der Schiffahrt, Anlaß für den Bischof von Minden, einen Prozeß anzustrengen, in dem diese Karte, die offenbar den Standpunkt Ravensbergs vertritt, als Anlage diente. Die beiden von den Prozeßgegnern vorgelegten Karten enthalten unter anderem die einzigen authentischen Ansichten der Burg Vlotho.

Abb. 193 Grafschaft Veldenz. 1562

Es handelt sich um die älteste bekannte Darstellung von Schloß und Grafschaft Veldenz. Hauptanliegen des unbekannten Zeichners war die Darstellung des durch einen Doppelstrich markierten Grenzverlaufs des Veldenzer Burgfriedensbezirks (innerer Kreis). Die Zeichnung diente zur Beweissicherung in den langwierigen Auseinandersetzungen vor dem Reichskammergericht zwischen Kurtrier und der Grafschaft Veldenz um die Hochgerichtsbarkeit, worauf auch die besondere Hervorhebung der Richtstätte hindeutet.

Abb. 194 Grafschaft Wied. 1589

Ende des 16. Jahrhunderts kam es zu Erbauseinandersetzungen zwischen den Brüdern Hermann und Wilhelm von Wied, die mit der Bildung zweier wiedischer Territorien endeten: der Niedergrafschaft Wied-Neuwied um Altwied, Braunsberg und Isenburg und der Obergrafschaft Wied-Runkel um Dierdorf und Runkel. Während zwei weitere den Vergleichsverhandlungen von 1589 beigegebene Karten das gesamte strittige Gebiet mit Angabe der beabsichtigten Aufteilung im Grundriß wiedergeben, zeigt die abgebildete Karte ungefähr die spätere Niedergrafschaft als Schrägansicht. In der Mitte ist der Stammsitz der Grafen von Wied, die Burg Altwied, abgebildet.

195 a

195 b

Abb. 195 a+b Grenze zwischen der Grafschaft Ravensberg, der Stadt Herford und der Grafschaft Lippe. 1600

Dargestellt ist ein Schnatgang, der der Beweisführung in einem Grenzstreit dienen sollte. Für die strittige Landesgrenze steht der Schlagbaum. Von links nach rechts sind u.a. Landmesser mit ihren Utensilien, berittene Herforder Ratsherren, Spießträger als Schutzwache und ganz rechts ortskundige Bauern zu erkennen.

Abb. 196 Grenzen der Freikammer des Fürstbischöflich Münsterischen Amtes Wolbeck bei Münster. 1603

Ein recht frühes Beispiel für die Wiedergabe eines geschlossenen Gebietes stellt diese Umgrenzungskarte dar, die sowohl die Ansprüche der münsterischen Hofkammer als auch des Gogerichts zu Telgte berücksichtigt. Strittig war zwischen beiden Parteien die Ausdehnung des Gerichtsbezirks der fraglichen Freikammer. Den Mittelpunkt der Karte nimmt das Amtshaus in Wolbeck ein, Münster erscheint am oberen Rand.

247

196

197

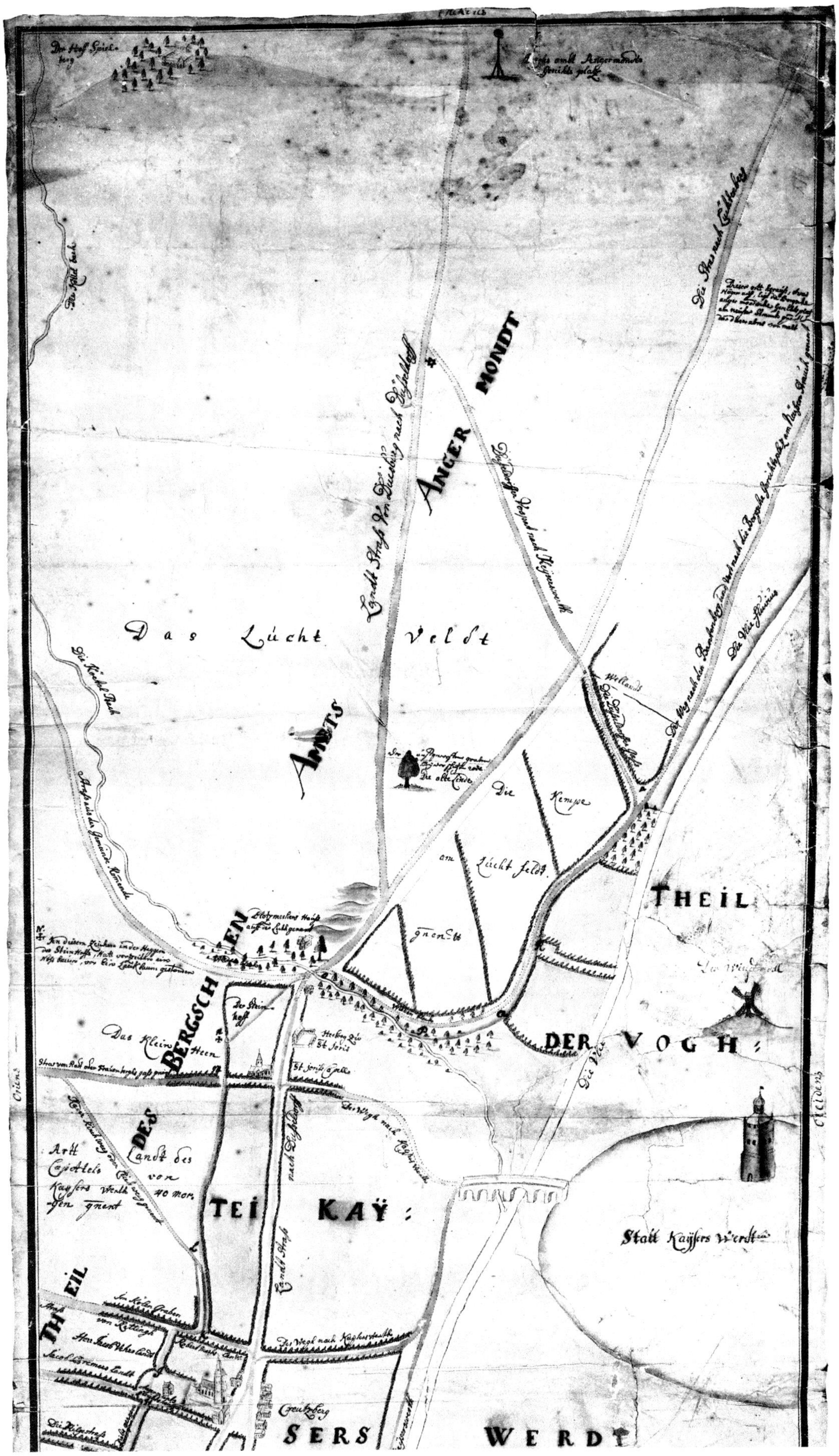

198

Abb. 197 Reichsgrafschaft Steinfurt. 1597

Ende des 16. Jahrhunderts entstand zwischen Münster und den Grafen von Bentheim ein Streit wegen der Ausdehnung der 1495 zur Reichsgrafschaft erhobenen Herrschaft Steinfurt. Diese in kräftigen Farben gehaltene Karte vertritt die Grenzvorstellungen der Bentheimer Seite, die Münster jedoch entschieden zurückwies. Mit viel Liebe zum Detail hat der Zeichner die Ortslagen, Grenzpfähle und Gerichte festgehalten.

Abb. 198 Grenze des Amtes Angermund und der Vogtei Kaiserwerth. 1605

Das Amt Angermund war bergisch, Kaiserswerth damals kurkölnisch. In Kreuzberg tagte ein seit der Mitte des 12. Jahrhunderts urkundlich nachweisbares Landgericht. Die beiden hier abgebildeten Kirchen, die Walburgis- und die Georgskirche, wurden niedergelegt, als die Franzosen sich 1688 auf eine Belagerung der von ihnen besetzten Festung Kaiserswerth vorbereiteten.

199

Pfaltz und Marck grafen
Das ambt Liechtenberg in der Graffschafft Veldentz
Pfaltz Zweibrücken
Mittnacht
Mittag
Nidergang
Oberstein
Verzeichnus wie weit die umbligende Haupt stedtt und schlösser von Oberstein abgelegen seind. Von Oberstein durch Merbius weierbach biß gen Creüce nach seind 4½ meiln. Gen Naumburg 1½ meilen. Gen Meisenheim durch Kirchenbollenbach 3 meilen. Gen Lichtenburg durch Außweiler oder Breunchebornn 2 meilen. Gen Birckenfeld 2 meiln. Gen Kirn und Kirnburg 2 meilen.
Daraus erscheint, wie auch im Bericht gemeldt, das die Nahbollenbach, gleich wie ein Statt mit ihren Ringmauren, mit der hindern und fördern Graffschafft Spanheim, der Graveschafft Veldentz, Rheingrevischer und Obersteinischer Oberkeit umbgeben, und allso im Römischen Reich gelegen ist.
Eine Gründliche und eigentliche Beschreibung des dorffs Nahbollenbach, welches Obersteinischer hoher Oberkeit angehörig, und zwischen den Graveschafften Veldentz und Spanheim, auch Rheingrevischer Kirnburgischer Hochheit gelegen ist. Darinn alle seine Bannscheiden, und frembder herrschafften anstösse, Alle Thal, klein und groß, alle bronnen, alle floß und alle Haupt und Beigebirge, Alle wälld und Beibüsche mit ihrer warhafftigen Gelegenheit, Weidn, Braidten, Lengden, und ihren Bödemen, abgezeichnet, und vor Augen abgemahlt seind Aus gnedigem Begeren, und Anordnung der wolgebornen herrn, herren Philipps Frantzen von Dhaun, Graven zu Falckenstein, herrn zum Oberstein und Bruch, und seiner Gnaden zu nothwendigem stettigem Gebrauch. Nach der Rechten Chorographischen weise, durch Christophorum Tilemannum Stellam, M. und Geometram bezogen, besichtiget, abgemessen, unnd in gegenwertigen Abriß und Augenschein gebracht, im Monat Aprili, Anno CHRISTI ein tausend sechshundert und funff.
Meßstab der Meilen Ruten und schüch, welche in verfertigung diß wercks seind gebraucht worden, und begreifft das Erste theil die lengd einer Meilen an Schüchzalen, das ander, an Ruten zalen, das dritt, an Gantzen, viertel, und halben meilen.

200

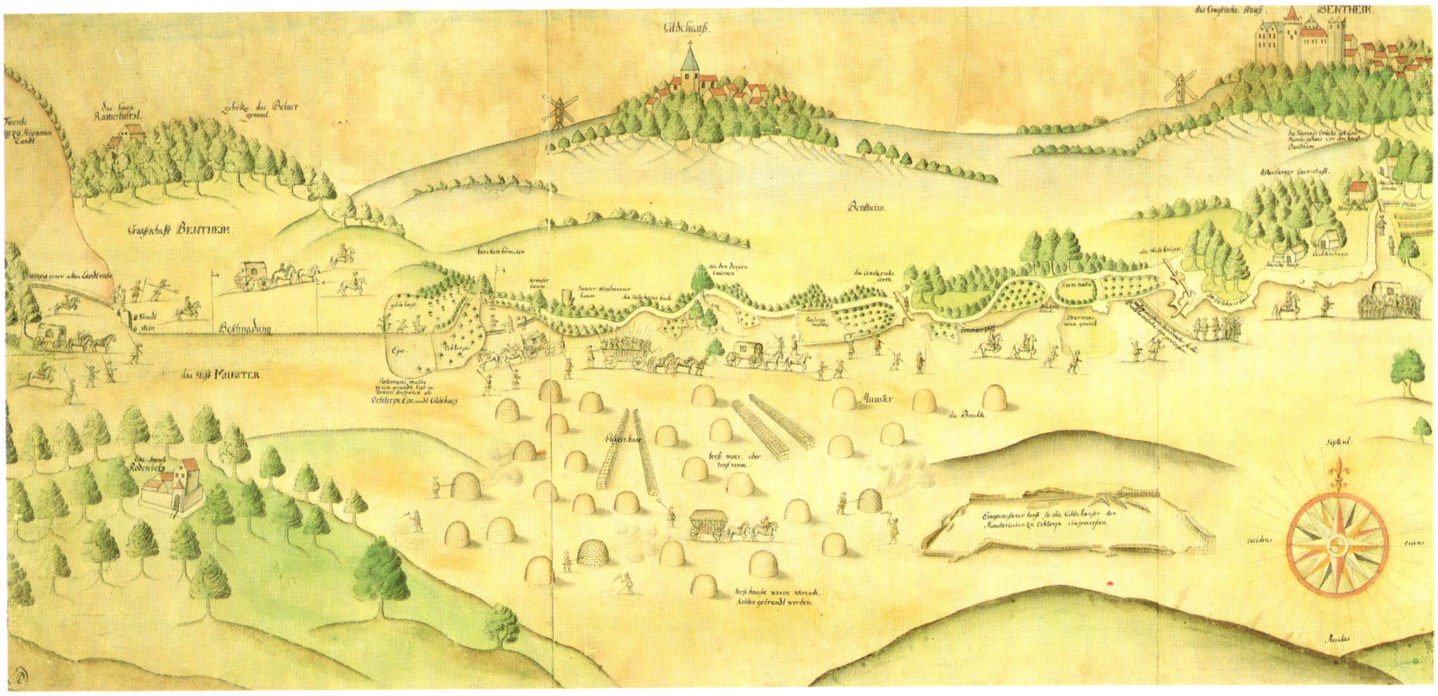

201

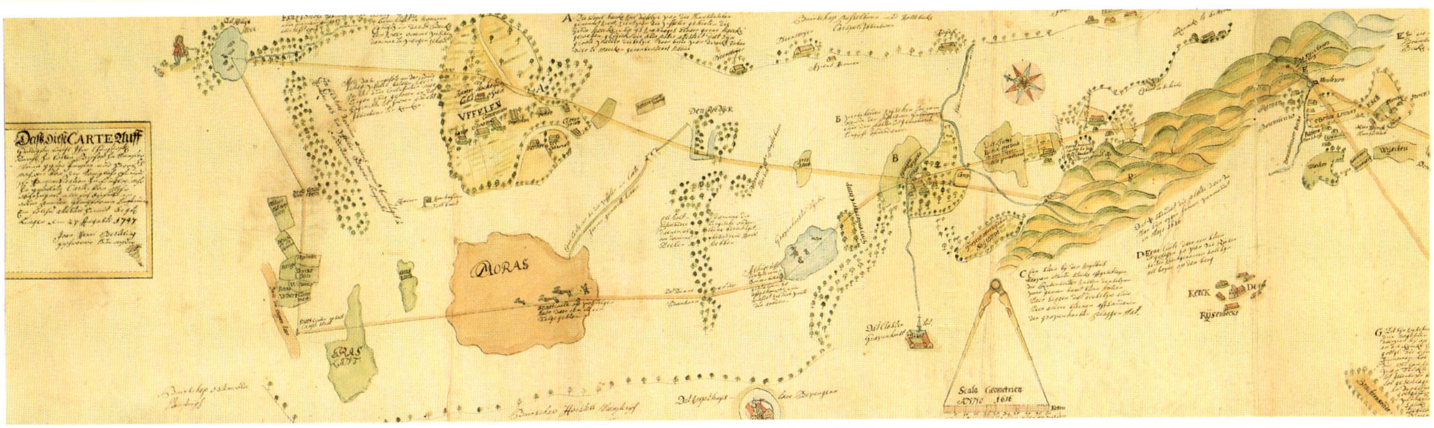

Abb. 199 Gegend um Oberstein. 1605

Christoph Tilmann Stella, ein Sohn des berühmten Kartographen Tilmann Stella aus Siegen, verfertigte die Karte anläßlich eines Rechtsstreits um ein Viertel des sogenannten Idarbannes zwischen dem Grafen Philipp Franz von Falkenstein, Herrn zu Oberstein, und den Grafen von Eberstein. Die strittigen Herrschaftsverhältmisse sind nicht kartographisch wiedergegeben, sondern werden durch ausführliche Erläuterungen im Kartenbild und in der Legende beschrieben, wobei in der Mitte der Karte zwei Textstellen durch Überkleben nachträglich korrigiert wurden. Wappenzeichnungen kennzeichnen die umliegenden Territorien.

Abb. 200 Grenzstreitigkeiten zwischen Münster und der Grafschaft Bentheim wegen der Brechte. Um 1615 (1742)

Die Nutzung von Ödland in Grenzgebieten für Viehweide, Torfstich und Plaggenmahd führte leicht zu oft handfesten Streitigkeiten zwischen den interessierten Untertanen und machte, wie hier in der Brechte bei Ochtrup, eine Überprüfung des Grenzverlaufes nötig. Markiert wird die Grenze durch einen Grenzstein, Fähnchen, einen Bachlauf und Bäume. Reizvoll ist, daß diese Karte auch Ereignisse festgehalten hat.

Abb. 201 Grenze zwischen Münster und der Obergrafschaft Lingen bei Bevergern. 1616 (1705, 1747)

Wegen der Markennutzung kam es zu Differenzen zwischen münsterischen Untertanen und den benachbarten Eingesessenen der damals spanischen Obergrafschaft Lingen. Die von Münster prätendierte Grenzlinie (hellgelb) weicht erheblich von den lingenschen Vorstellungen (ockergelbe Linie) ab. Offensichtlich war unklar, ob es sich bei den vorhandenen Steinen um Grenz- oder nur um Markensteine handelte.

202

Abb. 202 Amt Harpstedt bei Wildeshausen. 1616

Anlaß für die Anfertigung dieser ansprechenden Karte war der Streit um einen Zoll zwischen den Grafen von Oldenburg und den Bischöfen von Münster, denen damals noch das Amt Wildeshausen gehörte. Mit viel Liebe zum Detail, in den Proportionen jedoch ungenau, wird die Herrschaft wiedergegeben, wobei das eigentliche Streitobjekt, der Zoll, in den Hintergrund rückt.

203

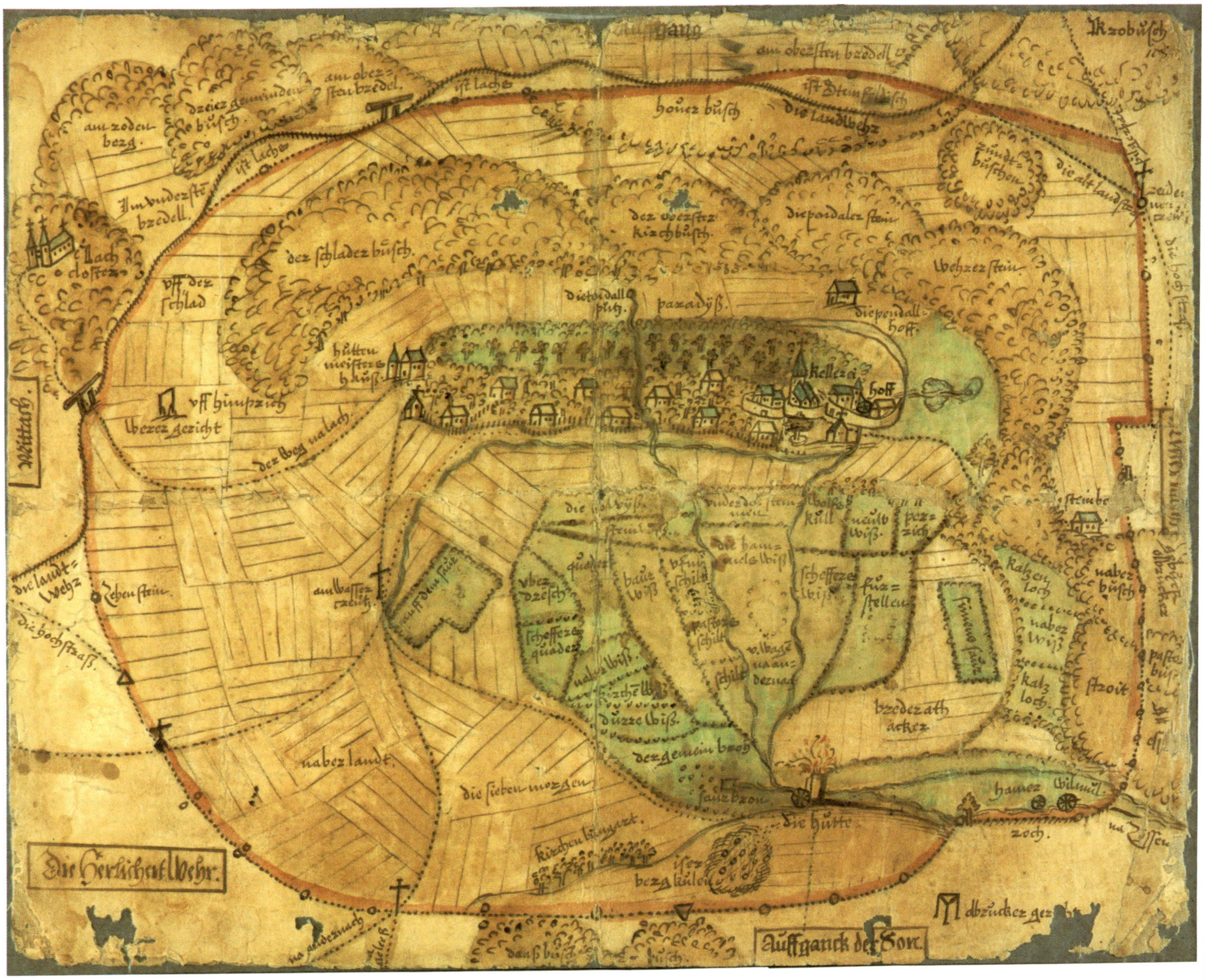

Abb. 203 Herrschaft Wehr. Um 1620

Die Herrschaft Wehr gehörte seit dem 11. Jahrhundert der Prämonstratenserabtei Steinfeld. Bis zu deren Aufhebung wurde sie von einem in Wehr residierenden Propst verwaltet. Die Karte, die in einem Rechtsstreit zwischen der Abtei und der Gemeinde als Beweisstück vorgelegt wurde, besitzt einen hohen Wert für die Lokalforschung wegen der zahlreichen Flurnamen und wegen der Darstellung des Ortes selbst, besonders im Bereich der Kirche und des Kellereihofes. Die abgebildete Eisenhütte wurde 1593 gebaut, die Eisenförderung aber 1746 wieder eingestellt.

204

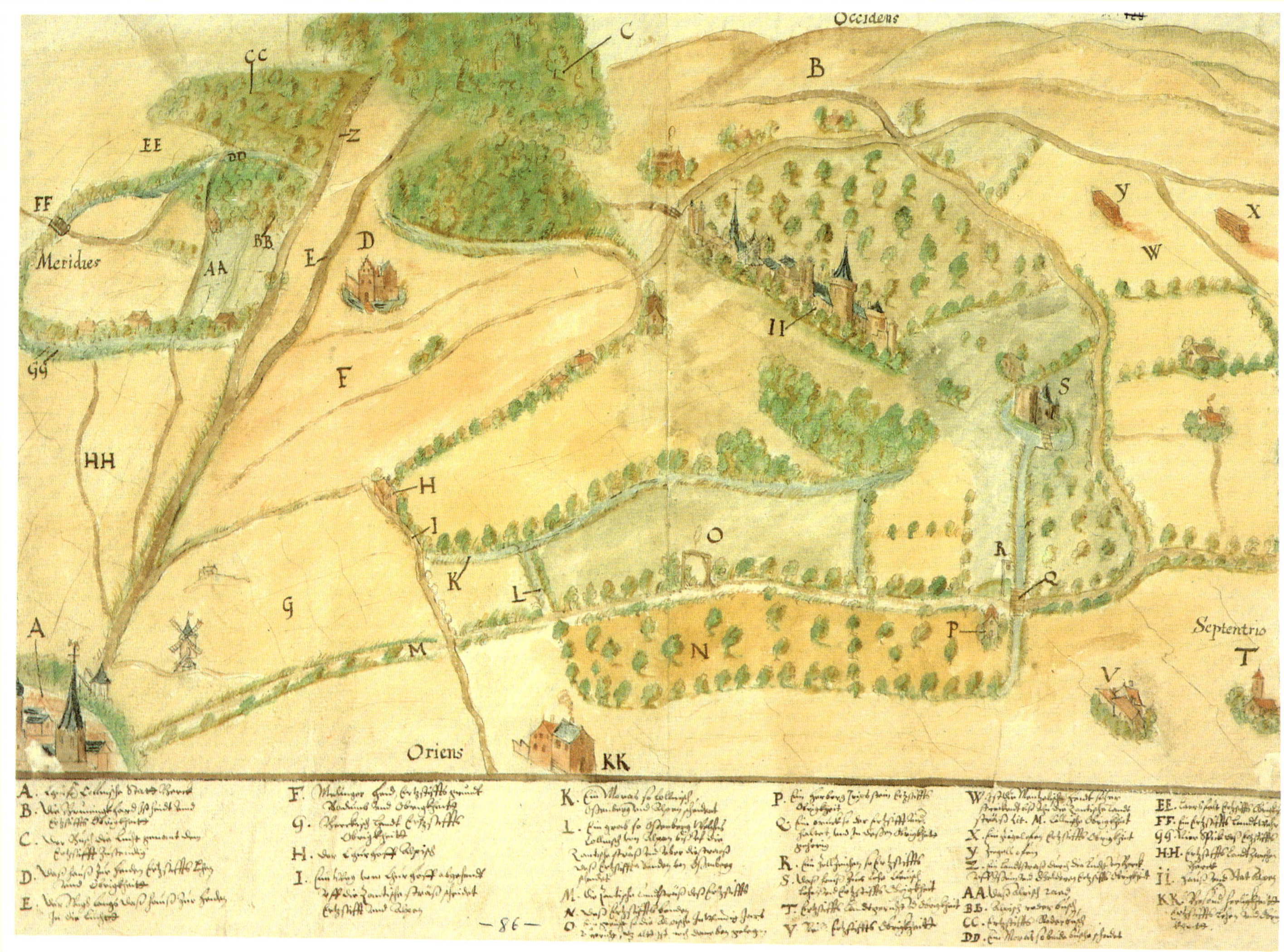

Abb. 204 Unterherrschaft Alpen bei Wesel. 1621

Die Karte ist im Verlauf eines Kammergerichtsprozesses entstanden, den die Besitzer der Unterherrschaft, die Grafen von Bentheim-Steinfurt, gegen ihren Landesherrn, den Erzbischof von Köln führten. In dem Prozeß ging es um die Zehntberechtigung in dem im kurkölnischen Amt Rheinberg gelegenen Teil der Pfarrei Alpen. Aufgabe des Zeichners war es, die Zugehörigkeit der verschiedenen Örtlichkeiten im Umkreis der Stadt zu Alpen bzw. Köln festzuhalten. Die Richtigkeit wurde von den Gerichten zu Rheinberg, Issum und Buchholz bestätigt.

205

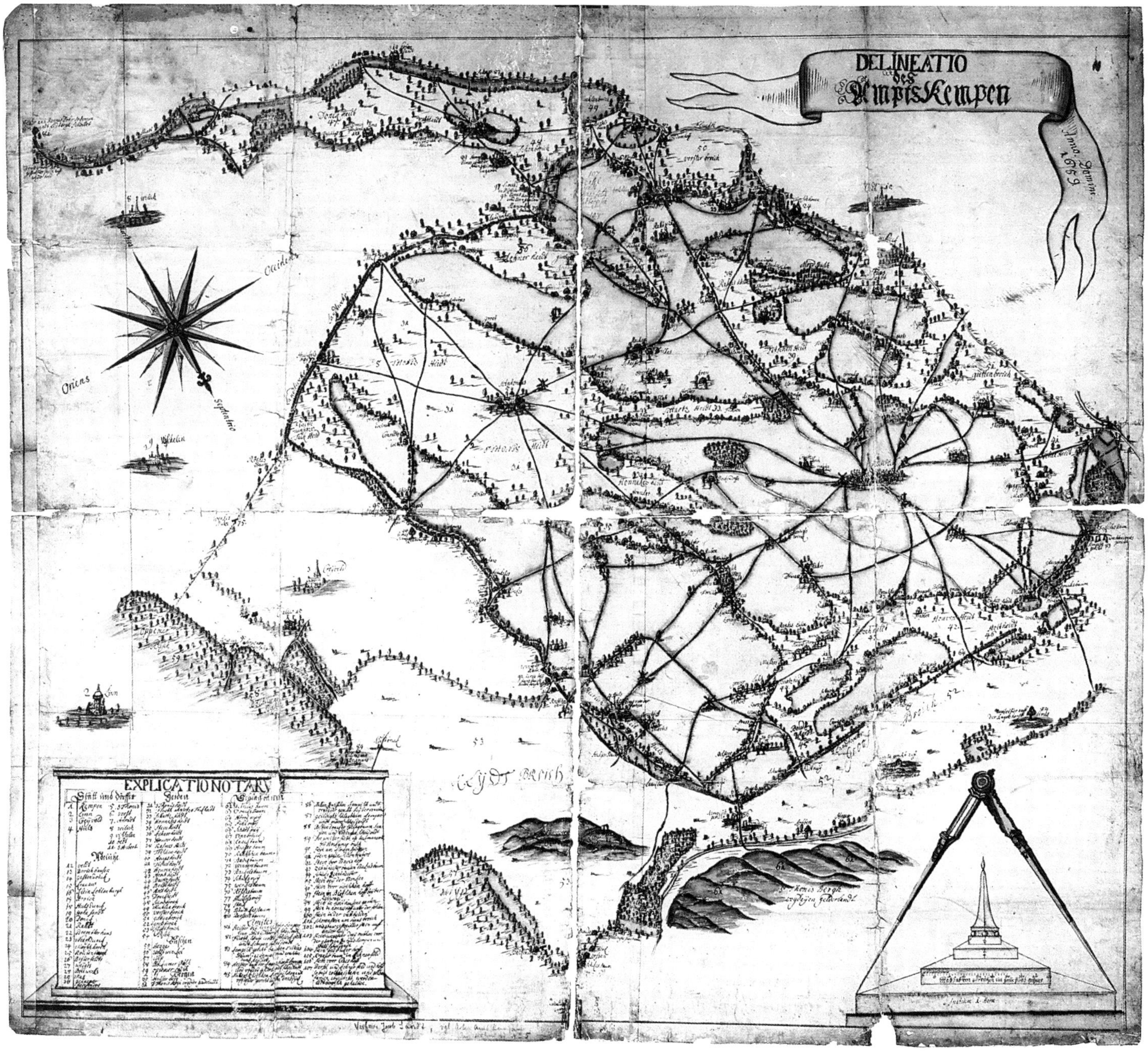

Abb. 205 Grenzen des Amtes Kempen bei Krefeld. 1659

Die Karte diente der Feststellung der Grenzen des kurkölnischen Amtes Kempen gegenüber der Grafschaft Moers und dem Herzogtum Geldern. Sie ist möglicherweise im Zusammenhang mit der im gleichen Jahr begonnenen kurkölnischen Deskription der steuerpflichtigen Grundstücke entstanden. Sehr schön ist hier die stark aufgelockerte ländliche Siedlung dieses Raumes zu erkennen.

206

Abb. 206 Herrschaft Esterwegen und Grenzgebiet zwischen dem Niederstift Münster und Ostfriesland. 1677

1668 erwarb der münsterische Bischof Christoph Bernhard von Galen die Lehenshoheit über Esterwegen und übertrug das Gebiet dem Erbkämmereramt, das sich in erblichem Besitz seiner Familie befand. Die aus diesem Anlaß angefertigte reizvolle Karte mit Windrose und szenischer Darstellung am oberen linken Rand ist jedoch äußerst ungenau, allenfalls die goldumrandete Herrschaft Esterwegen halbwegs richtig wiedergegeben.

207

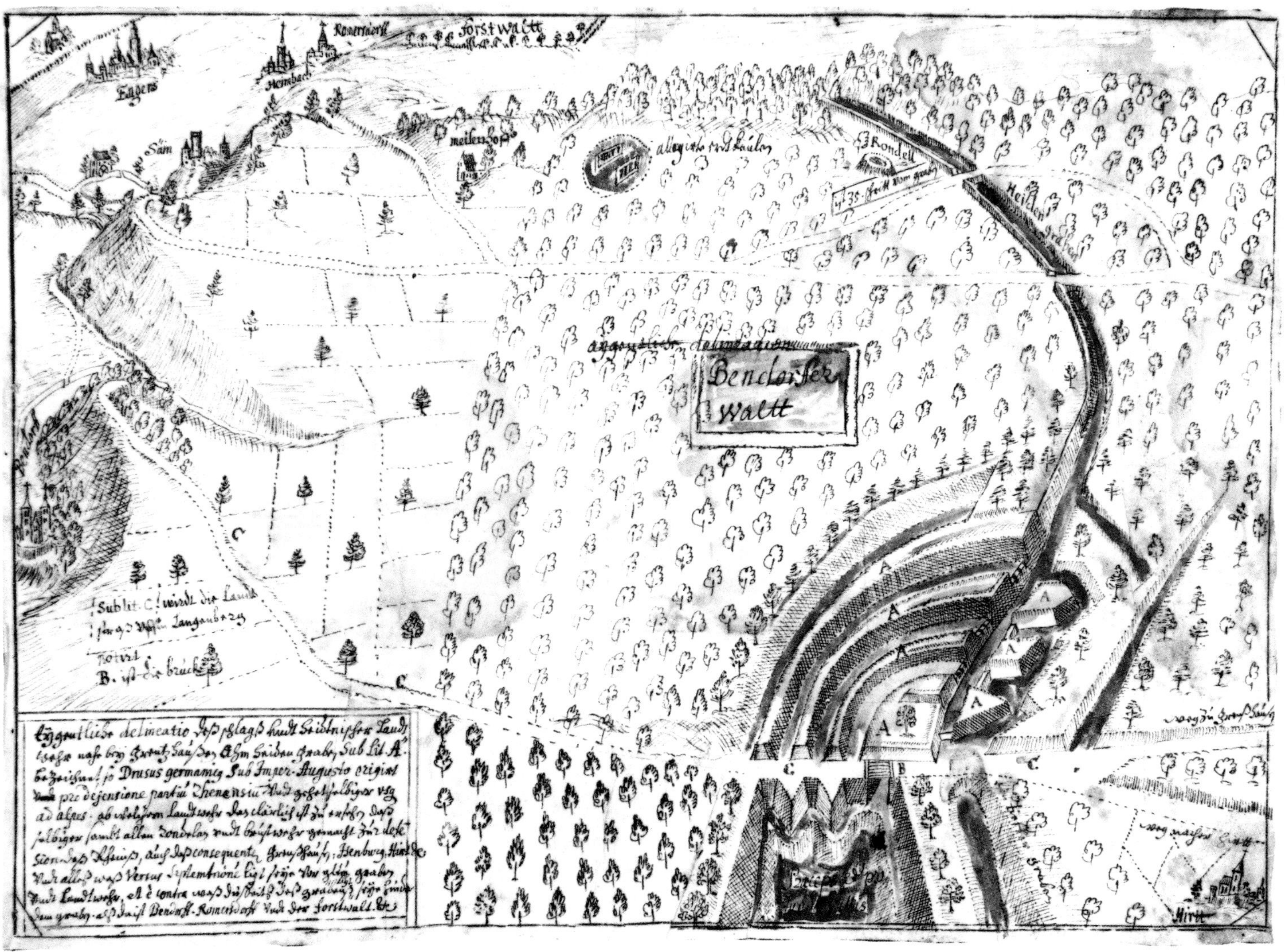

Abb. 207 Landwehrgraben bei Bendorf. Um 1680

Entnommen wurde die Skizze der Gegend um Sayn, Bendorf bis Höhr einem Aktenband über Auseinandersetzungen des Klosters Rommersdorf mit der Gemeinde Heimbach über die Besitzverhältnisse im sogenannten Forstwald. Die Karte sollte wahrscheinlich dazu dienen, die Bedeutung des Landwehrgrabens, der mit dem Verlauf des römischen Limes identisch war, als von alters her bestehende Grenze aufzuzeigen. In der Legende heißt es u.a *ahm Heydengraben ... so Drusus Germanicus sub Imper. Augusto erigirt pro defensione partium Rhenansium undt gehet selbiger usque ad alpes ...*

DAS AMPT DAUNE
DAS OBERAMPT DAUNE
Das Ampt Hillesheim
Hillesheim
Kerpen
Kelbergh
Daune
VLMEN
OCCIDENS
ORIENS
SEPTENTRIO
MERIDIES

209

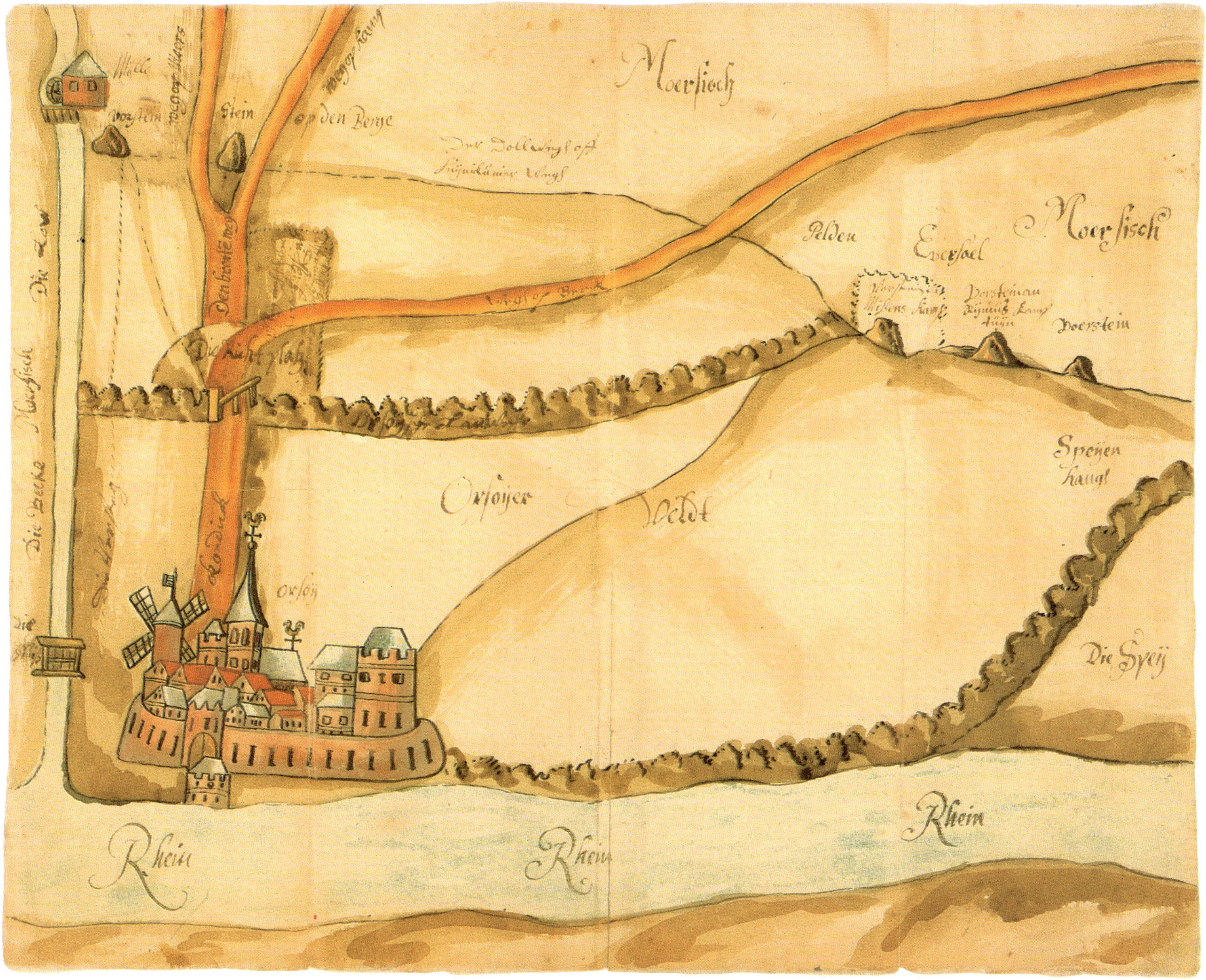

Abb. 208 Kurtrierisches Amt Daun. 1683

Das Ambt Dhaun so dem Erzstift Trier allein zugehöret, ist ein weitläufiges Ambt, sich über 8 Stund in die Länge erstreckend, wird in das Ober- und ander Ambt weiters in zweyundzwantzig Schultheßereyen oder Zendereyen abgetheilet und werden die hier zugehörige 64 Dorfschaften und Hofe von siebenhundert Underthanen und Beysaßen bewohnet... .So beginnt die Beschreibung des Amtes Daun von 1683, der die Karte beigelegt war. Die Amtsgrenze ist durch eine einfache punktierte Linie gekennzeichnet und nur dort eingezeichnet, wo nicht ein Bach oder eine Straße die Grenzlinie bildete. Orte, Höfe, Mühlen usw. erscheinen als Signaturen. Auffällig ist die starke Betonung der Gewässer, wobei auch die Eifelmaare gut erkennbar sind.

Abb. 209 Grenze zwischen Kleve und Moers bei Orsoy. Um 1688

Nahe der kleinen klevischen Stadt Orsoy, die als Rheinübergang und bis 1672 auch als Festung eine gewisse Bedeutung hatte, verlief die Grenze zu der damals noch im Besitz der Oranier befindlichen Grafschaft Moers. Die hier gebotene, sehr kompakt wirkende, Darstellung wird durch einen Grundriß auf einem Blatt ergänzt.

210

Abb. 210 Herrschaft Büren. 1690

Im 16. Jahrhundert hatten die Herren von Büren versucht, sich der Landeshoheit Paderborns zu entziehen, mit der Behauptung, Büren gehöre zwar zur Diözese, nicht aber zum Territorium der Bischöfe von Paderborn. Doch 1657 besetzten Paderborner Truppen die Herrschaft, die seither einen Amtsbezirk bildete, der aus der Stadt und der Herrschaft Büren sowie aus der Teilherrschaft Ringelstein bestand.

211

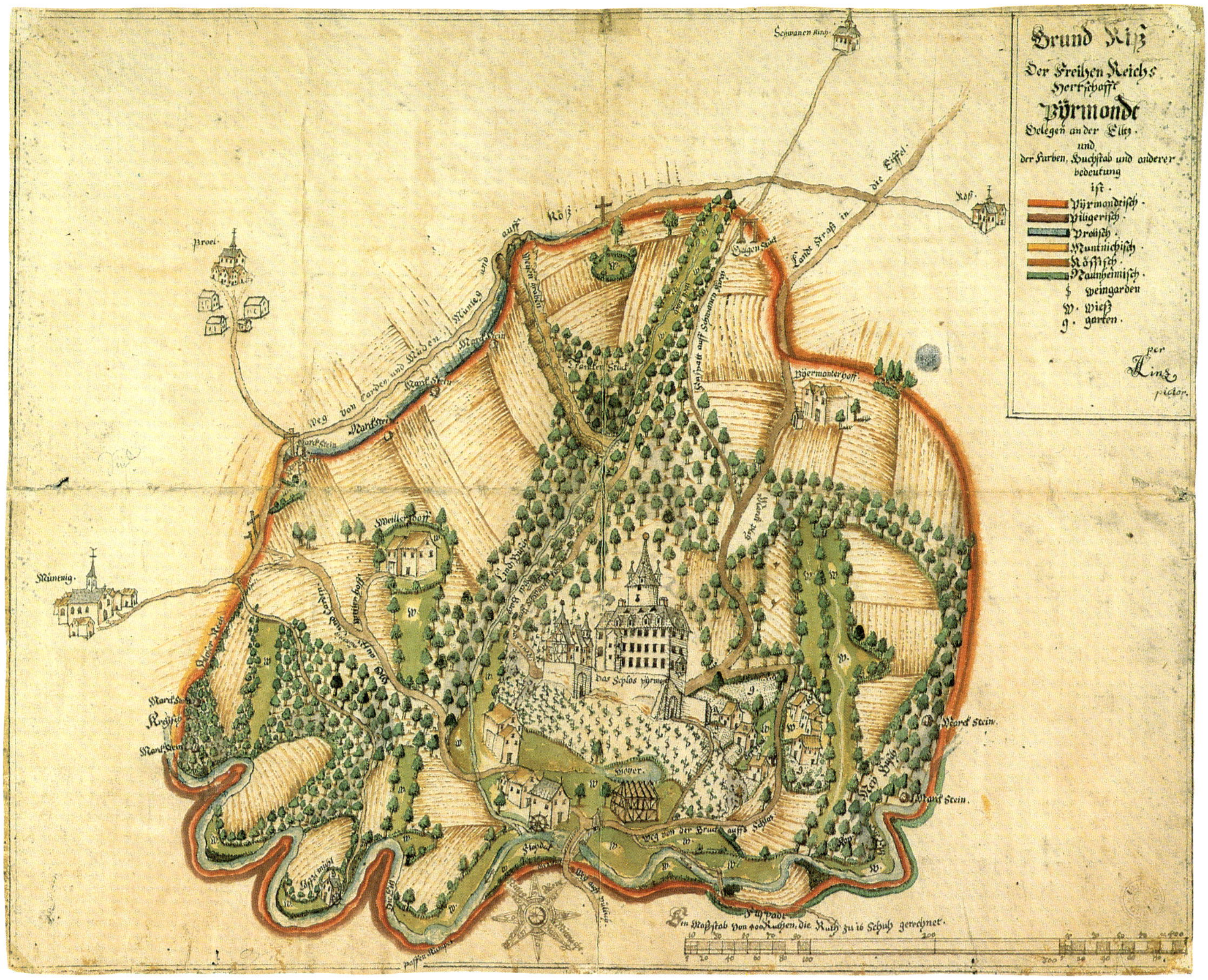

Abb. 211 Reichsherrschaft Pyrmont in der Eifel. Um 1720

Nachdem die kleine Reichsherrschaft Pyrmont 1710 vollständig in den Besitz der Freiherren Waldbott von Bassenheim gelangt war, bauten diese das alte Burggebäude in ein großen barockes Wohnhaus um. Die undatierte Karte dürfte nach dem Beginn des Umbaus 1712 entstanden sein. Die Zeichnung zeigt anschaulich die Burganlage und das im Tal liegende Dorf. Hervorgehoben ist das Wegenetz, in dessen Mittelpunkt die Burg lag, mit den Verbindungsstraßen zu den umliegenden Dörfern und der Eifeler Landstraße. Durch die verschiedenfarbige äußere Grenzlinie sind die angrenzenden Nachbardörfer Pillig, Möntenich, Naunheim, Roes und Brohl gekennzeichnet.

212

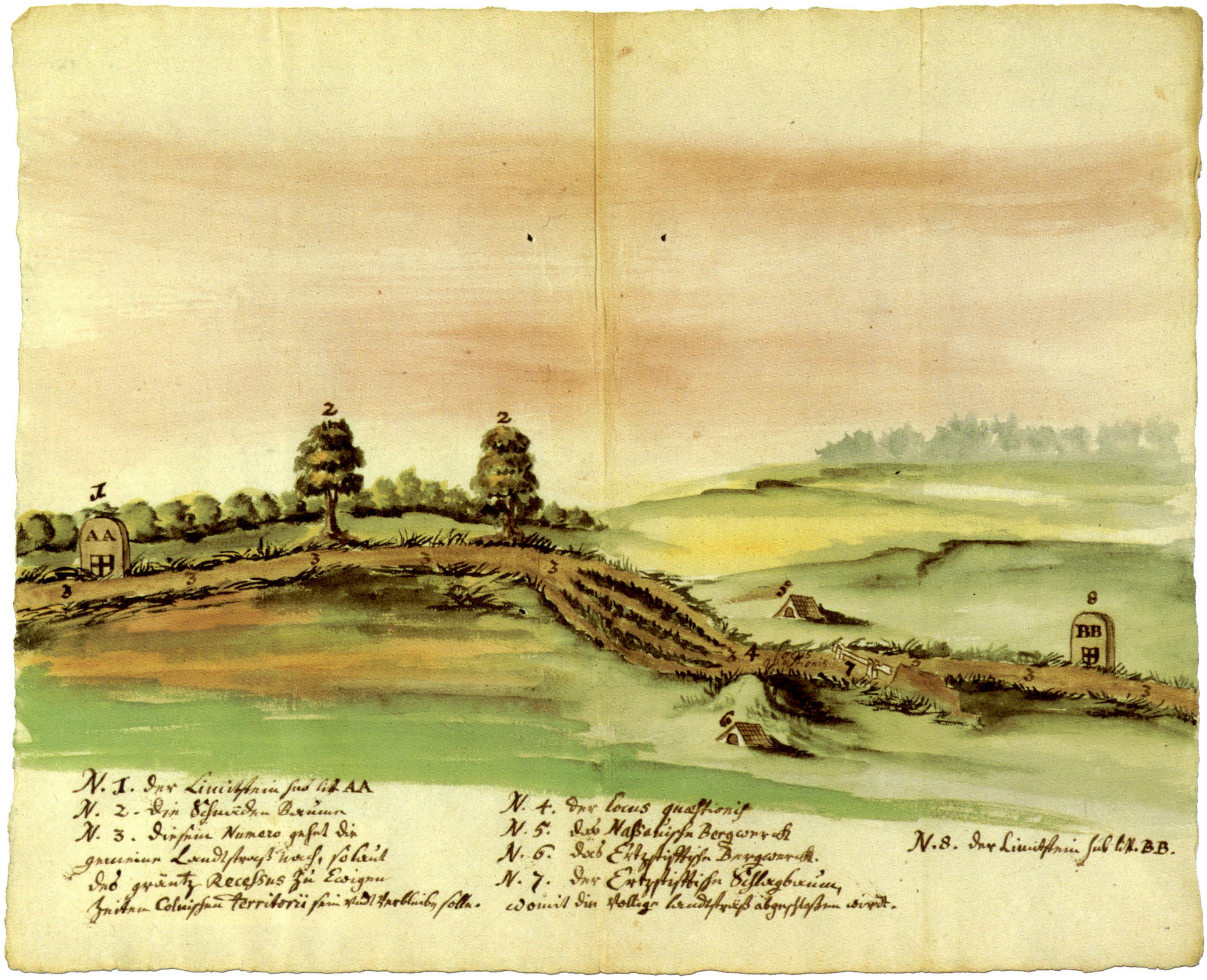

Abb. 212 Grenze zwischen dem Herzogtum Westfalen und Nassau-Siegen auf der Rahrbacher Höhe bei Olpe. 1721

Der Streit um ein Bergwerk auf der Rahrbacher Höhe führte zur Anfertigung dieser Karte, die den Grenzverlauf zwischen dem kurkölnischen Herzogtum Westfalen und dem Fürstentum Nassau-Siegen in Kavalierperspektive wiedergibt. Nach Auskunft der Karte bildete die Landstraße die Grenze und war durch zwei mit dem Kölner Kreuz versehene Grenzsteine und zwei auffällige Bäume gekennzeichnet.

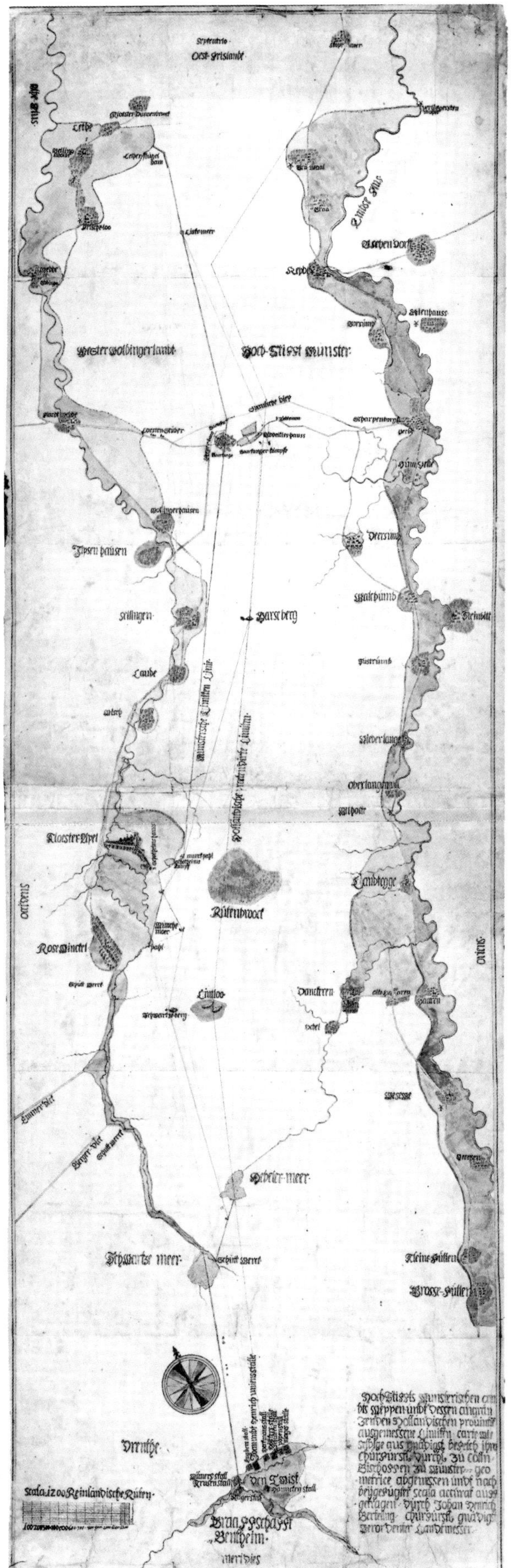

213

Abb. 213 Grenze zwischen den niederländischen Provinzen Drenthe und Groningen und dem Niederstift Münster. 1730

Die Festlegung der Grenze zwischen Münster und den Niederlanden stellte hier noch im 18. Jahrhundert ein Problem dar, da das Grenzgebiet aus zum Teil unwegsamem Ödland, wie z.B. dem ausgedehnten Bourtanger Moor, bestand, das erst allmählich seit dem 17. Jahrhundert in Kultur genommen wurde. So weichen denn auch die Grenzvorstellungen beider Parteien erheblich voneinander ab, wie die Karte zeigt.

214

215

216

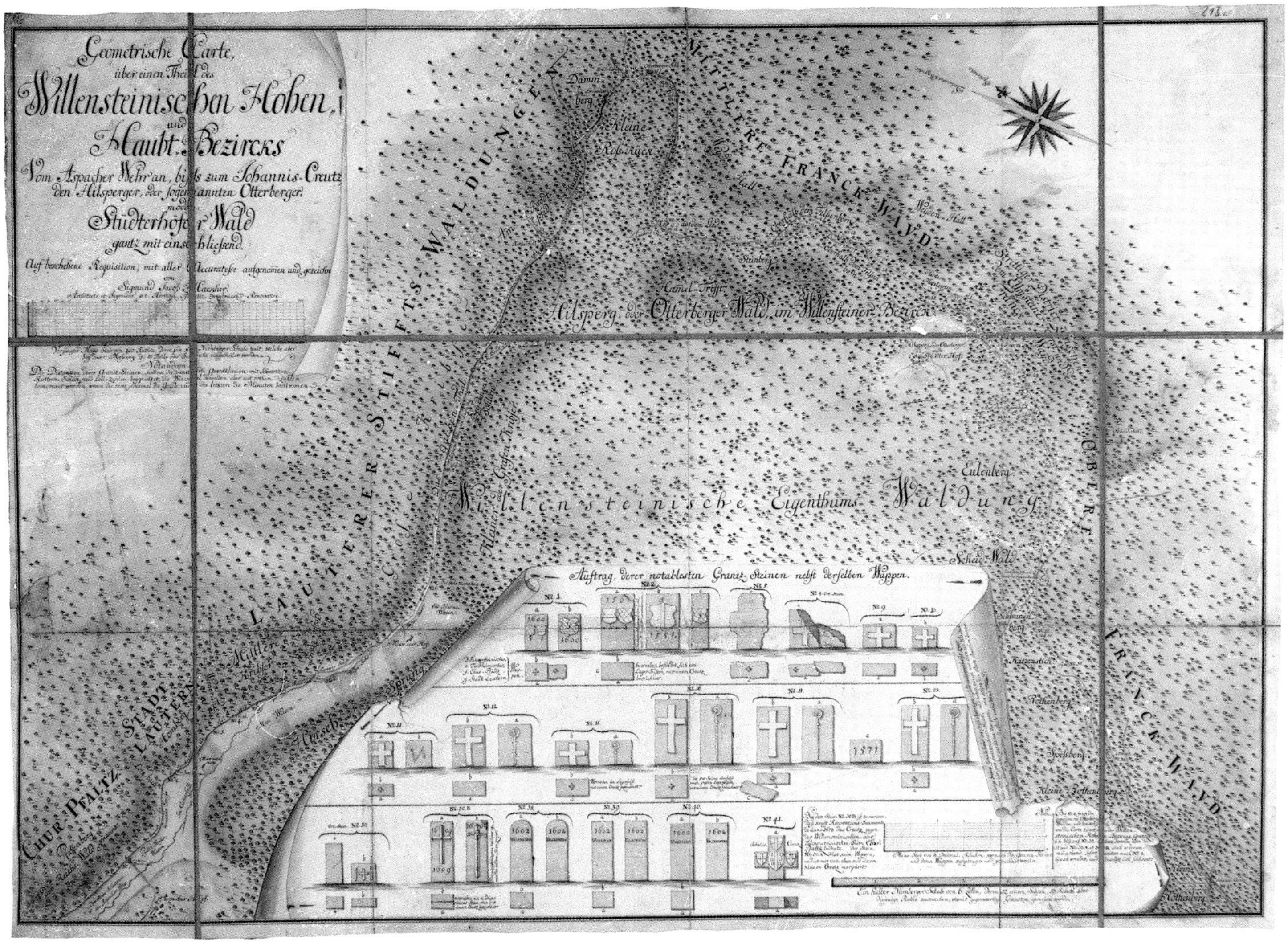

Abb. 214 Das Herzogtum Kleve. 1741

Neben der Kennzeichnung der im Winter 1740/41 überschwemmten Gebiete durch ein zartes Grün hat der Verfasser das landwirtschaftlich genutzte Land gelblich gefärbt, während Morast, Sand und Heide ohne farbliche Markierung geblieben sind. Die Grenzen sind durch eine rote Linie kenntlich gemacht.

Abb. 215 Die Grafschaft und Reichsstadt Dortmund. Um 1748

Die Karte verdankt ihre Entstehung einem über 150 Jahre dauernden Streit Dortmunds mit den auf ihren Burgen und festen Häusern *rund um der Stadt Territorio wohnenden Cavaliers* um die Jagdgerechtigkeit in der Grafschaft und Freien Reichsstadt, deren Grenzen durch eine rote Linie markiert sind. Von den zahlreichen zu den heute längst eingemeindeten Dörfern und Adelssitzen führenden Wegen des Reichsstadtgebietes war der von Dorstfeld nach Brackel mitten durch die Stadt Dortmund laufende Hellweg der wichtigste und bekannteste.

Abb. 216 Wilensteiner Forst bei Kaiserslautern. 1762

Die Familie von Hacke besaß von Kurpfalz ein größeres Waldgebiet südöstlich von Kaiserslautern zu Afterlehen; dazu gehörte der Wilensteiner Wald. Als es gegenüber den kurpfälzischen Waldungen (Kaiserslauterner Stadtwald) und dem Allmendwald Frankenweide zu Grenzstreitigkeiten kam, wurde die vorliegende Karte angefertigt. Bemerkenswert an dieser Karte ist, daß die Grenzsteine nicht nur nummernmäßig erfaßt, sondern unter Aussparung des nicht strittigen Waldgebietes in ihren Typen zeichnerisch festgehalten sind (*Auftrag derer notablesten Graentz-Großsteinen nebst der selben Wappen*). So erscheinen Grenzsteine der Grundherrschaften Kurpfalz, von Hacke (Wilenstein), Falkenstein, Flörsheim (Wartenberg), Stadt Kaiserslautern, Otterberg, Stadt Landau, Johanniskreuz.

217

Abb. 217 Grenze zwischen dem Herzogtum Berg und der Herrschaft Homburg vor der Mark. 1765

Die Karte, deren oberer Rand nach Osten zeigt, ist im Verlauf von Grenzstreitigkeiten zwischen den beiden Territorien entstanden. Trotz des deutlich abgebildeten Zirkels und Winkelmaßes differiert der Maßstab beträchtlich. Als größerer Ort ist Ruppichteroth mit seinen beiden Kirchen dargestellt.

218

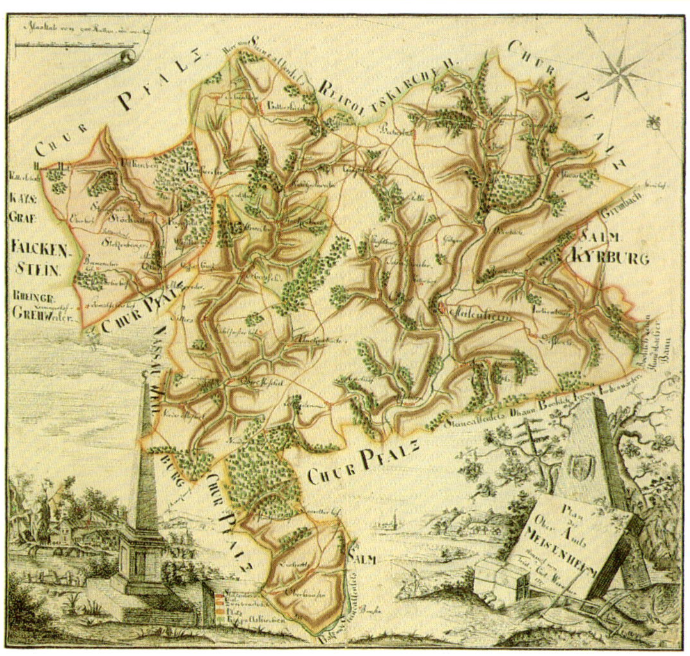

Abb. 218 Oberamt Meisenheim. 1777

Die topographische Übersichtskarte des pfalz-zweibrückischen Oberamtes Meisenheim stammt vermutlich aus einer Amtsbeschreibung, worauf auch die bei diesem Kartentyp häufig anzutreffende dekorative Gestaltung der Kartusche hindeutet. Diese Zeichnungen enthalten meist für das jeweilige Amt charakteristische Merkmale der Landschaft oder der wirtschaftlichen Gegebenheiten. Die auf der Karte angegebenen zahlreichen benachbarten Herrschaftsgebiete machen die starke territoriale Zersplitterung diese Raumes deutlich. Farblich gekennzeichnet sind das mit der Grafschaft Falkenstein gemeinschaftlich verwaltete Stolzenberger Tal und die zur Herrschaft Reipoltskirchen gehörenden Exklaven Schönborn und Finkenbach-Gersweiler.

219

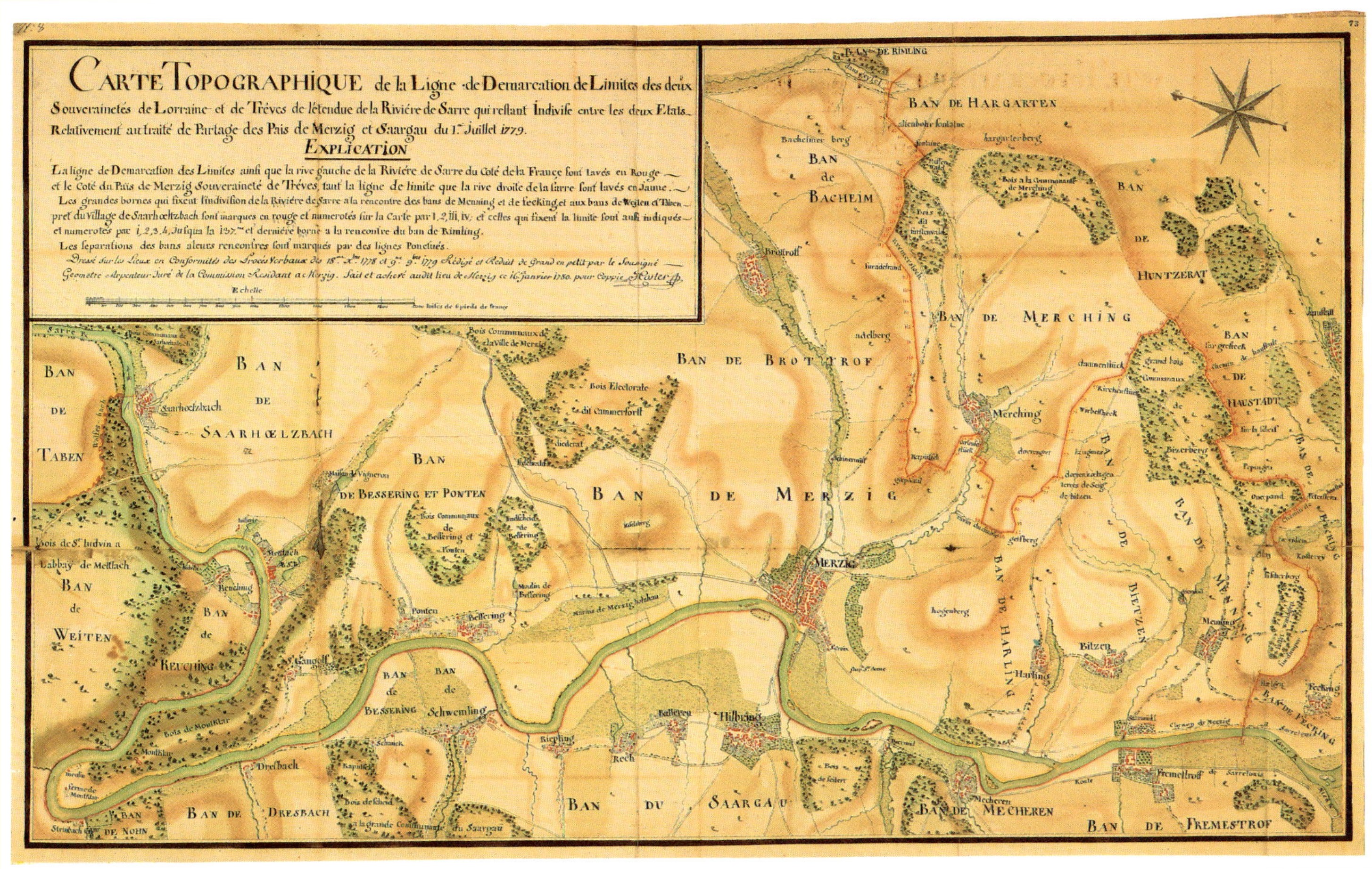

220

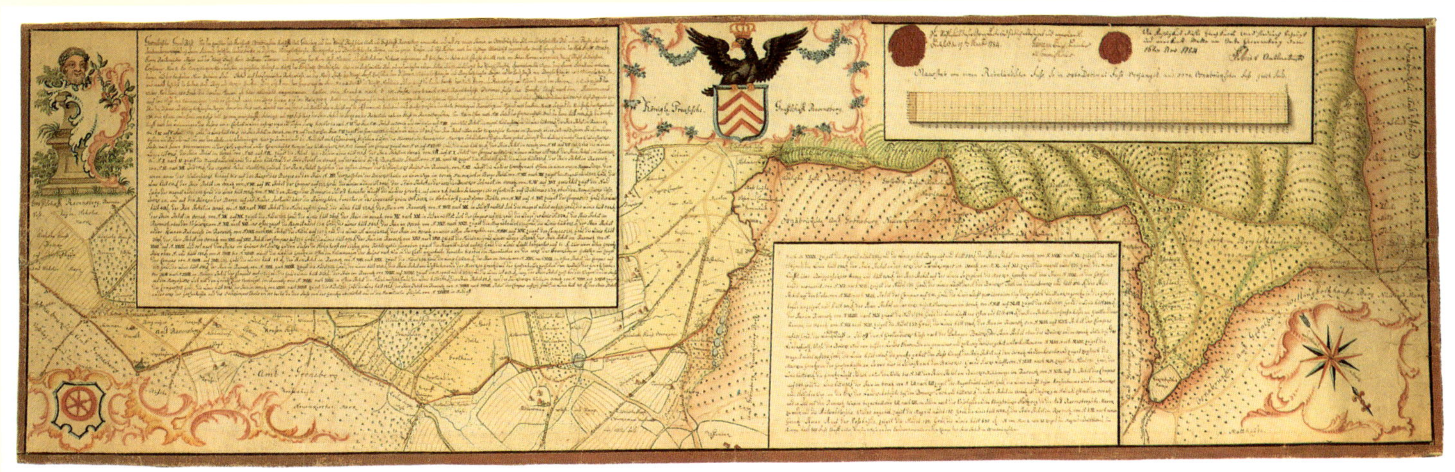

Abb. 219 Grenze zwischen Frankreich und Kurtrier bei Merzig. 1780

Die Karte gehört zu einem Grenzbegehungsprotokoll, in dem der in einem Tauschvertrag vom 1. Juli 1779 zwischen Frankreich und Kurtrier festgelegte Grenzverlauf des kurtrierischen Amtes Merzig gegen Lothringen im Einzelnen beschrieben wird. Das Protokoll enthält auch Zeichnungen der französischen und trierischen Grenzsteine, sowie der gemeinsamen Steine für die Markierung der Grenze der Saar, da der Fluß selbst ungeteilt blieb. Ihrem Entstehungszweck nach eine Grenzkarte, bietet sie darüberhinaus eine gute Übersicht über die Topographie des Raumes mit detaillierten Ortsgrundrissen.

Abb. 220 Grenzziehung zwischen dem Fürstbistum Osnabrück und dem preußischen Amt Ravensberg bei Halle. 1783

Unklarheiten über den Grenzverlauf zwischen dem preußischen Amt Ravensberg und den osnabrückischen Ämtern Grönenberg und Iburg führten zur Einsetzung einer Grenzkommission, die die Setzung von 53 neuen Grenzsteinen veranlaßte. Dabei wurde jeder dieser Steine mittels Kompasses eingemessen, was eine exaktere Grenzlinie ermöglichte, deren Richtigkeit beide Parteien durch Unterschrift beglaubigen.

221

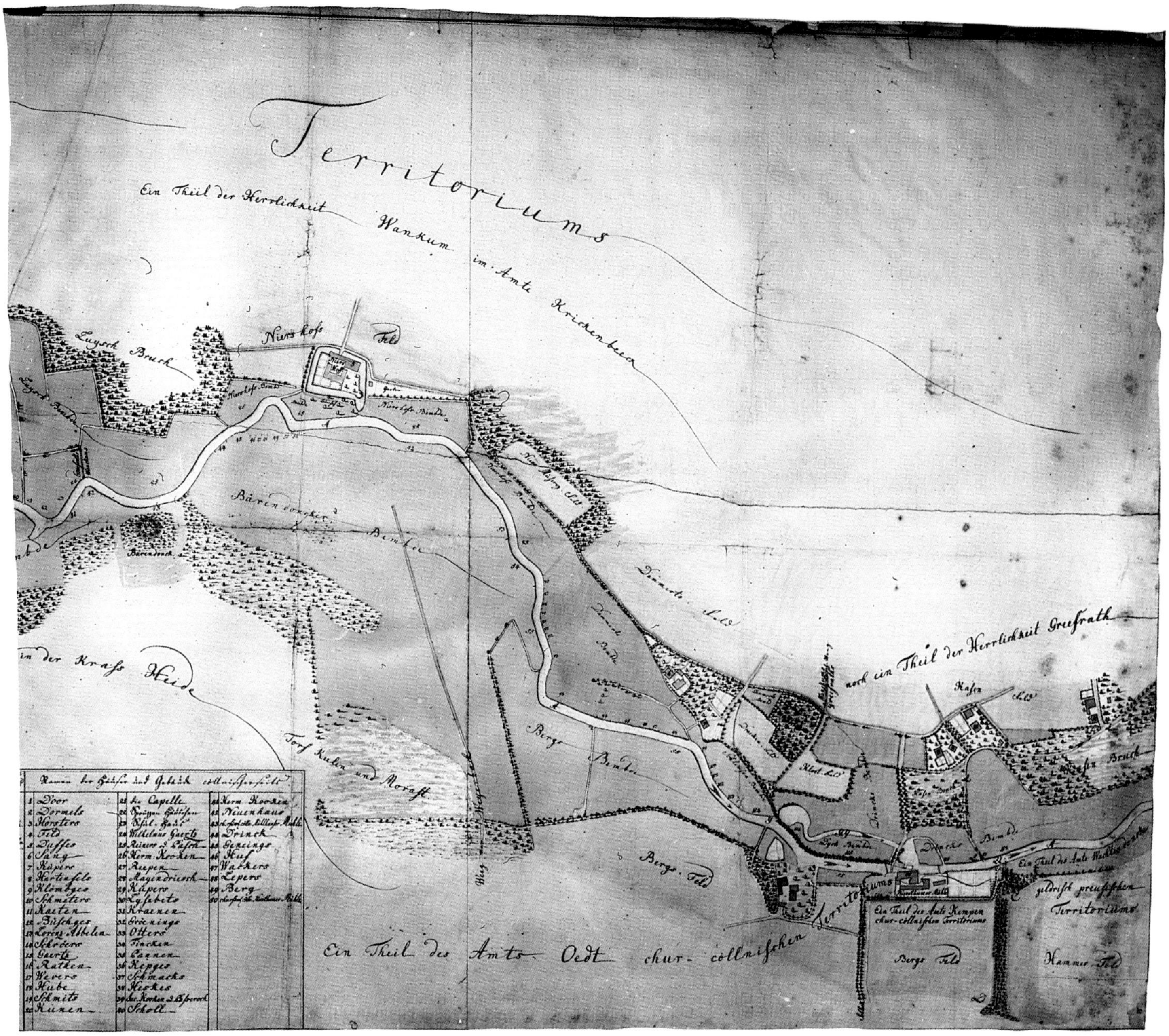

Abb. 221 Grenze zwischen den Ämtern Krickenbeck und Oedt bei Kempen. 1788

Die Karte, die im wesentlichen dem Lauf der Niers folgend in einem langen schmalen Streifen die Ländereien, Orte, Mühlen usw. entlang der Grenze zwischen Kurköln und dem damals preußischen Geldern darstellt, entstand als gemeinsame Leistung der von den beiden Parteien beauftragten Geometer.

Abb. 222 Bauerschaft Röckinghausen, Stadt Rheda-Wiedenbrück. 1790

Die Landesvermessung des Fürstbistums Osnabrück aus den Jahren 1784-1790 durch den hannoverschen Obersten Johann Wilhelm Du Plat nimmt unter den gleichartigen Unternehmungen deutscher Territorien einen hervorragenden Platz ein. Voraufgegangen waren zahlreiche Vermessungen zwischen 1718 und 1724, die aber nicht zur Kartierung geführt hatten. Erst nach dem Siebenjährigen Krieg wurde eine umfassende Neuaufnahme und Kartierung des ganzen Landes in Angriff genommen, zu der Justus Möser Richtlinien ausarbeitete. Das in der Technik der kurhannoverschen Landesaufnahme angelegte Werk erfaßt jedoch nur die schatzbaren Gründe, Marken, Wald-, Heide- und Moorgebiete, nicht die steuerfreien Güter der Stifter und Klöster sowie des Adels. Von 476 Blättern sind 422 erhalten. Den Blättern ist jeweils ein Verzeichnis der Höfe nach ihrer Qualität beigegeben.

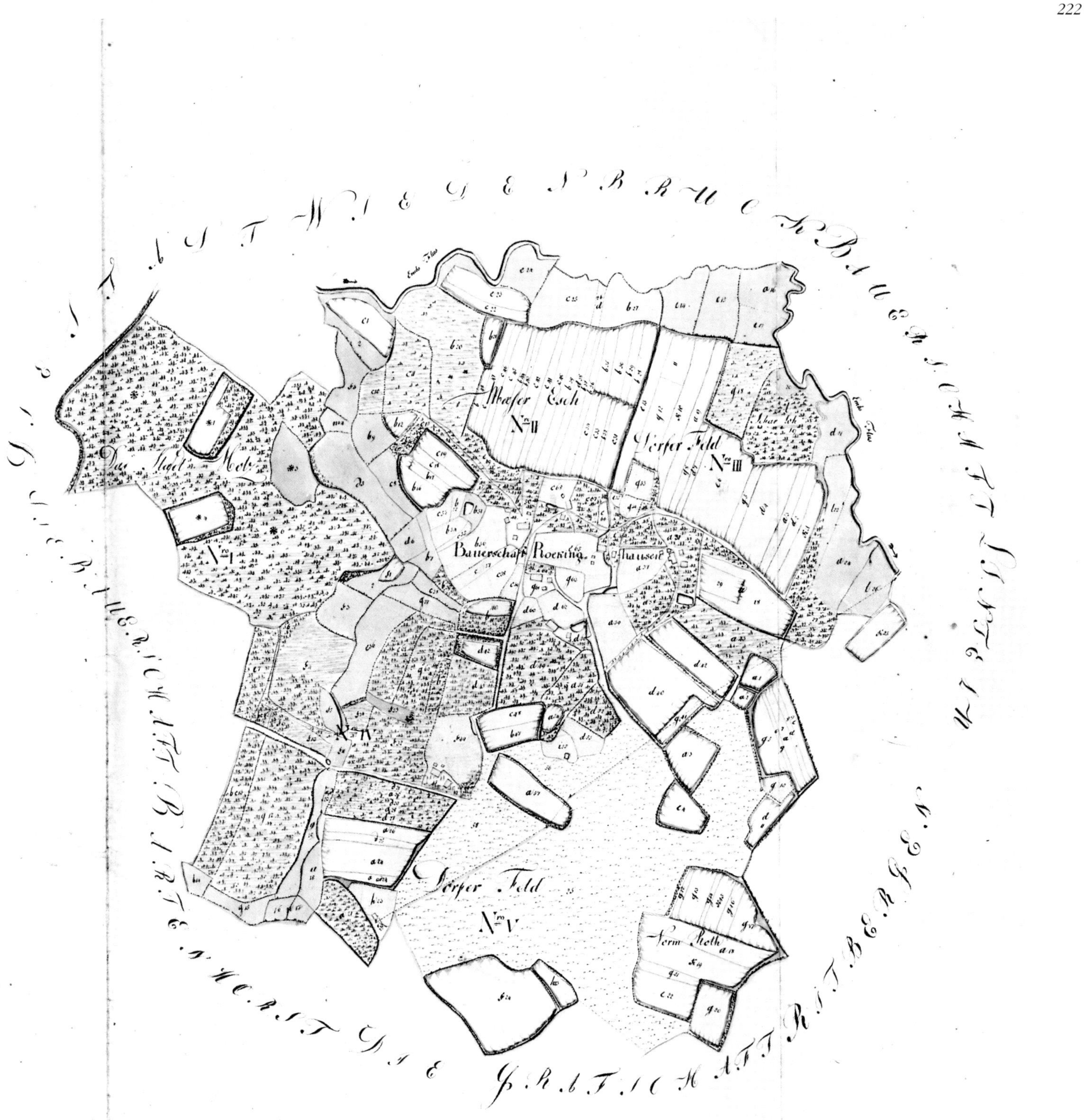

Bauerschaft Roeking
Dorfer Feld
No III
No II
Dorfer Feld
No V

223

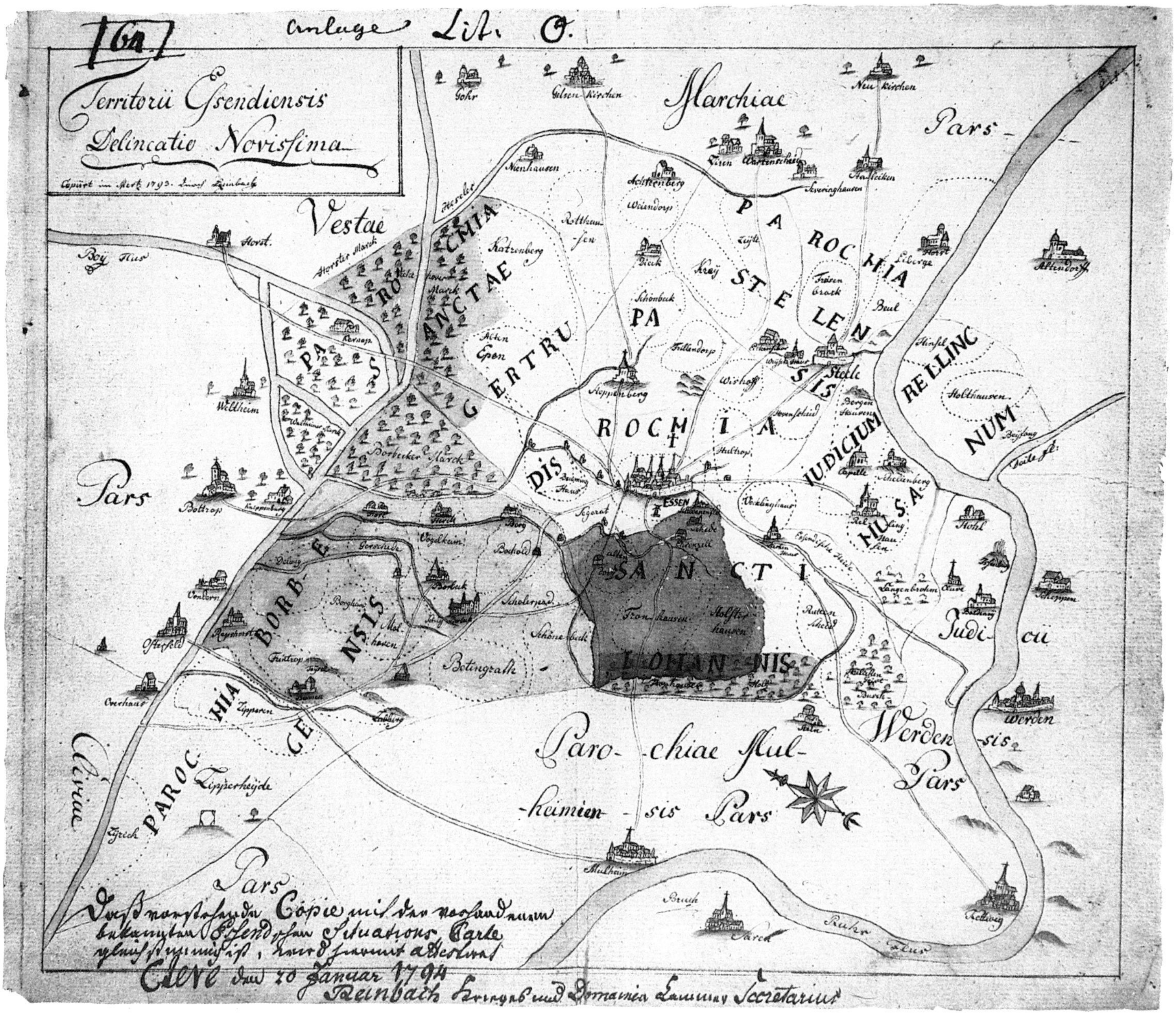

Abb. 223 Abtei Essen und Umgebung. (1794)

Die kleine Karte greift weit über das Territorium der Reichsabtei Essen hinaus. Daß Stoppenberg und Werden etwas stärker aus der Vielzahl der dargestellten kleinen Orte hervortreten, liegt daran, daß sich dort eine Stiftskirche und ein Kloster befanden.

224

Abb. 224 Kulturmassenplan von Niederadenau. 1803

Die französischen Kulturmassenpläne sind die frühesten Katasterkarten, die in den Jahren 1803 bis 1807 für zahlreiche Gemeinden des linksrheinischen Raumes im Maßstab 1 : 5000 angefertigt wurden. Die Aufmessung nach Kulturarten und deren Ertragsschätzung bildeten die Grundlage für die Grundsteuerberechnung. Für die Katastrierung wurden die Gemeinden in Sektionen (Fluren) eingeteilt. Die Farben für die Kulturarten waren einheitlich festgelegt und werden in der Legende erläutert.

225

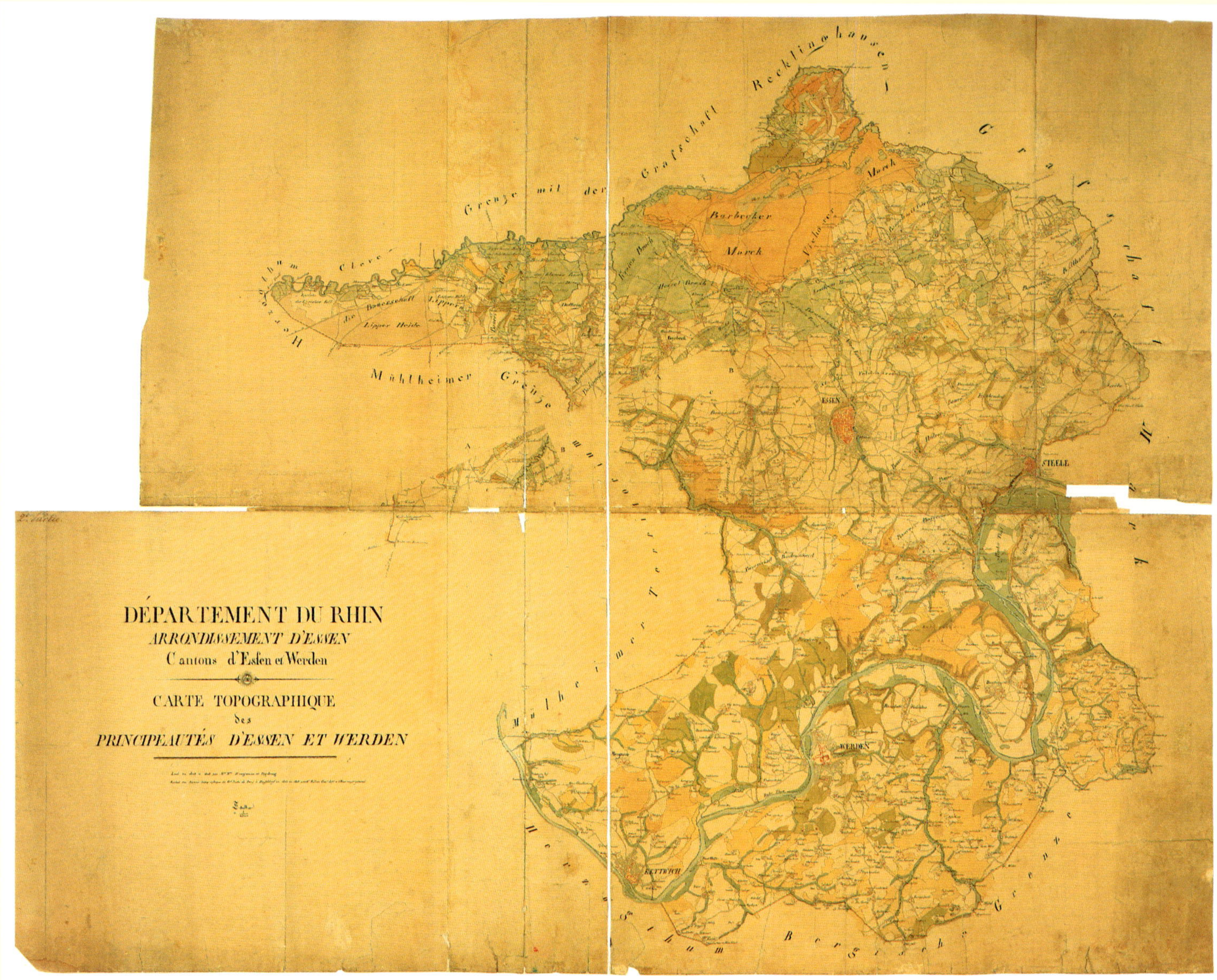

Abb. 225 Topographische Karte der Fürstentümer Essen und Werden. 1803/04 (1812/13)

Die Karte, die noch aus der vorindustriellen Phase des Ruhrgebietes stammt, beruht auf einer genauen Aufnahme. Sie kennzeichnet die Grenznachbarn der beiden damals gerade aufgehobenen Reichsabteien und bringt detaillierte Angaben über die Arten der Bodenkultur. Sie verzeichnet Schleifkotten, die Glashütte bei Steele sowie Wasser- und Windmühlen

226

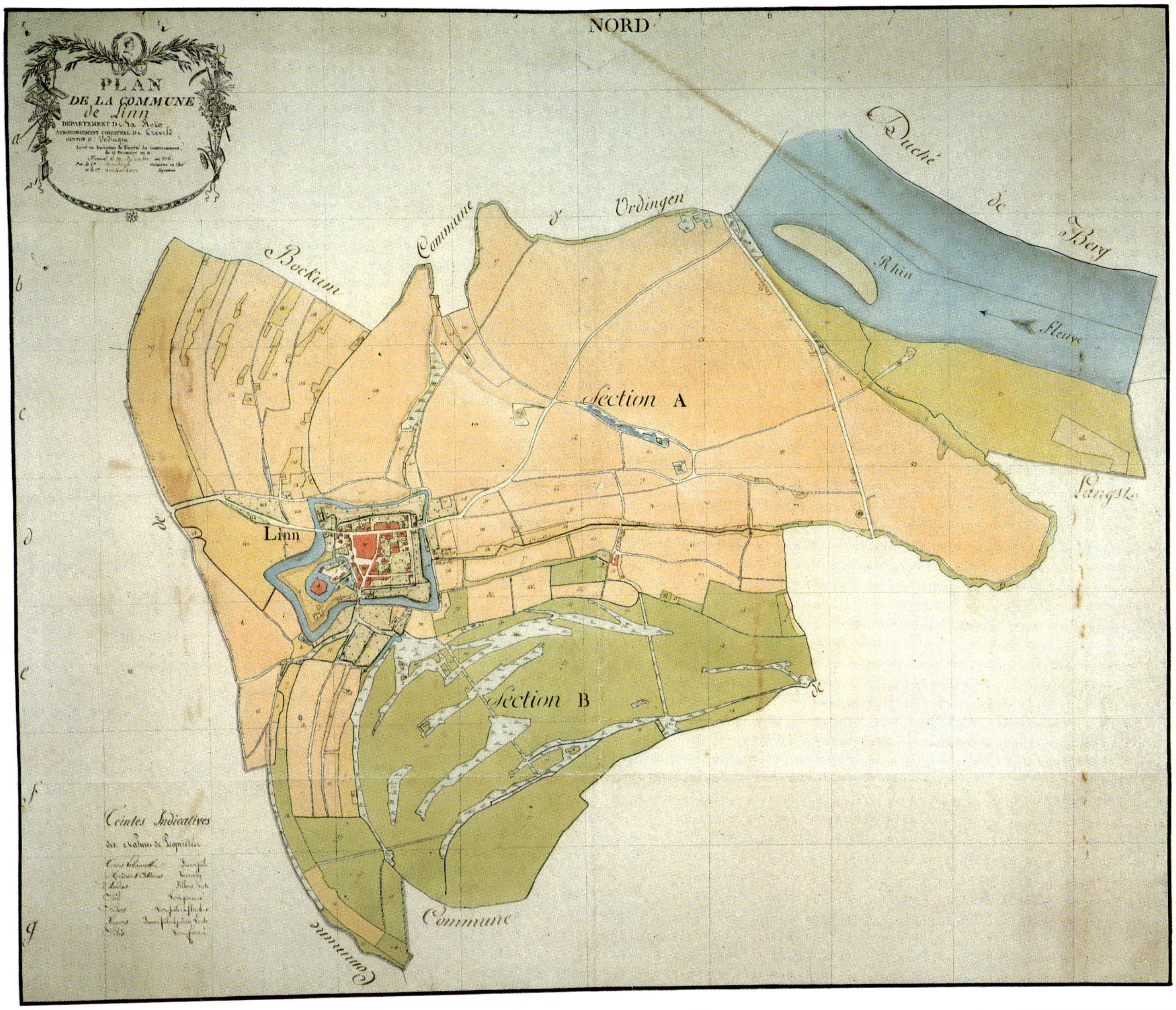

Abb. 226 Gemeinde Linn bei Krefeld. 1806

Auf diesem nach Vermessungsarbeiten französischer Ingenieurgeographen unter Oberst Tranchot angefertigten Kulturmassenplan (s. Abb. 224) sind Äcker blaßgelb, Wiesen apfelgrün, Weiden hellgrün wiedergegeben. Das Blatt zeigt inmitten ihres Gemeindegebietes die von einem Wassergraben umschlossene Stadt bzw. Gemeinde Linn mit der von eigenen Gräften umgebenen mittelalterlichen Burg. Der Stadtbereich ist, wie damals häufig, nicht vollständig bebaut und enthält noch beträchtliche von den Bürgern als Gärten genutzte freie Flächen.

227

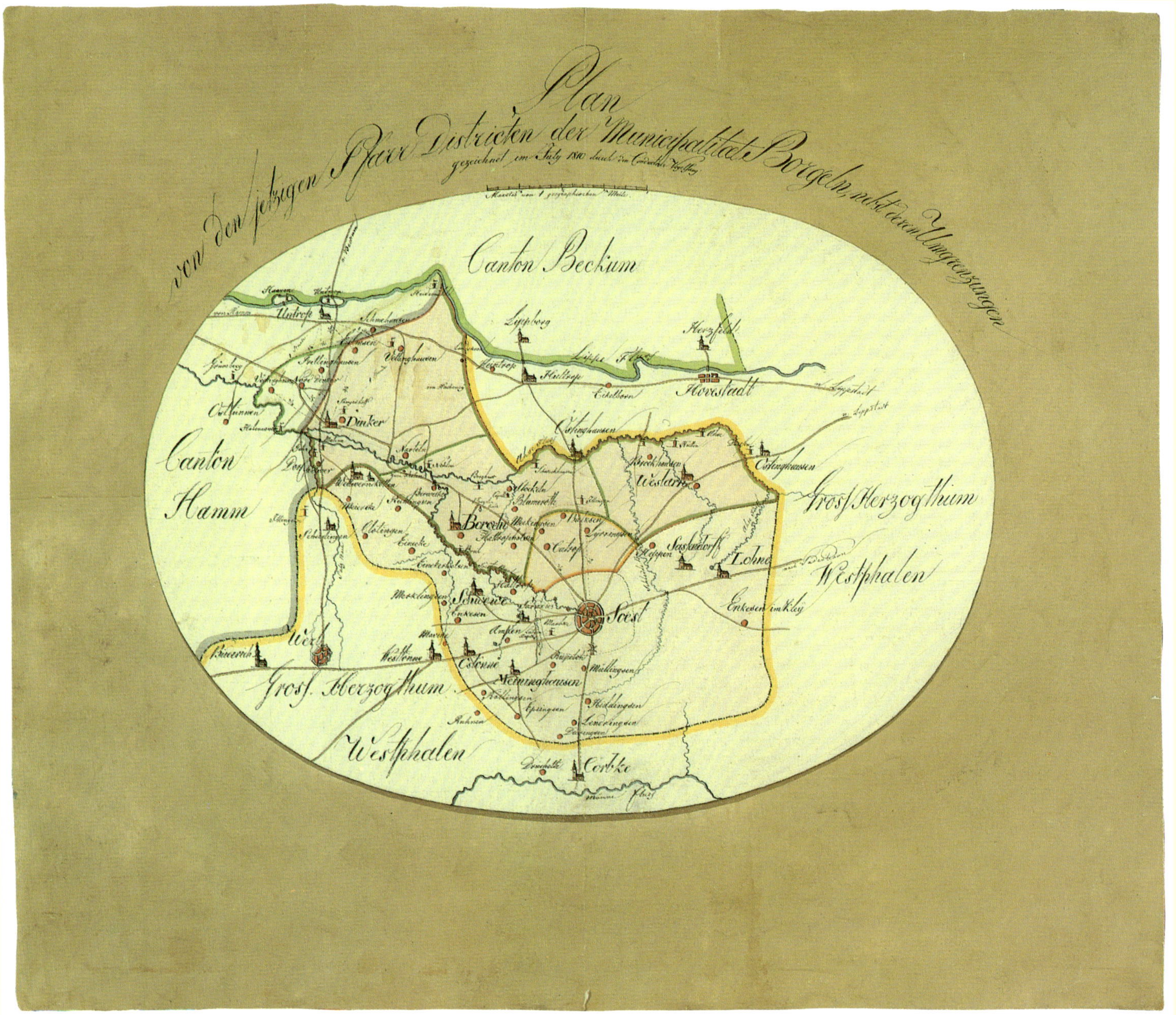

Abb. 227 Municipalität Borgeln bei Soest. 1810

1808 wurde auch die Grafschaft Mark dem Großherzogtum Berg einverleibt und erhielt nach französischem Vorbild neue Verwaltungsgrenzen. Kleinste Verwaltungseinheit war die Municipalität mit einem Maire an der Spitze. Die wiedergegebene Karte gehört zu einer Serie von 50 Municipalitätskarten, die 1810 auf Befehl des Präfekten des Ruhrdepartements angefertigt werden mußten.

Anhang

Abkürzungen

Außer den allgemein üblichen erscheinen folgende Abkürzungen

A	Archiv
Abb.	Abbildung
Abh.	Abhandlung
Anh.	Anhang
Bearb., bearb.	Bearbeiter, bearbeitet
Best.	Bestand
Dep.	Depositum
Hg., hg., Hgg., hgg.	Herausgeber, herausgegeben
HStA	Hauptstaatsarchiv
köln.	kölnisch
LA	Landesarchiv
LHA	Landeshauptarchiv
M	Maßstab
NW	Nordrhein-Westfälisch
RP	Rheinland-Pfälzisch
SP.	Spalte
StA	Staatsarchiv

Verfasser der Kartenbeschreibungen

Hans-Joachim Behr	Nr 1, 2, 3, 4, 5, 6, 7, 8, 9, 10, 11, 12, 13, 14, 15, 222
Volker Buchholz	Nr. 44, 52, 97, 98, 102, 134, 195
Karl Heinz Debus	Nr. 49, 61, 62, 63, 64, 68, 71, 72, 75, 86, 87, 93, 96, 104, 145, 153, 157, 185, 188, 216
Rolf Harbeck	Nr. 17, 18, 19, 20, 21, 22, 23, 24, 25, 26, 27
Hans-Walter Herrmann	Nr. 95, 140, 187
Jürgen Kloosterhuis	Nr. 143, 147, 150, 156, 165
Wolfgang Knackstedt	Nr. 171, 172, 175, 182, 184
Martin D. Sagebiel	Nr. 125, 127, 129, 132, 135, 139, 142
Ursula Schnorbus	Nr. 76, 77, 81, 82, 88, 89, 92, 94, 120
Leopold Schütte	Nr. 31, 33, 35, 39, 41, 47, 48, 54, 59, 60, 66, 124
Peter Veddeler	Nr. 192, 196, 197, 200, 201, 202, 206, 210, 212, 213, 220, 227
Hans Jürgen Warnecke	Nr. 80, 105, 119, 144, 148, 149, 161, 163, 180, 215
Kristine Werner	Nr. 32, 34, 36, 43, 45, 50, 51, 56, 58, 65, 67, 69, 74, 78, 79, 84, 90, 91, 112, 114, 116, 117, 121, 122, 130, 133, 136, 137, 138, 151, 152, 158, 159, 160, 162, 166, 169, 177, 181, 189, 191, 193, 194, 199, 203, 207, 208, 211, 218, 219, 224
Erich Wisplinghoff	Nr. 37, 38, 40, 42, 46, 53, 55, 57, 70, 73, 83, 85, 99, 100, 101, 107, 108, 110, 111, 118, 123, 126, 128, 131, 141, 146, 154, 155, 164, 167, 168, 170, 172, 173, 176, 178, 179, 183, 186, 190, 198, 204, 205, 209, 214, 217, 221, 223, 225, 226
Manfred Wolf	Nr 103, 106, 109, 113, 115

Nachweise und Erläuterungen zu den Karten

Gliederung

1 Titel der Karte
2 Originaltitel
3 Datierung
4 Format (Breite x Höhe in cm)
5 Maßstab
6 Herstellungsart
7 Verfasser, Zeichner
8 Literatur
9 Lagerungsort und Archivsignatur
10 Zusätze und Erläuterungen

1 1 Die Peutingersche Tafel
4 682 x 34, Ausschnitt 68 x 34
6 Farbige Zeichnung auf Pergament
8 Konrad Miller, Die Peutingersche Tafel. 1929 (Nachdruck Stuttgart 1962) – Hans Lieb, Zur Herkunft der Tabula Peutingeriana (Die Abtei Reichenau, hg. v. Helmut Maurer, Sigmaringen 1974. S. 31-33)
9 Österreichische Nationalbibliothek Wien, Codex 324
10 Abbildung nach der farbigen Wiedergabe bei Miller

2 1 Die Ebstorfer Weltkarte. Um 1235
a+b 4 356 x 358, Ausschnitt 141 x 141
6 Farbige Zeichnung auf Pergament
7 Vermutlich Gervasius von Tilbury (um 1160 - um 1235), Probst zu Ebstorf
8 Die Ebstorfer Weltkarte. Im Auftrage des Historischen Vereins für Niedersachsen hg. v. Ernst Sommerbrodt. Hannover 1891 – Walter Rosien, Die Ebstorfer Weltkarte (Veröffentlichungen Niedersächsisches Amt für Landesplanung und Statistik A II, 19), Hannover 1952 – Eduard Schulte, Westfalen auf der Ebstorfer Weltkarte (um 1235) (Westfalen 18, 1933. S. 132-135)
10 Abbildung nach der Rekonstruktion im Museum zu Lüneburg

3 1 Mitteleuropa nach Nikolaus von Kues. 1491
4 557 x 390, Ausschnitt 295 x 390
5 M etwa 1 : 6 500 000
6 Kupferstich, Eichstätt
8 Albert Herrmann, Die ältesten Karten von Deutschland bis Gerhard Mercator. Leipzig 1940
10 Abbildung nach Herrmann a.a.O

4 1 Westeuropa auf dem Koblenzer Fragment. Vor 1475
3 Datierung nach Wolkenhauer um 1475, nach Durand 1437
4 29 x 19,5
6 Federzeichnung auf Pergament
7 Magister Nicolaus Heybeck (Zuschreibung nach Durand)
8 August Wolkenhauer, Die Koblenzer Fragmente zweier handschriftlicher Karten von Deutschland aus dem 15. Jahrhundert (Nachrichten der Königlichen Gesellschaft der Wissenschaften Göttingen Philosophisch-Historische Klasse 1), Göttingen 1910. S. 17-47 – Dana Bennett Durand, The Vienna-Klosterneuburg Map Corpus of the Fifteenth Century. Leiden 1952
9 RP LHA Koblenz, Best. 117 Nr. 621

5 1 Landstraßen-Karte von Erhard Etzlaub. 1501
2 *Das sein dy lantstrassen durch das Romisch reych von einem Kunigreych zw dem andern dy an Tewtsche land stossen von meilen zw meilen mit puncten verzeichnet*
4 49,5 x 63, Ausschnitt 32,5 x 45
5 M etwa 1 : 6 500 000
6 Holzschnitt
7 Erhard Etzlaub
8 Albert Herrmann, Die ältesten Karten von Deutschland bis Gerhard Mercator. Leipzig 1940
10 Druck von Georg Glockendon, Nürnberg Abbildung nach Herrmann a.a.O.

6 1 Rheinkarte des Kaspar Vopel. 1555
2 *Recens et Germana bicornis v[i]vidi Rheni omnivm flvminib[us] electorvm provinciis dvcat[ibus] comita[tibus] oppi[dis] et castris praecipvis magna cvm diligentia ac svmtib[us] collecta avctore Caspare Vopelio ma[gistro]*
4 155 x 42, mit Fußtext 155 x 54, Ausschnitt 32 x 23
5 M etwa 1 : 600 000
6 Kolorierter Holzschnitt
7 Caspar Vopelius (Kaspar Vopel)
8 Traudl Seifert, Caspar Vopelius Rheinkarte von 1555. Einführung. Stuttgart 1982
9 Herzog August Bibliothek Wolfenbüttel HAB R 9. Abbildung nach Faksimile-Ausgabe

7 1 Die Rheinpfalz. 1652
2 *Palatinatus Rheni nova et accurata descriptio*
4 39 x 36,2, gesamtes Blatt 55,5 x 44,5
5 M etwa 1 : 450 000
6 Kolorierter Kupferstich
7 Nicolaus Joannis Piscator (Claes Janszoon Visscher) 1587 - 1652
8 Jürgen Hartmann, Betrachtungen zur Karte der Rheinpfalz von Claes Janszoon Visscher (Jahrbuch für Westdeutsche Landesgeschichte 1, 1975. S. 249-255)
10 Abbildung nach Faksimiledruck

8 1 Erzbistum Köln. Um 1635
2 *Coloniensis Archiepiscopatus*
4 46,5 x 36
5 M etwa 1 : 500 000 (43 mm = 3 deutsche Meilen = 4 Wegstunden)
6 Kupferstich
7 Guilhelmus Blaeuw (Willem Janszoon Blaeu), Amsterdam
9 NW StA Münster Manuskripte Nr Ba I 5

9 1 Jülich, Kleve, Berg, Mark und Ravensberg. 1610
2 *De Hertochdommen Gulick Cleve Berghe en de Graefschappen vander Marck en Ravensbergh . . . 1610*
3 1610
4 52,5 x 41
5 M etwa 1 : 340 000, Nebenkarte M etwa 1 : 485 000
6 Kolorierter Kupferstich
7 Druck von Hessel Gerritz zu Amsterdam
9 NW StA Münster, Karten A Nr. 10295

10 1 Bistum Münster. 1573
2 auf Vorsatz: *(Tabula XXV) Episcopatus Monasteriensis, quem Amasus fluvius interlabitur, quondam Bructerorum sedes.* Medaillon: *Diocesis Monasteriensis*
4 61 x 25
5 M etwa 1 : 230 000 (89 mm = 5 Wegstunden, 132 mm = 5 deutsche Meilen, 142 mm = 4 westfälische Meilen)
6 Farbige Federzeichnung
7 Christian 's Grooten
8 Die Karten deutscher Länder im Brüsseler Atlas des Christian 's Grooten (1573). Hg. v. Hans Mortensen und Arend Lang (Abhandlungen der Gesellschaft der Wissenschaften Göttingen Philosophisch-Historische Klasse 3.F.Nr. 44). Göttingen 1959
9 Bibliotheque Royale zu Brüssel Nr. Ms 21596 Bl. 11
10 Der Brüsseler Atlas enthält 66 Blätter mit 38 kolorierten Übersichts- und Detail-Karten, Titel und eine Karte fehlen

11 1 Das Fürstbistum Münster im Paulusbild. Um 1620
4 48 x 38,5
5 M etwa 1 : 450 000
6 Kolorierter Kupferstich
7 Johannes Michael Gigas
9 Verein für Geschichte und Altertumskunde Westfalens Abt. Münster im Westfälischen Landesmuseum für Kunst und Kulturgeschichte Münster
10 Einzelkarte aus *Prodromus geographicus hoc est Archiepiscopatus Coloniensis . . .*

12 1 Bistum Paderborn und Reichsabtei Corvey. Um 1750
2 *Recens et Accurata Designatio Episcopatus Paderbornensis . . .*
4 53,2 x 47,3, mit Rand 55 x 49,2
5 M etwa 1 : 210 000 (96 mm = 3 deutsche Meilen)
6 Kolorierter Kupferstich
7 Matthaeus Seutter, Stecher Tobias Conrad Lotter
9 NW StA Münster Karten B Nr. 360 b

13 1 Der Niederrheinisch-Westfälische Reichskreis. 1789
2 *Charte über die saemtlichen zum Westphaelischen Kreis gehörige Laender*
4 46,5 x 51
5 M etwa 1 : 800 000 (69,5 mm = 8 geographische Meilen, 68 mm = 30 000 Toises, 66,5 mm = 15 000 rheinländische Ruten, 65 mm = 10 Wegstunden)
6 Kolorierter Kupferstich

7 F.L. Güssefeld, bei den Homaennischen Erben
9 NW StA Münster Manuskripte Nr. Ba I 13

14 1 Vermessung des Fürstentums Siegen. Spezialkarte Clafeld und Geisweid. Um 1720
2 *Marckungen des Dorfs Clafeldt und der Geisweid*
3 Um 1720
4 54 x 49
5 M etwa 1 : 7200
6 Farbige Federzeichnung
7 Erich Philipp Ploennies (1672-1751), Baumeister und Karthograph
8 Wilhelm Güthling, Die Vermessungen im Siegerland 1717-1726 (Westfalen 28, 1950 S. 47-58).–Ders., Die Vermessung des Siegerlandes durch Erich Philipp Ploennies 1717-1726 (Siegerländer Beiträge zur Geschichte und Landeskunde 1), 1950–Ders., Erich Philipp Ploennies, Baumeister und Kartograph (1672-1751) (Burgen und Schlösser 9, 1968. S. 37-42)
9 NW StA Münster, Karten A Nr. 5407

15 1 Topographische Karte des Herzogtums Berg von Wiebeking. 1790-1792, Ausschnitt Mülheim am Rhein mit Hinterland
2 *Topographische Carte von dem Herzogthum Berg*
4 4 Blätter zu je 93 x 58, Ausschnitt 26,2 x 32,1 cm
5 M 1 : 50000
6 Kupferstich
7 Carl Friedrich Wiebeking, herzoglich jülich-bergischer Wasserbaumeister
8 Wilhelm Güthling, Jülich-bergische Landesaufnahmen im 18. Jahrhundert (Düsseldorfer Jahrbuch 40, 1938. S. 306-313)
9 NW HStA Düsseldorf, Karten Nr. 5004

16 Übersichtskarte

17 1 Kartenaufnahme der Rheinlande durch Tranchot. 1801 - 1813 Blatt 195 Traben-Trarbach. 1811
4 41,5 x 41,5, Ausschnitt 19,5 x 14,9 cm
5 M 1 : 25 000, reduziert vom Maßstab M 1 : 20 000
6 Farbige Federzeichnung
7 Régnault
8 Rudolf Schmidt, Die Kartenaufnahme der Rheinlande durch Tranchot und v. Müffling 1801 - 1828 (Publikationen der Gesellschaft für Rheinische Geschichtskunde 12). Köln-Bonn 1973
9 Staatsbibliothek Preußischer Kulturbesitz, Berlin (Nachdruck Landesvermessungsamt Rheinland-Pfalz)
10 Wiedergegeben mit Erlaubnis des Landesvermessungsamtes Rheinland-Pfalz, Koblenz, Kontrollnummer 131/85

18 1 Kartenaufnahme der Rheinlande durch v. Müffling. 1816 - 1821 Blatt 36 rrh Blankenberg
2 *Topographische Aufnahme rheinischer Gebiete Bande 24/25, Partie 6, Meßtisch 2*
3 1817/18
4 43,5 x 42,5, Ausschnitt 19,5 x 14,9 cm
5 M 1 : 25 000, reduziert vom Maßstab M 1 : 20 000
6 Zeichnung und Flächenkolorit auf Karton
7 Königl. Preuß. Generalstab unter Leitung von Friedrich Carl Ferdinand v. Müffling, aufgenommen von Leutnant Baeyer und Leutnant v. Schade
8 Rudolf Schmidt, Die Kartenaufnahme der Rheinlande durch Tranchot und v. Müffling 1801 - 1828 (Publikationen der Gesellschaft für Rheinische Geschichtskunde 12). Köln-Bonn 1973
9 Staatsbibliothek Preußischer Kulturbesitz, Berlin
10 Wiedergegeben mit Erlaubnis des Landesvermessungsamtes Nordrhein-Westfalen, Bonn

19 1 Karte von Nordwestdeutschland 1 : 86 400 v. Lecoq. 1797 - 1813
2 *Topographische Karte in XXII Blaetter den grösten Theil von Westphalen enthaltend, so wie auch das Herzogthum Westphalen und einen Theil der Hannövrischen Braunschweigischen und Heßischen Länder*
3 1804 mit Ergänzungen bis 1807
4 87 x 54,5, Ausschnitt 19,5 x 23,8 cm
5 M 1 : 86 400
6 Kupferstich
7 Unter Leitung von Karl Ludwig v. Lecoq, gemessen von den Leutnants von Müffling, v. Haack, v. Kellner, v. Steinmetz, v. Reiche und Preuß, gezeichnet von Leutnant Scheurer, gestochen von Heinrich Brose in Potsdam
8 Rudolf Schmidt, Die Kartenaufnahme der Rheinlande durch Tranchot und v. Müffling 1801 - 1828 (Publikationen der Gesellschaft für Rheinische Geschichtskunde 12). Köln-Bonn 1973. Bd. 1. S. 20-25 – Reproduktion als Veröffentlichung der Historischen Kommission für Westfalen XXVI, 2: Topographische Karte von Westfalen im Jahre 1805. Maßstab 1 : 100 000. 1957
9 Originalabzüge Topographischer Dienst, Delft/NL
10 Wiedergegeben mit Erlaubnis des Landesvermessungsamtes Nordrhein-Westfalen, Bonn

20 1 Preußische Kartenaufnahme – Uraufnahme – 1 : 25 000. Blatt 4511 Schwerte. 1839 - 1840
2 *Gradabteilung 52°/51° der Breite, 26°/26° der Länge, Bande V, Blatt 2*
3 1839/40
4 46,3 x 44,4, Ausschnitt 19,5 x 23,8 cm
5 M 1 : 25 000
6 Zeichnung und Flächenkolorit auf Karton
7 Königlich Preußischer Generalstab, aufgenommen und gezeichnet von Premierleutnant v. Schwerin im 6. Infanterieregiment, Premierleutnant Schimmel im 11. Husarenregiment und Leutnant v. Zimmermann im 6. Infanterieregiment
8 Joachim Schröder-Hohenwarth, Die Preußische Landesaufnahme 1816 - 1875 (Nachrichten aus dem Karten- und Vermessungswesen Reihe I, 5.1958. S. 16-17, S. 28-30)
9 Deutsche Staatsbibliothek, DDR-1086 Berlin
10 Wiedergegeben mit Erlaubnis des Landesvermessungsamtes Nordrhein-Westfalen, Bonn

21 1 Preußische Kartenaufnahme – Neuaufnahme – 1 : 25 000 Blatt 4808 Solingen. 1893/1895
2 *Meßtischblatt 2781 Solingen*
3 Aufgenommen 1893, hg. 1895
4 46,7 x 44,5, Ausschnitt 19,5 x 23,8 cm
5 M 1 : 25 000
6 Lithographie (Steingravur)
7 Königl. Preußische Landesaufnahme
8 Georg Krauß, Die amtlichen topographischen Kartenwerke in Nordrhein-Westfalen – Ihre Entstehung, Bearbeitung und Aussage (Nachrichten aus dem öffentlichen Vermessungsdienst NW 3,2 Sonderheft 1970. Landesvermessungsamt Bonn - Bad Godesberg)
9 Landesvermessungsamt Nordrhein-Westfalen
10 Wiedergegeben mit Erlaubnis des Landesvermessungsamtes Nordrhein-Westfalen, Bonn

22 1 Topographische Karte 1 : 25 000 (TK 25), Blatt 4512 Menden (Sauerland). 1984
3 4. Auflage 1984
4 46,4 x 44,5, Ausschnitt 19,5 x 23,8 cm
5 M 1 : 25 000
6 Schichtgravur auf Glas
7 Landesvermessungsamt Nordrhein-Westfalen
8 Georg Krauß, Die amtlichen topographischen Kartenwerke in Nordrhein-Westfalen – Ihre Entstehung, Bearbeitung und Aussage (Nachrichten aus dem öffentlichen Vermessungsdienst NW 3,2, Sonderheft. 1970. Landesvermessungsamt Bonn - Bad Godesberg)
9 Landesvermessungsamt Nordrhein-Westfalen
10 Wiedergegeben mit Erlaubnis des Landesvermessungsamtes Nordrhein-Westfalen, Bonn

23 1 Topographische Karte 1 : 50 000 (TK 50), Blatt L 6710 Pirmasens-Nord. 1983
4 50 x 46, Ausschnitt 19,5 x 23,8 cm
5 M 1 : 50 000
6 Farbiger Druck, Schichtgravur auf Glas im Maßstab 1 : 40 000
7 Landesvermessungsamt Rheinland-Pfalz
8 Gerhard Scharf, Die Entwicklung der amtlichen Kartographie in Rheinland-Pfalz (Topographischer Atlas Rheinland-Pfalz, hg. v. Landesvermessungsamt Rheinland-Pfalz. Neumünster 1973. S. 180 ff)
9 Landesvermessungsamt Rheinland-Pfalz, Koblenz
10 Wiedergegeben mit Erlaubnis des Landesvermessungsamtes Rheinland-Pfalz, Koblenz, Kontrollnummer 131/85

24 1 Topographische Karte 1 : 100 000 (TK 100) Blatt C 6310 Bad Kreuznach. 1983
4 50 x 46, Ausschnitt 19,5 x 23,8 cm
5 M 1 : 100 000
6 Farbiger Druck, Zeichnung auf Folie im Arbeitsmaßstab 1 : 50 000
7 Landesvermessungsamt Rheinland-Pfalz

8 Gerhard Scharf, Die Entwicklung der amtlichen Kartographie in Rheinland-Pfalz (Topographischer Atlas Rheinland-Pfalz, hg. v. Landesvermessungsamt Rheinland-Pfalz. Neumünster 1973. S. 180 ff)
9 Landesvermessungsamt Rheinland-Pfalz, Koblenz
10 Wiedergegeben mit Erlaubnis des Landesvermessungsamtes Rheinland-Pfalz, Koblenz, Kontrollnummer 131/85

25 1 Topographische Übersichtskarte 1 : 200 000 (TÜK 200), Blatt CC 5502 Köln. 1982
3 4. Ausgabe 1982
4 47,4 x 44,5, Ausschnitt 19,5 x 23,8 cm
5 M 1 : 200 000
6 Schichtgravur auf Glas
7 Unter Mitwirkung der Landesvermessungsämter der Länder der Bundesrepublik bearbeitet und herausgegeben vom Institut für Angewandte Geodäsie, Frankfurt a. M. 1964
8 Herbert Knorr, Die topographische Übersichtskarte 1 : 200 000 (Sammlung Wichmann NF 10, 1969. S. 38-51)
9 Institut für Angewandte Geodäsie
10 Wiedergegeben mit Erlaubnis des Landesvermessungsamtes Nordrhein-Westfalen, Bonn

26 1 Deutsche Grundkarte (Luftbildkarte) 1 : 5000, Blatt ^{25}80 Rechts ^{56}28 Hoch Menden West. 1980
3 Bildflug 1980, hg. 1982
4 40 x 40, Ausschnitt 19,5 x 23,8 cm
5 M 1 : 5 000
6 Luftbildaufnahme etwa 1 : 13 000 mit Einzelbildentzerrung
7 Landesvermessungsamt Nordrhein-Westfalen
8 Erwin Pape, Das Luftbildkartenwerk von Nordrhein-Westfalen (Nachrichten aus dem öffentlichen Vermessungsdienst NW 15,2,1982. S. 97-125)
9 Landesvermessungsamt Nordrhein-Westfalen
10 Wiedergegeben mit Erlaubnis des Landesvermessungsamtes Nordrhein-Westfalen, Bonn

27 1 Satellitenbildkarte 1 : 500 000. 1980
3 1980
4 51,1 x 50,4, Ausschnitt 19,5 x 24,4 cm
5 M 1 : 500 000
6 Landsat 2 – Aufnahme in etwa 915 km Höhe, NASA, USA
7 Aufbereitet für Deutschen Planungsatlas, Band Nordrhein-Westfalen, Hg. von der Akademie für Raumforschung und Landesplanung in Zusammenarbeit mit der Landesplanungsbehörde des Landes NW
8 Gottfried Konecny, Walter Schuhr, Joe Wu, Untersuchungen über die Interpretierbarkeit von Bildern unterschiedlicher Sensoren und Plattformen für die kleinmaßstäbige Kartierung (Bildmessung und Luftbildwesen 6,1982,S.187-200)
9 Westermann-Druck, Braunschweig
10 Wiedergegeben mit Erlaubnis der Akademie für Raumforschung und Landesplanung, Hannover, und der Obersten Landesplanungsbehörde Nordrhein-Westfalen, Düsseldorf

28 - 30 Die Beispiele sind Karten der drei staatlichen Archive, überwiegend dem LHA Koblenz entnommen. Weitere Beispiele zeigen verschiedene Abbildungen dieses Buches.

31 1 Hofstätte des Schulten Bölling bei Nottuln. 1662
4 32,5 x 21
5 Ohne Maßstab
6 Federzeichnung
9 NW StA Münster, Münster, St. Aegidii, Akten Nr. 134d

32 1 Hochwald an der Pfaffenstraße bei Birkenfeld. 1585
3 Datierung nach Vermerk auf der Rückseite
4 143,5 x 69,5, Ausschnitt 100,3 x 69,5
5 Ohne Maßstab
6 Teilweise farbige Federzeichnung
8 Richter, Vom höchsten Hunsrück. Der Streit um die Pfaffenstraße (Mitteilungen des Vereins für Heimatkunde im Landkreis Birkenfeld 1938.S.49-54) – Erich Bauer, Unsere Wälder im historischen Kartenbild (Mitteilungen aus Forsteinrichtung und Waldbau 22), Mainz 1980, S. 168-170
9 RP LHA Koblenz, Best. 702 Nr. 541
10 Dazu Prozeßakten RP LHA Koblenz, Best. 56 Nr. 2436

33 1 Schultenhof Aldrup im Kirchspiel Greven. 1708
2 *Geometrica accurata delineatio eineß hochwürdigen Thumbcapitulß aigenhorigen Schultenhofß zu Aldrup . . .*
3 Praesentatum-Vermerk 8.Juni 1708
4 33 x 27
5 M etwa 1 : 1500
6 Farbige Federzeichnung
7 Hermanns, aus einer 1665 - 1710 im Münsterland tätigen Landmesserfamilie
8 Joseph Prinz, Greven an der Ems. Die Geschichte der Stadt und des Amtes Greven. Bd. 1. Greven ^{2}1976. S. 51 (Nachzeichnung) und S. 68 Anm. 79
9 NW StA Münster, Karten A Nr. 1197 (aus Domkapitel Münster, Domkellnerei)
10 Die Karte ist das erste von einer 8 Blätter umfassenden Gesamtaufnahme der Hofesländereien und der zum Schultenhof zehntpflichtigen fremden Landstücke, jeweils mit Listen; Gesamtaufnahme des Besitzes des Domkapitels Münster in NW StA Münster, Domkapitel Münster, Domkellnerei, Heberegister

34 1 Streit um einen Weinberg bei Koblenz. 1684
4 43 x 33,5
5 Ohne Maßstab
6 Farbige Federzeichnung
9 RP LHA Koblenz, Best. 702 Nr. 11963
10 Dazu Akten RP LHA Koblenz, Best. 33 Nr. 5242

35 1 Markenzuschläge zu Mussum bei Bocholt. 1669
3 Praesentatum-Vermerk auf Aktenstück 14. April 1669
4 70 x 22,5
5 M etwa 1 : 1300 (108 mm = 50 Ruten unbekannter Länge)
6 Farbige Federzeichnung
9 NW StA Münster, Karten A Nr. 1454
10 Akten über Zuschlagsverkäufe bei Bocholt in NW StA Münster, Fürstbistum Münster, Amt Bocholt Nr. 303 *Gemachte Zuschläge ab Anno 1630 in der Baurschafft Mueßumb, Liederen und Lowich,* daraus die Karte

36 1 Gemarkung Lingerhahn zwischen Simmern und Boppard. 1740
4 58 x 37
5 Ohne Maßstab
6 Federzeichnung
7 Goswin Klöcker, Notar
9 RP LHA Koblenz, Best. 702 Nr. 6675
10 Dazu Grenzbegehung in RP LHA Koblenz, Best. 1 C Nr. 1923

37 1 Wege im Oberbergischen. 1789
4 78 x 57
5 M etwa 1 : 460
6 Farbige Federzeichnung
7 J.H. Höller, Landmesser
9 NW HStA Düsseldorf, Karten Nr. 764

38 1 Kolonistendorf auf der Lipperheide, Stadt Oberhausen. 1770
2 *Carte von dem neuangelegten oberpfältzischen Collonistendorff . . . auf der Lipper Gemein-Heide . . .*
4 65 x 62
5 M etwa 1 : 300
6 Farbige Federzeichnung
7 Brix
9 NW HStA Düsseldorf, Karten Nr. 407

39 1 Ländereien des wüsten Erbes Woltering zu Havixbeck. 1578
2 *Beschriuinge der Wolteringes Hoeue, sampt dersuluigen Lenderyen . . . ym Kerspel van Hauekesbecke*
4 42 x 39
5 M etwa 1 : 4000
6 Farbige Federzeichnung
7 Hermann tom Ring (1521 - 1597), Maler
8 Joseph Prinz, Der Kartenmaler Hermann tom Ring (Westfälischer Heimatkalender 20, 1966. S. 72-76) – Ders., Hermann tom Ring als Kartograph (Westfalen 31, 1953. S. 27-39)
9 NW StA Münster, Karten A Nr. 2387
10 Prozeßakten in NW StA Münster, Reichskammergericht N Nr. 633; Erwähnung der Karte in Bd. 1 Bl. 54

40 1 Huisberden bei Kleve. Um 1725
4 74 x 53
5 M etwa 1 : 2000
6 Farbige Federzeichnung
7 Johann Bucker, Geometer
9 NW HStA Düsseldorf, Karten Nr. 4906 Bl. 12 bf

41 1 Kluser Mark zu Heeßen bei Hamm. 1576
2 *De rechte Beschryuing vnd Gelegenheit der Oestenbussche*
4 40 x 31
5 Ohne Maßstab

6 Farbige Federzeichnung
7 Hermann tom Ring (1521 - 1597), Maler
8 Joseph Prinz, Der Kartenmaler Hermann tom Ring (Westfälischer Heimatkalender 20, 1966. S. 72-76)
9 NW StA Münster, Karten A Nr. 2410
10 Prozeßakten in NW StA Münster, Reichskammergericht B Nr. 902; Erwähnung der Karte in Bd. 3 Bl. 36f

42 1 Lohmarer Wald bei Siegburg. 1794
2 *Grundriß des Lohmarer Waldes mit allen darinnen liegenden Weihern und Torfbrüchen, samt Erlen- und sonstigen darinnen befindlichen nassen sumpfigen Brüchen . . .*
4 100 x 72
5 M etwa 1 : 4000
6 Farbige Federzeichnung
7 Heinrich Wilhelm Peters und Johann Peter Zimmermann, Landmesser
9 NW HStA Düsseldorf, Karten Nr. 2848

43 1 Weidestreit bei Oberemmel. Um 1707
4 54 x 39
5 Ohne Maßstab
6 Farbige Federzeichnung
9 RP LHA Koblenz, Best. 702 Nr. 8308
10 Dazu Prozeßakten in RP LHA Koblenz, Best. 210 Nr. 2296

44 1 Teilung der Gemeinheiten im Hettberg bei Alverdissen. 1806
2 *Theilungskarte vom Hettberg*
4 60 x 57
5 M 1 : 2500
6 Farbige Federzeichnung
7 Köhler
9 NW StA Detmold, D 73 Tit. 4 Nr. 5717

45 1 Winningen und Umgebung. 18. Jh.
2 *Prospect von Winningen*
3 Wie Vergleiche mit anderen Karten ergaben, dürften Karte und Zeichnung von einem der beiden Brüder Frommel um 1780 angefertigt worden sein
4 37 x 32
5 M 1 : 90 000 (nach Streckenvergleich, angegebener M 65 mm = 300 Ruten = 1 : 20 000 unstimmig)
6 Farbige Federzeichnung
7 Vermutlich Frommel
9 RP LHA Koblenz, Best. 702 Nr. 558
10 Grenzbegehung von 1686 in RP LHA Koblenz, Best. 56 Nr. 2945

46 1 Pastoratszehnt zu Honnef. 1731
2 *Wahre undt eigentliche situation der . . . örter im pastoratszehnten zu Honff*
4 60 x 32
5 Ohne Maßstab
6 Farbige Federzeichnung
7 Arnold Hillen
9 NW HStA Düsseldorf, Karten Nr. 1732

47 1 Dorf Westernkotten bei Lippstadt und Umgebung. Um 1597
2 *Eigentliche Gelegentheit des Dorfs Westerenkoten*
3 Datierung nach der Schrift, nach der Sprache (*Straiß, Broick, Fuirde* usw.) und nach dem Inhalt des Vergleichs von 1597 in NW StA Münster, Herzogtum Westfalen, Landesarchiv II Nr. 79
4 33,5 x 25,5
5 M 1 : 10 000 - 12 000
6 Farbige Federzeichnung
9 NW StA Münster, Karten A Nr. 20215
10 Akten über die Streitigkeiten zwischen Paderborn und Köln um Erwitte und Westernkotten in NW StA Münster, Herzogtum Westfalen, Landesarchiv II Nr. 78,79 und 83, Fürstbistum Paderborn, Kanzlei Nr. 63, ebda. Reichskammergericht P Nr. 3-5

48 1 Markenrechte des Dorfes Rimbeck bei Warburg. 1679
3 Der Prozeß, seit 1677 vor dem Offizial zu Paderborn, gelangte 1679 vor das Reichskammergericht. Die Karte entstammt der 1679 angefertigten Abschrift des Vorprozesses.
4 46 x 32,5
5 M ost-west etwa 1 : 5000, nord-süd etwa 1 : 8000
6 Farbige Federzeichnung
9 NW StA Münster, Karten A Nr. 21700
10 Prozeßakten in NW StA Münster, Reichskammergericht R Nr. 681

49 1 Zur Nahemühle bei Bingen gehörende Liegenschaften des Domkapitels Mainz. 1743
2 *Gründlicher Plan, deren Äcker, Wiesen und Weinberg, so zur Nohe Mühl bey Bingen Einem Hoch Würdig Gnädig und Hohen Dhomb Capitul von Mayntz zugehörig*
4 130,5 x 49
5 M etwa 1 : 12 800
6 Farbige Federzeichnung
7 Andreas Trauttner, geschworener Landmesser und Zeichner des Landes Rheingau
9 Staatsarchiv Darmstadt, P 1 Nr. 649
10 Die Karte ist kurmainzischer (Domkapitel) Provenienz und von den Gerichten zu Sarmsheim und Münster besiegelt und beglaubigt.

50 1 Bergenhäuser Hof bei Altenkirchen. 1751
2 *Grund-Riß über den herrschafftl. Bergenhäußer Hof und deßen Felder-Marckung, samt allen darinn gelegenen Grund-Stücken*
4 79 x 117
5 M 1 : 2000 (228 mm = 100 Ruten)
6 Farbige Federzeichnung
7 Johann Christoph Friedrich Röger (1705 - 1785), Ingenieurleutnant
9 RP LHA Koblenz, Best. 702 Nr. 493
10 Lagerbuch in RP LHA Koblenz, Best. 30 Nr. 4529

51 1 Gemarkungen Rachtig und Zeltingen. 1614
4 32 x 43
5 M 1 : 15 000-20 000
6 Farbige Federzeichnung
8 Emil Schaus, Eine Karte der Zeltingen-Rachtiger Gemarkung von 1614 (Rheinische Vierteljahrsblätter 6, 1936. S.327-330 und Jahrbuch für den Kreis Bernkastel-Wittlich 1980. S.93-96)
9 RP LHA Koblenz, Best. 702 Nr. 9568
10 Dazu Akten in RP LHA Koblenz, Best. 55 A 1 Nr. 23

52 1 Flurkarte von Lückhausen und Hardissen bei Lemgo. 1731
2 *Lückser und Hardisser Bauerschaft*
4 123 x 80
5 M 1 : 3500
6 Farbige Feder- und Pinselzeichnung auf Pergament
7 Johann Christoph Friemel (1692 - 1752), Maler und Landmesser
9 NW StA Detmold, D 73 Tit. 6 Nr. 9

53 1 Königsforst bei Köln. 1778
2 *Grundt-Riß Und Lag des Königsforsts . . .*
4 150 x 88
5 M etwa 1 : 4000 (92 mm = 100 Ruten)
6 Farbige Federzeichnung
7 H. Müller
9 NW HStA Düsseldorf, Karten Nr. 3323

54 1 Teilung der Hegenscheider Mark bei Altena. 1765
2 *Carte von der Situation und Gröse der so genannten Hegenscheider Marcke bey Altena in der Graffschafft Marck gelegen*
4 189 x 61, Auslappung 25 x 11,5, Ausschnitt 95 x 61
5 M 1 : 3936 (143,5 mm = 150 rheinische Ruten)
6 Farbige Federzeichnung
7 Johann Heinrich Merner, königl. Landmesser der Herzogtümer Kleve und Geldern, tätig in der Grafschaft Mark 1755 - 1776
9 NW StA Münster, Karten A Nr. 21704
10 Kopie von 1770 in NW StA Münster, Karten A Nr. 7049, ohne Reliefschraffen, mit Waldsignatur und Wiederholung der Interessentennamen und Größenangaben, Freiheit Altena angeschnitten; Akten über Markenteilungen in der Grafschaft Mark in NW StA Münster, Kriegs- und Domänenkammer Hamm, Kleve-Märkische Regierung, Landessachen und Märkisches Forstamt; Akten über die Hegenscheider Mark in NW StA Münster, Kriegs- und Domänenkammer Hamm Nr. 394f. und ebda. Kleve-Märkische Regierung, Landessachen Nr. 1283

55 1 Bäche und Wege bei Köln. Um 1720
4 76 x 48
5 M etwa 1 : 14 500
6 Farbige Federzeichnung
9 NW HStA Düsseldorf, Karten Nr. 2445

56 1 Saarschleife bei Wiltingen. 1762
2 *Carte Particulierre d'une partie du Cours de la Rivierre de Saarre depuis le sinage de Schooden jusqu'à celuy de Filtzen . . .*
4 93,5 x 62
5 M 1 : 5000 (123 mm = 120 Verges)
6 Farbige Federzeichnung
7 Jean Antoine, arpenteur general
9 RP LHA Koblenz, Best. 702 Nr. 385

57 1 Mündung der Sieg in den Rhein. 1770
2 *Ohngefehrer prospect oder Carte über die situation . . . zwischen welchen . . . örthschaften der so genante Siegfluss seinen lauff . . . vagiret hat*
4 75 x 52
5 M etwa 1 : 5900
6 Farbige Federzeichnung
7 J. Meurer, Landmesser
9 NW HStA Düsseldorf, Karten Nr. 2601

58 1 Unteres Ahrtal. 1570/71
4 192,5 x 77, Ausschnitt 111 x 77
5 Ohne Maßstab
6 Farbige Federzeichnung
8 Hans Frick, Quellen zur Geschichte von Bad Neuenahr. Bad Neuenahr 1933. S. 584 Abb. 120. – Schöne alte Karten aus den Rheinlanden und Westfalen (1536 - 1806), hg. v. Hans-Joachim Behr. Düsseldorf 1984
9 RP LHA Koblenz, Best. 702 Nr. 2289
10 Prozeßakten dazu in RP LHA Koblenz, Best. 56 Nr. 1149

59 1 Siedlungen und Straßen im Kirchspiel Datteln bei Recklinghausen. 1781
2 *Plan des Kirchspiels Datteln nebst denen angrenzenden Kirchspielen samt deren Landstraßen und Wege*
4 36 x 48,5
5 M etwa 1 : 30 000 - 35 000
6 Farbige Federzeichnung
7 Joseph Lütkenhaus, Autor von Karten 1776 - 1798
9 NW StA Münster, Karten A Nr. 4885
10 Prozeßakten in NW StA Münster, Reichskammergericht D Nr. 98

60 1 Bauerschaft Gennebreck im Kirchspiel Schwelm. 1782
2 *Oculair Plan, worauf nicht nur die eigentliche Laage der Gennebrecker Bauerschaft an sich, sondern auch, wie weit selbige von der Stadt Schwelm entlegen, zu ersehen ist*
4 72,5 x 44
5 M etwa 1 : 17 000 - 20 000
6 Farbige Federzeichnung
7 Peter Caspar Meyer, Autor von Karten 1754 - 1782
9 NW StA Münster, Karten A Nr. 6949
10 Akten über die Abtrennung der Bauerschaft von der lutherischen Gemeinde zu Schwelm in NW StA Münster, Kleve-Märkische Regierung, Landessachen Nr. 1342-1344 und 1358

61 1 Mertesheim bei Grünstadt. 1735
2 *Mertesheimer Gemarckvngs Graentz Chart*
4 42,5 x 41,5, mit Beschreibung 58 x 63,5
5 M etwa 1 : 4500
6 Farbige Federzeichnung
7 Johann Philipp Nicolai gen. Sonnenberg
9 RP LA Speyer, Best. WW 1 Nr. 371b
10 Dazu Akten in RP LA Speyer, C 26 Nr. 136 nunmehr Best. C 28, aus denen die Karte entnommen ist.

62 1 Zum Geilweiler Hof bei Landau gehörende Schafweide in der Oberen Haingereide. 1773
2 *Grund-Riß über den Zum Hof Gailweiler gehörigen Schaaf-Waid-District auf der Oberhain-Geraite, Also abgegangen und nach denen Schritten - theils auch nach dem Augenmaaß aufgenohmen den 3ten Mai 1773*
4 25 x 33,5, ohne Schrift 25 x 30,5
5 M etwa 1 : 9000
6 Farbige Federzeichnung mit Schummerung
7 Bürger, Renovator der kurpfälzischen geistlichen Güteradministration
9 RP LA Speyer, Best. WW 1 Nr. 1180
10 Streitigkeiten mit den Beständern des Hofes Gailweiler wegen des Schaftriebes (1771 - 1773) in RP LA Speyer, Best. A 14 Nr. 162 c. Daraus diese Karte

63 1 Lauterer Forst bei Kaiserslautern. 1785
2 *Der Reichswald renoviert in Anno 1785: Lauterer Forst*
4 55,5 x 66,5
5 M etwa 1 : 8700
6 Farbige Federzeichnung
7 Joseph Etienne (um 1735-1799), kurpfälzischer Oberamtsrenovator, Zeichner der großen Waldkarten im Raum Kaiserslautern, darunter außer den Reichswaldkarten die Karten des Stiftswaldes (1786/87), des Hohenecker Waldes (1788) und des Stadtwaldes von Kaiserslautern (1791; vgl. LA Speyer, WW 1 Nr. 136, 138, auch 239)
8 Erich Bauer, Unsere Wälder im historischen Kartenbild (Mitteilungen aus Forsteinrichtung und Waldbau 22). Mainz 1980. S. 232ff Karte 31, vgl. auch S. 23ff
9 RP LA Speyer, WW 1 Nr. 139/1 (ehem. A 2 Nr. 64a)
10 Dazu RP LA Speyer, Best. A 2 Nr. 301-330, Kurpfalzakten, Forstsachen, Reichswald Kaiserslautern

64 1 Ramsteiner Forst bei Kaiserslautern. 1785
2 *Ramsteiner Forst*
3 Datum nach RP LA Speyer, WW 1 Nr. 139/1
4 18,5 x 52
5 M etwa 1 : 8700
6 Farbige Federzeichnung
7 Joseph Etienne (um 1735-1799), kurpfälzischer Oberamtsrenovator
8 Erich Bauer, Unsere Wälder im historischen Kartenbild (Mitteilungen aus Forsteinrichtung und Waldbau 22). Mainz 1980. S. 234ff Karte 32, vgl. auch S. 23f
9 RP LA Speyer, WW 1 Nr. 139/2 (ehem. A 2 Nr. 64b)
10 Dazu RP LA Speyer, Best. A 2 Nr. 301-330, Kurpfalzakten, Forstsachen, Reichswald Kaiserslautern

65 1 Kurfürstliche Kameralwälder im Amt Wittlich. 1759
2 *Geometrische Aufnamb und Abtheilung deren Churfürstlichen Cameral Wälder des Ambt und Forstes zu Wittlich Erster Theil*
4 65 x 47
5 M 1 : 12 000 (123 mm = 300 Dezimalruten)
6 Farbige Federzeichnung
7 Joannes Weypert
9 RP LHA Koblenz, Best. 702 Nr. 6048 I
10 Dazu Forstakten in RP LHA Koblenz, Best. 1 C Nr. 7595

66 1 Entwässerungskanäle bei Papenburg. 1892
2 *Entwässerungsanlage bei Papenburg*
4 43 x 38-54
5 M 1 : 21 333,3
7 Farbige Federzeichnung auf Seidenpapier
7 Voß, Regierungsbaumeister, Stosch, Wasserbauinspektor
9 NW StA Münster, Karten A Nr. 21750

67 1 Wirtschaftskarte der Oberförsterei Dhronecken. 1861/1863
2 *Wirthschafts Karte von der Königlichen Oberförsterei Tronecken*
4 83 x 53,5
5 M 1 : 25 000
6 Kolorierter Druck
7 Berthold (Spezialkarte 1861); Gernoth (Ausarbeitung als Wirtschaftskarte 1863)
9 RP LHA Koblenz, Best. 702 Nr. 7719

68 1 Rheinregulierung bei Selz oberhalb Hagenbach. 1740
3 Datum erschlossen aus den zugehörigen Akten
4 39 x 24,5
5 M etwa 1 : 22 000
6 Farbige Federzeichnung
9 RP LA Speyer, WW 1 Nr. 1232 (ehem. B 2 in Nr. 3312)
10 Dazu Differenzen wegen der Ämter Selz und Hagenbach (1719 - 1746) in RP LA Speyer Best. B 2 Nr. 4986 (ehem. 2211)

69 1 Forstmeisterei Prüm. 1810
2 *Geographisch-Topographische Charte der Forstmeisterey Prümm*
4 73,5 x 43,5
5 M etwa 1 : 140 000 (145 mm = 10 000 Toises)
6 Farbige Federzeichnung
9 RP LHA Koblenz, Best. 702 Nr. 5732

70 1 Stadt Köln. 1752
2 *Nova et accurata Ichnographia Liberae ac Imperialis Civitatis Coloniensis . . .*
4 98 x 65
5 M etwa 1 : 4000
6 Kupferstich
7 J.V. Reinhardt, kölnischer Artilleriehauptmann
9 NW HStA Düsseldorf, Karten Nr. 3675

71 1 Stadt Worms. Um 1690
2 *Eygentlicher Grundtriss undt Abildung der vralten, deß H.R. Freystatt wormbs, wie selbige Anno 1630 und also vor 60 Jahren in Gebäuwen so wohl in den vorstätten als der Inern Stadt als selbige dazumahl in gutem Flor gestandten anzusehen vndt wie Herlich solche damahls gewesen sey*
3 Datierung nach Titel. Die Zeichnung muß zwischen 1689 (Zerstörung der Stadt) und 1692 (Todesjahr des Zeichners) angefertigt worden sein
4 39,5 x 31,5
5 M etwa 1 : 13 500
6 Sepia-Zeichnung, als Karte im Kartenwerk eingebunden
7 Peter Hamman (†1692), Zeichner, Kartograph
8 E. Kranzbühler, Verschwundene Wormser Bauten. Worms 1905. S. 2 – K.H. Armknecht. Die Wormser Stadtnamen (Der Wormsgau 9, 1970/71. Tafel V nach S. 100) – F. Reuter, Der Reichstag von 1521. Worms 1971. Tafel 11 nach S.512 – F.Reuter, Warmenia, 1000 Jahre Juden in Worms (Der Wormsgau 29, 1984. S. 14)
9 Stadtarchiv Worms, 1 B 48

72 1 Stadt Mainz. 1625/26
3 Die undatierte Karte kann wie folgt auf 1625/26 in der Datierung eingeengt werden: das 1625 eingeweihte Kapuzinerkloster ist bereits in der Karte eingetragen; in der Kopie von Person wird ausdrücklich Kurfürst Johann Schweikhard erwähnt, der 1626 gestorben ist; schließlich fehlt in der Karte das kurfürstliche Schloß, mit dessen Neubau 1627 begonnen wurde
4 104 x 66 (leicht beschnitten)
5 M etwa 1 : 2000
6 Farbige Federzeichnung
8 E. Neeb, Ein Mainzer Stadtplan im Kgl. Kriegsarchiv zu Stockholm (Mainzer Zeitschrift 15/16, 1920/21. S. 55).H. Schrohe, Die Mainzer Stadtaufnahmen des 16. - 18. Jhs., 1.Teil: Die Mainzer Stadtaufnahmen von 1567 und 1594 (Beiträge zur Geschichte der Stadt Mainz 6) 1930, Anh., Erläuterungen S. 313-322
9 StadtA Mainz, BPS 55 C (ehem. Kgl. Kriegsarchiv Stockholm)
10 Der 1625/26 durch die Schweden angefertigte oder von ihnen erbeutete Plan der Stadt Mainz befand sich bis 1924 im Kriegsarchiv zu Stockholm. Vor ihm lag schon länger im Stadtarchiv Mainz eine Nachzeichnung von 1699 von Person, die ihrerseits wieder um die Wende vom 18./19. Jh. unter französischer Verwaltung umgezeichnet wurde. Während der Originalplan keinen Titel hat, lautet der Titel der Karte von Person von 1699: *Planum et Area Platearum et Domorum civitatis Moguntinae iuxta prototypon sub Eminentissimo Principe Electore Ioanne Schweicardo factum renovatum vero ad usum Camerae Electoralis 1699. N. Person Geometri Jurato*
Der Plan ist gewestet. Die Kopie von Person (1699) ist bei gleichem Maßstab größer und weist noch St. Alban auf

73 1 Stadt Kalkar mit Teil ihrer Feldflur. 1754
2 *Carta von dem Mühlen Feldschen Zehend, So westseyten der Stadt Calkar gelegen . . .*
4 96 x 82
5 M etwa 1 : 2000
6 Farbige Federzeichnung
7 J.H. Merner, approbierter und geschworener Geometer
9 NW HStA Düsseldorf, Karten Nr. 1019

74 1 Linz am Rhein. 1760
2 Tab. XIII aus *Geometrische Delineation. Abmaß undt formliche Beschreibung allinger zu der Commenthurey Waldbreitbach gehöriger Liggentschafft im ambt Newerburg . . .*
4 52,5 x 42,5
5 M 1 : 3000 (14,5 mm = 10 Ruten)
6 Farbige Federzeichnung
7 Franz Ehmans, kurkölnischer Landmesser
8 Schöne alte Karten aus den Rheinlanden und Westfalen (1536 - 1806), hg. v. Hans-Joachim Behr. Düsseldorf 1984
9 RP LHA Koblenz, Best. 702 Nr. 75

75 1 Stadt Dirmstein. Um 1750
4 68,5 x 49
5 M etwa 1 : 500
6 Farbige Federzeichnung
9 Staatsarchiv Darmstadt, Best. P 1 Nr. 418
10 Pläne von Balthasar Neumann in RP LA Speyer, Best. WW 1 Nr. 1116

76 1 Haus und Flecken Gronau. 1773
2 *Delineation und Carte über den Jurisdictions Vergleich Zwischen Das HochStifft Münster und dem HochGräfflichen Hausz Gronau*
4 71 x 49,5
5 M 1 : 4000 (95 mm = 100 rhein. Ruten)
6 Farbige Federzeichnung
7 I.H. Claessen, geschworener Landmesser
9 NW StA Münster, Karten A Nr. 89
10 Nach derselben Vorlage eine Karte der Stadt und Hovesaat *Gronouwe* (1730) im Bistumsarchiv Münster; Grenzvergleiche 1699 bzw. 1771 in NW StA Münster, Fürstbistum Münster Landesarchiv 68 Nr. 14, ebda., 547 Nr. 1 Bd. 7

77 1 Stadt Lüdinghausen und Umgebung. 1580
4 61 x 30
5 Ohne Maßstab
6 Farbige Federzeichnung
8 Schöne alte Karten aus den Rheinlanden und Westfalen (1536 - 1806), hg. v. Hans-Joachim Behr. Düsseldorf 1984
9 NW StA Münster, Karten A Nr. 442
10 Prozeßakten in NW StA Münster, Reichskammergericht O Nr. 38

78 1 Stadt Tholey. 1788
2 *Plan von der Oberamts Stadt Tholey*
4 75 x 36
5 M 1 : 2000 (119 mm = 50 Ruten)
6 Farbige Federzeichnung
7 Phil. Schaefer, Peraequator (=Katasterrevisor)
9 RP LHA Koblenz, Best. 702 Nr. 8285
10 Dazu Akten in RP LHA Koblenz, Best. 24 Nr. 1012

79 1 Stadt Bitburg. 1808
2 *Plan Géométrique de la Ville de Bittbourg chef lieu du 3me arrondissement du Departement des Fôrets . . .*
4 54 x 81
5 M 1 : 1250
6 Farbige Federzeichnung
7 D. Tücks, Katastergeometer
8 Josef Hainz u.a., Geschichte von Bitburg (Ortschroniken des Trierer Landes Bd. II). Trier 1965. S. 351-354
9 RP LHA Koblenz, Best. 702 Nr. 4713
10 Dazu Akten in RP LHA Koblenz, Best. 276 Nr. 1827

80 1 Werl am Hellweg. Um 1612
4 59 x 37
5 M 1 : 16 000
6 Farbige Federzeichnung
9 NW StA Münster, Karten A Nr. 7914
10 Prozeßakten in NW StA Münster, Reichskammergericht W Nr. 670

81 1 Wiederaufbau der Stadt Fredeburg. 1810
2 *Plan zum Wiederaufbau der Stadt Fredeburg*
3 April 1810
4 61 x 45,5
5 M 1 : 1950 (134mm = 1000 köln. Fuß)
6 Farbige Federzeichnung
7 E.V. Plassmann, Landbaumeister
9 NW StA Münster, Karten A Nr. 7260

82 1 Stadt Bochum mit Zufahrtswegen. 1755
2 *Plan der Stadt Bochum und denen unter ihrer Jurisdiction gehörigen LandStrassen wie solche A[nn]o 1755 vermessen und aufgenommen worden*
4 78 x 56
5 M 1 : 5100 (177 mm = 200 köln. Ruten)
6 Farbige Federzeichnung
7 J.G. Meinicke, Ingenieur
9 NW StA Münster, Karten A Nr.7280

83 1 Stadt Krefeld. Um 1817
2 *Grund-Riss von Crefeld*
4 98 x 65
5 M etwa 1 : 950
6 Farbige Federzeichnung
7 W. Goldammer, Geometer
9 NW HStA Düsseldorf, Karten Nr.2273

84 1 Fischmarkt am Hauptmarkt in Trier. 1558
4 64 x 62
5 Ohne Maßstab
6 Farbige Federzeichnung
7 Gerhard Nuefeen
8 Otto Graf von Looz-Corswarem, Die älteste Ansicht vom Trierer Hauptmarkt (Kurtrierisches Jahrbuch 4, 1964. S. 14-20)
9 RP LHA Koblenz, Best. 702 Nr. 7973
10 Dazu Prozeßakten in RP LHA Koblenz, Best. 56 Nr. 1691

85 1 Fabrik- und Handelsstadt Elberfeld. 1827
2 *Grundplan der Fabrick und Handels Stadt Elberfeld*
4 97 x 68
5 M etwa 1 : 2500
6 Lithographie
7 Joseph Heiden, Geometer
9 NW HStA Düsseldorf, Karten Nr. 1322

86 1 Belagerung der Rheinschanze (Ludwigshafen) durch die Franzosen. 1794
2 *Plan der Stadt und Vestung Mannheim mit der umliegenden Gegend und Belagerung der Rheinschanze und Fleschen von den Franken im December 1794*
4 40 x 31,5
5 M etwa 1 : 42 600
6 Farbige Federzeichnung
9 RP LA Speyer, WW 1 Nr. 7828 (ehem. T 2 Nr. 680)

87 1 Speyer und die Klipfelsau. 1525
4 96,5 x 42
5 M etwa 1 : 2000
6 Farbige Federzeichnung
9 StadtA Speyer, Plansammlung I 136

88 1 Dorf Südlohn bei Borken. 1597
4 32 x 19
5 Ohne Maßstab
6 Farbige Federzeichnung
9 NW StA Münster, Karten A Nr.1817

89 1 Befestigtes Dorf Südlohn bei Borken. 1597
4 38 x 30,5
5 Ohne Maßstab
6 Farbige Federzeichnung

9 NW StA Münster, Karten A Nr. 427
10 Akten über die Befestigung in NW StA Münster, Fürstbistum Münster Landesachiv 133 Nr. 2

90 1 Festung Ehrenbreitstein. Um 1750
4 70 x 21
5 Ohne Maßstab
6 Farbige Federzeichnung
9 RP LHA Koblenz, Best. 702 Nr. 135

91 1 St. Goar und Burg Rheinfels. 1763
2 *Grundris der Stadt St. Goar und Rheinfels samt der Gegend in der breite von 50° 30' in der läng von 29° 6'*
4 30 x 32
5 M etwa 1 : 8500 (Streckenvergleich)
6 Farbige Federzeichnung
7 J. Jacob Müller
9 RP LHA Koblenz, Best. 702 Nr. 478

92 1 Festung Ochtrup. 1597
2 *De Nie Stadt Ochtorpe*
4 43 x 58
5 Ohne Maßstab
6 Farbige Federzeichnung
9 NW StA Münster, Karten A Nr. 2383
10 Akten über die Befestigung in NW StA Münster, Fürstbistum Münster Landesarchiv 248 Nr. 1

93 1 Belagerung der Stadt Frankenthal. 1621
2 *Abriß der Stadt Franckenthal, wie solche von dem Vice-General don Gonçalo Fernandes de Cordova belagert worden. 1621*
4 29 x 24
5 M etwa 1 : 10 000
6 Kupferstich
9 Historisches Museum der Pfalz in Speyer, Bildersammlung Nr. 781

94 1 Stadt und Festung Münster. Um 1680
4 85,5 x 54,5
5 M 1 : 3100 (121 mm = 100 rhein. Ruten)
6 Farbige Federzeichnung
7 Peter Pictorius d. Ä. (1626 - 1685), münsterischer Ingenieur und Baumeister
8 Die Stadt Münster T. 1. Die Ansichten und Pläne . . ., bearb. v. Max Geisberg (Bau- und Kunstdenkmäler von Westfalen 41,1). Münster 1932
9 NW StA Münster, Karten A Nr. 1214

95 1 Die französische Festung Saarlouis. 1680
2 *Plan de Sarrelouis relatif au projet instructif de sa fortification par Monsieur de Vauban Ingenieur Général*
3 Zeitgenössische Kopie eines Originals von 1680
4 40 x 30,5
5 M etwa 1 : 6500
6 Farbige Federzeichnung
7 Verfasser des Originals Thomas de Choisy, Kopist nicht bekannt
8 Saarlouis 1680 - 1980. Entstehung und Entwicklung einer Vauban'schen Festungsstadt (Katalog). Saarlouis 1980. S. 38 ff Nr. 15 (Text von J. Toussaert)
9 Schweden, Kunigl. Krigsarkivet Stockholm Best. Stads- och fästningsplaner, Frankrike Saarlouis Nr. 1

96 1 Belagerung der Stadt und Festung Landau. 1704
2 *Wahrhaffte Abbildung der Statt und Vestung Landau nebst aller Wercker welche davor auf denen 2 Attaquen Zeit wehrender solcher belägerung unter Hohen Commando ihro Hochfl. Durchl. Printz Ludwig von Baden A. 1704 d. 12.7ber ihren Anfang genommen nachgehents aber unter aller Höchsten Commando Ihro Rom. Konigl. May. IOSEPHI I. biß zu Eroberung solcher Vestung als den 23. 9ber seind verfertiget u. erbautet worden.* – Nebenkarte: *Deliniation Der Umb Landau liegender Örther und Stadt*
4 34,5 x 25; Nebenkarte 5 x 5,5
5 M etwa 1 : 23 000; Nebenkarte M etwa 1 : 1 400 000
6 Kupferstich
9 Historisches Museum der Pfalz in Speyer, Bildersammlung Nr. 641
10 Ausführliche Bildbeschreibung unter der Karte – Nebenkarte: Umgebung von Landau mit Einzeichnung der Speyerbachlinie (*Linea Rhenana*), von Philippsburg nach Westen laufend – Maßstab nach Skala 1 : 1 742 190

97 1 Stadt Lippstadt. Um 1760
4 41,5 x 35
5 M etwa 1 : 5000
6 Farbige Federzeichnung
7 Johann Rudolf Heimburg, Landmesser
9 NW StA Detmold D 73 Tit. 4 Nr. 5901

98 1 Stadt Lippstadt. Um 1770
2 *Grund Riß von Lippstadt*
4 39 x 31,5
5 M 1 : 5000
6 Farbige Federzeichnung
7 Johann Rudolf Heimburg, Landmesser
9 NW StA Detmold D 73 Tit. 4 Nr. 5903

99 1 Düsseldorf und Umgebung. Um 1795/96
2 *Carte de Dusseldorf et des camps retranchés devant cette place*
4 82 x 64
5 M etwa 1 : 15 400
6 Farbige Federzeichnung
7 Maletzer, französischer Pionieroffizier
8 Schöne alte Karten aus den Rheinlanden und Westfalen (1536 - 1806), hg. v. Hans-Joachim Behr. Düsseldorf 1984
9 NW HStA Düsseldorf, Karten Nr. 3124

100 1 Stadt Düsseldorf. 1874 (1880)
2 *Plan der Stadt Düsseldorf*
4 94,5 x 68
5 M 1 : 10 000
6 Stahlstich
7 Spangenmacher (Entwurf und Zeichnung 1874); F. Kremer (Berichtigung 1880)
9 NW HStA Düsseldorf, Reg. Düsseldorf, Hochbauabteilung, Karten XI Nr. 327

101 1 Stadt und Festung Wesel. 1786
2 *Plan der Stadt und Vestung Wesel*
4 125 x 80, Ausschnitt ohne Schriftleiste 108,1 x 80
5 M etwa 1 : 1200
6 Farbige Federzeichnung
7 Brix; Goldfuß (Kopie)
9 NW HStA Düsseldorf, Karten Nr. 303

102 1 Festung Minden. 1874
4 68 x 52
5 M 1 : 5000
6 Farbige Federzeichnung
9 NW StA Detmold D 73 Tit. 4 Nr. 10120

103 1 Immunitätsbezirk des Klosters Wietmarschen bei Nordhorn. 1585
2 *Dat Stifft Wytmerschen betogen mitt einen Linien im iaer 1585 . . .*
4 80 x 62
5 M etwa 1 : 8400
6 Farbige Federzeichnung
7 Hermann tom Ring (1521 - 1597), Maler
8 Joseph Prinz, Hermann tom Ring als Kartograph (Westfalen 31, 1953. S. 27-39) – Heinrich Voort, Wietmarschen und die Ostgrenze der Grafschaft Bentheim (Jahrbuch der Grafschaft Bentheim 1976. S. 16-31)
9 NW StA Münster, Karten A Nr. 3816
10 Dazu Prozeßakten in NW StA Münster, Reichskammergericht W Nr. 533

104 1 Kloster Hördt bei Germersheim. 1637-1641
3 Datierung nach der Amtszeit von Propst Kramer Jestersheim
4 53,5 x 33,5
5 M etwa 1 : 2 000
6 Farbige Federzeichnung
7 Propst oder Chorherr des Stifts Hördt
8 Georg Biundo, Regesten der ehemaligen Augustinerpropstei Hördt (Veröffentlichungen der Pfälzer Gesellschaft zur Förderung der Wissenschaften 32). Speyer 1954
9 RP LA Speyer, Best. WW 1 Nr. 1780 (ehem. Best. A 14 Nr. 533 b nach folio 14)
10 Dazu Fundation und Regalien des Klosters Hördt (1103 - 1644) in RP LA Speyer, Best. A 14 Nr. 533 b

105 1 Zisterzienserkloster Groß-Burlo bei Borken. 1590
2 *Abriß des Kloisters Buirloe*
4 40,5 x 29
5 M etwa 1 : 1350
6 Farbige Federzeichnung
8 Kreis Borken, bearb. v. Wilhelm Rave u. Stephan Selhorst (Bau- und Kunstdenkmäler von Westfalen 46). Münster 1954. S.197-203 – Kaspar Elm, Die münsterländischen Klöster Groß-Burlo und Klein-Burlo (Westfälische Forschungen 18, 1966. S. 23-42)
9 NW StA Münster, Karten A Nr. 1819

106 1 Jagdgrenzen im Vogteibezirk des Klosters Grafschaft bei Schmallenberg. 1686
4 133 x 54, Ausschnitt 84,5 x 54
5 Ohne Maßstab
6 Farbige Federzeichnung
8 Josef Wiegel (Hg.), Grafschaft. Beiträge zur Geschichte von Kloster und Dorf. Grafschaft 1972 – Franz Wiethoff u. Manfred Wolf, Monumenta Grafschaftensia. Schmallenberg 1975
9 NW StA Münster, Karten A Nr. 6950

10 Die Karte stammt aus den Akten über den vor dem Hofrat in Bonn geführten Prozeß in NW StA Münster, Kloster Grafschaft Nr. 350. Akten über den Prozeß vor dem Offizial in der Vorinstanz in NW StA Münster, Kloster Grafschaft Nr. 336

107 1 Kirche von Bislich bei Xanten. 1704
4 74 x 52,5, Ausschnitt 24, 3 x 18
5 M etwa 1 : 2000
6 Farbige Federzeichnung
7 Johann Bucker, Landmesser
8 Die Kunstdenkmäler des Kreises Rees, hg. v. Paul Clemen (Die Kunstdenkmäler der Rheinprovinz 2,1). Düsseldorf 1892. S. 14 f
9 NW HStA Düsseldorf, Karten Nr. 4929 Bl. 31. Titel des Bandes: *Neues Erbenbuch der Bisselixer schow, so anno 1704 etc. ad requisitionem der sämptlichen hern geerbten durch mich unterschriebenen landmesser nach der vorhin anno 1574 et 1575 von den landmesseren von Sehnen abgemessen und darauf anno 1612 in ein cartenbuch deliniierte ländereien wiederum de novo . . . deliniiert und daruber ein neu register...verfertiget, wie es in diesem neuen cartenbuch klärlich zu sehen*

108 1 Kartause Vogelsang bei Jülich. 1729
4 60 x 47
5 Ohne Maßstab
6 Farbige Federzeichnung
7 Bruno Gulich, Prior
8 Die Kunstdenkmäler des Kreises Jülich, bearb. v. Karl Franck-Oberaspach u. Edmund Renard (Die Kunstdenkmäler der Rheinprovinz 8,1). Düsseldorf 1902. S. 117 ff (Abb. S. 118)
9 NW HStA Düsseldorf, Karten Nr. 3173

109 1 Georgskommende in Münster. Um 1740
4 47,5 x 42
5 Ohne Maßstab
6 Federzeichnung mit Rötel quadriert
8 Die Stadt Münster T. 6, bearb. v. Max Geisberg (Die Bau- und Kunstdenkmäler von Westfalen 41,6). Münster 1941. S. 461-467
9 NW StA Münster, Karten A Nr. 2392
10 Karte angelegt wegen eines durch Wasserschäden notwendig gewordenen Neubaus der Mauer, dazu Akten in NW StA Münster, Münster St. Georg Nr. 99

110 1 Kloster Kamp mit Park, Gemeinde Kamp-Lintfort. 1750
4 90 x 62
5 M etwa 1 : 2200
6 Farbige Federzeichnung
7 Adam Blum, Landmesser
8 Wilfried Hausmann, Der Terrassengarten der Zisterzienserabtei Kamp im 18. Jahrhundert (Annalen des Historischen Vereins für den Niederrhein 187, 1984. S. 145-164, Abb. S. 158)
9 NW HStA Düsseldorf, Karten Nr. 5001

111 1 Burgbann Siegburg. 1766
2 *Geometrische Delineation . . . [des] Zur Hocheit Sigburg Gehorigen Burgbant[s] . . .*
4 84 x 55
5 M etwa 1 : 6000
6 Farbige Federzeichnung
7 Christian Ehmans
8 Die Kunstdenkmäler des Siegkreises, bearb. v. Edmund Renard (Die Kunstdenkmäler der Rheinprovinz 5,4). Düsseldorf 1907. S. 227 - 245
9 NW HStA Düsseldorf, Karten Nr. 2274

112 1 Hospital Kues. 1774
2 Ausschnitt aus einer Karte der Gemarkungen Bernkastel und Monzelfeld (ohne Originaltitel)
4 97 x 64, Ausschnitt 13 x 15
5 M etwa 1 : 7000 (136 mm = 210 Ruten)
6 Farbige Federzeichnung
7 Joan Peter Dilbecker, Geometer
8 Die Kunstdenkmäler des Kreises Bernkastel, bearb. v. Hans Vogts (Die Kunstdenkmäler der Rheinprovinz 15,1). Düsseldorf 1935. S. 107 ff
9 RP LHA Koblenz, Best. 702 Nr. 323
10 Dazu Prozeßakten in RP LHA Koblenz, Best. 1 C Nr. 1394-1407

113 1 Zisterzienserkloster Marienfeld bei Gütersloh. Um 1794
2 *Marienfeld von Norden*
4 36,5 x 23
5 Ohne Maßstab
6 Farbige Federzeichnung
8 Theodor Rensing, Klosterbauten um 1700 in Marienfeld (Auf Roter Erde 10,11,1935. S. 81-83)
9 NW StA Münster, Karten A Nr. 1193

114 1 Abtei Himmerod. 1792
2 *Carte Figurative über die Lage der Abtey Himmenrodt*
4 33 x 50
5 Ohne Maßstab
6 Farbige Federzeichnung
7 E. Johann Jäger, kurtrierischer Geometer und Revisor
8 Die Kunstdenkmäler des Kreises Wittlich, bearb. v. Ernst Wackenroder (Die Kunstdenkmäler der Rheinprovinz 12,4). Düsseldorf 1934. S. 147-176
9 RP LHA Koblenz, Best. 702 Nr. 4718

115 1 Trappistenkloster Rosendahl bei Coesfeld. Um 1800
2 *Vue Du Nouveau Monastère Dit La Maison-Dieu L'Eternité De Notre Dame De La Trappe De La primitive Observance de Citeaux à Darfeld . . .*
3 Entstanden nach 1798, dem Beginn der eigentlichen Bauarbeiten, und vor 1804, dem Jahr der Übersiedlung nach Klein-Burlo
4 75 x 53
5 Ohne Maßstab
6 Farbige Feder- und Pinselzeichnung
8 Klaus Gruna, Aquarellzeichnung des Trappistenklosters Rosendahl bei Darfeld (Westfalen 51, 1973. S. 305-308)
9 NW StA Münster, Karten A Nr. 20 428 (Dep.)

116 1 Abtei Rommersdorf bei Neuwied. 1816
2 *Situations-Plan von denen Romersdorfer Abtey-Gebaeuden samt Gaerten, Wiesen, Aeckern, Weihern . . .*
4 44,5 x 67
5 M 1 : 1000 (182 mm = 50 Ruten)
6 Farbige Federzeichnung
7 Schweitzer, Baumeister
8 Die Kunstdenkmäler des Kreises Neuwied, bearb. v. Heinrich Neu u. Hans Weigert (Die Kunstdenkmäler der Rheinprovinz 16,2). Düsseldorf 1940. S. 363-380
9 RP LHA Koblenz, Best. 702 Nr. 13680
10 Dazu Akten in RP LHA Koblenz, Best. 441 Nr. 8629

117 1 Abtei St. Maximin in Trier. Um 1805/06
4 91,5 x 66,5
5 M etwa 1 : 500
6 Farbige Federzeichnung
7 J. Lothary
8 Die Kunstdenkmäler der Stadt Trier 3, hg. v. Paul Clemen (Die Kunstdenkmäler der Rheinprovinz 13,3). Düsseldorf 1938. S. 283-324
9 RP LHA Koblenz, Best. 702 Nr. 854

118 1 Dorf und Schloß Stolberg. 1544
4 450 x 40, Ausschnitt 77 x 40
5 Ohne Maßstab
6 Farbige Federzeichnung
7 Egidius von Walschaple
9 NW HStA Düsseldorf, Karten Nr. 5003

119 1 Burg Raesfeld bei Borken. 1590
2 *Delinyrung des Hauses und Schantzen Raesfelt*
4 39,7 x 32,5
5 M 1 : 900
6 Farbige Federzeichnung
7 Hermann tom Ring (1521 - 1597), Maler
9 NW StA Münster, Karten A Nr. 1818

120 1 Strittige Heuwiese vor Haus Dülmen. 1594
4 43,5 x 33
5 Ohne Maßstab
6 Farbige Federzeichnung
8 Schöne alte Karten aus den Rheinlanden und Westfalen (1536 - 1806), hg. v. Hans-Joachim Behr. Düsseldorf 1984
9 NW StA Münster, Karten A Nr. 20389
10 Die Karte stammt aus den Kammerakten in NW StA Münster, Fürstbistum Münster Landesarchiv 212 ad Nr. 8

121 1 Freiadliges Haus Heyer bei Borler. Um 1700
4 36 x 51,5
5 M 1 : 6000 (80mm = 10 Dezimalruten)
6 Farbige Federzeichnung
7 Albert Burscheit
9 RP LHA Koblenz, Best. 702 Nr. 12597
10 Aus einer Sammlung von Urkundenabschriften in RP LHA Koblenz, Best. 54 V Nr. 135

122 1 Fischereidistrikte am Saynbach. Um 1715
4 40,5 x 32
5 Ohne Maßstab
6 Farbige Federzeichnung
9 RP LHA Koblenz, Best. 702 Nr. 12460
10 Dazu Akten in RP LHA Koblenz, Best. 1 C Nr. 3747

123 1 Bendt-, Cloir- und Neersbroich mit Haus Myllendonk bei Mönchengladbach. 1668 (1778)

4 97 x 62
5 M etwa 1 : 9400
6 Farbige Federzeichnung
7 Johann Merbecks, Landmesser (Kopie 1778)
9 NW HStA Düsseldorf, Karten Nr. 2974

124 1 Dorf Nordkirchen und Beifang Meinhövel. 1584
2 *Byuanck tom Huse Meynhouell*
4 31 x 42,5
5 M etwa 1 : 1500 (Gebäude) – etwa 1 : 4500
6 Farbige Federzeichnung
7 Hermann tom Ring (1521 - 1597), Maler
8 Joseph Prinz, Hermann tom Ring als Kartograph (Westfalen 31, 1953. S. 27-39)
9 NW StA Münster, Karten A Nr. 20017
10 Dazu Prozeßakten im NW StA Münster, Reichskammergericht D Nr. 106. Die Karte ist ein Auszug (mit geänderter Beifangsgrenze im Bereich des Dorfes) aus der sorgfältiger ausgeführten, aber schlechter erhaltenen Karte des Gesamtbeifangs unter dem Titel *Beschryuynge des Byuanghes tho Meynhouell* von Hermann tom Ring im Archiv »Nordkirchen« (Landschaftsverband Westfalen-Lippe) Akten, Kasten 178 Nr. 3, die den Rechtsstandpunkt der v. Münster zu Meinhövel wiedergibt, Format 61 x 88, M wie oben, bei großen Distanzen bis 1 : 9700

125 1 Gut Schweckhausen bei Soest. Um 1600
4 80 x 64
5 Ohne Maßstab
6 Farbige Feder- und Pinselzeichnung
9 NW StA Münster, Karten A Nr. 7807
10 Prozeßakten im NW StA Münster, Reichskammergericht H Nr. 572

126 1 Schloß und Freiheit Neersen bei Viersen. 17. Jh.
4 165 x 85, Ausschnitt 101,4 x 85
5 Ohne Maßstab
6 Farbige Federzeichnung
9 NW HStA Düsseldorf, Karten Nr. 4190

127 1 Amtshaus Lüdinghausen. 1734
2 *Hochadlichen Ambthauß Gartens und Baumgarten, Höeygründeken neben den . . . Borgplatz und Wall . . . Kämpffe . . . Wiesche . . . mit die Stadt Ludinghaußen*
4 50,5 x 38,5
5 M etwa 1 : 3300 (114mm = 100 Ruten)
6 Farbige Federzeichnung
7 Johann Reiner Ossing, münsterischer Landmesser
9 NW StA Münster, Karten A Nr. 2090
10 Vermeßprotokoll in NW StA Münster, Domkapitel Münster, Amt Lüdinghausen II Nr. 1a

128 1 Haus Frohnenbruch, Gemeinde Kamp-Lintfort. 1698
2 *Delineatio Des Haus Fronenbruck . . .*
4 49,6 x 37,5
5 M etwa 1 : 2000
6 Farbige Federzeichnung
7 Johann Bucker
9 NW HStA Düsseldorf, Karten Nr. 4254
10 Prozeßakten im NW HStA Düsseldorf, RKG F Nr. 685/2789

129 1 Schloß Rietberg und Umgebung. 2.H. 18. Jh.
2 *Carte welche den Lauff der Emse . . . anweiset, zugleich die . . . Limiten des Hoch-Herrschafftlichen Terrins und der Stadt Ritberg zugehörigen Gemeinheit . . . zeiget*
4 77 x 50, Ausschnitt 29,5 x 33,5
5 M etwa 1 : 4400 (102 mm = 100 Ruten)
6 Farbige Federzeichnung
7 J. G. Carle, Leutnant und Ingenieur
9 NW StA Münster, Karten A Nr. 19782

130 1 Züscher Lehenanteil der Freiherren von Dürckheim. 1729 (1781)
4 69 x 46,5
5 Ohne Maßstab
6 Farbige Federzeichnung
7 Tober
8 Walter Petto, Beiträge zur Geschichte von Herrschaft, Burg und Dorf Züsch (Zeitschrift für Geschichte der Saargegend 26, 1978. S. 33-68)
9 RP LHA Koblenz, Best. 702 Nr. 607

131 1 Schloß Moyland, Gemeinde Bedburg-Hau. Nach 1736
4 96 x 60
5 M etwa 1 : 2000
6 Farbige Federzeichnung
7 Simon, Ingenieurkapitän
8 Hans Peter Hilger, Kreis Kleve 5, Kranenburg-Zyfflich (Die Denkmäler des Rheinlandes 7). Düsseldorf 1970. S. 96-102
9 NW HStA Düsseldorf, Karten Nr. 4908 Bl. 6

132 1 Haus Mark bei Hamm. 1751
2 *Plan von dem zur Renthey Ham gehörigen alten gräfflichen Haus Marck . . .*
4 56 x 55,5
5 M etwa 1 : 3000 (128 mm = 100 Ruten)
6 Farbige Federzeichnung
7 J. G. Meinecke, Ingenieur
8 Ludwig Bänfer, Die Befestigung der Burg Mark (Heimat am Hellweg, Kalender 1957. S. 32-37) – Uwe Lobbedey, Zur Baugeschichte von Haus Mark (750 Jahre Stadt Hamm, hg. v. Herbert Zink). Hamm 1976. S. 39-68
9 NW StA Münster, Karten A Nr. 6685

133 1 Gräflich Metternicher Höfe zu Naunheim bei Mayen. 1788
2 *Grund Ris der hoch Gräflich Metternicher höffen zu Naunheim*
4 68 x 47,5
5 M 1 : 3300 (142 mm = 100 Ruten)
6 Farbige Federzeichnung
7 Joan Peter Dilbecker, geschworener Geometer
9 RP LHA Koblenz, Best. 702 Nr. 742

134 1 Gartenanlage des Gutes Steinbeck bei Bad Salzuflen. 1755
2 *Garten-Riß des Adlichen Guhtes Steinbeck. Anno 1755*
4 54 x 44,5
5 M 1 : 330
6 Farbige Feder- und Pinselzeichnung
7 Johann Rudolf Heimburg, Landmesser
9 NW StA Detmold D 73 Tit. 4 Nr. 6866

135 1 Fürstbischöfliche Residenz in Münster. 1769
2 *Planum Generale de la nouvelle Residence Episcopale de la Principauté de Munster avec toute sa situation exterieure et interieure*
4 99,5 x 180
5 M etwa 1 : 490 (385 mm = 50 Ruten)
6 Farbige Federzeichnung
7 Johann Conrad Schlaun (1695-1773), münsterischer General und Baumeister
8 Die Stadt Münster T. 1. Die Ansichten und Pläne . . , bearb. v. Max Geisberg (Die Bau- und Kunstdenkmäler von Westfalen 41,1). Münster 1932. S. 62, 249. – Johann Conrad Schlaun 1695-1773 (Schlaunstudie I, Textteil, hg. v. Klaus Bußmann). Münster 1973. S. 184
9 NW StA Münster, Karten A Nr. 1192

136 1 Schloß und Gartenanlage zu Kärlich bei Koblenz. 1768
2 *Plan du Jardin de Cerlich . . .*
4 45 x 55
5 M etwa 1 : 160 (142 mm = 300 Pieds)
6 Farbige Federzeichnung
7 Jean Nicolas Wilmart, Gärtner
8 Franz-Josef Heyen, Der Garten des kurfürstlichen Schlosses zu Kärlich (Heimatkalender für den Landkreis Koblenz 1956. S. 26-33)
9 RP LHA Koblenz, Best. 702 Nr. 221
10 Plan von Seiz in RP LHA Koblenz, Best. 702 Nr. 222

137 1 Mülheim und Kärlich mit kurfürstlichem Schloß. 1786
2 *Karte der Umgegend der Dörfer Mülheim und Kärlich und des kurfürstlichen Schlosses zu Kärlich* (später hinzugefügter Titel)
4 123,5 x 74,5, Ausschnitt 53 x 74,5
5 Ohne Maßstab
6 Farbige Federzeichnung
7 Vermutlich Christian Troßon
8 Gartenkunst in Rheinland-Pfalz. Forschungsergebnisse, hg. v. Institut für Freiraumplanung an der FH Weihenstephan. Freising 1984
9 RP LHA Koblenz, Best. 702 Nr. 220

138 1 Schloß Oberehe bei Gerolstein. 1789 (1792)
2 *Ausschnitt aus einer Karte der Herrschaften Oberehe und Hohenfels*
4 165 x 77, Ausschnitt 27 x 24
5 M 1 : 5500, Ausschnitt ohne Maßstab
6 Farbige Federzeichnung
7 Joan Peter Dilbecker (Original 1789), A. Balthasar (Kopie 1792)
9 RP LHA Koblenz, Best. 702 Nr. 722

139 1 Anlage des Klosters Corvey. 1798
2 *Geometrischer Grundriß des Hochfürstlichen Stifts Corvey . . .*
4 112 x 65
5 M etwa 1 : 1000 (222 mm = 60 Ruten)
6 Farbige Federzeichnung
7 Georg Sigismund Kerl
9 NW StA Münster, Karten A Nr. 19812
10 Akten zur Verpachtung und Vermessung in NW StA Münster, Fürstabtei Corvey, Akten Nr. 767

140 1 Die fürstlichen Gärten im Schönthal und auf dem Ludwigsberg bei Saarbrücken. Um 1790
3 Die Datierung ergibt sich aus der Kurzlebigkeit der Gärten, die seit 1793 verwilderten
4 42,5 x 55,5
5 M etwa 1 : 3143 (185 mm = 80 Rheinländische Ruten)
6 Farbige Federzeichnung
7 Aus den Papieren des nassau-saarbrückischen Baudirektors Balthasar Wilhelm Stengel, vielleicht von ihm gezeichnet und entworfen
9 Saarland LA Saarbrücken, Best. Pläne 2° Nr. 20

141 1 Schloß und Park zu Benrath bei Düsseldorf. 1806
2 *Le chateau et les jardins de Benrath*
4 92 x 61
5 M etwa 1 : 1800
6 Farbige Federzeichnung
7 Wiebel und Couven, Landmesser
9 NW HStA Düsseldorf, Karten XI Nr. 32

142 1 Schloßpark in Velen bei Borken. 1816
4 78 x 60,5
5 M etwa 1 : 425 (74 mm = 100 Fuß)
6 Farbige Federzeichnung
7 M.F.A. Weyhe, Düsseldorf
9 NW StA Münster, Karten A Nr. 8675 (Dep. Landsberg-Velen)
10 Verhandlungen über die Anlage der Gärten in Velen in NW StA Münster, Landsberg-Velen (Dep.) Nr. 21648

143 1 Lennetal zwischen Rönkhausen und Ohle bei Plettenberg. 1653
4 30 x 41,5
5 Ohne Maßstab
6 Federzeichnung
9 NW StA Münster, Karten A Nr. 7818
10 Akten über die Wiedereinlösung des seit 1513 an die Familie von Plettenberg verpfändeten Hauses Schwarzenberg in NW StA Münster, Kleve-Märkische Regierung, Landessachen Nr. 1129; weitere Karten des Lennetals in ebda. Karten A Nr. 7813-7819

144 1 Wege bei Rüthen. 1653
4 46,5 x 29
5 M 1 : 10 175
6 Farbige Federzeichnung
9 NW StA Münster, Karten A Nr. 6155
10 Prozeßakten in NW StA Münster, Reichskammergericht M Nr. 1216, die Karte aus Bd. 5

145 1 Bannkarte von St. Ingbert mit Straßen. Um 1779
2 *Chartha Figurativa über St. Ingverter Banne*
4 60 x 44,5
5 M etwa 1 : 16 000
6 Farbige Federzeichnung
7 Stefan Keller aus Freisen bei Kusel
9 RP LA Speyer, WW 1 Nr. 1974 (ehem. 1 d, am Ende des Bandes)
10 Die Karte enthält rechts angeklebt ein Großfolioblatt mit der Erklärung der Buchstaben (Grenzmarkierungen). Dazu Grenzdifferenzen mit Kurtrier (1601 - 1779) in RP LA Speyer, Best. C 33 Nr. 4 (ehem. 1 d)
Speyer, WW 1 Nr. 1974 (ehem. 1 d, am Ende des Bandes)
10 Die Karte enthält rechts angeklebt ein Großfolioblatt mit der Erklärung der Buchstaben (Grenzmarkierungen). Dazu Grenzdifferenzen mit Kurtrier (1601 - 1779) in RP LA Speyer, Best. C 33 Nr. 4 (ehem. 1 d)

146 1 Königsdorfer Landstraße. 1743
2 *Grund Rieß Uber die Newgemachte Königsdorffer Land Straaße von der Hahnen Pforten biß an die Jülische Gräntzen ...*
4 53 x 233, Ausschnitt 53 x 86,8
5 M etwa 1 : 7500
6 Farbige Federzeichnung
9 NW HStA Düsseldorf, Karten Nr. 3044

147 1 Weserfähren zwischen Karlshafen und Beverungen. 1811
2 *Situationsplan des Weserstroms von Carlshaven bis Beverungen*
4 70 x 55
5 M 1 : 950 (150 mm = 300 Calenberger Ruten)
6 Farbige Federzeichnung
7 Irsengarth, Hannoverscher Geometer (Zeichnung); Schönhals (Kopie, von Distriktsbaumeister Eberhard testiert)
9 NW StA Münster, Karten A Nr. 19764
10 Akten über den Straßenbau im Distrikt Höxter in NW StA Münster, Königreich Westphalen, Unterpräfektur Höxter Nr. C-2-27

148 1 Brücke über die Ruhr bei Hattingen. Um 1659
4 76 x 40
5 M 1 : 10 000
6 Farbige Federzeichnung
9 NW StA Münster, Karten A Nr. 7418
10 Akten über den Wiederaufbau der Ruhrbrücke in NW StA Münster, Kleve-Märkische Regierung Nr. 1157 und weitere Nebenkarten

149 1 Die Berkel - Ijssel - Rhein - Schiffahrt. Um 1592
4 41,5 x 33,5
5 Ohne Maßstab
6 Federzeichnung
9 NW StA Münster, Karten A Nr. 20639
10 Akten über die Schiffbarmachung der Berkel in NW StA Münster Fürstbistum Münster, Hofkammer XVIII A Nr. 6 Bd. 1 1591 - 1700

150 1 Die Lippe als Handelsweg. 1707
a+b 2 *Delineatio des Lipp-Strooms etcetera*
4 1218 x 22,5, 2 Ausschnitte je 50 x 22,5
5 Ohne Maßstab
6 Farbige Federzeichnung
7 Johann Bucker, vereidigter Geometer
9 NW StA Münster, Karten A Nr. 7621
10 Verhandlungen über die Schiffbarmachung der Lippe 1754 - 1771 in NW StA Münster, Kriegs- und Domänenkammer Kleve Nr. 24-29 und ebda., Grafschaft Mark, Urkunden Nr. 272-274

151 1 Moselregulierung bei Senheim. 1788
2 *Karte eines Mosel-Corrections-Projekts bei Senheim*
4 60 x 35,5
5 M 1 : 3500 (160 mm = 120 rheinische Ruten)
6 Schwach farbige Federzeichnung
7 Johann Jakob Kirn
9 RP LHA Koblenz, Best. 702 Nr. 334

152 1 Treidelverkehr am Rheinufer in Koblenz. 1784
4 59 x 14,5
5 Ohne Maßstab
6 Farbige Federzeichnung
7 Georg Heinrich Kirn, 1759 - 1793 kurtrierischer Brunnenmeister und Wegebauinspektor
9 RP LHA Koblenz, Best. 1 C Nr. 2327

153 1 Queichkanal (Albersweiler Kanal) westlich von Landau. 1761
2 *3. Feuille du Cours du Canal de navigation de Landaw à Commençer au dessous du pont de Gotsamstein Jusqu'à la Piece 44, Extremité inferieur du canal*
4 133 x 60
5 M etwa 1 : 18 000
6 Farbige Federzeichnung
7 Decombes fils
9 StadtA Landau, Planfach 39 Nr. 696

154 1 Die Ruhr bei Kettwig (Stadt Essen). 1771/1779
2 *Charte von dem Ruhrfluß anweisend die Limiten ...*
4 204 x 70, Ausschnitt 92 x 70
5 M etwa 1 : 8000
6 Farbige Federzeichnung
7 Wauters
9 NW HStA Düsseldorf, Karten Nr. 453

155 1 Stadt Ruhrort. 1804
2 *Situationsplan von der Altstadt Ruhrort nebst der neuen Auslage*
4 110 x 108, Ausschnitt 60 x 45
5 M etwa 1 : 1400
6 Farbige Federzeichnung
7 W. Wilmsen
9 NW HStA Düsseldorf, Karten Nr. 4507

156 1 Ufervorverlegung vor der Fischerstadt von Minden. Um 1814/15
4 60 x 38,5
5 M 1 : 900 (171 mm = 40 Ruten)
6 Farbige Federzeichnung
9 NW StA Münster, Karten A Nr. 19769

157 1 Straße von der Rheinschanze (Ludwigshafen) nach Oggersheim. Um 1727 - 1765
a+b
2 *Plan de la Chaussée depuis le fort du Rhin jusqu'à Ogersheim*
3 Datum innerhalb der Laufzeit des zugehörigen Aktenbandes
4 43,5 x 141
5 M etwa 1 : 4500
6 Farbige Federzeichnung
9 RP LA Speyer, WW 1 Nr. 1702 (ehem. A 2 in Nr. 67)
10 Dazu Akten über Verbesserung der Chaussee von Mannheim nach Oggersheim (1725 - 1767) in RP LA Speyer, Best. A 2 Nr. 67

158 1 Erste Meile der Straße Koblenz - Trier. 1789
2 Blatt II aus dem Atlas *Chaussee Carten disseits Rhein, II. Theil . . .*
4 30 x 52,5
5 M 1 : 18 000 (260 mm = 1000 Ruten)
6 Farbige Federzeichnung
7 Johann Jakob Kirn (1767 - 1850), Oberwegeinspektor
8 Schöne alte Karten aus den Rheinlanden und Westfalen (1536 - 1806), hg. v. Hans-Joachim Behr. Düsseldorf 1984
9 RP LHA Koblenz, Best. 702 Nr. 10

159 1 Schneifelstraße östlich Hillesheim. 1786
2 Karte 5 aus dem Atlas *Gründlicher Bericht über den neu anzulegenden Eiffeler Chaussee Zug*
4 92 x 41
5 M 1 : 10 000 (235 mm = 500 Ruten)
6 Farbige Federzeichnung
7 Johann Jakob Kirn
9 RP LHA Koblenz, Best. 702 Nr. 12

160 1 Straße von Ehrenbreitstein bis Mallendar. 1802
2 *Carte der neu Projectirten Chaussee aus dem Thal Ehrenbreitstein nach Maller*
4 90 x 25
5 M 1 : 4000 (117 mm = 100 Ruten)
6 Farbige Federzeichnung
7 Johann Jakob Kirn, Oberwegeinspektor
9 RP LHA Koblenz, Best. 702 Nr. 905

161 1 Straßen in Minden-Ravensberg. 1791
2 *Geometerscher Plan von der Richtung der im Fürstenthum Minden und der Graffschafft Ravensberg behuf Anlage neuer Chaussee-Weege aufgenommenen Haupt- und Neben-Straßen*
4 105 x 94,5
5 M 1 : 53 600
6 Farbige Federzeichnung
7 Alisch
9 NW StA Münster, Karten A Nr. 19503

162 1 Rheinstraße von Koblenz nach Bingen. 1814
2 *Karte der neuen Rhein Straße von Koblenz nach Bingen über Boppart, St. Goar und Bacharach, welche einen Theil der großen Land Straße der 3ten Classe von Nimwegen nach Basel ausmacht, mit Bezeichnung des Zustandes in welchem sie sich den 1ten August 1814 befand*
4 104,5 x 36
5 M 1 : 50 000
6 Farbige Federzeichnung
7 J. Trapet
9 RP LHA Koblenz, Best. 702 Nr. 848

163 1 Ruhrtal von Dinschede bis Arnsberg. Um 1810
4 22,5 x 50, Ausschnitt 22,5 x 34
5 M 1 : 22 000
6 Farbige Federzeichnung
9 NW StA Münster, Karten A Nr. 6166

164 1 Der Ruhrorter Hafen. 1842
2 *Karte des Ruhrstromes in IX Sectionen. Section IX . . . IIItes Blatt . . .*
4 96 x 64, Ausschnitt 96 x 37,2
5 M 1 : 5000
6 Farbige Federzeichnung
7 Müller und Eymann, Geometer
9 NW HStA Düsseldorf, Karten Nr. 3926

165 1 Ems-Umgehungskanal bei Hüntel, nördlich von Meppen. 1891
2 *Kanalisierung der Ems von Meppen bis Papenburg: Umgehungskanal bei Hüntel*
4 101 x 70
5 M 1 : 100 (Höhen), 1 : 2000 (Längen)
6 Farbige Federzeichnung
7 Kanalbau-Abteilung Meppen; A. Franke, Abteilungsbaumeister; W. Richter, Strekkenbaumeister
9 NW StA Münster, Karten A Nr. 27752

166 1 Eisenbahn Bonn-Rolandseck. 1855
2 *Bonn Rolandsecker Eisenbahn. Nivellements und Situations-Plan. Sect. II von Stat.111 bis Stat. 170*$^{+1,5}$
4 54 x 42,5
5 M 1 : 5000 (Längen), 1 : 2500 (Höhen)
6 Farbige Federzeichnung
9 RP LHA Koblenz, Best. 702 Nr. 2441

167 1 Bahnhöfe in Oberhausen. 1872
4 112 x 42, Ausschnitt 5o,3 x 35,3
5 M 1 : 1250
6 Farbige Federzeichnung
9 NW HStA Düsseldorf, Karten Nr. 2129

168 1 Dollartshammer bei Stolberg. 1544
4 450 x 40, Ausschnitt 56 x 40
5 Ohne Maßstab
6 Farbige Federzeichnung
7 Egidius von Walschaple
8 Justus Hashagen, Geschichte der Familie Hoesch. Bd. 2. 1916 – Franz Willems, Wasser im Stolberger Tal. 1963 – Schöne alte Karten aus den Rheinlanden und Westfalen (1536 - 1806), hg. v. Hans-Joachim Behr. Düsseldorf 1984
9 NW HStA Düsseldorf, Karten Nr. 5003

169 1 Hof und Mühlenanlage bei Hönningen. 1580
4 46 x 33
5 Ohne Maßstab
6 Farbige Federzeichnung
9 RP LHA Koblenz, Best. 702 Nr. 9567
10 Dazu Akten RP LHA Koblenz, Best. 1 C Nr. 843

170 1 Eisenerzgewinnung bei Ründeroth, Gemeinde Engelskirchen. 1582
4 116 x 73
5 Ohne Maßstab
6 Farbige Federzeichnung
8 Ernst Jäger, Von alten Bergwerken im märkischen Amte Neustadt, vornehmlich im 16. Jahrhundert (Zeitschrift des Bergischen Geschichtsvereins 67, 1939. S. 46-55)
9 NW HStA Düsseldorf, Karten Nr. 4343

171 1 Gebiet zwischen Salzkotten und Upsprunge mit Salzbrunnen an der Heder. 1592
4 72 x 48
5 M etwa 1 : 2000-3000
6 Farbige Feder- und Pinselzeichnung auf Pergament
8 Schöne alte Karten aus den Rheinlanden und Westfalen (1536 - 1806), hg. v. Hans-Joachim Behr. Düsseldorf 1984
9 NW StA Münster, Karten A Nr. 19577
10 Prozeßakten in NW StA Münster, Reichskammergericht S Nr. 238; daraus auch die schon 1589 von der bischöflichen Partei vorgelegte Karte in NW StA Münster, Karten A Nr. 19576

172 1 Eisenhämmer und gewerbliche Wasserregulierung am Fluß Ferndorf bei Kreuztal, Stadt Hüttental. 1690
4 135 x 28,5
5 Ohne Maßstab
6 Farbige Federzeichnung
9 NW StA Münster, Karten A Nr. 7808
10 Die Karte bietet den Standpunkt der Prozeßpartei des Fürsten Wilhelm Moritz. Die kartographische, ganz ähnliche Darstellung der Gegenseite in NW StA Münster, Karten A Nr. 20124, der Prozeß ebda., Reichskammergericht N Nr. 146. Gleichzeitige Kopien bzw. Entwürfe der beiden Karten ebda., Fürstentum Siegen, Landesarchiv 28 b Nr. 71

173 1 Wasserförderung im Eschweiler Bergrevier. 1600
2 *Figur und Abryß der Pumpen Kunst . . .*
4 41 x 32
5 Ohne Maßstab
6 Federzeichnung
8 F. Schunder, Geschichte des Aachener Steinkohlenbergbaus. Essen 1968
9 NW HStA Düsseldorf, Jülich-Berg III R Nr. 2063 Bl. 157

174 1 Korn- und Ölmühlen zu Linnich bei Jülich. 17. Jh.
4 172 x 32,5, Ausschnitt 43 x 32,5
5 M etwa 1 : 140
6 Farbige Federzeichnung
9 NW HStA Düsseldorf, Karten Nr. 5002

175 1 Kupfergruben bei Rahrbach, Gemeinde Kirchhundem. 1721
2 *Directorium oder anzeighe. Wahre Abbildungh dessen zwischen Chur Colln und Fürstenth[um] Nassau auf der Rahrbacher Höhe entstandenen Gräntz Streets*
4 62,5 x 65,4, Ausschnitt 29 x 34
5 M etwa 1 : 1250. Der an der Karte angegebene Maßstab 124 mm = 200 Fuß ist für die Zeichnung nicht verwandt worden.
6 Farbige Federzeichnung
7 Johannes Stertzenbach, Gerichtsschöffe und Landmesser
9 NW StA Münster, Karten A Nr. 7176
10 Das zugehörige Vermessungsprotokoll in NW StA Münster, Herzogtum Westfalen, Landesarchiv II Nr. 61. Möglicherweise hat Stertzenbach eine bereits 1710 von dem Bergbeamten Hoyinck angefertigte, aber nicht erhaltene Skizze verwandt ebda. II Nr. 59 I a

176 1 Regulierung der Sieg an ihrer Mündung in den Rhein. Um 1745
2 *Ungefährlicher entwurff des siegfluss, welcher von dem bergischen dorff Müllechoven . . .über eine starcke Stund das Cöllnische durchfließen thut . . .*

4 58 x 45
5 Ohne Maßstab
6 Farbige Federzeichnung
7 Johann Georg Queckenberg, geschworener Landmesser aus Altenahr
9 NW HStA Düsseldorf, Karten Nr. 2428

177 1 Albertsberger Bleigrube bei Hamm, Kreis Altenkirchen. 1749
2 *Grund- und Seiger-Riß des sogenannten Albertsbergs mit einer Fundgruben und gehörigen Maasen*
4 98,5 x 66,5
5 M 1 : 400 (110 mm ≙ 20 Lachter)
6 Farbige Federzeichnung
7 Johann Daniel Linck, Berginspektor
9 RP LHA Koblenz, Best. 702 Nr. 505

178 1 Dörniger Gut zu Gemarke, Stadt Wuppertal. 1753 (1795)
2 *Grundriß von dem Churfürstlichen Guthe in den Dörnen*
4 105 x 72
5 M etwa 1 : 625
6 Farbige Federzeichnung
7 Peter Andreas Mayer, Landmesser (Zeichnung 1753) Johann Wilhelm Buschmann, Generallandesmesser (Kopie 1795)
9 NW HStA Düsseldorf, Karten Nr. 801

179 1 Industrieorte im Herzogtum Berg. 1773
4 28 x 38
5 Ohne Maßstab
6 Farbige Federzeichnung
8 Bericht des Hofkammerrats Friedrich Heinrich Jacobi über die Industrie der Herzogtümer Jülich und Berg aus den Jahren 1773 und 1774, hg. v. W. Gebhard (Zeitschrift des Bergischen Geschichtsvereins 18, 1882. S. 1-148)
9 NW HStA Düsseldorf, Jülich-Berg II Nr. 1797 Bl. 32

180 1 Die Ems bei Wiedenbrück. 1773
2 *Charte . . . von den Emse Flusse mit seinen neben Graben zu Wiedenbrück . . .*
4 145 x 49
5 M 1 : 1680
6 Farbige Feder- und Pinselzeichnung
7 Christian Ludolf Reinhard (1739 - 1791), Dr. phil. und Lehrer am Ratsgymnasium zu Osnabrück, fertigte mehrfach Karten für die osnabrückische Regierung an und schuf unter anderem eine Kupferstichserie *Prospecte der vornemsten Örter im Hochstift Oßnabrück*
9 NW StA Münster, Karten A Nr. 19780

181 1 Teil des Idarbaches bei Rhaunen. 1777
2 *Hydrographische Carte von der Idar Bach und denen darauf befindlichen Mühlen*
4 100 x 33,5
5 M 1 : 4000 (119 mm = 100 Ruten)
6 Farbige Federzeichnung
7 Carl Philipp Werner, pfalz-zweibrückischer Geometer
9 RP LHA Koblenz, Best. 702 Nr. 12000
10 Dazu Akten in RP LHA Koblenz, Best. 33 Nr. 5718

182 1 Mühle bei Oelde. 1764
2 *Entwurff von der mahl mühlen, so mit dreyen Gängen versehen zu Ölde in dem Ambt Stromberg. 1764*
4 52,3 x 44
5 M etwa 1 : 325 (115 mm = 10 rhein. Ruten)
6 Farbige Federzeichnung
7 Johann Leonhard Mauritz Gröninger, Hauptmann und Ingenieur
9 NW StA Münster, Karten A Nr. 350
10 Kostenvoranschlag Gröningers in NW StA Münster, Fürstbistum Münster, Hofkammer XX g Nr. 2, Bd. 4

183 1 Krähwinkler Brücke, Oberbergischer Kreis. 1785
2 *Situations Charte der Kraehwinckler Brükke nebst denen dabey liegenden Gebäuden, Ländereyen . . .*
4 76 x 57
5 M etwa 1 : 900
6 Farbige Federzeichnung
7 Heinrich Händeler, Landmesser
9 NW HStA Düsseldorf, Karten Nr. 660
10 Prozeßakten im NW HStA Düsseldorf, Jülich-Berg Oberappellationsgericht B XX Nr. 1

184 1 Steinkohlenbergwerke in der Feldmark Brautkammer an der Emscher südlich von Dortmund. 1788
2 *Grundriß von den Steinkohlen-Bergwerck in der Brautkammer und denen dazu gehörigen Bancken in Dortmundischen Territorio belegen*
4 59,5 x 50
5 M etwa 1 : 2100 (77 mm = 80 Lachter)
6 Farbige Federzeichnung
7 J.H. Spoeren, Markscheider
9 NW StA Münster, Karten A Nr. 7706
10 Einzelheiten zum Verlauf des Rechtsstreites und zur Geschichte des Bergwerkes in NW StA Münster, Märkisches Bergamt Wetter Nr. 90

185 1 Gruben Frischer Mut und St. Peter am Stahlberg bei Rockenhausen. 1791
2 *Grund- und Seiger Riss von dem Frischenmuth und Sanct Peter aufgenommen und in gegenwaertigen Riß gebracht unter Anweisung und Direction des Herren Bergrath Günthers durch Fried. Christ. Sauerbrey Der Bergwercks Wissenschaften Befliessenen exhibiert den 18ten July 1791*
4 63 x 95
5 M etwa 1 : 4000
6 Farbige Federzeichnung
7 Friedrich Christian Sauerbrey, Bergwerksgeometer
9 RP LA Speyer, WW 1 Nr. 1918 (ehem. B 2 Nr. 6323 fol. 102)
10 Dazu Akten über die Bergwerke zu Meisenheim (1596 - 1791) in RP LA Speyer, Best. B 2 Nr. 6321

186 1 Drachenfels und Wolkenburg mit Steinbrüchen. 1793
2 *Explication Samt Situation des Drachenfels und Wulkenburgs*
4 50 x 22, Ausschnitt ohne Schriftleiste 39,2 x 22
5 Ohne Maßstab
6 Farbige Federzeichnung
7 Johann Peter Philipp, Geometer
9 NW HStA Düsseldorf, Karten Nr. 2581

187 1 Lagerstättenkarte der mittleren Saargegend. Um 1800
2 *Carte mineralogique d'une partie de la Lorraine allemande ou se trouvent Sarrelouis, Sarre-Brück, Sarre-guemine, Forbach, St. Avold, Püttelange et Sarre-Albe*
3 Um 1800. Die Datierung ergibt sich aus den Lebenszeiten des Stechers Philibert Boutrois (1775 - 1814)
4 42,5 x 23
5 M 1 : 250 000 (34mm = 3 000 Toises)
6 Kolorierter Kupferstich
7 Stecher Philibert Boutrois (1775 - 1814)
9 Saarland, Saarländische Landesbank und Girozentrale, Kartensammlung

188 1 Saline zu Bad Dürkheim. 1802/03
2 *Plan de la Saline de Durckheim avec tous ses appartenans*
3 Verfertigt im Revolutionsjahr 11 (23.9.1802 - 22.9.1803)
4 59,5 x 83,5
5 M 1 : 1570
6 Farbige Federzeichnung
7 Hendrich, greffier des bâtimens (Gebäudeschreiber)
9 RP LA Speyer, WW 1 Nr. 1485 (ehem. H 3 Nr. 427 nach fol. 20)
10 Dazu Akten über Zustand der Saline Dürkheim am 17.12.1814 in RP LA Speyer, Best. H 3 Nr. 427

189 1 Mühle an der Ahr bei Hemmessen, Bad Neuenahr. 1812
2 *Plan de nivellement rélatif au moulin que le Sr Conrad Schutz a construite à Hemmessen sur une dérivation de l'Ahr*
4 57 x 40
5 M 1 : 200 (Längen), 1 : 100 (Schleusen)
6 Farbige Federzeichnung
7 Fournet, Ingenieur en chef des ponts et chaussées du Département de Rhin-et-Moselle
9 RP LHA Koblenz, Best. 702 Nr. 11857
10 Dazu Akten in RP LHA Koblenz, Best. 256 Nr. 1170

190 1 Stadt Essen mit der Firma Krupp. Um 1870
4 79 x 64
5 M 1 : 2500
6 Farbiger Druck
7 Joseph Steuer, Geometer
8 W. Bonczek, Essen im Spiegel der Karten. 1975. S. 81
9 NW HStA Düsseldorf, Karten Nr. 3893

191 1 Deutschordensherrschaft Elsen bei Grevenbroich. Um 1536
4 72 x 32,5, Ausschnitt 54 x 32,5
5 Ohne Maßstab
6 Farbige Federzeichnung
7 Anthonius van Wurmbs (Anton Woensam von Worms), Holzschneider und Maler in Köln
8 Schöne alte Karten aus den Rheinlanden und Westfalen (1536 - 1806), hg. v. Hans-Joachim Behr. Düsseldorf 1984
9 RP LHA Koblenz, Best. 702 Nr. 9557
10 Dazu Prozeßakten in RP LHA Koblenz, Best. 56 Nr. 2166

192 1 Die Weser als Grenze zwischen der Grafschaft Ravensberg und dem Fürstbistum Minden bei Vlotho. 1581
2 *Tabula oder Augenschein in Sachen Gülch contra Mynden*
4 73,5 x 23,5
5 Ohne Maßstab
6 Federzeichnung
7 Arnold Mercator (1537 - 1587), Mechaniker und Landmesser, ältester Sohn des Geographen Gerard Mercator
8 Josef Prinz, Vlotho im Jahre 1581 (Ravensberger Blätter 1950, 2. S. 13-16)
9 NW StA Münster, Karten A Nr. 19916
10 Prozeßakten in NW StA Münster, Reichskammergericht J Nr. 869. Die von der Partei des Bischofs von Minden vorgelegte Karte in NW StA Münster, Karten A Nr. 19917

193 1 Grafschaft Veldenz. 1562
2 *Augenschein und Bezirck der Grafschaft Veldenz*
4 42 x 63,5
5 Ohne Maßstab
6 Federzeichnung
8 Georg Friedrich Böhn, Augenschein der Grafschaft Veldenz. Mülheim/Mosel 1972
9 RP LHA Koblenz, Best. 702 Nr. 395
10 Dazu Akten in RP LHA Koblenz, Best. 1 C Nr. 508

194 1 Grafschaft Wied. 1589
4 76 x 42
5 Ohne Maßstab
6 Farbige Federzeichnung
9 RP LHA Koblenz, Best. 702 Nr. 5541
10 Dazu Prozeßakten in RP LHA Koblenz, Best. 56 Nr. 2768

195 a+b 1 Grenze zwischen der Grafschaft Ravensberg, der Stadt Herford und der Grafschaft Lippe. 1600
4 153 x 21, Ausschnitt 52,5 x 21
5 Ohne Maßstab
6 Farbige Pinselzeichnung
7 Meister Simson
9 NW StA Detmold D 73 Tit. 5 Nr. 1003

196 1 Grenzen der Freikammer des Fürstbischöflich Münsterischen Amtes Wolbeck bei Münster. 1603
2 *Die Fürstlich Münsterische Freykammer des Ampthauses Wolbeck – Verzeichnis Wilcher gestalt ein Erwürdich Thumb Capittel Nach Ihr Erw[ürden] meinung in der Freie[n] Kam[m]er des Ampthauses Wolbeck umbzogen habett*
4 92 x 94
5 Ohne Maßstab
6 Farbige Federzeichnung
7 Heinrich von Trier
8 Schöne alte Karten aus den Rheinlanden und Westfalen (1536 - 1806), hg. v. Hans-Joachim Behr. Düsseldorf 1984
9 NW StA Münster, Karten A Nr. 2755
10 Grenzprotokolle in NW StA Münster, Fürstbistum Münster, Hofkammer XVI i Nr. 2

197 1 Reichsgrafschaft Steinfurt. 1597
4 60 x 73,5
5 Ohne Maßstab
6 Farbige Federzeichnung
7 Heinrich Nehmer, Pfarrer zu Emlichheim, Grafschaft Bentheim
8 Josef Prinz, Der Kartenmaler Hermann tom Ring (Westfälischer Heimatkalender 20, 1966. S. 72-76)
9 NW StA Münster, Karten A Nr. 1265
10 Zum Verständnis des Grenzverlaufes sind mehrere Akten des NW StA Münster, Reichskammergericht heranzuziehen, vor allem B Nr. 570, Nr. 571 und B Nr. 601-603

198 1 Grenze des Amtes Angermund und der Vogtei Kaiserswerth. 1605
2 *Augenschein und Abriß, theill der Grennitz des Bergischen Ambts Angermondt und Voghtei Keyserswerth . . .*
4 41 x 128, Ausschnitt 41 x 70,5
5 M etwa 1 : 2150
6 Farbige Federzeichnung
7 Johann van der Waye
8 Wilhelm Classen, Die Zerstörung der Walburgiskirche zu Kreuzberg 1688 (Düsseldorfer Jahrbuch 42, 1940. S. 263-272)
9 NW HStA Düsseldorf, Karten Nr. 425

199 1 Gegend um Oberstein. 1605
2 *Eine gründtliche und eigentliche Beschreibung des dorffs Nahbollenbach welches Obersteinischer Hoher Oberkeit angehörig*
4 40,5 x 52
5 M etwa 1 : 30 000 (auf Maßstab keine Maßeinteilung eingetragen; Streckenvergleich)
6 Farbige Federzeichnung
7 Christoph Tilmann Stella, Geometer
9 RP LHA Koblenz, Best. 702. Nr. 8567
10 Dazu Prozeßakten in RP LHA Koblenz, Best. 56 Nr. 802

200 1 Grenzstreitigkeiten zwischen Münster und der Grafschaft Bentheim wegen der Brechte. Um 1615 (1742)
4 216 x 50,5, Ausschnitt 108,5 x 50,5
5 Ohne Maßstab
6 Farbige Federzeichnung
7 Franz Meinolph Schwinck (Kopie 1742)
9 NW StA Münster, Karten A Nr. 87
10 Die Karte ist die Kopie einer älteren, offenbar nicht erhaltenen Vorlage, die um 1615 entstanden sein dürfte. Interessant ist die Eintragung am linken Kartenrand, die sich auf die niederländische Twente bezieht: *Königs von Hispanien Landt,* ein Beweis dafür, daß die Vorlage noch aus jener Zeit stammen muß, als die Niederlande noch zu Spanien gehörten. Den Grenzstreit betreffen mehrere Akten im NW StA Münster, vor allem Reichskammergericht B Nr. 650-652 und M Nr. 1674, vgl. auch Fürstbistum Münster, Landesarchiv 547 Nr. I Bd. 1-9

201 1 Grenze zwischen Münster und der Obergrafschaft Lingen bei Bevergern. 1616 (1705; 1747)
4 209 x 37,5, Ausschnitt 122 x 37,5
5 M etwa 1 : 20 000 (96,5 mm = 50 Ketten)
6 Farbige Federzeichnung
7 Adolf van Gimmenich und Egbert Wandtscher, Landmesser (Zeichnung 1616); Adolf Cloppenborg, Landmesser (Kopie 1705); Johann Henrich Berteling, Landmesser (Kopie 1747)
9 NW StA Münster, Karten A Nr. 1239
10 Die vorliegende Karte ist eine Kopie, die 1747 nach einer bei der preußischen Verwaltung entliehenen, heute im Nieders. StA Osnabrück verwahrten, Karte angefertigt wurde, die ihrerseits selber nur die Kopie des wesentlich älteren Originals von 1616 ist. Akten dazu in NW StA Münster Fürstbistum Münster, Hofkammer III Nr. 11, ebda. Landesarchiv 547 Nr. II Bde. 1-4

202 1 Amt Harpstedt bei Wildeshausen. 1616
2 *Das Ampt Harbstedt*
4 61 x 49,5
5 Ohne Maßstab
6 Farbige Federzeichnung
9 NW StA Münster, Karten A Nr. 278
10 Akten über den Zollstreit in NW StA Münster, Fürstbistum Münster, Landesarchiv 325 Nr. 41

203 1 Herrschaft Wehr. Um 1620
4 40 x 31,5
5 Ohne Maßstab
6 Farbige Federzeichnung
9 RP LHA Koblenz, Best. 702 Nr. 14369
10 Dazu Akten in RP LHA Koblenz, Best. 2 Nr. 3779

204 1 Unterherrschaft Alpen bei Wesel. 1621
4 52 x 38
5 M etwa 1 : 24 000
6 Farbige Federzeichnung
7 Peter Fehling
9 NW HStA Düsseldorf, Karten Nr. 4253
10 Prozeßakten in NW HStA Düsseldorf RKG B Nr. 616/2625

205 1 Grenzen des Amtes Kempen bei Krefeld. 1659
2 *Delineatio des Amtes Kempen*
4 105 x 90
5 M etwa 1 : 12 600
6 Farbige Federzeichnung
7 Jakob Sandt
9 NW HStA Düsseldorf, Karten Nr. 314

206 1 Herrschaft Esterwegen und Grenzgebiet zwischen dem Niederstift Münster und Ostfriesland. 1677
2 *Vera territorii Esterwegensis . . . delineatio . . . ab Ingeniario Petro Pictorio*
4 67 x 58
5 M etwa 1 : 50 000 - 110 000 (145 mm = 2 Wegstunden je 1000 rheinländische Ruten)
6 Farbige Federzeichnung
7 Peter Pictorius d. Ä. (1626 - 1685), münsterischer Ingenieur und Baumeister
8 Theodor Penners, Das Kreisgebiet im Spiegel alter Landkarten (Heimatchronik des Kreises Aschendorf-Hümmling). Köln 1968. S 181-184. – Schöne alte Karten aus den Rheinlanden und Westfalen (1536 - 1806), hg. v. Hans-Joachim Behr. Düsseldorf 1984
9 NW StA Münster, Karten A Nr. 2784
10 Übertragung des Erbkämmereramtes, Revers und Kartenskizze in NW StA Münster, Fürstbistum Münster, Domkapitel Münster I L Nr. 1-3 d

207 1 Landwehrgraben bei Bendorf. Um 1680
2 *Eygentliche delineatio deß schlagß undt heidtnischer Landtwehr nahe bei Grentzhaußen ahm Heidengraben . . .*
3 Datierung nach Akte, Zugehörigkeit nicht sicher
4 40 x 28
5 Ohne Maßstab
6 Farbige Federzeichnung
9 RP LHA Koblenz, Best. 702 Nr. 12194
10 Dazu Akten in RP LHA Koblenz, Best. 162 Nr. 1179

208 1 Kurtrierisches Amt Daun. 1683
2 *Das Ampt Daune*
4 46 x 51
5 M etwa 1 : 70 000 (105 mm = 1 kleine deutsche Meile)
6 Federzeichnung
9 RP LHA Koblenz, Best. 702 Nr. 344
10 Amtsbeschreibung in RP LHA Koblenz, Best. Nr. 1 C Nr. 2993. – Als Grundlage für die Zeichnung diente offensichtlich die Karte des oberen Erzstifts Trier von Arnold Mercator, 1567

209 1 Grenze zwischen Kleve und Moers bei Orsoy. Um 1688
4 37 x 30
5 Ohne Maßstab
6 Farbige Federzeichnung
9 NW HStA Düsseldorf, Karten Nr. 2637 b

210 1 Herrschaft Büren. 1690
4 28 x 33,5
5 Ohne Maßstab
6 Farbige Federzeichnung auf Pergament
9 NW StA Münster, Karten A Nr. 20400
10 1660 hatte der letzte Herr von Büren die Paderborner Oberhoheit über die Herrschaft Büren anerkennen müssen. Nach seinem Tode beerbten ihn die Jesuiten, die 1714 auf alle Hoheitsrechte verzichten mußten. Die Karte ist dem Aktenband im NW StA Münster, Domkapitel Paderborn Nr. 193,3 entnommen

211 1 Reichsherrschaft Pyrmont in der Eifel. Um 1720
2 *Grund Riß der Freihen Reichs Herrschafft Pyrmondt gelegen an der Elltz*
4 48 x 38
5 M 1 : 7000 (26 mm = 400 Ruten) (eigentlich ohne Maßstab)
6 Farbige Federzeichnung
7 Jacobus Lintz, Maler (wahrscheinlich identisch mit dem Maler des Altarbildes der Pfarrkirche in Karden)
8 Lebendiges Rheinland-Pfalz, Jg. 13 Heft 1, 1976. S. 12/13 (nur Abb.) – Bernhard Gondorf, Burg Pyrmont in der Eifel. Ihre Geschichte und ihre Bewohner. Köln 1983
9 RP LHA Koblenz, Best. 702 Nr. 706

212 1 Grenze zwischen dem Herzogtum Westfalen und Nassau-Siegen auf der Rahrbacher Höhe bei Olpe. 1721
4 41,5 x 32
5 Ohne Maßstab
6 Farbige Federzeichnung
9 NW StA Münster, Karten A Nr. 22019
10 Nähere Angaben über den Streit in NW StA Münster, Herzogtum Westfalen, Landesarchiv II Nr. 57

213 1 Grenze zwischen den niederländischen Provinzen Drenthe und Groningen und dem Niederstift Münster. 1730
2 *Hochstiffts Munsterischen ambts Meppen undt dessen angränzenden Holländischen provintie[n] ausgemessene Limiten carte . . .*
4 56,5 x 181
5 M etwa 1 : 36 200 (125 mm = 1200 rheinländische Ruten)
6 Farbige Federzeichnung
7 Johann Henrich Berteling, Landmesser
9 NW StA Münster, Karten A Nr. 9185
10 Akten dazu in NW StA Münster, Fürstbistum Münster, Landesarchiv 547 Nr. VII Bde. 1-7

214 1 Das Herzogtum Kleve. 1741
2 *Carte vom Hertzogthum Cleve . . .*
4 92 x 64
5 M etwa 1 : 150 000
6 Farbige Federzeichnung
7 A. von Sühlen
9 NW HStA Düsseldorf, Karten Nr. 2472

215 1 Die Grafschaft und Reichsstadt Dortmund. Um 1748
2 *Delineatio der Stadt- und Grafschaft Dortmund nebst einigen angräntzenden Adelichen Häusern, Städten und Dörfern*
4 59,5 x 39,5
5 M 1 : 29 000 (Grafschaft), 1 : 39 000 (Stadt)
6 Farbige Federzeichnung
9 NW StA Münster, Karten A Nr. 22218
10 Prozeßakten in NW StA Münster, Reichskammergericht B Nr. 2165/831 b. Bei der Karte handelt es sich wohl um eine für den Prozeß emendierte Nachzeichnung einer älteren Vorlage

216 1 Wilensteiner Forst bei Kaiserslautern. 1762
2 *Geometrische Carte über einen Theil des Willensteinischen Hohen und Haubt Bezircks Vom Aspacher Wehr an biß zum Johannis-Creutz, den Hilsperger, oder sogenannten Otterberger, modo Stüdterhöfer Wald gantz mit einschließend*
3 Datierung nach einer gleichzeitig angefertigten Karte (RP LA Speyer, WW 1 Nr. 213 a)
4 69 x 48
5 M etwa 1 : 13 000
6 Farbige Federzeichnung
7 Siegmund Jakob Haeckher, um 1720 bis um 1788, Architekt, Ingenieur und herzoglich zweibrückischer, zuvor hochstiftig-speyerischer (?), nassauisch-weilburgischer Renovator, Erbauer mehrerer Kirchen in der Nordpfalz und der Schlösser zu Rohrbach bei Heidelberg und Trippstadt bei Kaiserslautern (Residenz der Familie von Hacke), Lehrer der Geometrie am Zweibrücker Gymnasium
8 Erich Bauer, Unsere Wälder im historischen Kartenbild (Mitteilungen aus Forsteinrichtung und Waldbau 22). Mainz 1980. S. 212 f Karte 23, vgl. auch S. 35 ff
9 RP LA Speyer, WW 1 Nr. 213 c (ehem. A 2 Nr. 667i)
10 Dazu RP LA Speyer, Best. A 2 Nr. 667, Lehenswesen, Aktivlehen: von Haack

217 1 Grenze zwischen dem Herzogtum Berg und der Herrschaft Homburg vor der Mark. 1765
4 105 x 48, Ausschnitt 82,5 x 48
5 M etwa 1 : 7500
6 Farbige Federzeichnung
7 Mathias und Christian Ehmans, geschworene Landmesser
9 NW HStA Düsseldorf, Karten Nr. 1371

218 1 Oberamt Meisenheim. 1777
2 *Plan des Ober Amts Meisenheim*
4 37 x 34
5 M etwa 1 : 65 000 (64 mm = 900 Ruten oder 1 Stunde)
6 Farbige Federzeichnung
7 Friedrich Carl Wernher
9 RP LHA Koblenz, Best. 702 Nr. 474

219 1 Grenze zwischen Frankreich und Kurtrier bei Merzig. 1780
2 *Carte Topographique de la Ligne de Demarcation de Limites des deux Souverainetés de Lorraine et de Trèves de l'étendue de la Rivière de Sarre qui restant indivise entre les deux Etats relativement au traité de Partage des Pais de Merzig et Saargau du 1er Juillet 1779*
4 89 x 52
5 M 1 : 18 000 (210 mm = 2000 Toises)
6 Farbige Federzeichnung
7 S. Coster, géomètre arpenture juré
9 RP LHA Koblenz, Best. 702 Nr. 8299
10 Grenzbegehungsprotokoll in RP LHA Koblenz, Best. 1 C Nr. 4960

220 1 Grenzziehung zwischen dem Fürstbistum Osnabrück und dem preußischen Amt Ravensberg bei Halle. 1783
2 *Geometrischer Grundriß von der zwischen den Hochfürstl[ich] Osnabrückschen Hochstifts Amte Gröneberg und den Königl[ich] Preußischen Amte Graffschaft Ravensberg erneuerten Grenze*
4 115,5 x 33,5
5 M etwa 1 : 55 800 (307 mm = 5460 rheinländische Fuß)
6 Farbige Federzeichnung
7 Johann Hermann Siekendiek, preußischer Feldmesser
9 NW StA Münster, Karten A Nr. 19582
10 Akten dazu in NW StA Münster, Kriegs- und Domänenkammer Minden X Nr. 2 Bde. 6 und 7

221 1 Grenze zwischen den Ämtern Krickenbeck und Oedt bei Kempen. 1788
4 320 x 88, Ausschnitt 151,8 x 88
5 M etwa 1 : 1500
6 Farbige Federzeichnung
7 J.P. Schürmann, H. Karst
9 NW HStA Düsseldorf, Karten Nr. 2526

222 1 Bauerschaft Röckinghausen, Stadt Rheda-Wiedenbrück. 1790
2 *Carte von der Feldmark der zum Fürstlich Osnabrückischen Amte Reckenberg gehörigen, im Stadt Kirchspiel Wiedenbrück belegenen Bauerschaft Roekinghausen*

4 73 x 116
5 M 1 : 3840
6 Farbige Feder- und Pinselzeichnung
7 Wilhelm Du Plat, Major, Ernst Friedrich Du Plat, Fähnrich
8 Joh. Wilh. Du Plat, Die Landesvermessung des Fürstbistums Osnabrück 1784 - 1790, hg. v. Günther Wrede (Osnabrücker Geschichtsquellen 6,7). 1966 – Günther Wrede, Die Osnabrücker Landesaufnahme Du Plat's von 1784 - 1790 als Geschichtsquelle für das frühe Mittelalter (Festschrift Edmund E. Stengel). 1952. S. 512-533
9 NW StA Münster, Karten A Nr. 19515

223 1 Abtei Essen und Umgebung. (1794)
2 *Territorii Essendiensis Delineatio Novissima*
4 30 x 25
5 M etwa 1 : 82 000
6 Federzeichnung
7 Reinbach (Kopie)
9 NW HStA Düsseldorf, Karten Nr. 2607

224 1 Kulturmassenplan von Niederadenau. 1803
2 *Plan de la commune de Niederadenau*
4 91,5 x 87
5 M 1 : 5000
6 Farbige Federzeichnung
7 Brahm, géomètre en chef, Hilgers, Landmesser
9 RP LHA Koblenz, Best. 702 Nr. 8391

225 1 Topographische Karte der Fürstentümer Essen und Werden. 1803/04 (1812/13)
2 *Département du Rhin . . . Carte topographique des principautés d'Essen et Werden*
4 98 bzw. 110 x 85
5 M 1 : 25 000
6 Farbige Federzeichnung
7 Honigmann und Vogelsang (Aufnahme 1803/04); Kellner (Ausführung 1812/13)
9 NW HStA Düsseldorf, Karten Nr. 175

226 1 Gemeinde Linn bei Krefeld. 1806
2 *Plan de la commune de Linn*
4 95 x 82
5 M 1 : 5000
6 Farbige Federzeichnung
7 Maubach, Chefgeometer und Kuckelkorn, Landmesser
8 Schöne alte Karten aus den Rheinlanden und Westfalen (1536 - 1806), hg. v. Hans-Joachim Behr. Düsseldorf 1984.
9 NW HStA Düsseldorf, Karten Nr. 600

227 1 Municipalität Borgeln bei Soest. 1810
2 *Plan von den jetzigen Pfarr Districten der Municipalität Borgeln, nebst deren Umgrenzungen*
4 37 x 31,5
5 M etwa 1 : 145 500 (51 mm = 1 geographische Meile)
6 Farbige Federzeichnung
7 Vogelsang, Conducteur
9 NW StA Münster, Kartensammlung A Nr. 5660
10 Akten dazu in NW StA Münster Großherzogtum Berg A 2 Nr. 1 d und Nr. 45

Literaturhinweise (Auswahl)

Spezialarbeiten zu den einzelnen Karten werden jeweils unter den betreffenden Nachweisen und Erläuterungen genannt

I. Die Rheinlande und Westfalen in der allgemeinen Kartographie

1. Von der Peutingerschen Tafel zum topographischen Kartenwerk (Hans-Joachim Behr)

2. Kartographie im 19. und 20. Jahrhundert – von der Karte zum Satellitenbild (Rolf Harbeck)

Leo Bagrow, Die Geschichte der Kartographie. Berlin 1951 – Leo Bagrow u. R.A. Skelton, Meister der Kartographie. Berlin 1973 – Walter Behrmann, Die Entwicklung des Kartenbildes Oldenburgs und seiner Küste (Jahrbuch für die Geschichte des Herzogtums Oldenburg 17, 1909. S. 93-137) – Wilhelm Bonacker, Kartenmacher aller Länder und Zeiten. Stuttgart 1966 – Ahasver v. Brandt, Werkzeug des Historikers (Urban-Bücher 33). Stuttgart 1958 – Diercke Satellitenbild-Atlas Deutschland (dtv/Westermann 3416).1981 – Hans Dörries, Nordwestdeutschland im Kartenbild der ersten Landesaufnahmen (Geographischer Anzeiger 40, 1939. S. 221-230) – M. Dolch, Die Anfänge der kartographischen Darstellung der Rheinpfalz (Pfälzer Heimat 5, 1954.S. 81-92) – Max Eckert, Die Kartenwissenschaft. 2 Bde. Berlin 1921, 1925 – Franz Engel, die Kurhannoversche Landesaufnahme des 18. Jahrhunderts. Erläuterungen zur Neuherausgabe als amtliches historisches Kartenwerk (Niedersächsisches Jahrbuch für Landesgeschichte 31, 1951. S. 1-19) – Josef Engel, Die Karten des Johannes Gigas vom Fürstbistum Münster (Westfälische Forschungen 12, 1959.S. 45-61) – Ders., Karten des westfälischen Raumes aus dem 16. Jahrhundert (Westfälische Forschungen 10, 1957. S. 99-120) – Wilhelm Fox, Ein Humanist als Dortmunder Geschichtsschreiber und Kartograph – Detmar Müller (1567- 1633) (Beiträge zur Geschichte Dortmunds und der Grafschaft Mark 52, 1955.S. 109-275) – Günther Franz, Historische Kartographie. Forschung und Bibliographie (Veröffentlichungen der Akademie für Raumforschung und Landesplanung 29).1955 – G. Hake, Kartographie. 2 Bde. Berlin - New York 1982, 1985 – Max Hanke u. H. Degner, Geschichte der amtlichen Kartographie Brandenburg-Preussens bis zum Ausgang der Friderizianischen Zeit (Geographische Abhandlungen 3, 17). Stuttgart 1935 – Hans Harms, Themen alter Karten. Oldenburg 1979 – Jürgen Hartmann, Die Moselaufnahme des Arnold Mercator (Jahrbuch für Westdeutsche Landesgeschichte 5, 1979.S. 93-102) – Ders., Die alten Landkarten – Die Anfänge der Kartographie in den drei Kurfürstentümern (Lebendiges Rheinland-Pfalz 3,1,1976. S. 1-9) – Helmut Häuser, Der Mainzer Atlas von Nikolaus Person (Lebendiges Rheinland-Pfalz 3,1,1976. S. 21-25) – Fritz Hellwig, Zur älteren Kartographie der Saargegend (Jahrbuch für westdeutsche Landesgeschichte 3, 1977. S. 193-228) – Ders., Zur Kartographie der Saargegend im 17. und 18. Jahrhundert (Jahrbuch für westdeutsche Landesgeschichte 7, 1981. S. 158-242) – Fritz Hellwig, Wolfgang Reiniger u. Klaus Stopp, Landkarten der Pfalz am Rhein 1513 - 1803. Bad Kreuznach 1984 – Bert van't Hoff, Gerard Mercator (1512 - 1594) en de kartografie van de 16de eeuw (Duisburger Forschungen 6, 1962. S. 1-27) – Walter Hostert, Historische Landkarten. Das Land an der Ruhr, Lenne, Hönne und Volme auf historischen Karten aus der Sammlung des Museums der Stadt Lüdenscheid. 1982 – Eckhard Jäger, Prussia-Karten 1542 - 1810. 1982 – Alte handgezeichnete Kölner Karten. Ausstellung. Historisches Archiv der Stadt Köln. 1977 – Kartenverzeichnisse der Landesvermessungsämter und des Instituts für Angewandte Geodäsie. Sammelband. Im Auftrage der Arbeitsgemeinschaft der Vermessungsverwaltungen der Bundesländer (AdV) zusammengestellt u.hg.v. Hessischen Landesvermessungsamt Wiesbaden. Sammlung der jeweils neuesten Einzelverzeichnisse – Kurt Ketter, Der Versuch einer Katasterreform in Cleve unter Friedrich Wilhelm I. (Rheinisches Archiv 9). Bonn 1929 – Rolf Kirmse, Zu Mercators Tätigkeit als Landmesser in seiner Duisburger Zeit (Duisburger Forschungen 6, 1962. S. 91-114) – Hans Kleinn, Die preußische Uraufnahme der Meßtischblätter in Westfalen und den Rheinlanden (Spieker 25, II, 1977. S.325-356) – Ders., Ein Vergleich der topographischen Landesaufnahmen von 1841 und 1963 am Beispiel des Blattes Münster/Westf. (Westfälische Forschungen 16, 1963. S. 102-111) – Ders., Nordwestdeutschland in der exakten Kartographie der letzten 250 Jahre (Westfälische Forschungen 17, 1964. S. 28-82, ebda. 18, 1965. S. 43-74) – R. Klode u. L. Hünerfeld, Die Schmitt'sche Karte von Südwestdeutschland – eine »neue« historische Kartenausgabe des Landesvermessungsamtes Rheinland-Pfalz (Nachrichtenblatt der Vermessungs- und Katasterverwaltung Rheinland-Pfalz 21, 1978. S. 130-136) – Jr. C. Koeman, Geschiedenis van de kartografie van Nederland. Alphen aan Rijn 1983 – Georg Krauß, Geschichtliche Entwicklung der topographischen Landesaufnahme in den Rheinlanden und Westfalen (Rheinische Vierteljahrsblätter 29, 1964. S. 275-292) – Georg Krauß, W. Beck, G. Appelt, H. Knorr, Die amtlichen topographischen Kartenwerke der Bundesrepublik Deutschland (Sammlung Wichmann). Karlsruhe 1969 – Georg Krauß u. Rolf Harbeck, Die Entwicklung der Landesaufnahme (Sammlung Wichmann. Karlsruhe 1985 – Johann Georg Krünitz, Oekonomisch-technologische Enzyklopädie . . . 60. Theil. Berlin 1793 – Ivan Kupčik, Alte Landkarten. Von der Antike bis zum Ende des 19. Jahrhunderts. Prag - Hanau 1980 – Bruno Kyewski, Über die Mercatorprojektion (Duisburger Forschungen 6, 1962. S. 115-130) – Landesvermessungsamt Nordrhein-Westfalen (Hg.), Topographischer Atlas Nordrhein-Westfalen. Bonn 1968 – W. Leibbrand (Hg.), Kartographie der Gegenwart in der Bundesrepublik Deutschland '84. Bielefeld 1984 – Heinrich Müller-Miny, Beitrag zur Auswertung der Tranchot-Müffling'schen Landesaufnahme Rheinischer Gebiete (Rheinische Vierteljahrsblätter 31, 1966/67. S. 389-400) – Wilhelm Müller-Wille, Die Akten der Katastralabschätzung 1822 - 1835 und der Grundsteuerregelung 1861 - 1865 in ihrer Bedeutung für die Landesforschung Westfalens (Westfälische Forschungen 3, 1940. S. 48-64) – Niedersachsen in alten Karten (Veröffentlichungen der Niedersächsischen Archivverwaltung Beiheft 20). Göttingen 1976 – Ernst Pitz, Landeskulturtechnik, Markscheide- und Vermessungswesen im Herzogtum Braunschweig bis zum Ende des 18. Jahrhunderts (Veröffentlichungen der Niedersächsischen Archivverwaltung 23). Göttingen 1967 – Preussen im Kartenbild. Ausstellung des Geheimen Staatsarchivs und der Staatsbibliothek Preußischer Kulturbesitz. Berlin 1979 – Joseph Prinz, Die ältesten Landkarten, Kataster- und Landesaufnahmen des Fürstentums Osnabrück (Mitteilungen des Vereins für Geschichte und Landeskunde von Osnabrück 63, 1948. S. 251-302, ebda. 64, 1950. S. 110-145) – Rudolf Schmidt, Die Kartenaufnahme der Rheinlande durch Tranchot und v. Müffling 1801 - 1828 (Publikationen der Gesellschaft für Rheinische Geschichtskunde 12). Köln - Bonn 1973 – Walter Sperling, Militärgeographie des Mittelrheins und der Nahelande im 18. Jahrhundert (Jahrbuch der Gesellschaft für Geschichte und Kultur des Mittelrheins und seiner Nachbargebiete 22/23, 1970/71. S. 9-32) – Ders., Joseph Johann Graf Ferraris und Johann Heinrich von Schmitts Beiträge zur historischen Kartographie des Trierer Raumes (Verführung zur Geschichte). Trier 1973. S. 260-275 – Ders., Alte Straßenkarten aus dem Gebiet von Rheinland-Pfalz (Lebendiges Rheinland-Pfalz 13, 1, 1976. S. 17-21) – Paul Stichling, Die Pflege der Geschichte des Vermessungswesens (Zeitschrift für Vermessungswesen 1949, 3. S. 1-17, ebda. 6. S. 1-10) – Wandel der Landschaft im Spiegel von Karte, Plan und Luftbild (Veröffentlichungen der staatlichen Archive des Landes Nordrhein-Westfalen D, 15). Düsseldorf 1982 – Klaus-Peter Westrich, Kartenmacher zwischen Rhein und Mosel (Lebendiges Rheinland-Pfalz 13, 1, 1976. S. 10-16) – Günther Wrede, Die Landesaufnahme des Amtes Meppen durch Philipp Ernst Colson (Mitteilungen des Vereins für Geschichte und Landeskunde von Osnabrück 71, 1963. S. 96-116) – Lothar Zögner, Verzeichnis der Kartensammlungen in der Bundesrepublik Deutschland einschließlich Berlin (West). Wiesbaden 1983.

3. Über den Schmuck der Karte (Franz-Josef Heyen)

Irene-Annette Berges, Die Karte als Kunstwerk (Die Oberrheinlande in alten Landkarten. Ausstellung der Badischen Landesbibliothek Karlsruhe 1981. S. 47-60) – Georges Grosjean u. Rudolf Kinauer, Kartenkunst und Kartentechnik vom Altertum bis zum Barock, Bern 1970 – Die Karte als Kunstwerk. Dekorative Landkarten aus Mittelalter und Neuzeit. Ausstellung Bayerische Staatsbibliothek München 1979

II. Handgezeichnete Karten in Archiven als geschichtliche Quelle

1.Das Land (Leopold Schütte)

Wilhelm Abel, Geschichte der deutschen Landwirtschaft vom frühen Mittelalter bis zum 19. Jahrhundert (Deutsche Agrargeschichte 2). Stuttgart ^{2}1967 – Ders., Die Wüstungen des ausgehenden Mittelalters (Quellen und Forschungen zur Agrargeschichte 1). Stuttgart ^{3}1976 – Adolf Bach, Die deutschen Ortsnamen

(Deutsche Namenskunde 2). Heidelberg 1953/1954 – Karl Siegfried Bader, Studien zur Rechtsgeschichte des mittelalterlichen Dorfes. 3 Bde. Weimar-Wien-Köln-Graz 1957 - 1974 – Ernst Burrichter, Die potentielle natürliche Vegetation in der Westfälischen Bucht (Landeskundliche Karten und Hefte der Geographischen Kommission für Westfalen 8). Münster 1973 – Collectanea Franz Steinbach. Hg. v. Franz Petri u. Georg Droege. Bonn 1967 – Handbuch der historischen Stätten Deutschlands. Bd. 3 Nordrhein-Westfalen. Stuttgart 1963 u. Bd. 5 Rheinland-Pfalz u. Saarland. Stuttgart 1959 – Barthel Huppertz, Räume und Schichten bäuerlicher Kulturformen in Deutschland. Bonn 1939 – Friedrich Kluge, Etymologisches Wörterbuch der deutschen Sprache. Bearb. v. Walther Mitzka. Berlin ^{20}1967 – Anneliese Krenzin, Die Entwicklung der Gewannflur als Spiegel kulturlandschaftlicher Vorgänge (Berichte zur deutschen Landeskunde 27). 1961. S. 19-36 – August Meitzen, Siedelung und Agrarwesen der Westgermanen, Ostgermanen, der Kelten, Römer, Finnen und Slawen. Berlin 1895 – Monumenta Germaniae Historica. Urkunden der deutschen Könige und Kaiser 2, 1. Hannover 1888. Nr. 93 S. 504 f – Wilhelm Müller-Wille, Probleme und Ergebnisse geographischer Landesforschung und Länderkunde. Gesammelte Beiträge (Westfälische Geographische Studien 39/40). Münster 1983 – Hans-Jürgen Nitz, Regelmäßige Langstreifenfluren und fränkische Staatskolonisation (Geographische Rundschau 13, 1961. S. 350-365) – H. Rubner, Forst (Handwörterbuch zur deutschen Rechtsgeschichte Bd. 1. Berlin 1971. Sp. 1168-1180) – Deutsches Wörterbuch. Begonnen v. Jacob Grimm u. Wilhelm Grimm. 16 u. 1 Bde. Leipzig 1854 - 1971 – Rheinisches Wörterbuch. Bearb. v. Josef Müller, dann v. Heinrich Dittmaier. 9 Bde. Bonn - Berlin 1928 - 1971 – Günther Wrede, Die Kirchensiedlungen im Osnabrücker Lande (Mitteilungen des Vereins für Geschichte und Landeskunde von Osnabrück 64, 1950. S. 63-87)

2. Die Städte (Dietmar Flach)

Geschichtlicher Atlas der Rheinlande, Karte u. Beiheft VI, 1. Rheinisches Städtewesen bis 1250, bearb. v. Edith Ennen (Publikationen der Gesellschaft für Rheinische Geschichtskunde 12, 1b NF). Köln 1982 – Beiträge zur Geschichte der frühneuzeitlichen Garnisons- und Festungsstadt, zusammengestellt v. Hans Walter Herrmann u. Franz Irsigler (Veröffentlichungen der Kommission für Saarländische Geschichte und Volksforschung 13). Saarbrücken 1983 – Geschichte des Landes Nordrhein-Westfalen, v. Erich Wisplinghoff, Helmut Dahm u.a. (Territorien-Ploetz, Sonderausgaben). Würzburg ^{2}1973 – Geschichte des Landes Rheinland-Pfalz, hg. v. Franz-Josef Heyen (Territorien-Ploetz, Sonderausgaben). Freiburg-Würzburg 1981 – Rheinische Geschichte, hg. v. Franz Petri u. Georg Droege, Bd. 1,1 - 1,3. Düsseldorf 1978-1983 – Westfälische Geschichte, hg. v. Wilhelm Kohl, Bd. 1. Düsseldorf 1983 – Carl Haase, Die Entstehung der westfälischen Städte (Veröffentlichungen des Provinzialinstituts für Westfälische Landes- und Volkskunde I,11). Münster ^{3}1976 – Handbuch der historischen Stätten Deutschlands. 3 Nordrhein-Westfalen, hg. v. Franz Petri u.a.. Stuttgart ^{2}1970; 5 Rheinland-Pfalz und Saarland, hg. v. Ludwig Petry. Stuttgart^{2} 1985 (Kröners Taschenbuchausgabe 273 u. 275) – Deutsches Städtebuch, hg. v. Erich Keyser, 3,2 Westfälisches Städtebuch. Stuttgart 1954; 3,3 Rheinisches Städtebuch. Stuttgart 1956; 4,3 Städtebuch Rheinland-Pfalz und Saarland. Stuttgart 1964

3. Klöster und Stifte (Wilhelm Janssen)

Allgemein: Wolfgang Braunfels, Abendländische Klosterbaukunst (Kunstgeschichte in Deutung und Dokumenten). Köln 1969 – C. Brower u. J. Masen, Metropolis ecclesiae Trevericae ... monasteriorum ortus progressusque ... 2 Bde. Koblenz 1855 – Eduard Hegel, Das Erzbistum Köln zwischen Barock und Aufklärung ... 1688 - 1814 (Geschichte des Erzbistums Köln 4). Köln 1979 – H. Hoogeweg, Verzeichnis der Stifter und Klöster Niedersachsens vor der Reformation. Hannover-Leipzig 1908 – Erich Meuthen (Hg.), Stift und Stadt am Niederrhein (Klever Archiv 5). Kleve 1985 – Wilhelm Neuss u. Friedrich Wilhelm Oediger, Das Bistum Köln von den Anfängen bis zum Ende des 12. Jahrhunderts (Geschichte des Erzbistums Köln 1). Köln 1964 – Friedrich Wilhelm Oediger, Das Hauptstaatsarchiv Düsseldorf und seine Bestände. Bd. 4 Stifts- und Klosterarchive. Siegburg 1964 – Ludwig Schmitz-Kallenberg, Monasticon Westfaliae. Münster 1909 – Monastisches Westfalen. Ausstellungskatalog. Münster 1982 – Joachim Wollasch, Mönchtum des Mittelalters zwischen Kirche und Welt (Münstersche Mittelalter-Schriften 7). München 1973

Zu einzelnen Orden: Norbert Backmund, Monasticon Praemonstratense. 3 Bde. Straubing 1949-1956 – Kaspar Elm, Beiträge zur Geschichte des Wilhelmitenordens (Münstersche Forschungen 14). Köln-Graz 1962 – Josef Fleckenstein u. Manfred Hellmann (Hgg.), Die geistlichen Ritterorden Europas (Vorträge und Forschungen 26). Sigmaringen 1980 – Rhaban Haake (Bearb.), Die Benediktinerklöster in Nordrhein-Westfalen (Germania Benedictina 8). München 1980 – Robert Haaß, Die Kreuzherren in den Rheinlanden (Rheinisches Archiv 23). Bonn 1932 – Wilhelm Kohl, Ernest Persoons u. Anton Weiler (Hgg.), Monasticon Windeshemense. T. 2 Deutsches Sprachgebiet. Brüssel 1977 – Ludwig Lekai u. Ambrosius Schneider (Hg.), Geschichte und Wirken der Weißen Mönche. Der Orden der Cistercienser. Köln 1958 – Siegfried Reicke, Das deutsche Spital und sein Recht im Mittelalter. 2 Bde. (Kirchenrechtliche Abhandlungen 111-114).Stuttgart 1932. Neudruck Amsterdam 1962 – Philibert Schmitz, Geschichte des Benediktinerordens. 4 Bde. Einsiedeln 1947-1960 – Marian Tumler, Der Deutsche Orden. Wien 1955 – Hans-Ulrich Weiss, Die Kreuzherren in Westfalen. Diest 1963 – Adam Wienand (Hg.), Der Johanniter-Orden. Der Malteserorden. Köln 1970 – Die Zisterzienser. Ordensleben zwischen Ideal und Wirklichkeit. Ausstellungskatalog Aachen. Bonn 1980, dazu Ergänzungsband. Köln 1982

4. Die Welt des Adels (Martin D. Sagebiel)

Otto Brunner, Adeliges Landleben und europäischer Geist. Leben und Werk Wolf Helmhards von Hohberg 1612-1682. Salzburg 1949 – Georg Dehio, Handbuch der Deutschen Kunstdenkmäler, Rheinland, bearb. v. Ruth Schmitz-Ehmke. München 1977; Westfalen, bearb. v. Dorothea Kluge u. Wilfried Hansmann. München ^{2}1984; Rheinland-Pfalz, bearb. v. Hans Caspary u. Martin Klewitz. München 1984 – Norbert Elias, Die höfische Gesellschaft. Neuwied 1969 – Dieter Hennebo u. Alfred Hoffmann, Geschichte der deutschen Gartenkunst. 3 Bde. Hamburg 1963-1965 – Kreis Borken, bearb. v. Wilhelm Rave u. Stephan Selhorst (Bau- und Kunstdenkmäler von Westfalen 46). Münster 1954

5. Handel und Verkehr (Joachim Kermann)

Geschichtlicher Atlas von Hessen, begründet u. vorbereitet durch Edmund E. Stengel, bearb. v. Friedrich Uhlhorn, Text- u. Erläuterungsbde. hg. v. Fred Schwind, hg. im Auftrag der Arbeitsgemeinschaft der Historischen Kommission in Hessen. Marburg 1981 (Karte 29a u. 29b, Landstraßen 16.-18. Jahrhundert, Chausseebau etwa 1750 - 1834) – Hildegard Ditt u. Peter Schöller, Die Entwicklung des Eisenbahnnetzes in Nordwestdeutschland (Westfälische Forschungen 8, 1955. S. 150-180) – Rudi Gador, Die Entwicklung des Straßenbaues in Preußen 1815-1875, unter besonderer Berücksichtigung des Aktienstraßenbaues. Berlin F. U. Wirtschafts- u. sozialwissenschaftliche Dissertation 1966 – Rheinische Geschichte, hg. v. Franz Petri u. Georg Droege, Bd. 2 u. 3. Düsseldorf 1976, 1979– Westfälische Geschichte, hg. v. Wilhelm Kohl, Bd. 1-3. Düsseldorf 1983 - 1984 – Eberhard Gothein, Geschichtliche Entwicklung der Rheinschiffahrt im 19. Jahrhundert (Schriften des Vereins für Socialpolitik 101). Leipzig 1903 – Geschichtlicher Handatlas der deutschen Länder am Rhein, Mittel- und Niederrhein, im Auftrag des Instituts für geschichtliche Landeskunde der Rheinlande an der Universität Bonn bearb. v. Josef Niessen. Köln 1950. S. 57, Die Entwicklung des rheinischen Eisenbahnnetzes – Pfalzatlas, im Auftrag der Pfälzischen Gesellschaft zur Förderung der Wissenschaften hg. v. Willi Alter. Speyer 1972-1981. Textbd. 2. Speyer 1972. S. 703-732, Geleitstraßen und Postlinien vor der Französischen Revolution, Karte 86 bearb. v. Rudolf Fendler, ebda. S. 1108-1167 Verkehrsverhältnisse im 19. Jahrhundert, Karte 87 bearb. v. Erich Hehr, Karte 91 u. 92. Speyer 1981. Straßen und Eisenbahnen bearb. v. Rudolf Fendler – Jürgen Heinz Schawacht, Schiffahrt und Güterverkehr zwischen den Häfen des deutschen Niederrheins (insbesondere Köln) und Rotterdam von Ende des 18. bis zur Mitte des 19. Jahrhunderts (1794 - 1850/51) (Schriften zur Rheinisch-Westfälischen Wirtschaftsgeschichte 26). Köln 1973 – Walter Steitz, Die Entstehung der Köln-Mindener Eisenbahngesellschaft und des preußischen Aktienwesens (Schriften zur Rheinisch-Westf. Wirtschaftsgeschichte 27). Köln 1974

6. Gewerbe und Industrie (Erich Wisplinghoff)

Willy Esser, Der bergische Bergbau im 18. Jahrhundert (Zeitschrift des Bergischen Geschichtsvereins 55, 1925/26. S. 1-127) – Rheinische Geschichte, hg. v. Franz Petri u. Georg Droege, Bd. 3. Düsseldorf 1979 – Westfälische Geschichte, hg. v. Wilhelm Kohl, Bd. 3. Düsseldorf 1984 – Handbuch der deutschen Wirtschafts- und Sozialgeschichte, hg. v. Hermann Aubin u. Wolfgang Zorn. 2 Bde. Stuttgart 1971 u. 1976 – Justus Hashagen, Geschichte der Familie Hoesch. Bd. 1 u. 2. Köln 1911 u. 1916 – Hans Hausherr, Wirtschaftsgeschichte der Neuzeit vom Ende des 14. bis zur Höhe des 19. Jahrhunderts. Köln-Wien 1970 – Albert Karl Hömberg, Wirtschaftsgeschichte Westfalens. Münster 1968 – Karl Heinrich Kaufhold, Das Gewerbe in Preußen um 1800 (Göttinger Beiträge zur Wirtschafts- und Sozialgeschichte 2). Göttingen 1978 – Hermann Kellenbenz (Hg.), Zwei Jahrtausende Kölner Wirtschaft. 2 Bde. Köln 1975 – Bruno Kuske, Wirtschaftsgeschichte Westfalens in Leistung und Verflechtung mit den Nachbarländern bis zum 18. Jahrhundert (Veröffentlichungen des Provinzialinstituts für westfälische Landes- und Volkskunde I,4). Münster ^{2}1949 – Edith Schmitz, Leinengewerbe und Leinenhandel in Nordwestdeutschland (1650 - 1850) (Schriften zur Rheinisch-Westfälischen Wirtschaftsgeschichte 15). Köln 1967 – Fritz Schulte, Die Entwicklung der gewerblichen Wirtschaft in Rheinland-Westfalen im 18. Jahrhundert. Eine wirtschaftsgeschichtliche Untersuchung (Schriften zur Rheinisch-Westfälischen Wirtschaftsgeschichte 1). Köln 1959 – Wirtschaftskunde für Rheinland und Westfalen, hg. v. Otto Most, Bruno Kuske u. Heinrich Weber. 2 Bde. Berlin 1931

7. Grenzen, Territorien, Verwaltung (Peter Veddeler)

Allgemeine Deutsche Biographie. Bd. 21. Leipzig 1885 (S. 396) – Geschichte der deutschen Länder, hg. v. Georg Wilhelm Sante. Bd. 1 (Territorien-Ploetz). Würzburg 1964 – Rheinische Geschichte, hg. v. Franz Petri u. Georg Droege, Bd. 2. Düsseldorf 1976 – Westfälische Geschichte, hg. v. Wilhelm Kohl, Bd. 1-3. Düsseldorf 1983-1984 – Handbuch der historischen Stätten Deutschlands, Bd. 3 u. 5 (s.o. Kap. II, 1) – Handwörterbuch zur deutschen Rechtsgeschichte, hg. v. Adalbert Erler u. Ekkehard Kaufmann, Bd. 1. Berlin 1971 – Heinrich Mitteis, Deutsche Rechtsgeschichte, neubearb. v. Heinz Lieberich. München [11]1969 – Staatslexikon, hg. v. Hermann Sacher, Bd. 2. Freiburg i. Br. [5]1927

Namenregister

bearbeitet von Kristine Werner

a) Register der Kartenmacher (Kartographen, Zeichner, Stecher, Drucker, Verleger etc.)

Aufgenommen wurden alle Namen, die im Text und in den Beschreibungen zu den Nachweisen und Erläuterungen erscheinen.
Es wird jeweils zuerst auf die Abbildungs-Nummern verwiesen (ohne Kennzeichnung), dann in kursiv auf die Seitenzahlen der Einleitungstexte (. . . ; *S.* . . .).

b) Ortsregister zu den Abbildungen

Nachgewiesen werden Orts-, Länder-, Landschafts- und Flußnamen aus den im Anhang aufgeführten Titeln. Wird in den Beschreibungen zu den Karten darüber hinaus auf einzelne Orte, Burgen, Herrschaftsgebiete usw. hingewiesen, so wurden diese ebenfalls aufgenommen, wenn sie im Kartenbild unmittelbar dargestellt sind.
Es wird in allen Fällen auf die Abbildungs-Nummern verwiesen